纪念世界反法西斯战争胜利70周年

战争回忆录

（全三卷）

Mémoires de Guerre

Tome 1 L' Appel (1940-1942)

[法]夏尔·戴高乐（Charles de Gaulle）/著

陈焕章/译

I

召唤

1940—1942

中国人民大学出版社

·北京·

译者前言

戴高乐的《战争回忆录》，是从他本人和法国的角度，对第二次世界大战的回忆。全书共分三卷：

第一卷名《召唤》，叙述的时间从 1940 年起，到 1942 年年中为止。

第二卷名《统一》，从 1942 年年中起，到 1944 年为止。

第三卷名《拯救》，从 1944 年 8 月起，到 1946 年 1 月止。

书中的描述，对于研究第二次世界大战前后欧洲形势，特别是法国情况，有不少参考价值。

在第一卷中，戴高乐叙述了法国统治集团投降前后的一些情况和“自由法国”建立的经过。还以很多篇幅叙述了法国与英美的关系，特别是与英国的关系。

在《战争回忆录》中，戴高乐将军代表了虽然有过战败和投降历史，却仍不失其价值的一个真正的法国。该书以第一人称记述，以他本人的观点详细记录了第二次世界大战的进程，将重点放在法兰西拒绝与敌人合作等主题上。

值得提及的是，戴高乐在本书中表达了他个人对共产主义、共产党、殖民地等问题的看法，相信读者会理解他的思考方式，正确把握上述问题。

本书译文承蒙尤勰同志做了必要的校订，谨表谢忱。

注视着陷入深渊的祖国，

我，法兰西的儿子，

在召唤她，为她高举火炬，指给她得救的道路。

我现在能听到法兰西在回答我。

她再次从深渊中升起，她在前进，在爬上陡坡。

啊！祖国！母亲！

像我们这样的人在这里等着为您效力。

目　录

CONTENTS

第一章 陡坡

我一生中一直对法国有一种想法。这是从感情和理智两方面产生的。感情的那一面使我把法国想得像童话中的公主或壁画上的圣母一样身负一项崇高而卓越的使命。

我一生中一直对法国有一种想法。这是从感情和理智两方面产生的。感情的那一面使我把法国想得像童话中的公主或壁画上的圣母一样身负一项崇高而卓越的使命。我本能地感到上天创造法国，不是让它完成圆满的功业，就是让它遭受惩戒性的灾难。假如这种情形出现，即它竟在行为和事业上表现为庸才，我就会认为那是一种可笑的变态，其过失在于法国人，而不在于这个国家的天赋。但我理智的一面又使我确信，除非它站在最前列，否则它就不能成为法国；唯有丰功伟业才能弥补法国人民天性中的涣散。我国与当前的其他国家相处，如果没有一个远大的目标和勇往直前的精神，就会遭到致命的危险。总之，法兰西如果不伟大，那就不成其为法兰西。

当我在出生地成长起来的时候，这种信念一直随着增长。我父亲是一个有见解、有学问和尊重传统的人，对于法国的尊严充满感情。他让我了解了法国的历史。我的母亲对于祖国有着坚定不移的热爱，这和她对宗教的虔诚不相上下。我的三个弟兄、一个妹妹和我自己对于祖国所感到的深刻的骄傲成了我们的第二天性。作为一个生长在里尔、以后居住在巴黎的青年，没有任何东西比我们光荣的标志更使我感动了：这儿有圣母院的夜景，有凡尔赛宫壮丽的黄昏景色，也有阳光照耀下的凯旋门；巴黎荣军院穹顶下面还有夺来的敌军军旗在瑟缩地颤抖着。同时，也没有任何东西比我国的功绩对我的影响更深，诸如群众在俄国沙皇经过时的热烈情绪[①]，罗夏跑马场的检阅[②]，巴黎陈列馆中令人惊羡的展品，航空探险家的第一次飞行等等。童年时，大人对事物的看法以及他们的谈话中把法绍达的投降[③]、德莱福斯案件[④]、社会冲突、宗教倾轧等等错误和软弱无能的事情暴露在我那纯真的眼光之前；没有任何东西比这些更使我悲痛了。我的父亲曾追述勒·布热和斯坦因的突击战，那次战斗丝毫没有得到结果，而他自己在出击中还受了伤；我的母亲追忆起她还是女孩子时曾看到她的父母流着泪说"巴赞投降[⑤]了"，并说她当时感到非常绝望。这类追述我国以往灾难的故事比任何东西都更激动我的心弦。

法国在我少年时期的命运，无论是作为历史的主题还是作为攸关公众生活的事情，都使我感到莫大的兴趣。因此，公众论坛上每天出现的事物都吸引我去关注，同时我也以极严格的批判态度对待这些。出场的人物如万马奔腾一般倾泻出他们的智慧、热情和雄辩，使我不禁为之神往。然而我一想到如此众多的才华横溢的人物竟浪费在政治纷争和国家分裂之中，心里又不禁为之黯然。从20世纪初期以来，战争的阴云就隐约可见，这种感觉也就愈益加深。

---

① 大约是指1897年俄国沙皇尼古拉二世对法国的访问。这件事发生在俄、德、奥匈"三皇同盟"破裂和法俄同盟建立以后。——中译者注

以下若非注明"据英译者注"，均为中译者注，不再一一注明。

② 罗夏跑马场是巴黎的大跑马场，过去每年春天都要在这里举行盛大的阅兵式。

③ 1898年，英法两个殖民国家为了争夺非洲尼罗河上游地区，曾展开激烈的斗争。7月，法国军队进驻尼罗河上游的法绍达；9月，英国军队也到达该地，并要求法军撤退。两国面临军事冲突的危机。英国政府采取了强硬的军事威胁态度，法国由于自身军事力量处于劣势，被迫于11月无条件撤离法绍达。

④ 1894年，法国反动军人诬告法国军官德莱福斯（犹太人）犯间谍罪，法庭判他终身苦役。此案后来发展成为法国进步力量和反动势力的尖锐斗争。在舆论的压力下，德莱福斯获得赦免，并于1906年复职。

⑤ 巴赞是19世纪的法国元帅，他在1870—1871年的普法战争中投降普鲁士。

我必须承认，当我在青年时代想起这一场不可知的冒险时，心中不但没有恐惧，反而还暗自赞美了一番。总之，当时我毫不怀疑法国将要经历一场严重的考验，我认为人生的意义就在于有朝一日为它立下丰功伟绩，而且相信我将来一定能获得这个机会。

当我参加陆军时，我国的军队是世界上最庞大的队伍之一。当时各方虽然有许多批评苛责之词，然而军队还是镇定若素，军人们甚至暗中充满希望地期待着军队起举足轻重作用的日子将会来临。从圣西尔军校毕业之后，我在驻阿拉斯城的陆军第 33 步兵团当见习军官。我所遇到的头一个团长是贝当上校，他教给我指挥的艺术并说明指挥的天才有怎样的意义。接着，战争就像疾风扫落叶一般使我经历了炮火的洗礼、战壕的郁闷、进攻、轰炸、受伤和被俘等等各种战争的震惊。在这一过程当中，我有幸看到法国虽然由于生育率太低而失去了一部分必要的国防力量，一般人又沉浸在空谈之中，而且当局也过于疏忽，但它仍然爆发出了令人难以置信的力量。它付出了无可估量的代价、弥补了自身的缺陷，胜利地经受住了这场考验。我有幸看到它在最危急的关头，首先在霞飞将军的麾下、后来又在“老虎总理”① 的号召下，万众一心地团结起来。我有幸看到它后来虽然由于受到损失和破坏而元气大伤，社会结构和精神上的平衡也被打乱，然而却能爬起来，迈着踉踉跄跄的步伐继续奔赴自己的前程。这时当局却恢复了旧制，排斥了克里蒙梭，抛弃了伟大的事业，重新回到混乱中去了。

在往后的年代中，我的一生经历了好几个不同的阶段。在波兰执行过特种任务，也作过战；在圣西尔军校当过历史教员；当过元帅幕僚中的一名随员；在特来沃轻步兵第 19 营当过营长；在莱茵

① 指 1919 年巴黎和会时期的法国总理克里蒙梭，他是“凡尔赛体系”的策划者之一，以手段泼辣狠毒著称，故被称为“老虎总理”。

地区和东地中海地区的参谋总部任过职。到处我都看见新的胜利使法国的威信重新树立起来了，同时也看到人们由于当局的举棋不定而对前途产生了疑虑。尽管如此，我认为军营的生活仍使我心旷神怡。那时的军队虽然像一盘没有上满麦子的磨，但我却认为它仍是即将来临的伟大行动中的一个工具。

显然，战争的结局并没有带来和平。德国随着元气的恢复，又变得野心勃勃。当时苏联在革命中已经陷于孤立，美国又置身于欧洲事务之外，英国对柏林方面极为宽厚，以便使巴黎方面仰承它的鼻息，而新兴的国家则分崩离析、不堪一击。于是遏制德意志帝国这个任务就必须由法国独自承担了。实际上它也这样做了，尽管步骤有些紊乱。因此便出现了这样的情形：首先是在普恩加来[①]的领导下实行遏制政策，接着在白里安[②]的指导下又企图取得协调，最后便寻求国联的庇护。这样就使德国坐大而咄咄逼人，希特勒快夺得政权了。

在这一时期，我被派到国防部总秘书处去。这是总理指挥下的一个常设机构，目的是使国家和民族准备应付战争。1932 年到 1937 年间，我曾在 14 个部里参与同国防有关的各种政治、技术和行政工作的策划。我尤其必须熟悉安德烈·塔迪厄和保罗-彭古在日内瓦分别提出的安全计划与限制军备计划。在杜末古内阁时期，当希特勒上台以后，我国准备改变路线，我也必须提供一些意见以资决策。我不得不永无休止地修订国家战时组织法案，我还必须研究动员民政、工业以及公共服务部门的措施。在我必须做的工作和参加过的讨论以及必须进行的接触中，我都看到了我国的国力是如何的雄

① 第一次世界大战后曾几度担任法国总理。任内曾于 1923 年 1 月进兵鲁尔，以图占有鲁尔的冶金企业和资源。

② 第一次世界大战后曾几度担任法国总理或外长。1930 年任外长后，曾策划“泛欧联盟”计划，企图建立一个包括德国在内的欧洲国家反苏集团。

厚，同样也看到了国家的弱点。

当局的举棋不定，在指挥方面也到处暴露出来。这绝不是执行任务者的无能或不忠。相反的，我看到领导各部工作的大多都是人格无比高尚、才华十分出众的人物。可惜政治把戏消磨了他们的时间，使他们变得麻木不仁了。对于政治事务我是一个不多开口而又充满热情的旁观者。我看到同样的情景不断地重现。总理刚一上台就遇到无数的苛求、批评和说情等等。他虽然竭尽全力也还是穷于应付，更谈不到掌握全局了。议会不支持他，对他只是暗中陷害和离弃。他的部长都是他的政敌。舆论、报纸和党派都把他当成一个当然的抱怨对象。人人都知道他只能在职很短的时间，他自己也事先就知道这一点。事实上，过不了几个月他就要让位给别人了，至于国防问题，这种情形便使当事者无法把接连的许多计划组成一个有机整体，拟出成熟的决定和措施，使之成为政策而贯彻实行。

因此，军队便只能从国家当局接到支离破碎和相互矛盾的指示，于是只好退而崇尚空洞的理论，陆军保守着第一次世界大战期间盛行的一套观念。同时，在职的将领又都年岁日高，他们顽固地死守着已有的光荣和错误。这更加重了上述的趋势。

因此，固定而连续的防线这一概念，便支配了未来作战的战略。一切组织、理论、训练和军备都是直接从这一概念中产生出来的。当时一般都认为，一旦战争爆发，法国就将动员后备役的兵员，尽可能建成许多师。这些都不是为了机动地调遣、进击和扩大战果，而是为了坚守各段战线，把这些部队都部署在法国和比利时（战时显然是我们的盟国）的边境据点上，在这里等着敌人进攻。

至于武器，坦克、飞机、流动炮与全射角炮在第一次世界大战的最后几次战役中显示出袭击和突破能力，往后威力又有了不断的提高；这些都只被打算用来加强防线和在必要时作局部反击，以恢复战线。武器的型式就是在心中预先有了这种概念之后确定的。重型坦克都装上了轻型的和短射程的武器，用途只是护送步兵，而不打算进行迅速和独立的行动。截击机的设计只是为了保卫领空。除此之外，空军就只能运用极少的几架轰炸机，至于俯冲式轰炸机则一架也没有。设计大炮只是为了从固定的地点向有限的水平区域射击，既不能适应各种地形，也不能向所有的角度发射炮弹。此外，前线也预先沿着马其诺防线延伸至比利时的要塞被划定了。因此，全国武装起来以后，就将守住这道屏障；人们盘算着在这后面等待用封锁来消耗敌人，然后用自由世界的压力使敌人屈服。

这种战争的概念很适合当局的胃口。由于政府的弱点和政党的纷争，当局寸步难移，因之便只好采取这种静守的体系了。同时，这种万应灵药式的定心丸也十分适合国情，任何人要是想当选、受到人们喝彩或是想在报纸上出风头，就不得不说上这么一两句。全国舆论都不愿意进攻，只幻想着用战争来反对战争就可以使好战者不敢发动战争。他们仅仅记住若干次毁灭性的攻击，而没有看到从那时以来内燃机在战斗力方面引起的革命。总之，一切都汇合起来使被动主义成为我们国防政策的原则。

在我看来，这种方向极端危险。我认为，从战略上来讲，这是把主动权全部拱手送给敌人。从政治上来说，我们公开宣布自己的意图是要把军队保持在国境线以内，就等于鼓励德国人大举向萨尔区、莱茵区、奥地利、捷克斯洛伐克、波罗的海沿岸诸国、波兰等薄弱地区任意进攻，因为这些国家或地区在那时早就被孤立起来了。这时苏联将不愿和我们结成同盟，而意大利也会确信，不论它做什么，我们都不会制止它的罪行。最后，从民心上来讲，这是使人民相信，战争一旦爆发，我国将尽量减少作战，这是十分可悲的事。

老实说，我心里长期以来就在考虑着行动的哲学、国家对于军队的鼓舞与运用、政府与最高统帅部的关系等等问题，并且在几本出版物（如《敌人内部的倾轧》、《剑刃》等）以及其他的一些评论中表达了我的看法。我曾在巴黎大学等地举行过公开讲演，讨论作战问题。但在 1933 年 1 月，希特勒当上了德国元首。从那时起，局势就没有回旋的余地了。假如没有人愿意提出任何主张来应付局势，我觉得我个人就有责任诉诸舆论，提出我的计划。由于这些事情都有可能发生，我必须预料到有一天公众的注意力将集中在我身上。经过 25 年军营生活以后，我也很难下决心去从事这样的工作。

在一本名为《建立职业军队》的书中，我提出了我的计划和看法。我提出：除了经过动员所产生的大规模部队以外，还应紧急地精选一批人员组成一支机械化、装甲化的机动突击部队。1933 年我在《政治与议会评论》上发表了一篇论文，谈到了这个问题。1934 年春天，我又出版了一本书，提出了必须组成机动部队的见解和理由。

我的理由是这样的：首先从法国的国防来讲，我国的地理形势决定了北方和东北方极易遭到侵袭，而德国人的民族性格又是野心勃勃的，极易被吸引向西进击，他们的路线通过比利时指向巴黎。法国则在任何冲突开始时都极易受到袭击。因此，我们必须有一部分军队经常保持警惕，随时准备出动。“我们不能依靠仓促就防、临阵拼凑的杂乱军队来抵御最初的打击，”我写道，“后备队和新兵是我国国防的主力，但不易召集，运用起来也不灵活。现在已经是时候了，我们必须另外再加上一支可以随时调遣的机动力量；也就是说，我们必须有一批常备的、团结的和能够熟练地使用各种武器的队伍。”

接着我又从技术进步方面说明了我的理由。由于机器的应用在军队中占有重要地位，所以和其他方面一样，战争中使用机器的人的素质就成了发挥装备效能的主要因素。由于基于机械动力的新武器如坦克、飞机和军舰等一日千里地得到改进并不断提高机动性，这句话就愈益正确了。我说：“今后在陆地、海上和空中，如果有精选的人员，能使威力特别强大、种类极其繁多的物资发挥最大效能，就将对一群乌合之众取得压倒性的优势。”我还引用保罗·瓦勒里的话说：“我们将看到战斗由精选的人员编成队伍来进行，在不可预测的时间和地点马上取得惊人的效果。”

谈到政治给战略加上的条件时，我说，政治活动既然必须伸展到国境线以外，战略就不能完全局限于防守国土。“不论我们喜欢不喜欢，我们都是某种局势中的成员，其中各种因素都是互相依赖的。……比方说，中欧、东欧、比利时或萨尔区的情况便和我们休戚相关……在第二帝国时代，我们在萨多瓦①之战爆发时不进兵莱茵，这个错误曾使我们付出多少血泪的代价？……因此，我们必须准备好**随时到国外**去作战。如果我们不论做什么都要事先动员后备队，那么又如何能做到这一点呢？……”此外，我国与德国之间的兵力竞赛又开始了，我们在数目上绝不能落后于他人。从另一方面来说，“我们有的是创造的天才和适应的能力，而且充满自豪，在素质方面取得优势的问题就完全要看我们自己了”。最后，我在结束“理由”这一节时说：“我们要为自己准备的是**防范和压制敌人**的武器。”

至于办法，内燃机就提供了答案的基础：“内燃机可以将人们所需要的东西以任何速度、经过任何距离送到任何地点去。……内燃机带动的战车装甲化以后所具有的威力和打击力量，使得战争的步调随着它的行动而改变。”从这一论点出发，我提出：“六个第一线师、一个完全摩托化和部分装甲化的轻装备师就能组成决定胜负的兵力。”

组成这种兵力的方式也讲得很清楚。每一个第一线师应配备下

① 捷克斯洛伐克村庄名，1866年普鲁士军在此击溃奥地利军。

列各种部队：一个装甲旅，由一个重型坦克团、一个中型坦克团和一个轻型坦克营组成；一个步兵旅，由两个步兵团和一个轻步兵营组成，全部用履带式车辆运输；一个炮兵旅，装备全射角炮，由一个长射程炮团和一个短射程炮团加一个高射炮队组成。为了配合这三个旅，全师还应当有一个搜索团、一个工兵营、一个通讯营、一个伪装营和辎重队。轻装备师的作用是侦察和预防袭击，所以应当装备机动化更强的设备。此外，军队本身还应当有自己的总预备队，包括坦克、重型炮、工兵、通讯兵和伪装兵等等。最后还应当有由侦察机、截击机和战斗机所组成的强大空军力量来配合这支庞大的队伍，每师配备空军一个联队，全体机械化部队配备空军一个大队。但空军部队配合地面机械化部队作战时则不应受分队的限制。

我们要让突击部队复杂而贵重的物资装备能发挥最大作用，让他们在任何情况下都能马上行动，而不必等待补充兵员或训练，所以他们必须由专业人员组成。全部现役人员应当在十万人左右。这些军队应由常备军组成。在精锐部队中服役 6 年后，他们就能掌握专门技术，养成进取精神和集体精神。往后他们就能充当新兵队或后备队的干部。

接着我还叙述了这一支战略上的攻击力量应如何击溃有充分准备的抵抗。如果所有的兵员都已摩托化，并能通过任何原野地段，再加上积极和消极的伪装，就能在一夜之间以迅雷不及掩耳之势攻占许多据点。我们可以用 3 000 辆坦克组成若干个梯队，在 50 公里的正面上发动攻势，后面紧跟着用分散的大炮支援，在各连续目标上由步兵携带武器和地面组织的装备和它配合。全部武器和人员分成三个军团，由属于各师或全体的空军负责通讯联络并支援战斗。全线的进展一般每天可达 50 公里左右。假如敌人继续顽抗，就可以来一个全面的重新组合，以便从侧面扩大缺口、聚集力量向前挺进或巩固已夺得的阵地。

壁垒一旦突破之后，顿然展现出一个更广阔的前景。机械化部队可用扇形阵势进击，扩大战果。关于这方面我写道："在一次胜利之后，我们往往要巩固既得成果，进入战果丰硕的地区。扩大战果原先只是一个梦，现在却成了现实……这时，取得伟大胜利的道路就打开了。这种胜利由于影响深远而又传播迅速，将引起敌人内部的总崩溃，好像击倒一个柱子就能使整个建筑坍塌一样。……我们将看到快速部队在敌人的后方扩展开来，攻击他们的要害，把他们的阵地打得稀巴烂……因此，在战略上扩大战术上的成果的问题又可以旧话重提，这曾经是战争艺术的最高的目标，也是战争艺术的桂冠……"在敌军和敌国的人民斗志消沉、防御力量被摧毁到一定的程度以后，他们的防线就会自行崩溃。

"由于这种奇袭和突破力量与今后起决定作用的空军力量密切配合起来"，上述的情况就更加可能发生，而且会更快地发生。我曾描述空军如何通过轰炸为地面机械化部队的战斗行动创造条件，并加以延伸。反过来，地面的机械化部队则突入被轰炸区，使空军的破坏行动立即发生战略上的作用。

作战艺术既然发生了这样深刻的变化，指挥艺术也必须随着来一个相应的变化。接着，我又描述了今后无线电通讯可以将军队的各部分联系起来，然后在结语中我说明了指挥新军队时应当用什么样的方法。今后将领们再也不能坐在地下室里，不署名地发号施令、指挥遥远的军队了。相反，在这机械化的战争中局势瞬息万变，而且充满不可预测的危险和转瞬即逝的时机，所以亲临前线视察、为士兵树立楷模等问题又和古代一样重要了。将领的素质比条文公式更为重要。我还问道："假如形势的发展有利于某种人物大显身手，他们在危急存亡之秋，当暴风雨将一切成规惯例涤荡无遗的时候，还能屹然独存，因而为世人所信赖，难道这些不都是大有裨益的事吗?”

在结语中，我向全国呼吁：陆军和其他团体一样，不得外力帮助是无法自行改变的。特种兵团势将引起军队的组织方式和战争的政策与技术的深刻变化，所以建立特种兵团的任务就落在政府的双肩上了。诚然，我们又将需要罗伏瓦①和卡诺②这一类人。同时还要说明的是，这种改变仅是整体中的一部分，是整个国家的革新事业中的一个因素。“但国家的革新必须从军队开始，这是完全符合事物的自然秩序的。要使法国恢复青春，就必须进行艰苦卓绝的工作。在那种情形下，军队将成为它的支柱和鼓舞。因为宝剑就是世界的轴心，国家的伟大与此无法分割。”

在拟订这个全面计划的时候，我当然利用了内燃机推进的武器装备出现以后世界上所流行的各派思想。早在 1917 年，坦克部队的第一个倡导者、督察署长艾斯迪安将军就预料到，将来会有大量的坦克远远地在护送步兵的坦克车前面活动。在 1918 年末，60 吨重的大机器就从工厂里开出来了。但停战协定停止了这种坦克的制造，使得坦克部队的理论被限制在配合作战中完成护送工作的范围。1917 年，英国人在康布雷一次激烈的大规模战斗中使用了皇家坦克兵团，成了这方面的先导。往后他们一直保持着装甲分队独立作战的观点。富勒将军和利德尔·哈特却反对这一见解。1933 年，法国的最高统帅部把许多零散的人员装备集中到苏易浦军营，对防止突袭和进行侦察活动的轻装备师进行了初步试验。

另外一些人则有更远大的看法。冯·西克特将军在他的《一个士兵的思想》一书（1929 年出版）中，描述了素质极高的军队对付乌合之众的问题。所谓素质极高的军队就是长期服役的 10 万德

① 路易十四的陆军大臣，曾改革军队制度。

② 工程师兼政治家，曾任总统，后被刺死。

国国防军，而他所谓的乌合之众则指法国军队。意大利将军杜黑计算出空袭轰炸对于工业中心和人口所能造成的损失后，预测空军可以单独获得决定性胜利。1932 年，保罗-彭古将军在日内瓦提出一项“最大限度计划”，主张由国联控制一支专门队伍，以支配全欧洲的坦克与飞机，并负责维护集体安全。我的目的是将这些殊途同归的意见综合起来，为法国谋利。

这本书最初曾引起过人们注意，但没有给人们留下很深的印象。《建立职业军队》似乎只是推出了可供当局选择的某些观念，然而一般人却认为这里包含了一个独创的见解。谁也没有认为我们的军事组织将因此而产生改变。假如我当时认为可以不必着忙的话，就一定会把我的论文提供给专家们。当他们的看法发生了变化的时候，我的说法可就行得通了。但希特勒却不是一个等候别人的人。

1933 年 10 月，希特勒和国联破裂了，在军备方面独自采取自由行动。1934 年和 1935 年间，德国在制造业和招募兵员方面作了巨大的努力。国社党当局毫不隐讳地决定要夺取“生存空间”，从而破坏了《凡尔赛条约》。为了实现这一政策，就必须有一个进攻别人的军事体制。希特勒实际上已在准备总动员。他掌权以后不久就实行了兵役制，接着又实行了征兵制。此外，他还需要一个行动的工具，使他能在美因茨、维也纳、布拉格、华沙等地大刀阔斧地干，使得德国的枪矛在磨尖以后，一下子就能刺进法国的心脏。

诚然，消息灵通人士不是不知道德国元首将在德国的新陆军方面打下自己的烙印，也不是不知道他欣然听取了以往冯·西克特将军手下一些将领如凯特尔、隆德斯特德、古德里安等人的话，这些人都积极地主张机动、迅速和素质，因此便开始注意到机械化部队。他们还知道最后他采取了戈林的理论，即需要一支空军，其战斗行动可以直接和地面战斗相配合。不久之后我就听说他叫人把我的书读给他听，因为他的参谋人员很重视我的书。1934 年 11 月间，人们知道德国在建立头三个装甲师。当时，德国国防军参谋总部的纳林上校出了一本书，说明他们的战斗组织，这实际上和我为我们未来的装甲师所提出的计划一模一样。1935 年 3 月，戈林宣布德国将建设一支强大的空军，其中除许多截击机以外，还将有大量的轰炸机和一支强大的俯冲轰炸机机队。这些措施虽然在许多地方明目张胆地破坏了条约，但自由世界却只满足于由国联在口头上提出一个空洞的抗议。

我们绝对不能坐视未来的敌人装备制胜的武器，而法国则两手空空。但当时举国上下都陷入了一种令人难以置信的麻痹状态，当局竟然从不号召采取必要行动。我的声誉和地位虽然不能见重于当时，但那时的危险性极大，我已经无法保持缄默了。国防的责任应当由政府担负，我决定到那里去进行辩论。

开始，我和安德烈·皮龙诺联合起来。他原是《巴黎回声报》的新闻编辑，后来是《时代报》的编辑。他愿意使大家都知道机械部队的计划，并通过大型报纸来督促政府行动。他把这两件事都当成了自己的任务。他把自己的斗争和新闻结合起来，一共发表了 40 篇重要的评论，使人们普遍都了解了这个问题。每遇到有机会使公众的注意转向国防时，我那位友好的同伴就在他的报纸上宣传建立特种兵团的必要性。当时大家都知道德国人的主要军备力量放在进攻和追击上，皮龙诺对此发出了警告，但公众漠不关心的态度却顽固地把这些警告压下去了。他曾 20 多次证明德国的装甲部队加上空军可以使我们的防线一下子崩溃，并使我国人民产生一发不可收拾的惊慌。

当安德烈·皮龙诺从事这项有意义的工作时，其他的记者、批评家至少也提到这个问题了。如《时报》的雷米·鲁尔和巴拉蒂埃将军；《论争报》的让·玛丽·布尔热、居尼亚克将军、杜瓦尔；

《秩序报》的埃米尔·布雷和夏尔·吉龙；《晨报》的安德烈·勒孔特；还有许多其他评论刊物的撰稿人，如埃米尔·梅耶上校、吕西安·纳香、让·奥比尔坦等等。但事物和观念的既成状态太顽固了，单单是报纸上的文章完全不能影响它们。国家的统治者必须认识到这个问题。

我认为保罗·雷诺先生特别适合做这项工作。他的智慧足以吸引舆论，他的才能足以促进事情的实现，他的勇敢足以使他战斗到底。此外，他虽然已经是一个举世瞩目的人物，但他的作为仍然使人认为他还有更远大的前程。我见了他，说服了他，并从此和他合作。

1935 年 3 月 15 日，保罗·雷诺在下院的讲坛上发表了一次深得人心的讲演，说明我们的军事组织为什么必须用素质极高的机械化部队来补充。不久之后，政府要求议会投票表决两年兵役制，雷诺一方面赞成这一议案，同时又提出另一议案，主张“立即成立特种兵团，其中包括 6 个第一线师，一个轻装备师、总后备队和后勤部队等。这些都应当由正规军组成，至迟要在 1940 年 4 月 15 日以前实现”。在这 3 年内，雷诺先生在几次讲演中都申述了他的论点，使得议会深受震动。他还写了一本名为《论法国的军事问题》的书和许多言辞激烈的评论文章，并进行访问，最后还跟军政两界的要人面谈这个问题。因此，他便获得了革新和果断的政治家的美誉，并以个性宜于在严重关头执政见称。

那时，我认为这件事最好是多方面齐头并进，所以就尽量邀请其他的人参加。勒·古尔·格兰梅逊先生对于职业军队特别感兴趣，这也符合我国传统。他慷慨地同意做一个倡导者。三名左翼代表——菲利普·塞尔、马塞尔·戴亚和雷奥·拉格朗日——都才华出众，足以使新提案革命的一面凸显出来，他们也同意加入到我们的行列里来。三个人中的第一个人实际上这样做了，工作做得很出色，被公认为是一个伟大的演说家，不久之后就参加了政府工作。第二个人的才华我是非常佩服的，但在 1936 年竞选失败以后就被引诱到反对派方面去了。第三个人由于所属党派的阻挠，未能申述他的信念。不久，重要人物如下院的保罗-彭古和上院主席米勒兰都告诉我说，他们赞成我的改革计划。

但这时官方机关和官方的支持者，非但不承认明显的必要性并接受改革计划来修改他们的公式与应用方式，反而坚持已存在的制度。不幸的是，他们的态度竟那样强硬，所以便堵死了改进之门。他们为了抵制机械化部队的主张，不惜对它进行歪曲。他们悍然不顾技术的进步，并且忙着否定这种事实。他们为了抹杀事实，竟假装没看见。我愿趁此机会说明一下，意见的冲突一旦牵涉到既成的错误和官方人士，就会产生一种不可调和的神学争论的色彩。

第一次世界大战时，光荣的陆军总司令德贝涅将军曾在 1927 年以参谋总长的资格拟定了有关军事组织的法律，这时他严正谴责这一计划。他在《两大世界评论报》中以权威的笔调解释道：“任何欧洲冲突中的关键都在我国东北方的国境线上，所以问题就在于坚守这一防线。”他看不出法律和实践中有任何东西值得修改，而仅仅坚持由此而产生的制度。魏刚将军也在《两大世界评论报》中提出了意见。他认为我的看法，顾名思义，会使陆军分为两部分，他抗议道：“两个陆军——说什么也不行！”至于我对于特种兵团功能的叙述，他并不否认是有意义的，但却认为可以由现成的部队来实现。他解释道：“我们已经有了机械化、摩托化和骑兵化的后备队。没有什么可建立的，一切都已应有尽有了。”1939 年 7 月 4 日，魏刚将军在里尔的一次公众集会上讲演时，又一次声称我们根本不缺什么。

贝当元帅认为应当加入论战。他为索维诺将军一本名为《侵略是可能的吗?》的书写了一篇序，他就这样加入了论战。这位元帅在序言里声称坦克、飞机并不能改变战争的基本因素，决定法国安全的主要因素还是要塞加固的连绵防线。《费加罗报》上有一个署名为让·黎维叶的人发表了一系列鼓舞和安慰人心的文章，如《坦克并非不可战胜的》、《坦克的弱点》、《当政治家误入歧途的时候》等等。有一位法国将军用三颗星来代替他的真姓名，在《法国水星报》上发表文章，甚至连摩托化的原则都否定了。他声称："德国人是天生的侵略民族，自然就必须有装甲师。但法国人是和平与防卫的民族，所以就需要反对摩托化。"

另有一些批评家甚至带着讽刺的口吻。某大文学评论杂志的批评家写道："对这种近乎狂语的概念，我们评述时很难保持应有的礼貌。简单地说，戴高乐先生的话在几年前就被尤伯老头先声夺人地说过了。那位先生也是一个具有现代观念的战术家。他常说：'当我们从波兰回国以后，就可以想象，借着物理科学的帮助，用一个风力机运送全部军队。'"

如果说保守分子由于守旧，从根本上就抱着敌对态度，那么进步党人的态度也不见得比他们好。1934 年 11 月和 12 月间，《人民报》一位名叫莱昂·勃鲁姆的文章作者，以极不调和的态度说这个计划在他心中引起了反感和不安。在他发表的几篇文章中，如《职业士兵与职业军队》、《争取职业军队?》、《打倒职业军队!》，都表明了他的反对建立特种兵团的立场。他所持的理由不是国防，而是他所谓的民主与共和的观念，这种观念从传统上就认为任何有关军事的东西对国家都是一种威胁。因此，勃鲁姆对职业军队大兴问罪之师。按照他的说法，这批人的组织、精神和武器必将自发地危害共和国。

官方机关在左右双方的支持下，反对一切改革。雷诺先生的计划被下院的陆军委员会否定了。关于这一问题的报告由陆军参谋总部共同拟定，由塞纳克先生提出，对于提出改革计划的结论是：

“无用，不受欢迎，违反逻辑与历史。”国防部长莫林在国民议会的讲坛上对赞成机动兵团的讲演者答辩道：“我们已经花费了这么大的力量筑成了一个这样坚固的防线，如果我们竟疯狂到越过这个防线作莫名其妙的冒险，那难道是可以想象的事吗?”接着他又说道：“我刚才告诉诸位的话是政府的意见。至少在我个人来说，是完全熟悉战争计划的。”这几句话决定了特种兵团的命运，同时也让欧洲长着耳朵会听话的人预先知道，不管发生什么事情，法国除了派人防守马其诺防线以外，就不会做其他的事了。

果然不出所料，部里的谴责压到我个人身上来了。但这是一阵阵发作的，没有正式提出谴责。那时我在国防部当秘书，在总统府开会完毕时，莫林将军当场就严厉地对我说：“算了吧！戴高乐！有我在的地方，就没有你的地方!”在他的办公室里如果有客人提到我的名字，他就大叫道：“他找到了一个听话的作家皮让诺，一个留声机保罗·雷诺。我要把他送到科西嘉去!”[①] 莫林将军虽然这样声如雷鸣，却能尊严自处，没有爆发为雷霆之怒。不久之后，法布利先生代替他在圣多明尼克街就职，甘末林将军又接替魏刚将军做了参谋总长兼陆军参谋长。他们对于这个计划仍然承继前人的否定政策，对我也表现出同样的不高兴和激怒的态度。

官方人士虽然维持着现状，但心中却不能不暗暗地为我的说法所感动。其实他们对当时的情况十分清楚，对自己的反对意见绝不可能完全相信。他们一边说我宣传的关于机械化部队的性能的概念是夸大其词，一边看到德国人建立机械化部队还是感到不安。他们声称要用 7 个防御性的普通大规模部队来代替 7 个突击师，所有兵员都用载重汽车运送，也就可以称之为“摩托化”了，然而他们比谁都清楚，这不过是玩弄一下字眼而已。他们说，如果采用特种兵

---

① “把某人送到科西嘉去”是法国成语，即“流放”的意思。

团，陆军就会分裂成两部分，其实在我的书出版以后，就投票通过了两年兵役制，必要时可以在精锐部队中加入一部分新兵；而且那时已经有了海军、空军、殖民地部队、非洲军、警察部队和流动卫队等，这些都是特种部队，但全军的团结却没有因此受到损害，这些他们都装作没有看见。最后，国家部队的统一并不在于装备相同、来源相同，而在于他们同为一个国家服务，同处于一种法律和一面旗帜之下。

这些卓越的人物由于在对谁忠诚的问题上已铸成大错，因此不能成为名副其实的领导人，而只能成为安慰人心的喇叭筒，这一点使我感到非常遗憾。然而目前的局势在他们面前展开以后，我可以从他们那信心的背后看到他们沉闷不安的心理。这只是许多事件中的第一件，在这些事件中一部分法国的杰出人物对于我所追求的全部目标都加以谴责；然而在他们内心深处，对于自己的低效能仍然感到悲伤，因此便在苛责之外，由于悔恨而对我产生了一种难以解释的尊崇。

命运注定了。希特勒那时已经懂得怎样估计我们这边所能做出的事情，因此就开始了一系列的武装侵占。1935 年，在萨尔的公民投票问题上，他就制造了紧张空气，说什么法国政府还没有上场，就打起退堂鼓来了。萨尔的人民一部分是为引诱，一部分是为德国的怒火所震慑，于是便集体投票赞成德意志第三帝国，墨索里尼则由于赖伐尔政府的支持和博杜安内阁的纵容，悍然不顾日内瓦方面的制裁，向埃塞俄比亚进军。1936 年 3 月 7 日，德国军队突然跨过了莱茵河。

《凡尔赛条约》禁止德国军队进入莱茵河左岸，《罗加诺公约》又使这一地区中立化。根据严格的法律观点来说，德国一旦破坏了它签字承认的公约，我们就可以马上重新占领莱茵。如果有特种兵团存在（甚至只要有一部分），装备着快速的机械，而且人员也随时可以出发的话，那时事实的自然趋势就会马上使它进军莱茵。我们的盟国波兰、捷克斯洛伐克、比利时都随时可以支持我们，而英国则事先已有承诺，这样，希特勒就一定会撤回去。那时他刚开始重新武装，无力应付一个全面的冲突。如果法国那个时候在那个地点出面阻遏，对于希特勒和他的国家都将带来毁灭性的后果。在这样一场赌博中，他将一下子全部输光。

可是他赢得了一切。我们的行政当局原来就已经极不愿意兴师动众，而我们的组织、资源的性质和国防的精神又迫使他们动弹不得，因此便使我们无法进兵。由于我们只打算守住国境线，而且给自己加上了一条克己的戒条，在任何情形下不得越过此线，因此德国便可以预计不会遭到法国的还击。希特勒对这一点很有把握。全世界都开始注意这件事情。德国非但没有发现自己必须把派出去的军队撤回，反而在与法、比接壤的莱茵地区，不受任何打击就站稳了脚跟。在这一事件以后，外交部长弗兰旦先生诚然可以带着怨恨的心情到伦敦去了解英国人的意图，总理萨劳也可以声明巴黎政府“不能容忍斯特拉斯堡处在德国的大炮射程之内”，法国的外交可以使国联在口头上对希特勒加以谴责，但在既成事实的面前，这些都只是一种空喊和装腔作势而已。

在我看来，这个事件所激起的情绪是有益的。当局可趁这个机会利用这件事来填补一些无法弥补的空缺。法国的人民虽然被选举和由选举带来的社会危机吸引住了，但每一个人都同意必须加强国防。假如我们集中精力来建立我们所缺少的军队，那么安危所系的事情还是可以得到挽救的，但这种事情并未出现。1936 年的大量军事拨款都是用来加强现存制度，而不是用来改进它。

那时我仍然抱着某些希望。当时的骚动使得全国都惶惶不安，在政治上这种情绪导向一种在选举活动和议会活动两方面合作的联合阵线，叫做“人民阵线”。在这种情况之下，我看到一种可以摆脱消极状态的心理因素。很显然，柏林的国家社会主义胜利了，法西斯主义统治了罗马，长枪党在马德里取得了进展，法兰西共和国必然愿意在这个时候改进它的社会组织和军事力量。10月间，总理莱昂·勃鲁姆邀我去见他。我们会谈的时间是下午。恰恰在那一天，比利时国王公开宣布终止与法国和英国的同盟。国王断言，如果他们的国家遭到德国人进攻，这种同盟也不会保护它。他声称："实际上在现代机械化部队所能发挥的威力面前，我们在任何情况下都会孤立。"

莱昂·勃鲁姆热情地对我说，他对我的看法极感兴趣。我说："不过，你一直反对这些看法啊！"他答道："一个人做了政府的领导人以后，他的看法是会改变的。"当时可以预见希特勒将进兵维也纳、布拉格和华沙，我们首先谈的就是到那个时候将发生什么情况。"那还不简单吗？"我指出，"我们作一个局部动员或总动员，然后从我们要塞的城墙垛子缝里，看着欧洲被奴役就得啦。""什么？"勃鲁姆大声说道，"难道你叫我们派一支远征军到奥地利、波希米亚和波兰去吗？""不！"我说道，"如果德国国防军沿着多瑙河和易北河前进，我们为什么不能进兵莱茵呢？多瑙河既然流入维斯杜拉河，我们为什么不能进兵鲁尔区呢？同时，只要我们能还击，无疑就能制止侵略行为，但我国的现存体系使我们动弹不得。相反的，装甲兵团却能帮助我们这样做。一个政府的方针如果事先作了决定，难道不会因此得到一些安慰吗？"总理以极友好的态度同意了我的说法，但同时又说："如果我们在中欧和东欧的朋友暂时被征服了，那自然是很可悲的。但最后说来，希特勒如果没有打垮我们，他还是毫无所得的。他能怎样摆布那些地方呢？相信你也同意，我们的体系虽不宜于进攻，但在防守方面却是呱呱叫的。"

我指出情形并非如此，提醒他注意利奥波德三世在当天早晨所发表的声明。我说这是由于我们没有精锐部队，在对德关系上处于劣势地位，所以才丧失了比利时的同盟。这位政府的首脑认为布鲁塞尔的态度不仅仅出于战略的动机，但也不多争论这一点。“在任何情况下，”他说，“我们的防线和要塞将保卫住我们的领土。”“那才不见得哩，”我答道，“早在 1918 年就没有所谓不可攻破的防线了。请你看看从那时以来坦克和飞机又有了多少发展！在明天的战争里，如果集中足够数量的机械，就能在任何选定的地段突破任何防御的壁垒。一旦打开一个缺口，德国人就可以用空军支援一支快速机械化部队，远远地插到我们的战线后方来。如果我们也有这样的部队，一切就可以挽救；要是没有的话，一切就都完了。”

总理告诉我说，政府在议会的支持下已经在平时预算之外拟订了一个庞大的国防开支计划，其中相当大的部分将用于坦克和空军。我提醒他说，一切预订的飞机设计都是截击用的，而不是攻击用的。至于坦克车，十之八九都是“雷诺”式的和 1935 年“哈乞开斯”式的。这些坦克虽然都是新式的，但却十分笨重而缓慢，炮也都是短射程的，只能和步兵配合作战，而不能以大规模的单位形成一个完整的独立作战体系。同时，我们根本就没有完整的独立作战体系这种观念。因此，我们的组织仍然会保持原来的状态。我说道：“我们会按照机械化部队所需要的数量制造出许多装备，花掉许多金钱，但我们还是得不到那种部队。”“拨归国防部的款项如何使用是达拉第先生和甘末林将军的事。”总理答道。“这没有问题，”我答道，“但是不揣冒昧，我认为国防是政府的责任。”

我们谈话的时候，电话铃足响了 10 来次，莱昂 · 勃鲁姆的注意力被分散到琐碎的议会和行政事务上去了。当我告别的时候，他又去接电话。他做了一个疲惫不堪的手势说：“瞧，一个当政府首脑的人，根本没有 5 分钟能停留在一个思路上，要坚持你所提出的计划，谈何容易！”

不久之后，我听说，总理对于那次会谈虽然深有所思，但并不打算采取大刀阔斧的步骤，老计划仍将照旧实行。从那时起，我就认为及时抵制德国新兴力量的时机已经大大地错过了。我坚信，希特勒的性格、他所崇奉的理论、他的年龄、他给予德国人民的推动力，实际上都不容许他等待。这时事态的发展太快了，法国的统治者即使愿意的话，也已经无法弥补法国所失去的时间了。

1937 年 5 月 1 日，一个完整的装甲师在柏林游行，上空飞过几百架飞机。观众所产生的印象，尤其是我国大使弗朗索瓦·蓬塞和大使馆武官的印象是：这样一支军队，只有同类军队才能阻挡它。但他们的报告并没有使巴黎政府改变既定计划。1938 年 3 月 11 日，希特勒实行了德奥合并，把一个装甲师开进了维也纳。这支部队一出现，马上就获得了大家的承认。希特勒自己也就随同这支部队在当晚胜利地进入奥地利首都。法国非但不从这次粗暴的示威中吸取教训，反而用嘲笑的口吻描述有几辆德国坦克在这次急行军中怎样抛了锚，想用这种方式来安定人心。原先在西班牙内战中，德国的俯冲式轰炸机和意大利的坦克虽少，但在每次战役中都起了重要作用。这种教训也没有使他们更好地认识现实。

9 月间，希特勒利用伦敦和巴黎的复杂局势，进占了捷克斯洛伐克。在慕尼黑事件前三天，德国总理在柏林体育馆讲演时，曾在狂热的笑声与欢呼声中详细地阐明当时的局势。他大声喊道："现在我可以公开宣布你们都已经知道的事实——我们已经拥有世界上从未有过的兵力。"1939 年 3 月 15 日，他迫使总统哈加正式提出辞呈，并在同一天进入布拉格。以后，在 9 月 1 日又突然进攻波兰。在同一悲剧的连续几个场面中，法国始终扮演着等候宰割的羔羊的角色。

我个人看到这些事件时一点也不觉得奇怪，但不能不感到痛心。1937 年，我参加了高级军事训练中心的工作，并受命在梅斯指挥第 507 坦克团。当了团长以后，由于远离巴黎，根本没有机会而且也不能和各方接触，所以就无法参加辩论。1938 年春天，保罗·雷诺先生参加了达拉第内阁，起初是当司法部长，后来当财政部长。他不但机关事务缠身，而且恢复经济与通货平衡的任务也十分紧迫，把部长任内的时间全都占去了。当时德国的强大武装力量已经雄视整个欧洲，我们的当局却顽固地建立着一种静止的军事体系；德国已经张牙舞爪地要扑到我们身上来了，当局还在盲目地玩着荒唐的把戏；还有许多傻瓜甚至为慕尼黑投降事件喝彩。这一切完全是病入膏肓的民族自暴自弃所造成的后果。对于这一切，我是束手无策的。然而在 1938 年当我看到暴风雨快要来临的时候，我还是出版了《法兰西和她的军队》一书。在这本书中，我说明若干世纪以来，国家的灵魂和命运何以一直都反映在军队这一面镜子里面。这便是我在那卑微的地位上，当大难临头的前夕，为我国提出的最后一次警告。

1939 年 9 月间，法国政府追随着英国内阁，同意介入在波兰发生的冲突。这时我毫不怀疑，我们虽然在那种战争状态中采取这一步骤，但我们仍抱有不会打到底的幻想。当时我在阿尔萨斯任第 5 军的坦克部队司令。波兰在两个星期之内就被德国的装甲师和空军大队击溃了，而我们动员的军队都在阿尔萨斯停了下来。我对这种情况一点不感到奇怪。诚然，苏联的插手加速了波兰的崩溃。但人人都看得清楚，斯大林决定和希特勒合作是因为他确信法国将按兵不动，于是德国就可以腾出一只手来。苏联与其说成为牺牲品，倒不如说和希特勒共享一个牺牲品。当敌人倾巢来犯，把部队开往维斯杜拉河时，我们所做的只不过是几个象征性的动作，进军到莱茵。我们也没有阻止意大利，因而使得他们在法国进军和恪守中立两条道路之间可以任意选择。最后，我们也没有进军列日和亚尔伯运河以立即和比利时联合起来。

这时，占统治地位的党派，又企图把这种观望政策说成是一种卓有成效的战略。政府人员，首先是总理本人，在无线电广播里大肆吹嘘静守政策的好处，报纸上有许多要人也随声附和。他们说：由于这个政策，我们才能不折一兵一卒而保住了国土的完整。《费加罗报》的编辑布里逊先生到凡根堡来访问我，问我的意见如何。当他听见我抱怨我们的军队处于被动时，他大喊道："难道你没有看见我们已经在马恩省内不战而胜了吗?"1940 年 1 月间我到巴黎访问，在瑞华利街雷诺先生的公寓里吃饭，席间遇见了莱昂·勃鲁姆。"高见如何?"他问我。"问题在于春天的时候，德国人到底是西进而取巴黎，还是东进而取莫斯科。"我答道。"你是这样的看法吗?"勃鲁姆先生吃惊地问道，"德国人东进？他们为什么要把自己深深地陷在苏联的领土里呢？他们西进？马其诺防线怎么对付呢?"总统勒伯伦来视察第 5 军时，我请他检阅我的坦克部队。"你的看法我很清楚，"他和颜悦色地对我说，"不过敌人要利用你的看法已经太晚了。"

其实是我们太晚了。1 月 26 日，我还作了最后一次努力。我向政府 80 位要人各送了一份备忘录，其中包括最高统帅部和政界方面的人物。为的是要使他们相信敌人将从空中和陆地两方面以极强大的机械化部队大举进攻，我们的防线随时可以被突破。如果我们没有同样的部队进行还击，我们就很有被消灭的危险。建立必要部队的问题，必须立即作出决定。除了制造必要的武器以外，还必须赶快把各单位现有的和正在形成的机械化部队组成一个机械化总后备队，正在训练的机械化部队，必要时也可以构成部队的一部分。

在结语中我说："法国人民无论如何也不能幻想目前军事方面的静止状态和现代战争的性质是协调的。其实正好与此相反。内燃机使现代的破坏工具具有极大的威力、速度和射程。现代的冲突早晚会显示出来，它的运动、奇袭、突破、追歼等等的规模和速度都将远远超过以往最迅速的战役……我们绝不可看错这一点！已经开始的冲突很可能成为曾破坏过世界的冲突中规模最大、性质最复杂和程度最深的一次。由此冲突所产生的政治、经济、社会与道德的危机是极其深刻而普遍的，最后必然会在人民的生活状况和社会的组织中引起一次彻底的剧变。隐隐欲现的客观规律给这样一次革命准备了一个同它的巨大规模成正比发展的军事工具——机械化部队。现在已经是法国作出决策的时候了。”

我的备忘录并没有引起震动，但这里面所提出的看法和证据还是产生了一些效果。1939 年末已经成立了两个轻装备机械化师，第三个也在形成中。然而这些只是进行侦察活动的单位，在引导大型装甲部队的活动方面大有用处。没有后一种部队时，它的作用就非常小了。1938 年 12 月 2 日，由于比洛特将军的坚持，最高国防委员会决定建立两个装甲师。其中一个在 1940 年初建成，另一个应在 3 月建立。这些师将以 30 吨 B 型坦克装备。这种坦克最早在 15 年以前就出现了，这 300 辆（终于!）制成了。但不论每一辆坦克的机器质量如何，都和我提出的威力相差很远。每师的坦克是 120 辆，而我所希望的却是 500 辆。用载重车运送的步兵是一个营，我却认为必须有 7 个营用履带车辆运送。炮兵是两队，而我认为必须有 7 队装备着全射角炮的炮兵。搜索队根本没有，而我认为必须有一个。最后，我主张机械化单位只能组成独立部队的形式，组织和指挥都必须和这种形式配合。但当时所计划的恰恰与此相反，装甲师将附属于各种旧式的军团。换句话说，要把它们混合到普通的编制中去。

在军事部门出现的微小而缺乏目的性的变革愿望在政治部门也开始出现了。办公室里的人们起初用“假战”维持的一种安乐生活，这时也渐渐消失了。他们动员了几百万人，将工业用于军火制造，并负担庞大的开支，这一切都使得国家处于剧变中，其效果对心神不安的政治家来说日渐显著。此外，人们原先希望敌人会由于被封锁而日趋衰弱，但没有出现这种征象。当时不能很响亮地提出另一种战争政策，因为根本没有条件。在这种情况下，人们还是把自己的不安和苦难都归咎于已经实行的战争政策上。正和往常一样，政府在无法采取措施来挽救当前局势的时候，就设法自欺并欺骗公众舆论了，于是出现了一次内阁危机。1940 年 3 月 21 日，议会推翻了达拉第内阁。23 日由保罗·雷诺组织政府。

新总理召我到巴黎去见他，叫我写一份简单明了的说明。他一字不改地拿着这份说明到议会里去宣读。那时议会走廊中已经笼罩着阴谋，我到波旁王宫的一个旁听席去看宣读情况。

当时的情景是很令人害怕的。当政府的首脑把政府的政策宣读给疑虑不定、冷淡无情的议员听时，几乎听不见有人讨论它；只有自认为受到新组成的政府伤害的人或团体的代言人说话。人们谈到国家的危境、举国上下必须作出努力以及自由世界的合作这些话时，只是为了粉饰一下他们自己的要求和抱怨。莱昂·勃鲁姆虽然没有地位，却以伟大的精神发了言。多亏他，保罗·雷诺的议案才在极窘迫的情形下通过了。政府得到的信任票只是一票的多数。议会主席赫里欧先生后来告诉我说：“我不大相信政府得到了那一票。”

在我回到凡根堡的指挥部去以前，我和总理在一起住了几天。当时他住在凯道赛街。那几天使我充分看到政府败坏到了什么程度！在各党派、各报纸、各行政机构、各企业和各工会内，都有有势力的团体公开支持停止战争的意见。消息灵通的人士认为，这是贝当元帅的意见。他是我国驻马德里的大使，据说他从西班牙方面得知德国人亟愿作出调停。到处都有人说：“如果雷诺倒台，赖伐尔将由贝当抬出来执政。这位元帅实际上可以使最高统帅部接受停战条约。”有一种传单成千上万份地传开了，共有三页，上面完全是描绘贝当的。第一页把他描写成第一次世界大战中的胜利的领导者，标题是“昨天是一位伟大的军人!”，接着又描写他做大使的情况，标题是“今天是一位伟大的外交家!”，最后把他描绘成一个伟大而模糊的形象，标题是“明天呢?”。

必须指出，某些人认为与其说希特勒是敌人，不如说斯大林是敌人。他们更加关心的是如何打击苏联，是通过援助分兰的办法呢，还是轰炸巴库，或者是从伊斯坦布尔登陆。至于如何对付德国则很少关心。有许多人露骨地表示他们赞赏墨索里尼。有些人，甚至政府中的人士，主张把吉布提和乍得让给希特勒，并让他分享突尼斯地区的共治权，以便向魔鬼讨好。至于共产党人，当柏林和莫斯科作对的时候，就大事张扬地支持民族事业，当莫洛托夫和里宾特洛甫达成协议的时候又开始斥责资本家的“战争”。于是人民大众感到迷惑，感到领导国家的人和机构都不能解决问题，因此十分犹疑不定。显然，一股严重的逆流就会使全国受到一阵惊扰，这样就能把一切东西涤荡无遗。

保罗·雷诺企图在这种毒化了的空气中树立他的权威，更加使他为难的是他不断和达拉第发生冲突。他接任了达拉第的总理职位，但达拉第还在政府中任国防部长和陆军部长。这种奇妙的局势是无法改变的，因为如果得不到激进社会党的支持，政府就会垮台，而他们又坚持自己的领袖必须留在政府中，以便待机恢复领导地位。保罗·雷诺因为急于要扩大他那微弱的多数，所以便力图消除温和派对他的成见。那种局势是很微妙的，一大部分右翼分子情愿与希特勒讲和，与墨索里尼取得谅解。总理发现必须把保罗·博杜安先生请到身边来当国务部次长，并任命他当刚成立的战争委员会的秘书，此人在右翼的圈子里是很活跃的。

实际上保罗·雷诺先生本来预定把这个工作托付给我。战争委员会管的是作战问题，因之便将各主要部长、海陆空军总司令汇聚在一起。它将起决定性作用。秘书的任务在于安排讨论，出席会议，传达决议，监督执行。许多事情都要看这方面的工作来决定。雷诺先生虽然希望我来做这件事，达拉第先生却不同意。总理派人到圣多明尼克路把这个打算告诉他，他径直回答道："如果戴高乐到这里来，那么我就离开这个办公室，跑下楼去打电话告诉雷诺先生，请他让戴高乐来代替我。"

达拉第先生对我个人并没有反感。不久以前，在他当部长的时候就曾证明过这一点。他主动要把我的名字列在提升名单上，而那一批职员则企图把我去掉。但他负责国防几年之后，就决心坚持这套旧体系。他看到事实早晚会水落石出，就事先承担了他们那种判断的后果。他说，无论如何，要变动组织是太晚了。于是他便比以往更加坚决地死抱着他的论点。如果不顾国防部的反对，叫我来担任战争委员会的秘书，显然是不可能的。因此我又离开巴黎到前线去了。

在这以前，甘末林将军曾邀我到温散尼堡总部去见他。那儿的环境很像一个修道院。他由几个军官陪伴着，有的在工作，有的在沉思，根本不忙碌于日常事务。他把东北线交给乔治将军去指挥，如果没有事情发生，这种安排固然可以行得通，一旦参战就办不到了。乔治将军带一部分参谋人员驻在弗尔代-苏-茹雅工作，其余军官由参谋长杜门斯将军领导在蒙特利工作。实际上，最高指挥部被切成了三段。我的印象是，甘末林将军坐在那个象牙塔里，很像一个大科学家在一个实验室里试验他那战略的化学反应。

甘末林将军首先告诉我，他准备把装甲师由两个加到 4 个，并说他决定叫我指挥第 4 师，这一师将在 5 月 15 日以后成立。不管我对我国在机械化部队问题上那种不可救药的迟缓有什么印象，作为一个团长而竟被任命指挥一个师，的确使我感到很骄傲。我把这一点告诉了甘末林将军。他简单地答道："我很能理解你的满意心情。至于你的忧虑，我倒不相信有什么根据。"

这位将军接着把他对局势的看法告诉我。他把地图打开，指出敌我双方的阵地，并说他估计德国人在不久的将来会发动进攻。根据他的看法，矛头主要会指向荷兰与比利时，目标是加来海峡，想把我们和英国的联系切断。有许多迹象让他相信，敌人将首先声东击西地向斯堪的纳维亚各国进攻。他似乎不但对自己的安排和部队的素质满意，而且急于要一试身手。由于他带领着一批军队，而且我认为他花了自己的心血，于是我便迷信了他。同时，他曾追随过霞飞将军，在第一次世界大战初也曾见过一些世面。这时他便自拟于霞飞将军，认为在他那样的级别上，主要的事情就是一劳永逸地把自己的目标固定在一个周密的计划上，纵使遇到天仙下凡也不放弃它。这个人的智慧、精密和自制都达到了很高的程度，他对自己在未来的战争中将获得最后胜利这一点是坚信不疑的。

这位伟大的将领坐在“修道院”里做好了突然担负起一个莫大的责任的准备，他孤注一掷于一个行动，但在我看来，那个行动却是错误的。因此，当我向他告别的时候，心中有些不安。

5 个星期以后，暴风雨袭来了。5 月 10 日那天，敌人在先攫取了丹麦，接着又几乎全部占领了挪威之后，就大举进攻。这次进攻自然始终是用机械化部队和空军，兵团跟在后面，几乎用不着怎么交锋。全军分为两个兵团，一个兵团由贺特指挥，另一个兵团由克莱斯特指挥，共有 10 个装甲师和 6 个摩托化师，大举西进。10 个装甲师中有 7 个在 3 天之内就跨过亚尔丁，到了默兹河。5 月 14 日那天，他们跨过默兹河到了迪南特、基维、芒特梅和色当。进军时由 4 个大型摩托化部队支持和掩护。俯冲式轰炸机不断地配合他们，并且轰炸我们前线后方的铁路和铁路交叉点，我们的运输瘫痪了。5 月 18 日，这 7 个装甲师越过马其诺防线，摧毁了我们的阵地，消灭了我们一个军之后，在圣康坦重新集结起来，准备一举攻下巴黎或敦刻尔克。这个时候，另外 3 个装甲师由两个摩托化师配合着在荷兰布拉班等地作战。那里的盟军有一个荷兰军、一个比利时军、一个英国军和两个法国军。但他们一下子就把这80万兵员打得混乱不堪，一蹶不振。也可以说，我们的命运在一个礼拜之内就决定了。我们犯下的致命性错误早就使我们的军队和国家处在一个危险的陡坡上，现在整个法国便一发不可收拾地滚下去了。

然而，法国还有3 000辆现代化坦克和800架装着轻机关枪的坦克。德国人的这类武器并不比我们多。但我们的武器已按计划分配在整个前线的各个段落上了。其中绝大部分的建制和装备并不是为了构成机动兵团，甚至连投入战斗的几个较大的机械化部队也是分散使用的。三个轻装备师开往列日和布列达进行侦察活动，也很快就被迫撤回，分散开来守住一条战线。第1装甲师调到一个军团中去以后，5月16日那一天在那慕尔西边单独发动了一次反击，结果被包围并被歼灭了。同一天，第2装甲师由火车运往希尔逊。但下车后，各部队就由于一阵混乱而一个个地被吃掉了。前一天，刚成立的第3装甲师一开到色当以南，马上就被分配到一个步兵师的各营中去。在一次徒劳无功的反击中，也是一个个地被吃掉了。假如它们事先集结起来的话，再不行也能给予侵略者以沉重的打击。但兵力分散，在德国装甲兵团出动还不到六天的光景，就被打得落花流水了。至于我个人，当我从零星的消息中打听出真相时，发现凡是我所不愿设想的事，没有一件不是真的。

那次战争虽然是毁灭性的，但却使军人拿出军人气概来了。这种事情也轮到我头上来过。5月11日，我接到命令指挥第4装甲师。这个师其实还没有成立，但它所属各部队将从遥远的地方聚拢来由我逐步处理。我首先把指挥所设在维新涅，5月15日我从那里被召到总部去面授机宜。

这些指示都是参谋长通知我的，包括的范围极为广泛。杜门斯将军对我说："最高统帅部要在埃纳河与埃莱特设立一道防线来阻塞通向巴黎的道路。第 6 军也将开到那里去。这一军由杜孔将军指挥，是由法国东部聚集的各部队组成的。你的师预先在拉昂区单独作战一个时期，要争取一段时间，好让这道防线建立起来。东北线总司令乔治将军让你自己决定需要哪些条件。实际上你将单独直接向他负责。由司令官科美尔将军担任联络。”

乔治将军接待我的时候，态度宁静而客气，但显然很紧张。他一再指示我所应做的事，并且补充说：“戴高乐，你来了！你长期以来所持的见解，敌人已经实现，现在正是你大显身手的时候了。”行政部门这时想一切办法促使我所统率的部队尽快到拉昂去。我看到参谋人员正在忙于处理那些因在恐怖日子里到处都遇到袭击和混乱而发生的许多调运和交通问题，他们尽量把这桩事情办好。其实人们早就看到已经没有希望了，力量的泉源已被破坏了。

我急忙赶到拉昂，把我的指挥所设在城东南的布鲁耶雷，并巡视了一下周围的地方。那个地区的法国军队只有第 3 骑兵师的几支零散部队和防守拉昂城堡的很少的几个人。还有第 4 独立炮兵队，他们曾受命在必要时使用化学武器，但由于偶然的机会被遗忘在那里了。他们的人员虽然十分精干，但只装备着马枪。我把这一队人归并过来，派到西松运河沿岸去防止袭击。当天晚上，他们就和敌人的巡逻部队发生了接触。

16 日那一天，我那草创的参谋部也到这里来和我会合了。我进行了侦察，并搜集了一些情报。我得到的印象是大量德军从亚尔当倾泻出来，通过罗科罗亚和梅西耶尔，不是向南进而是向西进，去夺取圣康坦。右边由侧翼警戒部队掩护向塞纳河的南边挺进。狼狈不堪的难民一群又一群地把北方的通路都堵塞了。我也看见许多士兵把武器丢了。他们都是前一天被德国装甲部队击溃的部队的士兵。他们逃跑时，被敌人的机械化分遣队追上了，叫他们放下武器赶快往南逃，免得挡路。敌人告诉他们说：“我们没有时间来俘虏你们！”

我看到许多慌乱的人民、溃败的士兵，又听到敌人那样轻蔑地侮辱我们，心中不禁燃起了无名怒火。“唉，真是笨！头一仗真是再坏也没有了。但是必须继续打下去。说打仗，世界宽广得很。只要我还活着，我就要战斗。不论叫我打到哪里，不论叫我打多久，不打垮敌人，洗雪国耻，决不罢休！”往后我的一切努力，都在那一天决定了。

首先，我要用我所掌握的部队在第二天早晨发动攻势。我决定向东北推进20公里，攻取塞纳河上的蒙特康内，这是通往圣康坦、拉昂和兰斯路线的交叉点。我将切断第一条路线，使敌人在西进时无法利用它，而且还要堵住另外两条路线，否则敌人就将通过这些路线进攻第6军防守薄弱的阵地。5月17日拂晓时分，拨来了三个营的坦克车。一营是B型的（第46营），由第6半旅的一连D—2型坦克加强，另外两营（第2营和第24营）都是雷诺35型的，组成第8半旅。黎明时我指挥他们前进。敌人有许多部队已经侵入到那个乡间，他们一路扫荡这些部队，到达了蒙特康内。到傍晚，他们在那里的郊区和城内战斗，消灭了许多狙击兵，包围了企图突围的护送部队。但塞纳河上的敌人却守住了。显然，我们的坦克如果没有后援是无法渡河的。

白天又拨来了轻步兵第4营。他们一到，就被我派去消灭希维尔附近的敌军前卫部队。这些部队先把我们的坦克放过去，然后才出现。这一任务马上就完成了。但塞纳河北面德国的大炮在向我们轰击，而我们的大炮还远没有来得及进入阵地。那天下午，德国的“斯图卡”俯冲轰炸机片刻不停地在天空中冲过来又冲过去，攻击我们的坦克与载重汽车。我们却没有手段去还击。最后，德国人的机械化分遣队越来越多，越来越活跃，开始骚扰到我们的后方来了。我们像一个迷路的孤儿，离埃纳河还有30公里远。至少我们必须结束这种危险状况。

天黑时，我把刚来到的搜索团、第 10 装甲队派去和敌人战斗，并把坦克和轻步兵撤回希维尔。德军死了几百人，田野里堆满了被烧毁的载重汽车。我们抓到了 130 个俘虏，而自己损失的人则在 200 以下。后方路上的难民已经停止逃跑了。有些甚至又往回走。因为消息在他们那个悲惨的行列里传开了，说法军已经向前推进。

这时必须作战的地点已经不是拉昂的东北面而是北面。因为敌军的重要兵力由马尔往西推进，紧紧沿着塞纳河开到了拉斐尔。同时，德军的侧翼警戒部队又向南方展开，向爱莱特逼近。第 4 装甲师利用 5 月 18 日和 19 日两个夜晚进入了拉昂北面的阵地。这时我又获得了增援部队，其中包括第 3 装甲兵大队和两中队萨摩亚式坦克，还有 322 炮兵团，加上两队 75 毫米炮。同时指挥第 3 轻骑兵师的柏蒂将军答应在紧靠拉昂的阵地上用大炮来支援我。

说实在的，那时我指挥下的 150 辆坦克中，只有 30 辆是装有 75 毫米炮的 B 型坦克，有 40 辆是 D—2 型或装着 47 毫米炮的萨摩亚坦克，其余都是雷诺 35 型坦克，装着 37 毫米的短射程炮，有效射程最多只有 600 米。萨摩亚式坦克的战车长从来没有开过炮，驾驶员也只开过 4 小时车。实际上这一师只有一营步兵，用普通大汽车运送，行动时很容易被敌人击中。炮兵是由许多不同地点派来的分遣队组成的，许多军官还是第一次在战场上和士兵见面。我们没有无线电通讯网，命令只能由摩托传令兵送到各下属梯队，而且主要还是亲自去看。各单位非常缺乏一般应有的运输、补给和食物。然而，在这临时凑成的军队中，已经普遍地出现了士气昂扬的景象。没关系，泉源还没有枯竭！

19 日拂晓进攻！师里的坦克通过了一系列的目标以后，就向克勒西、莫尔蒂耶和彭利进击。他们要进到桥边，截断敌人通向拉斐尔的路。炮兵随着他们前进。右翼有轻步兵营和搜索团沿着巴伦顿河给他们做掩护，并向马尔方面挺进。早晨一切都很顺利。我们把渗入塞纳河区的各种敌军部队打退以后，到达塞纳河。但河北面敌人已经设了防。他们用火力控制了各渡口，我军企图夺取渡口的坦克都被击毁了。他们的重炮发挥了作用。实际上我们是和涌向圣康坦的敌军大部队发生了接触。要渡河使坦克推进就必须有步兵和更强大的炮兵，但我们没有步兵。在这种艰难的时刻，我不禁想起我很久以来所梦想的机械化部队在这时能发挥多大作用。那天要是有机械化部队，就可以立即挺进到基斯那个方向，敌军的装甲师就会寸步难移，并且在他们的后方引起严重的混乱。这时在北方的我军就可以再度和中部以及东部的部队取得联系。

但拉昂北面的兵力很弱，所以德国人渡过了塞纳河。前一天，他们在我们从蒙特康内撤出以后就从那里渡了河。中午以后，他们又从马尔渡河。他们拥有大量的装甲车，还有自动推进炮、汽车载运的迫击炮、摩托化的步兵，沿着巴伦顿河向我右翼进击，并且向堪布利我军的后方进攻。这时斯图卡俯冲轰炸机也来了！一直轰炸到天黑，我们的车辆无法离开道路，大炮都扔在野地上，他们的轰炸很可怕。午后不久，乔治将军下令叫我停止前进，因为第 6 军已经开到，我的师必须担任其他任务。我决定晚间在伏尔热附近集结队伍，再拖住敌人一天。如果他们打算从拉昂进向兰斯或苏瓦松，我们就进攻他们的侧翼，第二天再渡过埃纳河撤退。

敌人虽然企图到处阻挠我们，但我们一切都进行得很顺利。当我们从驻扎地撤出时，小战斗通宵未息。5 月 20 日，第 4 装甲师开向费斯姆和布雷纳。那时我们实际上是在德国人中间行军。他们一到那里，马上遍地都是人，他们占据了许多据点，用大量装甲车向我们的队伍进攻。由于有坦克开路并逼近敌方工事，所以我们行军到达埃纳河的时候并没有遇到重大的困难。即使如此，第 10 装甲队与一营坦克组成的后卫部队搜索团在费斯蒂伊还是克服了极大的困难才撤出来的。在克劳恩高地上，师辎重队受到猛烈攻击，不得不把几辆载重汽车放火烧掉扔在后面。

第 4 师在拉昂区作战时，北面的战争由于装甲师的推进而发展得很快。德军司令部决定在没有消灭中部和东部的部队以前先肃清北部的盟军，于是便把机械化部队开向敦刻尔克。这些机械化部队接着就开始进攻，他们从圣康坦出发分两路挺进：一路通过堪布莱和杜亚直取目标，另一路通过爱塔普尔和布伦沿着海岸穿过去。这时有两个装甲师已夺取了亚眠和阿布维尔，并在索姆运河南面建立了日后将发生作用的桥头堡。在盟军方面，5 月 20 日荷兰军被消灭了，比利时军往西撤，英国军队以及法军第 1 军和法国本土断绝了联系。

法军司令部当然希望和这两部分部队恢复联系，办法是使北方的部队从阿拉斯进向亚眠，并使中央部队的左翼从亚眠进向阿拉斯。这是甘末林将军在 19 日下的命令。5 月 20 日魏刚将军接任甘末林将军的职务，第二天将访比利时，他接受了这个计划。从理论上讲，这个计划是合乎逻辑的，但要执行起来，最高统帅部必须具有胜利的希望与信心。我们的将领原来所坚持的一套理论与组织体系被打垮了，使得他们丧失了主动性。一种精神上的抑制力突然使他们对一切都怀疑，尤其是对自己失去了信心。从那时起，离心力很快就表现出来了。比利时国王急于考虑投降，戈特勋爵忙着要登船撤退，而魏刚将军则想谈判停战。

当统帅部突然崩溃的时候，第 4 装甲师却在向西挺进。这时第一个问题就是如何渡过索姆运河，在未来的北进中占先。不久这个念头便被放弃了。接着又提出要用这个师配合其他部队击退从亚眠渡过索姆运河的德军。虽然第 4 师有一营坦克被调去做这项工作，但协同行动的办法还是被放弃了。那时指挥第 10 军的罗伯特·阿尔特梅耶将军正把仓促调到索姆运河下游的部队聚集起来。在 5 月

26日夜至27日，第4装甲师的指挥官[1]接到阿尔特梅耶将军的命令：火速开往阿布维尔进攻敌军，不得迟延。这里的敌军已经在城南建立了坚固的桥头堡。

那时我这一师正驻扎在格兰德威利叶附近。从5月22日出发，通过费斯姆、索亚松、维耶-科特勒、贡比涅、蒙狄迪耶和鲍维等地，5天之内走了180公里。平心而论，这支部队从在蒙特康内战场上建立以来，就一直没有停止过战斗和进军。坦克车的情况就能说明这一点。大约有30辆扔在路上了。另外，当我们进军的时候，也得到了极有价值的增援，如第47坦克营（B型坦克）、第19坦克营（D—2型20吨重坦克）、摩托化龙骑兵第7团、装备着105毫米炮的炮兵队、高射炮队、装有47毫米反坦克炮的炮兵5队。不幸的是，两个坦克营在亚眠前面被迫分散了。除D—2型坦克营以外，其余都是临时凑成的单位。他们刚一来到就遇到师里的紧张气氛。最后，由于交给我的战斗任务，第22殖民地步兵团和第2骑兵师的炮兵也由我指挥。全部兵力共有可用的坦克140辆、步兵6个营，加上6个炮兵队支援，就用这些来攻击桥头堡的南端。

我决定当晚就开始进攻。因为敌人的飞机一直在监视着我们这一师，唯一取得袭击效果的机会就是在预定时刻以前行动。德军实际上已经准备好迎击了。一星期以来，他们在南线占领了偏西的雨比村和索姆运河上偏东的布雷—马留村以及东西两村之间的利摩与巴耶尔两个森林。在这前线的后方，他们把比安菲、维勒斯、胡金涅维尔和马留等村组织起来。最后，同在索姆运河这边的高伯山可以俯瞰阿布维尔城和河上的桥，它构成了他们防卫计划中的多角堡。这三道接连不断的防线就是我给全师划定的一连三个目标。

---

① 1940年5月11日，戴高乐正式接受总司令部的任命，指挥法国军队中最强大的部队第4装甲师。

下午6时战斗开始了。第6联队重坦克加上第4轻步兵营进攻雨比村；第8联队轻坦克加第22殖民地营进攻利摩和巴耶尔森林；第3装甲队中型坦克和摩托兵第7团进攻布雷；中路主要由炮兵支援。天黑以后，第一个目标攻下来了，雨比村留守的德军一营残余部队向我投降；在利摩附近我军虏获甚众，其中包括许多反坦克炮兵队，并且看到了英军机械化旅前几天被德军破坏的许多车辆的残骸。

第二天黄昏时分，我们又出发了。左翼将攻取莫亚涅维尔和比安菲，中路攻取胡金涅维尔和维勒斯，右翼攻取马留。进攻的关键在于B型坦克的行动，他们的任务在于从西面斜插到东面，紧紧地卡住敌人的后方。但各路的最后目标都是高伯山。那一天的战斗特别艰苦。敌人得到增援，坚守不退。他们的重炮架在索姆运河右岸，向我们猛烈轰击。高伯山上的其他炮兵队也向我们还击。到傍晚时，目标被攻下来了，但是高伯山还在死守。敌我双方死伤都很多。我们的坦克受到了严重的考验，只有100辆左右还能开动。但胜利的气氛还是弥漫了整个战场。每一个人都是斗志昂扬，伤兵也在微笑，炮打得非常漂亮。在我们面前的战斗中，德军撤退了。

德军守卫桥头堡的部队是布留姆师。几星期以后，格林少校写了一本书叫《阿布维尔》（介绍该师的历史），其中不得不承认：

“5月28日到底发生了什么情况呢？敌军以强大的装甲部队向我进攻。我们的反坦克部队英勇抗击，但他们的攻击效果在很大程度内被对方的装甲力量抵消了。因此，敌人便用坦克在雨比和高蒙之间突破了阵线。我们的反坦克防线被击溃了，步兵也撤退了……

“……当不利的消息大量倾入师指挥部时，法军炮火不断射来，前线各营完全失去了联系，指挥这一师的将军只得亲临前线……他把路上遇到的溃散队伍重新组织起来，指挥他们在第一道防线之后几公里的地方准备好另一道防线……

“但我们的士兵已经被坦克的恐怖吓破了胆……损失十分惨重……实际上没有一个人没失去亲爱的战友。……”

但是德军得到了增援。27 日夜至 28 日，他们把防线上所有的部队都替换下去了。死尸和俘虏就向我们说明了这一点。28 日夜至 29 日又来了新的增援部队。所以在第二天和第三天，我们所面临的便全都是新部队。我方并没有得到任何增援。然而我们哪怕能得到一点增援就可以取得胜利。没有关系！5 月 29 日我们便以当时的兵力再次进攻。

那一天，我们进攻高伯山的时候，主要的力量插过西坡。我们所剩的 B 型坦克将从莫亚涅维尔和比安菲出发，萨摩亚坦克则从右翼调到左翼。轻步兵营已经损失了一半以上，搜索团已经损失了三分之二，这些兵力再加上一个摩托兵营将跟着坦克上去。剩下的雷诺式坦克和第 22 殖民地营都将从维勒斯出发。为了支援我们，阿尔特梅耶将军命令第 5 轻骑兵师的右翼进击堪布萨。这一师原来沿着索姆运河从桥头堡一直往下伸展，但它实际上无法前进。阿尔特梅耶曾请求用轰炸机轰炸阿布维尔城郊来支援我们，但飞机已被调到别处去了。下午 5 时是我们约定行动的时间。山坡是夺下了，但山峰还由敌军守着。天黑时，德军在强大炮火的掩护下向莫亚涅维尔和比安菲村反扑，但没有能夺回。

苏格兰第 51 师在福庆将军指挥下抵达法国之后不久，就在 5 月 30 日以生气勃勃的力量来接替第 4 装甲师。第 4 师在布伐附近集结起来。坦克营的苏德、西蒙宁和弗朗斯瓦，搜索团的汉姆，摩托兵的柏特兰，炮兵的考德棱和安瑟伦，参谋部的科米尔等上校和我一起估计战果。当时阿布维尔桥头堡还没有被肃清，但已缩小了三分之二。如果不夺回阵地，敌人就无法以武力突围。我们的损失是很重的，但比敌方少。除了在蒙特康内抓到的俘虏以外，我们俘虏的敌军数目又增加了 500 名，此外还虏获了大量的武器和物资。

法国的战争真是令人悲叹！除了这纵深 14 公里的狭长地带以外，其他战场的情形怎样呢？他们是如何赢得胜利的呢？除了我军阵地所打下的飞机以外，又有多少德军被俘了呢？如果我们不是这样一个薄弱、残缺、没有补给、孤军深入的可怜的师，而是一支精锐的机械化部队，那么在这 5 月的最后几天，又有什么胜利不能赢得呢？组成这种部队的各种人员装备虽然是残缺的，而且是分散的，但实际上是存在的。如果国家起了作用，如果在时间允许的时候，国家的军事体系导向不是被动而是主动，如果我们的将领因此掌握着人们一再向政治家与最高统帅部提出的那种打击力量与机动力量，那么我们的军队就可以有获胜的机会，法国也就可以东山再起了。

5 月 30 日那一天，战争实际上已经输了。两天以前，比利时国王和军队已经宣布投降，英军也在敦刻尔克开始撤退。留在北部的法军也只有照样撤退，这必然是一次灾难性的撤退。不久之后，德军一定会在南线发动第二次攻势，他的对手则损失了三分之一的兵力，而且比往常任何时候都更无法抵抗德国的机械化部队。

当我驻在毕加底的时候，心中是不抱任何幻想的，但我决心不放弃希望。如果最后在国内不能恢复局势，那么就到别的地方。法兰西帝国还在，可以作为避难所。军舰还在，可以保护我们的力量。人民还在，万一遭到侵略，还可以在共和国的号召下起来抵抗。那是一个危如累卵、需要团结的时候。全世界还在，可以重新供给我们武器，还可以给我们有力的支援。决定一切的只是一个问题：政府是不是有这个打算，不论在什么情况下，都不能让国家遭到损害，以保持自己的独立和保卫自己的前途？还是在丧魂落魄的崩溃中彻底投降？

我很容易看出，这一问题大半要看最高统帅部的态度如何。如果最高统帅部按照军纪，“在天职和荣誉所规定的一切方法没有用尽以前”绝不降下自己的旗帜，换句话说，如果决定最后走到非洲，那么它就能为这只遇难的海船——法国提供一根救生的浮木。相反的，如果它不忠于职守，加速摇摇欲坠的政府投降，那么它对法国的屈辱又有什么话可说呢！

6月1日魏刚将军召我去见他时，这个想法始终萦绕在我心头。这位总司令在蒙特利堡接见我。他的爽朗朴素的性格，这时还和往常一样溢于言表。一开头他就表扬我在阿布维尔的战斗，不久之前他已经给过我一次嘉奖了。接着他便说我们还掌握着大约1 200辆新式坦克，问我应当如何运用。

我对这位将军说，这些坦克应当立即集结起来组成两个兵团，主力兵团摆在巴黎北面，另一兵团摆在兰斯南面。余下的装甲部队应当组成核心。我提议让德勒斯特兰将军指挥第一兵团，这个人原是坦克部队的总监。这两个兵团一个应当配备三个步兵师，另一个配备两个步兵师，运输问题应当安排好，炮的数量应当增加一倍。当德军突破我们的前线挺进的时候，他们在正面的宽度上就不能配合，而纵深就会太大，这时我们就能拥有足以挽回颓局的力量来打击德军的侧翼。魏刚将军注意了这个提议。后来他又和我谈起战争问题。

“6月6日，我将在索姆运河与埃纳河同时受到攻击。德军的人数将两倍于我们。也就是说，前途并不乐观。如果事情不致发展得太快，如果我能及时地聚集敦刻尔克方面退下的法军，如果我有武器供给他们，如果英军在重新装备之后能重新参加战斗，如果皇家空军答应全力参加大陆方面的战争，那么我们就还有办法。”接着，这位将军又摇摇头补上一句说：“不然的话……”

那时我已经明白了，因此当我离开魏刚将军时，心情非常沉重。

一下子要把一个千斤重担压在他的肩上，他这个人是不能胜任的。5月20日那天，他接过了最高指挥权。无疑，这对于赢得法国的战争来说，已经太晚了。看来，发觉了这个问题使他吃了一惊。他从没有考虑过机械化部队的真正性能，敌人的兵力所产生的庞大和迅雷不及掩耳的效果使他目瞪口呆。为了有效地应付这个危局，他还要安定一下心神。每一天他都得放弃陈旧的观念、陈旧的行动速度和成套的方法等等。他必须在法国本土这一块狭窄的版图上拟定自己的战略，他要把敌人使用的毁灭性武器转过来对着敌人本身，他要把远方的土地、盟国和海洋包括进来，以便掌握住广大的地区、丰富的资源和极高的速度等等王牌。他不是做这种事情的人。他的年龄、他的思想，尤其是他的性格，都不适宜于做这种事情。

实际上依照魏刚的本性，他只能当一个出色的助手。他为福煦将军当助手时就令人羡慕不已。1920年他帮助毕苏斯基采取一个计划挽救了波兰。作为参谋总长，他曾明智而果敢地向好几个部长提供过事关全军的意见。如果参谋人员和指挥人员的才能并不矛盾的话，至少这两者也不能混为一谈。一个主将要有一种严厉而独揽一切的性格，他要能承担起行动的责任，能只凭自己的智慧而无须人家帮助，并能单独撑持局面。魏刚既不愿这样，也不打算这样。不知道是由于他的性格，还是由于环境的巧合，他在一生中从没有担任过指挥的职务。任何团、旅、师或军团，任何军队都没有见过他当首长。那时选任他承担的是我国军事史上前所未有的一次危机。这不是因为人们知道他足以胜任，而是因为“他是一面旗帜”。这就是我国政治生活中惯常发生的错误——“采取抵抗力最小的路线”的后果。

无论如何，一旦认识到不适于这项工作以后，他就应当自动引退，或者请求派人接替，或者是由政府作出合理的决定，但这种事情并没有出现。从这时起，这个总司令便被潮流卷着走了，他不设法掌控局势，而只能在自己办得到的范围内找门路——投降。他本人无意承担这个责任，所以他的行动就在于指使政府去这样做。在这方面，他找到了贝当元帅做他的同盟者。贝当由于种种原因，也要求采取同一个解决办法。政府既无生气，又无信心，所以就决定接受最糟糕的投降条件。因此，法国所付出的代价便不单是一个灾难性的军事停战，而是整个国家被奴役。显然，面对着这样大的危机，唯有伟大的精神才能挽狂澜于既倒。

6 月 15 日，我听说敌人又开始进攻了。那一天我到弗莱尔将军那里去请示。他在指挥第 7 军，我的师就在他的辖区内。当噩耗从四面八方传来时，在他那军人本色的镇静外表中，显然可以看出疑惧和沉寂的神情。这位杰出的军人告诉我说："我们简直要憋死了！谣传你将去当部长。现在要来挽救也来不及了。唉！至少让我们挽救自己的荣誉吧！"

第二章 崩溃

1940年6月5—6日夜间，保罗·雷诺先生改组政府，让我当国防部副部长，管理国防事宜。这个消息是坦克部队总监德勒斯特兰从无线电广播里听到以后在早晨告诉我的。

1940年6月5—6日夜间，保罗·雷诺先生改组政府，让我当国防部副部长，管理国防事宜。这个消息是坦克部队总监德勒斯特兰从无线电广播里听到以后在早晨告诉我的。过了一会儿，我接到一个正式电报证实了这一点。我和师里告别以后就到巴黎去了。

我到圣多明尼克路见到了总理。他还是像往常一样信心十足、生气勃勃、目光犀利、虚怀若谷、敏于决断。他向我解释前几天他为什么要把贝当元帅邀到内阁里来。其实我们都不怀疑，贝当是对付那些要求停战的人的一块挡箭牌。雷诺先生还是用他那老一套的公式说："把他放在里面比在外面好。"

"我只怕你会被迫改变你自己的意见，"我答道，"形势发展得很快，失败主义很容易淹没一切，这一点就更加有可能了。我们与德国人之间兵力相差太悬殊，除非是出现奇迹，否则在法国本土无法获胜，甚至无法守住。而且最高统帅部已经被意外事件吓倒，再也镇静不下来了。而且你比旁人更清楚，政府的周围笼罩着怎样一种绝望的气氛。贝当元帅和他的幕后人将使今后的局势按他们的方式发展。如果1940年的战争失败了，我们还可以赢得另外一仗。一方面我们要尽可能不放弃欧洲大陆上的战斗，同时还必须下定决心，做好准备，在法兰西帝国范围外继续战斗。这就需要有一个政策来安排以下各项事宜：把资源运往北非，选择适当领导人来指挥这个行动，不论以往对英国人有什么样的宿怨，现在都要和他们保持亲密关系。我愿意自告奋勇，来负责处理这些事宜。”

雷诺先生答应了，并补充说：“我想请你尽快到伦敦去一趟。我在 5 月 26 日和 31 日跟英政府会谈时便设法让他们知道我们并不否定停战的可能。但现在所需要的正好相反，我们要使英国人相信，不论在什么情况下我们都将坚持下去，必要时甚至会到海外去坚持。这次你将要见到丘吉尔先生，请你告诉他我改组内阁并把你请到身边，就表现了我们的决心。”

我到伦敦除了执行这项总任务以外，还要尽可能设法使皇家空军（特别是战斗机）继续参加法国的战斗。最后，我还要像总理以前做过的那样，探询一下英国军队自从敦刻尔克战败撤退后，还要多久才能重新武装起来派回大陆战斗。这两个问题的答复都需要技术资料，参谋人员是可以提供这种资料的，但一切仍然有待于丘吉尔先生以国防大臣身份作出的答复来决定。

当联络机构安排我到伦敦去进行会谈时，我就在 6 月 8 日到蒙特利堡和魏刚将军接洽。我发现这位总司令依然镇定自若。但交谈几句之后，就发现他已经甘心失败并且决定停战了。我和他的那一段谈话差不多字字都深深地印在我的心头（不是没有原因的!）。下面的话几乎可以说是逐字逐句的记录。

“你看，”总司令说，“几天以前我告诉你，德国人将在 6 月 6 日进攻索姆运河，一点也没有错。他们实际上正在进攻。现在他们正在渡河。我无法抵挡他们。”

“不错！他们是在渡过索姆运河，往后怎样呢?”

“往后？那还不是塞纳河和马恩河。”

“是这样。再往后呢?”

“再往后？那就完啦!”

“你这是什么意思？完啦？全世界完啦？法兰西帝国完啦?”

魏刚将军失望地笑了一笑。

“法兰西帝国，那只是一个玩笑而已！至于全世界，当我在这里被打败以后，英国人用不着一个礼拜就会和德国谈判。”

总司令又盯着我的眼睛补充说：

“啊，如果当时我确有把握知道德国人会把维持秩序所必需的军队留给我的话……”

讨论是没有结果的。临走时我告诉魏刚将军说，他的看法和政府的意图恰恰相反。纵使战争失利，政府也不会放弃斗争。他没有再作评论，告别时，他表现得特别客气。

我动身回巴黎之前，还和那天早晨到魏刚将军这里来请示的各参谋部的熟人闲谈了一会儿。他们肯定了我的印象，就是统帅部的高级人员认为这一场赌博已经输定了。大家一边在机械地执行自己的任务，一边就在低声地议论，而且不久就将大声地提出：通过某种方式结束在法国的战争。如果要把这些人的思想和士气扭转过来，使他们愿意在帝国中继续斗争，就必须由政府立即作出果敢的决定。

我回去以后，马上就把这件事告诉雷诺，并请他撤销魏刚将军的指挥权，因为这个人已经不打算赢得战争了。“现在还不可能，”总理答道，“但我们必须考虑一下继任人选。你看谁合适？”

“关于继任人选的问题，”我答道，“现在我所看到的只有亨特齐格尔一人。他虽然不算理想，但据我看，他还算具有世界战略的眼光。”

雷诺先生在原则上同意我的见解，但仍然不愿意马上作决定。

我决意不久将把这个问题再次提出来，于是便着手拟订尽可能把部队运往北非的计划。陆军参谋总部已经和海军、空军合并起来，开始准备把一切后备物资战斗人员运往地中海彼岸，特别是在法国西部和南部新兵训练站受训的两部分新兵和在北部失败后逃出来的机械化部队的残余人员。总共为数有 50 万素质极高的人员。

往后，当我们的残余部队撤向海岸时，许多战斗部队无疑可以用船载运。在任何情况下，我们剩余的航程足可跨海的轰炸机、存留下来的战斗机队、地面参谋人员、海军基地人员，最要紧的还有我们的舰队，都必须开向非洲。这项运输任务由海军担任，据他们估计，除去法国所能支配的船只以外，还需要增加50万吨商船。这只有向英国求援了。

6月9日一早，我乘飞机到伦敦去。和我随行的有我的副官乔弗洛·德·古塞尔以及总理的外交联络官罗朗·德·马尔热里先生。那一天正好是星期日。英国的首都宁静得近乎冷淡。大街上和公园里满是闲情逸致地散步的人群，电影院门前站了一长列人，车辆到处都是，俱乐部和旅馆前面有许多惹人注目的看门人，这些都属于战争圈外的另一个世界。这儿就像巴黎一样，半官方的乐观主义者散布了许多幼稚的传说和淡化了的消息。但肯定地说，报纸还是透露出了真实情况。人们所读的那些公告、正在挖掘的掩蔽体、头上戴的防毒面具等等，都说明大难已经临头。然而，由于事情发展得太快，一般人对于法国局势的严重性仍然茫无所知。在英国人民看来，英吉利海峡在任何情形下显然总是辽阔的。

丘吉尔先生在唐宁街接见我。这是我第一次和他接触。他给我的印象证实了我的信念：大不列颠在这样一位斗士的领导之下决不会畏缩。我认为丘吉尔先生能不辞艰苦，担当起任何崇高的任务。他的判断极其稳健，他的知识极其广博，他对有关的问题、有关的国家与人物大都很清楚，他对战争问题又极其关注，这一切都将在战争中充分发挥作用。最重要的是他的禀赋善于行动，善于冒险，他能坚决彻底地完成某种任务而毫无惧色。总之，我认为作为一个指导人和领袖，他是最理想的。这就是我的第一个印象。

往后的事实只是证实了我的印象，此外还使我认识到丘吉尔先生具有滔滔不绝的辩才，并且懂得怎样运用它。他的对象不论是群众、议员还是个别的来访客人，也不论是在麦克风前面、在议会里、在谈判桌前还是在议事桌后，他的观念、理由和感觉总是以富于本色的、充满诗意的和激动人心的方式滔滔不绝地表达出来，每一次都能使当时那个可怜的世界所面对的悲剧气氛有所起色。在政治方面，他已经是久经考验，同时他又运用这种无与伦比的才情来激动古老的大英帝国的人心，并给外国人以深刻的印象。他的言行都给人一种幽默感，他时而和蔼，时而震怒，使人感到他对于自己所参与的惊险局势是如何的操纵自如。

我们两人由于个性不同而产生冲突，两国的某些利益又有所抵触，因而彼此之间常发生一些令人焦躁和痛苦的争执，同时英国人极不公正地在倒霉的法国身上讨便宜，这都影响了我对那位首相的态度，但我对他个人的看法并没有因此而受影响。依我看来，总的说，温斯顿·丘吉尔是伟大事业中的一个伟大斗士，也是伟大历史中的一个伟大艺术家。

那一天我向这位首相解释说，我国总理指示我告诉他，我国政府在必要时将在法兰西帝国范围内坚持斗争。丘吉尔先生对于这一决定表示很满意。但这能不能实现呢？他给我的印象是他不大相信。无论如何，他不再相信法国本土有重建防线的可能。他坚决拒绝用空军援助我们就清楚地说明了这一点。

自从英军在敦刻尔克撤退以后，皇家空军除了偶尔出现以外，就根本不配合作战了。诚然，英国空军除一个战斗机大队还受法国空军节制以外，其余的基地都在英国本土，相距太远，对于日益南撤的战线起不了多大作用。我要求他至少要派一部分配合陆军作战的空军到卢瓦尔河以南的飞机场去，丘吉尔先生正式拒绝了。至于地面部队，他答应把刚从加拿大来到的加拿大师派到诺曼底去，让苏格兰的第 51 师和协同我们作战的机械化旅残余部队仍然留在我们那里。他们的远征军在比利时刚刚逃脱了覆灭，装备还丢在那里，他说关于这部分军队什么时候能重上战场的问题，现在还无法肯定，甚至连大约的日期也无法确定。

因此，伦敦与巴黎之间战略上的配合实际上已经瓦解。这次大陆形势的逆转，就足以使英国只管自己的防务了。这就意味着德国计划的胜利，施里芬①在九泉之下仍然是这一计划的灵感泉源。德国人在第一次世界大战中失败以后，到现在终于达到了目的——分离法国与英国的军队，同时也分离法国与英国。国内的失败主义者将作出什么样的估计是不难想见的。

除了同丘吉尔先生会见以外，那一天我还和陆军大臣艾登、海军大臣亚历山大、空军大臣阿奇波德·辛克莱、帝国总参谋长约翰·迪尔将军等人进行了协商，此外还和我国大使戈宾先生、英法战争物资购买合作委员会主席莫内先生以及我国的陆、海、空军代表团的首脑人物会商了一下。显然，伦敦方面的群众虽安然若素，消息灵通人士的心里还是充满大难临头的预感，并且对于法国政府的坚定性表示怀疑。晚间，在动乱中飞机载着我回到勒布热，这儿的机场刚被炸过。

6 月 9 日至 10 日晚间，雷诺先生把我召到他的家里去。他刚接到一个严重的消息，敌人已经进到巴黎下方的塞纳河岸。同时所有的迹象都表明，德国装甲部队在任何时候都可能转到香槟省的决定性攻击中去。因此，首都就直接受到东、西、北三方面的威胁。最后，弗朗索瓦-蓬塞②先生说，他估计随时都可能接到意大利政府的宣战书。面临这一切噩耗，我只能提供一点意见：尽最大努力赶快迁往非洲，准备迎接联合作战及其一切后果。

① 施里芬是 1891—1907 年间的德国总参谋长，德国军国主义化的积极推动者之一。他曾经制订过一个征服法、俄两国的作战计划。这个计划对发动两次大战的德国帝国主义者曾产生过很大的影响。

② 当时的法国驻意大利大使。

那天白天和夜间，当我在圣多明尼克路待了一些时候之后，我发现有许多理由增强了我的信念：没有别的路可走。事情发展得太快了，在这儿绝对无法重新振作起来。一切计划突然都落了空。我们原来援用的都是 1914—1918 年战争中的前例，现在都已陈腐了。人们还装着认为有一个前线存在，有主动的指挥权，同时还有准备牺牲的人民。这些都只是梦想和回忆。实际上政府处在被击溃和被吓昏了的国家中，处在失去信心、感到绝望的军队后面，已经陷入一种不可挽救的混乱中了。

当我匆促拜访共和国的要人以后，这一点就再清楚也没有了。首先我和新部长们一起去见总统勒伯伦，接着又见两院议长，最后见了许多政府人员。他们都装出一副镇静和庄严的样子。但事实很明显，他们现在处在陈规旧套所安排好的位置上，只是一些无用的人物。在那旋涡的中心里，内阁会议下达的指示、上呈的报告、一切公告以及军官、公务人员、外交家、议员、新闻记者等等的不断的报告或请求，都让人看出这是一种无目的无效果的幻景。按照当时我们所根据的假定和所处的环境，除去投降之外就没有第二条路可走了。有些人已经听天由命地这样做了，这些都不是默默无闻的人。除非采取这条道路，否则我们就要不惜任何牺牲改变我们的环境与假定。所谓“光复马恩”是可能的，但只有在地中海上才有可能。

6 月 10 日是一个痛苦的日子，政府将在那天晚上离开巴黎。前线军队纷纷撤退。意大利也宣战了。崩溃的事实已经深入每个人的心里。在国家的领导机关中，这出悲剧的上演好像是在梦幻中。有些时候甚至让人认为，当法国从历史的顶峰滚向无底的深谷时，它的崩溃中有一种可怕的气氛。

那天早晨，意大利大使高里格利亚先生到圣多明尼克路来作了一次奇异的拜访。接见他的博杜安先生报告说，那位外交人员讲了这样的话："你将看到宣战可以澄清我们两国间的关系！宣战能产生一种局势，那时当一切都说完做完之后，就能带来许多好处。……"

不久之后我去见雷诺先生，我见到威廉·布利特先生也在那里。我以为这位美国大使会从华盛顿带来一些使我们前途乐观的消息。其实不然，他是来辞行的。这位大使留在巴黎原来是打算必要时出面斡旋，保护我国的首都。布利特先生这一动机倒是值得赞扬的，但事实上当最危险的日子来临的时候，还是没有任何美国大使来帮法国政府的忙。后来出现了负责与流亡政府保持关系的德雷克塞尔·比德耳先生。不论这位杰出的外交家品德如何好，他依然使我们的官员不能不认为美国已不再需要法国了。

后来雷诺先生匆匆地草拟了一个广播讲演稿，并征求我的意见。这时魏刚将军到圣多明尼克路来了。刚刚通报了姓名，他就闯进总理的办公室。总理表示有些诧异。总司令说他是被请来的。"我没请！"雷诺先生说。"我也没请！"我补上一句。"那就是一次误会了！"魏刚将军接着说，"但这个误会倒很有用处，因为我有很重要的事情要说。"他坐下来开始说出他对局势的看法。他的结论是很清楚的——我们必须毫不迟延地要求停战。他把一个文件在桌上摊开说："事情已经到了这步田地，每个人的责任都必须明确下来。这就是为什么我把自己的意见写下来交给你的缘故。"

总理已经宣布要广播，必须马上去讲话，时间非常紧迫。但他还是决定批驳这位最高统帅的意见。魏刚毫不让步。他认为法国本土的战争已经失败了，我们必须投降。我在中间插话说："但是还有其他的出路。"魏刚将军接着用讽刺的口吻说：

"你也有意见要提吗？"

我回答说："政府没有意见可提，它只会下命令。我相信命令是会下来的。"

最后雷诺先生请那位总司令出去，我们在一种极端不愉快的气氛中分别了。

政府停留在首都的最后几个钟头里，安排了由于这种撤退而必须采取的措施。诚然，有许多事情已经在国防部总秘书处所拟订的撤退计划中作了安排。但是还有许多不可预料的因素。同时德国人猝然兵临巴黎城下，更增加了许多棘手的问题。我一就职，就主张保卫首都。于是便要求总理以国防部长和陆军部长的身份指派一位坚定的领导人来监督这件事。我提议由德拉特尔将军充任，这个人当师长不久，就在雷代尔战役崭露头角。然而不久以后，总司令就宣布巴黎是一个“不设防城市”，内阁接着批准了这一点。尽管如此，我们还是必须在极仓促的情况下撤退大量物资和人员。我一直到天黑都在忙这件事情。那时到处都有装好了箱的物资。最后一段时间的访客使那座大楼的上上下下充满了谣言，电话铃拼命地响个不停。

到半夜时分，我和雷诺先生坐上一辆车。行程是缓慢的，只能沿着一条拥挤不堪的道路前进。天明时我们到了奥尔良，并到县里用电话同设在布里亚尔的总司令部联系了一下。不久以后，魏刚将军打电话来，要求和总理谈话。总理拿起话筒，听说温斯顿·丘吉尔先生当天下午要到，不禁大吃一惊。总司令通过军方的联系，要求他赶快到布里亚尔来。

魏刚将军补充说：“必须把前线的真实情况直接告诉丘吉尔先生。”

“什么？”我对总理说，“难道你能让这位最高统帅自作主张邀请英国首相来吗？你难道没有看见魏刚将军不是在执行作战计划，而是在执行一种与你的原意相违背的政策吗？政府难道还要让他继续担任指挥吗？”

“你的话很对！”雷诺先生回答说，“这个局面必须扭转。我们谈过让亨特齐格尔将军来代替魏刚将军。我们赶快去找亨特齐格尔吧！”

当车子开来的时候，总理告诉我说：“我考虑这个问题以后，认为最好是由你单独去找亨特齐格尔。我自己就来准备同丘吉尔和其他英国人会见。我们到布里亚尔再见。”

我找到了亨特齐格尔将军，那时他在阿耳西-苏-奥布指挥所指挥中央兵团。刚巧这个时候，那个兵团在香槟前线受到德国古德里安装甲兵团的攻击并被突破了。然而我却为亨特齐格尔将军的冷静态度感到吃惊。他告诉我，他处在怎样一种恶劣的环境中。我把全局的最近情况告诉他，并作出结论说：“政府看得很清楚，法国的战争实际上是输了，但却有意把一切可以渡海的物资随同自己一起搬到非洲去继续作战。这就意味着战略上和组织上要整个地改变。目前的最高统帅不是实现这个计划的人。你愿意去做这桩事情吗？”

“可以！”亨特齐格尔简单地回答。

“好啦，你很快就可以接到政府的命令。”

我经过罗米伊和桑斯等地到布里亚尔去，想和各大部队的指挥官见见面。那时到处呈现一片紊乱和惊慌的景象。每一段战线的部队和难民乱七八糟地混在一起往南撤。道路拥挤不堪，我那一小队随行人员也被阻在麦利等候了一小时左右。那时忽然出现了一阵奇怪的雾，许多人都认为是一片毒气，因而增加了士兵的惊慌，他们简直就像一群没有牧人的羊群一样。

到布里亚尔总部以后，我找着了雷诺总理，并把亨特齐格尔的答复告诉了他。但我看得出，总理不打算立即撤换魏刚。他又决定带着一位要走和平路线的最高统帅走上战争的道路。当我走进走廊的时候，向贝当元帅敬了一个礼，自从1938年以后我就没有见过他了。

“你已经是将军了！”他对我说，“但我并不祝贺你。战败时取得的官阶又有什么用处呢？”我说：“但是您自己，元帅先生，也是在1914年撤退时得到第一个勋章的。几天以后就有了马恩河战役。”贝当哼了一声说：“那根本不能比！”这话倒是对的。这时英国首相已经到了。我们便去参加会谈。

许多将在战争的新阶段中起支配作用的看法和情绪在会上公开地对立起来。当时的行动和态度的基础都只是因袭老一套。英法的团结、法军的力量、政府的权威、最高统帅部的忠诚等等都已经是不能算数的因素了。在场的人都不像一场共同游戏中的伙伴，而是从那时起就各走各的路，各管各的事了。

魏刚将军表明他所要求的是尽快结束战争和战斗。他引证乔治将军和贝松将军的报告来支持自己的见解，在会上展示了军事局势令人完全绝望的景象。这位总司令在1930—1935年就当过参谋总长，他说明他的部队失败的原因时，语调坚定而又咄咄逼人，就好像是一个专找岔子而不负责任的人。他的结论是：这一场考验必须停止，因为军队会突然垮台，无政府状态和革命会猖獗起来。

这时贝当元帅也插进来说话，更增加了悲观的气氛。丘吉尔先生希望缓和一下气氛，于是便和颜悦色地对他说：

“你听我说，元帅先生！你不妨想一想，1918年3月的时候，事情那样糟糕，亚眠之战是怎样打过来的。那时我到你的指挥部去见你，你把你的计划大略告诉了我。没过几天，战线便重新建立起来了。”

这位元帅以粗暴的态度回答说：

“不错，战线是建立起来了。那一回是你们英国人被打垮了，我曾派出40个师去拯救你们。可是今天当我们被打得四分五裂时，试问你们的40个师在哪里？”

法国总理一再重复说法国绝不退出这场斗争，要求英国人派大量空军来援助我们，同时他又说明他不打算跟贝当以及魏刚分手，似乎是希望有一天他们会拥护他的政策。丘吉尔先生看来毫不动声色，而且充满了活力。但他对于灾难临头的法国，似乎只限于一种诚挚的保留态度，而对这时被孤立在岛上的英国来说，他已意识到面临一种可怕而又宏伟的前景。英国正在等待他去领导斗争，以便得到拯救，或者可以说丘吉尔先生还因此隐隐约约地有些自满情绪。至于我个人，一想到即将到来的局势，便完全看透这种商谈是多么空虚而又无聊，因为它完全不能得出真正的答案——在海外重整旗鼓。

讨论了三小时，毫无结果。接着我们就同桌进餐。我坐在丘吉尔旁边。我们的交谈增强了我对他的意志的信心。他本人走的时候无疑也带着这种印象：虽然戴高乐掌握的条件不足，但他仍然非常坚决。

达尔朗海军上将没有参加商谈，但在饭后出现了。他把空军参谋长维勒曼将军推在前面来见雷诺。他这次来访的目的肯定令人遗憾。海空军准备好了对热那亚来一次联合轰击，按照计划将在那天晚上开始。但达尔朗改变了主意，想撤销这个计划。他的理由是维勒曼将军有些担心，怕意大利人对贝勒的石油仓库进行报复。然而这位海军上将还是来征求政府的意见。

“你的意见怎样?”雷诺问我。

“既然已经到了这个地步，”我回答说，“唯一聪明的办法就是采取相反的道路——不示弱。应当按照原来的计划进行。”

然而，达尔朗终于胜利了，取消令下发了。但在计划的日期后三天，热那亚还是受到海军的一个小舰队的轰击。这件事使我理解到，达尔朗也在玩他自己的一套把戏。

12日，我住在博韦堡的勒普罗伏·德·劳内先生的田庄里，同科尔逊将军筹划迁往北非的事情。老实说，前一天我们得到的印象以及当时我所处的孤立境况，使我每况愈下地感到害怕和绝望，我的计划已经无法实现了。然而我还是决定尽力使政府采纳这个计划，并把它交给最高统帅部执行。

计划的主要部分拟订以后，我就把它带到雷诺所住的地方琪斯去。那时已经很晚了。总理在堪格召开内阁会议后（我没有被邀出席），同博杜安一同回来，到11点左右才到家。当他们和随行人员一起进餐的时候，我就坐在桌旁径直地把北非问题提了出来。但对答的人却只愿谈一个问题，也就是内阁会议方才提出的一个问题，而且是非常紧迫的问题——政府下一步应当迁到哪里去？实际上，德国人渡过塞纳河以后不久就会到达卢瓦尔河。当时考虑的有两个地方，一个是昆贝，一个是波尔多。席间讨论了一番，大家由于疲倦和烦恼而显得十分紊乱和激动。当时没有作正式的决定，雷诺休息去了，并约我在第二天早晨去见他。

我自然赞成到昆贝去。我倒并不幻想可以在布列塔尼半岛支持下去。但政府如果退到那里，早晚就只有退到海上去的一条路。因为德国要对英国人作战，就必须占领这个半岛。在这儿不可能有“非交战地带”。一旦上了船之后，各位部长们便只有到非洲去；不是直接去，便是在英国停一停再去。无论如何，昆贝总是作出有力决定的一个阶段。当我刚参加政府时，雷诺先生曾对我谈起“布列塔尼多角堡”的问题，我支持他的意见，但力主投降的贝当、魏刚、博杜安等人却反对这一计划。他们的动机是由他们的政策产生的，无论他们自己怎么说，也不是从军事艺术的观点出发的。

13日一早，我就回到琪斯去。经过一段很长时间的讨论以后，虽然我提出了去昆贝的理由，总理还是决定把政府迁往波尔多，声称这是前一晚部长们表示的意见。这一点只能使我更加坚持要求至少要签署一项命令交给总司令部，叫他们视察并准备一下迁到非洲的问题。我知道，这正是雷诺先生最后的意图。但是反对派的阴谋和影响十分逼人而又很令人苦恼，而且经常在他身上发生作用，所以我可以看到这个最后的希望已经在与时俱逝了。

然而那天中午，总理还是签署了一个公文给魏刚，说明政府希望他今后做些什么：第一，“尽量在中央高原和布列塔尼坚持”；第二，“万一失败的话……把我们自己安置在法兰西帝国中，并利用海上自由，在那里组织斗争”。这个文件肯定地表现了积极的倾向，但我认为还不是当时环境所要求的那种坚决的命令。而且，签署以后又被幕后人物留难了一番，直到第二天它才真正发出去。

13 日那一天早晨，上院议长詹伦内、下院议长赫里欧也到琪斯来了。前者在慌乱的情景中表现了一种镇定自若的风度，令人回忆起当年的克里蒙梭，事实上，他在 1917—1918 年那个伟大的时期直接和克里蒙梭在政府里紧密地合作过。后者则态度和蔼，举止端方，滔滔不绝地说自己的千万种感想。他们两人都表示拥护总理，反对投降，并准备随同行政部门迁到阿尔及尔去。我又一次看出，不论雷诺先生身边有多少失败主义分子，只要他自己不让步，就能操纵全局。

中午刚过的时候，我正在博韦，雷诺先生的内阁外交联络官德·马尔热里打电话给我说：“丘吉尔先生和几个部长刚到，总理马上就要和他在图尔县公署开会。我自己接到通知赶忙去，同时也通知你快去。虽然没有邀请你，但我提议你应当去。博杜安正在活动，我不爱看那种样子。”这就是德·马尔热里先生的通知。

于是我就驱车到图尔去。刚才我还和总理在一起待了几小时，他没有把这件事告诉我。所以像这样突如其来地去会见，我预料到可能有许多不方便。县公署的走廊上和院子里挤满了被这个消息吸引来的议员、公务人员和新闻记者。他们就好像一出戏快要出现悲惨场面时的一个喧噪的管弦乐队。我走进雷诺先生所在的办公室，在博杜安和德·马尔热里两人中间坐下来。商谈已经完毕了。马尔热里很快地告诉我说，英国的大臣们现在在花园里密谈，准备答复法国人提出的问题："尽管 1940 年 3 月 28 日的协议规定双方不得单独放下武器，但是英国能不能允许法国向敌人询问，对法国来说，停战条件是什么呢?"

丘吉尔先生坐下来以后，哈里法克斯勋爵、比维布鲁克勋爵、亚历山大·贾德干爵士等也就座了，还有随行的斯皮尔斯将军也跟着坐下来。沉寂了一阵子，首相先生开始用法语讲话。他嘴里含着一支雪茄，摇摇头，然后用一种平稳而沉寂的声调，表示了他的人民和政府对法国所具有的同情。"法国的情形我们很清楚，"他说，"我们很能理解你们处境的窘迫。我们对你们的友谊仍然丝毫没有动摇。请你们相信，英国人在任何情形之下都不会放弃斗争。不论怎么样，不论在什么地方，甚至就是在你们抛弃了我们以后，我们仍然会战斗到底。"

谈到德法之间的停战问题时，我原先估计这会使他暴跳如雷的。但相反的他却表现了一种同情的谅解。但一谈到舰队问题时，他马上就变得非常严谨，非常坚定。显然，英国政府很怕看到将法国舰队交给德国，所以只要有时间就想以废弃 3 月 28 日协议为条件来换取关于我国军舰命运的保证。实际上，这就是那次不祥的会谈所得出的结论。丘吉尔先生在离开那间房子以前，还坚持要求法国在停火以前，把 400 名德国空军俘虏转交给英国。这一点我们马上就答应了。

这时雷诺先生把这些英国人引到隔壁房间去，两位议长和几个部长已在那里等候。这儿的语气完全不同。特别是詹伦内、赫里欧和路易·马林等先生，只谈如何继续战斗。我走到雷诺先生身旁，用相当强硬的语气问道："你难道能考虑法国求和吗?""当然不会!"他回答说，"但我们必须让英国人震动一下，以便取得更多的援助。"显然我并不能把这个答复当成真话。我们在纷乱的县府院中分别了。我思虑重重地回到博韦。这时总理在打电报给罗斯福总统，请他出面斡旋，并使他理解到，不出面我们就完蛋了。晚间雷诺先生在广播中说："如果必须有一个奇迹才能挽救法国，那么我就相信有奇迹。"

在我看来，一切马上就会过去的说法已经过时了。就像一个被围的碉堡只要指挥官一下令马上就会投降一样，法国正在酝酿停战谈判，因为政府的首脑已在正式考虑这个问题。那时我虽然做了次长，但出席内阁会议已经渐渐成为不可能了。当天晚上我正准备提出辞呈，曾被内阁联络官让·劳伦提出警告的乔治·曼德尔先生请我去见他。

安德烈·迪特尔姆把我引到内政部。曼德尔的声调十分沉痛而坚决，给我的印象很深。他和我一样坚信，法国的独立和荣誉只有继续战斗才能维护。正因为国家在这方面的需要，他才建议我保留原职。他说："谁能预料我们不能最后使政府迁往阿尔及尔呢？"他告诉我英国人走了以后内阁中发生的一些事情。虽然魏刚将军跑来绘声绘色地描述了一番，但坚持的气氛还是占上风。同时他告诉我一个消息说，首批德军正在开进巴黎。然后他又指出未来的情景，他说："无论如何，我们只是处在一次世界大战的开端。将军，你还有重大的任务要完成！但你要在我们之中保持没有污点的身份。你不妨想想，我们要为法国做些什么事？请你想想，在某种情况下，你现有的职位将使你得到多大的便利。"我必须承认，这一席话让我延缓了辞职问题。老实说，往后我所能做的一切都有赖于这一点。

6月14日政府撤退了！我向主人勒普罗沃·德·劳内一家告别。他们不打算离开。周围的人既没有动，也不能动，他们将在家乡等候吃败仗和侵略者的来临。傍晚时分，我们在挤满了难民群的道路上，经过一段黯淡的旅程之后到达波尔多，接着就到雷诺先生将要停驻的军事指挥部去。这个市的众议员兼市长马魁特先生，把他准备向雷诺先生表达的泄气话事先让我尝了一下滋味。

总理到了以后，我对他说："这三天来，我看到了我们是多么快地倾向于投降。我也曾竭尽绵薄之力协助你，但那都是为了战斗。我拒绝屈从于停战协定。你要是待在这里，就会为失败主义分子所把持。你必须尽快迁往阿尔及尔。你到底决定这样做了没有呢?""决定了!"雷诺回答说。"这样我就必须尽快到伦敦去，设法请英国人帮助我们解决运输问题，"我接着说，"我明天就走，将来在什么地方来和你会合呢?"总理回答说："到阿尔及尔来和我会合。"

我们约定，当晚我就动身，到布列塔尼时停一下，看看那儿有什么可以装船的。最后雷诺先生叫我请达尔朗在第二天早晨去见他。他告诉我说，他要和达尔朗谈谈舰队的问题。

达尔朗正往拉奎利托德去。当晚我打电话找到了他，并把约谈的事情告诉他。电话里一个气冲冲的声音回答说："明天到波尔多去？我真不知道总理究竟在那里干什么。但我有指挥权，我有，我不能浪费时间。"最后他还是服从了，但他的声音预示了前途的黯淡。几分钟以后，我在推测国务部长让·伊巴耐加莱同某些人进行简短交谈后的变化，这个人一直是以热烈拥护作战到底的姿态出现的。当我正在光辉大厦和乔弗洛·德·古塞尔一同进午餐时，他找我来了。"作为一个老军人来讲，"他说，"除了服从我的上司贝当和魏刚元帅以外，就没有什么东西能决定我的看法了!"我回答说："有一天你也许会体会到，对于一个部长来说，国家的安全应当压倒一切感情。"那时贝当也在同一个屋子里吃饭，我默默无言地过去向他敬礼。他也一言不发地和我握手。自从那次以后，我就没有再见过他。

贝当元帅是被怎样一种潮流卷着滚向怎样一种不可逃避的命运啊！这位特殊人物毕生都在努力抑制自己。他的骄傲不容许他用奸计，他的精力不容许他安于庸碌，他的雄心不容许他投机，他在孤傲中培养了一种统治欲望。他对自己的估价、他所碰到的钉子和他对别人的鄙视，使这种欲望变得牢不可破。他享尽了军界的光荣，但这并没有使他满足，因为他没有独占鳌头。现在，在他的生命的残冬中，事实竟忽然为他的才华与骄傲提供了期待已久的机会——无限制地发展，但却有一个条件——他必须利用灾难来做他往上爬的盾牌，并且要用他的光荣来装饰这块盾牌。

无论如何，这位元帅认为局势已经输定了。这位老军人曾经在1870年之战以后荣膺重任，自然就会倾向于认为，这次不过是另一场普法战争。在第一次战败之后，我们在1914—1918年的第二次战争获得胜利。后一次我们是有盟友的，但盟友毕竟只起次要作用。现在我们正在输掉第三场战争。战争是残酷的，但却是一件很普通的事。色当战役和巴黎陷落以后，唯一的事情是终止战争，谈判，必要时就像梯也尔[①]在同样情况下所干过的那样——毁灭公社。在这位老元帅看来，这次冲突的世界性，到海外领土去发展的可能性，希特勒得胜后在人们意识上的后果等等，都不在考虑之列。他不习惯于考虑这些问题。

无论如何，我深信贝当元帅在其他时候如果遇着国家投降的事情，是会出山的。我相信只要他还没有失去本色，一旦看到自己错了，看到胜利仍然是可能的，并且法国也将分享胜利果实，他就会马上回到战争的路线上来。但事实非常不幸！岁月的流逝已经腐蚀了他那外壳下的性格。年龄已经把他交付给某些人操纵，这些人善于利用他那尊严的倦意作为自己的挡箭牌。人一旦衰老就好像船在海上遇难。祸不单行，贝当元帅的晚年正好和法国的遇难同时发生。

① 梯也尔（1797—1877），法国反动政客，是摧残和镇压巴黎公社的刽子手。

当我驱车前往布列塔尼去时，心里一直想着这些事。同时我也在坚定自己的决心，不论战况如何，我都要坚持下去。6 月 15 日早晨到勒恩时，我见到了指挥许多军队在美伊尼东边作战的勒内·阿尔特梅耶将军，还有军区司令季特利将军以及意勒-埃-维朗的省长。他们三个人都在自己的范围内尽力工作。我尽量加以组织，使他们的人力物资能配合起来保卫那一部分国土。接着我又到布雷斯特去，途中赶上一些英国供应队，它们正到那里准备撤退。我在海军军区司令部与海军上将特劳普和拉波德（后者绰号“西方海军上将”）等研究可能得到的船只，以及布列塔尼各港口军队登船时所需要的船只。下午我登上了驱逐舰“米兰”号。这只船把我和以勒穆万将军为首的化学专业人员送到普利茅斯去。勒穆万将军是军备部长劳尔·道特利派去的，任务是将重水送到英国安全地带保存起来。当我们离开布雷斯特停泊处时，正准备开往达喀尔的“黎塞留”号向我致敬。我离开普利茅斯后就到伦敦去，16 日黎明时分到了目的地。

到达几分钟以后，戈宾和莫内先生到海德公园饭店来看我，那时我正在洗澡。大使先生说我要和英国人接头的许多事情以及运输问题的讨论，都已经安排在早晨举行。那时也有一个说法，除非法国向德国投降，否则丘吉尔将在第二天早晨到康加诺去和雷诺先生会见，共同决定如何进行海路撤退。接着那两位访客就扯到别的事情上去了。

他们说：“我们知道，波尔多方面的投降情绪发展得很快。的确，当你到这里来的时候，法国政府就用电报证实了雷诺先生在 13 日向丘吉尔先生口头提出的要求——让法国解除 3 月 28 日的协议。那时我们还不知道英国人的答复是什么，因为要到早晨才能送到。但我认为在舰队问题获得保证后，英国人是会同意的。所以我们已经逐渐接近最后关头了。尤其是那天将在波尔多开内阁会议，而那次会议又非常可能是有决定意义的。”

戈宾和莫内两位先生又说：“我们想到，如果在这种局势中加进一些新的因素，引起一些激荡人心的刺激，就可能改变人们的看法，或者至少可以坚定雷诺先生去阿尔及尔的意向。因此，我们便和外交部常任副大臣罗伯特·凡西塔先生拟订了一个看来惊人的计划，即由伦敦政府向波尔多政府庄严地提出一个英法联合议案。两国应决定将行政事务合为一体，共同管理资源，共同负担损失。总之，两国应当把命运完全互相结合起来。在这种情形下提出这种议案，也许就能使我们的部长们重新考虑，或者至少也要拖延投降时间。但我们首先要使英国政府采取这个计划。唯有你能从丘吉尔先生那里得到这个答复。我们安排好让你和他共进午餐。如果你赞同这个看法的话，那就是一个难得的机会了。”

我把他们拿来的条文看了一下，马上觉得这件事情的规模太大，不可能马上实现。显然，两国即使只在原则上把英国和法国以及它们的制度、利益和帝国融合起来，这样做好处也很大，但这种大事光靠交换照会是无法办到的。提案中的几点，纵使能实际确定（如共同负担战争损失），也需要进行复杂的谈判。但英国政府如果向我国提出这样一个提案，就的确表示了一种团结精神，可能具有真正意义。最重要的是，我跟戈宾和莫内先生的想法一样，认为这种提案在雷诺先生所处的那种千钧一发的关头可能起到一些安慰作用，同时他对于自己的部长们也就有了坚持的理由。因此，我同意尽力使丘吉尔先生接受这个计划。

这一天早晨非常忙。首先是决定“巴斯德”号的目的地，那时它刚把1 000门75毫米火炮、几千挺机枪和弹药等从美国运出来。它正在海上航行，准备开往波尔多。由于军事代表团的建议，它将接受我的命令，转到英国某个港口。这宗货物当时已经是无价之宝了，在那种局势的变化下，绝不能让它落在敌人的手中。事实上，

“巴斯德”号运来的武器重新装备了英军，因为他们在敦刻尔克几乎把物资丢光了。

至于运输问题，我发现英国人有诚意帮助加强我们的工具，把军队撤出来并保护供应队。执行这项任务的机构将由英国海军部和我国阿登道尔海军上将领导的海军代表团联系成立。但是伦敦显然不大相信法国官方会振作起来。我在接触中感到，许多事实表明，我们的盟国在各方面的措施都是在假定我国即将退出战斗的前提下决定的。最要紧的是，我国海军的命运始终盘桓在他们的心头。在这危难的时刻，每一个法国人遇到任何英国人时，似乎都可以感到有一个若隐若现的问题压在他的身上：“你们的舰队将怎样呢?”

当我和戈宾先生和莫内先生同英国首相一起在卡尔登俱乐部进午餐的时候，英国首相实际上也在想这个问题。“不论情况怎样，”我对他说，“法国舰队是不会自动投降的。贝当本人也不会同意这样做。此外，这个舰队还是达尔朗的采邑。一个封建将军是不会把自己的采邑奉送给别人的。但要保证敌人的魔爪不伸到我们的舰队上来，我们就必须坚持作战。呃，我必须告诉你，你在图尔的态度对我来说是一个不愉快的意外。你在那里似乎毫不重视我们的盟约。你那种听之任之的态度被我们的主降派抓住了。‘你们可以完全看清楚我们没有选择的余地了，’他们说，‘英国人自己就答应了这一点。’不能这样！在我们处于危如累卵的时候，你应当鼓励我们的事绝不应该是那样的。”

丘吉尔先生似乎有些动心了。他和他的私人秘书莫顿少校商量了一会儿。我认为他是在最后时刻打算采取必要的步骤，修改一个已经作出的决定。也许这就是半小时后波尔多的英国大使把他已经交到雷诺先生手里的一份照会撤回的原因。在这个照会中，英国政府原则上同意法国必要时接受德国的任何停战条件。

接着我便向丘吉尔先生提出两国联合的提议。“哈里法克斯勋爵已经向我说过了，”他说，“这口气可不小啊!”“不错，”我答道，“这意味着实现起来需要很长的时间。但态度还是可以马上表示的。就目前的形势说来，任何能支持法国和我们联盟的东西，你都不应当忽视。”经过一阵讨论之后，首相同意我的看法。他马上召集内阁会议，并亲自到唐宁街去主持。我和他一道去了。当大臣们在辩论的时候，我和法国大使在内阁会议室旁边一间办公室里坐着等候。这时我打了一个电话通知雷诺先生说，傍晚以前英国人如果同意，我将送给他一个十分重要的消息。他回答说，他将为此把内阁会议推迟到下午5点。“但是，”他补充说，“不能超过5点。”

英国内阁会议持续了两个小时；开会期间不时有这个或那个英国大臣出来向我们法国人解释某些问题。忽然他们全都进来了，丘吉尔走在前头。“我们全都同意。”他们喊道。实际上除开细节以外，他们所提出的条文和我们提出的完全一样。我马上打电话给雷诺先生，并把这文件念给他听。“这非常重要!”总理说，“会马上就要开了，我将利用这个文件。”我在几句简短的话中把我所能说的鼓励之词都说出来了。接着丘吉尔先生又拿起话筒说：“喂，雷诺！戴高乐是正确的！我们的提议将产生巨大的效果。你必须抓住这一点!”当他听到对方的回答以后又说：“好吧，明天见吧！在康加诺再见。”

我向首相告辞。他借给我一架飞机，让我马上回波尔多去。我们说好，如果情况需要我回来，这架飞机仍然应由我掌握。丘吉尔本人则要去赶一趟火车，以便登上一只驱逐舰到康加诺去。晚上9点半，我在波尔多着陆。我办公室的亨伯特和奥比尔坦上校在机场迎接我。他们告诉我，总理辞职了，总统勒伯伦叫贝当元帅组织政府。这就意味着投降已经是肯定的了。我当时立即下了决心，一到天明马上离开。

我去见雷诺先生。我发现他对于贝当掌权的后果根本不抱幻想。同时，他也像是卸下了千斤重担一样。只有亲眼见到的人才能体会在危难的时候掌权是一种多么残酷的考验。总理先生这些天来一直是日不暇给，席不暇暖，感到法国命运的重担完全压在他个人身上。一个领导人在危难的时候总是孤立无援的。他首当其冲地经受了我国沦亡的各阶段中的逆流——色当被德国人突破，敦刻尔克败退，巴黎的放弃，波尔多的瓦解。但他只是在我国大难临头的前夕才掌权的，根本没有时间来应付局面。而且他事前也曾长期地主张采取一种可以解救这种局面的军事政策。他以坚定不移的态度面对了这一场暴风雨。在这些剧变的日子里，雷诺先生从没有失去把握，也从没有失去自制而冒火或抱怨。这样一个高尚的人物不幸被过分沉重的事物压垮了，这种情景是令人悲痛的。

从根本上说来，如果条件允许一个国家在现存的秩序基础上按传统的成规来指挥战争，那么雷诺先生的性格就最为相宜。但一切已经土崩瓦解！政府的首脑看到整个体系在他周围垮台了，人民在惊奔逃窜，盟国也溜了，最重要的领袖人物也靠不住了。自从政府撤出首都以后，掌握政权就变成任务、纪律、良心陷于混乱而忍受煎熬的痛苦过程。在这种情形下，雷诺先生的智慧、勇敢与处理公务方面的权威，可以说都不起作用了。在事实的怒涛中，他已无法驾驭。

如果要重新驾驭一切，他就必须从这个旋涡中脱出身来，迁到非洲去重整旗鼓。雷诺先生看到了这一点。但这样做就必须采取断然措施。他必须撤换最高统帅部，摆脱那位元帅和一半左右的部长，还必须和某些势力决裂，有法国本土全被占领的准备。总之，他必须不惜一切牺牲，在一个前所未有的局势中打破一切成规惯例，开辟一个前所未有的局面。

雷诺先生认为让他在正常的和可以预见的范围以外作出决定，

是很不恰当的。他企图通过一种手段来达到自己的目的。这特别说明了他为什么只要英国人答应，就打算考虑德国人的停战条件。他无疑认为，即使是那批主降派看到停战条件之后，也会望而生畏；于是有声望的人又会团结起来继续作战，使国家得到挽救。但是这一场悲剧太残酷了，使他无法解决。要么不惜一切牺牲继续作战，要么立即投降，只有两条极端的道路，再没第三条路可走。雷诺先生没能完全采取第一条路线，向贝当让了步；而贝当则完全采取了第二条道路。

值得说明的是，在那千钧一发的关头，国家对第三共和国的领袖也没有提供什么可靠的支持。诚然，很多官方人士都害怕投降。但是当局被应由自己负责的灾难吓倒了，根本没有反应。当他们面临攸关法国现在和未来命运的问题时，议会不开会了；政府作为一个整体来说，无力采取果断的解决办法；而共和国的总统甚至在内阁里面也不愿代表共和国的最高利益多说话。实际上，我国这次毁灭是一个民族的悲剧。在闪电的光芒之下，我国政府暴露出它可怕的虚弱状态，显示出它与法国的国防、荣誉与独立根本不相称，而且也风马牛不相及。

晚间，我到英国大使罗纳德·坎贝尔所住的饭店去告诉他，我打算到伦敦去。前来参加会谈的斯皮尔斯将军也说要和我一块儿去。我通知了雷诺先生。他在秘密款项中支了 10 万法郎给我。我要求马尔热里立即把去英国的护照送到卡朗特斯去，给我的妻子和小孩，让他们乘最后一班船离开布雷斯特到英国去。6 月 17 日早晨 9 时，我和斯皮尔斯将军、副官德·古塞尔乘前一天晚上载我回来的英国飞机起飞。启程时并没有遇到什么阻难或惊险。

我们飞过了罗舍福尔和罗舍尔。这两个港口的船只被德国飞机炸得起火燃烧。接着我们又飞过了班朋，我的母亲在这里病得很厉害。由于附近销毁了一些军火库，这儿的森林正在冒着浓烟。我们在泽西停了一下之后，就在下午很早的时候到了伦敦。当我们进入房间后，古塞尔立即打电话给大使馆和代表团，但得不到回答。我感到自己是孤独一人，一切都被剥夺了，就像一个人面对着一片茫茫的大海，准备跳到水里游过去！

第三章

自由法国

继续战斗？当然！但要达到什么目的？在什么范围之内进行？许多人，甚至包括赞成这一举动的人在内，都认为只能是一小群法国人来帮助屹立不动、坚持作战的不列颠帝国。

继续战斗？当然！但要达到什么目的？在什么范围之内进行？许多人，甚至包括赞成这一举动的人在内，都认为只能是一小群法国人来帮助屹立不动、坚持作战的不列颠帝国。我个人绝不这样看！对我来说，应当为之服务并应当挽救的是我们自己的国家和民族！

如果我们承认在这次世界大战中只有法国投降，而且事情就是这样不变的话，那么我们的光荣、团结和独立便全都完结了。这样一来，不论我国在此次冲突中结局如何，是彻底遭到失败后借外国的兵力赶走侵略者，还是继续被奴役，它的自暴自弃以及它使别人产生的自暴自弃，都将在许多世代中毒害它自己的生命和灵魂。只就最近的将来来说，如果战斗已经不是为了法国，那么我们又用什么名义来号召法国的儿女参加这个战斗呢？给另一个强国的军队提供附庸兵，又有什么好处呢？不能这样！如果要使这个事业有意义，那就不单要使几个法国人回到战争里来，而是要使整个法国都回到战争中来！

这就必须做到下列各点：让我们的军队重新在战场上出现，在我们的国土上重新恢复战争状态，国家本身支援战斗者的行动，列强承认法国在这种情形下已经继续参加战斗了。简单地说，要让我们的政府从崩溃和观望政策中回到战争中来，有一天必定会取得胜利！

我所知道的人和事物，使我对面前的重重难关不敢抱什么幻想。我们一定会碰到唯有长期抵抗才能被拖垮的敌人的力量，敌人还会利用法国官方机构来阻挠法国从战斗中求得复兴。进行这样一场长期和全面的斗争就像让一个没有本钱的人参加赌博，必然会在精神和物质两方面遇到许多困难。怀疑主义者和胆小鬼，为了掩饰他们的软弱无能，势必将大肆反对、阻挠和诽谤战斗者。同时还会出现许多名义上"平行"、实际上是争夺和敌对的东西，这是法国人好争辩的习性所势必引起的局面。盟国的政策和官方机关一定会和往常一样利用这种情形来进行控制。还有些人一心想推翻我们，企图把我们国家的抵抗运动引向变革中的混乱，以便实现他们的独裁。最后，列强也会倾向于利用我们的弱点，牺牲法国来增进自己的利益。

就我个人来说，虽然面前有这样高的大山要攀登，我开始时还是两手空空。我身旁连一个军队或组织的影子都没有！在法国，我没有人拥护，也没有声誉；在国外，我也没有名望和地位。但正是由于缺乏这些，我才能找到行动的方针。唯有毫不动摇地担负起光复祖国的使命，我才能获得权威。唯有成为国家和民族不屈服的战士，才能获得法国人民的承认和热情拥护，并获得外国人的尊敬与重视。某些人始终对这种不妥协的态度感到愤怒，他们不愿意看到我得到这一切。我要坚决击退无数敌对势力的压迫，只要自己稍一动摇，就会导致毁灭。总之，我虽力量有限，孤立无援，但正因为如此，我才必须爬上顶峰，不能后退，唯自助者才有天助！

头一步是挂起国旗。用广播来协助进行这项工作。6 月 17 日下午，我就把这个意图告诉了温斯顿·丘吉尔先生。我那时正像是在英国的海岸边遇了难，一切都已荡然无存，没有他的帮助我又能做什么呢？他立即给了我援助，首先是让我利用英国广播公司的电台。我们同意在贝当政府投降后再广播。当晚就有消息传来说，他们已经这样做了。第二天下午 6 时，我就在麦克风前宣读了众所周知的文告。当不可改变的字句广播出去以后，我内心里感到，我在坚强的法国和统一的军队组织中度过的生活结束了。我已经年近半百，又开始了冒险生涯，就像一个人被命运抛出来，失掉了一切依靠一样。唯一的依靠就是：正义总会战胜不义！

当我开始从事这一史无前例的事业以后，我有责任首先确定，没有比我更有资格的权力当局出来使法国和法兰西帝国回到斗争中去。当时停战协定还没有生效，虽然可能性不大，但我们还是渴望波尔多政府在最后的时刻会选择战争的道路。即使只有极微小的可能，我们也必须加以鼓励。这就是为什么我在 17 日下午刚一到伦敦，马上就打电报给波尔多，表明我愿意继续效劳，愿意在伦敦进行前一天开始的谈判——关于从美国运来战争物资的问题、德国俘虏问题以及迁往北非的问题的谈判。

回答是一个召我马上回去的电文。6 月 20 日我写信给魏刚，叫他来领导抵抗运动，并保证只要他来领导，我自己完全服从。那时，他在投降过程中已经给自己安上了令人惊讶的头衔——“国防部长”。这封信在几星期之后又给我退回来了，上面加上了几句话。谁也看不出他在那些话中表示了敌意。6 月 30 日，所谓“法国大使馆”转来了一项命令，叫我到图卢兹的圣米歇尔监狱去投降，接受战争委员会审判。这个委员会起初判我四年徒刑。后来根据魏刚“部长”要求加刑的上诉，把我判处了死刑。

对于波尔多方面的这种态度，我完全置之不理。这是正确的！我已经通知海外的殖民当局。早在 6 月 19 日，我就打电报给北非总司令兼摩洛哥总督诺盖斯将军，如果他拒绝停战条件，我就服从他的指挥。当晚我又在广播里力促“克劳塞尔、布高德、李约堤、诺盖斯等人领导下的非洲拒绝敌人的条件”。6 月 24 日我又打电报给诺盖斯重新提出我的要求，并且向在东地中海地区的总司令米特尔豪塞将军、该地的高级专员鲍克斯将军以及印度支那总督贾德鲁将军提出声明。我提议这些高级官员建立一个组织来保卫帝国，我可以马上保证和伦敦方面联系。6 月 27 日，我听到突尼斯总督贝鲁东先生发表了一篇很富于战斗性的演说，于是便邀请他也来参加“抵抗委员会”，同时又向米特尔豪塞和鲍克斯将军再度提出我的敦请。那一天，由于情况需要，我为我自己和随员在一只法国货船上订了舱位，打算到摩洛哥去。

我所接到的答复只是东地中海地区海军司令德卡本蒂尔上将给我的一封信，他说鲍克斯将军和米特尔豪塞将军也和我一样打了一个电报给诺盖斯将军。此外，贾德鲁将军有一个儿子当时在伦敦，他把他父亲给他的一份电报拿给我看。电文中鼓励他坚持战斗，并叫他向我保证他的父亲对我的赞助。英国人原先曾派大臣达夫·库柏先生和戈特将军到北非去向诺盖斯将军提供军事援助，但这两位代表甚至没有被接待就回到伦敦来了。最后，英国驻北非的军事联络官狄龙将军也被驱逐出阿尔及尔。

但诺盖斯将军首先想的是升起国旗。人们都知道，6 月 25 日那一天他看到德国人的条件后，就打电报通知波尔多，他坚持继续战争。他引用我在 6 天以前的广播中所用的词句，指出“波尔多的惊慌”使政府不能客观地考虑在北非抗战的可能。他请魏刚将军“重新考虑关于执行停战协定的命令”，并抗议说，如果坚持这些命令的话，“他执行起来就不能不感到愧对国人”。显然，诺盖斯如果选择了抵抗的道路，整个法兰西帝国就会追随他。但不久之后就听说，他自己和其他总督、侨民、总司令都服从了贝当和魏刚的号召，同意停战协定。唯有印度支那总督贾德鲁将军和索马里海岸军队的指挥官勒让蒂约姆将军坚持抵抗。但他俩都被撤换了，他们的部下也没有怎么支持他们。

大部分“殖民总督”这样垮台，正好和国内的政治总崩溃相呼应。我从波尔多以及后来从维希方面得到的报纸说明他们完全接受投降条件，所有的团体、党派、机关、当局也都接受。国民议会在7月9日和10日开会后几乎未经辩论就将全权赋予贝当。在场的有80位议员勇敢地投票反对这种放弃政权的做法。还有些议员则乘坐“马西利亚”号去北非，以此证明他们认为帝国没有放弃斗争。然而，没有一个公众领袖出来谴责停战，这却是事实。

法国的崩溃震惊了全世界，全世界的人民都触目惊心地看着这个伟大明星的陨落。查理·摩根的诗和弗朗索瓦·莫里亚克的文章也曾使许多人流出热泪，但各国还是很快就承认了既成的事实。无疑，所有与轴心国家作战的政府都从法国召回自己的代表，有些人像罗纳德·坎贝尔爵士或范尼埃将军等是自动离开的，另一些则是被德国人请走的。但伦敦的法国大使馆中，还是留驻了一个领事同法国本土联系；加拿大总领事德布依斯服从了贝当元帅，南非联邦的代表也留在法国。最重要的是，维希方面还有教皇大使瓦勒利阿·瓦勒利、苏联大使波格莫洛夫，不久之后又有美国大使李海海军上将等渐次形成了一个声势显赫的外交集团。某些人本有到洛林十字旗下来的念头，但这一景象就足以使他们的热忱冷下去了。

因此，法国人中间就像其他民族内部一样，恐惧、利益和失望交织成一种错综复杂的情绪，普遍地对法国抱着一种放任的态度。虽然有许多人的感情仍然忠于法国往昔的传统，许多利益集团还急于要从现在的残羹剩饭中捞一把，但没有一个权要人物在任何地方挺身出来表明他仍然坚信法国的独立、光荣和伟大。世界上的名人都认为，法国今后受奴役、侮辱和愚弄是理所当然的事了。这种普遍的绝望造成了一种可怕的空虚情绪，在这种情绪面前，我顿然感到自己的使命是明确的，也是艰巨可怕的。在这一段最黑暗的历史时期，要由我来肩负起全法国的重任。

但没有武装就没有法国。建立一个战斗部队比什么都重要。我马上着手进行这项工作。在英国还有一些军事人员。首先我们还有阿尔卑斯轻装备师的部队。这一师由贝多亚特将军指挥着在挪威打了几次漂亮仗之后，于6月中旬回到布列塔尼半岛，接着便和最后一批英国部队一起在那里登陆。此外还有海军的一些船只，总共约有10万吨位。这些都是从瑟堡、布雷斯特、洛里昂等港口逃出来的。船上除了船员外，还有许多官兵，至少共有1万名。此外还有几千名在比利时受伤的士兵，被送到英国医院去治疗。法国军事代表团就对这些人员组织了一个指挥部和管理机构，以使他们服从维希政府，并准备把他们一起遣送回国。

光是和这些零散的部队接头就使我感到非常困难。首先，我的随员很少，几乎都是副官。他们虽然满心怀着好意，但叫他们去推动官场中的事情还是无能为力的。他们所能做的，只是在他们遇到的官兵里面做做宣传，而这些他们都已经做了。效果自然是很小的。我在6月18日发出号召。一星期以后，在英国人借给我们的奥林匹亚广场上扎营的志愿军总共只有几百人。

应当指出的是，英国当局对我们的事情没有多大帮助。当然他们散发过一些传单，告诉法国军人，他们可以自己决定被遣送回国、参加戴高乐的军队或参加英国皇家部队。丘吉尔本人所做的指示，以及他派来负责自由法国与英国海陆空军联络的斯皮尔斯将军所做的一些活动，有时也确实消除了一些惰性和对立情绪。报纸、无线电广播、许多协会和成千上万的个人都对我们的事业表示了热烈的欢迎。至于英国的最高统帅部，则每天都在提防德国人的进攻甚至入侵，忙于应付这方面的准备工作，更无暇顾及像我们这种次要的事情了。同时，由于外交礼节和习惯，它倾向于尊重事物的常规，也就是说，尊重维希政府和他们的使节。最后，它对我们这一批昨天的同盟者是不敢相信的，因为这一批人受到了灾难性的屈辱，对于自己和旁人都感到不满，而且都是满腹牢骚。如果敌人建立了桥头堡，这些人能做些什么呢？难道最聪明的办法不是尽快地把他们用船装走吗？戴高乐将军所能争取的，只是几营士兵而没有干部，只是一些水手而没有军官。这又有什么用呢？

6 月 29 日，我到轻装备山岳师所驻扎的特兰腾公园去。指挥这一师的将军本人就急于要回法国，虽然他有一个坚定的信念：有一天要带着光荣脚踏实地地回到行伍中来，而这也的确是他注定要做的事。他事先做好了安排，让我能看到所有的部队。这样就使我有可能争取到外籍军团第 13 半旅两个营的大部分、他们的领导人马格林·维纳勒中校（又名蒙克拉尔）和他的助手柯尼格上尉、200 名阿尔卑斯轻步兵、三分之二的坦克连，以及一部分炮手、工兵、通讯兵、几名参谋人员和行政官员，包括德康查德队长和德瓦林、迪谢尔两位上尉。我离开那个兵营以后，英国陆军部接着便派德杰尔和威廉斯两位上校来检阅这些部队，向他们说明："你们完全有自由在戴高乐手下当兵。但我们有责任以个人的身份告诉你们，一旦作出这个决定就是背叛你们的政府……"可是那些人还是加入到我这一边来了。

第二天我要到安特利和海多克两处兵营去访问，那儿聚集着几千名法国水手。我刚到，指挥利物浦的英国海军上将就告诉我说，他反对我同这些人见面，因为这样做会影响秩序。于是我只得两手空空地回来。几天以后，我在哈罗公园的运气倒不错。不管怎样，我们的水手中已经掀起了报名的热潮。有几个果断的军官立即就参加到我这一边来。例如科维特·达让吕上尉、维策尔、莫勒斯和约登等人，从此以后都全力以赴地献身于这个事业。有三只小军舰的军官与水手全体宣布参加：在挪威海岸巡逻的潜水艇"卢比斯"号（艇长卡巴尼耶）、潜水艇"纳瓦尔"号（艇长杜洛哥，在我发出号召以后，马上就离开斯发克斯到马耳他报到，后来在地中海的一次战役中沉入海底）、拖船兼巡逻艇"洪都斯总统"号（艇长德卡特尔）。后来海军中将穆兹利埃也来了。因为他出了岔子，而且性格特殊，海军中很多人反对他。但他的智慧和对世界局势的知识在那个危急存亡的关头起了很大作用，使我的这个雏形海军有了一个中心和技术领导。我还到圣阿塔姆兵营去看了几十个飞行员，他们都团结在德·朗古、阿斯蒂耶·德·维拉特和柏占-福煦等队长周围，直到后来我才派了指挥官皮约德去指挥他们。

这时每天都有单个的志愿者到英国来。他们大都来自法国。有些是乘坐最后的班船离开的；有些是弄到一只小船之后逃出来的；还有些则是克服重重困难通过西班牙逃来的。他们躲避着警察，被抓住的人就会被关进米朗达集中营。有些飞行人员掌握着飞机，没有让它们落入维希政府的控制，并且设法飞离北非而到达直布罗陀。有些商船的海员抓住出航的机会离开法国港口，或者是用小船逃出来，如“卡博·奥尔摩”号（船长维勒曼）就是这样。他们都要求当战斗员。有些侨居海外的法国人到这里来要求入伍。在敦刻尔克受伤后在英国医院疗养的 2 000 人现在已经逐渐复原了，我在白城召集他们开了一个会，报名入伍的共有 200 人。有一个殖民地营凑巧驻在塞浦路斯，他们脱离了东地中海地区的部队，自动地团结在罗勒特队长的周围。6 月末有一个渔船队到了康沃尔，把塞翁岛上所有强壮的人都带到我这边来了。这些热情充沛的青年有许多是经过千辛万苦才到达我们这边的。这样的人与日俱增地参加到我们的行列中来，坚定了我们的决心。同时世界各地发来的信件在我的桌上堆积如山，有些是个人寄来的，有些是小团体发来的，他们都要求入伍。我的部下和斯皮尔斯代表团的军官进行了大量艰苦卓绝的工作来安排他们的交通工具问题。

忽然发生的一件令人悲愤的事情阻遏了这一潮流。7 月 4 日报纸和无线电广播发表消息说，英国地中海舰队袭击了停泊在麦尔斯-埃尔-克比尔的法国舰队。同时又听说，英国人还突然以袭击的方式夺取了在他们港口内避难的法国军舰，把军官和水手抓上岸来拘留，并且发生了流血事件。最后，10 日又有消息说，英国飞机投掷鱼雷，轰炸了停在达喀尔港湾的战斗舰“黎塞留”号。伦敦方面的官方公报和报纸都把这一系列的侵略行为说成是一种海军的胜利。英国政府和海军部显然是由于处境危险而产生了恐惧，历史上海上竞争的气息，以及自从法国战事开始以来日积月累的仇恨，到维希政府签订停战协定以后就更加发作起来了。这一系列事情演变成这样恶劣的冲突。在这类冲突中，英国人被压抑的本能随时会冲破一切障碍而爆发出来。

然而法国舰队绝不可能主动向英国人寻衅。我到伦敦以后就向英国政府和海军部强调这一点。此外，达尔朗本人不是出于明显的爱国动机，只要海军还在他掌握之中，他就绝不至于把自己这份财产——海军奉送给德国人。海军和陆军不同，没有受损失。实际上如果达尔朗和他的参谋人员放弃了事实给他们造成的机会，不愿起中流砥柱的作用，不愿成为法国的最后依靠，那只是因为他们认为自己有把握保持他们的船只。英国殖民大臣劳埃德勋爵和首席海军大臣海军上将达德利·庞德爵士 6 月 18 日到波尔多时，都听到达尔朗以信誉作担保说法国船只绝不会交给德国人。贝当和博杜安则作了正式的担保。最后，同美英两国代表当初的提法相反，停战协定中并没有直接规定德国人有权取得法国的舰队。

另外，我们也必须承认，由于波尔多当局的投降，他们将来有妥协的可能性，英国人当然有理由害怕敌人有一天会设法控制我们的舰队。在那种情况下，大不列颠就会受到严重的威胁。麦尔斯-埃尔-克比尔的悲剧、英国人的行径和他们的吹嘘，虽然使我和我的伙伴们感到痛苦和愤怒，但我认为拯救法国的事业高于一切，甚至也高于我们舰队的命运，我们的责任就是坚持战斗。

我在 7 月 8 日的一次广播中明白地表达了这一点。英国政府在情报大臣达夫·库柏先生的建议下，十分聪明而又漂亮地让我用英国广播公司的麦克风来发表那篇演说，虽然我的措辞那么不合英国人的胃口，但还是照样让我广播了。

但这对我们的希望是一个可怕的打击。这一点在招募志愿军方面马上就暴露出来了。许多军人和平民本来打算参加到我们这边来，这时都跑掉了。此外，法兰西帝国各行政当局以及保卫帝国的海军与陆军对我们的态度，大部分都由犹疑变成反对了。维希政府当然不会不尽量利用这一事件。其后果对于非洲领土的归顺来说，肯定是十分严重的。

然而我们还是继续进行自己的工作。7 月 13 日，我大胆宣称："法国同胞们！请认清这一点，你们还有一个战斗的队伍存在。"7 月 14 日在齐集白厅的深为感动的群众中，我检阅了我的第一支队伍，并率领他们在福煦元帅的像下献了三色花圈。7 月 21 日，在我的要求下，有几个飞行员参加了鲁尔区的轰炸，我宣布自由法国重新投入战斗了。我们所有的军队都接受达让吕所提出的意见，用洛林十字作标志。8 月 24 日，英王乔治六世来检阅我们这支小队伍。看到这支队伍时，人们就会相信，"剑刃"淬火很硬。天啊！这剑身又是如何的短哟！

7 月末，我的现役人员还只有 7 000 人。这就是我在英国本部所能征集的全体人员。没有参加我们这一边的法国军队，那时都被遣送回国了。我们克服了很多困难才要回了他们所留下的武器和其他物资，这些不是被英国人拿走了，便是被其他盟国拿走了。至于船只，我们只能将其中的一部分配备船员。其他的船便插着外国旗帜航行，看来真是令人痛心。即便如此，我们的第一支部队终于逐渐形成了。他们的武器是陈旧的，但人员却是坚决的。

实际上，法国抵抗运动的全体斗士，不论在什么地方都必然属于强者之列。他们敢于冒险，甚至达到了像爱好艺术那样爱好冒险的地步，对于懦弱和淡漠抱着鄙视态度；他们也有一种抑郁的心情，在没有危险的时候互相争吵，但遇事却能热烈地团结在一起；经受着祖国的厄运，与装备优良的盟友相比，他们具有高度爱国心；最要紧的是，他们对自己的计谋和策划都具有极大的信心。以上便是这一批从无到有、从小到大的精锐部队的心理状态。它将逐渐成长，直到拉着整个国家和整个帝国跟着它前进。

当我们试图创立我们自己的军队时，确定我们和英政府之间的关系这一问题就成了一个极端重要的问题。英国政府倒的确愿意这样做。他们不是为了法律上的定义问题，而是希望看到英王陛下领土内这一批同情他们但又十分困窘的人——战斗的法国人的权利和义务能得到实际的解决。

一开始我就告诉丘吉尔说，我希望在可能范围内倡议成立一个“民族委员会”来指挥我们作战。为了促成这件事，英国政府在 6 月 23 日发表了两个公告。第一个公告否认波尔多政府是独立的政府；第二个提到了组织法兰西民族委员会的建议，并预先表示愿意承认它，往后一切有关进行战争的事务都将与它发生关系。6 月 25 日英国政府发表了一项公告，承认法兰西帝国某些高级负责人士所表示的抗战愿望，并向他们提出援助。这时任何方面都没有反应，伦敦的内阁会议发现只能再次和戴高乐将军一人打交道，于是便在 6 月 28 日作出决定，公开承认他是“自由法国的领袖”。

于是我便以这种身份和英国首相以及外交部进行必要的谈判。以我自己在 6 月 26 日交给丘吉尔先生和哈里法克斯勋爵的一份备忘录为起点，结果达成了 1940 年 8 月 7 日的协议。某几条我认为很重要的条款，在谈判者之间引起了十分微妙的讨价还价：代表盟友方面的是斯特兰先生，代表我们这一方面的是勒内·卡山教授。

一方面，我心中持有这样的假设，认为战争的结果有可能给英国人带来妥协性的和平；另一方面，我又考虑到英国也许有可能会染指我国海外某一块领地。因此，我便坚持英国必须保证重新恢复法国本土和法兰西帝国的疆界。最后，英国人承认“完整地恢复法国的独立与伟大”，但关于我国领土完整的问题，则不承担任何义务。

由于人力物力的对比相差这样远，我承认陆、海、空三方面配合作战的问题当然应当由英国指挥官来指挥。但我却为自己保留了在任何情况之下对法军的“最高指挥权”，只接受“英国最高统帅部的一般指示”。在这种方式下，纯民族的性质就建立起来了。我还坚持载明，不论在任何情况下，志愿军都“不同法国作战”，这一点英国是有异议的。这当然不等于说，他们绝不对法国人作战。可悲的是，我们正好要考虑相反的情况。因为当时的维希政府绝不代表法国。但是这一条款为的是保证我们参与盟军作战时，纵使与维希方面的军队相遇，也不是针对真正的法国，或伤及它的传统与利益。

在协议中，自由法国军队的开支当然暂时由英国政府负担。由于初期我们没有财源，所以坚持载明这只是借支，将来再归还，但我们已经供应英国人的东西也应当计算在内。实际上还没有等到战争结束，我们就把全部借款归还了。所以结算起来，我们的战争费用并不是由英国负担的。

最后，英国人虽然一心贪恋海船的吨位（太有道理了!），但经过一番周折之后，仍然同意在他们和我们的军事部门之间建立“永久的联系”，解决“法国商船及其水手”的运用问题。

我和丘吉尔在首相别墅共同签署了这项文件。

8 月 7 日的协议对于自由法国具有很大的意义。这不但使我们摆脱了当前的物质困难，同时也使英国当局同我们的关系从此有了正式的基础，往后便可以不再犹豫不决，而是痛快地为我们解决困难了。最重要的是使全世界知道，英法的团结无论如何又有了新的开端。其结果不久就在法兰西帝国的某些领土和法国海外侨民中间产生了影响。同时，其他国家看到英国开始承认我们了，也朝同一方向采取了某些步骤。这首先发生在伦敦的流亡政府之间，它们的力量无疑是很小的，但却保持了它们在国际上的代表地位和影响。

欧洲每有一个国家被希特勒的军队征服，它的政府就带着自己的独立和主权到自由海岸来了。往后领土被德国或意大利占领的国家也是这样做的。没有一个政府愿意屈服在侵略者的铁蹄下。糟糕的是唯有那个自称为法国政府的当局，虽然还控制着大量军队保护下的广大帝国，并拥有世界上的一支强大的海军力量，却是例外！

在6月的灾难日子里，挪威、荷兰、卢森堡的元首和大臣先后来到英国的领土上；接着波兰共和国的总统和部长们也来了；过了一些时候，比利时的内阁也来了；捷克斯洛伐克人在忙着组织自己；阿尔巴尼亚的国王也在活动。英国一方面由于慷慨，一方面由于本身的利益，招待了这些流亡政府。这些政府不论损失多么大，还是留下了一些东西。有些把它们银行里的黄金和外汇带来了；荷兰人则拥有印度尼西亚，同时他们的舰队也不可轻视；比利时还有刚果；波兰人还有一支小军队；挪威人还有许多商船；捷克斯洛伐克人——更正确地说是贝奈斯派——在中欧和东欧拥有一个情报网，而且跟美国的关系很密切。此外，英国作为遭到毁灭的旧世界的最后堡垒，在声誉上也没有受到什么损害。

对这些流亡者来说，一无所有的自由法国是一个有趣的尝试。首先受它吸引的是最急切和最不幸的波兰人和捷克斯洛伐克人。在他们看来，正是由于这种忠诚，我们这批忠于法国传统的人才代表一种希望，成为吸引力的中心。尤其是锡柯尔斯基和贝奈斯，他们虽然处在错综复杂而微妙的局势中，到处受人怀疑因而使自己的处境变得更加复杂，却和我建立了经常性的联系。法国的使命对全世界究竟具有什么意义，对此我从没有像在那个陷于深渊的时候认识得那样清楚。

我们在努力使法国获得国际重视的同时，设法使政治和行政机构的雏形活动起来。我当时既无声望又无资源，如果把我身边形成的那个初步组织称为“政府”，那简直是很可笑的。此外，我深信维希政府将一直堕落下去，直到彻底垮台为止。我也曾宣布，仰承敌人鼻息的政府是不合法的政府。但我不愿心怀成见，认为国家机器在机会来临的时候仍然不可能根据战争的要求重新改组。所以我尽可能不建立在任何情况下足以妨碍国家重建的任何东西，甚至在名义上也不愿意这样做。我对帝国领导人所提出的一切，只是叫他们联合起来共御外敌。当事实证明他们已经无可挽救的时候，我才决定尽快组织一个简单的“民族委员会”。

我们必须使有充分代表性的杰出人物支持我们。起初有些乐观主义者认为这样的人很容易找到。我们不时地听到某某著名政治家、将军或声誉昭著的学者假道里斯本来了，或者在利物浦登了岸，但是马上就有人出来否认。即使在伦敦，由于公务或者偶然的机会来到这里的许多著名的法国人，除开少数几个人以外，大多数不参加自由法国。有些人径自回国了。有些留在这里的人，则声明服从维希政府。至于反对投降的人，有些自动地在英国或美国安排自己的流亡生活，有些则在英国或美国的政府中工作。到我的旗帜下来的“经得起考验的人”，毕竟很少。

“你是正确的，”法国大使戈宾先生对我说，“我一生中最宝贵的阶段都贡献给英法联盟的事业了。当你提出请求后的第二天我就提出了辞呈，公开表示站在你这一边。但我是一个老公务人员，40 年来我一直在一个正规的范围里工作和生活。违法的事情，我办不来。”

“你错了！”让·莫内先生则写信给我说，“你不该成立那个组织。在法国人看来，那是在英国卵翼下产生的……我完全同意你阻止法国放弃斗争的决心……但不能把伦敦当成复兴的发源地。”

雷纳·梅耶先生则声称：“我必须回法国去，以便使我的命运不至于跟那些与我有同样宗教信仰的人分开，他们将在那里受难。”

布勒特先生向我保证说："我完全赞同你。我个人不论在法国本土还是在法兰西帝国，都将尽可能帮助法国复兴。"

安德烈·莫鲁瓦、亨利·庞内以及德克瑞利斯诸位先生告诉我说："我们将到美国去。唯有到那儿，我们才可能对你最有用处。"

罗朗·德·马尔热里先生对我说："我受命做上海的总领事。我是经过伦敦，不是到你这里参加工作，是到中国去。我到那里将和你在这里一样，为法国效力。"

另一方面，皮埃尔·科特先生被已经发生的事情说服以后对我说，无论要他做什么事情都可以，"甚至扫楼梯都行"。但他太引人注目了，参加我这一边有些不合适。

总而言之，不管理由是什么，法国的著名人物几乎普遍对我敬而远之，这样绝不会提高我那事业的信誉。我只得把委员会的成立再推迟一下。参加的杰出人物越少，希望参加的人也越少。

但是，也有些人马上就站到我这边来了。他们立即担负起责任来，并带来了勇气和力量。由于这些，才使这只船总算下水了，而且被证明是可以航海的。卡山教授是我的助手。我们的对内和对外关系，要在许多协议和公文上从无到有地建立起来，他在这方面是多么有贡献的助手啊！安东尼负责管理我们初期内政部门的行政事宜，在那个草创时代，他做了许多工作，真是令人感激不尽。拉比和爱斯加拉，后来还有哈金，负责和外交部各部门以及欧洲各流亡政府联系。哈金不久因执行公务同他的妻子不幸在海上惨遭灭顶之灾。他们还和我所号召的法国海外侨民保持接触。普利文和丹尼斯负责管理我们那微薄的财源。他们创造了条件，使团结在我们周围的那一群侨民能够生活得下去。舒曼担任了无线电广播的自由法国代言人。马西普专门研究报纸上关于我们的消息。宾金同我们的盟国解决了法国商船和海员的使用问题。

在纯粹军事问题方面，穆兹利埃由达让吕协助，马格兰·维纳勒由柯尼格协助，皮约德由朗古协助，他们分别负责组织海、陆、空军部队。莫兰负责供应。迪谢尔、德瓦兰和艾迪尔・德・布瓦斯朗贝是我的参谋。乔弗洛・德・古塞尔做我的内阁会议联络官、副官、翻译，有时还当我的得力参谋。这就是我的一批随从人员，也就是敌人诬蔑为叛徒、贪婪之徒和冒险家的人。他们受到这个崇高事业的鼓舞，不辞赴汤蹈火，一直跟随着我。

对我们来说，同英国军队的合作是必不可少的，这些事情由斯皮尔斯将军代表办理。他能坚持原则，而且能灵活处理。我必须指出，在那艰苦的初创时期，他的工作不但是有价值的，而且是不可缺少的。纵使像他那样的人才，也发现英国方面的事情很不好办。官场人物的守旧使他们不能相信这样一个人。他曾经当过议员、军官、商人、外交家和作家，他样样都通，但列入哪一行都不合适。他为了加速事务的进展，运用了全部智慧，并利用他那锋芒逼人的机智使得别人敬畏，他还善于运用他随机应变的能力。作为一个外国人来说，他对法国理解得再清楚不过了，他对它怀有一种压倒一切和忠心耿耿的热爱。

那时，许多人都认为我的事业是一个险象丛生的冒险，斯皮尔斯却马上理解了它的性质和范围。他负责和自由法国及其领导人打交道时，是具有热忱的。但他为我们服务的愿望，却使他更加嫉妒我们。他赞成自由法国脱离一切而独立，但当自由法国在他面前站起来时却又使他激怒。所以他在开始时虽然竭力帮助我们，却命定终有一日要离开我们的事业，并和我们作对。从他对自由法国所表现的热情来看，他难道没有因为不能领导它而感到遗憾吗？他难道没有因为离开它而感到悲伤吗？

但是自由法国在诞生时并没有遇到它成功时所遇到的那种敌手。它只是在弱者的命运必然遭到的苦难中挣扎。我和我的助手起初在伦敦堤上的圣斯蒂芬大厦工作。我们在这里租了一层楼房，摆了几张桌椅。后来英国当局又把卡登花园一所更方便的房子交给我们使用。后来我们的主要中心就设在那所房子里。那儿每天都有失望的浪潮向我们冲击，但那儿也有大量振奋人心的消息使我们喜出望外。

热情的言论从法国大量涌来。许多诚挚的人们用极巧妙的方法，有时就是通过检查者本身，把信件和其他邮件寄给我们。其中有一件是 7 月 14 日在星形广场拍的一张照片，上面照着那一天德国人到了那里以后，有一群男人和妇女在无名烈士墓周围沉浸在悲哀里。7 月 19 日他们把这照片寄来，并且写了这样几句话："戴高乐！我们听到你的话了。现在我们在等待你！"另外一张是路过的人献满了鲜花的坟墓，这就是我母亲的坟墓，她在 7 月 16 日向上帝奉献了她的苦难，祈求挽救法国和庇佑她的儿子的使命以后，就在班朋死去了。

这样我们就能衡量我们拒绝接受失败以后在人民中所引起的深刻反响。同时，我们也能证明法国全国都在收听伦敦的广播，因此我们通过这种广播掌握了一种强有力的武器。的确，海外的法国人响应着同一种民族感情。当我要求和他们保持联系时，他们都照做了，而且组成了团体来协助自由法国。伦敦的马尔格内夫和克利特、美国的胡德利和雅克·德·西埃耶斯、墨西哥的苏斯戴尔、开罗的伯努瓦男爵、德黑兰的戈达德、阿根廷的热兰、巴西的朗都、智利的皮劳德、君士坦丁堡的几劳·约夫、德里的维克多、加尔各答的李维、东京的巴贝等等，都是这方面的发起人。我不久就确信，虽然维希政府在施加压力并在宣传中大肆污蔑，而广大群众又软弱无力，但一般人还是把自己所保留下来的骄傲与希望寄托在自由法国身上。从那时起，在我所做的一切事情和所忍受的一切苦难中，我片刻也没有忘记国家寄予我的最高期待。

自由法国在英国也受到各方的尊敬和同情。首先英王就毫不迟疑地证明了这一点。王室中的每一个成员也这样做了。各位大臣和各位领导人也随时随地表现了他们的善意。特别是英国人民向我们表示的慷慨与仁慈，更是令人难以忘怀。他们组织了各种各样的慈善团体来帮助我们的志愿军。到我们这里来为我们服务、抽出时间来为我们做事以及捐献金钱的人，简直不计其数。每当我必须和群众见面时，我就看到十分令人欣慰的场面。当伦敦的报纸报道维希政府判处我死刑并且把我的财产充公时，马上就有大量的金银珠宝被不具名地留在卡登花园，还有几十位不知其名的寡妇把她们的结婚戒指寄来，让黄金为戴高乐的事业服务。

但必须指出的是，当时英国出现了一种紧张空气，人们预计德国人随时都可能进攻。在这种情况下，每个人都具有一种难得的镇定精神。当我们看到似乎每一个英国人都认为国家的安全取决于自己的行动时，实在令人羡慕。当时的一切实际上都要依靠空军，而责任感还是这样普遍，这就尤其令人感动了。

的确，敌人一旦掌握了制空权，英国马上就完了。舰队受到空袭轰炸以后，就无法阻止德国的供应队渡过北海。陆军只有十来个师，在法国战役中受了重创，也没有装备，肯定不能击退登陆的敌人。万一敌人登陆成功，即使有国民军在各地抵抗，庞大的德国部队也不难占领全国。英王和政府当然会及时迁往加拿大。消息灵通人士议论纷纷：哪些政治家、主教、作家和实业家在大难临头时会和德国人妥协，控制国家的行政权。

但这些推测对人民大众来说，根本不起作用。英国整个地说来已经准备战斗到底。每一个男人和妇女都参加了防务工作。一切有关掩蔽体的修建、武器与工具物资的分发、工厂与田间的劳动以及服务、值勤与配给的工作，在热情和纪律方面都是无可非议的。唯一缺乏的是军事装备，他们同我们一样，长久以来没有事先做准备。但一切都在照常进行，英国人好像打算用他们的热忱来弥补他们的缺陷似的。幽默风趣的确不少。有一份报纸上登载了一幅漫画，画着可怕的德国军队已经到了大不列颠，但他们的坦克、大炮、军队与将军等等都被路上的木头路障挡住了。一个公告上写着，每一个人通过时都必须交一便士。守关卡的那位英国小老头儿因为德国人交款不足，拒绝把关卡的木栏抬起来。他的态度虽然很有礼貌，但一点也不退让。侵略者的那支庞大的行列已经全部被激怒了，但他还是不理。

这时皇家空军也在机场上时刻准备着。人民当中有许多人实在憋不住了，甚至高声喊话希望德国人冒险来进攻。丘吉尔就是感到等待得难受的人中的一个。8月间的某一天，在首相别墅，我还看见他把拳头向空中一挥喊道："他们不来啦!""你难道这样急于要看到你的城市被炸成断瓦残垣吗?"我对他说。"你可以看到，"他说，"轰炸科文特里、牛津和坎特伯雷就会在美国激起一股怒潮，使他们参加战争!"

我对这一点表示怀疑，提醒他两个月以前，法国的灾难并没有使美国放弃中立。"那是因为法国垮台了!"首相回答说，"美国人早晚是要来的，但条件是我们在这里不退让。这就是为什么我不能不想到战斗机队的缘故。"接着他又补充说："你可以看出，在法国战争已近尾声时，我拒绝你们使用战斗机是有道理的。假如它被摧毁了的话，对你我来说，一切便都完了。"我接着说："如果相反的，你们的战斗机出动了，也许就能使您的盟国获得新生命，并使法国能继续在地中海作战。这样一来，英国也许就能少受威胁，美国也就会更愿意参与欧洲和非洲的事情。"

丘吉尔先生和我都不偏不倚地从这一系列毁灭西方的事件中得出一个平凡的然而是最后的结论：到头来不列颠是一个岛国，法国是大陆的一角，而美国则是另一个世界。

第四章 非洲

到了1940年8月的时候，自由法国有了一些资源，也有了一个初步的组织，而且获得了一定的声誉。我必须立即运用这一切。

到了1940年8月的时候，自由法国有了一些资源，也有了一个初步的组织，而且获得了一定的声誉。我必须立即运用这一切。

在其他方面我也许会感到迷惑，可对于应当立即采取什么行动的问题，我倒丝毫没有怀疑。希特勒已经在欧洲赢得了第一回合。这时已开始第二回合了，这次必然是全世界规模的。总有一天会有机会让我们在可能的地方——旧大陆上赢得一次决定性的战争。目前我们法国人必须在非洲继续战斗。几星期以前我枉费心机地企图把政府和最高统帅部引向这条路，现在我发现本应由政府和最高统帅部承担的继续坚持作战的责任完全落在我的肩上，我毅然走上了这条路。

在非洲辽阔的地面上，法国实际上可以为自己再建立一支军队和一个政府，等待着新的盟国参加到旧盟国这一边，把实力的对比关系扭转过来。当这种情形出现的时候，与意大利、巴尔干、西班牙三个半岛近在咫尺的非洲，可以当作打回欧洲的最好基地，而这个基地又是属于法国的。如果我们有一天由于帝国的力量而获得了解放，那就将在法国本土和海外领地之间建立起团结的纽带。相反的，如果帝国在战争中自始至终没有作出任何努力来挽救祖国，那么法国在非洲的一切努力无疑是徒劳无功的。

可以料想得到，德国人或者为了占领全欧洲，或者为了获得欧洲的一些领土，或者为了帮助意大利伙伴——可能还有西班牙伙伴——扩张领土，会把战争扩展到地中海的对岸来。实际上那儿已经在进行战斗了。轴心国家企图占领苏伊士运河。我们如果在非洲仍然采取消极态度，我们的敌人迟早会吞并我们的领土，我们的盟国在作战期间也将插手到战略上有关的领土上来。

法国的军队和领土参加非洲的战争，就等于法国的一部分重新参加抗战。也就是直接抵抗敌人，保卫领土。这也是在可能范围内打动英国，或许有一天还要打动美国，让他们认识到为了自己在战斗中的需要和本身的利益，不能只顾自己。最后，这也是使自由法国结束流亡状态，使它的统治权充分地在自己的土地上行使。

但我们在非洲应当从什么地方着手呢？在最近的将来，从阿尔及利亚—摩洛哥—突尼斯地区方面是无法指望得到什么肯定结果的。起初确实有许多市府、协会、军官组织、退伍军人团体都写信给我表示拥护，但要求退出的声明也很快就寄来了。检查制度和惩罚正在展开，米尔斯克比尔的悲剧使最后的抵抗计划瓦解。在那里，人们还抱着一种“胆怯的轻松情绪”，认为停战条件使北非处于占领之外。法国当局在这里显然以一种军事的和具体的形式存在着，这使法国侨民有了信心，而又没有得罪穆斯林。最后，维希政府所谓的“民族革命”的某些方面——如对有产阶级的号召、对行政方面的慰藉、退伍军人的示威、反犹太主义的表现等等，都和很多人的愿望相符。总之，人们从不停下来想想北非总有一天能“起一些作用”，反而坐在那儿观望。出于内部自发的运动，是无法指望的。至于从外部采取行动夺取政权，则又显然不是我所能考虑的。

撒哈拉以南非洲的情形则完全不同。自由法国刚一成立，达喀尔、圣路易、瓦加杜古、阿比让、科纳克里、洛美、杜阿拉、布拉柴维尔、塔那纳利佛等地就进行了游行示威，同时这些地区也写了许多信件给我。这些都说明，在那富于进取精神的新领土上，坚持作战看来是不成问题的。但是诺盖斯最后采取了顺从的态度，奥兰事件①又产生了不良印象，再加上布伊松（先是赤道非洲的总督、后是达喀尔的高级专员）态度暧昧以至于他的部属的热情消失了，这些都减弱了非洲人的激昂情绪。但是在我们的殖民地中，仍有大部分在燃烧着战火。

有美好前景的主要是在我们的赤道非洲地区。喀麦隆的反对停战协定运动更是深入到各阶层。在这个生气勃勃的国家，不论是法国人还是本地人，都对投降非常愤慨。诚然，他们毫不怀疑，要是希特勒得到胜利，第一次世界大战前他们所遭受的德国统治又会卷土重来。有几个过去的德国殖民者不久前刚撤退到西班牙的斐南多岛上去，这时就发表文章声称，在最近的将来要回来重操旧业和恢复种植园。这些文章一经传看，群情哗然。一个行动委员会在政务部主任蒙克拉尔先生的领导下建立了，并向我声明加入自由法国。领地长官布鲁诺由于看不清局势的变化而拒绝参加。但是可以肯定，如果有外界的坚决推动，这个问题是可以得到解决的。

乍得的情形比这里还要好。总督费利克斯·艾布厄立即赞同抵抗运动。这位有良心有智慧的、热烈维护法国的黑人，这位人道主义的哲学家，全力以赴地反对法国的屈服，不承认纳粹种族歧视的胜利。从我第一次拜访艾布厄起，他就在他的秘书长劳郎梯的同意下原则上作出了决定。法国的部队和平民都倾向于同一目标。对于许多人说来，鼓起勇气就是运用理智。坚持岗位的士兵对利比亚的意大利人严阵以待。他们的战斗意志丝毫没有受影响，迫切希望戴高乐将军给他们派来援军。法国的公务人员和商人也和非洲人的酋

① 第二次世界大战中法国贝当政权投降德国后，法国一个舰队拒绝英军让它开到英国港口的要求，准备进入阿尔及利亚的奥兰港，结果受到英国舰队的炮击。

长一样，不安地推测着，如果乍得的正常市场——英属尼日利亚突然对它封锁起来以后，乍得的经济生活会变成什么样子。当艾布厄把这种情况告诉我以后，我在 7 月 16 日打了一个电报给他。他回复了一个很详细的报告，声明他愿意公开加入我们这一边，并说明在法国托付给他保卫的土地上，生活和防卫事宜决定于哪些条件。最后他问我有什么办法帮助他，使他可以在洛林十字旗下尽自己的义务。

刚果方面的局势比较暧昧，领地长官布伊松在布拉柴维尔一直住到 7 月中，后来到达喀尔任职时，仍然保留着管理整个赤道地区的权利。他把胡松将军留下来当作继任者，这个人是一个崇高的军人，但却受着错误的纪律观念的束缚。这次灾难虽然使他陷于悲寂的状态中，但他却不愿放弃对维希政府的服从。乌班吉有许多部队都拥护抵抗路线，问题完全要看刚果方面的态度。从另一方面说来，在加蓬这个古老而拘泥的殖民地——在传统上就自以为和这些领土中的其他地区不同——某些圈子里的人物坚持一种暧昧的保留态度。

估计了一下法属撒哈拉以南非洲的情况以后，我决定尽快地首先尝试一下，把赤道地区号召起来。我确信，可能除了加蓬地区以外，这一行动无须使用武力。如果头一炮打响了，我就到西非去采取行动。但后一件事除非经过长期的努力并具有相当的力量，否则难获成功。我不想首先在那里进行。

第一个问题就是要到拉密堡①、杜阿拉和布拉柴维尔去。这桩事应当整个一气呵成，而不能松劲。因为维希政府在达喀尔还控制着许多船只、飞机和军队，必要时还可以集结摩洛哥的军队和土伦的军舰，因之便拥有许多资源可以随时进行干涉。普拉通海军上将

① 拉密堡于 1973 年改名为恩贾梅纳，即乍得首都。

曾被贝当政府和达尔朗派到加蓬和喀麦隆来巡视，使许多军界人士和平民百姓倾向于维希当局。所以我就推动事情从速进行。我把我的计划大略地向英国殖民部大臣劳埃德勋爵说了一下，他十分理解其中的重要意义，尤其是对于英属尼日利亚、黄金海岸、塞拉利昂、冈比亚等地区的安全的重要性。他按照我的要求给他的总督们下了指示。到行动的那一天，他交给我一架飞机，把我的代表团从伦敦送到拉各斯去。

代表团的人员有普利文、巴朗和艾迪尔·德·布瓦斯朗贝等。他们将被要求来和总督艾布厄说好条件，让乍得倒向我们这一边，并且通过蒙克拉尔和他的委员会的帮助，在杜阿拉发动政变。正当他们要启程的时候，我又加上了第四个人——霍特克洛克上尉。未来的事实证明这个人很能干。他刚从法国路经西班牙到我这里来，在香槟省受了伤，头上还绑着绷带，非常疲乏。当他到我这里来报到时，我一看清我所接待的是什么样的人物，马上就决定了他的使命。他应当到赤道非洲去。他刚刚把行李收拾好并改名为勒克莱尔队长，就和其他的人一块儿起飞了。

当我们把洛林十字旗在乍得与喀麦隆升起的时候，还必须把下刚果、乌班吉和加蓬等三个殖民地拉过来。而这实际上就要把赤道非洲的首府、权威的象征——布拉柴维尔夺下来。我把这个任务交给德·拉尔米纳上校。这位杰出而机敏的军官那时在开罗。在 6 月末，他就以法国中东军区参谋长的资格劝说他的领导米特尔豪塞将军坚持战斗，但没有成功。后来他自己便把不接受停战的部队组织起来拉到巴勒斯坦去。但米特尔豪塞又把他们叫回来了，那次的确得到了英国中东总司令魏菲尔将军的帮助，他害怕这支流亡的军队会给他带来麻烦而不会给他带来便利。这支部队只有一小部分保留下来，到达了英国的领土。拉尔米纳被捕后又逃走了。他跑到吉布提港以后，当勒让蒂约姆将军的助手。他曾努力使法属索马里[1]坚持战斗，但没有得到结果，后来便退休到埃及去了。

拉尔米纳在埃及接到了我叫他到伦敦报到的命令，但途中又接到另一命令，叫他到利奥波德维尔去。他到比属刚果之后，领地长官黎克曼很慎重但极坚决地帮助了他，这件事得到了舆论的同情。住在当地的、精神上团结在斯道伯博士周围的法国公民也都支持他。拉尔米纳根据我的指示，将跨过刚果河准备他在布拉柴维尔的基地，并准备在整个赤道地区配合行动。

一切准备就绪之后，拉尔米纳、普利文、勒克莱尔和布瓦斯朗贝，加上经过迂回曲折的道路从乍得来的多朗诺上尉在拉各斯会面。尼日利亚总督贝尔纳·布尔迪隆这次和往常一样，给予自由法国以积极和明智的协助。大家商定，首先要使乍得倒向我们这一方面来，第二天杜阿拉的事情就要着手进行，第三天则解决布拉柴维尔的问题。

8 月 26 日，总督艾布厄和该地区军队的指挥官马尔尚上校在拉密堡郑重庄严地宣布乍得参加戴高乐将军的阵营。前一天普利文就坐飞机来了，他以我的名义批准了这件事。我自己在伦敦的广播中又宣布此事，并把乍得当作帝国的榜样。

27 日，勒克莱尔与布瓦斯朗贝出色地按照预定计划在喀麦隆

---

[1] 即现在的吉布提共和国。在非洲东北部，亚丁湾西岸，同索马里、埃塞俄比亚和厄立特里亚为邻。19 世纪 50 年代法国势力侵入。1888 年沦为法国殖民地，称法属索马里。1977 年 6 月 27 日宣布独立，成立吉布提共和国。其首都为吉布提，是东非最大港口之一。

原英属索马里和意属索马里两个地区组成了现在的索马里共和国。英属索马里位于国家北部，1887 年沦为英国保护地。位于南部的意属索马里于 1889 年开始处于意大利的“保护”之下，之后意大利沿海岸线不断将占领区向内地扩展，至 1925 年整个中、南部沦为意属殖民地。第二次世界大战期间，英国占领意属索马里，1949 年联合国决议将原意大利侵占区交意大利托管。1960 年英占区和意托管区先后宣告独立，同年 7 月 1 日合并组成索马里共和国。但英属部分又在 1991 年独立，不过未受国际承认。

完成了突击战斗任务。但他们出发时，兵力是很小的。起初我打算派一个分遣队去支援他们，我们在英国一个兵营里物色了1 000名黑人狙击手，他们在法国战争时期从科特迪瓦来增援某些殖民地部队，但由于来迟了，只好待在英国等候遣送回国。我征得英国人的同意，把这个分遣队送到阿克拉去，到那里归巴朗队长指挥。我们完全有理由相信这些黑人队伍回到非洲不会惊动维希政府。这些士兵终于在黄金海岸登了陆，他们的军容十分整齐，英国军官忍不住把他们编到自己的队伍中去了。因此，勒克莱尔和布瓦斯朗贝手中只能掌握很少几个士兵和从杜阿拉逃来的几个殖民者。即使如此，当他们离开维多利亚的时候，英军总司令吉法德忽然害怕这一行动所带来的后果，命令他们停止进行。我用电报通知他们应当独立行动。他们得到我的完全同意后，就没有理会英国人的命令。多亏维多利亚方面英国人的谅解，他们乘土人的独木船到杜阿拉去了。

那一小队人在晚间到了那里。一些“戴高乐派人物”一见所发出的信号，马上就跑到毛兹博士的屋子里去，按照预定计划进行接收。勒克莱尔就像使用了魔法似的，一下子就变成了上校和领地长官，夺占了政府大厦。第二天他由两连杜阿拉卫队护送，坐火车到原统治者所在的雅温得。权力的“移交”顺利地完成了。

布拉柴维尔的事情也安排得很好。8月28日，德朗日队长在约定的时间领着一营人进入政府大厦，迫使领地长官胡松退职。胡松虽然提出了抗议，但却由于无力抵抗只好退了职。警备队、公务人员、殖民者和本地人等等事前在军医少将西塞、兵站总监索克斯、炮兵上校塞勒斯、空军中校卡勒蒂耶的影响下，有了思想准备，所以都很欢迎这件事。拉尔米纳将军渡过刚果河，立即以我的名义把法属赤道非洲高级专员的民政和军事权力接收过来。胡松将军也坐着送拉尔米纳来的那只船回到利奥波德维尔去了。

乌班吉的总督圣马尔特早就在找机会，一旦听到布拉柴维尔的事情，马上就打电报表示归附。但军队的司令官和一部分队伍却把兵营关起来，威胁着要放火烧城。拉尔米纳马上乘飞机到班吉去，使这一批误入歧途的诚实人回到工作岗位上来了。然而还是有少数的军官被遣散了，并且按照他们的要求被送到西非去。

所以赤道非洲—喀麦隆地区大部分没有流一滴血就归附了自由法国。唯有加蓬脱离了整体，但这个殖民地也快要归向我们这边了。8月29日，领地长官马松在利伯维尔听到拉尔米纳说明政权易手时，就回电归附。这时他公开宣称他所辖的领土归附我们这边，并通知他军队的指挥官。

达喀尔的维希政府很快作出反应。他们命令利伯维尔的海军指挥官率领着一艘小型护航舰、一艘潜水艇和几只小船来制裁领地长官，并扬言派来了一支舰队。于是马松先生的态度变了，他声明加蓬决定参加自由法国是出于误解。有一架往来于利伯维尔和达喀尔的海上飞机把那些表示“妥协”的名人送到西非去，并把效忠于维希政府的官员送到加蓬来。形势逆转了。这块地方是很难收拾的，因为它通向大海。于是在赤道非洲地区的范围内就产生了一块敌人的飞地。维希政府为了利用这一点，派了一个空军上将德杜到利伯维尔来，并给予他赤道非洲总督的头衔，还训令他负责恢复整个这一地区的统治权。这时还有几架格朗—马丁轰炸机在机场着陆。德杜宣称，这只是即将陆续来到的飞机的前哨。

但就整个的局势来说，到底是有利的。我从这里得到一个希望，觉得争取撒哈拉以南非洲的第二个计划将可以同样获得成功。

说老实话，这个新阶段势将更加困难。目前西非当局的权力是非常集中的，而且他们还和北非紧密地联系着。这里的兵力还相当可观。达喀尔的要塞武器装备很好，有着现代工事和炮台，还有几个空军中队配合着，这里本来就是海军舰队的基地。其中还包括几艘潜水艇和威力强大的“黎塞留”号（自从英国鱼雷炸伤了这只船以后，这只舰上的军官就一心想要复仇）。以上的各部分综合起来就组成了一个坚强的攻击和防卫整体。最后，领地长官布伊松又是一个精明强干的人。他的野心很大，但是不能辨别是非，所以才追随维希政府。7月中旬他刚一到达喀尔就证明了这一点，因为他马上就把上沃尔特（今布基纳法索）的行政长官罗伏关起来，这个人曾宣布把他的领土归附自由法国。

按我们当时的实力来说，自然难以直接对付这些地方。此外，我认为要紧的是避免大规模的冲突。这倒不是幻想着解放一个国家可以不让法国人与法国人之间流一滴血，当然这是令人遗憾的事！但如果在那个时候和那个地方进行大规模战斗，不论结果如何，总是会严重地影响我们的前途。如果不了解上述看法是我的主要信念，那么达喀尔事件的过程便无法理解了。

因此，我的计划一开始就不打算直接进攻。我的看法是用一支坚强的纵队在离要塞很远的地方登陆，然后在向目标挺进的途中把它所通过的地区和所遇到的部队团结起来。自由法国的军队通过这种方式，一边接触一边扩充，由陆地通往达喀尔，这是完全有把握的。我准备派部队在科纳克里登陆，从这里就可以利用公路和铁路的联系向西非的首府挺进。但为了避免远征军被达喀尔的海军分遣舰队消灭掉，就必须从海上加以掩护。我必须要求英国舰队来担任这项掩护工作。

7月末我把我的意见告诉了丘吉尔先生。他当时没有给我明确答复，过了一些时候才邀我去商谈这件事。8月6日，我在唐宁街一间大厅里会见了他。那间大厅按传统是兼作首相的办公室和政府会议室的，厅里摆着一张老大的桌子，桌子上铺着几张地图。他在桌子前面一边神采奕奕地走来走去，一边和我谈话。

他对我说："我们必须共同控制达喀尔。对你来说这是非常重要的。因为事情要是进行得顺利的话，就意味着大量的法军将回到战争里来。对于我们来说，这也很重要。因为如果能利用达喀尔作基地，就能使艰巨的大西洋战斗中许多困难的问题得到顺利解决。所以和海军部以及许多参谋长商议以后，我就可以答复你：我们准备帮助你们进行这次远征。我们打算派出一支相当强大的海军，但却不能把这支兵力留在非洲海岸边很久。我们必须把它调回来掩护英国本土并进行地中海的战斗。所以行动必须十分迅速。这就是为什么我们不同意你们在科纳克里登陆然后慢慢地通过灌木林的理由。因为那样我们的舰船就必须在附近停好几个月。我有另外一个计划向你提出。”

接着，丘吉尔先生便绘声绘色地向我描述了下列情景：“某一天早晨，达喀尔城在沉闷和疑惧的心情中醒来。在初升的旭日下，它的居民会看到远处海洋中出现许多船只。这是一支庞大无比的舰队！有 100 只战舰和运输舰！它们慢慢地开来，用无线电广播向城里、海军、警备队播送友谊的声音。有些船上飘扬着三色旗帜，有些则挂着英国、荷兰、波兰、比利时等国的国旗。在这支盟军的舰队中忽然出来一只和平的小船，上面挂着谈判的白旗。它开进港口，把戴高乐将军的使者们送上岸。他们都是去见总督的，任务是说服他允许登陆。做到这一点，盟军的舰队就可以撤退，往后所剩下的问题只是确定他和你之间合作的条件。相反的，如果要打，他就必然会被毁灭。”

丘吉尔先生接着便得意洋洋地一边讲一边比画，把他希望和想象中的未来景象一幕一幕地描述出来：

“当你的代表和总督进行谈判时，自由法国和英国的飞机将和平地在城市上空飞行，投下友谊的传单。军队和平民——你的代表们和他们在一起工作——正在热烈地讨论与你达成一项协议的好处，以及与此相反，同那些毕竟是法国的盟友进行一次大规模战争而招致的弊端。总督会感到，假如他抵抗，他就会垮台。你会发现他愿意继续谈判，直到得出满意的结论为止。这时他也许为了‘荣誉的缘故’而放几枪，但却不会再打下去。那天晚上他就会和你共饮，并举杯祝贺最后的胜利。”

我在回想中认识到：丘吉尔先生这样一席滔滔不绝的话，如果把他那种诱人的辞藻撇开，它的内容是有确实材料作根据的。因为英国不能把重要的海军力量长期地转移到赤道非洲，所以就只能想出直接的行动来使我成为达喀尔的主人。这种行动如果没有全面进攻的性质，就必然牵涉到劝说和威胁的问题。同时我也认为，达喀尔既是一个那么大的大西洋基地，“黎塞留”号又停在那里，自然会引起英国垂涎和不安。纵使没有自由法国参加，英国海军部早晚也会有一天要去解决达喀尔问题。

我作出结论说：假如我们出面，也许还有机会使这一场战斗变成对自由法国的归附——虽然这可能是被迫的归附。相反的，如果我们置身事外，英国早晚会为了它自身而行动。在这种情形下，那个地方就会用要塞炮和“黎塞留”号的大炮来猛烈抵抗。而格朗-马丁轰炸机、古蒂斯战斗机和潜水艇——这对当时还没有任何装置可以探测潜水艇的船只是个威胁——就会使任何运输舰队成为瓮中之鳖了。达喀尔如果为炮火所毁，最后就不得不在断瓦残垣上向英国人投降。我们完全有理由认为，这一场战斗最后的结果是法国的主权受损害。

稍微过了一会儿之后，我就回去告诉丘吉尔，表示我接受他的建议。我和英国舰队指挥官约翰·坎宁安海军上将共同制订了作战计划。在这一艰巨的事情中，我发现他有时是不好共事的，但却是一个卓越的航海家和富于感情的人。同时我又把我们法国人所能用在这次事件中的实力组织了一下，我们的力量的确小得可怜！其中包括三艘护航舰（“萨伏龙·德·布拉札”号、“杜博船长”号、“多明内船长”号）和两艘武装拖船（“维伦”号、“维金”号）。法国人那时自己没有运输船，于是便借了荷兰人两艘（“潘兰德”号和“威斯特兰德”号），装载一营外籍军团、一连募兵、一连海军陆战队、一个坦克连和一个炮兵队的官兵，还有一个临时组织的后勤部队，总共有 2 000 人，此外还有两个空军中队的驾驶员。有四艘法国货船（“阿纳迪尔”号、“卡桑芒斯”号、“拉密堡”号以及“内华达”号）装着这样一些辎重：坦克，大炮，装箱的吕山达式、飓风式和布兰罕姆式飞机，各种车辆以及一些食品。

至于英国人的舰队，并没有像丘吉尔先生起初所说的有那样多军舰，只有两艘旧式的战舰（“巴哈姆”号和“坚决”号）、四艘巡洋舰、一艘航空母舰（“皇家橡树”号）、几艘驱逐舰和一艘油船。此外还有三艘运输舰载着两营海军陆战队，带着登陆用具，由欧文准将指挥，以便在必要时使用。原先还有一个波兰旅参加，但中途退出了。看来似乎是参谋总部的人不像首相那样深信这一行动的重要性和可能性，削减了原来预定的实力。

在起航前几天，对于我在获胜后如何运用巴马科的大量黄金储备的问题引起了一场激烈的争论。这些都是法兰西银行为自己、比利时与波兰国家银行存在那里的金条。法兰西银行的储备和存款事实上在德军入侵时一部分撤到塞内加尔，另一部分则在联合储备银行的金库中保存着，其余的正在运往马提尼克途中。各交战国的情报机关正在通过封锁线、国境线和哨卡密切地监视着巴马科的黄金。

比利时人与波兰人都希望他们那一份能还给他们，这是非常合理合法的，我对斯巴克和札勒斯基先生都做了必要的保证。英国人自然无权占有，但他们也同样要求用这笔黄金来直接支付他们在美国所购买的物资，并声称这样做是为了整个盟国的利益。实际上，在这一时期，除非付现款，否则美国根本就不卖东西给任何人。斯皮尔斯将军十分坚持，而且还威胁说，英国人将放弃已经取得协议的远征，但我还是拒绝了这个要求。最后就像我起初建议的那样，法国在巴马科的黄金只能用来偿付英国为战斗法国①在美国购买的物资。

登船以前，乍得、喀麦隆、刚果和乌班吉归附的消息传来，正好增强了我们的信心。即使我们攻占达喀尔没成功，至少也可以指望由于率领这样多增援部队，就能把非洲的中心地区组织起来，成为战斗法国的作战基地和领土。

8 月 31 日远征队从利物浦出发了。我自己和部分法国部队加上一个小参谋部乘坐“威斯特兰德”号。这艘船上有一面法国国旗在荷兰国旗旁边飘扬着。船上的指挥官（布拉加舰长）、军官和水手跟“潘兰德”号一样，都是友爱互助的典型。斯皮尔斯和我同行，他是丘吉尔派来做联络官、外交官和情报官的。在英国，我把正在建立中的军队交给穆兹利埃指挥，初步的行政组织交给安东尼领导，联络与直接情报则由德瓦兰负责。此外，贾德鲁将军不久也将从印度支那来到。我留了一封信，在他到达时交给他。信中把我的全盘计划和我所期望于他的都告诉了他。我认识到，我自己虽然离开了，只要时间不长，我的伙伴们所积累的智慧足可防止内部争吵和外部阴谋，不让这个根基未固的大厦受到过多的震撼。然而当我登上“威斯特兰德”号的甲板，在空袭警报声中带着一小批军队与船只离港时，心中仍然感到任重而道远。在那辽阔的海洋中，在那一片漆黑的夜里，在那汹涌澎湃的浪涛上，一只可怜的外国海船，没有大炮，也没有一点灯光，却载着法国的命运在航行。

我们的第一个目的地是弗里敦。按计划我们将在这里集合，并收集最新的情报。我们的货船走得很慢，而且为了避开德国飞机和潜艇的袭击，在大西洋绕了一个大圈子，所以直至 9 月 17 日才到

① 1942 年 7 月 14 日，自由法国改名为战斗法国。

达。在航行中，我们从伦敦接到一个无线电报，是有关维希政府军队的消息，这一消息很可能使一切事情都必须重新考虑。9 月 11 日，3 艘巨型现代巡洋舰（“乔治·莱格”号、“光荣”号和“蒙特卡耳姆”号）和 3 艘轻巡洋舰（“勇敢”号、“幻变”号和“马兰”号）都从土伦出发，通过了直布罗陀，英国舰队没有阻挡住它们。我们刚在弗里敦停泊，又有一个严重的消息使我们步调更加紊乱。达喀尔的舰队得到巡洋舰“普里毛格”号增援，并已经起锚全速开往南方。英国一艘驱逐舰被派去监视它，正同它保持一段距离。

我肯定这支强大的海军力量是开到赤道非洲去的。那边的利伯维尔港可以供他们利用，于是他们便可以很容易地夺回黑角和杜阿拉。如果这样一次震动还不能扭转刚果和喀麦隆的局势，那么这些强大的船只就可以运送从达喀尔、科纳克里和阿比让开来的镇压部队，并掩护他们登陆。这个假定几乎马上就被证实了。因为货船“普亚迪尔”号从达喀尔开到利伯维尔，受到英国人轰击以后，船长下令把它凿沉了。显然，维希政府正在发动一次大规模的战役，企图重新在归向自由法国的领土上站稳脚跟。派遣 7 艘巡洋舰到赤道非洲去的问题，纵使没有德国人的命令，也必须得到他们的完全同意才行。坎宁安海军上将同意我的看法，认为必须立即把维希政府的舰队截住。

我们同意必须命令侵略者滚回去。显然是要它们回到卡萨布兰卡，而不要回到达喀尔去，否则英国舰队就痛击它。我们坚信，这样威胁一下就足以使那批奉命开往南方的舰队改变航线。英国舰队的速度显然低得多，但火力却大于敌人两倍。如果不能截住维希政府的舰队，那么只要它们被迫在赤道非洲的港湾停泊而没有炮台的保护的话，我们就可以保持自己的优势。那时侵略者如果不投降，就必须在不利的条件下作战。一个领导远征队的人绝不会愿意让自己陷入这种境地。

有几艘英国巡洋舰同那支不速之客的舰队司令官布拉奎海军上将相遇了。实际上当这位将领完全出乎意料地发现法英联合舰队出现在这个区域时，并不难使这支舰队改变航线。可是那几艘维希政府的战舰却不顾追赶，直接开往达喀尔去了。唯有“光荣”号和“普里毛格”号巡洋舰由于机器出了故障降低了速度。那时驱逐舰“英格菲尔德”号上的指挥官达让吕代表我直接和他们接洽，他们接受了我们的条件，但拒绝我们愿去弗里敦代他们修船的建议，然后开到卡萨布兰卡去了。

自由法属赤道非洲在这种情形下就避免了一次很大的灾难。单单这一件事就完全足以证明我们组织的远征是有理由的。同时，从土伦出发的舰队最初好像是不知道我们在那里，所以还是照常往赤道非洲开去。接着，当它们发现我们在那里时便放弃了那个使命，并提出说，维希政府不了解我们的真正目的是什么。我们一方面庆幸对方的计划成了泡影，同时也得承认我们自己的计划同样受到了严重的影响。实际上达喀尔当局从此以后就戒备起来，而且得到了巨大舰队的增援。我们几乎马上就听到我们的情报人员报道说，他们为了加强海岸炮台，用海军炮手代替了殖民地炮兵。这个消息虽被认为不太可靠，但无论如何，从那时起，我们占领达喀尔的希望就似乎渺茫了。

在伦敦方面，丘吉尔先生和海军部认为在这种条件之下，最好是什么也不做。他们早在 9 月 16 日就打电报给我们，提议舰队只把我们的船只护送到杜阿拉，然后就开到其他的地方去。我必须指出，像这样放弃是最坏的做法。实际上如果我们让达喀尔维持现状，维希方面就会等英国船只回到北方去，再进攻赤道非洲，这是他们马上就想做的。海洋既已向他们开放了，布拉奎的巡洋舰便可以再度向赤道非洲猛袭。在这种情形下，洛林十字旗下的斗士，包括我在内，迟早会被围困在那远处一隅的地方。假如我们不投降，就将在丛林中对其他法国人作无益的战斗，以致受到严重损失，根本没有机会同德国人和意大利人作战。我坚信这是敌人的意图，维希傀儡政府必然会自觉或不自觉地成为敌人的工具。据我看来，我们既已经到了这里，就应当不顾一切地进入达喀尔。

我必须承认，我们在非洲方面已经得到的归附，使我暗中充满了希望。我们离开伦敦以后，又有其他地方传来佳音，这就更增强了我的希望。9 月 2 日，大洋洲的法国殖民地在阿涅、拉加尔德和马丁等先生的临时政府领导下，参加了自由法国。9 月 9 日，彭万宣布印度的法国殖民地参加到我们这一边。9 月 14 日，圣皮埃尔和密克隆退伍军人大会寄给我一份正式归附的声明。接着不列颠政府又敦促加拿大政府支持他们的运动。领地长官沙托在 7 月 18 日使新喀里多尼亚归附过来以后，9 月 20 日又接受我的命令至努美阿去。那儿有一个“戴高乐委员会”，由米克尔·维吉斯主持。他们掌握了局势，并得到人民的热烈拥护，因此使得沙托顺利地把政府接收过来。最后，我看到布拉奎的舰队在听到第一次号召之后就回转了。谁又能确定我们在达喀尔就找不到有利于最正式的命令下达的那种归顺气氛呢？无论如何，我们必须尝试一下。

坎宁安海军上将也有同样的看法。于是我们便打电报到伦敦，十分恳切地申述必须让我们有机会去试试看。后来丘吉尔先生告诉我，当时他完全没有想到我们的坚持态度，他十分高兴地同意采取行动。

但在出发以前，我受到坎宁安一次粗暴的干预。他要把我和我那一部分微弱的力量置于他的指挥之下，并准备在他的旗舰“巴哈姆”号上招待我作为代价。我当然把他的要求和邀请一并谢绝了。当天傍晚我们在“威斯特兰德”号上进行了外交谈判。晚间，坎宁安上将给我一个言辞十分谦恭的字条，放弃了他的要求。9 月 21 日我们起航。23 日黎明时分，在浓雾中我们已经临近达喀尔。

大雾使我们的事情受到了严重的妨碍。尤其是丘吉尔先生所说的守军与居民看到我们的舰队后所产生的精神作用根本就没有了，因为什么东西也看不见。但延期显然是不可能的，计划仍然照旧进行。6 点钟时我用无线电广播向海军、陆军以及居民讲话，宣布我们的到来和友好的意图。同时，有两架小型的、没有武装的路西阿尔式法国游览飞机从"皇家橡树"号上起飞，到俄亚肯机场着陆。到那里之后送下三名军官——盖勒、斯卡马罗尼和苏弗莱特，带着友谊的使命。不久以后，我知道路西阿尔式飞机已经顺利地着陆，从机场发出了"成功"的信号。

突然间有几个地方响起了高射炮声。"黎塞留"号上的炮和要塞炮也向城市上空散发友谊传单的法国和英国飞机开炮。这些炮声虽是罪恶的，但据我看来其中还不无犹豫之处。于是我便命令两只小艇载着使者进港去，而自由法国的护航舰和"威斯特兰德"号、"潘兰德"号等则在雾中进到港湾的入口。

起初并没有反应。司令官达让吕、哥特硕少校、柏古尔・福煦上尉、贝兰上尉、波尔热少尉命令船只停下来之后，在码头上登陆，要求会见港口司令。当港口司令出现时，达让吕声称从戴高乐将军那里带来了给总督的信，并奉命把这封信面交总督。港口司令毫不掩饰他的为难，他告诉使者说，他奉命要把他们扣留起来。这时他表示要叫他的卫士。我的使者一见势头不对，马上就退回小艇。小艇离岸后，有几挺机关枪向他们开火。达让吕和贝兰受重伤，后来被送到"威斯特兰德"号上。

这时达喀尔的炮台开始瞄准英国和法国船只不停地轰击，一直打了几个钟头我们也没有还击。"黎塞留"号在港口里被拖船拖动，以便更好地利用它的炮，然后也开始炮击。到 11 点的时候，巡洋舰"肯柏兰"号受重创，坎宁安上将在无线电里说："我没有向你们开炮，你们为什么向我开炮?"对方回答说："退出 20 英里以外!”这时英国人也开了一些侧舷炮。过了好长一段时间，双方都没有真正打仗的迹象。直到中午，并没有发现维希政府的飞机起飞。

总体上看来，这些迹象并不能让我认为这个地方已经决心拼命抵抗。海军、警备部队和总督是不是在等待着什么作为妥协的借口呢？中午的时候，坎宁安上将给我一个暗示，表示他也有这种感觉。当然，我们不会想到要把船只开进港口去。但是自由法国的人员在要塞附近登陆，然后由陆路进去是不是可能呢？这一办法我们早就考虑过了。小港卢费斯克位于工事的范围以外，只要不遇到坚强抵抗，似乎就宜于这种行动。事实上我们的护航舰可以进入卢费斯克港，而运输舰不能，因为后者吃水太深。因此，军队就必须由驳船运送上岸，重武器完全不能带。这样一来，就只能在完全和平的条件下进行。我事先得到坎宁安上将的保证，他们将从海上掩护，所以我便命令全体人员开往卢费斯克。

下午3时，仍然在雾中，我们到达了目的地。“杜博船长”号载着一小队海军陆战队进入港口，并用一只船派出一部分水手到岸上去安排停泊地点。岸上已经有一群本地人前来欢迎这一个巡逻队了。但附近阵地上的维希部队却向我们开火，死伤了几个人。早一会儿，还有两架格朗-马丁式轰炸机在我们那一小队人上面低空飞行，表示他们可以为所欲为，实际的情形也是如此。最后，坎宁安上将发信号告诉我说，巡洋舰“乔治·莱格”号和“蒙特卡耳姆”号已经离开达喀尔港，在离我们一英里的雾中，英国船只都另有任务，不能掩护我们了。肯定地说，这件事是失败了！非但登陆不可能，而且只要维希政府的巡洋舰开几炮就足以把全部自由法国远征军送入海底。我决定再退到海面上去。退却时没有发生什么意外。

那天晚上我们彻夜不宁。第二天早晨英国舰队接到丘吉尔先生的电报，叫他们加紧进行这件事，于是便向达喀尔当局提出了一项最后通牒。对方表示绝不投降。接着英国人在这一天便和岸上的炮台以及港湾中的船只互相猛烈地轰击。这时雾更浓了，炮是盲目射击的。到薄暮时分，看来显然得不到决定性的结果了。

到傍晚的时候，“巴哈姆”号开得非常靠近“威斯特兰德”号，坎宁安上将叫我去见他，讨论一下当前局势。英国战舰上的气氛非常沉闷而紧张。他们没有成功，心中当然难过，但主要还是感到吃惊。英国人是一个讲求实际的民族，他们不能理解当法国受着侵略者践踏的时候，达喀尔当局、海军和陆军为什么竟动用这样大的力量同他们的同胞和盟友战斗。至于我个人，则从那个时候起就不再感到惊奇了。方才发生的事情确定不移地向我说明，维希政府的统治者会毫不犹疑地滥用他们的部属的勇敢和纪律来破坏法国的利益。

坎宁安上将对局势的看法是：“当地的态度既然如此，又有舰队的支持，我认为轰击不可能解决问题。”指挥登陆部队的欧文将军也补充说，他打算把他的部队送上岸去进攻要塞。但必须说明的是，那样做的话，每一个士兵和每一只船都要冒极大的危险。他们两人都问我，如果远征军完了，自由法国将怎么办。

“直到现在，”我说，“我们还没有对达喀尔展开全面进攻。和平进入港口的计划已经失败了，轰击又不能解决任何问题。最后，如果在敌对情况下登陆，向要塞进攻，就会掀起一场阵地战。我个人是希望避免这样办的，你们也认为结局是可疑的。因此，我们必须暂时放弃攻取达喀尔的打算。”我向坎宁安上将提议，让他宣布他是接受戴高乐将军的要求停止轰击的。但封锁还必须维持，以便不让达喀尔的船只有行动的自由。其次，我们必须在圣路易这类没有设防或防御薄弱的地区登陆，再一次从陆地上向这个地区进攻。不管怎样，也不论发生什么事情，自由法国将继续下去。

英国的海军上将与陆军将领都同意我对于目前局势的看法。当夜幕降临的时候，我离开“巴哈姆”号到一艘汽艇上去，艇身在海浪上颠簸着。军官和水手们站在栏杆边，悲寂地向我敬礼送别。

但那天晚上有两桩事情使坎宁安上将收回了我们共同议定的意见。第一是丘吉尔先生又来了一个电报，明确地要他采取行动。他这位首相在电文中对此事毫无结果表示震惊和不安。伦敦尤其是华盛顿的政界人士，听到维希和柏林的广播宣传之后，开始激动了。这就使首相的情绪更加激动。这时雾已经消散，似乎马上又给炮击提供了一个机会，于是拂晓时分战斗又开始了。这回英国人根本没有和我商量就与对方要塞互相炮击起来了。到傍晚时分，战舰“坚决”号被潜水艇用鱼雷击中了，这只战舰有沉没的危险，必须用拖船拖走。另外几只英国船也受了重创。“皇家橡树”号上起飞的飞机有四架被击落了。对方的“黎塞留”号和许多其他船只也受到了严重的惩罚。驱逐舰“勇敢”号、潜艇“柏尔西”号和“爱甲克斯”号都被击沉了。有一艘英国驱逐舰想援救后者的船员。要塞里的顽固派还在继续开火。坎宁安上将决定避免损失，我不得不表示同意。于是我们便开往弗里敦。

往后几天对我说来是难以忍受的。我的心情正好像地震剧烈地震撼一个人的房子，房顶上的瓦片纷纷打在他的头上。

伦敦方面朝我发泄了一通狂风暴雨般的愤怒，华盛顿则向我发出了一阵飓风式的讽刺。对于美国的新闻界和英国的许多报纸说来，这次失败当然是戴高乐造成的。“就是他，”人们议论纷纷地说，“想出了这个荒唐的冒险。他对达喀尔的形势作了虚构的报告，害苦了英国人。当达尔朗已经派来援军，成功已经成为不可能的时候，他还以堂吉诃德式的精神，坚持必须进攻这个地方……此外，土伦开来的巡洋舰也完全是由于自由法国不断泄露机密所造成的后果，这样就使维希当局警惕起来了……这一下可看明白了，不能保守秘密的人是不足信任的。”不久之后，丘吉尔先生也受到了激烈的攻击，因为据说他轻易上了别人的当。斯皮尔斯则板着一副面孔不断把他的通讯员给他的电讯交给我，暗示戴高乐可能绝望了，被他的党人抛弃了，同时又被英国人遗弃了，他将放弃一切行动。而英国政府则将物色贾德鲁和穆兹利埃，以更小的规模来招募法国辅助部队。

至于维希当局的宣传，更是狺狺不休地大肆喧嚷起来。达喀尔的公报则宣扬这是一次伟大的海军胜利。无数的信件祝贺总督布伊松和达喀尔英勇的战士们，这些信件都在两个地区的报上发表出来并加以评论，而且还由所谓“法国广播电台”广播了。我自己则待在狭小的船舱中，在一个热得使人受不了的港口里，着手研究在那些感到恐惧后进行报复的敌方中和遭到失败后突然感到震惊的盟国中，对这次恐惧的反应究竟如何。

然而我很快就看清楚了，虽然处在这种逆境中，自由法国仍是不动摇的。我们的船刚一下锚，我就跑去慰问。其中没有一个人愿意离开我。相反的，每一个人都由于维希方面的敌对态度而更加坚定了。所以当一架从达喀尔起飞的飞机从我们这些抛了锚的船上飞过时，每一只船都愤怒地开了炮。一个星期以前是绝不会有这种情形的。不久之后拉尔米纳和勒克莱尔也发了一封言辞热情的电报给我，说他们和他们周围的人比以往更加忠诚了。伦敦方面，纵使对我国人民痛加指责，但没有背弃我的消息传来。跟随我的人对我这样信任，使我得到了极大的安慰。这意味着自由法国的基础确实是稳固的。好吧！我们必须继续前进！斯皮尔斯恢复了平静之后，向我引用了一句维克多·雨果的话：“第二天，爱末里①占据了这座城市。”

应当指出的是，伦敦方面的反感虽然很多，政府却在设法避免

① 维克多·雨果的史诗《爱末里》中的英雄。

引起反感。丘吉尔先生虽然受到了严厉的责难，但却没有抛弃我，正如同我没有抛弃他一样。9月28日他在下院发表了一篇演说，极其客观地说明了事情的经过，他声称："所有发生的事情只是加强了英王陛下政府对戴高乐将军的信任。"诚然，首相那时已经知道土伦开来的舰队是怎样通过直布罗陀海峡的，只是不愿意说而已。两个月以后，当我回到英国时，他亲口对我这样说。

法国的情报官路易兹上尉秘密地参加了自由法国，他从丹吉尔打了一个电报给伦敦和直布罗陀两方面，告诉他们关于维希方面舰队的动向。但这个消息到达时，德机正在轰炸白厅，工作人员一连几个钟头躲在地洞里出不来，使得参谋人员在一段相当长的时间里不能恢复工作。电讯翻译出来以后，海军大臣已经不能及时通知直布罗陀的舰队了。更糟糕的是，那时维希政府驻马德里的海军武官还曾亲口无意地（?）提醒了英国武官。因此直布罗陀的司令官便从两个来源得到了警报，但仍然没有采取措施来堵截这些危害盟军的船只。

首相对待"戴高乐派"的公开态度，大大地促使议会和报纸方面把愤怒平息下去。但无论如何，达喀尔事件注定要在英国人心中留下一道难以愈合的伤痕。而美国人则因此认为，将来进攻维希政府的领土，一定不能让自由法国参加，也不能让英国人参加。

目前，我们的英国盟友决定无论如何不再参与这些事了。坎宁安上将公开地告诉我说，我们不应当再有用任何方式重新进行这一工作的打算了。他自己所能做的是把我护送到喀麦隆去。于是我们便朝杜阿拉进发。10月8日，当法国船只准备进入吴利港时，英国人向我们致敬，然后就开往辽阔的海洋去了。

当我乘着"杜博船长"号进入杜阿拉港时，这个城市所爆发的一片热情是空前的。勒克莱尔在那里迎接我。检阅过当地军队之后，我进入政府大厦。这时从英国开来的军队正在下船。我所接触到的公务人员、法国殖民者、本地人的领袖，都充满爱国的乐观主义精神，但是他们并没有忘记自己的具体问题。其中最主要的就是如何保持本地产品的出口并换来本地所欠缺的生活必需品。除了这些焦虑和意见的差异之外，自由法国的人们，不论是在伦敦参加的，还是在非洲的事业中团结起来的，在道义上的团结一致是很明显的。

团结在洛林十字旗下的人，在性格上的这种同一性，从此以后就成了他们共同事业的永恒基础。不论在什么地方和发生什么事，从实际的观点出发，人们可以预先肯定“戴高乐派”将怎样想和怎样行动。比方说，我那一次所遇到的热烈欢呼的情况，在其他任何情形下，只要有群众集合的地方就经常出现。我必须承认，对我来说，这种结果是一个永恒的纽带。我对于自己的同志来说体现着事业的命运，对于一大群法国人来说则象征着希望，而对外国人来说则成了法国在严酷的考验下坚强不屈的精神的化身。这一切将指导我的方向，并在我的性情和人格上留下永不磨灭的影响。对我来说，这就等于催促我进行坚决的自我检查，也等于给我加上了一副十分沉重的担子。

那时，要紧的是把整个法属赤道非洲维持下去，并动员他们参加非洲战争。我的意图是，在乍得和利比亚边境上建立一个撒哈拉沙漠作战地带，准备有一天当时机成熟的时候，就让一支法国纵队去攻取费赞，并从那里打到地中海去。但由于有沙漠，通讯和供应工作极端困难，所以便只能派少数特种部队去执行这项任务。我同时还打算派一个远征队到中东去和英国人配合作战。大家的未来目标都是法属北非。然而，首先还必须肃清加蓬的敌人据点。10 月 12 日，我在杜阿拉发出了必要的命令。

当准备这个艰苦的战斗时，我离开喀麦隆到其他地方视察去了。我在雅温得稍事勾留后，首先到了乍得。在这次旅途中，自由法国的领导人和随员的生命几乎完结，因为我们乘坐波特兹540式飞机去视察拉密堡时，中途机器出了故障。然而就像一个奇迹似的，这架飞机设法落在一个沼泽的中间，没有受到多大的损坏。

我在乍得看到一种极端紧张而兴奋的气氛。每一个人都感到历史的曙光开始照耀到这片功勋卓著而苦难深重的土地上。这儿由于地势偏僻、与外界隔绝、气候恶劣、缺乏资源，所以便受到了严重的限制。唯有艰苦卓绝的努力才能在这儿取得成果。为了补救这一点，产生伟大行动的英雄气概已经在这里出现了。

艾布厄在拉密堡官邸接待了我。我体会到他矢志不渝地向我表示他对我的忠诚和信任。同时我也看到他胸襟开阔，能够接受我交给他的伟大计划。他提出的见解是稳健而平凡的，但他对于冒险或艰苦的事也绝不畏惧。在那位领地长官看来，如果要建立好交通，使乍得能从布拉柴维尔、杜阿拉、拉各斯接受自由法国在进行积极战争时必需的物资和供应，然后还要把这些东西直接送到意属利比亚边境去，这就要完成一桩极为艰巨的工作。这个地区必须依靠自己的力量来开辟或维护4 000英里的道路，同时还要发展自己的经济，来供养战斗人员和工作人员，并且要输出物资来抵偿开支。尤其困难的是，一大部分殖民者和公务人员都将被动员去参加战斗，不能参加这项工作。

我和乍得的司令官马尔尚上校一直飞到了费雅和沙漠中的据点。在这些地方，我发现军心十分坚决，但给养十分缺乏。交通工具只有骆驼队和少数摩托化的运输队。所以当我告诉那些军官们，我将指望他们有一天攻取费赞并直下地中海时，我看到他们显然有些怅然若失。在他们看来，意大利人和德国人打来的可能，比我向他们描述的法国人去远征的可能性更大。万一敌人来了的时候，要把它打退是很困难的。诚然，他们没有一个人对于坚持作战有任何犹豫。洛林十字旗已经到处飘扬了。

这时，在更西边的领地里，像尼日尔和撒哈拉沙漠的绿洲，这些军官的同志们也跟他们一样驻在利比亚的边境，但他们的上级却没有一个人敢于打破沉闷发出号令。他们已经打定主意，如果有人带头要他们向法兰西的敌人开火，他们就向他开枪。维希当局的那些罪恶性的错误给我带来了许多精神上的痛苦，但没有一种错误比这种死气沉沉的景象更使我痛苦的了。

与此相反，当我回到拉密堡那天时，却受到一种动人心弦的鼓舞。这是由贾德鲁将军带给我的。当我去非洲后，他就来到了伦敦。某些专找内幕新闻的人认为，英国人将把这位素居高位的上将作为自己的另一张王牌。还有一些拘泥于形式的人，则在考虑自己是不是愿意在一个准将手下服务。他见过丘吉尔不止一次。关于他们的会谈情况，众说纷纭。在会谈中英国首相可能向他提出，叫他来代替我。无疑，那并不是叫他插手到这桩事情里面来，而是为了一贯的目的——分而治之。在达喀尔事件之前几天，丘吉尔忽然打了一个电报给我，说他正把贾德鲁送到开罗去对东地中海地区做工作，那边已经有希望出现一些有利的机会。我对此反应很强烈。这意见本身我倒不反对，因为我认为它并不坏；但提出这桩事情之前应当取得我的同意。后来丘吉尔先生给了我一个满意的解释，他说那是由于事情过于急迫。

这时贾德鲁从开罗到我这里来了。我和他一起进餐时，举杯向这位伟大的领导人祝贺，我对他素来有一种尊敬的亲切感情。他以极高贵而诚实的态度回答我说，他愿意接受我的指示。在场的艾布厄和其他人都十分感动地认识到，对于贾德鲁来说，戴高乐已经超越于官阶范围之外了，而且负起了一种非等级制度所能局限的责任。谁也不会低估这一事例的分量。当我和他决定了他的任务以后，便在送他回开罗的飞机旁向他告别，我认为他去的时候比来的时候更伟大了。

10 月 24 日我到了布拉柴维尔。这儿的事情，总的看来跟杜阿拉以及拉密堡等地一样令人有信心，但显得十分稳健。对于一个首府来说，这是很自然的。行政当局、参谋总部、各机关、实业界和各代表团都在考虑帝国中这一最贫乏的地带——赤道非洲和祖国切断联系后，如果要生活若干年或支援作战的话，要克服多大的困难。它们的许多产品如油类、橡胶、木材、棉花、咖啡和生皮等自然很容易卖给英国和美国。但那儿没有工厂，除去一些金矿以外，也没有任何矿产。全部的出口和必须从外国购入的东西之间根本无法平衡。

我委任普利文为秘书长，襄助拉尔米纳在这方面进行工作。当他把整个机构推动运转后，就可以到伦敦和华盛顿去解决外汇和支付问题。事实证明，普利文的才能加上拉尔米纳的权威使工作十分有效。行政官员、殖民者、商人和运输商看到这边大有可为，而且也有利可图，便开始了一个繁忙时期的活动。虽然在战争中，这也深刻地改变了赤道非洲的生活面貌。10 月末我到乌班吉去了一趟，受到圣马尔特领地长官的欢迎。后来我又到黑角去了一趟，那里归达奎安管辖。这两次旅行使我解决了当地有待解决的问题。

最后，我在 10 月 27 日到了利奥波德维尔。那里的行政当局、军队、平民与比属刚果的法国侨民为我举行了一次非常动人的欢迎大会。总督黎克曼和我一样跟祖国断绝了联系，希望祖国参加战争，并且同情自由法国。自由法国对于比属刚果来说，诚然是投降精神的一道屏障。那时这种精神已经从北方逼来，快要感染到它了。黎克曼必须永远和刚果河对岸的法属邻邦保持密切联系。值得提出的是，英国的属地如尼日利亚的布尔迪隆、苏丹的赫德斯顿等也有同样的情形。以往拉各斯、杜阿拉、布拉柴维尔、利奥波德维尔、喀土穆等邻近地区之间，由于闹对立和搞阴谋，彼此不和；现在各领地长官个人之间已建立了友谊。这对于作战和维持非洲秩序是一个极重要的因素。

这时大家都做好了准备要结束加蓬问题。我到杜阿拉之前，拉尔米纳已经采取了初步的措施。在巴朗队长的指挥下，在刚果召集的一些军队已经进到俄戈未河上的朗巴勒内。但他们被维希军队的抵抗拦住了。这时一小纵队人从喀麦隆出发，由迪奥队长指挥，正在包围米齐克阵地。在朗巴勒内和米齐克两地，戴高乐派和维希军队发生了接触，彼此打了几枪，互相大肆进行宣传战。有时一架格朗马丁式飞机从利伯维尔飞来扔下几颗炸弹，并且向我们的人散发大量的传单。第二天，一架布洛克 200 式的飞机也从布拉柴维尔飞过去，同样给对方来这么一套。这种相持不下而令人痛苦的敌对态度，不能得到任何结果。

我刚一到那里，就决定直接攻取利伯维尔，并拟订了行动计划。不幸的是，他们肯定会坚决抗击我军。德杜将军的指挥部设在利伯维尔。他指挥 4 个营、一些大炮、4 架新式轰炸机、护航舰“布干维尔”号和潜水艇“彭塞勒”号。他还动员了一些侨民。此外，他所接到的训令也使他不得不打。为了使他无法得到增援，我必须询问丘吉尔先生是不是同意警告维希政府，如果增援就将遭到英国舰队的反击。我去电以后，海军上将坎宁安就到杜阿拉来见我。我们约定，他的船只不直接参加利伯维尔的战斗，但应当停在海面上，以便防止达喀尔的人有意蠢动时派来巡洋舰。至于我们这方面，则以沉重的心情瞻望将来。我宣布在这件痛苦的事情上不发电文给任何人。这话得到了一致同意。

10 月 27 日米齐克拿下来了。11 月 5 日朗巴勒内驻军放下了武器。紧接着，载运那个纵队到利伯维尔去的船只就从杜阿拉出发了。勒克莱尔是全军总指挥。柯尼格指挥陆军，其中包括一个外籍营、一个塞内加尔混合殖民地营和喀麦隆派来的侨民营。11 月 8 日晚间，开始在拉蒙达海峡登陆，9 日进逼城区时，发生了相当激烈的战斗。原先我们从英国装箱运来的几架吕山达式飞机，这次在杜阿拉赶紧装好，由马尔米耶队长指挥，到战场上扔了几颗炸弹。那时达让吕乘着“萨伏格南·德·布拉札”号，后面跟着“多明内船长”号一起进入了“布甘维尔”号所在的港湾。虽然我们的人一再发出友好的信号，但“布甘维尔”号仍然开了火。可是“布拉札”号一还击就使它着了火。这时外籍军人营已经突破了机场上维希部队的抵抗。达让吕给德杜将军送去了一封信，叫他停止抵抗，于是降约便签订了。柯尼格占领了利伯维尔。我指派巴朗为加蓬的领地长官，他去上任了。不幸的是，这次大约牺牲了 20 人。

前一天，潜水艇“彭塞勒”号离开让梯尔港，在海上遇到坎宁安的一只巡洋舰，它向巡洋舰放了一只鱼雷。它受到深水炸弹攻击后浮上海面。水手们都被英国人搭救起来，德·骚山海军少校把艇凿沉，自己勇敢地随着沉到海底去了。

占领让梯尔港的任务还没有完成。11 月 12 日经过长时间谈判，对方没有抵抗就使得这件事完成了。在这最后一役中，唯一的牺牲者是领地长官马松。8 月间他曾使加蓬归附到我们这边来，但后来又退出去了。这位可怜的人对这次错误和它的后果感到非常痛心，利伯维尔被围以后他就住在“布拉札”号上。他登岸到利伯维尔去，叫那儿的行政官员和警备部队不要自相残杀。这一举动有助于避免灾难。但马松先生因为受不住精神上刚刚遭到的刺激，回航时便在自己的船舱里悬梁自尽了。

11 月 15 日我到利伯维尔去，16 日又到让梯尔港去。人民普遍对于脱离了这种朝不保夕的状态感到满意。我还到医院去看望了双方的伤员。他们住在一起治疗。接着我叫人把维希部队的干部带来见我。有一些人参加了自由法国。大部分人由于他们的首领叫他们声明“仍然效忠贝当元帅”而宁愿被扣留，直到北非重新参加战斗后，他们才回到部队里来。从那时起，他们就和其他人一样勇敢地执行自己的任务。德杜将军被送到圣灵修会照料，后来又转到布拉柴维尔的医院。1943 年，他也从这里到阿尔及尔去了。

达喀尔、维希和巴黎的电台前几个星期还在大事吹嘘他们的胜利，现在则漫无止境地进行诬蔑和谩骂。他们指责我们轰击、焚烧、劫掠利伯维尔，甚至枪毙知名人士，主教塔尔迪先生就是其中的头一个。据我看来，维希方面的人物捏造出这些谣言是想遮掩他们的一些不光彩的行为。在达喀尔事件中，他们拘押三名在奥卡姆机场上着陆的非武装自由法国飞行员，后来我就把布瓦斯朗贝、比萨涅、卡乌札和布鲁内尔博士一起秘密送进城去，传播友爱和好。这些“使者”在战斗结束之后，唯有布鲁内尔一人设法逃到了英属冈比亚。达喀尔大肆诬蔑，使我想到他们可能要对这些被捕获的人进行报复。后来我采取必要的谨慎措施，向布伊松提出一个建议，叫他把这三个人同德杜及其军官交换。这时达喀尔的电台马上把我的提议公布出来并大肆诬蔑谩骂，这样就更加深了我的怀疑。于是我便警告维希当局的高级专员说，如果关在他们监狱的自由法国人的生命有问题，那么，我有足够数量的他们那一边的人用来抵偿。对方电台的声音马上就消沉下去了。

后来有许多迹象表明，那次事件使维希的统治者方寸大乱。停战协定使他们所产生的那种卑鄙的乐观主义很快就消失了。他们为了替自己的投降找借口，曾说敌人已把英国打垮，但事实正好相反。当时，许多殖民地都归附到戴高乐将军这一边来，接着便发生了达喀尔事件，最后又发生了加蓬事件。这就说明，自由法国的人虽然不善于广播宣传，但也绝不是“围在麦克风旁的一小撮贪婪之徒”。法国人民立即注视着这个不失法国人本色的流亡者，而德国人则被迫不得不考虑到抵抗运动给他们带来的与日俱增的困难。我虽深处在非洲大陆，但却能看到这桩事情在维希分子的行动上所引起的震惊。

达喀尔事件发生后，他们的第一个反应就是采取暴力行动。从摩洛哥起飞的飞机在直布罗陀扔了炸弹。但不久之后就试图取得和解。丘吉尔先生和艾登先生打电报告诉我，10 月 1 日，维希大使德·拉·鲍姆先生和英国大使塞缪尔·霍尔爵士在马德里开始谈判，目的是使英国人容许从非洲来的货物能经过英国控制的地域运往法国，并保证货物不落入德国人手里。德·拉·鲍姆先生代表博杜安补充声明说："如果敌人扣住供应物品，维希政府就将迁往北非，法国又将站到联合王国这边重新参战。"

我一方面注视着这种消息披露后将引起什么样的混乱，同时也提醒英国注意，很难想象那批已经使自己的国家屈服于敌人法律之下，还把要求抗战的人定罪的那些人，会因为敌人夺走的物资比往常取走的更多而立刻成为抗敌战士。伦敦政府看到维希政权这种伪善的表现，就设法鼓励他们；英王和美国总统亲自给贝当元帅去了信；英国人同那时驻在阿尔及尔的魏刚、后来又同还在摩洛哥的诺盖斯接触。但只要德国人施加压力，这一切马上就会成为泡影。10 月 24 日，贝当和希特勒在蒙托亚尔会晤，维希政府和敌人的合作正式宣布了。最后，在 11 月初，维希政府中止了马德里的谈判。

从现在开始，我显然必须永远拒绝承认维希统治者的合法地位，并且必须自己担负法兰西利益保护人的责任，在已解放的地区内执行政府的职责。法兰西共和国是这个临时政权的泉源，同时也是我为这个临时政权所确定的奋斗目标。我宣布了我对主权者——人民的服从与责任，并庄严地宣誓，一旦人民恢复自由以后，就向人民作陈述。我在 10 月 27 日在法属领土布拉柴维尔用一个宣言、两项法令和一个"组织章程"决定了国家及其在国际上的这种地位。这些加在一起就构成了我的行动纲领。我认为我一直没有放弃这个政权，直到五年以后我才把我所掌握的政权移交给国家的代表。这时我成立了一个"帝国防务委员会"，以便依靠该会的建议来辅助我。初期的委员有贾德鲁、穆兹利埃、卡山、拉尔米纳、西塞、沙托、达让吕和勒克莱尔等人。11 月 5 日我向英国政府提出了一个照会，确定了自由法国所采取的态度，以及自由法国敦请它的盟国确定对维希政权及其统治者魏刚、诺盖斯所抱的态度。有些死心眼的乐观主义者，误认为这些人总有一天会对敌人采取抵抗行动。

整体来说，我们在非洲的事业纵使没有达到预定的全部目标，至少我们也从撒哈拉沙漠到刚果、从大西洋到尼罗河盆地建立了巩固的作战基地。11 月初，我成立了指挥部来指导这方面的行动。艾布厄被派为法属赤道非洲的总督，驻布拉柴维尔办公，以马尔尚为军队的指挥。从伦敦招来拉比当了乍得的总督，行政长官古尔纳利代替勒克莱尔当了喀麦隆的总督。勒克莱尔本人有意继续他在杜阿拉的工作，但我仍然派他到乍得去指挥撒哈拉沙漠的作战。他注定要在这方面经过一段艰苦而惊心动魄的过程才能获得荣誉。最后，拉尔米纳被任命为高级专员，兼掌内政与军事的权力，指挥全局。

我去伦敦以前和他拟订了以后几个月的行动计划。我们的目标一方面是用第一批空军和摩托化部队对迈尔祖格和库夫拉发动攻势，同时也打算把一个混成旅和轰炸机队派到厄立特里亚去，对意大利作战。后一远征队将是法国参加中东战事的开端。这样我们就必须把愿意去的军官集结起来，兵员装备起来。当这一切都准备好之后，就要设法支援撒哈拉和尼罗河上的先锋部队。在那辽阔无边的中非地带，赤道的气候那么炎热，为了建立一支军队并将其从遥远的地方送去投入战斗，我们将在动员、训练、装备、运送等方面作出多大的努力是难以设想的。同时，这样一个事业将带来多少奇迹般的行为也是无法估量的。

11 月 17 日，我离开自由法属非洲到英国去，途中经过拉各斯、弗里敦、巴塞斯特和直布罗陀。那时正值秋雨霏霏，飞机在海面上掠过。我不禁想起往后战斗法国在一场奇异的战争中，将要经历一段多么迂回曲折的道路才能跟德国人与意大利人交锋。我在估计这条道路中的障碍有多大。令人痛心的是，最大的障碍竟是另一部分法国人造成的。但我想到那些可以自由地为民族事业而奋斗的人具有多么大的热忱，心中又振奋起来。我在思索着一切能鼓舞他们在世界规模的冒险中前进的东西。现实虽然是残酷的，但我仍然可以掌握它。因为用夏托布里昂①的话来说，我可以“用梦想来引导法国人奔向目标”。

① 19世纪的法国作家，法国浪漫派的创始人。

第五章 伦敦

初冬降临的时候，伦敦人心中蒙上了一层迷雾。我发现英国人十分紧张而沮丧。他们想到自己不久前怎样赢得了空战胜利，入侵的危险怎样大大地减少，心中自然不无骄傲。

初冬降临的时候，伦敦人心中蒙上了一层迷雾。我发现英国人十分紧张而沮丧。他们想到自己不久前怎样赢得了空战胜利，入侵的危险怎样大大地减少，心中自然不无骄傲。但他们在清除断瓦残垣的时候，另外一些恐怖又猛袭到他们和他们的可怜盟友的心头上来。

潜艇正在猖獗活动。英国人日益惶惶不安地注视着德国的潜艇、飞机和突袭军舰破坏英国的船只。战争的进程和给养水平都有赖于这些运输船。对于各部大臣和各部门说来，首要的问题就是“船运”。吨位成了经常缠绕心头的大事，成了最令人头痛的问题。英格兰的生命和光荣每天都系于海上的安危。

在东方，积极的战斗开始了。但是由于维希当局的背叛，地中海无法让速度缓慢的英国护航队通行。英国送往埃及的军队和物资都必须绕道好望角。这条海路的长度几乎等于围绕地球半个圈子。从印度、澳大利亚和新西兰等地送来的东西也要经过漫长的路程才能运到。同时，英国输入供工业、军队和居民用的大量原料、军事装备、食物等等（1941 年共达 6 000 万吨），除非从美洲、非洲和亚洲走很远的路，否则就无法运到。这样就需要用极大的吨位，绕曲折的路线通过漫长的路程，把东西运到克莱德和麦尔西两个狭长的港湾，而且还要用很多的护航队。

尤其使英国人头痛的是，任何方面都根本不可能打开乐观的局面。同许多英国人的希望相反，轰炸英国城市和皇家空军的胜利并没有促使美国人参战。美国的舆论无疑是敌视希特勒和墨索里尼的。同时，罗斯福在 11 月 5 日再度当选总统以后，马上就通过外交活动和公开讲演积极使美国参战，但华盛顿方面的态度仍然是中立的。这种中立的确是法律所规定的。因此，在这个阴暗的冬季，英国必须用黄金和外汇支付在美国所购买的东西。美国总统通过极端高明的手法间接地给了他们一些援助，但也成了国会和报界问罪的目标。总之，英国人由于需要支出大量费用，眼看就要由于缺乏现金而无法继续获得作战必需的物资了。

至于苏联，它在与德国进行的交易中并没有得到什么甜头。相反的，莫洛托夫到柏林跑了两趟，在 1 月间签订了一个《德苏贸易协定》，只是大大地喂肥了德国人。1940 年 10 月，日本签署了德、意、日三国同盟条约，这样便宣布了它与柏林、罗马的威胁性团结。同时，由德国领导的欧洲团结似乎也在变为现实。11 月间，匈牙利、罗马尼亚和捷克斯洛伐克都投靠了轴心国，佛朗哥和希特勒在圣塞巴斯梯安会晤之后，又和墨索里尼在波地吉拉会晤。最后，维希政府和侵略者积极合作起来，它连停战协定所给予它的有名无实的独立也保不住了。

外面的局势一团漆黑，内部的负担又十分沉重地压在英国人民身上。动员法已经把 2 000 万男人和妇女送入军队、工厂、田野、公用事业部门和防御部门。每一个人的消费量都受到极严格的限制。黑市一出现，法律就用极严厉的手段加以镇压。这时敌人的空袭已经不再打算取得决定性的结果，但仍在骚扰港口、工厂和铁路。他们在短短的时间内破坏了考文垂、伦敦城、朴次茅斯、南安普敦、利物浦、格拉斯哥、斯温西、赫尔等地方。居民连夜提防着；救护队和防空队疲惫不堪；许多可怜的人们不得不跑下床来，钻到地洞或掩蔽体中去；伦敦人甚至还跑到地下车站去。1940 年末，英国人被围困在孤岛上，仿佛处在最黑暗的一段隧道中。

英国虽然经历了这样多考验，但并没有使我们同他们之间的关系更密切一些。他们既然集中精力在自己的事情上，我们的具体问题对他们来说就很不合时宜了。的确，我们越是给他们添麻烦，他们就越企图把我们吞并掉。把自由法国当成他们军队和各部门中的一部分，对于他们来说，无论是从行政管理还是从政治两方面看来，都比把我们当成野心勃勃的盟友看待更加方便。此外，在这个战事沉寂而物资又十分匮乏的时期，甚至连伦敦的政界也不打算提出什么问题，更不打算解决什么问题。那时各种问题十分紧迫而又难以解决，参谋总部和各部大臣自然都忙于解决迫切的问题和完成争论不休的任务去了。政府则在议会与报界的猛烈抨击下，很难作出一致同意的决定。有一天丘吉尔先生对我说："你也知道联合是怎么一回事了吧！唔！英国内阁就是一个例子。"

然而自由法国还是迫切需要许多东西。在夏天和秋天的临时安排以后和来春决定要实行的新行动之前，我们一方面要对他们保持一种坚决的独立态度，同时又要向他们取得不可缺少的东西。在这种情况下，必然经常引起摩擦。

我们的组织复杂而又多变，在一定程度上就使英国人的谨慎有了根据，同时也便于他们插手干预我们的事。这样一来，摩擦就更容易发生了。自由法国是仓促间一个人一个人地聚集起来的，当然一时不易获得内部统一。在伦敦，它的各个部门，例如陆军、海军、空军、财政、外交、殖民地管理、情报、与法国本土的联络等等，都建立起来了，而且有一股强烈的愿望，要把一切工作做好。但我们十分缺乏经验和内部统一。同时，某些富于冒险精神的人，根本就不能遵从公职的义务和规则，这使我们的机构出了一些很惊人的事件。所以我到非洲去的时候，安德烈·拉巴特离开了我们的行政部门，而穆兹利埃将军则和其他部门闹翻了。卡登花园中就发生了一些严重的个人冲突和公务上的悲剧，这使我们的志愿战士感到愤慨，同时也使我们的盟友感到担忧。

11月末我回来以后，就着手安排人事，解决存在的问题。我刚刚开始重新进行组织工作，就发现英国政府方面犯了惊人的错误。他们被“情报处”贻误了。

那时英国由于被围正弄得头昏脑涨，于是情报和保安机关便如雨后春笋般地增长起来。“情报”对英国人来说是一种喜好，也是一种工作，当然就免不了要把触角伸向自由法国方面来。他们在这方面用了一些怀着善意的人，同时也用了一些不怀好意的人。总之，英国政府在某些令人讨厌的特务们唆使下，突然对自由法国进行中伤，几乎把它断送掉。

1941年1月1日晚间，我正和我的家人待在希罗普郡，艾登先生忽然送来一个通知，叫我马上到外交部去见他。他刚刚由于哈里法克斯勋爵被任命为美国大使而接任了外交大臣。第二天早晨我马上赶去。他在迎接我时就流露出了深为不安的迹象。他说：“发生了一件很令人遗憾的事。我们刚得到证据，说明穆兹利埃海军中将在秘密地和维希当局联系。当达喀尔远征队还在准备的时期，他就企图把这个计划告诉达尔朗，并打算把‘苏尔考夫’号交给他。首相听到这个消息之后，马上下令逮捕了那位海军中将。这件事得到了内阁的批准。现在穆兹利埃在监狱中。这桩可怕的事件在你们的人民和我们人民之间将产生什么印象，我们确实不敢想象。但我们无法不立即采取行动。”

接着艾登先生把这项控告所根据的文件拿给我看。这些文件是在公用信笺上用打字机打下的便条，上面盖有伦敦法国领事馆（仍然被维希当局一个官员盘踞着）的印。签字的显然是最近被遣送回国的前空军代表团团长罗梭亚将军。这些便条印着据说是穆兹利埃海军中将提供给罗梭亚的情报。据说罗梭亚又把这些便条传给了某南美国家驻伦敦的公使馆，然后由这个公使馆转给维希当局。但据艾登先生说，这些文件在传递途中被一个机智的“情报处”人员截获了。他补充说：“经过彻底的审讯后，英国当局不得不相信了这些文件的真实性。”

最初我愣住了，不知说什么好。但我马上又觉得“这件事处理得太过分”，一定是由于某种阴谋而引起的大误会。我很明白地把这一点告诉了艾登先生，并说我将亲自去把它弄个水落石出，但同时我将极其机密地来处理这件事。

起初我还不敢想象这出戏是在一个英国机关的掩护下演出的，所以便归罪于维希当局。是不是会有某些维希当局的走狗制造了一个定时炸弹留在英国了呢？经过48小时的调查与研究以后，我跑到外交大臣那里去告诉他说：“这些文件从内容和依据的来源上看是极端可疑的，无论如何不能当作证据。没有任何东西能说明这位法国海军中将突然被捕是有理由的。此外，他没有机会申辩，也不准我去见他，这一切都是没有道理的。在目前来讲，至少必须把穆兹利埃海军中将释放出来，并待之以礼，直到这桩阴谋弄清为止。”

艾登先生虽然也感到手足无措，却拒绝给我满意的答复，并且说英国机关对这次审讯是如何重视。后来我又送去一封信和一个备忘录提出抗议。我去拜会海军大臣杜德雷·庞德将军，激起海军将领的国际同情心，叫他出来干预一下这桩发生在他一个同僚身上的不光彩的纠纷。我采取了这一系列步骤之后，英国当局开始动摇。后来我得到允许到伦敦警察厅去看穆兹利埃，并且按照我的要求，不在监房里而在一个办公室中会见他。旁边也不用警卫，也不用证人，以便向人们说明，同时也向穆兹利埃说明，我不承认诬陷他的那个罪名。最后，某些迹象让我想起当我在非洲的时候，有两个人曾经由于英国政府的坚持而穿上法国制服在我们的“保安机关”里工作，这两个人可能与这件事有关。于是我便把他们叫来。当我看到他们那副战战兢兢的样子时，我就确信，这肯定是“情报处”的勾当。

1 月 8 日我召见斯皮尔斯将军，正式把我的确定看法通知了他。我告诉他说，限英国政府在 24 小时以内把那位将军释放出来，并赔偿一切损失，不然自由法国和英国之间的关系就将彻底破裂，后果如何在所不计。当天斯皮尔斯将军又来了，他显得垂头丧气。他告诉我说，错误已经承认了，“文件”完全是捏造的。当事人已经供认了，穆兹利埃已出狱。第二天，首席检察官来见我，并告诉我说，他们正在对阴谋的制造者起诉，尤其是几个英国的军官。他叫我指定几个人代表自由法国参加调查和审讯，我就指定了几个人。那天下午，丘吉尔先生和艾登先生在唐宁街代表英国政府十分难堪地向我道歉，并答应对穆兹利埃所受的侮辱负责弥补。我必须承认，这个诺言是遵守了。诚然，英国政府是前倨后恭，而穆兹利埃海军中将是前恭后倨，完全翻过来了，甚至有些过分，这一点往后可以看出来。

我不能掩饰这一可悲的意外事件出现在我们和盟邦英国经常动荡不定的关系中，使我对彼此应当如何相处的看法大受影响。但这件讨厌事情带来的直接后果却不坏。因为英国人无疑地想弥补他们的错误，所以比以往更愿意和我们讨论许多有待解决的问题。

所以在 1 月 15 日的时候，我和艾登先生签署了一项关于自由法国在英国领土内的“司法”协定。其中特别提到我们自己的法庭必须“根据国家军事立法”的精神审理案件。同时我们又和英国财政部举行了一些谈判，拟订财政、经济和货币的协定。我们这边由卡山、普利文和丹尼斯当谈判代表，3 月 19 日订好了协议。

在这一方面，我们要解决的问题是摆脱我们自己朝不保夕的窘迫情况。我们那时既没有银行又没有货币，我们缺乏交通运输，同时在国外也没有被承认的商务代表。我们又将如何使非洲和大洋洲归附到我们这方面并作为一个整体而存在下去呢？自由法国的军队散布于世界各地，如何维持呢？盟邦供应我们以及我们供应他们的物资与劳务如何平衡呢？在协议中我们取得了一项谅解：一切开支，不论目的如何，都应当在伦敦英国政府和戴高乐将军之间商量决定，不能与法国地方政府之间任意商定。我们规定的兑换率是176法郎比1英镑。也就是说，同维希当局签订停战条约以前所通行的兑换率一样。

执行这一政策后不久，我们又进一步设立了“自由法国中央金库”。这个银行将执行一切支付（报销、薪饷、采购等等），接受一切收入（领地的捐献、英国财政部的预支、法国国外侨民的赠予等）。同时它也是自由法国在全世界唯一可以发行钞票的银行。这样，当我们所有的人在精神上集合在戴高乐周围时，我们的行政管理也高度地集中了。因为在我们之中既没有政治或军事上的封建采邑，也没有财政上的封建采邑，同时英国人也禁止各地通过财政方式进行干预，所以我们虽然从头到尾都是分散的和临时的，但在整体上还是统一起来了。

那时我们虽在巩固海外基地，但心中想的主要还是法国本土。在那儿要做些什么呢？怎样做呢？通过什么办法去做呢？我们在法国甚至根本没有行动的凭依，也不知道从哪里下手。但这并没有妨碍我们考虑一种伟大的计划，希望全国的群众都会起来支持这一行动。所以我们所考虑的组织工作至少是：通过我们对敌人的情报工作有助于盟军作战；在国内各界发动抵抗运动；装备军队，一待时机成熟，就在敌后开始解放战争；准备重新团结整个民族，以便在胜利后使国家重新走上正轨。同时，我们要使法国人在共同作战中从多方面作出的贡献能直接有利于法国，而不至于分散地直接提供给盟国。

但秘密工作对我们说来，是一件完全陌生的工作。我们在法国本土从未对国家遇到突然情况做过任何准备。我们知道法国情报机关在维希方面还相当活跃。我们也不是不知道陆军参谋部正在设法使某些物资储备不落入停战委员会手里。我们猜想，各种各样的军事部门基于假定敌对行动可能恢复而正在进行安排。但这些零散的活动都与我们无关，它们是为这样一个政权而活动的，它能够有存在的理由，就是不利用它们，它们的当局也绝不寻找或接受与自由法国的任何联系。总之，我们在法国本土上并没有任何东西可以作为我们行动的凭借。这个特殊战场的工作必须白手起家。

我的周围请求做这项工作的人倒不少。由于一种先天的模糊预见，1940 年有一部分成年人事先就倾向于秘密工作。在两次世界大战之间，青年人对于“第二局”、秘密机关、侦探工作以至破坏和阴谋的故事都具有很浓厚的兴趣。书籍、报纸、剧院、影院大部分都集中精力描绘某些多少带些想象因素的英雄人物的冒险事迹，他们在为自己国家进行的秘密工作中做出了卓越贡献。这种心理无疑使我们征集特工人员的工作得到很多便利。但也会有危险，可能接纳一些有浪漫情绪和不负责任的、有时甚至会有欺诈行为的人。这些都是极端危险的暗礁。任何方面要求工作的人都没有这方面多，同时也没有任何方面的工作比这方面更需要机智而又勇敢的负责人。

幸好我们找到了几个这样能干的人。德瓦兰上尉化名为帕西，当了他们的领导人。帕西对于这项无例可援的工作事先并没有准备。据我看来，这倒更好。事实上，当他承担这项工作时，就产生了一股冷静的热爱，这一股热爱支持他在黑暗的道路上摸索前进。他在这里将和最好的与最坏的人混在一起。帕西在法国内部进行日常工作的助手是曼努尔，后来又有瓦伦、魏波、皮埃尔、布洛克等人协助。他们虽然遇到了一系列警告、阴谋和失败，但始终使事情维持下去了。他本人被证明能控制厌恶情绪和骄傲情绪，这些情绪是这类行动中常有的毛病。因此，不论“中央情报与行动局”（简称“中情局”）要经历多少变化，无论如何我都让帕西留在那个岗位上。

最重要的是在国家的领土内建立起一个初步的组织。英国人从他们的本身利益出发，总是希望我们单纯地派遣地下工作人员，训令他们孤立地为某种固定目的搜集敌方情报。这是间谍所用的方法，但我们的打算要高一些。因为我们认为在法国的行动是在充满善意的居民中间进行的，因此我们便打算建立一个工作网。如果把严格选出的人员组织起来，并以集中的方法和我们保持联系，那就能得到最好的效果。进行初步试验的人有在英伦海峡登岸的爱斯地安·多尔夫、杜克洛；有通过西班牙来的佛尔科特；有从突尼斯到马耳他，然后再被送到北非的罗伯特和蒙尼叶。不久之后雷米也开始了秘密情报工作，在这方面，他表现出了卓越的才能。

这个陌生的战场上的战斗就这样开始了。中情局一个月又一个月地进行着工作。也可以说从一次月圆到另一次月圆地工作着，因为他们有许多工作都是靠夜间的月光进行的。他们征集秘密战场上的战士；发出工作命令；递交报告；通过拖船、潜艇、飞机偷运；通过葡萄牙、西班牙建立交通路线；空投着陆；同准备在法国内部协助工作的人接洽；往返视察联系；利用无线电通讯、专人传递和约好暗号等方法交换情报；和盟国机关配合工作（它们转达参谋部的指示，提供材料，按照情况变化使事情简单化或复杂化）。往后这一工作将要扩大，包括国内各武装团体和各式各样的抵抗运动。但在那个黑暗的冬季，我们还没有发展到这一步。

但我们必须和英国拟订一种临时条约，使得中情局既可活动，又不失其民族性。这的确是一件很费周折的工作。英国人当然懂得，从情报的观点来看，法国人所能给予他们的帮助有多大好处。这是他们当初唯一感兴趣的事。但英国机构所关心的是直接的联系，它们寻找的主要是这种联系。因此我们便马上展开了正常的竞争：我们号召法国人从道德和法律义务上出发，不要参加一个外国机构；英国人则用他们所能掌握的办法企图为自己物色情报人员，然后建立自己的情报网。

一个法国人一到英国，如果不是一个知名人物，马上便会被“情报处”送到“爱国学校”大厦里隔离起来，请他参加英国秘密工作机关，经本人提出一系列的抗议和要求以后，才让他参加我们这边。如果他让步了，马上就会被送走，再也见不着我们了。甚至在法国本部，英国人也用了含混的词句来征集助手。“戴高乐和大不列颠就是一回事!”这就是他们常说的话。至于物质资源，我们是完全要依靠盟友的，但有时也要经过反复讨价还价才能得到。这种种事实会导致什么样的摩擦是不难想象的。诚然，英国人虽然常常走到极限，但绝不会超过这个极限。在一定的时候他们也会停止，至少部分地对我们的坚强态度让步。接着便会出现一个有益的合作时期，直到突然间新的风潮袭来为止。

但在这方面正和其他事情一样，我们想做的事情唯有得到法国舆论的赞同以后才有效果。1940 年 6 月 18 日当我生平第一次广播讲演时，我心里不无慌乱地想着有多少男人和妇女在听着我的广播。这时我认识到广播宣传在我们的事业中将起极大的作用。

英国人有一个长处是，能立刻认识到一个自由电台对受拘禁的人民将发生怎样的效果，并且善于巧妙地加以运用。他们马上就开始组织对法国的宣传。英国人在这方面正和其他方面一样，虽然诚心希望增强戴高乐将军和自由法国在我们民族中所激起的感情，但权柄却要操纵在自己手里，希望从这里面得到好处。至于我们，则只愿为自己说话。我个人，不用说，绝不容许任何人监督，也不容许任何外国人对我要向法国说什么话参与意见。

这种观点上的分歧经过一场争辩之后，实际上得到了一个调和的办法。根据这种办法，自由法国每天可以利用波长两次，每次5分钟。这时还有一帮人在我们之外独立组织了著名的广播站，名叫“法国人对法国人广播之声”，领导人是杰克·杜歇斯奈，是英国广播公司直接雇用的一个法国人。有几个自由法国的人士如让·奥伯尔雷、让·马兰等，经过我同意之后参加了那个站。我们取得一个谅解，该站应当和我们紧密联系。在一个很长的时期内，实际情形也是这样。这一群人的才能与效率使我们决定尽力帮助他们。我们对于评论刊物《自由法国》也同样尽力，这个刊物是由拉波德和雷蒙·阿隆两位先生创办的。此外还有马尤（别名波尔当）先生办的“独立法国通讯社”和科麦尔先生办的《法国报》，这些都是由英国情报部直接支持的，与我们毫无关系，但我们也同样帮助他们。

当自由法国跟英国的利益与政策彼此一致的时候，事情就这样进行着，其间也曾发生一些意外。后来却产生了危机，“法国人对法国人广播之声”、“独立法国通讯社”和《法国报》的宣传家都不为我们这边说话了。我们通过布拉柴维尔的广播站经常把我们认为有用的东西公布出去。我们那个小型的非洲电台从一开始就积极展开活动，我自己也经常用它。但我们希望扩大它的范围，增加报道内容。必要的设备已经到美国订购去了。要得到这批东西，我们不但要等一个很长的时期和花一大笔美金，同时还要在美国进行一大套复杂而费力的讨价还价。直到1943年春天，在英雄的草创时期工作的那个小装置，才在刚果由强大的战斗法国电台代替了。

我们重视自己从伦敦发出的简短广播，是可以理解的。每天都有一个充满责任感的人到广播室去代表我们说话。大家都知道，去得最多的是莫里斯·舒曼。他的才能也是大家所熟悉的。我自己大约每周去讲一次。每回我都带着一种激动的心情，认为自己是为在苦难深重、惊慌不定中聆听广播的千百万听众完成一项神圣的使命。我的每篇广播稿都是以非常简单的道理为基础的：我用战争的过程来说明投降的错误，我用民族自尊心来使得与敌人发生接触的人的灵魂受到深深的触动。最后，还有对胜利的希望和对“我们的法兰西母亲”再一次伟大起来的希望。

这样产生的效果固然是好的，但我们不得不承认，在敌我双方的地区中，人们仍然倾向于被动。他们听到“伦敦电台”时自然是满意的，甚至常常是很兴奋的。贝当和希特勒在蒙托亚尔的会谈受到了严厉的斥责。11 月 11 日巴黎学生打着两根杆子列队示威游行，向凯旋门奔去，后来被德国国防军用来复枪和机关枪的火力冲散了，这件事也是激动人心的。赖伐尔被暂时解职了，似乎表示官方还有振作的动力。1941 年 1 月 1 日，一大部分居民，尤其是德占区的居民，响应我的号召，待在家里不动，让街上和广场上空了一小时，这是“表示希望的一小时”。但是没有一种迹象可以使人认为，法国有数量可观的人决定采取行动了。敌人在我们国家中可以通行无阻，不会碰到什么危险。至于维希政府，很少有人和他们争权。贝当元帅本人仍然声望极高。我们得到的关于他访问法国中部和南部各主要城市的影片清楚地说明了这一点。从根本上说来，人们都相信贝当正在玩一个莫测高深的花样，时机一到，他会重新拿起武器的。一般人都认为我和他取得了默契。作为最后手段来说，宣传本身总是价值很小的。一切都要依靠实际行动。

那时与我们关系重大的当属非洲的战斗。自由法国是在这场战斗中开始出名的。早在 1940 年 7 月 14 日，我就和英国中东总司令魏菲尔将军直接碰过面，叫他把他那个区域的自由法国人员组织成正式的部队，并把他们送到吉布提去增援勒让蒂约姆将军。后来局势逐渐明朗化，法属索马里接受了停战协定。于是我便取得韦维尔的同意，让海军陆战队步兵营（6 月间在塞浦路斯参加到我们这一边来，在埃及又增加了许多法国人）参加英国人从昔兰尼加向托卜鲁克与德尔纳发动的第一次进攻。12 月 11 日，佛利阿上尉那一个勇敢的营在西迪-巴拉尼获得辉煌战果，使法国国内外的许多爱国人士感到莫大的兴奋。现在要进行的重大努力是从赤道非洲运送一个师（可惜只是一个轻装备师）到红海去，并安排让它也参加作战。

英军司令在厄立特里亚和埃塞俄比亚时，希望在地中海沿岸发动任何战斗以前，先在春季肃清奥阿斯塔公爵的部队。不管距离有多远，我打算让法国的一个第一流的梯队参加战斗。12 月 11 日和 18 日，我分别给拉尔米纳和贾德鲁做了必要的指示。部队计有：外籍军团半个旅，乍得派来的一个塞内加尔营，一个海军陆战队连，一个坦克连，一个炮兵队，一部分后勤部队。全部军队由蒙克拉尔上校指挥。有一个阿尔及利亚骑兵中队（1940 年从叙利亚来，由儒尔迪耶上尉领导）和一些飞行员（有些是和杜德利耶上尉一起从雷雅克来的，有些则是和科尔奈兹、梅斯芒两位中尉从突尼斯来的）已经和英国人在一起作战了。我取得韦维尔将军的同意后作了部署，把外籍军半个旅运往苏丹港，坦克和大炮也随着由海路运去。至于乍得营则仅由陆路乘本地小载重车离开了喀土穆。许多有经验的非洲人都发出了不妙的预言，但他们还是按预定计划平安地到达了目的地。早在 2 月 20 日的时候，他们就在加尔贝上尉的指挥下，在库布-库布附近作战，获得了辉煌的胜利。后来又有四个塞内加尔营参加了这个先锋部队，形成了一个相当可观的战斗单位。同时用我们原先从英国带来的布伦罕姆式飞机装备的一个法国轰炸机队，也将送到喀土穆去。最后，勇敢的护航舰“萨伏龙·德·布拉札”号和“杜博船长”号也正在开往红海。

如果法属索马里和吉布提港重新参战的话，法国在阿比西尼亚[①]的战争中将变得多么重要！法属索马里共有装备优良的警备部

---

① Abysinia，源出阿拉伯语。原为古希腊对埃及以南地区的通称。13 世纪时，今埃塞俄比亚地区曾建国，名阿比西尼亚。

队一万人，吉布提港则是亚的斯亚贝巴铁路线的终点。因此，我一方面加紧派遣军队到埃塞俄比亚去，同时也要把这些法属殖民地争取过来。吉布提港方面本打算不承认停战条约，现在服从了维希政府的命令。但是如果在那个地区对敌人开了火，同时又有法国人参加，是不是会促使他们改变态度呢？假如是这样的话，吉布提港就应当是自由法国军队登陆的地方，以便和当地的警备部队配合。那时一支真正强大的法国军队就会发动攻势，从那里出发和英国人配合作战。相反的，如果法属索马里拒绝归附，那么自由法国的远征队就将和英国人并肩作战。

在伦敦，我们的盟友同意了这个计划。我指示勒让蒂约姆将军让他在吉布提港的老部队投入战斗，同时在任何情形之下都要指挥从赤道非洲派往或将派往红海的部队。他立即就到喀土穆去了。我向贾德鲁和韦维尔两位将军说了勒让蒂约姆和他的部下在什么情况之下可以作战。同时，我也请求丘吉尔先生尽量利用法国人的主动性，对于这一点，他起初似乎有些不爱听。

我们一方面努力增援英军在中东作战，同时也在乍得和利比亚边境开辟了一个纯粹法国的战线。老实说，这条战线的力量非常薄弱，而且散布在一块辽阔的土地上。我们在这里只能依靠自己，我认为，要紧的正是要使它只依靠我们自己。

勒克莱尔到乍得以后，便在高级专员拉尔米纳的指挥下采取坚决的行动，准备在沙漠里按命令进行最初的几次战斗，拉尔米纳则尽一切可能帮助他。1941 年 1 月间，他和多兰诺中校（在这一战役中牺牲了）进行了一次出色的侦察活动，一直挺进到了模苏克的意大利阵地，这回从尼罗河开来的英国巡逻队也参加了。1 月末，勒克莱尔又领导着一个组织完整的纵队，在我空军的支持下，远离基地 1 000 余公里，猛攻库夫拉绿洲。经过几个星期的调动和战斗之后，他攻击了阵地中的意大利人，击退了他们的机动队，3 月 1 日，敌人被迫投降了。

这时英国人在利比亚的战事进展很快，似乎给我们开辟了更好的前景。因此，我在 2 月 17 日就命令拉尔米纳将军准备攻克费赞。往后利比亚的局势使我们这个计划无法如期实现，但勒克莱尔和他的撒哈拉部队从此便跃跃欲试地盯住了这个主要目标。这时我便进一步划定了法国人和英国人将来在库夫拉和费赞两地的相应地位。库夫拉的绿洲以往虽然属于英埃苏丹，但我们将留守库夫拉。如果有一天费赞被我们攻克以后，英国人承认我们留守在那里的权利，我们就从库夫拉撤出来。

但是，不论英国人和自由法国人怎样做，战略上的主动权仍然操在敌人手里。战争的方向仍然由希特勒决定。如果无法进攻英伦，他是不是会因此而从苏伊士与直布罗陀涌向北非呢？他是不是会和苏联算账呢？无论如何，那时已经有迹象表明，两个行动中必居其一。不论局势怎样发展，我认为我们已经作好的安排能使自由法国把自己的兵力作有效的运用。此外，我们的作战条件虽然有极大的弱点，但是面对着德国人和他们的帮凶在世界上发动新攻势将引起的每个问题，我仍然决定代表自由法国说话，而且该说什么就说什么。

1940 年 11 月，意大利进攻希腊。1941 年 3 月 1 日，德国人强迫保加利亚参加轴心国。4 月初德国军队又将进入希腊与南斯拉夫。敌人这样插手巴尔干半岛以后，一方面可以进兵中东，同时可以在德国国防军进入苏联时防止英国人在背后建立桥头堡。意大利人刚一开始向希腊进攻时，我就打电报给希腊首相麦塔克萨斯将军，公开宣布法国人为他祈祷，站在他一边。麦塔克萨斯的回电表示他已经理解了这一点。原先我也急于象征性地派一个小分遣队去希腊，但无法取得英国人的同意。值得指出的是，韦维尔将军本身当时也由于陷入利比亚和厄立特里亚的战争而没有派一兵一卒到希腊。

2 月初，我们得知德国兴梯格和罗塞尔所率领的代表团到了叙利亚。这个代表团在阿拉伯国家中一定会引起很大的骚动，要不是为轴心军队的突袭做准备，就是在这儿产生一种牵制，一旦进攻基辅和敖德萨时，就会发生作用。

同时日本在远东所造成的威胁已经是肯定的了。我们当然无法肯定自己所要对付的局面是日本在最近的将来参加战争，还是仅仅施加压力，尽量把英国军队和美国的防御活动都牵制在东南亚，以便让德国和意大利驱军进攻莫斯科或渡过地中海。无论如何，日本人马上要加紧对印度支那的控制。此外，如果他们参战，那么新喀里多尼亚、我们在太平洋中的群岛、法国在印度的领地甚至马达加斯加等地，都将受到威胁。

法国在欧洲战争中明显失利后，日本在印度支那马上就开始干涉。1940 年 6 月，总督贾德鲁将军认为自己不得不满足日本人提出的要求。他在决定采取这一步骤以前，还曾试探英美两国的态度，最后认为没法得到外援。因此维希政府便派德古代替了贾德鲁。我个人当时不可能在印度支那发动一个运动，从而把那边的事情抓起来，也无力在那里击退这个运动势将引起的日本人的干涉，同时我也无法促使我们的盟国制止日本人在那里侵略，所以只得坐待进一步的消息。殖民地督察专员兼西贡财政总监卡萨乌原先曾发了一个非常动人的电报给我，说明大部分居民同情自由法国，并说印度支那不能按自己的意志行动。10 月 8 日我从杜阿拉回电给他，那时我的心情是不难想见的。我正像驾着一叶小舟在战争的海上航行，印度支那就像一只失去了舵的大船，在我慢慢地组织好援救的力量以前，无法提供任何援助。当我看着它进入雾中以后，我发誓有一天要把它拉回来。

1941年初日本人唆使泰国（暹罗）[1]人占领湄公河的两岸，甚至要占领柬埔寨和老挝。同时他们又进一步提出要求，首先要求对印度支那进行经济控制，接着又要用军队占领各主要据点。我不但听到伦敦方面的英国人和荷兰人告诉我这种严重局势的发展，同时听到自由法国在世界各人中心的代表也这样说，其中包括新加坡的商普勒（当时是男爵）和朗格拉德、华盛顿的加罗·东巴斯勒、上海的埃加尔、东京的维涅、悉尼的布伦纳、重庆的安德烈·基柏以及后来的贝商、新德里的维克多尔等等。据我看来，事实上许多政策都不稳定而且十分复杂。但是无论如何，谁也无法援助印度支那抵抗日本人。自由法国显然没有力量。维希政府虽有力量，但已经交给德国人，这时无法使用了。英国人虽然感到风暴有一天会波及新加坡，但只是想争取时间。他们派驻曼谷的使节一心只想和泰国保持友好关系，根本不管湄公河两岸土地的命运如何。至于美国人，他们在精神和物质两方面都没有准备面对这场冲突，根本无意干预。

在这种情况下，我们所能做和做过的一切，首先是向所有的人宣告，维希政府所同意的任何有关印度支那的权利的放弃，自由法国一概认为无效。其次是一方面不使我们的朋友接受维希政府的政策与主义，同时又不以内部运动阻挠地方当局最后组织起对日本和泰国的反抗。最后是和其他受威胁的列强在太平洋通力合作，试图（但未成功）使英、美、荷三国出面为印度支那调停。最后是组织新喀里多尼亚和塔希提的防御工作，让它们与澳大利亚和新西兰联合起来。

在最后一点上，当澳大利亚总理孟席斯3月间从伦敦经过时，

① 泰国原名暹罗，1939年改国名为泰国，1945年再次更改国名为暹罗，1949年恢复国名为泰王国。

我去见了他并和这个充满善意的人解决了许多重要问题。后来沙托总督又代表我和澳大利亚人谈判，订立了一个详细的协议，采取一切必要的预防措施，不让法国的统治权受到损害。

不久我们就听到泰国人在进攻湄公河，他们的海、陆两路都遭到严重的失败。但是由于日本人在调停的幌子下对西贡和维希政府无情地施加压力，终于使泰国获得了垂涎已久的土地。后来日本决定自己控制印度支那。在太平洋有利益关系的其他列强完全没有反对，甚至连抗议也没有提出。从那时起，事情就很明显，日本参加世界大战只是时间问题了。

由于共同行动的理由有了事实作基础，英法之间的关系频繁起来了。随着时间的推移，我们互相了解了。我必须承认，我对领导英国国政的人是衷心敬仰的，他们对我个人似乎也同样地推崇。首先，学识渊博、足以为人师表的英王和王后以及王室其他人物都充分表明了这一点。在各部大臣中，我在公共和私人事务上显然主要是和丘吉尔先生接触。但在这一个时期里，我在事务上和友谊的集会上常常接触的还有艾登先生、约翰·安德森爵士、埃麦里先生、爱德华·格里格爵士、亚历山大先生、阿奇波德·辛克莱爵士、劳埃德勋爵、克兰波恩勋爵、汉基勋爵、斯塔福德·克利浦斯爵士、艾德礼先生、达夫·库柏先生、道尔顿先生、贝文先生、摩里逊先生、比万先生和布兰丹-布拉肯先生。在军政界要人中，我见得最多的是罗伯特·范西塔德爵士、亚历山大·贾德干爵士、斯特兰先生、摩顿先生、陆军将军约翰·迪尔爵士和伊斯美、海军上将杜德雷·庞德爵士和空军元帅波特耳。这些人无论是内阁成员、军事领袖、高级官员，或者是议会、报界或工商界的人物，对于英国利益都有一种强烈的忠诚和信心。

这些人显然不是缺乏批判精神，也不是没有个性。他们虽然十分劳累，那时的局势又像海潮冲击卵石一般向我们卷来，但还是风趣地品评人物和事务。我曾不止一次地感觉到这种幽默感。他们都热衷于公务，彼此被一个共同的目标联结在一起。整个情况让人们得到一种当权者之间团结一致的印象，我时常对此羡慕不已。

但我个人也受到了这种团结的束缚。如果英国机关提出了某种事情，你要提出反对便要经受一场严峻的考验。如果不亲身体验，就不知道英国人为了满足某种要求会如何集中精力，会使用多少种方法坚持到底。他们婉劝、压迫、威胁，无所不用其极。

首先他们会从各方面提出暗示，但实际上如出一辙。它使我们警惕起来，使我们做出各方面的准备。在进行礼节性会议的过程中，会突然由某个适当的人物提出英国的要求或需要。如果我们不依照他们的道路走（必须指出，这是常有的事），他们马上就会施加压力。周围的一切人都来了，他们来自不同的阶层，从不同方面做我们的工作。我们会遇到正式或非正式的谈话，谈话中，地位完全不同的人会按照不同情况提出友谊、利害关系或担忧的问题。还有报界方面的活动，它们巧妙地克制不谈争论问题的本身，但造成一种批评和使你抬不起头来的气氛。还有和我们直接接触的人们，他们的态度也本能地同一鼻孔出气，努力说服我们。忽然间在群众中，到处都出现劝告、抱怨、许诺或愤怒的迹象。

由于法国人的天性易于向外国人让步和发生内部分裂，我们的英国伙伴在这方面得到了好处。对于我们中间一些人说来，凡是在直接间接处理对外事务的经历中，让步虽不是一个原则，但起码也成了一种习惯。许多人由于生活在一个没有固定原则的政权之下，实际上认为法国从不说“不！”已经是理所当然的事了。所以当我反对英国人的要求时，甚至在我们自己的圈子中也能看出惊异、不安和担忧的迹象。我听到人们在背后议论，同时从人们的眼色中也可以看出一个问题：“他到底想跑到哪里去呢？”好像不接受就是一件不可想象的事。至于不归顺我们的法国移民，几乎就自动地反对我们。他们大部分都随着自己的政治派别走，在他们看来，法国只要一坚持自己的态度就是错的。他们大家都不赞成戴高乐，说他的坚定态度是独裁作风。从他们那种投降精神看来，这种坚定态度是不可信的。他们甚至还神气十足地把这种投降精神和共和国的精神混为一谈。

英国人使尽各种各样的影响以后，突然间出现了一片沉寂。他们在我们周围制造一种空虚的情绪。再也没有人来访问或通讯，再也没有人来见面或约宴。问题还是悬而未决。电话铃不响了。偶然遇到的英国人也十分冷淡而讳莫如深。我们被人遗忘了，似乎我们的同盟以至于生命的几页已经被翻过去了。在意志统一而坚决的英国人心里发出的一种冰冷的气氛，把我们包围起来了。

接着又会出现无情的攻击。在意想不到的时候，又会突然举行一次英法会谈。会上又会用尽一切办法，提出一切理由，发出一切怨言，一切的调子都唱出来了。英国的权威人士中，演戏技巧虽然各有不同，但人人都像一个名演员一样扮演自己的角色。在一连好几个钟头里，惊心动魄的场面将一个接着一个地出现。他们很可能中途中断会议提出警告，说我们如果不让步就会出现哪些后果。

再过一会儿又会出现一种“收场白”。英国人将从各方面做出各种姿态以缓和紧张气氛。第三者就会出来说无疑有一种误会存在。某些适当的人就会来问候我怎么样。报纸上就会出现几段同情的文字。这时他们就会对所争论的问题提出调解办法。内容和我们提出的大部分相同。条件变得可以接受了，问题至少在表面上可以很快地得到解决了。他们还会举行一个友好的舞会来作为收场。当然在重获谅解而出现的乐观气氛中，我们的伙伴未尝不想出其不意地占一些便宜。然后关系又和以往一样密切，然而基本问题还是没有解决。因为对大不列颠帝国来说，在这类事情上，从来就讲不出什么道理。

1941年3月初，我确切地感到中东和非洲的战争即将使我们面临对付敌人、维希政府的顽固反对和我们同盟国意见分歧等重大考验。我必须亲自到那里去作出必要的决定。于是我便决定到那边去。

动身前，我到首相别墅中去度周末。他除了向我告别之外，还说了两件事情。3月9日清早，丘吉尔先生就跑来把我叫醒。当时他真可以说是乐得跳起来了。他说美国的“租借法案”在国会里经过几个星期讨论，现在已经通过了。这里面实在有值得我们高兴的地方。这不止是交战国家今后可以从美国得到作战物资，同时用罗斯福的话来说，美国成了“民主国家的兵工厂”，这样就向战争大大地迈进了一步。那时丘吉尔先生无疑是想利用我的愉快心情，所以马上就提出第二点。他说：“我知道你对于斯皮尔斯负责同你们联络是有些不满意的。然而我还是十分盼望你能让他继续干下去，并把他带到中东去。这样你等于是对我个人帮了忙。”我无法拒绝他，话到这里我们就分别了。

3月14日当我飞到赤道非洲去的时候，我感到自由法国这时已经有了一个可工作的机构。我们的“帝国防务委员会”人员虽然分散，但却形成了一个富有意义的和团结的整体。从1940年12月24日起，它就得到英国政府的承认。在伦敦方面，我们的中央行政机构也加强了。品质极高的人像卡山、普利文、帕留斯基、安东尼、迪谢尔、德让、阿尔芳、唐纳利、鲍利、安迪埃尔等人是骨干。同时，在军事方面，也有从南美执行任务回来的柏蒂、安热诺、达桑维耳、布洛塞诸上校，从喀麦隆过来的布落上校，从亚历山大港赶来的奥波诺上校，从巴西来的空军上校瓦兰等人，使我们的参谋人员有了巩固的基础。中东方面的贾德鲁、非洲方面的拉尔米纳都把事情料理得很好。美国方面的加罗-东巴斯勒、南美方面的勒杜、中美方面的苏斯戴尔、加拿大方面的达让吕和马丁-普列维尔等把事情加以推动之后，我们的外交代表就遍布新世界了。虽然有维希使节的活动、大部分法国显要人物的敌视和我们同胞中的争吵，但我们在海外的委员会还是得到了不断的发展。1940 年 11 月 16 日我在布拉柴维尔设置了解放勋章，1941 年 1 月 29 日又在伦敦设置了同样的勋章，在自由法国人中间掀起了良好的竞争精神。最后，我们可以感到，法国本土在海峡的对岸注视着我们。

自由法国在力量和团结上这样不断增长，我在旅途中就清楚地看出来了。我中途曾访问直布罗陀、巴塞斯特、弗里敦、拉各斯等地的英国总督，他们原先只对我客气，现在则对我很尊重。当我通过法属赤道非洲地区时，从没有感到焦急和不安。现在人人充满着希望和信心，眼睛注视着外边的世界，迫切希望我们的力量从遥远的摇篮中成长起来，由于增加新的力量而壮大起来，去攻击敌人，向法国本土进军。

第六章 中东

当我飞向情况复杂的中东时，心中的思虑很简单。我知道，在动荡不定的复杂条件下，一种关系重大的局势正在发展，因此我们不能不被卷入。我知道，对于盟国说来，关键在于苏伊士运河。

当我飞向情况复杂的中东时，心中的思虑很简单。我知道，在动荡不定的复杂条件下，一种关系重大的局势正在发展，因此我们不能不被卷入。我知道，对于盟国说来，关键在于苏伊士运河。这个地方一失，小亚细亚和埃及就对轴心国打开了大门。相反的，如果能保持住这儿，总会有一天能从东方进至突尼斯、意大利和法国南部。这就意味着我们无论如何要坚持作战，运河则是必须争夺的最后阵地。我也知道，从的黎波里到巴格达，中间包括开罗、耶路撒冷、大马士革等地，再从亚历山大港到内罗毕，中间包括吉达、喀土穆和吉布提等地，其中的政治、种族和宗教上的情绪与野心，由于战争的刺激都锐化了。法国在这方面的地位已经削弱，且为各方所垂涎。当一切都在沸腾的时候，如果法国在历史上再一次陷于被动，那么它在任何情况下都不可能保住其中的任何一块土地。因此，我在这儿的任务也和在其他地方一样，那就是行动起来，代替那些不采取行动的人。

至于法国在这个地方的力量，首先，我已有可以支配的战斗部队和正在形成中的后备队，同时还有乍得的土地。我们可以从这儿向北攻取利比亚，并且可以使盟国空军得到便利，让飞机直接从大西洋飞向尼罗河，从而无须从海路绕过好望角。此外还有维希急急忙忙丢弃的财产：法兰西[①]在东地中海国家中的军队、从那里流出的石油；法属索马里以及我们在亚历山大港的舰队。从战术上或需要出发，我可以考虑把其中的一部分暂时置于战争之外，对于容许他们能观望多久和他们在什么时候可以归顺，我有所估计，然而我决心尽快地使他们归顺。当我离开伦敦的时候，我曾征求帝国防务委员会成员的意见，如果在德国人的直接威胁下，英国和土耳其决定把黎巴嫩和叙利亚的土地抓到手里，我们应该怎样行动。总之，我到中东时，决定不让任何问题妨碍法国开展自己的行动，并维护它当时所能维护的一切。

首先我在喀土穆着陆。这是厄立特里亚和苏丹的作战基地。那儿的事情由普拉特将军领导，成绩非常好。这个人是一个精明强干的领导。不久前他占领了意大利在基朗高地的防线。蒙克拉尔上校的那一旅和阿斯蒂埃·德·维拉特队长的空军队在这一战役中建立了奇勋。至于法属索马里的军队，勒让蒂约姆将军虽然和他们接了头，但他们还没有决心过来。总督诺勒塔则用尽一切办法来镇压倾向于归附的骚动，甚至连死刑也用上了。

要使法属索马里回到战争中来，就不能依靠自动的归附。同时我又认为使用武力也是不对的。剩下的办法便是封锁。这个殖民地的生活物资全由海路从亚丁、阿拉伯和马达加斯加运来，封锁的确可以使他们觉悟过来。但我们从没有打算利用英国人来采取这一切必要措施。

他们的军事指挥官在原则上是同意归附的，这样就能得到增援，但其他有势力的英国人并不这样积极。他们也许会说："尼罗河源附近英、法、意三国近 60 年来的角逐说不定以英国的彻底胜利告终。意大利人如果最后被打垮，而法国人又显然一直处于被动

① 此处所指法兰西均包括维希政权掌控的地区。

和无力的地位，今后的局势对英国在阿比西尼亚、厄立特里亚、索马里和苏丹等整个地区来说，将是一个多么难得的机会啊！为了争取几营法属索马里士兵来参加一个快要赢得的战争，因而牺牲了这一成果，难道是值得的吗?”这种心情在英国人中是相当普遍的。我认为这就是两年来维希当局一直能供养这个殖民地并使它保持种有害的服从心理的原因。

他们的拆台只能使法国在厄立特里亚作战的军队更有功绩。3月29日和30日我到他们那里去住了两天。一架法国飞机把我送到了亚哥达机场。我到了克伦东部地区，我们的旅在那里和一个印度师配合，构成了盟军的左翼阵地。我们的军容是雄壮的。在库布-库布之役以后，他们粉碎了意大利人的右翼，对克伦的胜利起了显著的作用。在这次作战中建立了卓越功勋的热南中校来见我。为了从阿尔及尔参加到我们这边，他刚穿越过非洲。他刚来到马上就参加了战斗。“一切你都看到了，热南。你有什么感想?”“假如对方也能看清局势的话，一切便都没有问题了!”

我去视察的第二天，普拉特正在乘胜追击，法国旅的指挥官把他的部下引向马萨瓦，这是厄立特里亚的首府和防守阵地。蒙特丘罗与恩伯脱堡一度受到我们部队的冲击。4月7日，那一外籍军团像疾风扫落叶似的冲进了城。他们和意大利的溃兵混在一起冲到碉堡里去抓住了海军上将，使蒙克拉尔上校得到了接受敌军红海舰队司令投降的光荣。法国分遣队在战斗中总共俘虏了4 000人，到马萨瓦又接受了10 000多人的投降。

从此以后，意大利的残余部队就被赶回阿比西尼亚，除了零星的活动以外，再也没有作过战。但法属索马里不参加战斗，阻碍了法国军队，使我们没能起决定性作用，否则我们就可以沿着铁路线从吉布提港一直打到亚的斯亚贝巴去，不管阿比西尼亚皇帝回不回来。我只得接受这种可悲的后果。那时法国只得在其他地方用兵。

军队中有些是已经作过战的，有些则是刚赶来参战的。帕留斯基将留在那里当政治军事代表，指挥一营兵和几架飞机。

4月1日我到开罗，那是战争心脏跳动的地方。这是一个颤抖的心脏。英国人和他们的盟国在这里的地位显然是不稳固的。这还不只是军事方面的问题，而是因为他们所处的地位被政治潮流冲击得根基动摇了。这里的居民对于西方国家之间的战争只抱旁观态度。不论结局如何，他们都打算从战败者身上获得好处。

这种情形使中东的战争具有特别复杂的性质。幸而英军总司令韦维尔既果敢又冷静，能对错综复杂的临时事件应付裕如，其中有许多同战略只有间接的关系。此外，这种战略本身也十分不稳定。4月初，韦维尔在三个战线上作战，所有补给都要通过极其艰苦而漫长的交通线。

英国人在利比亚本来已经获得巨大胜利，已经打到的黎波里塔尼亚的门前了，但又被迫撤回。除了托布鲁克以外，昔兰尼加将失守。尽管指挥官的素质好，军队很勇敢，但是沙漠的战斗是在一无屏障的辽阔地区上迅速地进行的，太阳像火一般烤着，地面净是沙子，到处是蚊蝇，士兵长期地口渴又害热病，对于这一切他们还是未出师的新手。当伦敦政府命令韦维尔削减他的战斗部队，送一部分主力到希腊去时，隆美尔就马上设法扭转了局势。希腊前线的情况也不好。厄立特里亚和阿比西尼亚的胜利的确带来了一些安慰，但阿拉伯国家又出现了告警的迹象。伊拉克越来越不安定，埃及一直是暧昧的，关于叙利亚问题，德国人正和维希政府开始进行一项令人不安的交易。巴勒斯坦方面，阿拉伯人与犹太人的冲突促使人们必须作出必要的预防措施。

韦维尔遇到的困难已经不少，但又加上了外来干预的问题。伦敦常发来电报。丘吉尔先生本人精于此道而又很性急，所以经常要求他作报告，并对他作出指示。艾登先生首先是以陆军大臣的资格来视察，1941 年 4 月当我在开罗遇着他的时候，他又以外交大臣的身份来视察。此外还有大使米莱斯·兰普森爵士的干预，这个人由于本身的资望和形势使然，被派来担任长期合作的任务。中东的军队大部分是由澳大利亚、新西兰、南非等自治领地派来的，它们的政府都伸长脖子注视着如何使用他们的军队；还有一部分是印度军队，也不能让人认为是亏待他们。总之，韦维尔的指挥是透过各种政治束缚来实现的。

我必须承认，他以可贵的坚定精神忍受了这一切。在那种情况下，他仍然把司令部设在开罗。人们从各方面对他掣肘，在这富饶的城市中，在弥漫的尘雾里，在那闷热的小办公室中，他不断受到军人正常范围以外的外来干涉。我也是他碰到的一个。我的麻烦不少，而且我总是坚定不移地为了法国的利益争取解决一些牵涉到英国且首先是牵涉到英军司令的问题。

我把我们的前景和贾德鲁谈了一下。我们的中心问题是叙利亚和黎巴嫩将发生什么事情。我们早晚是要到那里去的。到了那里，法国就有机会对我们的共同事业做出重大贡献。这个机会如果失去，法国也就完了，假如轴心国得胜，叙利亚和其他地方一样，将由轴心国来统治。如果轴心国遭到失败，英国将取得我们的地位。因此只要有机会，自由法国的统治权就必须伸展到大马士革和贝鲁特去。

但当我到达开罗的时候，时机还没有成熟。东地中海地区的维希当局和军队都没有自动要求打破束缚着他们的符咒。1940 年 6 月末汹涌澎湃地向巴勒斯坦方面发展的运动，现在已经形成了一种等待局面。同时，由于维希当局在停战后下了复员令，许多军官和平民都回法国去了。在军政两界中继续活动的戴高乐派，有一部分被维希政府遣送回国了，有些甚至被捕。总之，贾德鲁到开罗时所希望的运动并没有实现。我们在贝鲁特和大马士革的情报人员，也不能使我们认为这种运动在最近有实现的可能。

这种退让的倾向也使法国的舰队在亚历山大港陷入困境。自从戈德弗鲁瓦海军上将和坎宁安达成协议使船只中立以后，战舰“洛林”号，巡洋舰“杜奎-特鲁安”号、“杜奎斯诺”号、“苏佛兰”号和“图尔威尔”号，驱逐舰“巴斯克”号、“佛尔宾”号和“福庆内”号，以及潜水艇“普罗德”号等都在港口下了锚，间或还有几个军官和船员参加我们的行列。而其他服从维希政府指挥的人，则互相证实为被侵略的法国服务的最好的方法是不打仗。1941 年 4 月间的某一天，我路过亚历山大港到坎宁安上将的旗舰上去看他。我痛心地看到，漂亮的法国船只夹在准备作战的英国军舰中，死气沉沉的毫无用处。

我们认为地中海的战争对非洲和中东的领导人的心情不可能没有一点影响，所以便试图和他们接触。1940 年 11 月间贾德鲁写给魏刚一封修睦信。我虽没有抱什么幻想，但赞同这一做法。我自己在广播演说中也提出了几项明白的呼吁，1940 年 12 月 8 日那一天还宣布了：“全体法国的领导者，不论以往有什么过错，只要愿意把他们鞘中的剑拔出来，就会发现我们和他们是站在一边的，并且绝没有排挤他们的企图，也绝没有野心。如果法属非洲终于站起来参加战争，我们在我们的这部分帝国领土上同他们一起作战。”

1941 年 1 月间，我征询了帝国防务委员会委员们的意见，如果维希政府重新参加战斗，我们应采取什么态度。我发现他们和我一样赞成联合。2 月 24 日我写信给魏刚将军，说明了同样的意义，根本不计较他曾对我个人作过令人不愉快的判决，也不计较他接到前一次的函件后如何不客气。我敦促魏刚抓住这个最后的机会重新参加战斗。我提议：我们应当联合；并向他说明，如果他同意，就可以放心地相信我对他的尊敬和合作的诚意。这时贾德鲁也趁此机会给海军上将戈德弗鲁瓦写劝告的信件，他在 1940 年 11 月间曾写信给东地中海地区高级专员鲍克斯先生、陆军总司令富热尔先生和副总司令阿尔拉波斯先生。当然，这只是同他们进行某种联系的开始。

但是，这些努力都没有获得成就。魏刚有时对我们派去的密使说，“戴高乐该枪毙”，有时又说“我年纪太大了，当不了叛徒”；有时还说“现在的法国三分之二被敌人占领了，三分之一被海军占了，后者更加糟糕”。加之达尔朗经常监视着他，在这种情形之下，他即使想动也没法动。至于戈德弗鲁瓦，则非常礼貌地对待贾德鲁将军的信，但没有采取任何行动。贝鲁特方面的阿尔拉波斯则对贾德鲁回了一封不想得罪人而又冷冰冰的信。11 月末，开往奇奥浦的飞机失事以后，鲍克斯的大使职位便由邓茨将军接任。这个人是一个极其执拗的庸俗军官，他严格地执行达尔朗的一切命令。不久之后，富热尔先生被解职，军队的指挥就由德·维尔迪奥克将军接任。

在这种情况之下，除非是敌人的脚伸入叙利亚，否则我们就不能希望进去。那时唯一能做的事情就是把勒让蒂约姆的部队集合起来，归韦维尔指挥，以便用于利比亚。那是我同英军总司令一起安排的步骤。同时我还同空军元帅朗莫尔商量过我们那支小小的空军如何组织和运用的问题。

我必须指出，当我们的士兵先后来到以后，造成了极好的印象。在那颤抖着的中东地带，多年以来法国就是声誉卓著的，人们都感到我们的士兵是英勇的战士。埃及人对他们特别欢迎。这也许是想对法国人表示友好，借以衬托出他们对英国人的冷淡。我自己和穆罕默德·阿里亲王（国王的叔叔和王位继承人）、政府首脑谢力·巴夏以及好几个部长都有过极为友善的接触。至于法国在埃及的侨民，如科学家、教员、考古学家、教会人士、实业家、商人和运河的工程师与职员等，对于我们的军队总是热忱地给予积极的帮助。6 月 18 日，他们在巴隆・德伯努瓦男爵、儒热教授、米诺斯先生和博尼托先生的倡议下建立了一个组织，这个组织马上就成了自由法国的支柱。然而我们的同胞有许多还是置身于运动之外。有时我在黄昏时到开罗动物园去散步，路过对面的法国公使馆，我可以看到窗口有许多看来很难为情的面孔。这些人没有加入到我们这边，但却注视着戴高乐将军。

因此，当我在苏丹、埃及和巴勒斯坦待了两星期之后，有许多事情弄清楚了。但主要的事情还没有解决，当时我也无法解决。于是我又回到布拉柴维尔。无论如何，我在任何情况之下都必须加紧赤道地区的组织工作。如果中东有一天要失掉的话，这里就可以成为盟军抵抗的防波堤。而且，我们将来在这里也有一个举行进攻的基地。

这次视察中，我又经过了杜阿拉、雅温得、马罗阿、利伯维尔、让蒂尔港、拉密堡、穆索罗、法亚、法达、阿贝夏、阿尚博堡、班吉以及黑角。这些地区缺少的东西很多，但有秩序和善意。那里的总督如喀麦隆的库尔纳利、乍得的拉比、乌班吉的圣马尔、中央刚果的福庆、加蓬的瓦伦丁-史密斯（巴朗因公乘机失事殒命后由他接任）等的政绩，造成了一种大无畏的气氛。法国人只要有机会为共同的伟大事业服务，就笼罩在这种气氛里。在军事方面，我首先从事的是准备勒克莱尔的沙漠纵队。我叫他把留在英国的所有官兵以及英国人同意供给的一切有用物资都送来。1941 年 4 月末以后，事情就变得很清楚，总有一天我们会在东地中海地区采取行动。

实际上德国人正在向地中海进攻。4 月 24 日，英、希两国的联合抵抗垮台了，南斯拉夫也投降了。英国人无疑将守住克里特。但他们守得住吗？在我看来，事实非常清楚，在不久的将来敌人会从希腊海岸出发，至少动用全部空军来轰炸叙利亚。飞机一旦出现在阿拉伯国家上空，就会引起骚乱，成为德国国防军到来的前奏曲。同时，敌人从大马士革、里亚克、贝鲁特等地的机场出发，到苏伊士和塞得港只有 300 英里，德国飞机很容易轰炸运河和它的入口。

在这一问题上，达尔朗无力拒绝希特勒的要求。但我还是抱着一线希望，认为东地中海地区的维希将领和士兵看到德国空军的飞机在他们的基地着陆时，有许多人可能拒绝到现场以武力掩护飞机。在这种情形下，我们就必须准备立即帮助他们一下。因此我拟订了一个行动方针，一旦德国人出现，并在我们的同胞中引起可能发生的骚动时，就把勒让蒂约姆那一小部分人直接插入大马士革。在这个时候，贾德鲁就要准备尽可能设法接头，必要时还要和邓茨本人接头，以便建立法国人的共同阵线来抵抗侵入叙利亚和法国的侵略者。

但是这些计划没有得到英国人的同意。韦维尔将军已经陷入三条战线之中了，无论如何也不愿看到打开第四条战线。他也不愿相信这个最坏的可能。他说他有英国驻贝鲁特总领事的报告作根据，如果出现上述情况，邓茨会起来抗击德军。这时伦敦政府还在尽力和维希政府勾勾搭搭。所以 2 月间，英国海军便不顾我的抗议，让“天意”号轮船自由通过，从贝鲁特把一批强迫遣返的“戴高乐派”人士送到马赛去了。4 月末他们又和邓茨签订了一项商务条约，保证向东地中海地区供应食物。这时为了同样的目的，诺伊艾塔总督也就法属索马里问题在亚丁开始了谈判。

从法国传来的消息使我认为，美国的影响可能和这种“姑息”的尝试有关。据说，贝当和达尔朗对美国驻维希政府大使李海海军上将的要求是有求必应的，然而暗地里却答应希特勒的要求。罗斯福受到李海电报的影响，敦促英国人放宽尺度。所以我们越是认为必须准备在东地中海地区行动起来，我们的盟邦就越不愿意这样做。5 月 9 日斯皮尔斯将军从开罗来电劝告我：“目前这边没有安排”自由法国的行动，如果我到埃及去会引起“不便”，于是最好还是回伦敦去。

我认为采取应付办法对我们非常不利，所以我这次有责任给英国人一些颜色看看。5 月 10 日我打电报到开罗给英国大使和总司令。一方面抗议“他们单方面决定对东地中海地区和法属索马里供应食物”。同时也抗议他们不该“当德国人日益可能到来时，拖延不让勒让蒂约姆的那一师人集结到叙利亚地区附近”。我声明在那种情形下，我最近无意到开罗去，我将让事情自然地发展，今后我将在乍得运用法国的力量。我通知伦敦方面，贾德鲁在开罗既然已经没有用处，我将把他召回来。最后，英国驻布拉柴维尔总领事帕尔先生把艾登送来的一封函件交给我，其中把他们对维希政权的姑息政策解释了一番。我立即口述一个回件给他，指责这种政策。那时我刚听说达尔朗和希特勒在贝希特斯加登会晤，他们之间签订了协议，还听说德国飞机在大马士革和阿勒颇降落，所以我的指责就更加严厉了。

那时敌人也在孤注一掷。伊拉克政府首脑拉希德·阿里·基朗利在敌人的怂恿之下于 5 月初开始采取敌对行动，英国人在飞机场受到包围。5 月 12 日德国空军的飞机到了叙利亚，并从叙利亚到了巴格达。前一天，维希当局把原先意大利停战委员会让它控制的一批战争物资送到伊拉克边境的特耳科特杰克。这些武器显然是送给拉希德·阿里的。英国人要求邓茨作解释，他只含糊其辞地说了一下，而没有否认这一点。接着邓茨补充说，如果他接到维希政府的命令让德国军队登陆，他也不会不服从。这就等于说，他已经接到了这样的命令。后来我们才知道，事实上，这时连敌人登陆的海滩都已经划定了。

在这种情形下，伦敦内阁认为最好还是转过来采纳我的意见。他们的态度突然完全变了。5 月 14 日，艾登和斯皮尔斯（那时还在埃及）都直截了当地把这一点告诉了我。最后，丘吉尔看到事情已经很紧迫，便来信叫我到开罗去，而不要撤回贾德鲁。我对英国首相所采取的态度甚感满意，破天荒地用英文热情地回答了他。然而对于我们的盟友这次将采取什么行动的问题，我还是无法得出必然的结论。韦维尔将军接到他的政府的命令，叫他执行我们制订的在叙利亚的行动计划。我在 5 月 25 日到达开罗时，发现他在顺从地执行命令。克里特的失守，希腊前线的失利，在当时确实使这位总司令的担子轻了一些。

这时，叙利亚的事情却不像我们所预期的那样发展。贾德鲁认为他能执行我们的计划，单独用自由法国的军队向大马士革挺进。但不久我们就了解到，维希政府和敌人勾结这件事，并没有在东地中海地区的军队中引起群众性的运动。相反的，那些军队都在边境上设防，抵抗自由法国和盟国，而德国人在他们后面却可以自由自在地行动。邓茨所能掌握的人有 30 000 多名，大炮、飞机、装甲车都很充足，这还没有算上叙利亚与黎巴嫩的军队。我们的兵力则只有 6 000 名步兵、8 门炮和 10 辆坦克，由 24 架飞机支援，原先我们还梦想在当地能得到支援。这样一来，我们向大马士革进军的头一个计划也不能照样实行了。必须有英国人参加，我们面临的是一场阵地战。

至少，我们迫切需要尽量减少危险和缩短时间。这是一个兵力多少的问题。贝鲁特和大马士革方面的朋友告诉我们：“如果盟军从四面八方大量涌入叙利亚，顶多只会遇到为了面子的缘故而佯装的抵抗。相反的，如果东地中海军队所遇到的对手人数和物资都有限，那么他们就会激发起军人的自尊心，战争也就会十分残酷。”关于这一问题，我和贾德鲁一块跟韦维尔商谈过好几次。我们敦促他进入东地中海地区时，不但要从巴勒斯坦出发由南边进攻，而且也要从伊拉克出发从东面进攻。英国在那里实际上在用兵征服拉希德·阿里。我要求总司令用四个师作战，其中一个应当是装甲部队，并出动一大批皇家空军到叙利亚去支援。我们提议他们应当把勒让蒂约姆的军队所缺的主要东西——运输工具和大炮提供给他。

韦维尔是不缺少战略智谋的。同时他也想要满足我们，但他当时已经被利比亚的战斗拖住了。同时丘吉尔又打了许多威吓的电报给他，使他感到为难。他从这些电报中看到我们原先的坚持生了效，于是便对我们的坦率言辞用几句冷淡的客套话来应付。无论我们怎样说，也没法劝动他在绝对必要的最小量军队以外再多派一点人到叙利亚去。他根据威尔逊将军的命令派到战场上去的军队只有一个澳大利亚师加一个骑兵旅沿泰尔-西顿海岸线挺进，一个步兵旅开往库奈特拉和迈尔杰乌荣，一个印度旅交由勒让蒂约姆指挥，通过德拉直逼大马士革。后来韦维尔加了两个澳大利亚营，还有一个印度支队作为最后的队伍，从伊拉克出发加入战斗。全部陆军大约有 60 架飞机支援，还有许多军舰沿着海岸线配合陆地的战斗。总起来说，盟国所用的军队比敌方少。但是我们必须在这种兵力不足的基础上行动，并且坚持到底。最后的决定作出了。悲剧就要开始了。

5 月 26 日我到开斯丁拉去视察自由法国的军队。他们现在已经集结起来了，但装备仍然很缺乏。勒让蒂约姆让我检阅了七个营、一个坦克连、一个炮兵队、一个阿尔及利亚骑兵中队、一个搜索连和一支后勤部队。我借这个机会颁发了第一批解放十字勋章，表彰在利比亚和厄立特里亚两地战争中荣立战功者。当我和官兵们接触时，发现他们和我拥有同样的心情，对于法国人同室操戈这一点感到悲哀和厌恶，对于维希政府指引军队误入歧途一事感到愤怒。他们满怀信心，认为必须进军保卫东地中海地区，并使它转过来对付敌人。5 月 21 日科莱上校带着一部分队伍越过前线参加到我们这边来。这个人原先指挥着几个切尔克斯人骑兵中队，他很有才干，作战也很勇敢。6 月 8 日，自由法国和英国一起打着盟国的旗帜前进，由韦维尔和贾德鲁联合下令，对于胆敢向我们开火的人使用武器。我们已经在巴勒斯坦建立了一个广播站，几个星期以来一直由施密特兰、古勒、勒皮东等上尉向我们的同胞广播友好的劝告。我们从内心里不希望和他们自相残杀，然而我们还是不得不打下去。在一次公开的声明中，我明确地说明了这一点。

我实在希望赶快把这一场战争结束，因为有很多迹象都让我看出维希甚至轴心国，将对自由法属非洲发动一次进攻。根据我们的情报，5 月 11 日和 12 日，希特勒在贝希特斯加登和达尔朗会谈时，要求他不但要把叙利亚的飞机场和港口完全交给德军使用，而且要让德国的军队、飞机、船只等等使用突尼斯、斯法克斯、加贝斯等港口。此外，维希军队应当重新征服赤道的领土。我们的情报人员还补充说，魏刚将军拒绝德国人进入突尼斯，拒绝对自由法国的领土发动攻势，他说他的部下不会服从他。但是如果希特勒的计划已经坚决确定，那么如果魏刚将军不愿意打，他的最后手段也不过是在贝当元帅的议会里提出辞呈而已，他的抗议会有多么大的作用呢？

因此，我们便准备用一次进攻来回答。拉尔米纳利用德机进入叙利亚在科特迪瓦、达荷美、多哥、尼日尔等地的维希部队中造成的印象，准备一有机会就进攻。我向他作了行动方针的指示。同时我又问英国政府，不论维希政府是否取得德国的直接援助，如果他们试图进攻乍得等地区，英国将怎么办。艾登先生回信说，他们将尽一切可能帮助我们抵抗。最后，我们又采取了必要的措施，使美国人对自由法属非洲的安全直接关切。6 月 5 日，我把一份备忘录送交开罗的美国大使，说明非洲终有一天会成为美国解放欧洲的基地，并建议华盛顿立即在喀麦隆、乍得和刚果等地建立空军力量。四天以后，利奥波德维尔的美国领事代表他们的政府去见拉尔米纳，问这位高级专员，法属赤道非洲是否受到了威胁。当他得到肯定的答复之后，就问拉尔米纳，希望美国给他什么样的直接援助，尤其是军备上的援助。不管有什么情况发生，即使我们看到纳粹和他们的帮凶将对非洲发动大规模进攻，我们必须作出一切必要的预防措施来保卫赤道非洲的阵地，我也急于要使东地中海地区抵抗德国人，并与维希政府断绝联系。

当英国人和自由法国人准备在军事方面采取联合行动时，我们彼此之间的政治冲突却在幕后酝酿起来了。在盟军参谋本部的圈子里，在开罗大使馆的周围，在我们和耶路撒冷的英国高级专员公署的接触中，在外交部透露给卡山、普利文和德让等人，然后由他们从伦敦传达给我的消息中，在某些御用报纸（特别是《巴勒斯坦邮报》）写出的专论中，我们可以看出某种特殊人物在蠢蠢欲动。这种人看到长期准备要在叙利亚实现的行动，现在（终于！）可以开始了。事实将使英国在政治、军事、经济等方面抓到一些王牌，它为了自己的利益绝不会不打出这些王牌来。

尤其是一旦当他们在大马士革和贝鲁特立定脚跟之后，我们就无法在这些地方维持“原状”了。1940 年的大震动——维希政府的投降和轴心国的活动，使得自由法国必须对东地中海地区采取一种新的态度来应付形势的发展和新出现的力量。在我们看来，战争一旦结束，法国是不会保留托管地的。即使它还想这样做，阿拉伯人民的运动以及国际局势的必然趋向也不会允许它达到目的。只有一种政治制度才能在名义上和实质上代替托管制，那就是独立，但是历史的惯例和法国的利益仍然要得到维护。1936 年巴黎与黎巴嫩和叙利亚等方面签订的条约，目的就是如此。这些条约的批准虽然拖延了，但却构成了一种事实；我们不能将良好的愿望和客观环境置之不理。

因此，当我们到叙利亚和黎巴嫩去时，自由法国便决定宣布结束托管，并和新的主权国家订立条约。当战争在中东持续的时候，我们当然会在东地中海地区保持托管统治权及其义务。最后，由于黎巴嫩与叙利亚是中东战场的一部分，而英国人的力量在这个战场上和我们比起来又占绝对优势，所以我们就同意英国军事指挥部有权对于全局作战略上的指导，抗击共同敌人。

但很显然，英国人绝不会满足于这种状况。他们玩弄的把戏是想在整个中东建立英国的“领导权”；这些把戏是由伦敦方面可靠的决策部门决定的，然后由一批无所顾忌而又很有办法的人到当地去执行；英国外交部接受这种把戏，它对此有时表示叹息，但从不加以否认；首相也支持这种把戏，他的含糊的诺言和装模作样的表情使人捉摸不到他的意图。因此，英国的政策是时而明争，时而暗斗，企图取代法国在大马士革和贝鲁特的地位。

这个政策所采取的步骤甚为高明，使人认为我们自己对叙利亚与黎巴嫩作出的每个让步都是由于英国的斡旋，然后他们再怂恿当地政府提出更多的要求，最后又出来支持必然导致的挑衅事件。同时，他们还将利用法国做挡箭牌，促使当地和国际舆论攻击法国，从而转移群众对英国侵犯其他阿拉伯国家的谴责。

进入叙利亚的问题刚作出共同决定，英国的企图立即暴露出来。当贾德鲁在拟定宣布独立的声明时，米莱斯·兰普森爵士就要求这个声明应当用英国和自由法国两国的名义提出。我当然表示反对。于是这位大使便坚持文中应当提及英国对我们的诺言加以保证。这个要求我也拒绝了，理由是法国的诺言无须外国来担保。6月6日丘吉尔打电报给我，在进兵的前夕表示友好，电文中还坚持这一具名的保证的重要性。我答谢他的好意，但没有答应他的要求。事实很明显，我们的伙伴希望造成一种印象，即让人认为叙利亚与黎巴嫩获得独立是出自英国的力量，这样，在下一阶段，它就可以在我们和东地中海国家之间作仲裁人。最后，贾德鲁的宣言还是照原稿发表了，但刚一发表，伦敦政府就用自己的名义单独发表了另一个宣言。

我们不得不为这件事展开斗争，这一场斗争回忆起来是令人感到痛心的。那时我的指挥部设在耶路撒冷，而我们英勇的军队却正在向大马士革推进。那时的情况还历历在目，我自己风尘仆仆地往来于大马士革和我军阵地之间，要不然就是到斯皮尔斯夫人和弗罗索医生管理下的英法联合野战医院去看伤员。我不断听说我们的士兵、最优秀的军人如何在战场上牺牲；勒让蒂约姆将军如何受了重伤；热南上校、德特洛亚海军少校如何牺牲了；德·博亚索底、德·维洛特雷上尉如何挂了彩，伤势很重；还有对方许多优秀官兵在我们的炮火下如何勇敢地牺牲；6月9日到10日在利塔尼、12日在开斯瓦、15日和16日在库奈特拉与艾兹拉如何发生激战，法国双方和英国盟友的士兵死伤枕藉。我对那些出于忠诚而反对我们的人，一方面感到尊敬，一方面也感到同情。敌人占领巴黎一个时期之后，就进攻非洲，渗入东地中海地区。希特勒强迫在他统治下的领袖与我们自相残杀，这中间所表现的勇敢和所引起的死亡，都使我认为是一种可怕的无谓牺牲。

但我越感到悲恸，就越坚决不屈。自由法国的士兵事实上也都有这种看法。老实说，他们没有一个会软弱下来。我们在埃及的同胞也是这样。6月18日他们在开罗聚会，举行周年纪念，一致拥护我的演说。

那一天，我们有理由认为邓茨打算把这个丑恶的战斗结束。的确，对他来说，这个战斗已经没有什么希望了。事实上维希政府派伯努瓦-梅尚到安卡拉去，企图获得土耳其的允许，借道土耳其派增援部队到中东，这个打算被拒绝了。这时，拉希德·阿里在伊拉克垮台了，于5月31日逃往德国，这样就为盟军从沙漠与幼发拉底河两路向叙利亚推进开了道。忽然间德国又似乎不急于派增援部队到阿拉伯国家了。相反的，原先派到这里来的飞机又调回希腊去了。自从战斗开始以来，派到东地中海地区的增援力量只有两个法国（其中一个指维希当局——译者）空军中队。它们是从北非经过雅典来的，到雅典时德国人欢迎了他们，并给他们加了油。那时从华盛顿传来消息说，维希当局的东地中海地区高级专员公署政治督察专员孔迪于 6 月 18 日要求贝鲁特的美国总领事火速询问英国人，如果停止敌对行为，他们和“戴高乐派”会提出什么条件。

我预见到了将要发生的事情，所以早在 6 月 13 日我就事先向丘吉尔先生表明了我的看法，说明将来的停战协定应该建立在什么基础上。6 月 19 日在米莱斯·兰普森先生家里开会的时候，韦维尔和贾德鲁也在场。我根据这种看法草拟了我认为我们所能接受的并适用于同我们作战的敌人的条件。我写道：“谈判的基础为：对武装部队以及一切公务人员应予尊重；大不列颠帝国在有关范围内应保证法国保持其在东地中海地区的权益；法国在东地中海地区的代表事宜是自由法国当局的责任。”我特别说明：“所有武装人员及公务人员出于自愿者可任其本人及其家属留下，其余人员一律听候遣返。”我又补充了一句：“盟军应采取一切措施保证这一选择真正自由。”最后，为了驳斥维希政府所散布的谣言，我宣布“从未审判过受命与我作战的军人鲍泽，目前我也无意这样做”。以上就是我们在那里提出的条款的中心内容，以后英国人也同意了。接着我就用电报把全文拍往伦敦，然后转至华盛顿，再转到贝鲁特。

第二天，当我知道英国政府发出的全文和我所同意的不一样时，心中感到十分不愉快。自由法国甚至根本没有被提到，好像是要求邓茨把叙利亚交给英国一样。同时，我急于要采取的预防措施——不让东地中海地区的武装部队或公务人员被全部强迫遣返——也只字未提。我当然要尽可能坚持，因此便向艾登先生提出了正式抗议，提醒他：我坚持 6 月 19 日的条件，任何其他条件概不承认。往后就可以看到，这种保留具有重大的意义。

维希当局为什么要等三个多星期才实现停战谈判呢？为什么为了这一点把战斗拖得那样长呢？那样做只能增加损失，而不能改变任何其他情况。我所能找到的唯一解释就是德国人准备向苏联发动攻势。6月22日，也就是美国总领事在贝鲁特将大不列颠联合王国的答复送交高级专员的第二天，希特勒就把他的陆军开向莫斯科。他显然希望他的敌对部队尽量被纠缠在非洲和叙利亚。隆美尔已经在这样做了，东地中海地区不幸的维希法军也应当这样做。

6月21日，我们的军队在开斯瓦经过一场激烈的战斗以后进入大马士革。贾德鲁马上就到那里去了，23日我到了那里。当天晚上，德机来轰炸这个城市，在基督徒居住的社区炸死了几百人，他们用这种方式表示自己和维希当局的合作。但我们刚一到那里，就从各方面——尤其是从豪兰、杰贝尔德鲁兹、巴尔米拉、杰齐拉等方面——听到了关于英国人的行为的消息，这个消息使人深感不安。形势已刻不容缓，我们应当马上表明维希当局的失败并不等于法国退出，并应当肯定我们的权利。

6月24日，我指派贾德鲁为东地中海地区的全权总代表，并在信中规定了他的使命的目的："设法稳定内部和经济局势，使它在战时的条件下尽量恢复正常；与人民团体中有声望的代表谈判，订立规定国家独立与主权、使这些国家与法国结成联盟的条约；保卫领土，不被敌人侵犯；与盟军配合在中东作战。"在条约未生效以前，贾德鲁将执行"法国驻东地中海地区高级专员的一切权利与义务"。将要开始的谈判应与"充分代表全体人民的议会所产生的政府进行，谈判应尽早举行，并以1936年的条约为基础"。这样"就能使法国在东地中海地区的托管到一定的时候才结束，而法国的工作仍将继续下去"。

我在大马士革时会见了那里的政治、宗教和行政等方面的要人，人数很多。他们都像往常一样，具有一种东方式的谨慎态度。但是我们可以看出，他们一致承认我们有权代表法国，德国人插足中东的计划没有得逞主要是我们的功劳。最后，每个人都希望我们而不希望其他的人来重新组织国家机构、建立新政府。贾德鲁将军对这个国家的人物和情势了如指掌。他设法使秩序、卫生事业和食品供应得到保证，但并不忙于指派部长。

悲剧正在结束。6 月 20 日，勒让蒂约姆虽然伤势很重，但仍然指挥军队攻取了涅布克，30 日粉碎了这里的最后反攻。7 月 3 日，一个印度纵队从伊拉克通过迪尔厄兹索尔桥渡过了幼发拉底河。这座桥由于某种原因完全没有被破坏，我相信那是事先安排好的。他们渡河后就向阿勒颇和胡姆斯推进。英军则沿着海岸线在 9 日进抵达穆尔，并向东进展到杰津。7 月 10 日，邓茨把他的军舰和飞机送到土耳其去，到那里以后就被扣留了。接着他要求停火，土耳其马上就答应了他。双方同意三天后派全权代表到圣让德阿克去协商。

很多迹象使我认为，这次协商的结果将不符合法国的利益。6 月 28 日我确曾提醒丘吉尔："英国在中东方面对法国采取什么态度应从英法同盟的观点出发，这一点十分重要。"我也确曾得到同意让贾德鲁出席谈判。我们驻伦敦的代表也确曾接到我关于我们在东地中海地区的权力应当如何确立的明确指示，以便谈判时有所根据。但是那时艾登先生已经提出了与邓茨谈判的停战条件，同时英国机关也有这种气氛，而忠诚的韦维尔不久以前被调离开罗，到印度当总督去了，继任者奥兴勒克还没有到任，于是就为那一批"阿拉伯通"铺平了道路。这一切都使我毫不怀疑地认为这种安排将留下许多问题。事实上，停战条约将由威尔逊与维尔迪奥克签订。那时我减少损失的唯一办法就是巩固我的地位，一下子升腾入云霄，然后从那里猛扑下来，夺去那个不让它束缚我和我要尽可能撕毁的条约。

我指的云就是布拉柴维尔。当条约在圣让德阿克签订时，我就待在那里。条约的内容与形式都超出了我最坏的想象。

实际上，协定本身就等于把叙利亚和黎巴嫩无条件地让给英国人。法国的权利，不论是现在还是将来，都只字未提。东地中海地区的国家也只字未提。维希政府实际上把一切都交给一个外国当局去任意宰割，他们所要求的只是一个东西，那就是撤走一切军队和最大限度地撤走法国公务人员与侨民。这样一来，便可以尽量阻止戴高乐增强力量并在东地中海地区保持法国的地位。

维希政府签订这一停战协定，说明它是忠于它那肮脏的事业的。英国人则怀着一肚子不可告人的动机来干这件事。显然他们甚至在形式上也把盟友自由法国抛到一边去了。其实，我们的倡议和合作对于他们所获得的战略上的成果是有很大帮助的。他们企图利用维希政府的因循苟且，把邓茨在贝鲁特与大马士革交给他们的权力置于他们军事指挥部的掌握之下。他们还准备让东地中海地区的军队尽快开走。根据条约规定，这些军队将由他们的将领下令集中，并送到达尔朗派来的船只上去。而且，还不准自由法国和他们接触或争取他们，他们留下的物资只许交给英国。最后，所谓“特种部队”，也就是叙利亚人和黎巴嫩人的军队，一直是极其忠于法国的，甚至维希政府在最近的战斗中都不敢用他们来同我们打仗。毫没有经过考虑，这些人就被置于英国人的指挥之下了。

当我还不知道这个条约的详情时，伦敦电台粉饰其词的说明就宣布我不承认《圣让德阿克条约》。事后我到开罗去，沿途分别对喀土穆的苏丹总督等英国军政首脑说明这个问题多么严重。因此，在我到达之前，就有警告性的电报事先发了出去。7 月 21 日，我会见英政府的国务大臣奥利佛·李特耳顿先生，这个人是刚由英政府派到开罗来总管中东事务的。

李特耳顿是一个和蔼深思的人，胸襟开朗，显然不愿在掌事初期就找一个麻烦。他有点局促地接待了我。我设法不让自己发火，很冷静地说了以下的话：

“我们共同进行的战斗，使我们在战略上获得了极大的成果。维希政府在东地中海地区屈从德国人这一危险给予中东战场的沉重负担，现在已经解除了。但我必须说明，你们和邓茨签订的协定无法接受。叙利亚和黎巴嫩的统治权不能从法国转移给英国，它属于自由法国，也只有它才能行使这项权力。自由法国必须为此向全法国作交代。同时我也必须把跟我们作战的法国军队尽量争取过来。他们迅速地被成批遣返，而且被集中起来，与外界隔绝，使我们无法对他们做工作。总之，自由法国不能同意自己没有法国部队的后备来源。尤其不能同意的是，我们共同作战，你们却在大马士革和贝鲁特建立起权力。”

“我们没有这种意图，”李特耳顿先生回答说，“除了赢得战争以外，英国并不打算在叙利亚或黎巴嫩追逐什么目标。不过那边的内部局势必须安定下来。因此，我们认为东地中海国家必须独立，这一点英国人已向它们提出保证。同时，在战争期间，军事指挥部对于公共秩序有绝对权力。所以当地事务的最后决定权应属军事指挥部。至于威尔逊和德·维尔迪奥克所达成的关于法国军队撤退与登船的技术性条款，也同我们希望事情进行得有秩序的愿望相符。最后，我们不能理解你们为什么不信任我们，我们的事业终归是共同的。”

“不错，”我接着说，“我们的事业是共同的，但我们的地位不同，我们的行动也就不能一致了。在东地中海地区，托管国是法国而不是英国。你们提到这些国家的独立问题，但唯有我们才有资格给予它们独立，而且我们也正在给予它们独立。对于这方面的理由和条款，只有我们可以裁决和负责。你们当然可以从旁赞助，但不能从中干涉。至于叙利亚与黎巴嫩的公共秩序问题，那是我们的事，而不是你们的事。”

“那还不是一样，”李特耳顿先生说，“根据 1940 年 8 月 7 日的协议，你们也承认英国最高统帅部的权力。”

我回答说：“实际上我承认的是最高统帅部对自由法国军队的指挥权，但只是在击溃共同敌人的军事方面。我从没有意思让这项特权扩大到法国辖区的主权、政策或行政事务中来。有一天当我们在法国本土登陆的时候，你们是不是会提出最高统帅部的权力来要求统治法国呢？此外，我还要向你重复一次，我迫切要求和维希的部队接洽一下。这一点实际上对你们也有好处。把这一批很会打仗而将来我们在非洲或其他地方还可能遇上的军队像这样不加考虑地遣返，实在太荒谬了。最后，战争物资和特种部队的指挥权也应当属于自由法国。”

“你的看法已经向我说明了，”李特耳顿说，“关于我们在叙利亚和黎巴嫩的相互关系问题还可以讨论。但是关于停战协定的问题，由于已经签了字，我们必须执行。”

“那个协定并不能约束自由法国，我没有批准。”

“那么你打算怎么样呢？”

“是这样，关于英国最高统帅部似乎打算在叙利亚和黎巴嫩行使的权力，为了明确起见，我特此奉告，自由法国军队从 7 月 24 日起，即三天以后，就不再从属这个统帅部了。同时，我已经命令贾德鲁，不论遇到哪一方面的任何反对，都要立即将叙利亚和黎巴嫩全境的政权接收过来。我也下令给自由法国的军队，尽量和其他法国部队接触，并控制它们的战争物资。最后，我们对叙利亚和黎巴嫩军队的整编工作已经开始了，今后还要积极进行。”

我把预先准备好的一个照会交给李特耳顿，上面写明了这些条件。临别时，我对他说：

“你知道我本人和我的追随者对我们两国的同盟事业已经和正

在做了什么。因此你就可以估量出，如果我们不得不看到这个同盟被破坏，那是多么令人感到遗憾。但是我们自己以及我们国内把希望寄托在我们身上的人，都不能承认这一同盟将用来危害法国。如果不幸出现了这种情况，我宁愿断绝我们和英国的关系。诚然，不论在什么情况下，我们都将尽可能跟共同敌人作战。我打算在三天内到贝鲁特去。在这三天之中，我随时准备进行你们认为有必要的谈判。”

告别时，我看到李特耳顿表面上故作镇静，实际上已经惶惶不安了。我个人也十分激动。当天下午我又写了一封信，声明自由法国服从英国最高统帅部指挥的事从 24 日中午起停止，但我准备和他们商定军事合作的新方针。最后我打了一个电报给丘吉尔先生说：“我们认为《圣让德阿克条约》实质上违反了自由法国的军事与政治利益，其形式也对我们的尊严有严重的损害……我希望你个人会认识到，英国在这样一件对我们关系重大的事情上所采取的态度，相当严重地增加了我的困难；从我的事业的观点来看，也将产生严重的后果。”

现在轮到英国说话了。它让了步。当天晚上，李特耳顿先生经过约会后又来看了我一次，并说了以下的话：

“我同意某些表面现象使你产生一个印象，认为我们想代替法国在东地中海地区的地位。我向你保证这是误会。为了消除这种误会，我准备写一封信给你，保证我们完全不过问你们行政和政治范围内的事。”

我回答说：“这是一个很好的原则性的说明。《圣让德阿克条约》还是存在，它不幸违背这个原则。尤其是如果你们的人企图执行，而我们的人又不接受的话，那就会有引起事故的危险。同时你们还提议，要扩充你们最高统帅部在东地中海地区的权限，这和我们的立场是相抵触的。”

“你在这两个问题上，是不是可以提出一些意见呢？”

“关于第一个问题，我认为只有双方在停战协定的执行方面立即达成协议，把条文中有害的部分在实行中加以修正。至于第二个问题，最要紧的是你们应当把最高统帅部在黎巴嫩和叙利亚领土内的权限，限制在对共同敌人作战的军事行动上。”

“让我考虑考虑吧。”

那时气氛已有所缓和。经过数度外交谈判以后，我们首先在7月24日对《圣让德阿克条约》如何解释的问题达成了协议。代表我们这边进行谈判的是拉尔米纳将军和瓦兰上校。在这个协议中，英国人宣布让我们和东地中海部队接触，以便争取投诚的人；他们承认战争物资属于自由法国，放弃把黎巴嫩和叙利亚军队置于自己指挥之下的要求。同时还达成一项谅解：“如果维希当局发生重大的违反停战协定的事件，那么英国和自由法国军队就将采取一切有效措施，使维希部队归于自由法国。”由于当时已经有报告说发生了“重大的违犯事件”，所以正如李特耳顿先生向我保证的，我们大有理由相信军队的命运问题终将重新加以考虑。

我对英国首相的善意不怀疑。但威尔逊将军和他那一帮阿拉伯通如果悍然不顾既成的协议又该怎么办呢？为了保证使他们不致乱动，我又打了一个电报给丘吉尔先生，敦促他“不要把整个编制仍然完整的军团交给维希政府支配”。接着我又补充说：“我必须告诉你，我认为应当停止遣返邓茨的部队，应当让自由法国自由工作，以便把被敌人的宣传导入歧途的军队引回正道上来。这样才能符合基本安全的要求。”

第二天，也就是25日，英政府国务大臣奥利佛·李特耳顿以他的国家的名义写信给我说：

“……我们承认法国在东地中海地区的传统利益。英国在叙利亚和黎巴嫩除赢得战争外，没有其他利益。我们无意采取任何方式损及法国的地位。自由法国和英国都保证叙利亚和黎巴嫩的独立。如果我们采取了这一重大步骤，并且不违犯它，我们就完全承认，所有的欧洲国家中唯有法国才能在东地中海地区拥有最高权力和地位……你大概已经知道首相最近关于这方面的谈话，我现在再次加以肯定。”

在这一封信中，李特耳顿先生宣布接受我交给他的关于英法军事当局在中东合作的协议条文。其中实际上说明英国人无权过问东地中海地区的政治与行政事宜，交换条件是我们同意他们的最高统帅部在明确规定的条件下执行战略指挥权。

当天我就启程到贝鲁特和大马士革去了。

叙利亚的首都，这个大城市，一向故意在一切场合都对法国当局表示冷淡，但当自由法国的领导人庄严地进入这个城市的时候，他被一种很明显的热情感动了。几天以后，我在大学区对最著名的人物和叙利亚议会议员说明法国今后在东地中海地区的目标时，得到了大家热烈的赞同。

我到达贝鲁特的时候是 7 月 27 日。法国和黎巴嫩的军队在街道两边站满了，群众则挤在空地上，不断地鼓掌欢迎。我走过热情洋溢的人群包围着的炮台到小行宫，在这儿同黎巴嫩政府的首脑艾尔弗雷德·纳卡希作了彬彬有礼而又充满乐观气氛的交谈。然后又到大行宫去，法国方面的领导人物都聚集在那里，其中大部分人对于维希政府所建立的制度都曾支持过或信任过。但当我和他们接触时，我又一次看出，一种既成事实，如果有正义作基础的话，将怎样影响人们的态度，甚至影响他们的信念。公务人员、要人、教会人士等都向我保证他们的忠诚，并保证在新政权下竭诚为国家服务。我必须说明，除少数例外，这一点都做到了。几乎所有留在黎巴嫩和叙利亚的法国人，都在极端艰苦的环境下热忱地和自由法国联合，为解放祖国而斗争，并履行法国在当地的权利与义务。

事实上坚持这种权利与义务是十分迫切的事。我刚到贝鲁特就毫不奇怪地看出来，威尔逊将军和协助他的那些穿着军服的政治掮客对于我和李特耳顿签订的协议根本置之不理。从停战协定的执行状况以及英国人在叙利亚和黎巴嫩的行为等方面看来，一切事情就好像谁和我们都没有关系似的。

邓茨在英国人的完全同意下，把他的军队都集结到的黎波里地区去了。他还继续指挥着这些军队。各单位的将领、军备和旗帜都照旧，并依次扎营。维希方面的电报如雪片般飞来，有表扬，有指示。除了上级传下的消息外，听不到任何其他的事情，人人都笼罩在即将遣返的气氛中。已经接到通知，整批运送他们的船只快从马赛开来了。达尔朗刻不容缓地要把他们运走，德国人也急于要让他们离开。同时，停战委员会和警察岗哨都在严格地执行着邓茨的命令，官兵们发现自己无法和自由法国的同胞发生关系，甚至无法和我们接触。在这种情形下很少有跑过来的。我们没有权利向那些人的良心呼吁，让他们和我们个别谈话，然后作出选择。那时所做的工作只是把编制完整的军团集体装船，他们处在一种怨恨和屈辱的气氛中，除了离开以外没有别的愿望。他们要求赶快离开这个无谓牺牲和行动艰苦的地方。

英国政府在关于《圣让德阿克条约》的解释上对我们作的保证，现在已经成了一纸空文。正如他们声称在政治上对叙利亚不感兴趣，关于要限制最高统帅的权力等不过是说说而已。在大马士革和贝鲁特方面，侵犯行为在表面上还保持一定的谨慎，而在英国和它的侯赛因王室走狗垂涎已久的最易受到侵害的地区就肆无忌惮了。

贾德鲁将军的代表雷尼耶在杰齐拉被当地英军看成了嫌疑分子，那里有一个亚述-迦勒底营和一个叙利亚骑兵中队被暂时解散了，但他却受到阻挠不能去整编。在帕尔米拉和沙漠中，英国“外约旦军”司令格拉布（外号格拉布·巴夏）曾横行一时，他企图把贝督因部落拉到艾米尔·阿卜杜拉那边去。在豪兰，英国人员也对当地酋长施加压力，叫他们承认阿卜杜拉的权力，并向他纳税。从阿勒颇和阿拉维斯部落国，都传来了告警的消息。

在杰贝尔德鲁兹，英国人更加公开暴露他们的意图。那时这块地方还没有发生战斗。贾德鲁和威尔逊同意在没有作出联合决定以前，不得向这个地区进兵。后来我们听说有一个英国旅已经驻扎到那边去了，德鲁兹骑兵中队已经被强迫置于英国人管辖之下，某些酋长被巴斯（外号巴斯提督）召去，保证他们不受侵害，于是他们便宣布否认法国的统治权。苏韦达的“法兰西大厦”，即法国代表的住宅也被强占作为英军司令部驻地。该司令部还当着军队和群众的面把三色旗降下来，把英国国旗升了上去。当我们听到这些消息时，心情是可想而知的。

当时必须立即采取行动。贾德鲁将军取得我的同意以后，于 7 月 29 日命令蒙克拉尔上校立即率领一个强大的纵队进入苏韦达，收回法兰西大厦，恢复德鲁兹骑兵中队。我们事先通知了威尔逊。他给我一封充满恐吓的回信，叫我制止这个纵队的行动。我答复说：“该队已经到达目的地……他，威尔逊，可以直接和贾德鲁去谋求解决。贾德鲁已经向他提出英法驻军杰贝尔德鲁兹的问题……我对他那种威胁口吻表示遗憾……我虽仍然愿意在军事方面忠诚合作，但法国在叙利亚与黎巴嫩的权力和法军的尊严绝不容受到损害。”

蒙克拉尔到达苏韦达之后，英国旅的司令官就告诉他：“如果要打的话，那就打吧。”蒙克拉尔也作了同样的答复。但事情并没有发展到那个地步。7 月 31 日，蒙克拉尔进驻法兰西大厦，正式把三色旗升了上去。他把军队驻在这个城里，让一个法国军官指挥，改编了德鲁兹的骑兵中队。不久，英国军队就撤离了这个区域。

一波刚平，一波又起。威尔逊竟宣称他将建立所谓“军法”，接收一切权力。我们警告他，在那种情形之下，我们就会用自己的权力和他们对抗，那就意味着破裂。李特耳顿虽然一直在场，但却置身事外。他们听到谣传说，贾德鲁将在贝鲁特和大马士革协商将来的条约，英国国务大臣甚至直接写信给他，要求让斯皮尔斯出席谈判。这似乎已经被认为是理所当然的事了。这样一再要求干涉我们的事务和侵犯事件越来越频繁，我们实在忍无可忍了。8 月 1 日我打电报给卡山，叫他去见艾登先生并代表我告诉他：“英国的干涉已经导致严重的复杂局势。英国在东地中海地区不顾法国权力的政策能得到什么利益是值得怀疑的。而英国与自由法国之间引起一场公开的争吵，那是非常不利的。相比之下，得到的利益是微不足道的。”

公开争吵？伦敦方面不愿意这样干。8 月 7 日李特耳顿先生到贝鲁特来找我，在我的住宅里待了一整天。如果说英国对于中东方面的事务从来没有过一次决定性的商谈，那么这次商谈便可以认为是决定性的。这位大臣坦率地承认，英军没有执行我们在 7 月 24 日和 25 日所达成的协议。他肯定地说：“这也许不过是由于交流或者理解的问题而引起了迟误。我对这一点表示极为遗憾，并要求结束这种情况。”贾德鲁确凿地叙述了英国工作人员所造成的事件，他对此表示惊讶和遗憾。他宣称维希政府违犯了停战协定，比如这次战斗中被俘的 52 名英国军官本应立即释放，但没有这样做，甚至弄得下落不明。为此，邓茨将调到巴勒斯坦去，以便为我们提供一切便利条件来争取这批人。

我毫不掩饰地对李特耳顿说，我们的盟国的合作态度使我们感到气愤。我告诉他：“与其这样继续下去，倒不如各走各的路。”这时他也抱怨我们给英国最高统帅部造成了多么大的困难。我用福煦将军亲自教给我的话回答说，真正超然的盟军统帅部是不存在的。

不论李特耳顿怎样信誓旦旦地对我说什么和写什么，英国人在这边的行为完全不是那回事。至于像威尔逊那样，提出东地中海地区必需的防务以便篡夺杰齐拉、帕尔米拉和杰贝尔德鲁兹的权柄，那只是一种很笨拙的借口。敌人现在离这些地区很远。如果说采取措施防止轴心国重新威胁叙利亚和黎巴嫩是明智的，那么正当的途径只能是英法共同防御的计划，而不是英国侵犯法国主权的政策。

李特耳顿先生想以和谐的气氛来结束这次会谈，于是抓住“防御”计划这一点。他提议把威尔逊将军请来协商一下，我原先是不愿意让这个人出席会议的，于是便拒绝了，但同意由威尔逊和贾德鲁在贝鲁特城外先拟一个草案。他们在第二天举行了会议，但实际上并没有得出什么结果。这就证明英国人对于东地中海地区所考虑的，根本不是为了对付德国人的侵犯，而是另一种东西。然而那位国务大臣为了表示好意，临别前还交给我一封信，重申英国人在政治上的超然态度。此外，李特耳顿还当面告诉我，这次会谈的实际效果将会使我满意。

自由法国经过这样多打击还没有动摇，因此我便倾向于认为事实上可以指望我们的困难有所缓和。然而，我的阅历足以使我确信早晚会重新出现危机。但当时的毛病已经不少。为了对这些暂时被克服的困难作出结论，我便把我对各阶段的概述及结论送交伦敦的代表团，这使他们甚感惊讶。我的结论是：“我们的伟大和力量完全在于对法国的权力坚定不移的立场，一直到莱茵河以内的地区，我们都坚持这种立场。”

无论如何，从那时起形势就改变了。拉尔米纳可以带着他的参谋人员去访问尚未登船的部队，对那些官兵作最后的说服。贾德鲁个人想挽留某几名军官，也可以跟他们见面了。我自己也接见了很多人。过来的人总共有 127 名军官和 6 000 名士兵，等于东地中海地区兵力的五分之一。同时，叙利亚和黎巴嫩的部队，有 290 名军官和 14 000 名士兵马上得到了改编。但在法国陆军和空军中终于有 25 000 名官兵离开了我们。如果我们有足够的时间和条件去启发他们，其中的大部分无疑是会加入到我们这一边的。我知道，那些经敌人允许回国因而不能到我们这边来参加战斗的法国人是非常疑惧而悲哀的。当我看到维希方面的运输舰在港口载满人员消失在海上以后，心中有如刀割。它们把我们国家的一部分希望装走了！

但至少留在这边的力量现在可以用来赢得战果了。贾德鲁先生孜孜不倦地致力于这方面的工作。他充分认识到法国的伟大和它权力的意义；他处世十分老练，尤其善于接待中东方面的人物，那些人微妙而热烈的把戏，他一眼就能看穿；他对本身的价值具有信心，对我们的事业和事业的领导人十分忠诚。像他这样的人，自然能指导法国在东地中海地区的政策，并取得辉煌的成果。但我认为，他希望取悦于人，倾向于调和，与他所担负的全武行的角色是不相称的。同时我也认为，他对英国阴谋不能很快地洞悉。即使如此，我一直承认他的丰功伟绩和高贵的品质。那时的局势，由于最初的条件令人胆寒，同时资源极缺乏，而各方面又在不断制造困难，所以弄得无法插手。在这种情况下，贾德鲁仍然为法国立下了功勋。

首先他必须从头到尾重新组织法国的代表，而当时“有权威的”官员和大部分政界人士几乎走光了，一切无从下手。他请保罗·勒比西当秘书长。这个人原是法国驻曼谷的大使，从那里来参加到我们这边。此外他分别派科勒将军和皮埃尔·巴尔到叙利亚和黎巴嫩政府中去当代表，同时又派戴维去阿勒颇（后由佛奎诺接任），德·蒙特尤去的黎波里，杜马塞去西顿，领地长官施弗莱去阿拉维斯（后由蒙克拉尔将军接任），布罗塞上校去杰齐拉，戴沙尔上校去胡姆斯，奥利维·罗热去杰贝尔德鲁兹，让他们在这些区域代表我们并发生影响。

必须指出，一般民众对我们是热烈拥护的。他们认为自由法国的人是英勇、奇特而又豪爽的。在他们眼里，唯有这种人才是理想的法国人。此外，他们认为，我们在那里可以驱除德国人对他们领土进行侵略的危险，保证他们的经济领域有前途，并且能对他们的封建领主的权限加以限制。最后，我们慷慨地宣布了他们的独立这件事，也一直使他们受到感动。我到大马士革和贝鲁特时所发生的情形，几天后在阿勒颇、拉塔基亚、的黎波里以及这个奇特的地方的其他城市和村庄，也都同样出现；每一个地点、每一个地区都仿佛是历史的见证人。

人民虽然明显地表示友好，但是政界人物就显得不那么真诚了。在这两个国家中，最紧急的问题是建立一个称职的政府，以便执行我们即将移交给他们的新任务，尤其是在财政、经济和公共秩序方面的任务。实际上我们打算在托管政府里保留的职权，只涉及对国防、外交和黎、叙两国“共同的利益”（如货币、关税和供应等）的责任。这些共同领域的职权既无法立即移交，也无法一下子按黎、叙两国分开。往后，当战争的发展形势许可时，将举行选举，产生纯粹的民族政权。这个时期以前的临时政府，把权力扩大以后，已经使宗派纠纷和个人之间的对立达到顶点。

从这一角度来看，叙利亚的局势特别复杂。1939 年 7 月，当巴黎最后拒绝批准 1936 年条约时，高级专员就把共和国的总统哈希姆·巴依·阿塔西撤职，并把议会解散。我们在大马士革已经看到一位人品极好、深孚众望的人，名叫卡勒德·巴依·阿桑，领导着一个机关在工作，它只限于执行职务，而不具有民族政府的性质。起初我希望能在叙利亚恢复以往的状况。最初，总统哈希姆·巴依和他的最后一任总理詹米·马顿·巴依以及被解散的议会主席法尔斯·厄尔·扈利与我和贾德鲁将军谈话时，都表示在原则上准备接受这一点。这三个人都是经验丰富的政治家，热爱祖国的志士，期盼着与法国保持友谊。然而他们却没有充分认识他们面临的大好时机可以使叙利亚和法国彻底合作，把双方的误会和疑虑完全消除掉，以便走上独立的道路。在我看来，他们过分拘泥于法律形式，对于死板的民族主义情绪也过分敏感。然而我还是叫贾德鲁将军继续和他们谈判，唯有当他们的保守精神使我们无法取得任何结果时，才改变方针。

我们在黎巴嫩所遇到的事情虽然不算理想，但进展还比较快。共和国的总统埃米尔·埃迪是法国的忠诚朋友和老练的政治家。在我们进攻贝鲁特的战役以前三个月，他就自动辞职了。后来没有人来代替他。这时议会的托管期也早就过期了。从原则和宪法上来讲，我们所面临的是一个历史的空白，但在政党的纷争方面却远非如此。基督教马龙派的显要人物扈利和埃米尔·埃迪是死对头。他对黎巴嫩的事情了如指掌，许多党徒和财团都跟他跑。“埃迪曾经霸占过那个位置，”扈利对我说，“这回该我当总统了！”最后，伊斯兰教逊尼派热情的领袖里雅德·索勒哈在清真寺旁挥动阿拉伯民族主义的旗帜，使以上两位竞争者大吃一惊，然而却没有使他们和好。

在这种情况下，我们认为最好是把在职的艾尔弗雷德·纳卡希送到政府的最高职位上去。他不及以上三个人杰出，但很能干，很受人推崇。任命他为过渡时期政府的领袖，大概不至于引起很大的反感。其实这种看法只有一部分正确。埃米尔·埃迪很慷慨地接受了我们的临时人选，里雅德·索勒哈也不想与即将上任的人为难，但扈利却使尽一切阴谋诡计来对付他。

在人民自由选举以前，大马士革和贝鲁特的政治局势并没有引起动荡，公共秩序也没有发生混乱。行政机关还在照常工作。一般都认为，选举的推迟是由于战争的影响。总之，只要英国人不专门在这里面找岔子，从托管到独立政府的过渡就能和平地进行。

那时李特耳顿在开罗被中东的供应问题缠住，威尔逊将军也连同他的戒严令和直接侵犯一齐不见了，斯皮尔斯将军则以英国联络机构首脑的名义驻在贝鲁特，1941 年 1 月间，他又成为英国驻叙利亚和黎巴嫩政府的全权代表。他有几张无敌的王牌：英军在场；各种情报活动，掌握了这两个以贸易为主的国家的经济命脉；在世界各国首都中都有首要外交机构的支持；巨大的宣传力量；邻近阿拉伯国家官方的支持；阿拉伯国家中有侯赛因王朝统治下的伊拉克和外约旦；还有在巴勒斯坦的英国高级专员曾不断发出的警告，作为他那里的阿拉伯人民对叙利亚和黎巴嫩兄弟所受“压迫”的回击；最后还有地位稳固的埃及在职部长们和那些野心勃勃对部长职位垂涎三尺的人——除非有英国人的支持，否则，就没有什么成功的希望。

东地中海地区充满着阴谋，贪恋金钱的诡秘的英国人大可以渗透进来。有这样一手牌，是很容易获胜的，而且是诱人的。唯有同我们破裂的前景和抚慰法国人感情的必要性，才能使伦敦有所收敛。但这种前景和必要性同样也限制了我们的行动自由。离开英国，在精神和物质方面势必造成重大损失，这使我们不得不有所踌躇。此外，自由法国已经逐步壮大，并且由于精诚团结而获得了胜利。这一回如果孤注一掷的话，是不是会失去一部分精诚团结的精神呢？最后，法国人民正处在痛苦的深渊中，最重要的就是唤起他们的希望和信心，以便引导他们与敌人作战，那么我们又怎么能在这时向他们揭露我们的盟国的行径呢？

无论如何，我们的政权在叙利亚和黎巴嫩建立起来了，这就大大加强了自由阵营的力量。此后，盟军在中东的后方就得到了可靠的保障。德国人除了冒险再派出一个庞大的远征队以外，已经无法再插足阿拉伯国家了。原先希特勒跟土耳其为难，要它加入轴心国，作为欧亚两洲的桥梁；现在土耳其已不会再受到侵扰，它可以更加坚强起来了。最后，自由法国能够把更多的兵力投到战场上来。

在这一方面，我们决定用叙利亚和黎巴嫩的军队来守卫东地中海地区。由我们的海军负责守卫固定的海岸防线，后备队由法国旅组成，一切都归亨伯洛将军指挥。同时我们还组织了两个强大的混合旅、一个装甲中队以及相应的后勤部队到别的地方去作战。拉尔米纳将军的布拉柴维尔高级专员一职由军医西塞少将接任，他自己指挥这一支机动部队。可惜它的兵力有限，但由于我们在东地中海地区接收了战略物资，它的攻击力倒不弱。我在回开罗途中，看到新总司令奥兴勒克将军，我告诉他说："我们的军队一旦组织好之后，只要有战斗就交给你指挥。"他回答说："隆美尔一定会为我提供机会，让我袭击他的。"

那时地中海的战事有集中在埃及和利比亚边境的趋向，但对我们和我们的盟国来说，最好在从波罗的海到黑海的广大欧洲土地上点燃战火。德国人在苏联的进展很快。但不论希特勒军队起初的胜利有多大，苏联人的抵抗还是在一天一天地加强。这是在政治上和战略上都有不可估量的重要性的事件。

正是由于这些事实，美国才有机会作出决定性行动。无疑的，人们估计到日本不久就会把太平洋当成一个广大的牵制地区，来减少或延迟美国的干预。但这种干预的目的在于欧洲和非洲，它是肯定要出现的。因为那时德国人作了一次巨大的冒险，把主要力量都陷在遥远的苏联腹地；而英国在自由法国的帮助下已经能在中东保持住巩固的地位；最后，战局的演变必然会给被压迫的人民带来希望和战斗精神。

现时我们能做的一切，就是尽量影响华盛顿和莫斯科，促进法国抵抗运动的开展，鼓舞和指导我们在世界各地的力量，并将它们动员起来。为了这一切，我必须回到伦敦去，那里是交通的中心和战争的首都。1941 年 9 月 1 日我到了伦敦，从最近的经验里我预见到，我的事业直到最近还要经受严重的考验。但从那时起我就坚信，最后胜利是我们的。

第七章 盟国

第二年冬季快要来到的时候，在全世界的心目中，自由法国不再是最初人们用讥讽、怜悯和眼泪来对待的那个使人惊奇的逃亡者了。

第二年冬季快要来到的时候，在全世界的心目中，自由法国不再是最初人们用讥讽、怜悯和眼泪来对待的那个使人惊奇的逃亡者了。现在可以从各方面看到它的现实性——政治的、军事的、领土的。今后所需要的是在外交上打开一条出路，在盟国中取得它应有的位置，以一个交战国和主权国的姿态出现。它的权利必须受到尊重，应得的胜利果实不能被抹杀。在这些事情上，我准备还要经过几个过渡时期。但我不愿意也不能在实质性问题上作任何让步。此外，我也急于得到结果，以便在确定战争结果的决定性战役之前取得这一地位。所以必须从速进行，特别是对于华盛顿、莫斯科和伦敦几个大国之都。

美国对于重大的事情往往抱着一种固定不变的感情和复杂的政策。1941 年对法国的态度就是如此。当戴高乐将军的事业在美国舆论界获得广泛热烈的反应时，美国整个官方却坚持以一种冷淡和漠不关心的态度来对待它。美国官员一直和维希政权保持着关系，理由是这样可以使法国脱离德国的影响，免得把海军舰队移交给德国；并且和魏刚、诺盖斯和布伊松保持接触，因为罗斯福总统希望他们有一天能为他打开非洲的大门。但是，美国外交政策本身就有极大的矛盾，因为他们一方面和贝当保持着外交关系，一方面却说，他们远远避开自由法国是因为不能预先断定法国解放后将有一个什么样的政府。真正的原因是美国决策者认为法国将要灭亡，所以他们才跟维希当局打交道。如果他们在世界的某些地方，为斗争情势所迫而仍然打算和法国的某一当局合作，他们也认为那不过是临时和局部的措施。

这些情况使我们感到很难和华盛顿达成协议。此外，总统的个人权衡也是影响这个问题的一个不利因素。我和富兰克林·罗斯福虽然没会过面，但各种迹象使我感到，他对我采取着保留态度。不过，我仍然愿意尽一切可能，防止即将加入战争的美国与一定会抗战到底的法国走上分歧的道路。

至于要建立的关系应该采取什么形式的问题——这是政客、外交家和新闻记者所热心讨论的一个题目——我必须说那对于我是无所谓的。我对这种关系的实质和内容要比对华盛顿的法律家给“承认”加上的一套公式更为重视。同时，面对着美国的广大资源和罗斯福要在全世界发号施令的做法，我感到独立的确受到威胁。简单地说，我们必须在切合实际的基础上站稳自己的立场来向华盛顿求得谅解。

在自由法国最初几个月的英勇抗战时期，加罗-顿巴斯勒和雅克·德·谢耶曾经是我的最得力的代言人。现在的任务是谈判。我命令普利文开始和美国接触。他了解美国而且很有才干。我们自己的事情，他也没有不知道的。早在1941年5月，我就给他规定了这样一个使命：“解决同美国国务院建立永久和直接的关系、自由法属非洲和大洋洲同美国的经济关系以及我们直接购买战争所需的物资的问题；在美国建立我们的情报和宣传机构；在美国成立我们的委员会，把同情我们的美国人给我们的帮助组织起来。”普利文于6月初去美国。他并不是空手去的。事实上，我们立即答应美国空军使用喀麦隆、乍得和刚果，在他们决定对欧洲采取军事行动的时候，非洲事先被划定作为他们进攻欧洲的一个基地。此外，在日本人的威胁之下，飘扬着洛林十字旗的太平洋各岛屿的援助对于美国也有很重要的意义。

事实上，美国政府也就马上为他们的空军要求使用我们的非洲某些基地，后来又要求使用新赫布里底和新喀里多尼亚两处的基地。由于它还不是交战国，所以用“泛美航空公司”的名义提出这些要求，不过对这一步骤的重要性是不能有任何怀疑的。

当美国看到战争降临的日子日益迫近时，华盛顿对我们更加重视了。8月，由坎宁安上校率领的一个联络代表团到了乍得。9月，科德尔·赫尔先生公开声明美国与自由法国之间有共同利益。他当时说：“我们和这些人在各方面都有良好的关系。”10月1日，普利文在国务院正式会见了美国副国务卿萨姆纳·韦尔斯。11月11日，罗斯福总统在给斯特蒂纽斯的信中，把“租借法案”的利益扩大到自由法国，理由是“保卫与自由法国有关的地区对于保卫美国有重要关系”。在这个月的月底，魏刚自阿尔及尔被召回，美国的幻想破灭了，而华盛顿还不知道用什么东西来代替它。同时，普利文已回到伦敦担任我新成立的民族委员会的委员。我们的代表团团长，在美国国务院同意之下，改由国际劳工局局长艾德里安·蒂克西尔充任。最后，在伦敦，美国派驻在英国境内的流亡政府大使德雷克塞尔·比德尔和我们建立了正常关系。

在成立这些最初的正式关系的同时，报纸和无线电的态度也有了显著的变化。它们过去对我们不是保持缄默就是怀有恶意。同时，法国移住在外国的侨民——其中有一些是有声望的人士——也表示愿意和高举义旗的人们发生关系。所以当福希隆教授在美国召集法国有名的科学家、史学家和哲学家建立纽约法国研究院的时候，他们都一致同意要求戴高乐将军承认这个研究院的成立。

12月7日，日本对珍珠港的袭击把美国拖入了战争。也许有人会认为，从那时起，美国政策将把和它自己的敌人作战的自由法国看作盟国。可是，事实不然。在华盛顿最后决定这样做之前，我们还必须忍受坎坷命运的捉弄。例如，12 月 13 日，美国政府征用“诺曼底”号邮船和 13 条其他法国船只，并没有和我们商量，甚至也没有和我们谈到究竟打算怎么用和怎么武装这些船只。数周以后，“诺曼底”号在可悲的情形下起火被焚。12 月里，《联合国家宣言》[1] 讨论通过，接着由 26 个国家的政府签字，而我们并不在内。美国对法国的不正常的——不说是“讨厌的”——态度被一个意外的事件赤裸裸地揭露出来了。这个事件本身并没有什么重要性，但因为是华盛顿的官方反应而具有十分重大的意义。在我这方面，或者说，我提起这件事好像投石入水，为了激起动荡。看看它到底是怎么回事——这就是圣皮埃尔岛和密克隆岛的联合问题。

我们很早就想过这个问题。在纽芬兰附近，有一个法国的小岛群。岛上的居民都要求和我们联合，但却处于维希政权统治之下，确实有点难堪。圣皮埃尔岛正在海运的通路上，英国人害怕岛上的无线电台被德国的潜水艇利用，所以希望把它联合在自由法国的旗帜之下。但他们认为必须征求华盛顿的意见。至于我，则认为可以征求，但也不是非征求不可，因为这仅仅是法国的一个内政问题。可是，当我看到维希政府的罗伯特将军——安的列斯、圭亚那、圣皮埃尔的高级专员——和美国人开始商谈的时候，我决定把这个岛群的统治权拿在手里，因为我知道会谈的结果一定是这些法国土地在华盛顿的保证之下中立化。12 月里，我听说罗斯福总统果真已派霍恩将军和罗伯特将军商谈我们在美国的财产和船只的中立化的条件问题，于是我决定一有机会就采取行动。

穆兹利埃海军中将提供了这个机会。他要到加拿大去视察停泊

---

① 1942 年 1 月 1 日，美、英、苏、中等 26 个国家的代表，在美国首都华盛顿签订了《联合国家宣言》，正式结成反法西斯联盟。这是自 1778 年以来，美国首次与别国结成正式联盟。所有签字的同盟国都同意利用全部的力量和资源反抗轴心国，它们表示要彼此合作，共同奋战，在彻底击败轴心国之前，绝不单独与敌人缔结和约。

在哈里法克斯的潜艇“苏尔古夫”号和执行护航任务的一些驱潜快艇。我和他在原则上商定，他必须执行这个任务。12 月 13 日，他把驱潜快艇“米漠萨”号、“阿贡尼”号、“阿利斯”号集结在“苏尔古夫”号的周围，准备向圣皮埃尔岛和密克隆岛进发。但他自己认为应该事先取得在渥太华的加拿大人和美国人的同意。这样就泄露了秘密。我认为我必须警告英国人，以免他们取消前议。对于穆兹利埃海军中将，华盛顿通过它在渥太华的公使交来的答复是“不行”！于是中将向公使保证，从那时起，他就不到这些岛上去。至于我，伦敦政府写信说，在它那方面，对此举不拟加以阻挠，不过鉴于美国的反对，它请求我们暂缓行动。在这种情况下，除非有新的事件发生，我们准备让步。

但新的事件发生了。英国外交部在答复我几小时之后透露——是不是有意的呢？——加拿大政府（即使不是由美国政府煽动，也是经它同意的）决定派遣必要人员，或者事先征得同意，或者使用武力，在圣皮埃尔岛登陆接收无线电台。我们立刻向伦敦和华盛顿提出了抗议。这是一个外国干涉法国领土的问题，所以不容许我有什么犹豫。我命令穆兹利埃海军中将立即占领圣皮埃尔岛和密克隆岛。他在圣诞节晚上到达了那里，受到居民的热烈欢迎，没有放一枪就完成了任务。当地居民举行公民投票的结果，自由法国获得压倒性的多数。青年人立即奋起从军，年岁较大的成立了一支队伍，保卫这些岛屿。萨伐里被任命为高级专员代替原来的总督。

也许有人会想，这样顺利完成的小规模行动一定会被美国政府认可，而不至于引起什么震动，顶多也不过是美国国务院有些不高兴。但事实不然，这件事在美国竟激起一场风暴。科德尔·赫尔先生发表声明说，他停止了圣诞休假，为此事赶回华盛顿。国务卿还在声明中说：“所谓自由法国的三只舰艇在圣皮埃尔岛和密克隆岛所采取的行动是一个专横的、违背各方协定的行动，而且事前没有通知美国或得到美国的许可。”他在声明的结尾说：“关于加拿大政府恢复各岛的原来状态所采取的步骤，美国政府已向该国政府进行了解。”

美国报界的骚动和公众舆论的情绪超出了一般人的想象，这种情况持续了二个星期，因为这件事突然给美国公众提供了一个表示意见的机会，究竟是赞成一直以贝当为对象的官方政策呢，还是赞成许多人所表示的倾向于戴高乐的感情呢？至于我们，目的是达到了，我们就是为了使华盛顿对于事情有个更公正的了解。丘吉尔这时正与罗斯福在魁北克开会，我打电报给丘吉尔首相，告诉他美国国务院的态度对法国公众舆论产生了恶劣的影响。丘吉尔答复说，他一定尽力设法解决这个问题，虽然他也提到了这件事的有利方面。同时，蒂克西尔代表我递交给科德尔·赫尔一封劝慰的信件，鲁塞·德·萨勒也利用他在美国报界的信誉为同一目的而进行活动，我们也得到了当时在开罗的美国驻法国的最后一任大使布立特先生的协助。

华盛顿政府面对着国内的许多批评，又加上英国和加拿大的冷淡，只好承认这个既成事实。但是在承认之前，它还试图以英国政府为中间人对我们进行恫吓。不过，这个中间人本身的信心就不足。1942 年 1 月 14 日，艾登先生两次和我会谈，表示坚持要我们必须同意这些岛屿的中立化，同意岛上的行政脱离民族委员会而独立，同意由盟国派驻当地官员管理。当我拒绝这些解决办法时，艾登先生宣称，美国想派遣一只巡洋舰和两只驱逐舰到圣皮埃尔岛。他问我：“那时你怎么办？”我回答说：“盟国舰只将在领海范围以外停泊，美国将军将和穆兹利埃共进午餐，这是穆兹利埃所欢迎的。”“假设舰只越过了领海呢？”“我们的人民将照例招呼它们停下来。”“假设它们照旧前进呢？”“那就太不幸了，因为到那时候我们的人民只好开火。”艾登先生举起双手。“我是理解你的惊异情绪的，但我对民主国家是有信心的。”我一笑结束了这句话。

当时唯一能做的事情是翻过这一页。1 月 19 日，科德尔·赫尔先生接见了蒂克西尔，温和地向他解释了采取这种政策的理由。不久，他看到了我给他的答复。22 日，丘吉尔先生回到英国，约我去晤谈。我和普利文一起去了。首相和我们会见时，艾登也在座。首相代表华盛顿、伦敦、渥太华建议作出一个决定，根据这个决定，圣皮埃尔岛和密克隆岛的一切将按照我们的命令不变。交换条件是我们允许三国政府发表一项声明，在一定范围内保全美国国务院的面子。首相和艾登说：“这以后，就没有人再干预这件事了。”我们接受了这个决定。结果他们什么也没有发表。我们保住了圣皮埃尔岛和密克隆岛，再没有一个盟国来找麻烦。

此外，不管华盛顿是站在什么法律地位和对我们抱有什么感情，美国加入战争这件事使他们不能不和自由法国合作。这在太平洋上立即得到说明。由于日本人的闪电进攻，我们的领地——新喀里多尼亚、马克萨斯群岛、吐摩图群岛、社会群岛和塔希提岛——说不定哪一天就变成了盟国的战略据点。有几个地方已经被用作海军和空军的停靠港口。此外，新喀里多尼亚出产的镍在制造军备上至关重要。美国人很快就看到，和我们达成谅解是有利的。这也真正是相互有利的，因为在必要时，我们自己没有力量保卫这些岛屿。所以我们的既定政策是：民族委员会事先决定满足美国人向我们提出的有关我们在太平洋上的财产的一切要求，唯一的条件是他们那一方面必须尊重法国的主权和我们在当地的权力。

但是，这个权力在当地必须行使得令人满意。这当然是不容易的，因为这些岛屿太远也太分散，而且缺乏资源，居民虽然和法国亲密无间，并且已经联合在一起，但也是不稳定的，容易受当地和外国势力挑拨阴谋的影响。况且，我们动员起来的许多优良军队已经按照我的命令离开大洋洲，到非洲的自由法国军队中去作战。这样，优秀而英勇的太平洋营和其他一些小单位一起，在布鲁煦中校率领下到中东去了。大洋洲对解放法国的斗争所做的这种贡献有极大的意义，可是它削弱了我们保卫殖民地的力量。最后，战争状态破坏了这些遥远地区的经济生活。一句话，在大洋洲，我们迫切需要一个尽可能坚强而集中的权力机关。

早在 1941 年春天，我就想最好是派布鲁诺总督到现场去作一次视察。他是在勒克莱尔解放喀麦隆之后投奔我们的。但布鲁诺性情暴躁，常常对当地的官员发脾气，那些官员认为他企图和他的朋友代替他们的位置。这不是没有明显的理由的。巴比地成了悲喜事件的演出地点。总督、秘书长和英国领事都被布鲁诺下令监视起来。努美阿的总督沙托公开对布鲁诺表示不信任。这就有必要采取非常措施了。1941 年 7 月，我任命达让吕上校①——后来的海军上将——为太平洋区高级专员，给予他民政和军事全权和如下使命：限期并彻底地重建自由法国的权力，动用当地所有的战争资源，确保盟国联合保卫法国的领土，以对抗一切可能的和迫在眼前的危险。

我是信任达让吕的。他的高贵的性格与坚定使他在精神上具有压服阴谋的条件。他的领袖才能使我相信我们的资源一定会被有力而有效地运用。他的外交天才使他能大显身手。因为当他的天性——假设可以这样说的话——和他的天职导致他把自由法国的行动看作大军远征时，他正确地认为这个大军应该精通战术。太平洋上的轻巡洋舰“胜利”号和辅助炮舰“契弗留尔”号交给高级专员使用。他着手重新在塔希提岛恢复秩序。当布鲁诺和他的受害者到

① 第一次世界大战时在法国海军服役，1920 年入托钵僧团。1932 年被选为托钵僧团大主教。1939 年 8 月再次被召入伍，在瑟堡区工作。1940 年 6 月积极参加保卫兵工厂工作，后被捕。在解送德国途中逃往法国海岸，后渡过英吉利海峡投奔戴高乐将军。——据英译者注

伦敦去对质的时候，欧塞利被指派为当地的总督。同时，远东的局势一天比一天严重，达让吕看到他原来的任务加重了。他必须和我们在新西兰、中国、中国香港、新加坡、马尼拉和巴达维亚等国家和地区的代表的活动互相配合。这时艾斯加拉（中国人所熟知的国际法学家）到重庆去和蒋介石元帅接触，准备建立正式关系。

突然，12月初，太平洋上燃起了烽火。在珍珠港的可怕奇袭之后，日本人在英属马来亚、荷属东印度群岛、菲律宾等地登陆，并夺取了关岛、威克岛和中国香港。1942年1月初，他们封锁了新加坡的一支英国军队，英军不久就被迫投降。同时他们还占领了马尼拉。麦克阿瑟被包围在巴丹半岛。我对于这位将军的了解使我对他很敬重。一天，我去访问美国驻伦敦大使约翰·魏南特——一位极有才干的外交家，我对他说："作为一个军人和战友，我必须告诉你，失去麦克阿瑟将是一个很大的不幸。我们阵营里边只有少数几个第一流的军事领袖。他是其中的一个。不能失掉他。但是，除非他的政府下命令，叫他个人在汽船和水上飞机的护送下离开巴丹半岛，否则他便有牺牲的危险。我认为应该下这个命令。我请求您将戴高乐将军对这件事的意见转告罗斯福总统。"我不知道我的意见是不是对他所采取的决定有所贡献。不管怎么样，我以后听说麦克阿瑟将军已经到达墨尔本，这是令人非常高兴的事。

早在1941年12月底，新喀里多尼亚就受到了威胁，特别是因为它邻近澳大利亚这个敌人的主要目标。12月22日，维希政府由于预见到我们在大洋洲的各岛将被日本人占领，无疑地希望在侵略者的庇护之下重新恢复在那里的权力，所以委派德固海军上将为太平洋的高级专员。他利用西贡电台不断地煽动新喀里多尼亚的居民背叛自由法国。与此同时，在焦虑和困难中斗争的达让吕在给我的报告中表明了决心，丝毫不存幻想。我一方面向他表示，我坚信他一定能保全荣誉，一方面派仅有的增援力量到努美阿去：干部、海军炮舰、辅助巡洋舰“凯旋”号，最后派去了“苏尔古夫”号，希望这条船的潜艇性能和它广泛的活动范围能在太平洋上发挥威力。真糟糕！1942年2月19日夜里，在巴拿马运河的入口处，这条世界上最大的潜水艇被一只货船撞沉了。布莱松海军中校和130名船员全体殉难。

同时，在军事的压力下，我们和盟国之间的合作也开始走上了轨道。1月15日，美国国务院递交给我们在华盛顿的代表团一份备忘录，明确了美国准备承担的义务，内容是关于“尊重太平洋上所有法国岛屿的主权；美国在各岛上建立的基地和设备将留下来作为法国的财产；如果战后美国仍旧保持基地，则法国有与美国共管的权利”。1月23日，科德尔·赫尔先生打电报给我说：“美国和英国的参谋长鉴于新喀里多尼亚的重要性，想依照1月15日备忘录中规定的条件，采取加强防卫的步骤。”国务卿谦和地表示：“希望法国高级专员过去所给予的友好协助与合作在将来仍能继续下去。”

在这些非常好的动议之后，进一步的具体行动开始了。2月25日，我通知达让吕，太平洋美国陆战队司令巴奇将军已奉命到努美阿，应和他“以最友好的精神直接协商”统一指挥问题。3月6日，法兰西民族委员会被邀请派代表出席在伦敦设立的“太平洋战争委员会”，同英国、新西兰、澳大利亚以及美国的代表一起交换情报和建议。3月7日，美国政府要求我们准许他们在吐摩图群岛和社会群岛建立基地，我们答应了。最后，3月9日，巴奇将军率领着相当多的部队到达了努美阿。

从那时以后一个时期，法国在太平洋上的岛屿幸免被侵占。但是，我们和盟国在当地开始进行应有的合作以前，发生了一个必须加以克服的严重危机。最初，巴奇将军和达让吕之间，当然是和谐一致的。但是，美国军队、美元和谍报组织在害怕被围攻的居民当中的出现，很快就使潜伏的骚动因素严重起来。一部分民兵在当地野心家的鼓动之下，离开了高级专员的统辖，投到巴奇部下。巴奇也错误地掩盖了这种不服从的举动。同时，总督沙托不肯服从达让吕，想取得对个人有利的信誉。我耐心等了一个时期之后，决定调沙托回伦敦，另外给他一个适合于他的资历的岗位。他最初表示服从，但过了一个时期，以“居民对他所接到的命令表示不满”为理由，自己决定“缓期离职”。

总督沙托终于在我的命令之下，以应有的礼节和坚定的态度离开了。我从乍得派蒙桑去代替他，并从伦敦调德·刚查上校去统率军队。但这时在努美阿和森林地带发生了美国人公开加以支持的激烈示威运动。我预料到将要发生不幸事件，于是对华盛顿提出警告，并使巴奇知道“我们不能容忍他对法国内政的干涉”。同时，我也要求达让吕“尽最大努力和巴奇恢复互相信任的个人关系，并尽可能对当地被骚扰的居民表示宽大”。在三天的意外事件之后，人们都恢复了理智，达让吕又恢复了他的统辖权。这件事的确是紧迫的，因为5月6日在科雷吉多尔，10日在棉兰老，美国在菲律宾的最后部队都投降了，同时在澳大利亚东北的珊瑚海上，日本和美国的舰队正在开始一场决定性的战争。努美阿随时可能遭到攻击。

在迫在眉睫的危险面前，当地居民谴责了最近的骚乱，在法国当局的周围团结起来。许多暴徒被遣送到叙利亚去服役。巴奇拜访达让吕，对于他所抱有的一些“误解”表示歉意。我打电报告诉这位美国将军，如果他能和法国的高级专员携手，他将得到我个人和自由法国的信任。在这以后，美国人和法国人坚决一致地走上了他们的战斗岗位。但结果他们并没有受到攻击，因为这时日本人在珊瑚海被击败，不得不放弃进攻澳大利亚和新喀里多尼亚的企图。

这样，战争迫使美国和我们的关系日趋接近。必须说明，在他们自己国内，人民的感情是赞成这样的。当美国人民在他们固有的理想感召之下，以宗教的热诚决心肩负起沉重而伟大的军事生产和动员计划的时候，自由法国的战士当然会受到欢迎。美国的政治也不能不受它的影响。1942年2月，我派德·夏凡上校任军事代表到华盛顿去参加我们的代表团。3月1日美国公开声明，承认“法国在太平洋的各岛屿是在法兰西民族委员会的有效管辖之下，美国政府是在同行使这个管辖权的当局打交道，而且将继续同它打交道”。至于赤道非洲，美国国务院在4月4日的声明中宣布在那里也承认自由法国的政权，同时派遣了一个持有我们签证的总领事到布拉柴维尔去。美国要求它的重轰炸机有权使用黑角的飞机场，我们答应了这个要求，并提出他们应该先供给我们交通运输上不可缺少的8架罗克西式飞机作为交换条件。在密切商谈之后，他们交付了这些飞机。这样就使马米尔上校有可能建立布拉柴维尔和大马士革之间的法国航线，也使美国飞机可以在黑角自由起落。我们和美国之间的误会业已消除，但我们并没有放弃——远远没有放弃——为法国的利益而努力。

正当我们一步一步地而且不是没有困难地缩短华盛顿与自由法国之间的外交距离时，我们却很快与莫斯科建立了联盟关系。在这一点上，必须说明，希特勒的进攻使苏联处于致命的危险境地，因而简化了我们之间建立关系的程序。同时，苏联人也意识到1917年和1939年他们亲德反英反法政策的可笑。在敌人入侵所造成的极度混乱当中，克里姆林宫的统治者立刻无保留地转变了他们的态度。在德国坦克越过苏联边境以前，他们还没有停止在无线电中攻击“英帝国主义者”和“他们的戴高乐雇佣兵”，可是，恰好在小时以后，我们就听到莫斯科的电台在对丘吉尔和戴高乐进行赞颂了。

无论如何，苏联被卷入战争给被摧毁了的法国带来了莫大的希望。除非德国能迅速地消灭苏维埃军队，否则敌人就必须忍受长期可怕的消耗战。显然我并不怀疑，如果苏联在战争中取得较大的胜利，这个世界自然将面临另一种危险。这是不能不估计到的，虽然我们和他们并肩作战。但是我考虑到，在预测将来之前，我们必须生存，也就是说我们必须战胜。苏联提供了战胜的机会。同时，它加入盟国阵营也使战斗的法国在和盎格鲁-撒克逊人的力量对比上得到了一个平衡的因素，这是我决心加以利用的。

在我们的军队进入大马士革城之后，我到了那里。1941 年 6 月 23 日，我在大马士革听说苏联人和德国人之间已经发生了战事。我立刻作出了决定。24 日我打电报给我们的伦敦代表团发出如下的训令："现在不必再讨论苏维埃政权的恶行甚至于罪恶，我们必须宣布——像丘吉尔那样——我们对苏联人是坦率的，因为他们正在打德国人……摧毁法国，占领巴黎、兰斯、波尔多和斯特拉斯堡的不是苏联人……苏联人正在毁灭和将要毁灭的德国飞机、坦克和军队，将不能再在这些地方阻止我们解放法国。"我命令用这种口气来进行宣传。同时我请我们的代表团去访问苏联驻伦敦大使迈斯基先生，以我的名义告诉他："法国人民和苏联人一起反对德国，所以我们愿意和莫斯科建立军事同盟。"

卡山和德让访晤了迈斯基先生，他立即作了很友好的表示。结果，维希与莫斯科之间的关系决裂，这是希特勒强迫维希当局干的，但这使我们的许多事情更好办了。所以我于 8 月 2 日从贝鲁特通知卡山和德让去问问迈斯基先生："苏联是不是愿意和我们发生直接关系……它能不能考虑对我们发表一项声明，表示愿意协助我们恢复法国的独立和伟大——如果可能的话，再加上'完整'的字样。"

会谈的结果是，9 月 26 日我和迈斯基先生之间交换了文件。苏维埃社会主义共和国联盟大使，以他国政府的名义，声明承认我是"整个自由法国的领袖……准备和法兰西帝国防务委员会建立关系，商谈同戴高乐治理下的海外领地进行合作的所有问题……愿意为了共同的斗争，给自由法国以帮助……决心担保圆满地恢复法国的独立和伟大……”不过，苏联像英国在 1940 年 8 月 7 日的协定中所做的一样，并没有提到我们的领土完整问题。

此后不久，苏联政府派波格莫洛夫先生为驻法兰西民族委员会代表。波格莫洛夫先生是从维希那边来的，最后　年任贝当时期的大使。他在这样一种新的情况下服务，丝毫没感觉到有什么为难之处。但是，我从来也没听到他说过任何关于维希的那些人——元帅或部长们——的坏话。在我们的一次谈话里，他甚至于这样告诉我：“在维希，我常在闲暇的时候到乡间去游玩，和老百姓们谈话。一天，一个正在耕地的农民对我说：‘法国一开始就打了败仗，实在是不幸。但是看看这些田地！我能够耕种它，是因为他们设法把事情作了安排，使德国人允许我保留它。你看吧，他们不久还将设法再作安排，把德国人赶出法国去。’”我想他讲这个说明矛盾道理的寓言，意思是告诉我，他彻底了解法国的局势，同时也向我解释苏联先后采取不同态度的理由。

从那时起，我常和波格莫洛夫先生会面。他所采取的步骤和他说的话，在他所受的最严厉压制所能容许的最大限度内表现得合乎人情。他在办正式交涉时，严峻地警戒自己，并且专心致志；但在另外一种情形下，这个真正具有文化的人却是随和而可亲近的。他能够幽默地表达对人和事的判断，甚至于面带笑容。我必须说，在我和他的接触中，我认识到苏联的统治虽严，但仍不能阻止一个人的真实性格的流露。

我们这一方面，派遣了柏蒂将军去莫斯科任军事联络官。苏联人立刻表示，他们愿意和蔼而敬重地接待他，请他参加参谋会议、到前线视察，斯大林亲自接见他。的确，后来我也曾怀疑他们对柏蒂的招待是否仅仅是官样文章。不管怎么样，从各方面来的报告都给我这样一个印象，那就是苏联军队最初被德国攻势所击溃，现在已逐渐恢复，大后方的苏联人民正在起来抵抗，斯大林在国难中自任大元帅，而且永远不脱掉军服，努力使自己成为永久的领袖，而不是一个政权的托管者。

大战的地图悬挂在我们办公室的墙上。从地图上可以看出，德国人的巨大努力正在发展中。他们的三个集团军——冯·李普、冯·波克、冯·隆斯德特——在四个月内深入苏联内地，俘虏了几十万人，掠夺了大批物资。但12月在莫斯科的周围，朱可夫元帅强有力的军事行动，再加上冬季的严寒，挡住了侵略者，并迫使他们后退。列宁格勒没有陷落。萨瓦斯托波尔仍然在坚持中。看来，希特勒命令德国最高统帅部实行的决定性战略并没有成功，这个战略就是集中所有的机械化部队向苏联的首都进攻，直接打击敌人的心脏。尽管德国在波兰、法国和巴尔干的战役中获得了典型的胜利，但这次，这位元首不能不为他所犯的历史性错误而付出代价。他把精锐部队分由三个元帅指挥，扩展战线而不集中攻击一点。突袭一经过去，苏联人在辽阔的土地上将使他蒙受重大损失。

这时我们也想对东线做出一些直接的、虽然是微小的贡献。我们的驱潜快艇和我们的货船参加了盟国的运输舰队，在最困难的情况下通过北冰洋向摩尔曼斯克运送作战物资。最初，英国人不同意我把拉尔米纳在东地中海地区成立的两个轻装师团派到利比亚去作战，所以我就在2月命令贾德鲁将军准备把其中的一个师团转移到伊朗和高加索——这是苏联人所欢迎而英国人感到头痛的。以后，当拉尔米纳的军队终于被派去和隆美尔作战时，我派遣“诺曼底”战斗机队（以后的“诺曼底-奈门”空军大队）到苏联去。这个飞行队在那儿创造了辉煌的战绩，而且是在东线作战的唯一的西方军队。另外一方面，我国的一个分遣队，15名军官和200名士兵，在比约特上尉率领之下，从苏联到达了伦敦。他们是从德国俘虏营逃出来，到达苏联后被扣留的。德苏战争爆发后不久，他们就被苏联释放，乘坐从阿尔汉格尔回来的运输船，经由斯匹兹培根回到我们的队伍里来。

1942年1月20日，我在广播中赞扬苏联军事上的重新部署，并把我们之间现在和将来的联盟关系肯定下来。在2月里，我们派罗吉·加罗到莫斯科去担任民族委员会的代表。他一直是驻曼谷的全权公使，现在才参加自由法国的。加罗代表法国在苏联工作了三年，才智过人，成绩卓著。他和苏联各方面保持接触，并向我们随时报告。他一到任就和外交人民委员莫洛托夫先生、外交副人民委员维辛斯基先生和外交助理罗索夫斯基会面。他们三位都坚定地向他表明，他们的政府愿意和自由法国建立最亲密的关系。

5月，莫洛托夫先生来到了伦敦。24日，我和他作了长时间的晤谈。他由波格莫洛夫陪同，我则在德让的伴随之下。那一天和以后，我看到莫洛托夫先生无论在身体上和精神上都最适合于他所担任的职务。他目光深沉，语气庄重，手势很少，对人亲切有礼，但仍不失其严肃。这位苏联外交部长说话很平易，听别人说话的时候很注意。他很自然地抓住一切事情的要领，任何事情也不能激动他、使他发笑或恼怒。人们不管对他提出什么问题，他都能知道得清清楚楚，能准确地记住会谈中提出的新问题，确切地说明他的官方立场，从来不离开他的国家的计划和决策。他过去和里宾特洛甫订立德苏协定时，一定具有像现在谈判西方公约时一样的坚定信念。莫洛托夫是（而且自愿是）一架坚固机器上安装得很好的齿轮，从他身上，我看到了他们那个制度的彻底成功。我赞颂他的伟大。尽管他能隐藏起许多底细使我不知道，但我仍能感到他内在的抑郁。

在我们伦敦会谈的过程中，苏联外交部长和我达成了协议，明确了苏联政府和民族委员会在最近的将来相互之间应该承担的义务。自由法国将敦促英美两国尽快地开辟第二战场，同时它应该通过外交渠道公开表示放弃对苏联的孤立政策。苏联方面将在华盛顿和伦敦的外交场合支持我们为重建帝国统一和民族统一而作的努力。这也适用于我们管辖下的领土（例如马达加斯加），适用于盎格鲁-撒克逊人鼓动起来的所谓平行运动（实质即分离运动），也适用于法国的抵抗运动。关于这一项，莫斯科承认外国政府，包括苏联在内，无权使这些运动脱离戴高乐将军的领导。关于将来，双方同意法国和苏联将在确立和平方面合作。莫洛托夫先生对我说："我的政府是伦敦和华盛顿的盟友。为了战争，我们和它们紧密合作，这是完全必要的。但苏联愿意和法国结成一个独立的联盟。"

虽然自由法国在扩大同华盛顿和莫斯科的关系上作了种种的努力，但并不影响它的政府中心在伦敦行使职权。它自己的许多事务——军事活动、同法国本土的联系、宣传、情报、财政、海外领土的经济生活——仍不得不在实际限制下，像过去那样力求与英国一致。结果，我们就不能不和他们保持更密切的关系。但我们已逐渐壮大起来，因此就感觉他们的侵蚀使人难以忍受。可是，苏联和美国加入战争，又使英国感到和大国结成联盟加深了他们的忍辱屈从，因此英国的政策就不能不力求和我们接近，彼此坦诚相处，在欧洲、中东、非洲和太平洋的行动上，紧密团结在一起。我们当然是欢迎这种转变的，某些英国领袖有时也给我们以同样的印象。

如以安东尼·艾登为例，虽然身为英国人，而且是一位大臣，但他那坦率的胸襟和灵敏的感受却是欧洲大陆的风度，而不是岛国典型；他近乎人情，而不机械呆板。他虽然是在英国传统中成长起来的——伊顿公学、牛津大学、保守党、下议院、外交部，但还是容易接近而具有风度的。这位外交家完全忠实于他本国的利益，但同时也不轻视别国的利益，并且能在欺诈残忍的时代当中，不忽视国际应有的信义。我常和艾登先生打交道，我们常常讨论一些显然很讨厌的问题。在大多数的场合里，我不仅赞佩他那焕发的才气、丰富的知识和文雅的举止，同时也赞佩他能在谈判中创造和保持一种友好空气的艺术，这种空气对于达成协议是有利的，即或不能达成协议，也可以免伤和气。尤其是我认为艾登对法国有一种特别亲切的感情，他的文化素养有一大部分来自法国。在他的政治头脑中，法国显然是一个维持世界秩序和对抗野蛮攻击的不可缺少的国家。最后，他对一个大国的困难处境具有一种深切的同情。

但是艾登先生的好意并不能使盟国的关系变成无刺的玫瑰。我承认在他和我们打交道时，他的努力常常因为遇到一些棘手的事情而遭到挫折。但这些都是由英国方面引起的：外交部的多疑、殖民主义者的野心、军事机关的成见和“谍报”机关的阴谋等等。同时，伦敦的政治社会虽然在大体上对自由法国有利，但不免受反对势力的影响。某些保守圈子里的人常常因为看到洛林十字旗下的法国人高谈革命而感到不高兴。相反的，各色各样的工党人物却怀疑戴高乐和他的伙伴们会不会有法西斯主义的倾向。我现在好像还看到，艾德礼先生悄悄地来到我的办公室，希望我保证不会走上反民主的道路，免得使他不安。他在听完了我的话之后，带着微笑满意地走了。

最后，当然一切事情都取决于首相。他内心里不承认自由法国的独立。而且每当我们为了我们彼此所负的责任而发生冲突时，丘吉尔先生就把这种争论看作是私人的事情。他常常为此而感到受伤害，并为了我们彼此之间的友谊而发出怨言。这种思想感情，加上他的政治策略，常常使他发怒，使我们的关系受到剧烈的震动。

此外，还有积在一起的别的理由，使这位伟大人物时常发脾气。英国人在这一时期做出了许多光辉而有成绩的贡献（特别是在潜艇战争中），但他们有时也受到敌人的打击，尤其使人愤怒的是，使他们吃亏的敌人并不是物质上永远占优势的。1941 年 12 月 10

日，在远离马来亚的海面上，最大的主力舰“威尔士亲王”号和巡洋舰“击退”号在一炮未发的情形下，被日本飞机炸沉。1942 年 2 月 15 日，新加坡英军 73 000 人在短时间的抵抗之后，向日本人投降。尽管英国在中东积存有大量物资，但仍未能够避免隆美尔于 6 月突破英军第 8 军的防线，并将第 8 军赶到亚历山大港。同时，防守多布鲁克的英军 33 000 人无缘无故就很快地向德军投降了。丘吉尔先生比任何人都能估量到这些挫折给战争带来的后果。尤其是作为一个英国人和军人，他感到十分痛心。

必须再加以说明的是，英国政府中某些人煞费苦心地而且毫不迟疑地把英国的失败部分地归咎于首相。虽然英国全国把温斯顿·丘吉尔当作眼珠一样爱护，可是报纸上所看到的，议会里所听到的，委员会中所低声谈论的，俱乐部里所散布的，有时都是对他怀有敌意的言论。所有这些，使丘吉尔先生在 1942 年最初几个月里变得非常粗暴急躁，特别是在对待我的态度上。

最后，也许是最主要的，这位首相给自己订了一条规则，那就是不取得罗斯福的同意，不能办任何重要的事情。虽然他对华盛顿的拙笨手法比任何一个英国人都认识得清楚，虽然他感到美国的援助给他安排的从属地位使他难以忍受，虽然他对于美国总统对他说话时带有优越感的口气十分不满，可是丘吉尔先生决定永远服从同美国联盟的迫切需要。所以他不想对法国采取与白宫意见相抵触的态度。因为罗斯福自己对戴高乐将军表示不信任，所以丘吉尔也就有所保留。

我在 1941 年 9 月到达伦敦时，他是很不愉快的。这位首相对于我们和英国之间在叙利亚和黎巴嫩所发生的事情很不以为然。9 月 2 日，他甚至写信给我说，鉴于我的态度，他认为现在没有和我会面的必要。9 月 9 日，他在下议院里作了一个不冷静的声明。不错，他的确承认了“在欧洲所有的国家里，法国在叙利亚的地位应该享有特权”，但他接着又说，“这不能说法国在叙利亚该保持和战前同样的地位……”，还说，“就是在战争期间，也不能说自由法国应该代替维希取得一切利益”。照例，随着丘吉尔先生的不愉快而来的一定是一系列英法关系的紧张。影响所及，伦敦政府有几天和我们断绝来往，关上了大门，使我们这方面停止了自由法国在伦敦的广播。但是依照事物的反复规律，在这些使人懊恼的事情之后，我们不久又恢复了关系。9 月 15 日，我和丘吉尔先生进行了一次虽然不是善始却是善终的谈话，结果是他向我保证，英国政府关于东地中海地区的政策仍按照《开罗协定》的规定不变。

为了把事情弄清楚，我在 10 月和 11 月里同艾登会见了好几次。我们达成了一个包括几个要点的协定。英国承认法国统治地区仍然存在，并由戴高乐将军行使权力，一直到它被法兰西共和国立法机关正式批准的条约所代替的时候为止——那就是说，事实上，到战后为止。英国也承认，自由法国宣布叙利亚和黎巴嫩的独立，在法律上并不改变这种地位。双方一致承认，李特耳顿—戴高乐协定继续作为中东法英关系的宪章。

贾德鲁将军于 9 月 27 日成立了独立自主的叙利亚共和国，以塞克·达日丁为总统；又于 11 月 26 日成立了黎巴嫩共和国，以阿尔弗莱德·纳卡希为总统。英国虽然事前曾有争论，但事实上在这两件事发生以后，立刻就承认了这两个共和国和这两个国家的领袖。同时，我把以我的名义在叙利亚和黎巴嫩所作出的安排，分别于 11 月 28 日通知国际联盟秘书长，于 11 月 29 日通知美国政府和其他盟国，包括土耳其在内。照会中说，“这些协议并不影响由托管法案所产生的法律地位，这种地位将继续存在到缔结新的国际条约时为止”。英国政府对于这些通知并未提出反对。不仅如此，它自己也曾提出过这些建议。

因此我们可以认为问题已经解决了，至少在和平到来之前是解决了。我虽然小心谨慎，但我还是写信告诉在中东的代表团说，依我看来，“英国在阿拉伯国家中面临着许多困难，它和我们一样，渴望两个最大的穆斯林实力派由过去的互相敌对转向互相团结”。我给代表团的指示是：“避免一切可能增加我们盟友困难的事情，尽一切努力和他们通力合作以利于他们的工作，同时也要维持法国的地位和权力使它不受损害。”不幸的是，我的指望成了空中楼阁。事实上英国的政策是在理论上对于我们的合法地位没有争执，但在实践中仍然对我们有所歧视。

事实上，屡次发生的事件也必然使英法在中东问题上争论不休。例如，英国德鲁兹骑兵队非法招兵的事件；又如，由于伊拉克的革命，杰齐拉发生了骚乱，英国要求有权随意在杰齐拉宣布戒严——那就是说要取得权力，这种要求当然被拒绝。他们还非法干涉我们在东地中海地区所设的粮仓，要求派代表参加管理，以达到干预我们当地行政的目的。英国威尔逊将军还威胁着——实际上是无效的——要把不听话的法国官员驱逐出境。还有英国的斯皮尔斯，他采取敌视的态度和威胁的语调，经常干涉我们代表团与大马士革和贝鲁特的政府之间的关系。

贾德鲁将军在无数的暗礁中掌舵前进。尽管他倾向于妥协并作出比我所希望的更大的让步，但他发现他自己仍然随时面临新的侵犯的危险。从此，地中海东岸各国不断发生问题，而且伦敦也在争吵不休。

1942 年 5 月，英国忙于在叙利亚和黎巴嫩毫不迟延地进行选举。我们的民族委员会自然不反对征询人民意见，以便产生圆满的代议制政府。我们在那里建立的仅仅是一个过渡时期的政府，大马士革的政府更是如此。我感到遗憾的是，哈基姆·巴伊总统没有能够恢复他的职权。但是我们认为，叙利亚和黎巴嫩的选举最好在战争结束后再举行——那就是说，等到两个国家恢复到正常状态的时候，等到我们作为托管国家和保卫者的责任减轻的时候，等到英国人离开那里不再影响选举的时候。可是，贾德鲁将军在凯西先生——他代替了驻开罗的英国国务大臣李特耳顿——的高压之下，答应在最近的将来举行选举，这一消息立刻被报纸披露。我只好默认这个安排，虽然我曾命令延期举行。显然这将是以后英法摩擦的重要原因。

还有许多其他事件。在吉布提那边，我们的盟友正在玩一个骗人的把戏，一方面容许我们的小部队——布义隆少校的一个营和骆驼队——在陆地上继续进行包围，另一方面他们自己却停止了海上包围。我们从阿拉伯的奥朗用小船，从马达加斯加用潜艇和炮舰“蒂波维尔”号运送给养到殖民地，以采取等待政策。但是英国人这时却和埃塞俄比亚皇帝订立条约，建立了他们对埃塞俄比亚的保护权。他们在亚的斯亚贝巴的活动说明了他们为什么撤离吉布提。因为假如——感谢他们的帮助——自由法国能够很快地得到法属索马里，结果独自占有了那个港口、铁路和相当可观的武装，它就可以对亚的斯亚贝巴提供它所需要的出路和安全。与此相反，只要维希政权仍然占据这个地方，英国人就把埃塞俄比亚皇帝和他的国家的命运单独掌握在他们的手里。

这就是为什么加斯顿·帕留斯基不能有效地封锁这个殖民地的缘故。他也不能达成英国人、阿比西尼亚人和他自己的三角协定，以代替他们之中的任何两方的双边协定。可是，他和他的助手——指挥分遣队的阿伯尔特中校和派到内罗毕的青年外交家桑舍尔——对于以后的事做了充分的准备。他们与吉布提的法国人和土人的联系、他们用传单和广播所作的宣传、他们和普拉特将军的关系，使将来某一天同法属索马里的联合只要走走形式就行了。同时，他们在亚的斯亚贝巴恢复了法国的代表权，我们的铁路权利保留了，意大利占领时封闭的宗教和世俗的慈善团体恢复了活动，法国公使馆重新开了门。虽然我为这些事情延迟到现在出现而惋惜，但我已经看见红海岸上的果实正在成熟。

可是，英国人对于法兰西帝国的另外一个地方的干涉，使我的不快和恼怒达到了极点。1942年5月5日，早晨3点钟，某通讯社打电话告诉我，一个英国小队在迪亚哥-苏瓦雷斯登陆。我们的盟友没有和我们商议就用武力占领了法国的土地！

自从珍珠港事件之后，我曾经多方设法和英国政府商谈关于马达加斯加的重新联合问题。1941年12月10日曾和帝国总参谋长布鲁克将军会晤；16日曾给丘吉尔先生写信；1942年2月11日曾对首相、布鲁克将军和南非联邦高级专员提出实施计划；2月19日曾再次写信给丘吉尔先生；最后，于4月9日致艾登先生一个紧急照会。在所有这些文件中，我都建议由自由法国的一个旅采取快速行动，必要时由英国空军支援，在马扎冈登陆，向塔那那利佛进攻，同时盟国军队从海上封锁迪亚哥-苏瓦雷斯以为牵制。与此同时，我要求这个岛应由自由法国管辖。

这时，因为南非联邦似乎直接注意到了这件事，所以我进一步探询比勒陀利亚政府的计划，如果他们有任何计划的话。1941年末，我派贝契柯夫上校到那里任自由法国代表，贝契柯夫个人很受史末资将军的欢迎。我所期望的是，如果联邦有意参加，它的总理不会不告诉我的机智而忠实的代表。最后，在1942年3月，布拉柴维尔的高级专员西塞军医少将访问了南非。我从他和史末资将军及部长们的谈话里得到的印象是，联邦不打算在马达加斯加采取行动。所以我就在伦敦展开了活动，相信不会遇到任何需要我们消除的顾虑。

事实上，日本加入战争威胁着马达加斯加。可以预见到，维希政府早晚必在德国人压迫之下，至少允许日本飞机和潜艇利用马达加斯加基地，以阻挠盟国在南非海面上的航行，使它陷于瘫痪。

我们从岛上不时逃出来的国民兵和到过该岛的轮船船员那里，了解到岛上居民的心情。他们对 1940 年的停战协定感到极大的不满。当时，德・古贝总督如果按照他自己的声明加入自由法国，是绝对没有问题的。但他当时不能下定决心。维希政府立刻派加拉代替了他。加拉在空军将军让那德协助之下，在他自己被安纳特总督代替之前，致力于削弱当地人民的抗战精神。如果贝当下令，准许日本人在马达加斯加为所欲为，他一定服从。如果令他抵抗盟国登陆，他也一定服从。英国人总有一天要占有这个岛。在那种情形下，考虑到英国政策在传统上的变化倾向，自由法国感到必须参加这个行动。

所以英国的行动和进程使我们感到极大的忧虑和不安。尤其使我们着急的是在迪亚哥-苏瓦雷斯被攻击的当天，华盛顿发表了一个声明说："美国和英国一致同意，马达加斯加应于战后，或者在它的占领对于联合国家的共同目标没有必要的时候，归还法国。"但这是不是说当时将从法国拿走马达加斯加呢？除了盎格鲁-撒克逊人之外，它将隶属于哪个国家呢？在战争中，法国怎样参加那里的事情呢？法国将来在那里还有什么样的权力呢？

我们对此不能不十分谨慎。艾登先生要求和我会面，我故意等候了六天才与他进行接触。这位英国大臣在他和我于 5 月 11 日会谈时表现出为难的样子。他对我说："我向你保证，我们对马达加斯加并没有任何企图。我们将使法国的行政当局继续在那里行使职权。""哪一个法国行政当局？"我问。从艾登先生所说的话里，我知道英国计划和安纳特总督进行谈判，订立一个临时协定，使马达加斯加一切保持现状，以此作为盟军留在迪亚哥-苏瓦雷斯并监督全岛其余各地的交换条件。

我告诉艾登先生，我们反对这个计划。"这个计划也许能实现，"我对他说，"结果将是法国领土在盟国保证之下中立化——我们对此是绝对不能接受的。或许这个计划不能实现，在几个星期的时间里你们就会在这个岛的内地单独进行类似征服性质的讨伐。在我看来，第二种假设很有实现的可能，因为德国人将迫使维希政府和你们作战。”艾登先生当时也承认说：“我们所做的事情实际上是很复杂的，但我可以向你保证，英国政府愿意并且希望你最后在马达加斯加建立政权。我们准备对此作公开声明。”最后我们同意，按照这个意见由伦敦内阁公布一个声明，这个声明于 5 月 13 日发表，声明中说：“英王陛下政府认为自由法国民族委员会在已解放的法国领土上具有一定的行政权，因为民族委员会正作为战斗法国的代表与联合国家合作。”

这是英国方面的一个重要保证。我在第二天的广播中对此予以肯定，并表明我相信盟国一定遵守它的诺言。但是我公开地拒绝了关于马达加斯加的任何妥协，声明法国绝不愿意法兰西帝国被分割或中立化。我说：“法国所要求的是战斗法国应该以它自己的名义，在各种形式下和在各方面指挥和组织它的战斗活动，在盟友间以平等的身份代表法国的权力，如同它在对敌作战中保卫这些权力一样，并在它已经解放或将被解放的领土上维持和行使它的主权。”同一天，我命令赤道非洲的法军司令准备一个混合旅开到马达加斯加去。

但是，英国政府的诺言和我的声明并没有能够真正解决民族委员会的未来任务问题。维希当局事实上仍然是全岛的主人。不久，我们就了解到英军一面把它的行动限制在夺取迪亚哥这一行动上，一面还在与安纳特总督进行谈判。同时，东非洲的“情报处”派遣拉西先生领导一个小组到了当地。这些措施是与自由法国的要求相违背的。它们延缓了马达加斯加重新加入战争的时间，加强了安纳特的权限，延长了帝国的分裂时间。此外，我也担心英国的政治工作人员可能进行我们在中东、吉布提港和阿比西尼亚所领教过的一些活动。我们立即看到了一个不祥之兆。我打算派到迪亚哥-苏瓦雷斯调查当地情况的贝契柯夫上校无法动身了。

这样，在1942年6月初以前，法英关系布满了乌云，除了英国人在叙利亚、法属索马里和马达加斯加的许多使人惊骇的和不近情理的行动之外，还有许多其他措施使我们极为愤慨。在黄金海岸，英国一行人在弗兰克的率领之下，和法国领地上的居民在尼日尔河畔进行神秘的接触。同时，英国西非洲总司令季弗德将军警告自由法国在巴瑟斯特和弗里敦的使节，让他们离开当地。当我准备到利比亚去视察我们在那里的军队时，我接到了英国政府的紧急通知，要求我把我的旅行延期——意思就是不给我旅行所必需的一切。伦敦的政府人员、各部和英国的参谋本部把自己关闭在一种浓厚的秘密——不说是不信任吧——气氛中。

很明显，盎格鲁-撒克逊人正在忙于制订一个在西部地区进行大规模行动的计划。美国陆军参谋长马歇尔将军和美国大西洋舰队总司令金海军上将曾在伦敦停留了一些时候，但避免和我会面。可是法国凭它的领土、人民和军队，应该与盟国显然计划要进行的事情有密切关系。但是无疑的，他们想把自由法国这个积极的因素远远地排斥在外边，分片地来处理它的土地和资产，甚至利用这种东一块西一块的分散情况，把它的财产加以瓜分。已经到应该有反应的时候了。必须使盟国知道，自由法国参加盟国阵营是为了使法国成为一个整体，而不是去反对祖国，不是用这个阵营作为掩蔽来忍受盟国可能作出的对法国有害的凌辱和侵犯。民族委员会在提出动议和讨论之后，全体一致同意这个意见。

查尔斯·皮克先生是英国外交部派来和我们经常联系的一位杰出的外交家。我委托他把我们的立场告知丘吉尔先生和艾登先生。我对他说："如果在马达加斯加、叙利亚或者其他地方，法国由于它的盟国的行动被迫失掉属于它所有的任何一部分，我们和英国甚至和美国的直接合作也就失去存在的意义，我们将终止这种合作。实际上，我们将在已经联合或将要联合在一起的领土上集中兵力，用我们最大的力量单独同敌人进行斗争。”同一天，我一方面打电报给艾布厄和勒克莱尔，一方面也给贾德鲁和拉尔米纳打电报，告诉他们这个决定并请他们做好准备。我命令他们警告驻在他们那里的盟国代表，说这就是我们的决心。

不久就看到了效果。6月10日，丘吉尔先生约我去和他会面。我们畅谈了一个钟头。首相在热烈称赞法军在比耳哈希姆的光辉掩护战之后，就谈到马达加斯加的问题上来。他坦率地承认战斗法国有理由对于英国采取的行动表示不满。他说：“但是我们对于马达加斯加并没有什么不可告人的动机。至于我们究竟打算在那里做些什么，我们现在还没想到。这个岛很大！我们希望能有一些安排使我们不至于在那里迷失方向。”我说：“我们所要求的是，马达加斯加和自由法国联合并重新回到战斗中来。为了这个目的，我们现在准备像我以前对您提议的那样，在那里使用我们的军队。”首相回答说：“您不是我唯一的盟友。”这句话使我了解到，华盛顿反对我们参与其事。说真话，我对此事并不怀疑。

我坚持丘吉尔先生应该注意他——也许在最近的将来——对法兰西帝国和法国本土的某种做法所引起的对于我们联盟的危险。他不承认他有什么恶意。接着，他突然跳起来嚷道：“我是法国的朋友！我过去一直希望，现在也希望，伟大的法国有一个伟大的军队。这对于和平、秩序和欧洲的安全都是必要的。我从来也没有任何其他政策！”“您说得很对！”我回答说，“在维希的停战协定之后，您的长处是一直在掌握着法国这张牌。这张牌的名字叫戴高乐。现在不要失掉它！如果失掉就太可笑了，因为现在您的政策正日渐成功，而自由法国已经成为法国抗战的灵魂和支柱。”

我们也谈到了罗斯福和他对我的态度，丘吉尔说："不要急躁！看看我是怎样能屈能伸、转来转去的。""您能那样做，"我说，"因为您是在一个巩固的国家基础之上，有团结起来的民族、统一的帝国、庞大的军队。但是我！我的资源在哪里？可是我，您知道，我是对法国的利益和命运负责的。这个负担太重了，我没有条件低头。"丘吉尔先生在我们谈话结束时表示了同情和友好："我们前边还有需要克服的障碍。但是有一天我们将去法国，也许就在明年。无论如何，我们一定一同到法国去！"他一直伴送我到大街上，一再重复："我一定不会抛弃您，您相信我好了。"

三天以后，艾登先生自己接着又提出令人满意的保证，表明英国对于整个法兰西帝国，特别对于马达加斯加并没有任何企图。他向我声明，拉西"旅长"已被召回，贝契柯夫可以动身了。他热情地说："相信我，我们愿意和您一起携手前进，来共同准备西线的战事。"

事情暂时被悬置起来了。不过，我们的警告已经被听见了。从现在起，英国对于我们帝国的专断似乎不会超出某种界限了。我们看到了一些希望，那就是叙利亚的事情会延缓下来，法属索马里将得到鼓舞进行联合，洛林十字旗有一天将会在马达加斯加的上空飘扬。还有就是，我清楚地认识到，英国最后不会放弃它和我们的联盟。

在外交舞台前面最感兴趣的许多观众中间，有几个在英国的流亡政府。它们通过许许多多显著的行动，看到自由法国重新取得了法国的地位。1941 年，它们的圈子扩大了。希腊国王和大臣以及南斯拉夫的国王和大臣都先后到了英国。法国的事情是他们关注的一个重要问题。他们在国内被篡夺他们地位的叛徒们所出卖和中伤，他们对维希政权怀有敌意，因为维希当局的态度成了他们国内那些卖国贼的依据。同时，虽然他们的主权为几个强大盟国所承认，可是他们仍不免忍受弱者听凭强者处理的痛苦。最后，他们相信，法国的恢复可以使欧洲趋于稳定，也可以使他们自己获得光明的前途。所以他们带着内心的喜悦注视着自由法国争取独立的活动。这实在是使人十分满意的观众。

在我们这一方面，我们也不遗余力地加强和这些政府的关系。这些政府虽然失掉了土地，但在自由世界的每一处都有正式代表权和一定的影响。民族委员会的德让和他的同事们同这些政府的大臣和官员们保持接触，双方的办事人员也常常碰头。我自己也和他们国家的首脑和政府的主要成员进行会见。

这些访问和谈话使我们感到荣幸，同时对于我们也是有益的，因为和我们打交道的这些人都是值得尊敬的人。但是在他们表面礼节的背后，我们能看到失败和流亡在他们灵魂深处所造成的情绪。这些政府仍然维持着它们应有的体面，勇敢地表现它们的沉静。但他们都已被投入忧虑和悲哀的深渊，每个人都生活在阴影里，过着伤心悲痛的生活。

真正的情况是，自从苏联和美国加入战争之后，西方国家的领袖对于他们自己的国家将获得解放已不再怀疑。但是在什么情况之下呢？这是萦绕他们心头的问题。和我谈过话的荷兰人、比利时人、卢森堡人、挪威人都是如此。荷兰女王威廉敏娜、她的首相格布兰迪教授、她的外交大臣范·克莱芬斯和荷兰亲王波恩哈德，全都为荷兰王国的覆灭而深感失望，虽然海军上将赫尔弗立克的舰队和森林地带的泰·包登将军仍在英勇地抗战。皮埃乐先生、哥特先生和斯巴克先生三人组成的一个为比利时服务的富有智慧、热情和技巧的小组，常常在谈到国王问题时忧心忡忡。至于女大公夏绿蒂、她的丈夫巴旁-巴马菲利克斯亲王和他们的亲信常任大臣伯克先生，也经常在想象纳粹统治对卢森堡所造成的物质上和精神上的后果。还有，坚定自信的国王哈康七世和为国效劳的特罗维·赖伊先生在看到他们的商船消失时也感到悲哀，“我们国家的资本在沉没中”，挪威人经常这样说。

更可悲的是希腊、南斯拉夫、捷克斯洛伐克和波兰的局势。因为苏联加入战争保证了德国必败，但同时也给它们带来了别的威胁。它们的国家首脑和大臣们公开地这样谈论。希腊国王乔治二世和政府首脑苏德罗斯先生对我讲述了侵略给希腊人民带来的深重苦难，他们在各种困难情形下抵抗敌人。同时，南斯拉夫的年轻国王彼得二世和轮流主持内阁的西莫维奇将军、尤凡诺维奇先生、特里芬诺维奇先生都为破坏他们国家的许多事件所震动：克罗地亚建成独立国，并宣布斯包雷多大公为国王；意大利并吞了卢布尔雅那的斯洛文尼亚省和达尔马提亚；铁托和在塞尔维亚抗战的米海洛维奇将军处于不断的竞争与对立之中。

相反的，贝奈斯总统和他的部长斯拉麦克先生、马萨立克先生、瑞布加先生和英格尔将军给我们的印象是，他们相信苏联人将来的作为。通过波格莫洛夫先生的中介，他们显然与克里姆林宫保持着良好关系。他们在莫斯科的代表费林格先生似乎在那儿很受欢迎。从德国国防军中掳来的捷克斯洛伐克俘虏组成了一个捷克斯洛伐克部队，并被苏联的最高统帅部派到战争岗位上去。我们可以看到，不管贝奈斯总统对于苏联政权有多大的厌恶，他主要还是要依靠苏联的力量使自己回到布拉格，使捷克斯洛伐克获得新生。

贝奈斯总统的谈话包含着高深的历史和政治的教训。话讲得很长，然而听者和说者都不感觉疲倦。我仍然能听到他在为国家的荣誉而呼吁，因为他掌握这个国家的命运已经 20 年了。他说：“这个国家如果得不到莫斯科的支持是不能继续存在的，因为它有必要合并苏台德地区和那里的德国居民，以及匈牙利所不愿丧失的捷克斯洛伐克和波兰人所垂涎的德申①。法国的好意是靠不住的，所以我们不能对它信赖。”总统在结束谈话时说：“将来我们也许能避免和克里姆林宫建立单独的联盟，但只有在法国已经在欧洲恢复了它应有的地位和权力的情况下才有可能。那时，我还有什么别的选择呢?”贝奈斯先生这样推论下去——他知道我已经觉察到他长期以来内心里的忧虑。

至于波兰人，他们没有什么怀疑。在他们的心目中，苏联人是一个对头，就是在他们被迫与共同的敌人作战的情况下也是如此。波兰共和国总统拉凯维兹先生、政府和军队的首脑锡柯尔斯基将军和部长扎莱斯基先生、拉金斯基先生、库柯耳将军，都一致认为随着德国战败而来的将是苏联的扩张。在柏林被击败后，怎样把苏联的野心顶回去，关于这一问题，波兰人有两种倾向。有时候他们为一种悲观哲学所支配，使他们在失望中产生醉人的幻想，好像肖邦的乐曲从悲哀中引申出幻梦。也有的时候，他们怀抱着一种希望，盼着波兰能和西方联合起来，把加里西亚和立陶宛的土地让给苏联，从而达成协定，以免被迫在华沙成立一个共产主义政府，受它的领导。但是当他们真正打算订立这个协定的时候，他们的心理又为感情所支配，因而内部产生了敌对情绪，并引起了盟国的怀疑和苏联的不满。

虽然调和政策是冒险的，但锡柯尔斯基将军仍决定试一试。这个伟大人物是适合于为祖国的命运负责的。由于他过去反对过毕苏斯基元帅的政策，以及伯克与利兹斯米利的过分自信，所以在国家遭遇灾难之后，他发现他已经握有一个流亡国家所能赋予他的全部权力。

---

① 即 Teschen，位于奥得河支流，煤产丰富。第一次世界大战后，1921 年分属波兰和捷克斯洛伐克，1938 年完全划归波兰，1939 年曾被德国占领。波兰人称为哲申(Cieszgn)，捷克斯洛伐克人称为捷克特申（Cesky Tesin or Decin)。

德军一进入苏联，锡柯尔斯基将军不顾波兰人心头积聚的激怒情绪，立刻和苏联重新建立外交关系。1941 年 7 月，他和苏联签订了一个协定，声明 1939 年苏德分割波兰无效。12 月，他自己去莫斯科交涉释放波兰俘虏，并把他们运送到高加索，由安德斯将军统率，从那里再运往地中海地区。锡柯尔斯基和斯大林曾经进行过长时间的会谈。他回来之后讲到他们的谈话时，曾对我描述克里姆林宫的主人，说他陷于极度痛苦，但是他清醒的神志、残忍和狡诈机智并没有受到损害。锡柯尔斯基告诉我："斯大林曾说，他原则上赞成订立一个协定，但是在协定中他们所承担的和他要求我们必须承担的，只能看双方力量的对比来决定——那就是说要看波兰能不能从西方国家得到支援来决定。当紧急时刻到来的时候有谁能够帮助波兰呢？只有法国，否则就一个国家也没有。"

各流亡政府的充满渴望心情的合唱，对于自由法国的进展成了无声的伴奏。它们都像英国人一样，以保留条件来承认民族委员会，但它们也一致认为戴高乐将军是有资格代表法国说话的人。例如，在各国政府首脑的会议中，他们曾经和我于 1942 年 1 月 12 日签订关于战争罪行的共同宣言，这就表明了他们的这种看法。总的来看，我们和流亡政府的关系以及它们帮助我们树立的声誉是我们在外交上的一大助力，同时在公众舆论上也为我们获得了许多不可估量的有利因素。

在这个世界悲剧中，肯定地说，大人物支配着盎格鲁-撒克逊人的舆论。但公众舆论，虽然受到战时检查，也还是能指导政府的。所以我们也尽力取得公众舆论的支持。我个人就利用我们的事业所唤起的同情和好奇心来努力达到这一目的。我经常对英国和美国的公众演讲。按照传统的程序，我常常从约请我讲话的许多协会中，选择适合于这种时机和这一类题目的集会对他们讲话。作为一个为此目的而举行的午餐会或晚餐会的主客，我在餐后常看到一些新闻界人士或有声望的人士为了听我的演讲而来，小心翼翼地挤进会场。然后，按照英国的习惯，由“主席”致辞后，我就讲我要说的话。

我的英语不够好，一般都是用法语讲话。然后苏斯戴尔就开始活动起来，我事前翻译好的讲演词在读完之后，立刻被散发出去。英国和美国的报纸和无线电台传播这些讲演的要点。至于客观性，我认为美国报纸是比较近于客观的，因为它们常把讲演原文中的某些词句着重提出来。这些词句，不管怎么样，总算“博得好评”了。英国报纸虽然常常提出批评，但很少对原文有曲解。必须附带说明，拉丁美洲的报纸，由于与法国的友谊、对戴高乐主义的尊重，以及也许愿意弥补美国的态度，总是把我的演讲放在重要地位。总之，除了在一些紧急情况下，为了“军事上的必要”不能不阻止我讲话外，我经常能看到盟国的民主是尊重言论自由的。

我在 1941 年春天去东地中海地区之前，曾经对英国听众作过好几次讲演，并特别对福伊尔斯文学午餐会和英法议员小组会作过讲演。从我 9 月回到伦敦之后直到第二年 6 月，听过我讲演的有盟国新闻界代表、斯塔福德英国电气坦克工厂的职工和厂长、皇家非洲学会、外国报纸协会、牛津大学法国学会、英语联合会、利物浦城俱乐部、全国公众利益保卫委员会、爱丁堡市政厅人员和社会知名人士，还有在议会中特别为下院议员组织的一次集会。1942 年 5 月，我第一次举行了记者招待会。1941 年 7 月 14 日，当我在布拉柴维尔的时候，美国全国广播公司在它所有的广播站转播了我在无线电广播中对美国所发出的呼吁。1942 年 7 月 8 日，哥伦比亚广播公司从纽约市长拉瓜蒂亚在中央公园召集的一次特别的群众大会上，把《我们的朋友和同盟者戴高乐将军》的一篇英文演讲播送到全美国。在 14 日，为了庆祝法国国庆，又播送了我对美国的一个新的致辞。除了这些主要场合之外，还有许多其他机会，虽然是事前没有准备的讲话，但也都得到了良好的反应。例如在伯明翰、里兹、利物浦、格拉斯哥、赫尔和牛津各城市所举行的招待会上，在爱丁堡大学、朴次茅斯海军司令部、布里汉和科万海军造船厂、塔布工厂、哈米林工厂和《泰晤士报》等所举行的招待会上，最后还有在其他许多俱乐部所举行的招待会上，人们都对我那样谦恭、友善。

在每次讲演中，虽然措辞不同，但我要激起外国良好反应的思想感情是一样的。我说明法国在战争一开始时就打了败仗，是因为战前在民主国家中普遍存在的陈旧的军事制度，而我国所以成为牺牲者，是因为它没有大洋作为屏障，并且是被孤单地留在那里担当前哨的责任。我肯定地说，法国虽然处在敌人压迫之下，但仍然能过着基础深厚和坚强不屈的生活，而且在全力恢复的决心下，必能获得复兴。我用国内外蓬勃发展的抵抗运动作为证明。但我也描述了法国人民的心理，他们对于盟国对待它的一举一动都是十分敏感的，因为它正处在不幸和屈辱之中，因为希特勒一直在它的面前宣传，如果它能加入主义阵营，它就能有复兴的希望，也因为只有在民主国家尊重法国权力的情形下，才能证明维希当局是错误的——为此，我能不提出各种各样的论据吗?

所以在 1942 年 4 月 1 日，我发表了一篇演说，详细地阐述了这一方面的问题，结果引起了激烈的争论。我在演说中声明："不要认为战斗法国这个奇迹，只要一经形成就可以不必再管它了……整个问题的基础是，只有在盟国愿意和战斗法国站在一起的条件下，战斗法国才愿意和盟国站在一起……"在直接谈到美国仍然和维希发生关系并和维希的代理领事进行秘密交易的时候，我接着说："对于民主国家来说，依靠那些破坏法国自由和想按照法西斯主义的模型或脸谱来改造法国的人，就是在政治上引用了因为怕雨淋而投入大海的可怜的傻子原则。"为了使我的声音更响亮，我又接着说："当前整个法国问题是一个革命问题，不承认这一点是一个严重的错误。这是被它的统治阶级和特权阶级出卖了的法国开始要完成的历史上最大的一次革命。"我大声疾呼："如果自封的现实主义，在一次又一次的慕尼黑会议中，已经把自由引向深渊的边缘，而现在又继续压制热情，不肯牺牲，那将是不能容忍的……"

地位已经确定了。自由法国无论是在公众的感情上还是在法律的认可上，都成功地被承认为不仅是法国的武装保卫者，而且是它的利益的监护人。这个成果是在紧要的关头得到的，因为 1942 年夏季开始的时候，一切情形使战争发生了决定性的变化。苏联不但支持住了，而且已转向反攻。英国一方面派遣了很多增援部队到中东，一方面在本国也有相当数量的武力可用。美国准备把它的生力军和大批军用物资运到西方。最后还有法国，它虽然在本土上被压倒、被奴役，而且在一大部分海外的领土上也处于被动，但仍能以重要的军事力量、它的整个帝国和它的抵抗来参加最后的战斗。好比一个人在战场的边缘上展开战旗一样，我在 1942 年春天，用"战斗法国"这个名字来代替以前的"自由法国"，并把这个新的称号通知各盟国。

因为未来的决战关系着法国的命运。它的领土——北非或者本土——将成为战场。它在敌人面前所能做到的或者所不能做到的，将决定它在胜利后的所得。但法国在世界上的地位、国家的统一和主权的完整将依靠盟国的态度来决定。我并不怀疑，有些国家，甚至不是最不重要的国家曾策划尽可能使法国领导机构处于从属地位和不稳定状况，并使战斗法国不是被丢弃一边就是被并吞。但它现在在世界上已经取得的巩固的地位，使它不可能被外部力量摧毁。

只要法国自己是坚强的，只要它能得到与实际情况相适应的全国一致的支持，这是不成问题的。在继续进行我们的战斗的时候，我没有想到其他的问题。我考虑的只是：战斗法国在未来的考验中，是不是具有不从内部分裂的机智、勇气和毅力呢？筋疲力尽、被引入歧途和陷入烦恼的法国人民，是不是愿意听我的话，跟着我走呢？我能不能统一法国呢？

第八章 战斗法国

在1941年夏季到1942年夏季战斗法国在外交方面扩展活动的时候，它本身也在不断壮大。虽然本书是依次叙述这两方面的发展情况的，可是它们却是同时发生的，也是相互关联的。

在1941年夏季到1942年夏季战斗法国在外交方面扩展活动的时候，它本身也在不断壮大。虽然本书是依次叙述这两方面的发展情况的，可是它们却是同时发生的，也是相互关联的。我们的活动范围继续在扩大这一事实，使我有必要为这个事业设立一个适当的领导机构。戴高乐不能再单独指挥一切了。问题千头万绪，在作出决定之前，必须将有能力的人召集在一起交换意见。实行这些决议的措施也须分配给各方面。此外，既然在所有的国家中政权都采取内阁形式，我们也不能例外，我也要求在外交上获得承认。1941年9月24日我发布命令，成立民族委员会。

事实上从一开头我就一直想着这件事。但是一年之中有8个月我要在非洲和中东度过，尤其是所谓“代表”人物的缺乏，使我不得不把这件事延搁下来。相反的，当我于叙利亚事件之后到达伦敦的时候，我便开始着手这个长期的组织工作。还有，最初跟随我的一些还不大出名的人，现在有的也有了名望。于是我便能够开出一个像样的委员会成员名单。对战斗法国来说，民族委员会将是聚集在我周围的指导机构。在这个机构中，“委员”对我们所有的事务进行集体讨论，同时每个人还必须指导一个“部”来行使我们的职权。全体委员对于所作出的决议负责。一句话，这个委员会就是政府。它将具有一个政府的职能和结构，虽然它没有政府的名义。我把这个名义保留到有一天——虽然这个日子不可避免地还很遥远——能组成一个全法国统一政权的时候。后来我在规定成立一个咨政会议的命令中，也具有同样的观点："其任务是对民族委员会提供尽可能广泛的全国性意见。"但是很久以后，这个咨政会议才开始成立。

如我所预料的那样，我的这个决定在某些法国小团体中引起了波动，它们冒充政治团体在英国和美国或多或少地活动起来。它们希望戴高乐只充当一名士兵，为盟国供给增援部队。但是它们不承认自由法国的领袖应当担负起政府的责任。它们没有和我联合，它们不承认我的地位，而宁愿把法国的未来命运托付给外国人——罗斯福、丘吉尔和斯大林。

我承认在我的理想和这些集团的理想之间存在着真正的矛盾。在我看来，当此国破家亡之际，政策必须是为一个伟大和单纯的理想服务的。可是他们抱住旧的奇怪观点不放，不肯同意政策绝不应该是一群职业丑角表示态度和派别的东西：他们除了在报纸上发表文章、演说、讲坛说教和分摊官爵外，什么也不做。尽管旧的政权已经被所发生的事件扫荡无遗，尽管它已经给法国造成灾难——法国是否能从这个灾难中重新恢复都成问题，尽管这些陶醉了的人们今天已经失去了平日兴风作浪的凭借——议院、国会、部长办公室、总编辑办公室，他们还是继续在纽约或在伦敦玩这套老把戏。因为找不到志同道合的人，就拼命网罗一些盎格鲁-撒克逊的大臣、议员和新闻记者。盟国给自由法国所制造的困难以及它们通过报纸、电台对它的攻击，往往是由某些法国流亡者引起的。他们千方百计地反对组织民族委员会来提高战斗法国的政治地位，他们一定会破坏这个行动。

穆兹利埃海军中将便是为他们服务的一个工具。这位海军中将具有一种双重人格。作为一个海员，他表现了他的值得重视的才能，而且我们小小的海军舰队的成立大部分与他的才能有关。但他时常被一种忐忑不安的心情困扰，迫使他捣鬼作怪。当他获知我要成立这个委员会时，立刻写信给我，装出民主战士和与盟国最有默契的人的姿态，说我的政策将危及民主。他建议我应当居于名誉地位，而把实权交给他，以保障今后的民主和与盟国之间的谅解。至于他企图迫使我屈服所用的手段，不外是以海军脱离相威胁。他在电话中告诉我："海军将宣告独立，并继续作战。"

我的反应是明确的，讨论是简短的。这位海军中将屈服了，他说这是一场误会。为了不伤他的感情和工作上的方便，我表示对他信赖，相信他的话，并任命他为民族委员会的商船和海军委员。

这个委员会包括：普利文，负责财政、经济和殖民地；卡山，负责司法和教育；德让，负责外交；勒让蒂约姆，负责作战部；瓦兰，负责空军；刚从法国来的迪特尔姆负责在法国本土的行动、劳工和情报。贾德鲁与达让吕那时驻在国外，也成为这个委员会的不管部委员。我把民政部门行政性调整工作如级别、薪金、人员分配、供给等等交给普利文。开始我曾想（后来也做过几次努力）吸收某些在美国的法国著名人士参加这个委员会，以扩大这个委员会的席位。为此我请求马利丹与阿莱西·莱吉尔先生给予协助。他们的答复非常客气，但表示不能应命。

当民族委员会的工作正在顺利进行的时候，穆兹利埃制造了新的危机。他从圣皮埃尔岛远征归来（我们曾经一致为他这次远征祝贺），回到伦敦。在1942年3月3日委员会会议上，他声言自由法国的许多事情是他所不欢迎的，因此提出辞去他的委员职务，并写信给我请求批准。我接受了这个辞呈，把这位海军中将列入预备役，并从太平洋召回奥包诺，令其接替穆兹利埃。可是这时穆兹利埃宣称，虽然他已不再是民族委员会的委员，他却要保留海军最高统帅的地位，好像他是这块封地上的领主似的。这是不能允许的，在英国政府突然干涉这件事的时候，我们事先解决了这个问题。

这次干涉是经过长期准备的。鼓动其事者是我们侨民中的几个糊涂虫和英国下院及海军部里面的某些分子。这些阴谋策划者找到了海军大臣亚历山大先生做他们的支持者。他们向他进言，作为一个海军大臣应该想到，如果穆兹利埃去职，自由法国的海军就要解体，英国皇家海军便要失去一个完全不可缺少的帮手。他们又说服他，作为一个工党党员，应该考虑到，戴高乐和他的委员会有法西斯倾向，自由法国的海军必须与他们的政策分离。英国内阁为了保持内部平衡，也许是想削弱戴高乐的力量，以便易于对付，便采纳了亚历山大的意见。内阁决定要求我保留穆兹利埃的自由法国海军总司令的职位。

3 月 5 日和 6 日，艾登先生和亚历山大先生先后向我提出这个要求。我对这件事已经下了决心。不管代价怎样，民族委员会的决定必须照原议执行，英国必须放弃对这件事的干涉。3 月 8 日我写信告诉艾登，民族委员会和我本人已经决定穆兹利埃不再担任海军总司令，而且我们不打算接受英国政府在这件事上的干涉。我说："自由法国认为他们和英国站在一边并为共同目的而奋斗，其含义是英国必须把他们当作盟友来对待，英国的帮助绝不能以违反他们自己的目的为条件……如果不是这样，戴高乐将军和民族委员会将不再为这个艰巨的任务而努力。事实上，他们认为为了法国的未来和现在，忠实于他们自己确定了的目的是必要的。这个目的在于复兴法国，并随同盟国一起，在战争中完成祖国的统一，但不能在任何程度上牺牲法国的独立、主权和国家制度。"

当时我没有接到答复。无疑的，英国人在采取其他步骤之前是在等待着，看我们海军内部将发生什么变化。可是，在任何船只上和任何训练基地，在我们的任何机构中，都没有什么反对的动向。相反的，所有自由法国的海军人员，都以和戴高乐所遭遇的困难程度相等的热情更加和他靠近了。只有少数军官聚集在穆兹利埃海军中将周围，在他的参谋总部里组织了一次不像样的示威。我亲自去对他们讲了话。当时我命令穆兹利埃中将在一个与海军脱离一切接触的地方居住一月。按照1941年1月15日的管辖协定，我吁请英国政府保证此项措施的执行，因为这是在英国领土上执行的。此后，我很久没有接到这个必要的保证，我自己便到乡间去了。我做好一切准备，等待着一切可能发生的事情，并将一份秘密的声明交给普利文、迪特尔姆和柯勒特，在一旦我被迫放弃我所从事的工作而不能亲自解释的时候，委托他们转告法国人民。同时我使盟国了解，我深以为憾的是，在它们执行对它们具有约束力的协定以前，我不能恢复与它们之间的关系。

这是3月23日的事。皮克先生拜访了我。他交给我一个备忘录，上面说，他的政府并不坚持穆兹利埃必须留任海军总司令，而且将担保在一个月内不使这位海军中将与法国海军任何人员取得联系。英国政府还将他推荐给我，请我委派他以某种与他的资历相当的任务。于是从太平洋回来的奥包诺就接受了海军的管理和指挥权。5月间，我约请穆兹利埃海军中将来见我，商谈一项我想委派他的视察使命，希望仍然给他一个服务的机会。他没有来。几天以后这位曾为我们海军做过许多工作的海军中将通知我，他与自由法国的合作已告结束。我非常为他难过。

在这次不幸事件之后，没有再发生过阻碍这个“伦敦委员会”行使职权的事情。这个委员会经受了各种含有敌意的宣传（不仅是敌人和维希方面的宣传）。有时被说成是一堆贪婪的政客，有时被说成是一群法西斯冒险家，有时又被说成是一群乌合之众的共产党狂人。但是我可以肯定，所有这些毁谤对我们祖国和政府的利益毫无损害。民族委员会每周至少举行一次例会，有一定的仪式。例会在卡登花园的一间叫“钟屋”的大房子里举行，按照会议程序，首先听取各委员关于自己部门的工作报告，或某位委员认为应当提出的问题。然后批示公文和情报，一切事情均经过详细的讨论。会议最后是立即以议事录形式制成决议，然后通知武装部队和各部门。没有一个重要步骤不是首先经过委员会慎重考虑过的。

我经常得到民族委员会全体和各委员个人的宝贵协助与忠诚的支持。我当然还须亲自处理一切特别重要的事情。但由于我身旁有这些能干的人帮助我，我的负担也不是很重的。无疑的，这些部长们没有一个是以前的社会活动家，因而在某种程度上缺少威望和名声。但是他们都能证明自己有能力取得这些东西。此外他们都具有自己的个人经验和特殊的才能。所有这些使战斗法国易于接受各方面的影响，否则这条道路将被隔绝。我可能会常常遭到这些共事者的反对（当然不是反抗），甚至对我的计划和行动的抵制。在困难的时候，常常当我要采取断然措施时，委员会里的几个委员却倾向于妥协。但是总起来说，这样是较好的。的确，到最后，在委员们提出自己的意见之后，没有一个委员对我的最后决定表示异议。

事实上，我们虽然在意见上有分歧，但责任还是由我一个人负担。在争取解放的斗争中，最后只有我这个可怜的人应付一切。特别是在法国国内，日益增多的倾向于积极抵抗的人，都对戴高乐抱着希望。那里对我的号召有越来越明确的响应，也有了集中的感情，我认为这是必要的，也是很感动人的。因为我了解法国人生性爱闹分裂，而强加在法国人身上的民族分割又以各种名义来掩饰他们的叛变。我渴望着抵抗力量的团结一致，事实上这就是我们获得胜利、民族光荣和在世界舆论中得到重视的条件。

自从 1941 年夏季以后，我们立刻就能知道国内所发生的事。除了能够从报纸的字里行间和双方电台广播所了解到的情况以外，我们还经常获得大批完整的情报。有的是我们组织里的人耳闻目睹的，有的是妥善安置在敌方岗位上的人的报告，有的是每天来自法国的志愿军所讲述的，有的是我们外交人员供给的情报，还有逃亡的法国人路经马德里、里斯本、丹吉尔和纽约时所发表的谈话，以及自由法国人的家人和朋友邮寄给他们的、依靠种种办法寄到的信件。所以我的心里就经常保持着最新的情况记录。当我和刚离开法国但一直多少受到他们的职业或所在地区限制的同胞谈话时，我荣幸地了解到，由于有一批忠诚的人民在搜集、传递和整理情报上作出不懈努力，我才能和别人一样地知道法国的情况。

所有这些都显示出维希的没落。这个政权的最后幻想已经破灭。自从苏联加入战斗，美国接着参战，英国和自由法国坚决抵抗以来，德国的胜利（他们曾把这一点说成是必然的，以便为他们的投降寻找理由）就已经不可能了。以被奴役为代价“从着火的房子中抢救家具”的主张显然是可笑的，只要看一看以下这些事实就可以明白：我们150万战俘没有回来；德国人事实上并吞了阿尔萨斯和洛林，从行政上将我国北部和其他地区隔断；占领者征收的税金、原料、工农业产品使我国经济耗损殆尽；同时德国在驱使越来越多的法国人为它服役。当法国的陆海军被迫在达喀尔、加蓬、叙利亚和马达加斯加与盟国军队和“戴高乐派”作战的时候，当停战委员会的德国人和意大利人在阿尔及尔、突尼斯、卡萨布兰卡和贝鲁特为所欲为的时候，当德国飞机在阿勒颇和大马士革着陆而日本则侵占了东京湾和交趾支那的时候，为了保卫法兰西帝国不惜“与任何人作战”的说法就不能欺骗任何人了。所有的人都会看到，从现在起，只有战斗法国才能有一天重新收复海外的领土，一个个地把赤道非洲、大洋洲诸岛屿、东地中海地区、圣皮埃尔、马达加斯加和法属索马里收复，并逐渐扩展到北非、西非、安的列斯和印度支那。

至于维希当局想用来掩饰投降的所谓“民族革命”，给人们的印象是一堆无用的改良措施。有些措施本身虽然有些价值，但因为在人们的心目中它们是和灾祸与奴役分不开的，因之也就失去作用而毫无成效了。维希当局的道德革新和重新树立威信的主张，以至在经济、社会组织方面所作的重大努力，从表面上看只是军队的操演、对贝当元帅的歌功颂德和有如雨后春笋的各种委员会，实质上导致了卑鄙的迫害、警察统治和检查制度、特权和黑市。

因此，就是在这个政权的内部，混乱崩溃的现象也已经很明显了。从1940年底到1942年夏季，接连发生了一系列的事件：首先是赖伐尔的革职；然后是戴亚、德龙克勒、吕舍尔、马盖、苏亚雷兹等人在巴黎搞了个“国民议会”（他们在德国人的直接支持下辱骂在任的人，并掀起一个运动，叫嚷着要求赞同更紧密的合作）；接下来是达尔朗权限的不断改变；阁员的辞职（有易巴加拉、博杜安、阿里伯、佛兰亭、贝吕顿、塞瓦里埃、阿沙德等人，他们都一个接一个地声称干不下去了）；雷奥姆公审奇怪而突然的停止；魏刚的退休；高莱特企图谋杀赖伐尔；以及赖伐尔之受命为政府领袖。贝当元帅自己也公开承认他的苦恼。“我感到，”1941年8月他在广播中说，“从法国好几个地方刮起了一阵歪风。人们感到心神不安，疑虑占据了他们的心灵。政府的威信成了问题。命令不能贯彻。一种真正的焦虑冲击着法国人民。”次年6月，在他要求停战的两周年那天，他在广播中说：“我不否认我的呼吁得到的反应微小得可怜。”

当维希政府的体面和活动衰落的时候，法国本土到处发展着抵抗组织。当然，他们的活动非常混乱，常常界限不清，但都是为同样的目的所感召。这里有人编写、印刷、散发传单；那里有人监视敌人的活动，向抵抗组织汇报情况；少数坚毅果断的人建立起行动组织，进行更加复杂的工作，如袭击、骚扰、破坏、收受及分散空投或偷运过来的军用物资，接送地下工作人员，将其从一个地带转移到另一地带或带领他们偷越边界等等；有些人还组织些不很成熟的活动。他们的结合有的有纲领，有的仅有一个共同的愿望。总之，在法国本土生活萎靡消沉的外表下边，秘密的抗敌活动正热烈蓬勃地展开。国内的战士在想办法如何透过警察和特务的严密封锁网来打击敌人。

1941 年 8 月开始了一系列狙击德国士兵的事件。第一批被杀的有：一个刚从地下车站上来的少校军官、南特城卫戍司令、波尔多的一个军官和巴黎塞宾莱大街上的两名德国兵。别的暗杀也跟着开始了。为了报复，德国人枪毙了几百名人质，将好几千名爱国者关进监狱，随后又把他们送出法国。他们以极重的罚金和劳役来蹂躏有德国人遭到暗杀的城镇。当我们听到这些用冒着巨大危险的代价取得的单独抗敌的战绩的时候，心情是骄傲而又沉重的。同时，那些牺牲在德国复仇怒火下的法国人使我们的内心深感悲痛，但不是绝望，因为这和士兵在战场上牺牲是一样的。不过，从战略的基本道理上考虑，我们认为这个斗争必须有计划有领导，而事实上在本土开始公开作战的时刻尚未到来。我们首先扰乱敌军，然后是我们国内的部队在预定地点与敌人接触，最后是我们期待中的总有一天会发生的全国大起义；这些行动如果是一个有组织的整体，并与解放部队互相配合的话，将会获得巨大的效果。可是在 1941 年，抵抗运动还刚刚开始；同时我们知道，总要好几年以后我们的盟国才能登陆。

所以 10 月 23 日我在广播中说："德国人被法国人杀掉是完全自然和完全正确的。如果德国人不愿死在我们手里，他们应该只待在家里……既然他们没有能够征服全世界，他们就一定不是俘虏就是死尸。……但是战争必须有策略。战争只能由负责作战的人来领导。……目前我命令在沦陷区的人不要公开地杀害德国人。唯一的理由就是：作为报复，敌人现在可以轻而易举地大批屠杀我们目前被解除武装的战士。另一方面，只要一到我们能够进攻的时候，我就会发出你们期待已久的命令。"

一方面要限制在目前情况下得不偿失的牺牲，同时也必须利用这种由德国人的镇压而激起的情绪，以促进民族的斗志和团结。10月25日，侵略者在南特和波尔多各杀害50名人质的第二天，我在广播中说："敌人以为枪毙我爱国志士便可以吓倒法国。我们将让他们知道，法国是吓不倒的。我现在吁请全法国的男子和妇女，在10月31日星期五，从4时到4时5分，在他们当时所站立的地方停止一切活动，静默5分钟。……这个巨大的警告，这个全国范围的抗议可以让敌人看看我们的力量，同时也是法国精诚团结的证明。"那一天的前一日晚间，我重申我的号召。事实证明，在许多地区，特别是在工厂里，这次示威是非常动人的。这更使我决心防止抵抗运动流于无政府状态，而要在不妨碍其积极性（这是抗敌的泉源）和分散性（否则将为敌人一举歼灭）的情况下将它变成一个有组织的整体。

不论怎样，现在已有了以抗战为主要内容的实际行动，而且在许多方面表现得非常坚决。可是由于缺乏军事干部，所以损失非常严重。可以而且应当从陆军中留下来的人当中去找这种人，可是维希当局挡住了他们的去路。然而首先起来抗战的是军人。一些陆军和地方部队的军官，从停战委员会保存下来一些军火。维希的谍报机关在其职务的掩护下进行反间谍工作，有时将情报送给英国。另外，在弗赖尔、德莱斯特兰、维尔诺、布克罗-达骚和杜尔梅耶等将军的推动下，特别是利用军官俱乐部，进行了抗战动员工作，高色将军还猛烈攻击过投降卖国思想。包括好些退伍军人在内的青年团①的许多指导员，都积极从事训练，准备拿起武器作战。在正式部队的残留人员中，几乎所有的军官、士官和士兵都公开表示他们

① 贝当元帅在1940年成立的青年运动组织，最早是自愿参加，到1941年1月改为强迫性质。——据英译者注

希望重新参加战斗。

公众觉得这是一件好事。我在伦敦看到的一部法国新闻片便是一个明显的例证。在影片中，贝当访问马赛时出现在市政府的阳台上，下面是基于爱国热情而骚动着的军队和人群。贝当为群众中涌现的伟大力量所感动，突然叫道："不要忘记你们所有的人都仍然在战争动员之中!"你可亲眼看见这句话在这些市民和军人中产生的热情奔放的情景，他们欢呼雀跃，有的激动得哭起来。

正是由于这种情况，虽然军队中大部分人（常常是最优秀的）都战死或做了俘虏，陆军仍然流露出愿意领导全国抗战的倾向。但这正是他们必须听命的那个所谓"政府"所不欢迎的。维希当局先是玩弄中立的谎言，接着就与敌人合作，禁止军队忠于他们保卫国家的天职，把他们关在军纪的死胡同里，使里面的人要出来就得触犯纪律。虽然有许多军人冲破了这个障碍（特别是那些在组织中的人、准备参加秘密军队的人、那些后来组织"军人抵抗协会"的人），可是在初期，抵抗运动还得临时训练自己的干部。

在所谓自由地区，弗莱乃上尉领导的"战斗队"、艾曼纽耳·达斯迪埃·德拉维热里领导的"解放队"和由让-皮尔·勒维主持的"义勇军"都展开了具有相当规模的宣传活动，并招募别动队。而留下给老工会（"法国总工会"和"法国天主教劳工联盟"）的事情就是散布有利于抗战的影响。原有的政党组织，特别是社会党、人民民主党和共和联盟，也都不例外。德国人不在这块地方，反抗的对象当然就是维希政权了，也就是跟它的警察和法庭作斗争。领袖们一方面准备力量以便必要时抗击敌人，一方面也想夺取政权，他们把抵抗运动不仅看作是战争的工具，也当作推翻这个政权并取而代之的一种手段。

南部地区抵抗运动的政治声望显然有利于把运动活跃起来，并吸引有影响的人参加组织，也给他们的宣传增添动人心弦和激起公众热情的力量，但同时不可避免地也给这些指导机构之间的联系、合作和日后的一致行动带来危害。应该说，这些参加抗敌的人和他们的同情者很少考虑抵抗运动今后的计划步骤，也不考虑在什么条件下才能有一天取得政权，更不管到那时候应该选择什么人来治理国家大事。在大家的心目中，唯一的事就是战斗，或者准备战斗。搞武器、寻觅掩蔽地点、策划和参加袭击敌人——这就是要干的事。因此相互熟识的人需要在当地组织起来，找一些物资来源，部署自己的行动。总之，在这些组织里，意志是比较集中的，可是行动却是分散的，各有自己的领袖，各干各的，而且互相争夺极为有限的经济和武器来源。

在沦陷区，国难当前，不但没有这种你抢我夺的竞争，而且更需要人员和力量的分散，在那里和敌人的接触是直接的，面对面的。他们要对付德国秘密警察。一举一动、传递消息和住房都受到敌人严密的控制。任何嫌疑犯都被关进监狱，然后押出国境。实际行动要使我们的战士遭受残酷的杀害和严刑拷打。在这种情况下，行动是极为分散的。可是另一方面，德国人的存在也产生了一种刺激人们斗争和鼓励大家团结的气氛。在这个地区的活动像战争一样紧张，而且是非常秘密的。像杜尼上校创立的“军政组织”、黎包舍领导的“自由人”、莱贡特-布纳组织的“抵抗者”、加瓦耶建立的“自由北方”以及在艾诺、在法兰德斯和矿区由乌克指挥的“北方之音”，都正式表示反对任何政治倾向，一心只想着战斗和成立大批相互隔绝的秘密组织。

一直到1941年底共产党才采取行动。在这以前共产党的领袖对占领当局采取了一种妥协态度，而专事诋毁盎格鲁-撒克逊资本主义及其仆从“戴高乐派”。当希特勒进攻苏联以后，他们突然转变了态度，这时候他们已经从容地找好了隐蔽地点，建立了地下斗争不可缺少的联络站。他们有严密的组织、秘密的领导机构和无限忠诚的干部，的确他们是有准备的。因此他们有条件能够勇敢而机智地参加这个民族斗争，他们（特别是一些地位不高的人）对祖国的号召是很敏感的。可是作为一支革命的队伍，他们从来不放弃他们的目的——利用法国的灾难来建立自己的政权。因此他们永远企图保持行动的独立自由。他们也利用爱国志士们——包括他们自己的人在内——一心只想决一死战的这种倾向，拼命渗入整个抵抗运动的组织，以便一旦可能即将它变为实现自己决心的工具。

这就是为什么他们在沦陷区组织了一个表面看来纯粹是爱国性质的“民族阵线”和一个似乎只是对德斗争的武装部队“义勇军游击队”。这就是为什么他们吸收了许多非共产党人参加，而以这个事实来为他们的目的做掩护。这就是为什么他们将一些自己人经过化装隐蔽了身份，打入所有其他抵抗运动组织的领导机构。这也就是为什么他们不久就表示要帮助我，虽然他们从来也未停止过反对“戴高乐的神话”。

我愿意他们为国效忠。没有什么力量不可用来打击敌人，我认为在这个由于敌人占领而造成的战争中，他们的力量是不可忽视的。可是他们只能作为整体的一部分来活动，而且坦白地说，必须受我的控制。我坚决依赖民族感情的力量和广大群众对我的信任，我一开始就决定保证他们在法国抵抗运动内部的地位——甚至，有一天，在其领导机构中的地位。但我也同样决定绝不让他们占上风，越过我而夺取领导权。关系着国家前途和民族命运的悲剧给予这些法国人（激起他们愤慨的不正当行为和他们误入歧途的错误曾将他们与国家民族隔离开来）重返民族团结大家庭的千载难逢的机会——即使仅仅在抗敌期间也好。我愿尽一切力量不错过这个机会，“法兰西万岁！”将再一次成为一切为祖国贡献出自己生命的人临死前的口号，不论他是怎样死的，也不论他是在什么地方牺牲的。在这个不停的世界性运动中，所有的主义、所有的学派、所有的叛变暴动都是短暂的，瞬息即逝的。法国共产主义有一天将会消失，法国却将永存。我相信它最后将承担起它自己的命运，在它获得解放的时候——在它的历史上，这是短促的，但却是决定性的时刻——排除万难，成为一个重新统一的民族！

1941 年 10 月我听说让·穆兰从法国到了里斯本，正准备到伦敦来。我了解他的为人。我特别知道当德国人进入沙特尔城时，他正在埃尔-罗亚尔任省长，他表现了卓绝的坚定和高贵品质。敌人侮辱了他，把他殴伤，并将他关进监狱，可是最后还是将他释放，向他道歉并表示敬意。自从维希政府撤了他的职位以后一直未受任用，我知道他希望为祖国服务，于是我请英国政府将这位有才干的人送到英国来。我等了两个月。事实上英国“情报处”也在争取穆兰，可是他要求把他送到我这里来。由于我给艾登先生去了一封信催促，才使这位忠诚的旅客到达目的地。后来我又费了同样的周折把他送回法国。

12 月间我和他作了长时间的谈话。让·穆兰在离开法国来伦敦之前曾经广泛地与各抵抗运动组织接触，同时他也了解各种政治、经济和行政管理部门。他知道我计划首先任用他的理由。他提出了明确的建议和具体的要求。

这个人虽然很年轻，可是已经具有被责任磨炼出来的丰富经验，他和我最能干的伙伴们是属于一种类型的。他心里洋溢着热爱法国的感情，并且相信“戴高乐派”不仅仅是一个对敌斗争的手段，同时也是革新法国的动力，他深深认为“自由法国”便是法国的具体表现。他希望担负重大的任务。可是他也是一个洞明世事和阅历很深的人，当走在一条布满敌人的陷阱和朋友的阻碍的道路上的时候，他也是步步小心谨慎的。穆兰忠实而机警，不好怀疑，但也不轻信，他是门徒，同时也是大师，在 18 个月中他要完成一件重大的工作。他要使还仅仅具有象征性统一的轮廓的法国本土抵抗运动变为实际的统一运动。后来他被人出卖了，遭到逮捕，丧失人性的敌人对他施加可怕的酷刑。他为法国牺牲了，像无数勇敢的士兵一样不怕风吹日晒，度过漫长、空虚的夜晚，准备“明晨的战斗”。

我们曾谈好，他首先应从南方地区的抵抗运动组织着手，在他的监督下将它们改组成一个直接受民族委员会领导的统一机构，以统一行动、发布口号和解决内部纷争。这件事完成以后，再解决北方地区的问题，并筹划建立一个附属战斗法国的包括全国地区抵抗组织的“抵抗运动委员会”。但是在接触到设立一个领导法国本土一切抗敌斗争组织的机构时，有两个问题必须解决：一个是各党派的问题，一个是关于国内武装力量的问题。

有代表性但无领导实权，这是我希望这个未来的抵抗运动委员会所具有的性质。事实上它也将具备这个性质——在建立这样一个机构的时候，我不能够排斥其他党派参加。有些党派应当存在，这是不可避免的。我觉得，我们遭受不幸不是因为它们存在，而是因为在各种颓废腐败的组织名义的掩盖下，它们错误地窃取了政权。所以保留它们的地位，不是要它们霸占抵抗运动的领导权。这也绝不是因为它们参加或者鼓励过抵抗运动，或者因为它们在那千钧一发的时候无一例外地放弃了斗争。昨天它们在灾难中倒下去，可是现在它们又重整旗鼓要卷土重来。它们有些成员加入了抵抗运动，但同时又在它们的旧体制下招兵买马。

的确，现在没有人向各党派拍马献媚，它们不能结党营私，也无官爵可争，因而它们以为——或者故意做作——自己回到了它们的本源，它们高贵的目的——主持社会公道、崇尚民族传统、歌唱纯理性精神、宣扬基督光辉。它们的组织已被扫荡殆尽，除了朝这个或那个方向动员公众舆论作为对抗战的贡献外，没有其他目的。公众舆论也的确在某种程度上愿意响应这些熟悉的集团的巧妙的号召，特别是在它们公开表示再不犯过去的错误以后。此外，盟国自然也很注意这些搞政党的人的态度。如果我要建立一个统一的法国，这些事实都是不容忽视的。所以我指令穆兰届时将各党派同抵抗组织的代表一并吸收到那个“抵抗运动委员会”里去。

在我设法使法国在政治上达到一定程度的统一的同时，我希望法国在军事行动上也做到这样。在这方面，困难首先是这些抵抗运动组织本身，它们自己招募了武装部队，它们要将这些武力据为己有。更加困难的是，除了在少数山区或森林地带外，这些组织只能分散活动。对主要由一直在乡间活动的盗匪所组成的“游击队”尤其如此。因此这些武装力量只能打游击战。如果它们的零星活动能够配合整体的话，游击战也可以发挥很大作用。问题是怎样使这些小组织在独立活动的同时，用一个直接听命于我的机动而有效的形式将它们联合起来，这样就可以按照与盟军最高统帅部一致协议的计划指派给它们任务，以便在情况变化时——特别是盟军在法国本土登陆的时候——采取行动。我派穆兰负责使这些武装力量达到基本的统一。我等了好几个月才建立了由德莱斯特兰将军领导的这支地下军队。

1942 年 1 月 1 日夜晚，让·穆兰在法国南部地区空降着陆。他携有我的委任令，我指派他为我在法国本土非沦陷区的代表，受命统一那里抵抗运动组织的行动。这表示他的权力和地位在原则上是不容争论的。他将行使这个权力，我将支持他。我们约定，他是我们在法国的中心联络站，首先与南方地区，然后尽快地与北方地区取得联系；他备有在他支配下的通讯工具，我们的特派员将受他指挥；一切人员的调动、我们在英国和法国之间的物资和信件往来都要通知他；他将领取和分配我们发给法国本土各组织的活动经费。在我们给予穆兰这些权力之后，他开始了工作。

在让·穆兰的推动以及基层人员的支援之下，南方地区抵抗运动组织的领袖们很快就组成了一个委员会，由民族委员会的代表担任主席。3月间他们发表了一个以“一种战斗，一个领袖”为口号的共同宣言，表示他们的行动是一致的，并声明他们在戴高乐的领导下进行斗争。我们的命令开始在许多活动上生效。在准军事地带，联合的准备工作迅速地进行着。同时穆兰在我们的协助下，为他的代表团建立了集中的指挥机关。

一个叫做“海空联络部”的机构，直接接受德瓦兰上校关于飞机和船只来往的指令。每月在有月光的夜晚，我们都有轰炸机在预定地点降落（这些飞机是由像洛朗和黎沃里-勒维尔这样专门从事这种勇敢事业的飞行员驾驶的）。人们每次都冒着生命的危险打信号，接送来往的物资和人员，掩护一切东西和人。常有“包装箱”空投到指定地点，需要人去收集，藏匿起来和送走。同样，犹利特在当地组织起来的“电台服务站”，也是在代表团领导下进行工作的，每月与伦敦之间要发送从最初的几百份到后来的几千份电报。它不断地转移地点，以躲避敌人电台侦察机的搜索，在损失严重时还要加以补充。穆兰还设立了由乔治·皮杜尔领导的“情报局”，它及时地向我们汇报人民的思想情况，特别是知识分子、社会工作者和政界人士的思想情况。附属于代表团的“研究委员会”——巴斯底德、拉戈斯特、德·曼顿、巴罗迪、戴让、古尔丁和德勃雷都在这里服务——为未来的工作制订了计划。勃洛什-勒讷为代表团管理财政收支，计算伦敦供给的活动经费。穆兰掌握了这些主要的工具后，使我们政府的行动产生了实际的影响。早在1942年最初几个月，从法国来的人就向我们证明了这一点。

勒米就是其中的一个。2月的一天晚间，他从巴黎回来，给我们带来大批的印刷品，并送给我的妻子一盆他在皇家大路购买的杜鹃花。他的“圣母会”工作得非常出色，例如每艘德国海面舰只到达或离开布雷斯特、洛林、南特、罗什弗尔、罗舍尔或者波尔多的时候，伦敦都接到通知。敌人在英吉利海峡或大西洋沿岸，特别是潜水艇基地，建筑每个军事工程，我们都能立刻获知它的地点和计划。此外，勒米还和其他的工作网、沦陷区抵抗组织以及共产党建立了正常联系。在他离开法国前夕，共产党找到了他，叫他告诉我，他们准备接受我指挥，并要派一名代表到伦敦来，在我下面工作。

3月间比诺来和我们工作了三个月，非常得力，他是“自由北方”领导人之一，颇得工会工作者的信任。4月里来了达斯迪埃，他有很多建议和有价值的计划。在他返回法国之前，我想他是一个合适的人选，便派他携带关于抵抗运动的确切消息到美国去。其后是布洛骚莱特，他具有丰富的想象力，有远大的政治理想，也能正确地了解法国在深渊中的痛苦处境。他将法国的复兴寄托在“戴高乐派”上，并为“戴高乐派”建立了有系统的理论。在鼓舞我们国内抵抗运动方面，他起了巨大的作用。有一天，他在执行任务的时候被敌人逮捕，为了预防意志薄弱便自杀了。罗克也来了，他带来很多议员的信件。他以后也被德国秘密警察杀害了。接着保罗·西门也来到英国，他是沦陷区“军政组织”派来建立联系的。西门机智敏捷，同时沉着果断，有优异的服务成绩。解放前夕，他被敌人杀害。最后是菲利普、查理·瓦兰、维埃诺、丹尼埃·麦耶和其他许多人，他们也都要求到伦敦来。

他们大多数是年轻人，全都热情充沛，斗志昂扬。从和他们的谈话中，我了解到人们对国难中的维希政府不信任到什么程度。抵抗运动不仅恢复了我们被摧毁的自卫能力，也唤起了人民民族复兴的希望。假若战争胜利以后它不解散，人们可以希望它产生根本改变国家制度和复兴法国的重要作用。当我看着这些响应我的号召的抗敌领袖在我面前一个个牺牲了的时候，我想那些活着的人也许还可以围绕我组成一支队伍，领导法国取得人类伟大的胜利。但其条件是，一旦危机消除，他们仍须遵守思想和行动一致的纪律，否则是没有任何价值的。这个行动一致的纪律曾经——至少有一次——把他们团结在一起。

无论怎样，征得整个抵抗运动组织同意并以它们的名义来宣布我们要达到的目标的时候到来了。这个目标就是广义的解放——也就是说，解放人民，也解放国家。在征求国内抵抗组织和代表团的意见以后，我以民族委员会通过的一篇宣言的形式宣布了这个目的。在宣言中我宣布：我们决定在打败敌人以后，使法国在世界拥有自由、尊严和安全，在推翻腐败的政权——它曾剥夺了许多人的这种权利——以后，国内每个男子和妇女在他们的生活中都应得到自由、尊严和安全。我同时谴责了那个“在战败中消失的道德、社会、政治和经济的政权”和那个“从投机卖国的罪行中生长起来的政权”。我还断言：“法国人民团结起来争取抗战胜利，同时他们也是团结起来进行革命。”1942年6月23日，沦陷区和非沦陷区所有的地下报纸都登载了这个宣言，布拉柴维尔、贝鲁特和伦敦的电台也广播了这个宣言。

指挥国内活动的条件使我必须在此期间将民族委员会设在伦敦。同时我也时常想将它设在法国领土上，如布拉柴维尔。特别是每次当我们与英国关系紧张的时候更是如此。但每次我都不得不这样对自己说：“在非洲内地，我怎么与本国取得联系，让他们听见我的声音，从而指导抵抗组织的行动呢？相反的，如果在英国，我们就有联络和交换情报所需的设备和方便。再者，我们与盟国政府的外交活动意味着我们之间的关系和气氛，这在伦敦可以得到，可是在刚果河彼岸，显然就是不可能的。最后，我还必须与只能驻在英伦三岛的我国军队保持接触。”

于是我从中东回来以后，就在伦敦住下了。我在那里住了10个月。

我清楚地记得我那段时间的生活。毫无疑问，我那时是很忙的。简单地说，我住在卡诺特饭店，另外我有一座乡间别墅，先在希罗普郡的埃尔斯米尔，后来在伦敦附近的贝克汉姆斯特，我和我的妻子及女儿安娜都到那里去度周末。菲利普在海军学校毕业以后，被派在航行于大西洋的轻巡洋舰“罗塞里斯”号上作战，随后调到英吉利海峡任第 96 号鱼雷艇的二副。伊丽莎白是西翁圣母女校的寄宿生，准备去牛津大学读书。周围的普通人民都对我们保持着同情的谨慎态度。当我和家里的人在街上，在公园里散步，或者去看电影碰到英国人的时候，他们态度的温和含蓄，正和我出现于公共场所时他们所表现的热情相仿。我能够亲身体验到，在这个伟大的民族中间，每个人都尊重别人的自由。

我经常在卡登花园度过一天。在这里，弗朗索·古莱（自从古尔塞耳去指挥利比亚的装甲师团以后，他便成了我的办公厅主任）和比奥特（他继现在出使莫斯科的波蒂和现在指挥“胜利”号的奥托利之后担任我的参谋长）把报告、信件和电报交我批阅。在这里，苏斯戴尔告诉我当日的新闻和消息，帕西-德瓦兰交给我法国来的报告，舒曼来请示他广播的内容。在这里，我和民族委员会的委员们及各机构领导人讨论事务，接见来访的客人和我召见的人，发布命令与指示，签署法令。我时常在这里同盟国著名人士或者我想见的法国人共进午餐，有时是宴会。至于像准备演讲稿这种费力的事，我就在晚间或者星期天在家里写。无论发生什么事，我都不乱排时间，以免打扰各部门的工作。原则上除了译电室外，在卡登花园夜间是不办公的。

我的确要外出拜访很多人。除了与英国大臣们谈话、列席参谋会议和应英国政府或其他盟国邀请参加各种典礼外，一有机会我就到某一个在伦敦的法国人团体中去。譬如“法国学院”，它可以说从一开始就在校长索拉教授的主持下向我靠拢，这个学院为我们同胞提供了一个宝贵的教育园地和一个活跃的学术团体。“法国联盟”在戴曼和莎蒙小姐领导下继续工作。“法国研究大厦”的图书馆截止到它被炸、负责人罗伯特·克吕牺牲以前，一直供给我们工作所需要的文件材料。“法国志愿军之友”和在苏格兰的“法国战斗合作委员会”给我们战斗人员以大量的慷慨而又有价值的帮助，前者是一个由狄莱勒勋爵、瓦尔勋爵、伊瓦尔·丘吉尔勋爵领导的主要由英国人组成的团体，后者的主席是对我们很友好的英维尔克利德勋爵。“法国商会”促进了英国和与我们联合的法国地区之间的贸易活动。“自由法国中心招待站”接待从法国来的侨民。“法国医院”医治和护理了我们很大一部分伤员。我与这些团体联系的目的，和我在其他地方一样，是加强法国人在英国的民族团结。

“大不列颠法兰西人协会”在这方面给了我极大的帮助。特别是它组织了好几次有军民踊跃参加的集会，在会上我和这些法国人见了面，他们表达了他们的爱国热情并提高了他们的信心，国内人民也听到了我们的声音——电台向他们转播了与会群众的发言和大会盛况。1941 年 3 月 1 日，在金斯卫大厅数千听众面前，我阐述了我们的使命，肯定了我们的希望。11 月 15 日，在挤满了人的艾伯特大厅中，我郑重地宣布了我们政策的三大宗旨。

“第一项，”我说，“是作战，——就是说，在战斗中尽可能发挥最大的力量。……但是，只是在响应法兰西的号召和为它服务时，我们才做这样的努力。”接着，我谴责了战前的政权和维希的政权，我说：“我们认为，由国内人民发起的轰轰烈烈的清除运动彻底扫荡了在投降基础上建立起来的整个上层建筑。由于这个缘故，我们的第二项政策是，一旦情况允许，人民可以自由说出什么是他们所要求的和不喜欢的时候，就恢复人民的发言权。”最后，在第三项下，我概述了我们希望给予法国新体制怎样的基础。“这些基础，”我说，“是由自由法国人的三个格言所规定的。我们说

‘光荣与祖国’，意思是祖国只能由胜利而得到新生，只有通过对它自己伟大的崇拜才能继续生存。我们说‘自由、平等、博爱’，因为我们决心忠于民主原则。我们说‘解放’，因为在打败敌人之前，我们的努力不能停止，它必须给每个法国人带来在光荣和安全中生活和工作的条件。”

这时候听众情绪的高涨和暴风雨般的欢呼，形成一种强大的示威，声音响彻了艾伯特大厅。

这样的集会是少有的。另外，我常借军事检阅的名义去看望我们的义勇军。我们的陆、海、空军部队虽然人数较少而且是分散地、一点一滴地组成的，但现在已凝成一个整体，并且日趋巩固。我为陆、海、空军各部所制订的 1942 年组织计划，已照原案实行。在我访问驻在英国的一些部队时，我亲自看到这样的情况。在这种场合下，当这些人看见自己所称呼的“大查理”① 就在身旁时，就在阅兵式中用他们的注视、态度和精神对他表示了始终不渝的忠诚和敬意。

对于我们在非洲和中东作战的少数军队来说，英国土地上只不过有一些训练中心，但是有一大部分干部在这里接受训练。在坎伯雷营地上，我检阅了雷纳上校指挥的轻装骑兵营、炮兵团、装甲队、工兵支队和信号组，这里每 6 个月培养一批士官和专家。我还到过炮兵辎重厂，这个厂在司令伯台的领导下，正整理侵略开始时由挪威远征军基地运来的或是从法国用舰艇运到英国的法国物资。武器、弹药和车辆正在与英国按 1940 年 8 月 7 日协定所供给的或是美国依租借法案所供应的物资同时分发，用以装备新成立的部队。莫林上校领导的“军械处”负责这项重要任务的商谈和行政上

① 这个绰号有两个含义：“伟大的查理”和“高大的查理”，这里表示把戴高乐称为伟大的查理。——据英译者注

的决定，直到这位优秀的军官在执行一项远距离任务期间，他的飞机在空中被击落时为止。以后由赫什少校继任。我有时在伦敦向“法国义勇军”致敬，它的队长特里小姐，继马祖夫人之后，在训练着能干的年轻姑娘们成为驾驶员、护士和秘书。有时我去访问先在马尔文、后在利伯斯福的“自由法国学生队”。1940 年我为到英国来的中学生和大学生设立了学校，很快我们就把它改成了提供基本训练的学生队。这个学校由博杜安司令负责。那里训练出来五批——总共 211 个排或班的领导干部。有 52 人后来在作战中牺牲。再没有比和这些年轻人会面能给自由法国的领袖以更多安慰的了。他们是加在法国晦暗了的光荣之上的光芒四射的希望宝石。

当驻在英国的陆军部队训练着准备在各地作战的人员时，我们大部分海军从英国港口出发，参加在大西洋、英吉利海峡、北海和极地一带进行的航运和战斗。这样一来，就有必要利用盟军的军事基地。实际上我们自己并不能修理、保养和供给我们的船只，更不用说提供由于战争进展而需要的装备了，像防空设备、潜艇探测器、雷达等等。最后，在以英国为中心的辽阔的海上战场，技术和战略的统一也是必要的。

因此，凡是由我们的人员配备起来的船只，不管其原来所属的单位，都完全归我们所有，它们所升起的只是三色旗，军官与船员只遵守法国纪律，只执行自己长官的命令。一句话，我们的海军完全是法国的。不过我们应该承认，除了在特殊情况下我们可以直接使用它以外，它的使用应该是整个英国海军活动的一部分。这样最后把它编入了一个军誉卓著、纪律严明和积极活跃的军事系统里。英国方面也很重视法国的这一帮助，并给自由法国海军以大量的物资援助。英军兵工厂和供应处尽量设法改善和装备我们的船只，尽管船只的类型和所使用的军械不相同。英国海军使用的新器材也及时地供应给了我们。新的船只——轻巡航舰和摩托鱼雷艇，以后还有巡洋舰、驱逐舰和潜水艇——一经造成就移交给我们使用。如果说我们的小舰队起了作用和在海上维护了法国的荣誉，那么应该归功于盟国的帮助和我们海员的功绩。

每当我去视察一些在格林诺克、朴次茅斯、科威斯或达特茅斯的小部分舰队时，都可以看到这一点。根据战斗的性质和我们可用的有限人数，我们只装备了小的舰只；但是自由法国舰队的人员都尽可能地发挥了最高度的机智。

自然，我们首先装备来自法国的船只。到 1942 年春季为止，我们的首批五艘潜水艇还剩下三艘："卢比斯"号、"米诺里"号和"约诺"号。它们在挪威、丹麦和法国海面攻击敌船，安放水雷和运送突击队；1940 年 10 月，"海军"号在马耳他失踪，"苏尔古夫"号在 1942 年 2 月全船沉没。"胜利"号和"雷约帕德"号驱逐舰以及"美尔波曼"号和"盾牌"号鱼雷艇整月在大西洋和英吉利海峡护航。以后"胜利"号去太平洋。"雷约帕德"号去了南非，把留尼汪岛争取到我们这边来，最后它在多布鲁克被毁。"美尔波曼"号转移到北海。"盾牌"号成为我们的训练船只之一。我们的五只辅助炮舰中，有三只——"萨弗尼昂·德·布拉泽"号，"杜勃克司令"号和"多米内司令"号航行于非洲海岸；"摩格兹"号在爱尔兰海峡帮助保护货船；"契弗留尔"号则在大洋洲的努美阿附近巡逻，并于 1942 年 5 月 27 日为自由法国取得了瓦利斯和弗图纳岛。两艘扫雷艇，"海鳗"号与"路西娜-约翰娜"号在英国海港的附近进行艰巨工作。10 艘驱潜快艇在康威尔和加来海峡之间掩护盟国货船，两艘已沉没，只剩下 8 艘。6 艘巡哨渔船参与了战争："布尔米"号 1940 年 11 月在普利茅斯被击沉；"维金"号 1942 年 4 月在的黎波里塔尼亚被击沉；"勇士"号、"洪都斯总统"号和"海上皇后"号在海上巡航；而"雷翁维尔"号则用作商运的军需船。辅助巡洋舰"帕马角"号往返于悉尼和努美阿之间。4 艘基地船——“风暴”号、“亚眠”号、“阿拉斯”号和“底里冉特”号组成在格林诺克的“海军部队”和在朴次茅斯训练我们海员的比耳哈希姆海员训练站。“古尔柏”号老战舰停泊在普利茅斯港中，成了新兵的训练中心、工场和军需库，并以它的炮火支援这个伟大港口的空防。

另外，由英方供给的许多船只构成了我们的小舰队。首先是在战争开始时为护航而建造的，不停地航行于英国、冰岛、纽芬兰和加拿大之间的轻巡航舰。移交给我们的有“阿里斯”号，1942 年 3 月在战斗中被击沉；“米漠萨”号，三个月后当舰队司令比罗特海军中校在船上时被击沉；还有“阿贡尼”号、“洛伯利亚”号、“罗塞利斯”号、“勒浓圭乐”号、“厄斯底纳·奥沃舰长”号、“德罗古舰长”号和“戴特洛亚舰长”号等 9 艘。其次，还有第 28 小舰队的 8 艘摩托鱼雷艇，在英吉利海峡高速地巡航着，以攻击沿法国海岸偷航的敌人货船和护航的军舰。另外，还有组成第 20 小舰队的 8 只汽船在海峡中辅助我们法国自造的驱逐舰。此外，我们还将装备一些崭新的舰艇。盟国赠给我们由英国兵工厂造出的几艘才下水的巡洋舰，我们得到 4 艘：“发现”号、“冒险”号、“惊奇”号和“洛林十字”号。即将建成的鱼雷艇“战斗”号和潜水艇“居里”号与“多里斯”号也将拨给我们。我们自然还想要更多的船只来更多地击沉敌人潜水艇、货船和护航舰，更多地击落敌机，但是限制我们的规模和任务的是人，而不是船只的缺乏。

到 1942 年 6 月，已有 700 名自由法国的海军军士为法兰西牺牲。我们的海军共有在海上服务的 3 600 名现役军人，还有先由戴特洛亚指挥、在他光荣牺牲后由阿米奥·丹威尔任司令的福西略舰队，另外还有在海军航空部队中由于不足以形成单位而在空军服务的一些人员，最后还有在大不列颠由海军少校克叶费训练的“突击小队”[1]。5 月间，我和英国负责“联合作战”的海军上将蒙巴顿勋爵商妥使用这支极为坚强的部队的条件。这意味着它将在短期内参与对法国海岸线的袭击。

这些精兵大部分是从 1940 年留在英国的海军部队中招募来的，有些是在和我们作战后在加蓬和东地中海地区同我们联合起来的。在达喀尔击沉的“阿扎”号潜水艇，在让蒂尔港击毁的“朋塞勒”号潜水艇，在利伯维尔港我们不得不击毁的小型护航舰“伯干威勒”号的全体船员，也是在同样情形下和我们联合起来的。一些现役官兵也常由法国本土、北非、亚历山大港、安的列斯和远东加入我们的队伍。海军尽可能招募了在英国、美国、中东、埃及和圣皮埃尔的法国青年。最后，商船也供给了海军一大部分人力。

海军感到最困难的是军官的补充问题。军官不得不由多种多样和各不相同的人员来补充，而不可能遵循专业化的原则。我们的现役军官很少，所以我们必须训练年轻人来补充。在先后指挥“学校舰队”的海军中校威泽尔和加拉尔的领导下，自由法国海军学校积极地在“戴奥多尔·迪西埃总统”号、“行星”号和“美丽的火鸡”号舰上进行训练。在那里毕业了四批共 80 名学员。他们从一开始就给法国海军在困难时期、在战争中和在远大的志愿方面带来一种应有的强烈的责任感。同时，可以在商船上或苏伊士运河的工作人员中找到的后备军官组成了我们海军的大部分干部。从这里招募的 200 名学员将用数万小时的时间守卫在巡洋舰、轻巡航舰、驱逐舰、哨艇和渔船上。

尽管在人员补充上有这些困难，但在盟国阵营服务的一小部分法国商船队在航运方面做出了巨大的贡献。在战争开始时法国拥有的 270 万吨——660 艘客船和货船——载运能力中，有 70 万吨

---

① 这是一种接受突击肉搏战训练的部队。

（170 艘）在“停战”后仍然继续为战争服务。由马尔格拉威和宾根、以后由斯梅叶与安杜塞-费利指挥的商船队为尽可能多的船只补充了法国海员。在使用英国负责的其他船只方面，他们也参与其事。在这种情形下，这些远航的船只的桅杆或船尾上飘扬着英法两国的国旗。无论怎样，我们补充了 67 艘商船（总共 20 万吨）的人力，已经损失或将告损失的有 20 艘；维持这项航运关系到 580 名军官和 4 300 名海员的命运。到 1942 年春，他们中已有四分之一在海上牺牲。

客船被用来运输军队，英国援军就是由“法兰西之岛”号、“费利克斯·如塞尔”号和“保罗·杜美总统”号从澳大利亚或从印度运往中东的。向需要的地方运载原料、军械弹药的货船通常结队航行，但有时也不得不单独航行。它们到达港口后立刻开航；即使那样，在港口还要遭到轰炸。在波涛汹涌的大海里，航运不但艰难而且也很危险。它意味着昼夜警戒、遵守严格的规则和时刻坚守操作岗位。它也时常意味着战斗、炮击和拼命避免鱼雷或炸弹的攻击。船只有可能被击沉，船上的人也可能在油腻和冰冷的水里挣扎，眼看着周围的伙伴们为大海所吞没。他也有可能看到敌人的轰炸机从天空被击落而冒起的火焰，或者敌人的潜水艇在海底被炸沉而泛起的油珠，因而感到惊心动魄的喜悦。任何一只船，即使是一只货船，也能干出这些事情，像“宾格堡”号就曾在 1942 年 5 月间在纽芬兰附近把一只德国潜水艇送到了海底。

有一天，在利物浦总部指挥着整个大西洋范围的航运和战斗的海军上将佩西·诺贝尔爵士把我带到钢筋混凝土的地下指挥室。墙上悬挂着庞大的图表，指示出直到当时为止每时每刻派出的盟国护航舰队、军舰和飞机以及德国潜水艇、飞机与轰炸机已被侦察到的或假定的位置。在与外界、与电台以及与密码室联系着的电话接线室里，一群妇女在安静地工作着，其中有接线员、速记员、传达员，她们用极低微的声音把司令部的命令、消息和报告传到海洋上遥远的地方，或从那些地方收听传来的消息，在光亮的纸面上立刻记录下所发生的一切事情。这样，巨大规模的通信战争中每时每刻的动荡不定的变化就都被条理分明地整理出来了。

我视察了全部情况之后，就在地图上寻找我们的人的所在地。我看到他们处在良好的位置上，也就是说，在最光荣的位置上。无线电波把自由法国领袖的敬礼带给了他们。可是以后，当我估计到在数目上他们所代表的一份是多么小——而为了这个原因竟被吸收到外国的系统中去；当我想到船只浪费在它们所停泊的土伦、亚历山大港、卡萨布兰卡、法兰西堡与达喀尔那些地方；当我想到这次战争对法国海军人员所提供的千载难逢的良机时，我充满了忧伤情绪。我迈着沉重的脚步走上了地下室的台阶。

当我在一些英国空军基地接触到我们的飞行员时，我也感到在我的骄傲感之中掺杂着上述情绪。当我看到他们的能力，并想到如果他们被允许投入战斗，法国空军将在北非、东地中海地区或英国作出很多事情的时候，我感到祖国失掉了一个很宝贵的机会。不过这更使我想要确实弄清楚，那些参加到我的事业中来的人所作的努力是不是为了热爱法国。我当然承认，我们军队的飞行员由英国的基地起飞，使用着英国供给的飞机，应该组成英国空军系统的一部分，不过我还是渴望我们的空中战士也能成为国家的一部分。

这并不是容易的事情。开始时，我们的盟友对自由法国的空军并不怎么感兴趣。为了最现实、最迫切的需要，他们直截了当地表示欢迎我们的一些飞行员入伍。但是他们所答应我们的，只是把我们的空军志愿军编入皇家空军。我可不能同意这样做，以致约有一年我们的人的任务一直没有确定。有些被编入临时法国飞行队的人曾得到参与厄立特里亚与利比亚空战的机会；其他被临时编入英国飞行队的人参与了在英国的战斗；但是大部分人由于缺乏飞机、编制与训练，只是在大不列颠或埃及的空军基地的边上闲荡而已。

然而问题终于逐步地解决了。1941 年春我曾和英国空军大臣阿奇波德・辛克莱爵士磋商，求得原则性问题的解决。这位慷慨而理智的大臣衷心地认为建立一支法国空军并非不重要。根据我的请求，他同意我们建立一些单位——真正由飞行队组织起来的飞行大队；英国供给我们所缺少的地勤人员，并负责在他们的学校里替我们训练新兵。编余的飞行员就去英国空军中服务。不过在那里，他们的地位应相当于法国后勤军官，遵守法国制度，穿法国军服。1941 年 6 月 8 日我从开罗写信给阿奇波德爵士，确认瓦兰上校在这一基础上谈判所达成的协议。从那时起，他在实施这些协议中，经常得到在伦敦的伯达尔元帅和在中东的朗莫尔和泰德元帅的支持。

就这样，1941 年年底我们在英国成立了“法兰西之鸟”空军战斗队。司令员为西威杜。当他的飞机在法兰西上空被击落后——他当时正准备飞回来——便由杜贝叶继任。在叙利亚战斗的第二天，在埃及成立了“阿尔萨斯”战斗队。它最初在布里格指挥之下在利比亚进行战斗，以后调到大不列颠，由摩绍特任指挥官——摩绍特次年在战斗中牺牲。洛林轰炸队是在东地中海地区成立的，由毕若任指挥。他的飞机于数星期后在敌人战线后方被击落，他想要回到我们的阵地上来，但终于牺牲在那里了。盖尼良・摩里尼接替了他的职务。“布列塔尼”混合队在乍得成立，由圣贝鲁领导，支援我们在撒哈拉作战。1942 年春，将在苏联组成“诺曼底”队——以后是团——的一些人员调集在一起，一部分在伦敦，一部分在拉亚克。杜拉斯奈和利托夫先后任指挥官。他们死后由柏亚德继任。最后，我们的一些飞行员遵照我的命令归英国皇家空军指挥。摩拉、法约与盖兹指挥其中的一些小队。法约和盖兹两人都在战斗中牺牲了。在空战中，光荣的代价是很高的啊！自由法国的空军在战争中损失的总数比它所保持的空军实力多一倍。

由于这次战争的世界性，一定要看到我们的军队能在所有的战场上效劳，所以我把我的主要力量集中在一个对法国最有直接关系的战场上，也就是北非。一旦在埃塞俄比亚的意大利军队被消灭，德国人被阻止进入叙利亚，维希政府对自由法属非洲进攻的计划还没实行就告流产，利比亚就是我们应该作战的地方了。

1941 年 11 月，英军在利比亚再度展开攻势。如果他们能到达突尼斯边界，我们在帮助击败敌军后就有必要到那里和他们会师。如果相反，他们被敌人击退，我们应尽全力帮助他们挡住敌军，不让敌人占领埃及。无论如何，这是施展我们所能有的全部力量的时候，只有我们尽了我们自己的力量，这个胜利才是真正的法国的胜利。

我们有两个进军的机会：把勒克莱尔准备已久的撒哈拉队伍由乍得推向费赞，或调遣拉尔米纳训练好的机动部队到利比亚与英军并肩作战。我决定二者并行，但必须使我们的士兵的战斗行动直接对法国有利。

征服费赞并接着向的黎波里进军，是非同小可的军事冒险。由于乍得队伍的编制、装备、供给牵涉到难以形容的困难，如果失败，短时期内就不能再有所举动。所以只有英军再度取得昔兰尼加，并进入的黎波里塔尼亚，这个纵队才必须全力作战。否则它只能用深入、快速的攻击对意大利进行不断的骚扰。

同时，我认为“乍得战线”——如果可以勉强把这个名字用在一些无法连贯的战斗的话——应继续成为一个法国阵地。当然，我们在撒哈拉开始军事行动应当与英国第 8 军的进军相呼应。这是应该与开罗联络的。但是其他的事情，勒克莱尔就只能对我一人负责，直到他与我们的盟军在地中海岸会师为止，以后他自然该听盟军的调遣了。我很重视这个自主权，因为费赞的征服将使我们得到以后安排利比亚命运的保证。

在11月和12月期间，英军经过艰苦英勇的战斗终于进入昔兰尼加。为了准备进攻的黎波里塔尼亚，勒克莱尔在当时任自由法属非洲军队总司令的塞利斯将军的支援之下，做好了在费赞出击的计划。可是我对这并不乐观。由于了解到隆美尔已设法摆脱英军的束缚，而且魏刚已从北非调回，同时希特勒—达尔朗协定的实施使敌人有可能经突尼斯得到供应，我对盟军向的黎波里的快速进展不抱希望；相反的，敌人反攻的可能性倒是很大。正是为了这一点，我虽然允许做攻击的准备，却保留着下令发动攻击的权力。同时，勒克莱尔派往开罗的联络使节被诱惑，接受了他对英军司令部的隶属，我便对伊斯美将军说明不应该这样做，因而纠正了在乍得的一些人对这件事的看法。

事实上，我们的盟军并没有进入的黎波里塔尼亚。1942年头几个月对交战双方来说是个稳定时期。了解这种情况以后，我们在乍得的军队就只能进行游击战。勒克莱尔对战斗真是跃跃欲试。1942年2月4日我发出了命令。他投入了战斗，在3月这一个月里，他的步兵由空军支援着，冲过费赞，摧毁了敌军几个据点，掳获许多俘虏和军事物资。他后来回到自己的基地，并没有遭受多少伤亡。为了扩大这位特别可贵的军事领袖的战斗地区和战争资源，我在4月给了他自由法属非洲所有军队的指挥权。我必须又一次地对他谦虚的推辞进行说服。从那时起，他和他的军队就有信心在利比亚情况好转时攻占沙漠中的绿洲地带。不过，在他们能获取胜利和到地中海岸去洗涤战尘之前，却要在沙石中和酷热下等待10个月的漫长时光。

虽然我们在乍得需要拖延决定性的攻击，但在昔兰尼加却将得到期待已久的获得辉煌战绩的机会。不过要使盟军同意让大量法国军队在这一地区作战，仍须克服许多障碍。

英军最高统帅部并没有期待拉尔米纳在叙利亚编成的两个轻装

师和装甲兵团参与10月底所发动的攻势，可是这两支大军却是坚强而装备完善的。它们都是机械化的，并包括五个步兵营，一个炮兵旅，一个反坦克防御连，一个防空连，一个侦察班，一个工兵连和辎重队，一个信号连，一个运输连，一个参谋部和若干勤务人员。这些单位掌握着各种武器，能从事特殊的战略任务，是真正的师团。虽然它们确是“轻便”的，我却立意给予它们所应得的称号。拉尔米纳用邓茨所遗留下的武器和由仓库里收集的意大利停战委员会所封存的武器装备了每一个部队。这些武器威力强大，也是我们精悍机警的志愿军最善于使用的。所以除了师里所拥有的大炮外，每个营都拥有自己的75毫米口径炮。它还拥有强有力的迫击炮和自动武器。如果情况需要，袭击时队伍也可轻装前进。如果需要坚守阵地，他们也拥有特别强大的火力。

我在9月20日批准组成两个轻装师之后，在10月7日交给丘吉尔先生一份照会，说明我们的愿望和力量，同时写信给中东总司令奥兴勒克将军，提醒他我们是多么渴望我们的军队能在利比亚作战。我向丘吉尔先生和奥兴勒克将军阐明，在这些战事中，我准备将拉尔米纳整个兵团归英军最高统帅部指挥；同时，勒克莱尔虽然独自行动，也可以照他们所要求的日期向费赞进攻。10月9日我去见英国国防大臣马杰逊先生，请他考虑这件事。最后，在10月30日，我向贾德鲁将军提出使我们军队正确地投入战斗的条件——也就是说，要作为大规模的军事单位。

直到11月27日我才得到英方的回答，信是由战时内阁和丘吉尔先生的参谋长伊斯美将军发出的，这封信很客气，但也很清楚地等于拒绝了我的请求。他们所陈述的理由是“法军分散驻扎在叙利亚各地”，“法军并未受到作为师或旅的作战训练”，最后是“法军装备不齐”，不过他们最后表示将来也许有可能重新考虑这个问题。

很明显，英军司令部打算不靠法国的帮助来单独完成征服利比亚和战胜隆美尔的任务。诚然，它在那里有大量的陆空兵力，并且确信海军上将坎宁安——一位杰出的领袖和军人——能做出比奇迹更多的事情来，切断意大利与的黎波里塔尼亚间的交通线。

英国的回信带给我的失望是可以想象的。当世界的命运就要在战争中决定的关头，我不能容忍我们的军队长期地待下去。与其接受这样的回答，倒不如冒险改变阵线。因此，我请波格莫洛夫先生告知他的政府：如果法军不能进入北非战场，民族委员会希望他们能直接参加盟军在东线作战。我当然并没有隐讳我对伦敦的请求。但是，在莫斯科的回答到来之前，英国已经改变了它的意图。10月7日丘吉尔先生写给我一封热情的信，告诉我说，他“刚由奥兴勒克将军那里得知，他很希望立即在昔兰尼加的战斗中使用一旅自由法国的军队”。“我知道，”首相接着说，“这正符合你的愿望，你们的人是多么渴望和德国人决一死战啊。”

我回答丘吉尔先生，表示同意这个计划，并对贾德鲁将军发出必要的命令。事实上，英国除了对法军可能被调往苏联而感到头痛外，已经开始估计我军在昔兰尼加参加作战在军事上的利益。他们的确认识到，敌军是在寸土必争的情况下后退的，而他们自己的军队正在遭受严重的损失，并且还得就地改组一个不适于机械化作战的指挥部。他们已放弃了向的黎波里塔尼亚进攻的打算，并预计隆美尔不久将再度转为主动。在这种形势下，他们自然乐意接受我们的帮助。

在开罗时，贾德鲁和奥兴勒克商妥将第1轻装师开往利比亚；受命协商细节的柯尼格也得到盟军的反坦克武器、高射炮和运输工具一类的优良装备。1942年1月间，这个师和被围困在萨卢姆与巴狄亚的隆美尔部分部队进行了漂亮的战斗，很快地把敌人解决了。当我们的战士看到在他们的帮助下俘虏的德国战俘长长的行列时，他们像触电一般的激动。他们以最愉快的心情向西进发。2月间，当英军把主力放在昔兰尼加的心脏，即由几道防线组成的所谓“加乍拉”据点时，我们的军队负责最南端的比耳哈希姆。当他们还在整编自己的军队时，他们就在那个把他们和敌军大部队隔离开的深远的无人区展开了激烈的散兵战和前哨战。

第1轻装师已经得到了作战的机会，可是第2师却因在东地中海地区无所事事而感到难过。我的意思是：它也应该投入战斗。果然，1942年10月10日，波格莫洛夫先生告诉我，我要求派军队到苏联的计划受到苏联政府的热烈欢迎，并且准备就地供应我军所需要的全部物资。所以我打算不但将“诺曼底”空战队调往东方，而且把第2轻装师也调去。从叙利亚出发，经过巴格达，可由载重车辆运过波斯，再由铁路从大不里士运往高加索。这是盟军由伊朗港口将战争物资护送到苏联的道路。12月29日，我写信给伊斯美将军，说明我的意图，并对贾德鲁发出必要的命令。如果不让第2师进入利比亚，它将在3月15日开往高加索。

英军最高统帅部竭力反对把这支军队调往苏联。但是，相反的，在莫斯科，苏联人对这件事却非常重视。当莫洛托夫同加罗谈话以及潘菲洛夫将军同柏蒂谈话的时候，都催促我们赶紧执行。艾登先生得到消息后也参与了这件事，他写信给我，表示支持英国军方的看法。只是由于我坚持，到2月底盟军总部才采纳了我的意见。伊斯美把这件事通知了我。奥兴勒克请贾德鲁让第2师归他指挥。3月底，第2师离开叙利亚到达了利比亚。

拉尔米纳的队伍从这时起走上了战斗岗位。柯尼格当时在驻在比耳哈希姆前线的第1师里。加曹则作为第2师的后备。勒米上校在后方指挥的装甲兵团得到新的物资供应。我从英国派去的一个伞兵连正在伊斯美利亚受训练，准备在接到命令时进行袭击。当时总共有12 000名战斗员，约为盟军同时投入战斗的总兵力的五分之一。阿尔萨斯战斗机队和洛林轰炸机队从10月起在昔兰尼加上空参加空战。我们的一些辅助炮舰和渔船在沿海帮助护航。这样，在主要战线上及时地聚集了法国的军队，战神也将公正地给予自由法国的战士们一场伟大的战斗和一种巨大的光荣。5 月 27 日隆美尔展开了攻势。比耳哈希姆遭到攻击。

在孤注一掷的事业中，领导人往往有时会感到一切早已命定。他所挣扎于其间的千百个困难，由于一个奇异的巧合而可以突然变成一个决定性的事件。如果适逢其所，幸运将为他所掌握。如果领导者被迷惑，则全盘输掉。当比耳哈希姆的战局正在柯尼格和他的军队所占据的 16 平方公里多边形地区周围演变的时候，我在伦敦读着电报，听着议论，并且从人民的表情中时而看到光明，时而看到黑暗，因而可以估计到，结果如何取决于在比耳哈希姆发生的事情怎样。如果那 5 500 个战斗员，每个人带着自己的忧伤与希望，依据自己的自由意志，由法国、非洲、东地中海地区与太平洋经过重重困难来到那里，而竟遭受了可悲的挫折，那么我们也就不必再坚持我们的事业了。相反的，如果他们在此时此地能获得辉煌的战果，那么我们就必定有一个光明的前途。

初次的交火是完全令人满意的。我在 5 月 27 日获悉，当敌军主力通过比耳哈希姆南面迂回盟军阵地时，意军“阿利哀梯”机械化师派出百辆左右的坦克攻击法军阵地，结果损失了 40 辆，它们的残骸躺在前进的道路上。28 日与 29 日，我们的分遣部队向各个方面扫荡，又摧毁了 15 辆坦克，并俘获 200 名战俘。30 日，当隆美尔将军一举击溃英军机械化部队的打算遭到失败后，决定后退以准备发动新攻势。两天后，伯洛雪中校所指挥的一个法军纵队向西急行军 30 英里，占据了罗东达塞纳利的阵地。6 月 1 日拉尔米纳在战场上检阅了我们的军队。他的报告充满了乐观情绪。全世界抱着一种共同的态度。实际上有些人已经深刻地认识到，这样的战争远远超越了一般的战斗。无论在谈话中还是在无线电广播中所用的词句，都已开始对法国军队和指挥官有所称赞，报纸则比较谨慎。

第二天，隆美尔取得了主动权。这时他向奥兴勒克将军指派在前线指挥作战的李奇将军的阵地中心地区挺进，德军在葛特-厄尔-斯加拉布歼灭了英军一个旅，跨过了盟军用于掩护自己的、由加乍拉到比耳哈希姆的广大地雷区，同时为了扩大这个缺口，还调来了一师非洲军队来和我军作战。自从1940年6月以来，这是法德两军的第一次大规模接触。在最初开始的一些散兵战中，我们俘获了150名战俘。但是作战的阵地很快就形成了。敌方有两个人喊话，问我们是不是愿意投降，柯尼格回答说，他不是为投降而来的。

以后敌人就加紧包围，并以重炮，包括155毫米与220毫米口径的重炮，向我军开始猛烈轰击，还有成百架的斯杜卡斯和容克机群一天对我军攻击三次或四五次。我军供应不足，在比耳哈希姆的军火储备日见减少，食物缺乏，水源断绝。在炽热的阳光下，在风沙中，守军一直警戒着，和伤兵生活在一起，把死者埋葬在身边。6月3日隆美尔将军亲自写信号召他们投降，以免像葛特-厄尔-斯加拉布的英军那样惨遭歼灭。6月5日他的一个军官又来重申这个最后通牒，我们用炮火做了回答。这时许多国家的公众对此开始注意起来，比耳哈希姆的法军越来越成为大家谈论和报纸新闻的中心。舆论已准备作出判断。问题是我们的战士是否还能光荣地坚持下去。

6月7日，比耳哈希姆的包围完成。德国第90师与意大利的“的里雅斯特”师在约20个炮兵连和数百辆坦克的支援下准备发动攻击。“再坚守六天”，盟军司令部在6月1日这样命令柯尼格。六天过去了，“再守48小时”，李奇将军这样要求。当时面临的事实是，由于敌人的打击对第8军所造成的损失和混乱是这样严重，任何救济或帮助都是不可能的了，而隆美尔却急于乘英军陷于混乱状态的机会冲进埃及，所以对于牵制他的后方、搅乱他的运输线的抵抗感到极端不耐烦。比耳哈希姆变成了他的最大顾虑和主要目标，他已到战场上视察过好几次，准备再一次发动攻击。

猛烈的攻击在 8 日开始了。敌人的步兵在重炮和坦克的掩护下，好几次想冲破我们这一段或那一段的防线，他们虽很勇敢却没有成功。白天我们要艰苦战斗，夜晚也得艰苦地整理阵地。9 日又恢复了攻击。敌人炮兵以更大口径的重炮增援。面对这样强大的炮火，劳仑-张伯罗塞上校的 75 毫米口径的炮火实难抵御。我们的人每 24 小时只能得到不超过 2 公升的水，在这样酷热的气候中显然是不够的，但还是必须坚守下去。由于英军各部逐渐陷于混乱，柯尼格的抵抗就更为重要。所有在伦敦、纽约、蒙特利尔、开罗、里约热内卢与布宜诺斯艾利斯的新闻号角，都震天动地地响了起来："法军的英勇防御!""辉煌的战绩!""在比耳哈希姆战线上德国人被打败了!"我们已经接近一直所向往的目标，那就是为我们的自由法国军队——虽然他们数量有限——取得一个伟大时期的伟大任务。比耳哈希姆的炮火向全世界宣布了法国复兴的开端。

但是现在使我不能忘怀的是守军的安全。我知道他们在这种强烈的攻势下是难以持久的。诚然，我确实知道，在任何情况下这个师决不会投降，敌人绝不会如愿以偿地看到一长列法军俘虏走过隆美尔的面前；只要我们的军队坚守在那里，他就得一个一个地把他们毁灭掉才能达到他们的目的。不过，我们应去援救他们，而不是看着他们光荣地牺牲。在将来的事业中，我还非常需要这些成百的优秀军官和这些上千的良好士兵。他们已经建立了功勋，他们现在要完成另一项任务，就是冲出重围和这些地雷区，再与盟军大部队会师。

虽然我不想直接干涉指挥作战，但我不得不在 6 月 8 日和 9 日紧急通知英国参谋本部，应该尽早对柯尼格发出突围的命令。6 月 10 日当我和丘吉尔先生讨论马达加斯加问题时，我又向他提到了这件事。不管怎样，总会有个结局的，我给第1轻装师司令拍了这样一个电报："柯尼格将军，希望你知道，并转告你的军队，全法国在注视着你们，你们是它的骄傲！"同日晚，皇家参谋长阿兰·布鲁克将军通知我，敌军从拂晓就对比耳哈希姆不停地展开了猛攻，李奇已命令柯尼格转移阵地，如果可能的话。计划在当夜开始转移。

次晨——6月11日，广播和报纸的评论是一种哀婉的赞颂。他们不知道法军在企图突围，每个人都毫不怀疑地认为他们的抵抗随时有被击溃的可能。但是，看啊！就在那天晚上，布鲁克给我送来了这样的消息："柯尼格将军和他大部军队已到达远离敌军的艾尔沙漠地区。"我谢过了通讯员，他走后我关上了门，剩下我一个人。啊！我的心在跳动，强烈的感情使我为光荣而唏嘘，为欢喜而流泪。

在比耳哈希姆战役前组成第一轻装师的5 500名战士中，柯尼格带回没有受伤的约4 000人。有些伤员也尽可能地和队伍一起被运到了后方。在这场战役中，我军官兵战死、受伤或失踪的共1 109人。有三名高级将领阵亡：伯洛雪中校，指挥官萨威和布利康。未能随军转移的伤员中有指挥官布修和巴伯诺。有些军用物资受到彻底的破坏而不得不丢掉。但是我们使敌军遭受了三倍于我们的损失。

6月12日德方宣称他们已在前一天"攻下比耳哈希姆"。以后，柏林电台宣布了这样一个官方报道："在比耳哈希姆俘获的白种和有色人种的法国人，由于他们并不属于正规军，将依军法处死。"一小时后我让英国广播公司用各种语言广播了下列通知："如果德军卑鄙地杀害了为祖国而战的被俘的法国士兵，戴高乐将军不得不深以为憾地声明：他对于落在法国军队手里的德方俘虏，也将给予同样的命运。"当天，柏林电台宣称："对于在比耳哈希姆战役中被俘的法国军人的处理问题不应有任何误解。戴高乐将军的士兵将被当作军人看待。”是的，他们的确得到了这样的待遇。

当第1轻装师在西迪巴拉尼整编和贾德鲁正在积极恢复它的战斗力时，我们的“阿尔萨斯”空战队继续参与英国空军的频繁而活跃的战斗，我们的“洛林”飞行队也在和皇家轰炸机一起对敌人交通线施以多次轰炸，同时我们的伞兵也进行了几次英勇的袭击。在6月12日到13日夜间，他们在利比亚敌人飞机场上破坏了12架飞机。而空降在克里特的伯海上尉和他的一些部下在被捕获之前，在康地亚焚毁了敌人21架轰炸机、15辆运输车和一个石油库。

这时第8军由于士气突然低落，放弃了昔兰尼加，抛下大量军用物资。奥兴勒克将军希望至少能守住托布鲁克，这是一个布置坚固而又有海上供应的据点。在6月24日，守军33 000人却向德国人投降了。英军抵达艾尔阿勒敏时，经过很大困难才恢复了元气。一部分阵地由加曹将军和他的终于被派往前线的第2轻装师防守，后援部队中有勒米上校的仓促装备起来的装甲队。情况很严重。整个中东地区陷于动摇，人们料想德、意军队将进入开罗和亚历山大港。

盟军士气的低落只是暂时的。总有一天，他们倚仗海上的优势、新的增援以及强大优越的空军，还有蒙哥马利将军的才能，必能取得胜利。隆美尔由于供应紧张，停止向前推进。虽然如此，整个情势仍使我们的军队显示出它的重要性。奥兴勒克将军很坦率地承认这一点。6月12日，他发布了一个表彰第1轻装师的言辞热烈的公报，他说：“联合国家对这些法国军队及其英勇的将军们，表示十分钦佩和感谢。”

六天以后，有一万名法国人，包括军人和平民，在伦敦集会庆祝6月18日发出号召两周年。在安全条例许可的条件下，艾伯特大厅的四层看台都挤满了人。一个挂有洛林十字旗的三色帷幕悬挂在演说台后，引起了全场的注目。厅内响起了《马赛曲》和《洛林进行曲》，大家的心在共鸣。当我和民族委员会委员以及新近由法国来的义勇军人来到我们的座位时，我听到兴奋激动的人群中每个人都在高呼，对我表示忠诚。只有在那一天，我才真正感到欢欣鼓舞。我发表了演说，这是必要的。行动需要人们的热诚，语言则能激起热诚。

香弗[①]说过这样的话："富于理智的人是忍过去的，富于感情的人是活过去的。"这使我回想起自由法国刚刚度过的这两年。"有不少日子我们是活过去的，因为我们是有感情的。但是也有不少日子我们是忍过去的。啊！我们是多么有理智的人啊！……从头一天起，我们所说的：法国要坚持战斗，在让位的掩护下成立的政权并不是合法的政权，我们的同盟要继续下去——这些我们已经用行动，也就是用战斗证实了。……我们一定要相信大不列颠将坚持下去，苏联和美国将被卷入战争，而法国人民绝不甘心失败。看来，我们并没有看错……"接着我向我们分布在全世界各地的战士们和在法国的抵抗运动致敬。我也对帝国，忠诚的帝国致敬，它是这个国家复兴的基础。当然它的组织在战后将有所变革，但是法国一致要维持它的完整与统一。"即使为维希政府的谎言所蒙蔽的军队，在保卫帝国这一部分或那一部分而与战斗法国以及它的盟军作战时所表现的惊人的勇敢——虽说是被歪曲的，但却是无可置疑的——也可以证明法国人在这方面的决心……"我做了这样的结论：无论怎样，战斗法国正在从海洋中升起。"当它的再生荣誉的光芒照射到守卫着比耳哈希姆的战士们染有血迹的眉梢时，世界就能认识法兰西了……"

① 18世纪的法国作家。

与会的人报以雷鸣般的欢呼，随后又以难以描述的热情唱起了法国国歌。那些留在家里的人关起了门窗，在窗帘后面也可以通过无线电广播听到这振奋人心的声音。

欢呼肃静之后，聚会结束，每个人回到自己的工作岗位上去了。我一个人孤独地留在那里，面对着自己。在这种情况下，采取任何态度或抱任何幻想都不现实。我考虑到以往的得失。它是顺利的，但也是残酷的。战斗法国一个人一个人地、一点一点地稳步成长，现在已经变得坚强而巩固了。但是为了这点成就却要付出多少损失、悲伤和痛苦的代价啊！我们现在有了可观的资源：70 000 名武装人员、优秀的指战员、广阔的领土、国内高涨的抗敌情绪、一个受拥护的政府、一个即使未被承认也是举世皆知的政权——依靠着这一切，我们将开始一个新的局面。而且毫无疑问，事物的发展将更增加我们的力量。但我也不能忽视道路上的种种困难：敌人的力量、盟国不怀好意、法国人当中的官僚与特权阶级的敌视、某些人的破坏阴谋、多数人的冷淡心情以及最后全盘瓦解的危险。而我，一个平凡的人，是否有最后战胜这些困难的理智、毅力和本领呢？即使我能将最后团结起来的人们引向胜利，但是法兰西的前途将是怎样的呢？她将遭受多少次毁灭和经过多少次分裂呢？在那时，当危险已经过去，光辉已经消失时，在法兰西将会出现怎样的混乱状态呢？

不必再怀疑了！注视着陷入深渊的祖国，我，法兰西的儿子，在召唤她，为她高举火炬，指给她得救的道路。许多人已经和我联合起来，我相信还会有人要和我联合在一起。我现在能听到法兰西在回答我。她再次从深渊中升起，她在前进，在爬上陡坡。啊！祖国！母亲！像我们这样的人在这里等着为您效力！

纪念世界反法西斯战争胜利70周年

战争回忆录

（全三卷）

Mémoires de Guerre

Tome 2 L' Unité (1942-1944)

[法]夏尔·戴高乐（Charles de Gaulle）/著

陈焕章/译

II

统一

1942—1944

中国人民大学出版社

·北京·

译者前言

戴高乐的《战争回忆录》，是从他本人和法国的角度，对第二次世界大战的回忆。全书共分三卷：

第一卷名《召唤》，叙述的时间从 1940 年起，到 1942 年年中为止。

第二卷名《统一》，从 1942 年年中起，到 1944 年为止。

第三卷名《拯救》，从 1944 年 8 月起，到 1946 年 1 月止。

书中的描述，对于研究第二次世界大战前后欧洲形势，特别是法国情况，有不少参考价值。

在第一卷中，戴高乐叙述了法国统治集团投降前后的一些情况和“自由法国”建立的经过。还以很多篇幅叙述了法国与英美的关系，特别是与英国的关系。

在《战争回忆录》中，戴高乐将军代表了虽然有过战败和投降历史，却仍不失其价值的一个真正的法国。该书以第一人称记述，以他本人的观点详细记录了第二次世界大战的进程，将重点放在法兰西拒绝与敌人合作等主题上。

值得提及的是，戴高乐在本书中表达了他个人对共产主义、共产党、殖民地等问题的看法，相信读者会理解他的思考方式，正确把握上述问题。

本书译文承蒙尤勰同志做了必要的校订，谨表谢忱。

我是被一层浓雾包围了的领航人，

我相信，

如果我掌住舵，

终究会见到晴天的。……

召唤渐渐被人们听到了。

经过长期艰苦的奋斗，统一终于实现了。

目　录

CONTENTS

第一章 插曲

战争第三年的春天，大局已定，一切就绪。双方力量的对比已经发生了根本变化。美国庞大的资源业已转变为战争力量。

战争第三年的春天，大局已定，一切就绪。双方力量的对比已经发生了根本变化。美国庞大的资源业已转变为战争力量。斯大林格勒战役证明苏联正在进行反攻。英国也在埃及重整旗鼓。战斗法国的力量在国内外都壮大起来了。被压迫的民族，特别是波兰、南斯拉夫、希腊人民的反抗已具有一定的军事意义。德国的势力则已成为强弩之末，意大利斗志低落。匈牙利、罗马尼亚、保加利亚和芬兰都放弃了它们最后的幻想。西班牙和土耳其一直坚持中立。太平洋方面，日本的侵略已被阻遏，中国的抗战力量已经加强。所有这些都说明，盟国已不再处于挨打的地位，而要主动起来打击敌人了。在西线，正酝酿着一次大规模的攻势。

我觉得这一反攻的形势已经成熟。在受拥护的伙伴中我是相当孤立的，在富翁当中我是个穷鬼。在这种情况下，我满怀希望，但也万分忧虑，因为在未来的战斗核心中，无论如何总应该有法国。法国当前的关键问题，不仅是能不能把敌人赶出国土的问题，而且是决定民族与国家的前途的问题。假使法国仍旧一蹶不振，它对自己的信心就会丧失殆尽，它的独立自主也就不存在了。它将从平静的海面不停地沉沦下去，从受敌人的奴役变成盟国的附庸。相反的，如果它能在恢复统一的基础上东山再起，那就什么也不会损失。只要这场悲剧——战争——结束时，法国仍是个交战国，而又团结在一个政权的周围，那么它的前途就有保障。

团结在什么样的政权周围呢？当然不是维希政权。在法国人民和全世界的面前，它是一个束手待毙的代表。不管它用什么客观理由为自己辩解，由于错误的严重程度，它无法完全推卸干净。当然，维希政权的某个权贵可能因为背弃这个政权而起过一时的作用。然而，任何人都看得出那种迟迟的后悔纯粹是一种投机。毫无疑问，一个伟大的军事领袖号召军队去英勇作战，他是会得到内心本来就有此种要求的职业军人的拥护的。但是这样的倡议在已成定局的情况下，不会使群众有任何改变。在法国的灾难中，群众再也不相信，也不希望那不久前由于失败而垮台的政治体系。最有代表性的人在这一点上比任何人都看得更清楚。有些人参加了维希政权，许多人追随戴高乐，也有些人还抱着保留态度，但是没有一个人会到那只破船①上去掌舵。

但是，还有共产党。自从希特勒进攻苏联以后，它就以抗战旗手自居。它参加抗战，不惜损失，它准备了一个没有任何顾忌、没有任何分歧的组织，同时善于组织群众，因此它企图在国家处于无政府状态的时候使自己成为保证某种秩序的有利因素。再说，欧洲最大的强国——苏联——不是给予被人轻视的法国以积极的援助吗？这样一来，共产党就试图在维希政权垮台之后，在法国取得统治权。的确是这样的！但是，如果国家从另一方面获得了复兴，如果有一个民族政府在法国人的心中占了第一位，如果这个政府的领袖在胜利的光辉中突然出现在巴黎，那么共产党的这种打算就要落空。

这就是我的任务。在战争中重新改组法兰西，挽救法国于灭亡，使它重新掌握自己的命运。昨天有一小群法国人在战场上作战，就能够在当前局势下立足。明天的一切都取决于一个获得全国

① 指战前的旧政权。

拥护和服从的中央权力。依我看来，在这关键阶段，并不是派几支军队到这里或那里去占领几块地盘，或只对民众歌唱它的伟大，而是应该把整个民族紧密地团结起来。为了反抗敌人，不管盟国如何，法国分裂得怎样可怕，我也要在我周围把分裂的法国统一起来。

大家可以了解我是如何迫切地希望揭穿其中的秘密，即揭穿美国人和英国人在这个阶段如何隐蔽他们的计划。事实上，决定一切的大权操在美国人手中，因为以后要依靠他们付出主要的力量。在华盛顿，总统、部长和高级官员都以盟国的领导者自居。这在他们的言论和行动上表现得十分露骨。在大不列颠，我们可以看到英国的军事基地、兵营驻有美国海陆空军的先头部队。伦敦的大街、商店、影院、酒馆都挤满了美国佬——毫无拘束的愣小子。艾森豪威尔将军担任总司令，克拉克将军、斯塔克海军上将、斯帕兹将军分别指挥美国驻欧洲的陆海空军，在英国传统的陆军部、海军部、皇家空军的机关中充斥着美国参谋部整套的崭新机构。英国人，不管他们如何抑制自己，也不能掩盖自己在本国不能当家做主的悲伤，并且失去了两年来在战争中付出很大代价才发挥出的主导作用。

我看到，英国人盲目追随这些新来的美国人也不是没有疑虑的。当然在舆论方面，以及在领导当局方面，我们也可以看出许多不太满意这种从属地位的人。尤其是英国外交部，更是如此。可是“租借法案”沉重地压制着英国人独立奋发的情绪。丘吉尔本人，不管是从战略上或是从情感上，也只不过是充当“罗斯福的副官”罢了。因此，由于法国在欧洲大陆上不能再发挥它的传统领导作用，四面环海但与大陆紧紧相连的英国又退居后位，这就预示着战后处理欧洲事务的前景不妙。

现在美国人在战略方面还是犹豫不决。两个不同的观念纠缠着罗斯福和他的顾问。美国在武装和组织起来，这种浩大的努力鼓舞着全国上下，推动华盛顿准备一个迅速登陆的计划。此外，苏联人在德军的攻势压迫下已遭受重大伤亡和痛苦，他们大声疾呼，要求开辟“第二战场”。这种坚决的要求，使暗中怀疑莫斯科也许会背信弃义的盎格鲁-撒克逊人有了深刻的印象。不管美国首脑人物的计划怎样隐蔽，我们也不是不知道他们正在准备行动，打算年底在法国至少要建立一个桥头堡。

美国的计划虽然很大胆，可是行动很谨慎。它想先在北非登陆，不得已时，就推迟在欧洲地区的大反攻。要从大西洋彼岸把军队调来投入战争，美国领袖们确实有很多疑惧。美国人在大战中打头阵，这还是有史以来破天荒第一次。在第一次世界大战中，一直到战争的最后阶段，美军才大批上阵，而且只是作为辅助力量、附属部队而已。毫无疑问，从 1939 年以来，美国就致力于建立一支头等强大的军事力量。美国的海军已经是世界上最强大的，它可以不费力地把敌人送上来的所有战舰和飞机统统吃掉。可是，它那昨天还在萌芽阶段的陆军和空军还必须有一段时间的训练，才能应付大规模的战斗。因此，尽管在马歇尔将军的推动下，许多师团成批地建立起来，刚竣工的五角大楼里还有人忧虑地怀疑，面对着德国国防军，这些仓促组织起来的军队、只受过简单训练的军官、拼凑起来的参谋机构，能不能有所作为。在战斗的前夕，人们都认为要按部就班、循序渐进。

特别是，英国人也不怎样急于冒进。他们被迫放弃了“领导者”的地位之后，认为胜利基本上已不属于他们，他们只想避免付出太大的代价。人们认为推迟大战役就有时间使美国武装力量成长，同时也可保存英国的实力。况且伦敦方面看到了美国军备的发展，预计盟国已取得的物质优势在 1943 年可以相当地加强，而到 1944 年便可居于压倒的优势。再说，现在敌人在苏联战线上的消耗日益严重，急于冒险有什么好处呢？冒险还可能重演敦刻尔克事件①。另外，皇家空军和美国空军对德国的轰炸，开始使德国工业遭到重大的破坏，同时德国空军已很少来袭击英国了。最后，美国货船和护航舰的参战解决了运输的问题。此外，伦敦的战略是在拖延政策之下特别指向地中海的，在那里保护它在埃及、阿拉伯国家、塞浦路斯、马耳他和直布罗陀等地所取得的阵地，并计划在利比亚、叙利亚、希腊和南斯拉夫等地取得新的阵地。英国人就是力图使盎格鲁-撒克逊人的攻势转向这个战区。

但是，华盛顿政府到底倾向先在法国登陆呢，还是先控制摩洛哥、阿尔及利亚、突尼斯呢？选择不同，它对战斗法国就会采取完全不同的态度。在第一种情况下，它立即需要法国的抵抗力量协助作战。虽然它假装表示怀疑，但是它不是不知道戴高乐将军会采取什么行动，因此必须给他准备一个位置。但是在后一种情况下，它就会重新回到美国国务院从 1940 年以来执行的计划：争取当地政权的合作而把戴高乐置于军事行动以外，保全北非。实际上我们可以看到，我们的盟友美国人对我们轮流采取这两种态度。

1942 年 5 月末，美国人有接近我们的倾向。21 日他们驻伦敦的好大使约翰·魏南特依照惯例同我会谈关于在英吉利海峡对岸进攻的远景、我国在这次进攻中所能起的直接作用、今后在法兰西民族委员会与盟国政府之间应建立的关系。6 月 1 日应美国大使邀请，举行了第二次会谈。这次艾登也在场，这说明英国人实际上想要参加会谈。6 月 29 日艾登又单独同我谈到关于承认的事情，他以一个公正的中间人的身份交给我一份华盛顿政府提出的方案。第二天，普利文陪同我又与魏南特进行了一次会谈。在这期间，丘吉尔正在华盛顿讨论战略问题，他催促美国总统对我作出某些表面上的

① 敦刻尔克是法国北部港口，1940 年英军在此被德军包围后被迫撤回本国。

妥协。

这一切构成了7月9日美国国务院交给我的一份我事先同意各项条款的备忘录。按照备忘录，序言有“戴高乐将军高兴地读了备忘录”一语。文件中还声称：“美国政府与法兰西民族委员会已在某些地区实行紧密合作……为了使这种合作更加有效，美国政府特派斯塔克海军上将为代表，负责与法兰西民族委员会协商一切有关继续作战的问题……美国政府承认戴高乐将军为永久保持法国及其制度的传统精神所作出的贡献，以及法兰西民族委员会为此作出的努力……决定给予法兰西民族委员会一切军事援助和可能的支持（因为该委员会是法国反抗轴心国家的旗帜），这样就会更容易达到我们共同的目的。”

四天以后，英国人公开发表一项声明，扩大了他们和我们往来的基础。承认“自由法国运动以后改名为战斗法国”，7月13日英国政府承认“战斗法国就是各地团结起来与盟国协同作战、反抗共同敌人的法国人和法国领地的一个集合体……同时法兰西民族委员会在联合王国面前代表这些法国人和这些领地的利益”。如果这些话有一点意义，那就是这个声明至少意味着英国方面保证不妨碍我在法国及其转入战斗的海外各地行使权力。

其他行动和迹象都表明，盟国的意图变得对我们更有利了。7月14日，当我在伦敦检阅法国军队时，艾森豪威尔将军和斯塔克海军上将也来参加。同一天，艾登先生在国庆节广播中向法国人民祝贺，同时声明说：“我向你们讲话，并不是把你们当作朋友，而是当作盟国……由于戴高乐将军的果断，法国始终没有脱离战场……英国以希望和喜悦的心情看到法国人民抗战力量的成长……我们认为，使法国恢复它的伟大与独立，不仅是一个愿望，而且是一件必要的事情，不然的话，重建欧洲就不过是空想。”7月23日马歇尔将军和金海军上将又到了伦敦，这次他们要求同我见面。我见到了他们，并见到了阿诺德、艾森豪威尔和斯塔克。在我们的会谈过程中，我向美国的将领们表明了我们关于开辟第二战场的立场，法国国内外可能提供的协助，最后还有盟国为了实现它们和我们之间的密切合作所应具备的条件。

当然，我是主张从大不列颠向欧洲直接进攻的。任何其他方式不能解决问题。此外，对于法国来说，最好的办法是尽量缩短被蹂躏的时间，加速民族的统一，也就是说，要在法国本土进行战争。无疑的，维希当局可能继续屈服于德国人，但这样的话，它就会完全丧失它仅有的一点信用。侵略者也肯定会占领自由区。但是在一切分歧消弭之后，非洲的军队和海军也可能转来参战，同时在法国本土也会有很多人参加抗敌斗争。这就有可能把法国各种不同的势力联合成一个统一的政权，这样在国内将防止颠覆，在国外也将保证法国强有力的代表地位。

但还有一点，必须使盟国不再被赶下大海。我在同丘吉尔、艾登、魏南特、马歇尔等人交换意见时，我根据自己的见解计算了登陆所必需的兵力。我谈过以后又用书面写出："根据我们的情报网提供的情报，德国人在法国的军队，随着时间的不同而达到 25 个、26 个或 27 个师。在德国，他们还可能有 15 个师。这就是说，盟国一开始就要和约 40 个师的敌兵作战。考虑到大部分盎格鲁-撒克逊军队的战斗经验不足，又考虑到敌人在陆地上预先部署的有利条件，一开始至少要有 50 个师，其中要有 6 至 7 个装甲师。另外，空军必须掌握压倒优势。如果攻势在今年秋季开始，德国人在深陷苏联境内的情况下很难把军队抽回来。此外，依照战斗法国的'绿色计划'，盟国空军和法国抵抗运动的联合行动对敌人交通方面的破坏在法国境内将严重地阻碍德国后备军和物资的运输。"

我向盟国的将领说明，我们战斗法国人能够投入作战的先锋部队有：从近东调来的一个师、从法属赤道非洲抽调出来的一个混合旅、几个突击部队和伞兵部队、四队空军、我们所掌握的一切军舰和商船。我在7月初就下达了必要的指示，要这些不同的部队随时准备，必要时实行转移。另外我预料到，法国一旦建立了桥头堡，我们的武装力量就会得到收复地区部分资源的补充。我估计在北非和西非可以成立约8个师、15个空军飞行队，同时在土伦、亚历山大、比塞大、卡萨布兰卡、达喀尔、法兰西堡，我们还有许多临时被冻结了的船只，只要经过几个星期的修复就行了，这样组成的部队将会愿意并且能够参加在意大利或我国地中海沿岸的第二个登陆战。最后，随着盟军在法国土地上的挺进，还可以以法国地下武装的成员为核心再建立第三支法国武装力量。7月21日，我向丘吉尔先生和马歇尔将军提出照会，并告知莫斯科，说明在未来的战争中，法国可以提供何种军事协作，以及盟国可以提供何种武器和装备，我要求对此予以确认。

然而，很快就看出盎格鲁-撒克逊人不愿意当年冒险在法国登陆。他们看中了北非，想把我们踢开。许多确凿的事实说明，美国人不愿意战斗法国过问摩洛哥、阿尔及利亚和突尼斯的事务。因此，一直到1941年春季我们和这些地区还保持着的联系，这时也被切断了，此后同这些地区就完全没有直接联系。我们派出的人员一直没有到达目的地，向我们发来的情报也一直收不到，突尼斯的布勒雅克上校、阿尔及利亚的路易兹唐、摩洛哥的雷朗上校以及弗兰克·布兰达诺等人的情报更是如此。很明显，在这问题上是执行了华盛顿发出的命令的。但是通过许多转折，我们也同样知道了美国为寻求协作而在当地以及维希方面所作的努力。

我们也知道，美国大使馆、领事馆以及美国的情报部门在法国组织了一个所谓“特别行动”，主使人是美国驻阿尔及尔的总领事罗伯特·墨菲先生。墨菲先生是个聪明果断的人，很久以来在上层社会中就颇有名望；的确，他认为常跟他在城里吃饭的人就代表法国。他在北非策划着协助美国登陆的阴谋。他同样企图在维希方面发动一次宫廷政变。因此墨菲先生首先支持从巴黎回来力图控制抵抗运动力量的劳兰第将军，以便对贝当施加压力，从而干预政府。人们问道："那么，戴高乐呢？"他说："好！我们赦免他吧！"另一方面，墨菲曾策动过魏刚左右的某些军官去诱导魏刚发动一次兵变以取代赖伐尔。最后因为劳兰第没有拉到人，魏刚也不愿意背叛贝当，墨菲先生只好与吉罗将军联系，吉罗是被俘后逃出来的，急于要再度投入战斗。墨菲认为，只要吉罗出现在非洲军面前，就可以使非洲军重新振作起来。

在我这一方面，我曾设法同吉罗将军建立联系。1942 年 5 月，我就在一个新闻记者招待会上发表了对吉罗将军表示友好的谈话。6—7 月间，我的许多联络员一再去访问他，向他表示我希望同他合作。我很赏识这位伟大的领导人物。他在 1940 年指挥第 7 军时未能获得成功，以后，他临时被任命为正在溃败的第 9 军司令。在他有所建树以前，就被敌人包围和俘虏了。但是，人们可以想到，要是他在不同情况下放手去做，他是会进行复仇的，他这次英勇地从德国人的一个堡垒中逃出来，正为他提供了这样的机会。他要是参加抵抗运动，照我看来，是一件十分重要的事。北非重新加入战斗是一个主要的因素，我认为吉罗可以在这个转变中起到重要的作用，我准备在我力所能及的范围内努力帮助他，只要他在做这件事的时候能够对维希政权和外国态度明朗。当然，以后他能在解放战争中正式担任法国重新联合起来的军队总司令。这就是我对他的期望。不管怎样，我希望他对此有所表示，希望他私下里对那些两年来在前线抗战的人们表示敬意。可是他没有任何表示。我对吉罗将军做的争取工作所得到的答复只是一片沉默。但是，他对局外人说得很多，对我却保持缄默，于是我很快掌握了他的思想情况。

对他说来，只有军事方面的问题。有一支强大的法国武装力量重新出现在战场上就够了，其他一切问题都是次要的，可以扔在一边。在国难当头的时候，那些精神的、政治的东西，在他看来都是不重要的。他认为只要掌握住最大兵力的指挥权，就能掌握政权。他相信凭他的军阶和威望就能保证一切已经动员和可以动员的军队都服从他，也能保证盟国参谋部的友好合作。这时吉罗就可自居军事首脑，从而成为国家元首。他将把贝当看成一个可敬的前辈，把他当作一块踏脚石，必要时可以解除他的职务。至于戴高乐将军，他只有服从自己上级的命令。这样全国将随着军事建制的统一而重新建立起来。

吉罗将军对事物的看法的确引起我的不安。他对军事和政治的看法可以说有些头脑太简单了，显然他是异想天开地认为自己有天赋特权；从中我看出也许包含着国家分裂和外国干涉的祸根。因为绝大部分法国抵抗运动力量，肯定不会接受一个纯粹以职业军人为基础的政权。另一方面，贝当也不能不谴责他。最后，当盟国可以随意摆弄这个没有基础的政府的时候，自然就会利用它来危害法国。

的确，吉罗将军自以为这样做对盟国有极大好处。我在伦敦得到情报，说吉罗有一个凭空杜撰的计划。依照吉罗的看法，桥头堡已经有了，那就是所谓自由地区。只等盎格鲁-撒克逊人在预定好的日期到来，吉罗本人自告奋勇掩护他们登陆，那时他可以指挥停战军队，抵抗运动的武装力量也会支援他所领导的停战军队。但是我认为这个计划没有成功的可能。即使我们可以想象所谓“自由”区各地的一些部队会不顾贝当的阻挠和辱骂来配合吉罗作战，但这些分散的军队在军备极端不足的情况下是否能抵抗德国国防军的进攻和德国空军的袭击是值得怀疑的。此外，盟国也不会采取那种对它们本身包含着极大危险的计划。登陆的成功和随之而来的战役，实际上必须拥有相当大的空军和舰队配合作战，因此需要使用基地以及许多相互靠近的港口。那么，如果盟国没有预先在北非站稳之前就在法国南部登陆，那就只有直布罗陀和马耳他可以作为基地，这两个基地是很狭小、力量空虚而又容易被攻破的。最后，在这种情况下，土伦舰队的态度又将怎样呢？现在仍然仅仅服从贝当和达尔朗。只要土伦舰队按照贝当和达尔朗的命令稍微对盟军抵抗一下，这种登陆的行动就更靠不住了。

7 月底，我预感到即将发生的事件。虽然人们千方百计地对我们隐瞒他们的行动计划，但我已看出美国人今年很可能把它的力量只限于攫取北非。英国人也甘心情愿跟随盟国在北非利用吉罗将军，把我置于这件事情之外。所以，虽然在很多方面我们的同盟开始是很顺利的，但它将给我们法国人带来内部困难，在民族统一的面前树立新的障碍。

在这种情况下，我认为法国只好自己独立行动，因为别的国家也在搞自己的一套。我认为目前的当务之急是加强战斗法国的团结，使它在任何变动中都能成为一个同心协力的中流砥柱。我断然采取了这种集中所要求的坚定而强硬的态度。在此期间，为了促成这点，我决定去视察一下地中海东岸各国和战斗法国的非洲领土，同时也视察我们在中东和乍得的战斗部队。盟国曾在 5 月间借口即将开辟第二战场，极力反对我去视察，这一次没有打算阻挠我的旅程，这就使我了解它们在准备一场不让我插手的战役。另一方面，我坚决主张，在我们法兰西帝国这块土地上以及在我们这一小部分军队中加强内部团结的同时，要促进法国抵抗运动的统一。正好安德烈·菲利普从那里来，我就在 7 月 27 日任命他为内政委员，并叫他尽力利用我们实际准备好的一切物资、人力、宣传工具去支持让·穆兰所承担的任务。同时我任命了雅克·苏斯戴尔担任情报委员。我在伦敦召集了“战斗”、“解放”、“义勇军”的负责人弗莱乃、达斯迪埃、让·皮埃尔·勒维等，指示他们坚决地共同行动。

为了加速合并非正规军队，我挑选了德勒斯特兰将军去指挥未来的地下武装。最后为了提高我们组织的威信，我号召知名的权威人士——像维埃诺、马西格里、达斯迪埃·德·拉·维热里将军、加塞将军等人——来参加我们的组织。巴希要在英国和法国之间从事联系和安排交通运输事宜，以便我从中东和非洲回来后决定他们每个人的任务。

我于 8 月 5 日动身，启程前先去拜访丘吉尔和艾登先生，从他们多少有些不自然的谈话里我证实了自己的想法，他们正要进行一项违背 1940 年 6 月以来两国之间共同协议的事情。在飞往开罗的飞机上，我遇到了艾夫里尔·哈里曼先生，他是被罗斯福派往莫斯科去担任大使的；这位外交官平素开朗健谈，这时似乎被一个极大的秘密包袱压住了。经过直布罗陀时，我看到那里正在进行的巨大工程，我也注意到当地总督马克·法尔兰将军的惶恐不安的神情，在正常情况下，他原是很轻松愉快的人。这一切征兆都使我确认，不久地中海将在没有我们参加的情况下发生一件重大的事情。8 月 7 日我到了开罗。

开罗周围的气氛同炎热的天气一样使人感到沉闷。最近第 8 军的失利还在人们心中罩着一层阴影。虽然隆美尔停止前进已有 6 个星期，但他现在在艾尔阿拉曼，从那里发动一次进攻，可以在两小时内把他的装甲部队开到亚历山大港。国务院、大使馆、英军总司令部的人，都惶惶不安地注视着国王法鲁克和许多埃及人的暧昧态度，他们似乎准备屈从可能取得胜利的轴心国。当然，英国人的老对手纳哈斯为了双方的利益已经和英国人和解，并在英国大使迈耳斯·兰浦生爵士的热心推荐下由国王任命为政府首相，纳哈斯是由一队坦克护送着去觐见国王的。去年，纳哈斯曾跟我说：“我俩之间有个共同点，在国内拥有多数派，但没有实权。”现在他已有实权了。可是如果意大利和德国的联军攻到首都，他的多数派在哪里呢?

至于英国军人方面，我发现奥兴勒克将军和不久以前一样安静、淳朴和正直，空军司令特德也能完全控制自己和自己的情绪。但是，他们两个人的部下，大多抱着苦恼的心情，不安地等待着高级官员的变动。他们一方面对伦敦的报纸和国会的批评感到激怒，一方面又因埃及人不礼貌的态度和责难而恼火。例如，埃及人在大街上或电影院里只欢迎战斗法国的军队，我到开罗以后，他们到处传说戴高乐来指挥中东军队了。事实上，另一方面，将领和参谋人员都看到伦敦政府为了最近的反攻，毫不吝惜地把精锐军队、勇敢的舰队以及优良的军械集中运到埃及来。

如果英国人是处在半喜半忧之中，那么我们的士兵就处在欢乐的喜悦里。在我们士兵眼里，比耳哈希姆一役，决定了他们的胜利。我也去看过他们。8 月 8 日和 11 日，拉尔米纳请我去检阅。在隆重检阅第 1 轻装师的过程中，我将解放勋章授予柯尼格将军以及其他一些人，其中包括阿米拉克瓦里上校。我又视察了第 2 轻装师（师长是加骚）和勒米的机械化部队，他们的部队装备很好，迫切要求参战。我们的空军和伞兵也依次接受了我的检阅。他们联合起来组成一支久经考验的军队，我相信任何力量也不能使他们背叛我。全部摩托化的步兵、炮兵、装甲兵、辎重兵，行列中各种兵种的英勇士兵，由准备为光荣和胜利而牺牲的军官们率领着，在 8 月炎热的阳光下举行分列式，这使我充满了自信和骄傲。在我们之间，彼此在达成了一种默契，一种内心的融合，我们因此而高兴得像波涛汹涌一般，连我们脚下的沙土似乎都有了弹性。但当队伍的最后一排走过后，我又从迷惘中清醒过来。我心里想到另一方面，还有法国的许多陆军、海军和空军在荒唐的命令驱使下准备进攻“戴高乐派”和盟国。

在我们驻开罗的代表团办事处，我和埃及的大多数法国侨胞见了面。德·伯努瓦男爵在那里称职地代表着法国。他在德·沃兹男爵、雷纳·费利奥以及乔治·戈尔斯的协助下，使我们的文化、宗教、经济等利益在埃及政府未承认法兰西民族委员会期间得到了有效的保障。埃及的通讯社和广播电台都接受我们的代表的一切有益的建议。大多数法国人在精神上紧紧团结在他的周围。同时，由于我们在伦敦不断地予以大力支持，伯努瓦先生终于在苏伊士运河的管理上保持了法国的地位，虽然英国海军部企图将其置于自己的控制之下。实际上，在整个战争期间，正是法国人保证了运河的使用。这是对盟国作战力量的一项值得赞扬的重大贡献，因为中东舰队和陆军的交通，以及分配到叙利亚、黎巴嫩、巴勒斯坦和外约旦等地的军队给养，都要通过塞得港，而德国人又不断对舰队和水闸进行轰炸。因此，我去伊斯梅利亚慰问了为运河服务的全体人员，并访问了那个小小的房间——莱塞普斯曾在这里指挥关系战争命运的这项巨大工程的工作。

为了给予当地的战斗法国人以适当的推动，我向我们的盟国英国提到引起我们分歧的问题。丘吉尔先生也来到了开罗。8 月 7 日我们在一起共进午餐。他对我说："我是为了重新组织司令部而来的，顺便了解一下我们有关叙利亚的争端究竟在哪里。然后我将去莫斯科。这就是告诉您，我这次旅行有重大意义，但同时也使我产生一些忧虑。"我回答说："这的确是三件大事情。第一件只关系你们自己。第二件与我有关。第三件特别与斯大林有关，毫无疑问，您要告诉他今年将不开辟第二战场，我明白您的忧虑所在了。但是当您的良心不责备您的时候，您很容易克服它。""您要知道，"丘吉尔先生喃喃地说，"我的良心是位好姑娘，我跟她永远是谐调的。"

事实上，我证明英国将继续肆无忌惮地处理叙利亚问题。8 月 8 日我去拜访凯西先生，他虽是一个澳大利亚人，却在伦敦英国政府任内阁大臣，也是以这个名义来协调英国在中东的事务的。他立刻向我谈到地中海东岸国家必须赶快举行的选举。我认为必须马上使这位跟我谈话的富于同情心的人明白，我对他说："法兰西民族委员会决定今年不在叙利亚、黎巴嫩举行选举，因为托管当局不愿意当隆美尔在亚历山大港的门前的时候叫人们进行投票。在埃及、在伊拉克、在外约旦，人们也投票吗?"

这时我采取了攻势，向内阁大臣列举了由于英国不顾协定所实行的政策给我们带来的损害。他逐句地听我的话，也得出了与我多次说过的同样结论。我对他说："当然，目前在世界上的这一个地区，你们比我们有力量得多。由于我们被削弱了，由于我们在马达加斯加岛、在北非，甚至有一天在法国本土将不断发生危机，再加上我们内部的纷争，因此，你们有能力使我们退出地中海东岸各国。但是你们只有利用煽动阿拉伯人排外和对你们的盟国滥用武力才能达到这个目的。你们所得到的后果是你们在中东的地位日益无法维持，同时在法国人民当中对你们将产生一种磨灭不了的怨恨。"凯西先生不高兴了，又用"英国在这个地带所具有的高度责任感"来表白他的善意。然而，当 8 月 11 日我再一次看见他的时候，他对选举的事闭口不谈了。

南非联邦总理史末资元帅也正在开罗。我们进行了长时间的会谈。这个人既杰出又和蔼可亲，但有点离奇古怪，这位德兰士瓦[①]独立的英雄人物成了英王陛下自治领地政府的首脑。这个布尔人[②]穿着英国将军的服装，按他的能力来说，他对这次战争中的一切问题都能够应付裕如。虽然他的首都比勒陀利亚极其偏僻，虽然他的国家因白种人和黑种人杂居不睦而发生了许多极难解决的种族问

① 指前南非共和国，后成为英国殖民地，1910 年成为南非联邦的一个省。
② 南非荷兰血统的白种人。

题，虽然他本人还得对一个强大的反对派作斗争，而他对伦敦的领导人物却真正有影响。他拥有这种特权，不仅是由于他体现着英国人的胜利和成功，而且还由于他与丘吉尔的友谊：在从前的战争[①]中，他曾把丘吉尔俘虏了几个月，他利用这个机会竟使丘吉尔永远变成他个人的俘虏。

南非联邦总理向我表示了他对战斗法国的尊重。他对我说："戴高乐，如果你当时没有把赤道非洲争取过来，我史末资就不可能待在南非。因为投降的情绪已在布拉柴维尔城占了上风，这样一来，比属刚果也随着屈服了，而在我们这里谴责与英国共同作战的那些人一定会占优势，他们甚至会与轴心国合作。从阿尔及尔一直到好望角，就会建立起德国的霸权。至少可以说，你在乍得和刚果的行动，给盟国作出了重大贡献。对我们大家来说，最重要的是你的权力现在已扩大到法兰西帝国，我希望它很快伸展到法国本土。"我对史末资元帅这种友好的评价表示感激，但我向他说明其他盟国似乎并不完全同意这一点。我给他举出了证据，首先是英国人在叙利亚和黎巴嫩的活动，其次是马达加斯加所发生的事情，最后是盎格鲁-撒克逊人将要在北非做的事情，他们企图成立一个不归我领导的政权。

史末资承认其中有损害战斗法国的地方。他肯定地说："但是这些令人不愉快的行为只是暂时的。美国人开始常常弄错，当他们认识到以后，就能立即得出结论。至于英国人，他们做事的办法是根据两种不同的观点：一种是机关、委员会、参谋部所支持的惯例；另一种是远见，这种远见已逐渐转化成一个受人民支持的政治家——今天就是丘吉尔——的观点。第一种观点是违反你们的利益的。但请你相信，第二种观点对你们是有利的，而在最后，后一种

① 指1899—1902年的布尔战争。

观点总是决定性的。”

当我们谈到马达加斯加的实际问题时，史末资告诉我，英国人仍然没有放弃与服从维希政权的总督订立协定的幻想，这个幻想一旦破灭，他们要重新进行在占领迪亚哥-苏瓦雷斯以后一度停止的战斗，他们企图在马达加斯加岛建立一个由他们直接管辖的行政机构，但最后，他们会与法兰西民族委员会携手，这种办法一开始就是史末资本人提议的。他向我透露，在对付我的那套把戏中，英国人如获至宝的一张王牌，就是同意在适当的时机让洛林十字旗[①]飘扬在马达加斯加的上空。伦敦在这方面也将有办法补偿盟国政策在另一方面引起战斗法国不愉快的事件。史末资元帅最后对我表示，南非绝不参与任何把法国从马达加斯加排除出去的行动。相反的，他要促使伦敦方面让戴高乐将军在那里建立政权。我应当说，后来在比勒陀利亚的行动是符合这个保证的。

8 月 12 日，我启程去贝鲁特。我打算在叙利亚和黎巴嫩住一个月，在那里重新掌握人和事，密切联系当地政府和各界领导人物，唤起民众的同情，在实际上和精神上显示法国的优越性。关于这一点，当地所表现的欢迎情况提供了最明显不过的证据。在贝鲁特，当我由黎巴嫩共和国总统艾尔弗雷德·纳卡希先生陪同进入市区时，民众夹道欢呼。在贝卡，在黎巴嫩南部，尤其在赛伊达，都是这种情况。同样，当我到贝克尔伯访问马龙教派的大主教时，居住在山中的马龙教徒，成群结队地来到贝克尔伯，簇拥在他们的大主教周围。我在贾德鲁将军陪同下，巡行了胡兰地区，这里现在已经安稳可靠了。以后我到了德鲁兹山，从各个角度来看，这是个火山形成的地区。我在苏韦达检阅德鲁兹骑兵之后，在法兰西大厦接见了各界权威知名人士，以后在赛拉尔会见了代表各乡镇的热诚而朴

---

① 第二次世界大战期间戴高乐领导的法国军队的标志。

素的群众。在暴风雨般的欢呼中，发言的人们都肯定了这个民族对我们的热情。这个民族过去对待法国人，有时是不够友好的。

我在叙利亚共和国总统塔日丁陪同下，进入了大马士革，全城热情沸腾，真是罕见。国家和政府首长举行国宴招待我，欢迎我的各机关、权威人士、各教派、各党派、各团体的代表们向我证明了去年刚成立的这个年轻的共和国在自己伟大的首都如何坚强地站立起来了。接着我到了巴尔米拉，贝都因①人的部落在那里等候着向我表示敬意。以后我到了古老而崭新的幼发拉底河地区。在德尔祖尔，像在其他地方一样，政治、行政和经济的形势已经和 1941 年悲惨的战役以后我所见到的状况大不相同了。阿勒颇是北部的大城市，那里多少世纪以来就杂居着经常流动的横穿小亚细亚的异教徒、教徒和商人，他们都热情地招待我。阿拉乌提斯地区也向我致敬，并表示了他们对法国的传统友谊。而且，正是过去一直被看成是靠不住的穆斯林和叙利亚人的城堡——胡姆斯和哈马城，招待最为热情。在这次欢迎中，前总统哈希姆·阿塔西做出了良好的榜样。在归途中，特里波利②和巴特龙两地的情况给我提供了令人感动的信赖的明证。

在当时群众游行示威的热潮中，显示了法国托管所应负的重任。当时谈不到法国在不属于它的地区永远承担重任的问题，条约也不容许它这样做。另一方面，人们明显地看到叙利亚和黎巴嫩的上层人士，不管他们分歧如何，希望建立独立自主国家的意志是一致的。法国长期以来就引导他们走向这条道路，我本人也郑重地答应了他们。那里有一种相当强烈的情绪，致使人们认为反对这件事情是愚蠢的。无疑，必须保护几世纪以来法国在地中海东岸应有的

---

① 散布在北非和西亚地区的阿拉伯游牧民族。

② Tripoli，音译为特里波利时指黎巴嫩西北部港市，音译为的黎波里时是利比亚首都。

经济、外交和文化上的利益。而这样做与这些国家的独立可以调和。

然而，突然要在大马士革和贝鲁特取消法国权威的原则，我们不能同意。要是我们同意了，英国人就可以借口战略上的需要来取代我们。再者，我认为没有权利撕毁托管书。对于这件事，正如对其他事情一样，我应向国家负责。法国所承担的国际托管义务，只有取得托管国的同意后才能取消，否则就是失职，目前的情况还不允许这样做。因此，根据战时情况，我们决定把能放弃的权力交给大马士革和贝鲁特的政府，同时声明，隆美尔一旦被赶走后就举行选举，以便为政权奠定正常的基础。我们还答应可能履行使独立政权依法受到尊重的国际规定，目前我不想放弃法国在叙利亚和黎巴嫩的最高权力。不管在职业政客中引起怎样的急躁情绪，只要英国不从中捣乱，我们定能在不发生严重冲突的情况下完成必要的过渡。

可是英国把事情弄得很糟。这样，纳卡希先生受到了斯皮尔斯的攻击，后者公开地向对方挑衅，甚至威胁总统，因为他的某些部长不讨英国人喜欢，或者是，因为他没有主动马上在黎巴嫩进行选举。另一方面，英国人威胁说要停止一切对外贸易，在这种压力下，贾德鲁让他们参加了法兰西—叙利亚—黎巴嫩小麦管理局。他们利用这个机会来反对该局的正常工作，这种做法引起大马士革当权人士的反对。他们不顾我们的优先决定权，就攫取了从海法到特里波利的铁路建筑和所有权。因为特里波利附近有伊拉克输油管的出口，法国当局经营了一座炼油厂，以便在属于法国的石油份额中提取精油以供应地中海东岸各国。英国人为使我国和地中海东岸各国在这一方面完全从属于他们，想尽办法来扼杀我们的炼油厂。最后，借口 1941 年 3 月 19 日我同他们订立的财政协定（根据这一协定，他们的财政机构才在预付的形式下供给了我们一部分公用基金），他们硬要监督他们供给的那笔款在叙利亚和黎巴嫩的使用情况，进而监督大马士革和贝鲁特政府的预算。事实上，在各种范围内，随时随地都有我们盟国的军人多方干涉。

我坚决反对这种压迫，就是我们失败了，我也要揭露这种越权的行为。在当地把实际情况查明以后，我开始了战斗。8 月 14 日，我向丘吉尔提出正式抗议。

我写道："从我在地中海东岸法国托管国逗留初期起，我就看到英国政府和民族委员会关于叙利亚和黎巴嫩问题所签订的协定在这里遭到破坏，我感到遗憾……英国政府代表的不断干涉……既不符合英国不干涉叙利亚和黎巴嫩政治的保证，也不符合尊重法国地位或有关托管制度的规定……此外，这种干涉以及由此所引起的反应，使整个中东的阿拉伯民族认为，这些严重的纷争，在那里危害着英国和战斗法国——两个盟国——之间的友好合作……我有必要请求您，在这些地区履行我们所签订的协定。"

首相在莫斯科接到了我的信。8 月 23 日，他在回伦敦途中经开罗时答复了我："我们丝毫不想侵犯法国在地中海东部地区的地位……在政治方面，我们完全承认法国当局应居于领导地位……我们完全同意，从技术方面来看，目前不能结束托管……"但在表示尊重签订协定的同时，丘吉尔先生照例援引英国所夸大的不合理的单方面要求："叙利亚和黎巴嫩是极重要的战场的一部分，也就是说，这个地区内所发生的任何事情，都直接地或间接地影响到我们的军事利益……我们也同样关切地注视着，在贾德鲁宣布国家独立的声明中，我们所提出的保证应切实执行……1941 年 9 月 9 日我在下院演说时曾明确指出，自由法国人在叙利亚的地位不能像维希政权以前所享有的那样……"丘吉尔先生故意用一种平淡而又安详的方式作结论说："我完全理解，我们双方在地中海东部地区的代表保持密切合作……的重要性……我们的最高目标是击败敌人……"

我预料到英国方面会换个方式拒绝改变政策，但我决心把这个故意搞得含糊不清的政策弄明白。再说，为以后着想，我认为有必要采取普遍不妥协的态度。于是，我又给丘吉尔先生打电报说："我不能接受您的意见，按照您的看法，英国代表在地中海东部地区的政治干涉，竟能同英国政府所作的关于尊重法国地位和法国继续托管的保证调和起来……此外，你们的代表的干涉与压力所造成的法英在该地区的敌对局面，对盟国的作战力量是有害的。我诚恳地请求您重新考虑这件急迫而又重要的事情。"

我讲这番话不是为了在目前起作用，现在我没有多少办法来解决这个争端，我主要是为将来着想。只要替法国说话的人能坚持不放弃地中海东部地区，将来法国就可能有办法收复它。与越权行为类似的事件，同时又在马达加斯加发生，不久还要在北非发生，也许将来会有一天在巴黎发生。假使我们现在不反对目前的事情，我们就不能制止将来发生的事情。再者，我们虽然已经被人宰割了，但没有任何理由对被人宰割保持缄默。我认为现在必须让美国和苏联也了解一下。即使美国和苏联的政府在获得正式通知之后，不做出任何使英国回头的事，至少这个争端会引起全世界舆论的反应。

8 月 16 日我接见了敬爱的美国总领事格温先生，他是到这里来打听消息的，表现得颇为不安。我没有做任何事让他安心。8 月 24 日我请他来，并递给他一份转交他政府的照会。文件中说明了问题真相以及它可能产生的后果。第二天格温先生到我这里来，他递给我一份电文，这是科德尔·赫尔先生给美国驻伦敦大使约翰·魏南特先生的电文，让他向英国明确地提出这一问题。这正是我所希望的。国务卿电告他的大使："我们完全了解局势的严重性……驻贝鲁特的英国公使（斯皮尔斯）看来至少是认为他的使命比一般国家的外交代表的使命的意义要广泛一些……请你再同艾登先生研究一下这个问题……对影响共同作战力量的争端，我国政府不能置之不理。”

另一方面，科德尔·赫尔先生嘱托格温先生“向戴高乐将军致谢，因为他向赫尔提供了这样全面的报告”。但他在电文的末尾也散布了一些有害的言辞，他请格温先生“同样坦率地向戴高乐将军说明：作为一个参加共同作战的国家，美国对于这个问题是非常重视的，它主张对叙利亚和黎巴嫩现有安全的保证必须认真地加以尊重”。

在这期间，德让在伦敦把我们的争端转告了波格莫洛夫先生，并通知了我们驻莫斯科的代表团。9 月 11 日苏联大使告诉德让说，他的政府准备尽力援助我们。

关于盎格鲁-撒克逊人对北非问题所通过的决议和采取的办法，我都不赞成，特别是因为我现在已经完全知道了它的内容。当然，这并非说，他们对我透露了什么盟国的计划。相反的，它们都在忙于自己的准备工作，并继续保持绝对的秘密。但是，它们这样玩弄机密，即使冒犯我们，那也是徒劳的。因为来自美国、英国、法国的情报都汇集在一起，一种流言已传遍世界。同时在中东所能见到的一切表明，在非洲将有一场战役。丘吉尔先生在路经开罗时任命亚历山大将军担任总司令，并任命蒙哥马利为第 8 军军长。从英国不断地开来援兵，尤其是装甲部队。特德空军司令也补充了大量的飞机。一切都说明这个庞大的计划并不是指向欧洲。

8 月 27 日，我准备通知我们在伦敦的代表团：“现在美军已决定在法属北非登陆……这场战事将与英国即将在埃及发动的攻势配合进行……美国人想利用我们游击队的忠实来取得当地的协助，并使游击队相信美国人是和我们意见一致的。毫无疑问，贝当元帅在必要的时候会下令北非抗击盟军……德国人在这件事上也会找到借口……而插手进来……”我又补充说：“起初，美国人曾认为今年可能在法国开辟第二战场。所以，他们看到需要我们的时候，便走上了 7 月 9 日备忘录所确定的道路。现在他们的计划改变了……”

现在一切都很清楚，盟国的战略已完全确定下来。极端自私是它们政治态度的基础。因此我比过去任何时候都不相信它们的空洞条文了，因为它们是最善于利用空洞条文来掩护自己的。华盛顿借口使法国人将来有选择自己政府的自由，极力同戴高乐保持一定的距离，同时又与维希的独裁政权保持正式的关系，又准备与任何为美军打开北非大门的人打交道，这怎能使人认真对待华盛顿所标榜的诚意呢？伦敦借口阿拉伯人的独立权而使它对法国托管的地中海东部地区的干涉合法化，可是英国人同时在印度却把甘地和尼赫鲁逮捕下狱，在伊拉克严厉镇压拉希·阿里的拥护者，又指使埃及国王法鲁克接受一定的政府形式。这怎能叫人相信伦敦的声明是真诚的呢？好吧！今天同昨天一样，只有根据法国的利益行事。

在这时候，凯西先生认为他应当出来办这件事。然而，即使他的用意很好，他所采取的方式也使他不能办好这件事。8 月 29 日他建议举行“开诚布公的会谈”，以便为了两国的利益建立比较满意的关系。“因为，”他写道，“我觉得两国在叙利亚和黎巴嫩的关系已经达到最危险的地步。”不幸得很，这位英国国务大臣认为应当补充：“我请你到开罗与我会见……如果这次不能会晤，我只好根据自己的看法把目前的局势报请首相处理。”他的公文的措辞迫使我回答他说，我准备跟他讨论这些重要问题，但只在贝鲁特进行，因为在我荣幸地同他在开罗进行的两次会谈中没有能够达成协议。

这时丘吉尔先生又参加了意见。8 月 31 日他从伦敦打电报给我说，他和我一样，认为形势严峻，他觉得应该在最短时间内和我商谈；他请求我从速返回伦敦，并通知他可能迎接我的日期。我只能“感谢首相的诚恳邀请”。我答复他说：“我一定要尽可能提早启程，但形势不允许我现在就离开地中海东部地区……”我又向他重复说：“在任何情况下，即使在今天，我仍然准备在贝鲁特与凯西先生会谈。”最后在9月7日，由于两国关系特别紧张，我委托从德黑兰到我这儿来的大使赫莱带给凯西一份备忘录，明确指出我们的不满。

在这样进行争论的同时，我也尽力把这些事情向国内解释清楚。问题在于如何使两个当地政府坚决执行自己的任务，尤其是在财政和粮食方面，因为这一方面的事情进行得并不顺利。另一方面也必须使它们知道我们关于选举的看法。艾尔弗雷德·纳卡希先生和塔日丁教长分别在9月2日和4日来见我。我很隆重地接待了他们。他们两个人向我提出了很多善意的保证。事实上，他们自己也感觉到，他们所以重新获得职位，是由于法国权力的巩固。他们不再怀疑使预算平衡的有效措施、使小麦管理局进行活动的措施以及限制投机活动的措施。经过他们和贾德鲁将军同意，我坚持民族委员会的决定，即在来年夏季再谈选举问题，但是只有在战局好转的条件下才能举行选举。

我在贝鲁特期间，依照中东地区的习俗接触了许多人。没有搜集意见、没有多方尊重别人就作出判断或进行处理，会被认为不明智、不适当。我在暂住的“松林寓所”见过许多客人，他们都肯定地向我说明，他们希望在他们的国家里能看到政府彻底尽到自己的职责，但人们都宣传各种不同的狭隘观点，有史以来正是这一点妨碍政府尽到自己的责任；他们都使我更相信叙利亚和黎巴嫩在走向独立的过程中，有法国在这里，它们可以赢得一切，而不会有任何损失。

法国的存在对这两个国家所带来的好处是无可置疑的，也是不用争辩的。谈到公用事业、大型工程、教育事业、慈善机构，法国人以顾问的名义在行政、教育、司法、治安和公共工程各方面的协助，我们的同胞与叙利亚人和黎巴嫩人之间建立的职业的、文化的、婚姻的关系，这千丝万缕的联系都符合共同的利益和感情。在许多迎接我参观的机关、工地、学校、俱乐部、医院，大家都这样想也这样说：无论将来巴黎、大马士革和贝鲁特之间的政治关系采取哪种制度，都应该保持这些联系。

我当然也要尽力对军事组织予以最大的推动。绝大部分的真正法国军队这时都在埃及。我们在当地只留下了几个支队。这几支微不足道的法国军队的实际人数证明，法国的势力除了单纯军力之外还有别的基础。所以应该由“特种”部队即由叙利亚和黎巴嫩军队来保证这两个国家的切身安全。而这片地方的安全却时刻受着威胁。实际上，就在这 1942 年的夏末，德国国防军进入了高加索的心脏，在沙漠里的意德联军也威胁着尼罗河三角洲。要是敌人在这两个战场上都取得了胜利，小亚细亚就会暴露在他们眼前，因此我们要继续不断努力加强地中海东部地区本地军队的力量。

这样就初步建立了一些军队：叙利亚出 9 个步兵营、1 个骑兵团、3 个半摩托化的骑兵混成营；黎巴嫩出 3 个猎兵营；而 2 个炮兵分队、1 个战车营，以及工兵、运输、通讯等单位，仍归两国共有。胡姆斯的军官学校每年可以培养出许多优秀的毕业生。当然还有些法国军官协助组织特种军队。可以看到，在他们的行列中，涌现出了一批有才能的军官，像叙利亚的上校兹纳姆和基查哈里，黎巴嫩的上校契哈布和纳法尔。在丹茨重新获得的军械，使我们能够供给这些军队优良的武器和装备，贝鲁特的炮兵辎重厂有很好的设备来保证这些军械的保养。

我光荣地检阅了捍卫地中海东部地区的法国、叙利亚和黎巴嫩的军队，陆军由胡布鲁特将军指挥，海军由戈尔布·伯尔纳德中校指挥，空军由琼斯中校指挥。这支拥有 25 000 名忠实士兵的军队保卫着这两个国家不受敌人的任何攻击，再加上当地的宪警，足以维持由几千年来不能和解的派系组成的、面积有法国三分之一的国家的秩序。这个地区的边界长达 2 500 公里，邻国伊拉克、外约旦、巴勒斯坦还正处在长期的骚动中。在这次战争期间，地中海东部地区在法国的托管下局势很安定，这里有相当可靠的军队守卫着。这个事实大大地有助于盟国的战略，比如为保卫埃及、利比亚、埃塞俄比亚而战的军队消除了严重的后顾之忧，促使土耳其拒绝借道给德国人，使在这形势下受到震动的阿拉伯人从敌对行动中转变过来。

然而，尽管我的旅行很圆满，但问题仍然没有解决。我已经改变了气氛，我给了英国人一棍子，我们也就赢得了时间。我没有带来援军和金钱，怎么能做更多的事呢？有了物质的力量以后，政策才能有价值。在中东比在其他地区更可以肯定这一点，决定问题的是力量的对比，而不是口头的雄辩。

从美洲来的一个著名客人更为我证明了这一点。这就是温德尔·威尔基。1940 年 11 月选举总统时，共和党曾抬出他来同罗斯福对抗。现在总统为了表示战争使他们紧密团结在一起，就委派这位不久以前的对手周游世界，向决策人了解情况。温德尔·威尔基打算在访问斯大林和蒋介石的途中路经地中海东部地区。9 月 10 日他来到贝鲁特，逗留了 24 小时。这期间，他到我这里来作客。

由于他的要求，我对他讲述了现在法国在地中海东部地区的处境。温德尔·威尔基虽是第一次到这里来，显然已经注意到各方面的看法。他回到华盛顿之后，以美国人那种简明的方式诡称，确信贝鲁特的摩擦只是两个同样可恶的殖民主义者发生争端的一个枝节问题。关于我本人，在他回国后所著的那本书中，也毫不例外地加以恶意的嘲笑。因为在贝鲁特，我们是在高级专员的办公室举行会谈的，这里刚由德·马尔特先生布置了一套帝国式的家具，他就把我描绘成一个模仿拿破仑的人物。因为我穿了一套法国军官白帆布的夏季制服，他又认为这是模仿路易十四的排场。因为我的部下有一个人谈到“戴高乐将军的使命”，威尔基先生竟委婉地说我以贞德自居。这样一来，罗斯福的对手也成为戴高乐的对头了。

然而就在我同总统特使会谈的同一天，发生了一件与法国有关的新事情。9 月 10 日黎明，英国人又在马达加斯加开始进攻。事实证明经过 5 个月的谈判，他们没有从阿纳特总督那里取得任何可靠的保证，而维希政府可以随时允许日本人使用该岛，同时赖伐尔内阁已命令必要时让日本人随便使用，因此我们的盟国就决定自己去占领它。

他们这次行动，仍然没有战斗法国的军队参加。但是，同上次进攻迪亚哥-苏瓦雷斯时的情况不同，这一次至少在事情发生以前通知了我们。9 月 7 日，艾登向普利文和德让表示，英国政府对我在地中海东部地区的态度感到愤慨，他指出，在马达加斯加将要发动的战事同样需要相互取得谅解与合作。9 月 9 日，艾登又邀请我们两个民族委员会委员到他那里去，告诉他们说："英国军队第二天要在马任加登陆，英国政府已决定在战事结束之后，承认法兰西民族委员会在马达加斯加的主权，同时希望能尽快同我举行会谈，以便在这个问题上达成协议。"9 月 10 日，伦敦宣布英国军队在马任加登陆，并指出"将在该岛成立一个政府，能同盟国通力合作、协助法国解放"。11 日斯特朗先生向莫利斯·德让说明："在英国政府看来，法兰西民族委员会应该是公报中所提到的'友好政府'。事情很明显，只待你们来决定。我们相信能达到合作的目的。"

我决定到伦敦去。我预料在伦敦一定会遇到不愉快的气氛。也许，从某些方面来说，若美国在北非发动攻势，那么我驻在法国属地要有利得多。也许，处理马达加斯加事件将不会马上进行，而且不会没有痛苦。但是事已至此，我不能再犹豫了。这时我给艾登先生写了一封善意的信，我说："我接到了普利文和德让的报告，我表示接受您和首相的友好邀请，决定最近去伦敦。"他立刻答复我说："我很高兴，我将按 9 月 9 日同普利文和德让两位先生谈话中所考虑到的，同你讨论我们在地中海东部地区的关系，以及将来在马达加斯加的民政事宜。”

赴英国以前，我要到战斗法国的非洲部分停留10天左右。在那里，像在中东一样，我愿意在震撼战斗法国的危机爆发以前加强战斗法国的团结，在不久即将来临的大事中，部署我们军队的任务。不依靠英国飞机，从叙利亚飞到刚果，这还是第一次。这是在马米尔上校的领导和瓦希特上校的协助下完成的。由于在地中海东部地区得到几架民用飞机，特别是由于我们在允许美国使用黑角基地这一交换条件下从美国得到8架“罗克西”式飞机以及由于长期被“冻结”在阿根廷和巴西的法国航空公司的人员现在又和我们团结在一起，许多法国的航线都复航了：有从阿勒颇和德尔祖尔到大马士革和贝鲁特的航线，有从大马士革到布拉柴维尔的航线，有来往于拉密堡、班吉、布拉柴维尔、黑角、杜阿拉之间的航线。9月13日，经过一次3 000公里不停航的飞行，我由大马士革到了拉密堡。这表明在陶鲁斯山到大西洋之间航行，除战斗法国的领土外，可以不在任何其他地区停留。

勒克莱尔在拉密堡等候我。他在待机向利比亚再度进攻的时候已把他的沙漠部队准备好了。我又一次去检阅了摩托化纵队，它们是战车和运输车组成的战斗部队，是武装起来并准备在辽阔地区作战的部队，也是拥有适于长途行军装备和军需品的部队。他们准备在英戈德、德朗日、迪奥、马苏的指挥下，离开法雅、兹瓦尔、法达等港口渡海作战。我又检阅了一支摩托化小部队，他们准备从乍得湖边出发去夺取津德尔。我在杜阿拉、利伯维尔、黑角、班吉、布拉柴维尔视察了包括多兵种的两个旅：一个准备开往塔那那利佛，另 ·个打算伺机赶到科托努、阿比让或达喀尔。卡莱吉尔上校抽调了我们留在赤道非洲的空军部队的最优秀的分队。海军中校沙利耶带了4艘小战舰、几架飞机和警备兵守卫喀麦隆、加蓬和下刚果的漫长海岸线。炮兵、后勤部队、军医部队，不管距离和气候如何，为了完成任务，都必须创造奇迹。大家焦急地预感到，尼罗河与大西洋之间将展开战斗。同时敌人轰炸拉密堡也说明了敌人在等待着战争。

9月22日我用“秘密手令”给勒克莱尔指派了任务。命令他攻占费赞绿洲，在那里代表法国组织行政管理机构，然后，再从那里向的黎波里进发，同时对加特和格达美斯进行侦察。攻击应当在英国第8军收复昔兰尼加、进入的黎波里地区时开始。勒克莱尔只在与盟军会师后才归亚历山大和蒙哥马利将军指挥。那时他就要在他们的战略指挥下参加可能发生的突尼斯战役。另一方面，如果维希政权反抗盟军登陆，或在德国援助下对盟国作战，那么我们就尽可能地把属于法国的土地夺过来。此外，我们的情况是：在黄金海岸[①]有彭登，在尼日利亚有亚当协助我们，在科特迪瓦、上沃尔特、多哥、达荷美、尼日尔有我们的有利内应。我命令勒克莱尔必要时率军进入法属西非洲，首先是尼日尔。最后，他应当准备进攻马达加斯加的部队，并将其作为将来在那里建军的核心。这样一来，事情就多了。但我们什么顾虑也没有，非洲的战斗法国人将联结成一个任何困难都不能摧毁的联盟。

非洲本地人的忠诚是完全令人满意的。这包括那些掌权者和传统的首领，像拉密堡的乌阿德·贾内姆苏丹、亚尔尚寨的著名的奥拉荷拉、马荷的艾哈迈德酋长（他是最近被意大利人从费赞赶出来的）、班吉的马马杜·白吉首领、刚果的巴特开人的女王、黑角的魏利斯人的国王、加蓬的费利克斯酋长、杜阿拉的大首领巴莱索，还有亚布隆人的国王（他是带领随从人员从科特迪瓦逃出来投奔戴高乐的）。不管是行政界、军界、商业界、教育界的进步人士，也

① 即现在的加纳。

不管是农夫、士兵、工人、仆人等平民大众，他们都把战斗法国的事业看作自己的事业，并且满怀信心地担负着很大的牺牲。同时，一种希望和全人类解放的巨浪使非洲人的心激动起来。一场震撼全球的战争，“戴高乐派”在自己本土的神奇英勇的事迹，以及战争所激发的、为改善他们的生活条件而努力的美好目标，这一切都使在茅庐帐篷中的人们、在森林草原中的人们、在沙漠与河畔的人们——这些一直到今天还在几千年来的贫困压迫下的亿万黑人，都抬起头来，开始考虑自己的命运。

总督埃布埃专心致志地领导着这个来自人心深处的运动。站在坚定的人道主义立场的埃布埃认为这个方向是正确的，因为它要进一步改善这些居民的处境。但他作为一个高级行政官员，认为法国应该从中获得利益。他坚强不屈地决心使物质、精神和政治状况的发展深入这难以深入的大陆。但是他希望这次革命具有非洲本身的特征，在生活、风俗和法律方面的改革不仅不应废除他们的传统习惯，而且还要充分照顾他们风俗上的成规和方式。照埃布埃看来，这样才能有利于非洲的进步发展，有利于法国的权威和光荣，有利于各民族的合作。他本人把自己所负责的行政引上了这条道路。因此他就对有关地方和区域的管理、土人的劳动条件、司法、警察、供应等方面作了指示。在布拉柴维尔时，我对他的这一切做法表示祝贺。他的见解和我是一致的。在这个领域内，正像其他地区一样，战斗法国的团结是牢不可破的。

1942年9月25日！这一天我到了伦敦！一切骤然变了样。昨天我还受到围绕着我的人们的热情拥戴，如今这些可靠的地区、热诚的军队、兴奋的群众都离我很远了。现在又恢复到光杆政权的状态了，那些有时使它变得亲切的接触和表示都消失了。我在这里所遇到的净是棘手的事情、艰巨的谈判、在人与得失之间很难抉择的事件。况且，我是在另一个国家的中心担负着这个重担。诚然，这个国家是友好的，但毕竟是他乡异域，这里人们所追求的目标和所说的话，不是我们所要追求的目标和所要说的话，这里的一切使我感到，我们手上很少的本钱与这场赌博是不相称的。

同英国政府的再度接触只能是艰难的。9 月 29 日普利文陪同我到唐宁街 10 号去，丘吉尔同艾登在那里等着我们。可以预料到，在地中海东部地区事务的问题上，英国的大臣们要发泄一番。我们也打算向他们表示不满。然后，估计会谈会变得实际些，可能具体地在关于马达加斯加问题的处理上，至少会有一些头绪。但是这次由于首相的态度，困难更多了。当然，丘吉尔先生对我应邀来到伦敦首先表示谢意。我以丘吉尔先生一样的幽默接受了这个问候。接着英国首相开始就地中海东部地区问题同我谈起我们双方的纷争。以后他谈到英国政府要求今年在叙利亚和黎巴嫩进行选举，可是我回答说，今年不进行选举。在互相大加责难之后，他表示，关于英法在地中海东部地区的合作问题不可能达成任何协议，他最后说："我们注意到了这一点。"我对这一点丝毫未加反对。

接着他谈到了马达加斯加的问题。但这仅是为了声明"由于在大马士革和贝鲁特所发生的情况，我们根本不急于在塔那那利佛跟您建立新的合作……我看不出，有什么理由我们要在那里成立一个戴高乐派的指挥部"。

这个声明使我非常气愤，我认为这既否认了英国的诺言，也有意讨价还价，这样我们就得吃亏。在这种情况下，普利文也抑制不住愤怒。这时，丘吉尔先生责怪我，说话的声调又尖刻又激动。由于我提醒他注意，在马达加斯加设立一个英国人监督下的行政管理机构是损害法国权利的，丘吉尔咆哮着说："你说你是法兰西！你并不是法兰西呀！我不承认你就是法兰西！"接着他仍然激动地说："法兰西！它在哪里？当然，我承认戴高乐将军及其部属是法兰西民族的一个重要而又值得尊重的部分。但是毫无疑问，人们仍然可以找到另一个政权，它也有它的价值。”我立刻打断他：“如果你认为我不代表法兰西，你为了什么，又以什么权利来同我讨论法国在世界上的利益呢?”丘吉尔先生沉默不语了。

这时艾登先生从中插话，把话题重新扯回到地中海东部地区的问题。他把英国要在那里干涉我们的事务的理由重复说了一遍。接着他也表示激愤，严厉指责我的态度。丘吉尔先生把调子唱得更高，指责我“这种敌视英国的态度是想沽名钓誉，并想在法国人中提高地位”。我认为英国大臣们给我扣这些帽子，是由于他们怀着鬼胎，想制造借口，为他们要把战斗法国排挤出北非而申辩。我直截了当地向他们指出这一点。这时，会谈已经成了僵局，双方都同意散会。

以后几周的情况极端紧张。我们的处境十分恶劣。英国人竟有11天停止民族委员会从伦敦向非洲、地中海东部地区、太平洋各地法国当局拍发电报。英国外交部通过其各个机构对莫利斯·德让施加压力，又以断绝关系——外交人员感到最可怕的东西——来威胁他，从而迫使我们考虑以让步来恢复关系。让步吗?我绝不愿让步！在这种情况下，德让辞了职。他这样做是光明正大的。几个星期以后，他就成了我们派驻当时在英国的各国流亡政府的代表。普利文把财政交给迪特尔姆，自己则管理外交事务，等待着我从法国调来的马西格里到来。

但是，这场风波照例很快地平息下来。伦敦的电报局又重新同意发出我们的电讯。10月23日，丘吉尔先生派了内阁外交联络官摩顿来向我道喜，因为法国的“约诺”号潜水艇在挪威海岸附近击沉了敌人的两艘巨舰。他还转达了英国政府的谢意，因为在盟国进攻艾尔-阿拉曼的前夕，我军不惜流血牺牲作出了重大贡献。最后，他向我表达了丘吉尔本人对我从未中断过的好感。10月30日，史末资元帅到伦敦会见了我，他肯定地说，英国人决定承认战斗法国在塔那那利佛的权利。他又补充说，早晚在北非是会承认我们的。几天前，英国外交部为了在马达加斯加问题上取得协议，就已决定与我们恢复谈判。

首先他们提出，我们的政权机构成立之后英国司令部有权加以监督，此外英国还要在岛上一切基地有自己的交通和邮电设备。我们拒绝了这些无理的要求。我们在马达加斯加的法国当局应当具有政治和行政管理方面的主权。关于该岛未来的防御问题，我们提出，只要英国在当地的军事力量比我们强大，那么在对共同敌人作战时，就可由英国委派将军来执行战略指挥。如果力量的对比有所改变，就由法国人担任总指挥。另一方面，由法国当局负责供应盟国所需的建筑物和公用事业设备。事前我已委派勒让蒂约姆将军为印度洋地区的高级专员，掌握军事和民政方面的全权。同时我还委派了乌班吉的领地长官皮埃尔·德·圣马尔为马达加斯加的总督。在大岛屿的战事一旦结束，当我们同英国人谈判达成协议、他们可以实际执行任务时，他们两个人就可以前去视事。

英国政府立刻声明基本上同意我们的建议。应该指出，就是在马达加斯加，随着维希政权的崩溃，英国人发现，不论是法国人或是本地人，都一心拥护戴高乐将军。如果伦敦内阁仍然迟迟不把解决方案提出来，那明显是为了当盟国在阿尔及尔和卡萨布兰卡的登陆在我们的关系中引起人们事先可以预料到的动摇时，再作为一种抚慰向我们提出。因此，11 月 6 日，马达加斯加停战协定签字后的第二天，艾登先生就甜言蜜语地向我提议，发表一个英国政府和法兰西民族委员会的联合公报，声明勒让蒂约姆将军已准备启程。我从这件事看出，北非的战事已酝酿成熟了。

某些表示要追随我们的人也猜到了。8 月 6 日，当我飞往中东的时候，贝奈斯总统曾庄重地向莫利斯·德让声明，他“认为在戴高乐将军领导下的法兰西民族委员会代表真正的法国政府”。他托外交委员问我，现在是否可以用法国的名义来废除《慕尼黑协定》以及由此而产生的对捷克斯洛伐克的分割。我表示同意。我回来时遇见了贝奈斯，我们之间很融洽地达成了协议。9月29日，我与捷克斯洛伐克议会主席什拉麦克主教达成了互换信件的协定。我声明："法兰西民族委员会宣布废除《慕尼黑协定》，认为这一协定……是无效的和非法的……愿意尽一切可能为捷克斯洛伐克共和国贡献一切，使它在自己1938年9月以前的疆界内，确保它的安全、完整和统一。"什拉麦克主教答复说，捷克斯洛伐克政府也将尽可能使"法国恢复它的实力、独立以及本国和海外的领土完整"。第二天，我在广播演说中公布了这些相互间的诺言，并指出它在道义上和政治上的意义。

莫斯科同样对我们加以鼓励。当苏联政府知道盎格鲁-撒克逊人在北非的企图，看到美国对我们的态度，以及通过李维诺夫从华盛顿寄来的报告知道罗斯福企图成为法国各部分之间的仲裁人时，对美国的这种称霸野心感到严重不安。波格莫洛夫先生代表苏联政府通知我，苏联正在进行反侵略的殊死战斗，目前不能用直接的方式来干预这个问题，但是它也同样不赞成盎格鲁-撒克逊人的这种政策，并且在迫不得已时将提出抗议。9月28日，莫斯科发表一项震惊世界的公告，声明苏维埃社会主义共和国联盟承认战斗法国是"用一切可能的办法在任何地方……争取法国解放的法国公民和法国领地的整体"，而法兰西民族委员会"是唯一有权组织法国公民及其领地参加战争……的战斗法国的领导机构"。在苏联人看来，在维希政权与战斗法国之间，不可能再有第三种力量或第三个政权。

必须指出，如果美国——世界历史舞台上的新角色——认为自己能够领导法兰西民族，那么有若干世纪经验的欧洲各国，却从来没有这种幻想。而且法国已经自己选择了道路。每天收到的报道都证明真正的抵抗运动在不断地扩大，这就是说，凡在那里参加抵抗运动的人，在精神上都重新同戴高乐将军结合在一起了。这些报道还表明，法国一旦解放，非戴高乐所建立的任何政府都将立即为群众所唾弃。

占领者和他们的帮凶在法国国内的行为也从另一方面促进了这种演变。6月22日，赖伐尔声明中谈到他“祝贺德国的胜利”，这句话引起了普遍的愤怒。7月间，一个由法国青年组成的“军团”，在德军强迫下穿上德军军装，被派到苏联去作战。8月贝当公布命令，停止当时已名存实亡的上下两院的“活动”。这样一来，议员们都诅咒他们自己所建立的政府。上院议长詹伦内先生和下院议长赫里欧先生向贝当提出一份公开的抗议书。保罗·雷诺、达拉第、勃鲁姆、曼德尔、甘末林将军等等，在维希政权成立后第二天被投入监狱，不久以后，赫里欧先生由于反对给攻打苏联人的“志愿军”颁发勋章和退回自己的荣誉勋章也被逮捕。维希当局既不在法庭上审判他们，也不按法律程序提起控诉。夏季，一个特殊的“警察机构”帮助占领者日益残酷地迫害犹太人。9月间，由于德国不断向法国征集大批劳工，法国的志愿工人非常缺乏，因而着手强迫招募劳工。同月初，占领费总额已达2 000亿，比1941年9月增加一倍。最后，德国人的迫害更加疯狂了。在4个星期内，有1 000多人被枪杀，其中116人是在瓦利良山被杀害的；被捕或被送到集中营的有6 000多人。

我从地中海东部地区和非洲回到伦敦后，发现这方面有无数不能否认的人证、物证。“战斗”组织的领导人弗莱乃、“解放”组织的领导人达斯迪埃向我报告了非占领区的活动情况。他们的报告特别说明了组织的热忱和下层群众趋向团结的推动力，但也说明了个别领导者的极端个人主义以及由此而产生的竞争。然而当这些领导人看到盟国为我们树立的障碍（在法国，人们几乎没有觉察到），尤其是听到阿尔及利亚和摩洛哥所发生的一切时，他们就能够衡量本国团结是多么必要了。

我指示他们赶快组织起来，团结在让·穆兰和全国抵抗委员会的周围，这个委员会包括各个团体、工会和党派的代表。我还催促他们把他们的战斗人员输送到即将建立的地下军去。这些人在每个地区将隶属于一个统一的权力机构，即我所任命的军事特派员。在占领区，我派勒米把我的指示带给我们的各个运动组织："军民组织"、"解放"、"抵抗运动"、"自由北方"、"北方之音"，甚至共产党领导的"义勇军和游击队"等组织也要求与我们建立关系。

当然，我们不断地把来自法国的情报通知伦敦和华盛顿。弗莱乃、达斯迪埃负责跟英国大臣和各情报部门联系，并跟美国的外交人员和情报人员联系。安德烈·菲利普动身赴华盛顿，带去许多证据和文件，并把戴高乐将军阐述法国实际情况的一封信交给罗斯福。孟戴斯-弗朗斯从法国本土逃出来，去美国担任宣传使命。菲利克斯·古盎8月间才到伦敦，社会党派他来告诉工党：过去的左翼现在已经站到洛林十字旗下来了。不久，布罗索莱特同沙尔·瓦兰一起从占领区回来，他是前右翼和"火十字"团①的享有威信的人物之一。瓦兰有一个时期是维希政权的追随者，现在他纠正了自己的错误。这个热诚的爱国者和传统的鼓动者诚心诚意地回到我们这儿来了。他公开宣布自己回来的理由后，就到抵抗部队担任联队指挥。达斯迪埃·德·拉·维热里将军、加塞将军是空军的重要领导人，他们也相继投奔到我们这边来。共产党人也不例外，他们准备从法国派费尔南·格利尼埃到我们这里，而在莫斯科的安德烈·马尔梯②也一再去拜访我们的代办加罗，表示愿接受我的指挥。最

① "火十字"团是第二次世界大战前法国的一个法西斯组织，人民阵线政府成立后被解散，后改组为法国社会问题研究会。

② 安德烈·马尔梯于1953年1月被法国共产党开除出党。

后还有其他一些人，像被维希政权逮捕的曼德尔、儒奥、莱昂·勃鲁姆，以及詹伦内、路易·马林、雅基诺、多特利、路易·吉雷等，都向我表示他们的愿望，要站到我们这边来。

这样，尽管由于领导者在法国争权夺利和外国人利用某些组织的分裂所引起的危险和损失而造成了巨大的困难，可是抵抗运动的团结还是在日益加强。为了鼓动和指导抵抗运动的工作，使它不致陷于无政府状态，我适时地在这里找到了对敌斗争的有效武器，也为我的独立统一政策找到了主要支柱。

我们已经到了 1942 年 11 月初了。美国很快就要开始它在西方的远征了，美国的军舰、陆军、空军都开往非洲。从 10 月 18 日起，英国人在法国军队的帮助下，就已经开始从利比亚驱逐德国人和意大利人，为的是以后在突尼斯与美国陆军或法国陆军会师。另一方面，在伏尔加河畔，在高加索腹地，敌人在与苏联军队的战斗中力量已消耗殆尽。

对法国来说，这是多么幸运啊！对于灾难中的法国儿女，现在一切都很简单清楚了，再没有存心搞分裂的奸细，再没有促使外国利用他们纷争的恶魔了。我怀着忧虑的心情来等待一幕新的悲剧开场。但我认为我们的人靠得住。我相信他们信任我。我知道法兰西在瞩望着谁。好吧！那就让我们开场吧！

第二章

悲剧

1942年11月7日，美国和英国的广播电台整天反复广播：『罗伯特来了！罗伯特来了！』我听了，毫不犹疑地肯定『罗伯特』——墨菲的教名——是美军的代号，是用来同非洲的一些法国人联系的，他们在争取这些法国人的支援。这就是说，美国军队在北非开始登陆了。第二天早晨，我们得到了登陆的消息。

1942 年 11 月 7 日，美国和英国的广播电台整天反复广播："罗伯特来了！罗伯特来了！"我听了，毫不犹疑地肯定"罗伯特"——墨菲的教名——是美军的代号，是用来同非洲的一些法国人联系的，他们在争取这些法国人的支援。这就是说，美国军队在北非开始登陆了。第二天早晨，我们得到了登陆的消息。

我应丘吉尔的邀请，中午到了唐宁街。艾登也在座。会谈时，首相向我百般表示友谊，但也掩饰不住他那不自在的心情。他对我说，英国海军和空军在过去的战役中虽然起着主要作用，但只是以辅助的名义出动的。英国不得不暂时让美国负全部责任，由艾森豪威尔担任总司令。然而美国人要求排除战斗法国人。丘吉尔声明说："我们是不得已才这样做的。请你放心，我们决不会背弃同你签订的协定。从 1940 年 6 月，我们就答应援助你。虽然发生了一些意外问题，但我们还是打算继续援助你。此外，按战事的发展情况来说，我们英国人应该参战。到那时，我们就有权说话了。那就是为了支援你。"丘吉尔有些激动，他补充说："你曾在最艰苦的时期同我们站在一起。时局即便明朗，我们也绝不会把你抛开的。"

这时，英国的大臣们也告诉我说，美国人正在摩洛哥许多地方登陆，同时也在奥兰和阿尔及尔登陆。战役是在艰苦的情况下进行的，特别是在卡萨布兰卡，法国军队正在那里顽强地抵抗。吉罗将军从“蓝色海岸”[①] 乘英国潜水艇到了直布罗陀，因为美国人打算请他担任北非法军总司令，以便扭转局势。但吉罗能否成功似乎还是一个疑问。丘吉尔还问我：“你知道达尔朗也在阿尔及尔吗?”

听到跟我谈话的人所做的辩解以后，我做了回答，大意是：美国人现在在非洲登陆，这件事本身是令人满意的。英国和自由法国在非洲共同作战已经有两年了。对于法国来说，我看在非洲可以重建一支陆军，或者重建一支海军为解放法国而战。吉罗将军是个伟大的军人。我祝贺他的尝试成功。遗憾的是，盟国怂恿他与我不和，否则我不仅预祝他成功，还能给他帮助。迟早我们会相互谅解的，盟国的干涉越少，我们的合作就会越好。至于说现在所进行的战斗十分激烈，我丝毫也不感到奇怪。在阿尔及利亚和摩洛哥，有许多去年在叙利亚同我们打过仗的军人，是你们不顾我的警告把他们放走的。另外，美国人在北非要玩弄利用维希政府反对戴高乐的把戏。我一直这样想，到时候他们必然要还这笔账。事实上他们正在付出这笔代价，当然我们法国人也应该付出代价。但是，出于我们军人的灵魂深处的那种感情，我相信这场战斗不会打很久。然而不管时间多么短，德国人是要来的。

当时，我向丘吉尔和艾登先生表示，盟军的矛头没有首先指向比塞大港口，我感到非常惊异。因为德国与意大利显然要从这里到突尼斯来。如果美国人不愿意在这儿冒直接登陆的风险，只要向我稍一要求，我就可以派柯尼格师从那里登陆。英国大臣们承认这些，只是再三推脱说，这个战役由美国人负责。我对他们说：“我真不理解，你们英国人在这样有关欧洲的重大事件中，居然袖手旁观。”

丘吉尔先生问我对战斗法国和北非政权之间的关系有什么打

---

① 法国地中海沿岸的俗称，特别是东部地带，以其海水深蓝得名。

算。我回答说，在我看来，只有统一起来。这就是说有些关系应当尽早建立。这也就是说，在阿尔及尔的维希政权及其代表人物必须下台，因为整个抵抗运动不允许他们存在下去。例如，如果达尔朗要在北非为王，那就没有取得协议的可能。最后我说："无论如何，目前最重要的是先停止战争。其他事情，以后再说。"

晚上，我在广播电台上对"将领、士兵、海军、空军、公务人员和北非的法国同胞们"大声呼吁："起来吧！要帮助我们的盟国！毫无保留地与它们团结在一起！不要考虑什么名义和形式，前进吧！这是伟大的时刻。正是表现理智和勇敢的时候……北非的法国人，我们希望通过你们，从地中海这一边到那一边，重新回到战斗的行列中去，这就是说，战争的胜利归功于法国！"

的确，"卡登花园"① 收到的报道，说明美国人仍然到处遭到剧烈的抵抗。毫无疑问，预先保证供给美国情报的组织，实际上也起了作用。毫无疑问，率领阿尔及尔师的马斯特将军和率领卜利达预备师的孟萨伯尔将军，还有茹斯、巴利尔、克莱顿三位上校和巴尔热海军中校等，都能使美国人在几个钟头内把战事顺利地结束，而在卡萨布兰卡的贝多亚特将军也在进行同样的尝试，但没有成功。当然"戴高乐派"军队在包菲莱、瓦内克、阿基亚利、厄斯揆尔、阿布耳盖、卡耳沃、比拉佛尔、德吕费（后两人在这次事件中战死）的领导下进行活动，确实临时攻占了阿尔及尔城的一些行政机构，甚至还把达尔朗海军上将在"奥利维埃"别墅②里拘押了一夜。毫无疑问，几个同美国人商谈的要人，如李高尔特、勒麦革勒-杜伯勒耶和德·圣阿尔端等先生，在报道和联络方面都起了一定的作用。最后，毫无疑问，吉罗的声明——他根本没有提到战斗法

① 第二次世界大战期间"自由法国"在伦敦的驻地。

② 第二次世界大战期间戴高乐在阿尔及尔郊外的别墅。

国——被美国的广播和报纸广泛地传播开了，一些忠诚的军官和各种参加抗敌的人为吉罗在达尔-马依的诺建立了一个司令部。但是，一般看来，李海、墨菲和克拉克所拟订的使盟军不遇到阻力就登陆的计划，以及罗斯福给贝当、诺盖斯和伊斯特瓦的信件，显然都没有收到预期的效果。

11 月 9 日，局势越来越恶化。维希政权仍然到处保持优势或占上风。贝当正式下令回击“攻击者”。在直布罗陀，吉罗将军看到盟军根本不想听从他的指挥，他还不能去北非，同时他的声明在北非也没有产生任何反应。在阿尔及尔，达尔朗虽然已命令警备部队“停火”，但到处叫人执行“防守计划”，还继续自认为是贝当和赖伐尔的人。在奥兰，人们不顾牺牲地战斗着。在摩洛哥，战斗尤其激烈。卡萨布兰卡、利奥特港、费达拉，都是最艰苦的战场。后来，普拉通海军上将奉维希当局之命火速来到突尼斯，命令总督伊斯特瓦海军上将和比塞大港口防卫司令戴利安海军上将让德国人通过。于是，德国的伞兵部队当天就在厄尔-阿鲁依纳地区降落，没有受到一颗枪弹的射击。

这天晚上，伦敦的盟国人士都愁眉苦脸。人人在猜测：这次事件会不会造成法国军队和艾森豪威尔军队之间的长期战斗，会不会使敌人的军队侵入全部地区，同时西班牙人会不会迫不得已与敌军联合起来。

但是，理智立刻占了上风。在达尔朗到北非以前担任总司令而在达尔朗到来以后担任副司令的朱安将军，认清了对盟军作战是多么荒诞，而德国人和意大利人的横行霸道会带来多大的灾祸。同时他了解自己的部下也深有同感。于是他迫使达尔朗发布全面“停火”的命令。11 月 10 日，达尔朗决定发布“停火”令。朱安也与终于来到达尔-马依的诺的吉罗取得了联系，并把吉罗接到“奥利维埃”别墅，向他表示准备把自己的位置让给他。同时，朱安命令在突尼斯指挥作战的巴莱将军把军队集结到麦德日-厄耳-巴布，在那里部署后准备向德国人开火。11 月 11 日早晨，法国人和盟军之间便全面停火了。

这次战役损失很大。法国方面伤亡 3 000 人。被击沉或击毁的船只有：巡洋舰“普利毛盖”号，驱逐舰“阿勒巴特罗斯”号、“厄伯尔维埃”号和“米兰”号，7 艘鱼雷艇，10 艘潜水艇，许多小舰艇：通讯舰、侦察舰、护航舰和一些货船。此外，主力舰“让·巴尔特”号也受到很大的损伤，2 艘潜水艇回到土伦后不久就自沉了。最后，在摩洛哥和阿尔及利亚基地的 168 架飞机中，有 135 架在地面或战斗中被毁。盟军方面，伤亡和失踪的人数在3 000人以上。英国舰队被击沉的有驱逐舰“布洛克”号、“马科隆”号、护航舰“华耳内”号、“哈特兰”号，以及一些运输舰。美国海军方面，主力舰“马萨诸塞”号、巡洋舰“维基达”号和“布劳克利”号、驱逐舰“墨菲”号和“鲁德罗”号都受到巨大的损失，用来登陆的 100 多艘小艇也被毁在海中或沙滩上，还有 70 架飞机被击落。

当这荒诞的战火停息以后，我就考虑与法属北非取得联系。11 月 9 日午后，我召见了斯塔克海军上将。他对我说，我昨晚广播的号召使他感动得流泪，但法美交战也使他非常痛心，他想不到会发生这种事。他告诉我：“艾森豪威尔也为之震惊叹息。”我对他说：“我打算派一个代表团到阿尔及尔去。我希望美国政府采取必要的措施，帮助代表团到达目的地。”斯塔克同意照办。第二天，我给丘吉尔写了一封信，请他为这件事同罗斯福接洽一下，同时我又通知普利文、比奥特、达斯迪埃和弗莱乃，得到信号便立即启程。

11 月 11 日，“大不列颠法兰西人协会”召开了筹备已久的集会。艾伯特大厦从来没容纳过这么多的人。当然，人们都在考虑北非的事情。我注意倾听他们的发言，觉得他们在心情激动的气氛中又欣喜又忧虑。很明显，虽然人们都希望统一，但也担心戴高乐和战斗法国被卷入某种卑鄙的阴谋。有一个在英国避难的退伍将军在走廊上大声喊叫，要我服从吉罗，他马上被激怒的人群揪出来，一阵喊打声把他赶跑了。

我在讲演时肯定了我们正在进行或即将进行的事情的目的。我讲演时的态度十分温和，希望给善良的人们开着大门，但我也十分明确地让人们知道，这些事情说得到就做得到。一开始，我就欢呼战争已进入新的阶段，这次战争在接二连三的败退之后，力量的天秤终于倒向了自由解放这一边。我认为法国一向处于悲剧的中心。接着我号召统一，我呼吁说："法兰西！这就是说只有一个国家，只有一块领土，只有一部法律！"我还说明了被这次灾难分散的我国人民怎样重新集合到抵抗运动中来，领导和组成这个全国性运动的是战斗法国，而不是其他组织。

我说："法国统一的纽带就是向来不承认停战的法国人民的鲜血，就是在莱敦德①签订停战协定以后仍然为法国牺牲的人民的鲜血……恢复统一的中心力量就是我们，就是战斗的法国。从第一天起，我们就把斗争和光明奉献给陷于危难中的祖国。因此，整个民族每天都在表示拥护战斗法国……所以我们主张我国全体人民和所有的领土都结合在一起……我们不允许任何人通过任何所谓平行的即单独的行动来分化祖国的战斗力量。民族意志的声音，虽然低沉但强而有力，一定能对这种企图加以制裁……所以，我们的法兰西民族委员会谈到同所有的人合作的时候，是以法国的名义提出的，是为了把祖国从敌人和维希政权的压迫下解放出来，以便完整地恢复法国的自由，使人人遵守共和国的法律。"最后我高呼："只为一个祖国进行唯一的战斗！"

① 法国贡比涅管辖的一个小市镇。

参加大会的群众十分了解在这个艰巨的事业中，我随时准备与任何人团结合作，但是我决不放弃我决定承担的一切任务。经久不息的掌声告诉我，在这里聚会的法国人是赞同我的。在这以后，我清楚地看到盟国方面的反应是不同的。它们的领导和代言人，又是叹息又是摇头，斥责我们的不妥协态度。

他们本人倒没有那么难办。英国人是向美国人看齐的，显然，美国人对吉罗的失败的确感到惊奇和不满。艾森豪威尔既然没有别的方法制止法国军队的抵抗，只有同达尔朗商量。看吧！美国要跟他打交道了。11 月 10 日，克拉克将军接到海军上将发出“停火”命令的通知后，就以胜利者对战败国的口吻指示，在目前情况下，“所有军政人员应一律保持原来的职务”。11 月 13 日，达尔朗召见诺盖斯、沙戴尔、伯尔日莱，他们在一起商议，共同策划拥戴达尔朗做北非的高级专员。不久，布伊松也投奔到他的麾下。在维希派和“戴高乐派”之间陷于孤立的吉罗也马上表示服从，达尔朗因此派他担任了军队的总司令。15 日，达尔朗公布了这些措施，并声称这些措施是以“贝当元帅的名义”作出的。

显然，他们来历不明，所以必须披上一件合法的外衣。他们又公开声明说，当达尔朗被软禁的时候，元帅派了全权代表诺盖斯来，委托海军上将全权处理一切，因此他被赋予了权力。但是，这些鬼话很快就被打破了，连头脑简单的人也不相信。实际上，根据我们得来的情报，贝当曾亲自主持一次争论激烈的会议，会上魏刚和奥芬坚决请求贝当“停火”，而赖伐尔则逼迫贝当谴责停火，后来，贝当采纳了后一建议。贝当通过广播和报纸对于他的总督们的“不忠诚”表示极大的愤怒。他宣称：“达尔朗没有尽到他的职责。”他公布了吉罗 5 月 4 日写给他的一封保证决不反对贝当和赖伐尔政策的信。他声明由自己兼任法军总司令。他重申与盎格鲁-撒克逊人战斗和让轴心国军队通过的命令。12 月 1 日，由元帅委派担任

"三军整编"工作的元帅特使普拉通海军上将向非洲军队广播说："在无数灾难之后，元帅和他的政府要在法国重建国家军队……法国将收复非洲。你们将看到叛徒们坐在外国的战车上到处逃亡。"

因此，必须另外找一种骗术来使达尔朗的权力"合法化"。他们又引证一个属员发出的一份电报，这份电报的原文一直没有公布，签署电报的人的名字也没有公布，但是这样简单一提，就使他们这一派可以向舆论说贝当曾秘密批准过海军上将达尔朗。最后，维希政府所说的"变节者"的最后论据是：由于法国南部被敌人占领，元帅从此听任德国人摆布，再也不能发布有效的命令，因此权力属于元帅自由时所任命的那些人。

这就够了，就可以使罗斯福总统对达尔朗放心了，认为在民主和法律方面都说得过去，两年来，他认为戴高乐将军做的不够的正是这一点。罗斯福命令克拉克将军承认这个高级专员，并跟他举行谈判。结果，在 11 月 22 日达成了一项协议。根据这一协议，达尔朗只要使胜利的盎格鲁-撒克逊人满意就可以掌握政权，发号施令。的确，罗斯福总统还发表了一个声明，肯定艾森豪威尔和达尔朗所决定的政治措施只是一项"临时措施"。但是，在 23 日总统接见安德烈·菲利普和蒂克西尔时，由于他们提出抗议，总统便对他们叱喝说："当然，我要同达尔朗谈判，因为达尔朗给我阿尔及尔！如果赖伐尔给我巴黎，明天我就同赖伐尔谈判！"但是他又补充说："我很愿意会见戴高乐将军，同他商讨所有这一切，请你们转告他，我多么希望他来华盛顿访问。"最后，12 月 7 日，达尔朗经盟军的同意，自封为在北非的法国国家元首和陆海空军总司令，另外设立"帝国议会"，由诺盖斯、吉罗、沙戴尔、布伊松和伯尔日莱等人组成。

当阿尔及尔、卡萨布兰卡、达喀尔的在职人员正在为保住自己的位置而进行活动时，在法国，敌人也有反应。德军进入了"自由”地区。维希政府下令不许抵抗，“停战军队”必须放下武器，等候遣散。抱有幻想的拉特尔·德·塔西尼将军，勇敢地企图实现防守计划，并利用蒙彼利埃的军队在黑山建立阵地。他立刻遭到维希分子的非难和唾弃，并被投入监狱。就在这时候，他与战斗法国取得了联系。战斗法国后来帮助他逃出监狱，并把他护送到伦敦。从此他一直跟我合作。魏刚将军打算到盖雷隐蔽起来，也被德国秘密警察逮捕，解往德国。这样就用不着维希政府命令或允许人们朝敌人开枪，那种骗人的独立神话就自行消失了，而这个政权就是以这种神话来掩饰它的投降行为和蒙骗善良的法国人的。表面上代表它那最高权威的，只剩下了土伦舰队，而这支舰队也不会存在多久了。

这支舰队的一部分是随时可以使用的，由拉波尔德海军上将担任统帅；另一部分在不同程度上已被缴械，直属港口防卫司令马尔圭海军上将。这支舰队事实上是听从贝当的命令的，它不顾达尔朗的再三要求而拒绝开往非洲，它眼看着德国人到达海港的大门口。维希政府与敌人所缔结的“中立”协定更使得海军放弃最后的挣扎。这是它走向灭亡的阶段。我是这样肯定它会灭亡的，因为我从前曾暗地给拉波尔德海军上将写过一封信，试图给他指出走向荣誉和效忠国家的道路。我知道他对我散布了诬蔑的谰言，也对我的使者富尔高上校进行过威胁，可是他收下了我的信件。11 月 26 日，德国人为了掠取我们的舰只，向土伦汹涌而来。

德国兵既然事先占据了俯视海军工厂的高地，在港口管辖的附近地区部署了炮兵，并在港湾中敷设了水雷，法国舰队只有任凭他们摆布了。这样一来，元帅、他的部长们、港口防卫司令以及舰队司令，都由于自暴自弃而变得软弱无力，找不出应变的办法，只好命令这支强大的舰队自沉海底。3 艘主力舰：“敦刻尔克”号、“斯特拉斯堡”号、“布罗温斯”号，8 艘巡洋舰：“科伯尔特”号、

“杜菲克斯”号、“福煦”号、“阿尔及利亚”号、“让-德-维安”号、“加利索尼尔”号、“马赛”号、“莫加多尔”号，17 艘驱逐舰，16 艘水雷艇，16 艘潜水艇，7 艘通讯舰，3 艘侦察舰，以及 60 多艘运输舰、油船、挖泥船和拖船，都这样先后犯下了想象不到的、最可悲痛和最无意义的自杀罪行。有 1 艘驱逐舰、1 艘鱼雷艇和 5 艘油船没有自沉，但也为德国人服务去了。只有 5 艘潜水艇在勇敢的舰长的领导下，采取“不同的方式”试图逃出港口。其中“卡萨比扬卡”号（舰长是莱尔米尼埃）、“光荣”号（舰长是莫尼埃）和“马尔松”号（舰长是米纳）开到了阿尔及尔，潜水艇“伊利斯”号（舰长戴热）由于燃料缺乏逃到西班牙的一个港口，潜水艇“维纽斯”号（舰长克莱桑）则沉于港外的停泊所。至于我，只能悲愤交加地看着这个曾是法国命运主要依靠之一的舰队沉没在远处的海洋，通过海波向这次灾祸中的英勇事迹致敬，同时在电话中接受英国首相的言语高雅而暗中高兴的慰问。

但是事态的演变却到处加强了法国人的团结，即加强了那些原来就支持戴高乐的人与许多本来并不拥护戴高乐但后来转变了态度的人之间的团结。维希政府的最后屈膝和本土的完全被敌人侵占的确说明：要拯救祖国，只有抵抗。另一方面，达尔朗倚仗美国的支持在北非粉墨登台，引起普遍的愤怒。关于这一点，我还从没有遇到任何问题在我们的人当中有过这样一致的意见。

毫无疑问，有些人——当时就是我们的人——看到我们的盟国同反对派进行谈判，都感到受了欺骗和侮辱。但是在他们的抱怨中也有理想主义的愤激情绪的反抗。例如，当我们听到英国广播公司转播的美国电台播音员用鼻音发出战斗法国“荣誉和祖国!”的呼号，报道达尔朗海军上将的言论、事迹和活动时，感到十分愤慨。最后，我们得到了处在灾难深渊中的人民的反响，他们谴责打败仗的政权和投敌的政权。因此我们断定，如果戴高乐下台，或者更坏一些，变节了，那么，共产主义思想就会在不满的群众中占上风。民族委员会对于这一点是确信无疑的。无论在什么地方，我们的同伴也不怀疑这一点。为了这个理由，正如为了其他理由一样，当我通知华盛顿政府和伦敦政府在战斗法国与北非“高级专员”之间丝毫没有商量余地的时候，我特别强调一个团结无间的整体。

以后，11 月 12 日，我请斯塔克海军上将替我向他的政府说明这一点。在华盛顿，11 月 13 日菲利普和蒂克西尔向萨默·韦尔斯作了这样的说明，14 日他们又向科德尔·赫尔讲了一遍。20 日，夏尼上校又向麦克洛伊重述一次。23 日，菲利普和蒂克西尔又向罗斯福极力肯定了这一点。达尔朗声称以元帅名义并经盟国同意而掌握权力的声明传达到伦敦以后，丘吉尔先生和艾登先生请我去会谈，我是 11 月 16 日去见他们的。应该说，这个消息在英国许多场合，甚至在英国内阁都引起了不满，有人在伦敦还听到一些大不以为然的言论。因此，这天的气氛比任何时刻都紧张，而首相并不否定罗斯福的意见，只是表示对罗斯福所遵循的政策有某些保留。他直截了当地向我声明，他理解我的心情，他也有同感，但是最重要的是把德国人和意大利人从非洲驱逐出去。他向我保证说，艾森豪威尔在阿尔及尔采取的措施都是权宜之计，他还把他与罗斯福在这件事上交换意见的电报念给我听。他肯定地说：“英国只是因为这是权宜之计才同意的。”

我对英国大臣们说：“我了解英国的立场，但我的看法是不同的。你们援引了一些战略上的理由，但战略上的错误，正是在于违背这次战争的道义性质。我们不是处在腓特烈向维也纳朝廷行贿夺取西里西亚的 18 世纪，也不是利用米兰的警官或佛罗伦萨的刺客的意大利复兴时期。况且，后来人们也没有选他们出来充当解放了的人民的领袖。今天，我们是以人民的生命、鲜血和痛苦进行战争的。”于是我把法国来的电报拿给丘吉尔和艾登看，这些电报都反映出舆论的震惊。我向他们说："你们要想一想这种冒险所带来的后果。如果由于盎格鲁-撒克逊人的缘故，法国一旦看到它的解放者是达尔朗，那么，从军事观点来看，你们可能打胜仗，但在道义方面你们是要吃败仗的，而最后只有一个胜利者：斯大林。"

随后我们谈到法兰西民族委员会的一个公报，它是为了使人们知道民族委员会与盟国在阿尔及尔的联合行动没有任何相同之处而发表的。为了传播得广泛一些，我们必须借用英国广播公司的电台。我请求首相不要从中作梗，虽然伦敦的电台在有关北非问题上的播音内容是由美国控制的。丘吉尔回答说："那当然。我要给罗斯福打电报，说戴高乐将军应该有工具来向公众声明自己的立场。"

当我们要分手的时候，艾登激动得含着眼泪把我拉到一边对我说，他个人是多么苦恼。我回答说，我了解他，他这样，我并不感到惊奇，因为"就人与人之间的关系来说，我们应该承认这件事真不光彩"。艾登的态度使我心里明白，他和英国的一部分阁员并不像丘吉尔那样甘心追随美国人的政策。

在唐宁街，虽经丘吉尔夫人的亲切周旋，费了很大力气也未能使不安心的太太们和忧郁的先生们的谈论活跃起来。吃过午饭以后，首相又和我商谈。他对我说："对您来说，即使时运不佳，但立场令人钦佩。从现在起，吉罗在政治上已被清算了。达尔朗到底也是无能为力的。只有您一个人站得住。"他补充说："请您不要和美国人正面冲突。耐心一些！他们会来找您的，因为没有别的办法。"我回答说："这也许可能。但是到那时候，不知要打破多少饭碗！至于您，我不了解您。你们从第一天起就开始作战。人们甚至可以说，您本人就是这个战争。你们的军队正在利比亚挺进。对你们来说，如果当时你们不是正在与隆美尔作战，非洲就不会有美国人。直到现在，还没有一个罗斯福的士兵跟希特勒的士兵交过手，而你们的士兵三年来却到处作战。再说，非洲的事务应由欧洲来管，而英国是在欧洲的。但是你们却让美国来领导作战。本来应该由你们来领导的，至少在精神方面。您放手领导吧！欧洲的舆论是站在你们一边的。”

这番话打动了丘吉尔的心。我看到他在椅子上直摇晃。在确认不应使目前的危机破坏英法团结这一点以后，我们分手了。在美国干涉欧非两洲事务的时候，这种团结比任何时候都应该按事物的自然规律存在下去。

晚上，伦敦电台依照我的请求广播：“对于正在阿尔及尔举行的谈判，戴高乐将军和民族委员会既不参加也不承担任何责任”，“如果这些谈判所作出的决定是在北非保存维希政权，那么战斗法国当然不接受”。最后，我们的公告说：“所有的海外领地，只有在符合法兰西人民意志和荣誉的情况下，才能团结起来进行解放战争。”

但是，英国人的好心不能长期抵挡美国的压力。三天以后，英国内阁拒绝我们利用英国广播公司来公布法兰西抵抗运动组织为支持我们的公告而发表的一项声明。这是从法国寄交盟国的一份备忘录，这份备忘录是由法国南部“战斗”、“解放”和“义勇军”三个运动和“法兰西工人运动”的代表所签署的（“法兰西工人运动”包括法国总工会和天主教工会，另外还有四个政党，即社会主义行动委员会、共和联盟、人民共和党和激进党）。备忘录中指出：“戴高乐将军是抵抗运动的无可争论的领袖，在他的领导下全国人民团结得比任何时候都更加紧密……在任何情况下，我们都不承认在军事和政治上叛变的负责人的归附被看作是对过去罪恶的宽恕……我们恳切地要求把解放了的自由法属北非的命运尽快地交到戴高乐的手中。”从华盛顿来的检查官们禁止公布这个文件。

11 月 21 日，我亲身遭到了他们的反对。我要向法兰西民族发表的广播演说，已由英国广播公司录制了，我问道：“民族解放是否应该受到侮辱?”当然我得到的回答是:“不应该!”可是在播送前的几分钟,查尔斯·皮克先生来对我说:“由于盟国协议和军事上的理由,伦敦电台不经美国政府同意,不得播送有关北非问题的节目,关于许可您发表广播演说的事已经去请示,回信还需要一些时间,英国政府对此感到非常抱歉。”在这种情况下,战斗法国便在布拉柴维尔、杜阿拉和贝鲁特不受一切外国干涉的电台广播了我个人和国内抵抗运动的通告。

11月24日,在一次会谈中,丘吉尔认为有必要向我谈谈关于英国广播公司拖延播送我的讲演的问题,言下颇有难色。他对我说:“因为您的讲演稿关系到美英士兵的生命,所以我觉得最好给罗斯福总统打个电报,征得他的同意。他还没有复电。”我回答说:“我不是不知道,英国领土上的电台不是属于我的。”但是,丘吉尔的表情使我看出,英国领土上的电台也并不属于他。

这样,我竭力设法使自己在动荡中坚定不移。这也是由于理智和个性的缘故。因为对在阿尔及尔建立的制度来说,不管外国怎样支持它,要它长期抵抗事变的冲击,看来未免太虚假了。从一切舆论的动向来看,这个政权的领导人显然是处于无人支持的地位。这些人反对戴高乐,被贝当咒骂,又使等待主义分子惊恐不安,没有任何拥护他们的社会势力,没有任何支持他们的天意。人们看得非常清楚,这些领导人的态度一贯是投机的。那么为什么把一些事情让既无前途又无希望的寡头政治家去做呢?尤其是当寡头政治在阿尔及尔建立的同时,在其他地方,一些机会已经成熟,可以使我们壮大起来,这样做就更不应该了。美国人在摩洛哥和阿尔及利亚登陆以后,战斗法国立刻就在印度洋把自己的政权扩展到法国所有的属地。

在这些殖民地中,头一个归附过来的是留尼汪岛。布旁岛孤立在南海遥远的地方,离好望角的航线很远,物产稀少,居民种族又非常复杂，可是他们对法国很有感情，这个岛没有直接列入盟国的计划。但是，特别是由于德国人和日本人无法进入马达加斯加，布旁岛有遭到他们联合袭击的危险。另外，我们知道，大部分留尼汪岛人都希望他们的国家能参与战斗。所以我早就想把这个岛与战斗法国联成一气。但是，过去英国人打算亲自向马达加斯加进攻，而美国人也准备在非洲登陆，英国人就特地延迟我采取措施的时间，以便不惊动维希当局和敌人。现在他们没有反对我的借口了，11月11日，我毅然决定实行联合的计划。

几个月来，“利奥波尔”号驱逐舰在理查·厄沃诺海军中校的指挥下，抱着这种愿望参加了南非外海的护航和侦察工作。我指示他到留尼汪岛去，在那儿采取必要的措施，并叫事先任命为总督的卡巴高利长官与他同船去。11月28日，驱逐舰到达圣但尼。居民看到洛林十字旗，纷纷到港口欢迎我们的海军。这时候许多行政人员和军人也都对我们表示同情，只有卡莱海角的炮台采取敌对行动。“利奥波尔”号打了一排炮还击，并派了一个支队上岸。由于公共工程局长戴圭热和一支英勇坚决的地方军队的配合，这一意外事件很快就结束了。不幸的是，戴圭热和几个旁观者被打死了。奥伯尔总督当时已退居到山中的寓所，理查·厄沃诺舰长跟他取得了联系。他们商定“为了缓和形势”，停止一切抵抗，并由卡巴高利总督负责本岛的工作。于是在群众的热烈欢呼中，戴高乐将军的代表就职上任了。

一个月以后，马达加斯加也发生了同样的情况。说老实话，自从阿内总督投降英国以后，这个大岛的命运在理论上就已经确定了。但是实际上，一切还是悬而未决。的确，11月11日，我根据艾登先生的再次提议同意发表一个联合公报，声明“法兰西民族委员会和英国政府关于马达加斯加问题正在进行谈判”，同时声明“法兰西民族委员会已派遣勒让蒂约姆为该岛高级专员”。但我绝不愿意把这个大岛拿在自己手中，而自己却不得自由。因此，必须使英国人同意从政治和行政范围内退出去。

然而，在这一点上，谈判拖长了，英国侨民问题使谈判一时无法结束。英国侨民曾企图通过英军司令部使维希政权的行政机构在他们自己的控制下进行工作，随后他们再试图直接管理，并打算由拉纳尔勋爵利用一批老实的法国公务人员协助他们领导事务。拉纳尔勋爵和他的一批人到现在还拒绝这项任务，并认为必须由战斗法国来担任这一工作，但是他们希望至少保留一项监督权。当然，在我们这方面，这一点是不能接受的。最后，在12月14日，我与艾登先生签订一项协定，保全了一切应保存的东西。晚上，我在电台上广播了这个喜信。我指出："由于这个事实，我们美好广大的殖民地在战争中才能够发挥巨大的军事和经济力量。"我强调指出："我们友善的老盟邦英国又一次表现了忠诚。"

的确，协议中特别指明这些已确定的规定"是为了在马达加斯加及其附属岛屿（科摩罗群岛、克罗泽群岛、克尔盖伦岛、圣保罗岛、阿姆斯特丹岛）恢复法国的主权。……高级专员享有法国法律赋予总督的一切权利和法国武装力量总司令的职权……马达加斯加及其附属岛屿和留尼汪岛的防务将由英法双方共同担负"。高级专员要尽快地重整法国武装力量。在高级专员具有必要的武装力量以前，由一位英国将军在必要时指挥这一地区的防务。为了保护迪亚哥-苏瓦雷斯港，一位英国海军军官被任命为该港的防卫司令。

这个协议签订后，勒让蒂约姆将军就动身去塔那那利佛，自由法属非洲所派去的一支包括各兵种的部队也要在那里与他会合。勒让蒂约姆在圣马尔总督和驻军司令布劳上校的协助下，重新开始管理各项行政、经济和公共事务，恢复了对外贸易，并重建了军队。同时，他还安定了人心。因此，他到任几个星期以后，在维希政府命令下袭击过盟军的大部分军官、三分之二的士官和全体士兵，都在战斗法国的政权下继续服役了。转移到英国去的那一部分人，在统一后回到了北非。

在派勒让蒂约姆将军去塔那那利佛的时候，我对于我能命令他从吉布提港通过感到满意。事实上，12 月 28 日战斗法国占领了这个港口。无疑的，这就是马达加斯加突然事变的一个后果，因为从英国一开始干涉，索马里海岸的当局就不能再从马达加斯加岛运进必需的食粮。然而这也是两年来我们在东非的代表团努力的结果。巴莱沃斯基、桑舍尔相继与这片殖民地保持着一切可能的联系，他们在那里扩大我们的宣传，在亚的斯亚贝巴的埃塞俄比亚国王和内罗毕的英军司令部那里积极地代表我们的事业，他们为这片殖民地的联合作了准备。此外，与警备部队直接接触的阿伯尔特上校和他的军队也号召这片殖民地归附我们，并为它树立一个最优良的长官和军队的典范，这样便逐渐在大多数人的思想上发生了影响。尽管如此，我们的军队还必须进入这片殖民地，然后事情才能成功。

事实上，接替诺伊艾塔总督的吉布提港总督杜邦将军，虽然心里希望过来，而我也曾写信催他过来，但他始终没有改变服从维希当局的态度。一部分警备部队有鉴于此，曾于 11 月初在雷纳尔中校率领下越过国境线与阿伯尔特上校的一支队伍会合。另外一些人也都表示他们准备采取同样的行动。这时候，华盛顿政府为了不让这片殖民地归向戴高乐，特地派了驻亚丁领事到那里去。但是这位领事没有找到符合美国政策的任何办法，即同时把维希分子和戴高乐都赶出去。恰恰相反，他的干涉激怒了“戴高乐派”，并且推动他们行动起来。12 月 26 日，战斗法国的军队在阿伯尔特和雷纳尔的率领下，经英国人同意进入法属索马里，未放一枪就乘火车到了城下。问题解决了。12 月 28 日，杜邦将军同我的代表桑舍尔以及英国司令部代表福克斯将军签署了一项协议，决定把这片殖民地交给法兰西民族委员会。于是桑舍尔立即掌握了政权。12 月 30 日，巴亚德尔被任命为吉布提港总督并在那里就任。

索马里的归向是十分重要的事情。因为这样一来，印度洋所有法属殖民地都投入了战斗，万一再出现日本的威胁，它可以作为西方国家的战略阵地，防卫非洲和中东。吉布提港又重新成为进出红海的港口和阿比西尼亚的咽喉。另外，战斗法国有300名军官、8 000名士兵和装备基地的物资，有力地支持了我们在利比亚参战的军队和马达加斯加准备整编的军队。最后，在阿尔及尔政权陷于混乱的几个星期里，民族委员会却成功地把那么辽阔遥远，又令一些国家垂涎的这些地区联合起来并投入了战斗，这在政治上也是非常有意义的。

但是最重要的是，非洲的两支法国军队从此开始向促使它们联合起来的共同敌人战斗了。任何花言巧语都遮蔽不了在突尼斯的“脊梁骨”上摆下阵式的士兵与军官们的眼睛，他们看到目前他们所做的事情就是参加利比亚和费赞战役的同伴们所做的事情。同一个“政府”昨天曾指责这些同伴，今天又以同样的借口咒骂他们，说他们“给国家增加灾难”。在法国，同从未停止战斗过的人联合起来的抵抗运动，也同样要与突尼斯那些拿着蹩脚的武器反对侵略者的人联合起来。抱有良好愿望的人民，对戴高乐和追随戴高乐的人，对在同一战场中进行斗争的所有法军都抱着同样的祝愿。因此，我肯定地知道，从拉波德到加贝斯，联合起来的愿望是与日俱增的。虽然我对北非的法国军队还没有负起责任，但是我以密切注视其他军队的同样心情注视着他们的行动。

敌人利用在雷让斯[①]登陆造成了几天混乱以后，突尼斯的军队在巴莱的指挥下，一部分重新集结在巴杰和麦德日-厄耳-巴布，另一部分集结在特贝萨，以便切断阿尔及利亚的道路。不久，由维沃

① 是法国和意大利侵占非洲以前，突尼斯、阿尔及尔和的黎波里的旧称。

尔将军率领的君士坦丁师也赶到特贝萨，与巴莱的军队合编成科尔兹兵团的一部分，接着在南方，德莱将军也带领他的撒哈拉人参加战斗。11 月 16 日，朱安担任这支“先遣队”的司令。19 日，这支部队在麦德日-厄耳-巴布同德国人开火，并于 22 日重新占领了加夫萨和斯贝特拉。11 月底，从突尼斯北部到南部，虽然前线的力量薄弱，战线也是断断续续的，但守卫这一战线的人是很坚定的，从而保证了为盟国作战部队建立的第一道防线。

12 月，双方都加强了兵力。德国人和意大利人在瑞兰将军的指挥下，获得了从西西里海峡这岸运到彼岸的军队和军械，或是通过加贝斯公路从的黎波里塔尼亚送来的军队和军械；安德逊将军的英国第 1 军，把先头部队投入突尼斯和比塞大西海岸地区的战斗；吉罗将军首先用阿尔及尔师（师长是戴利涅），然后用摩洛哥调来的马太雷率领的师团和骑兵补充朱安的军队；美国一方面投入一个装甲师来支援英国人，另一方面又用伞兵部队和战车来帮助法国人。

总之，在非洲登陆以后两个月，艾森豪威尔将军只能用一小部分盎格鲁-撒克逊军队与敌人接触，因为他怕西班牙人在摩洛哥采取攻势时贻误了他的部署。他不希望叫自己的年轻的军队仓促参战，同时还有一些困难，他在这样辽阔的北非地区需要开辟航线、运送给养、组织交通，而当时敌人在外海经常用潜水艇和飞机来袭击运输船只。的确，在 1943 年头几个月中，船只吨位的损失在整个战争期间要算是最大的了。在这样的困难时刻，战斗的命运主要寄托在法国军队的力量上。他们所起的作用值得大大称赞，特别是因为他们是用过时的武器完成任务的。法国军队可以说没有飞机、装甲车、重炮、高射炮、反坦克炮、汽车，所有这些作战物资在不久以前有的交给了停战委员会，有的在对美国人作战中损毁了。当时军队中所保存的和在荒野隐蔽所中收藏起来的武器已经寥寥无几。

在这个时期，比塞大港口阵地完全被放弃了。戴利安海军上将遵照普拉通送达的维希方面的命令，让德军自由进入港口。12 月 7 日，瑞兰叫这个可怜的家伙将警备部队缴械，将船只、港口、火药库、防御工事一律交出来，他立刻照办了。一个主要据点就这样落入敌手。此外，敌人还在这里和在停泊地点夺到完整无损的驱逐舰 1 艘、鱼雷艇 3 艘、通讯舰 2 艘、潜水艇 9 艘。这幕痛心的悲剧是一系列可耻的事件中的最后一件。从此以后，除了站在敌人那边向盟军进攻的“非洲军队”以外，维希政府在非洲再也不掌握我们的武器了。剩下的少数武器都在我们突尼斯或利比亚的士兵手中，他们会拿来为法国效劳的。

事实上，有了拉尔米纳军队的援助，英国军队才开始向隆美尔进攻。10 月 23 日，在蒙哥马利于艾尔-阿拉曼附近发动的英勇突破战中，柯尼格所统率的轻装师在伊麦马险阻的陡坡地带加入南翼作战。这个师由于在艰苦的地区和广阔的战线上向隐蔽在坚固阵地的敌人攻击，受到很大的损失，特别是外籍军团、勇敢的阿米纳克瓦里部队，损失更重。阿米纳克瓦里自己身先士卒，壮烈地牺牲了。几天以后，第 2 轻装师在亚历山德利上校率领下，开始配合雷米上校与加骚上校所指挥的装甲兵团，士气高昂地参加了第 8 军所发动的追击战。使用我们的军队是早经我批准的。但正当这个时候，盎格鲁-撒克逊军队在摩洛哥和阿尔及利亚登陆，开辟了突尼斯战场。这使我想到，现在让拉尔米纳军队消耗下去是不利的。最好让它保存全部力量，参加战役的最后阶段，即东西方盟军会师的阶段。这时在法国土地上打着洛林十字旗的我军同北非军队会师，在“我们的海岸”上消灭敌人。

因此，我认可英国司令部作出的决定，在 11 月 10 日把战斗法国军队从前线撤回，把他们部署在托布鲁克地带作为预备队。以后我又接受了拉尔米纳的建议，把两个轻装师合并成一个作战师。不久我们就能够把这支强大的英雄部队改编成三个旅的兵力：布洛塞旅、亚历山德利旅和勒隆旅。由于我们从吉布提港运回了各兵种的武器，因而能用全套炮兵的配备把他们装备起来。我们就这样建立起战斗法国第1师。拉尔米纳和他的军队都抑制着焦急的心情，等待重新投入战斗。这一次整编，在这场已经进行了两年，同时我们的军队一直没有休整过的非洲最大规模的战役中，是有决定性意义的。

这时我们找到了我们早就渴望的占领费赞和通过撒哈拉沙漠把乍得调来的法国兵团投入地中海战斗的时机。这个计划是埃布埃和马尔尚归附拉密堡的那天制订的。该计划的执行是从1940年以来由勒克莱尔准备的。他完成了一系列壮举，如建立沙漠部队、准备给养、夺取库夫拉、深入侦察意大利的阵地。现在已经进入紧要关头。11月14日，我根据我在9月22日发出的指示，命令勒克莱尔将军进行攻击，“第一个目标是法国军队占领费赞，然后配合盟军在的黎波里塔尼亚地带的行动，随时向的黎波里或向加贝斯推进”。我又补充说：“为了进行这次战役，你应该只听从我的命令。但是你应该与中东英军司令亚历山大将军联系，以便当你一到费赞就能得到空军的有效支援……最后，我打算让你最迟在盟军来到西尔特湾的时候发动攻击。”说实在的，当盎格鲁-撒克逊军队在阿尔及利亚和摩洛哥登陆时，我就想叫我们的军队从南方突入利比亚，同时进入尼日尔，为此我命令他安排这支军队向津德尔挺进。但是法军与盟军之争的结束，使我放弃了次要的战役，只进行主要的战役。

这个主要的战役必须进行艰苦的准备：纵队从乍得基地出发到接触敌人的坚固阵地，要进行长达1 000公里的行军，要准备运输燃料、弹药、粮秣和储备物资，这是进行主力战所必需的。11月底，由于蒙哥马利的反攻进行得十分顺利，而突尼斯盟军的战线也正在建立，我在28日给勒克莱尔下达了执行命令，并特别指出："你可以从12月2日开始出发，这一切由你自行决定，但必须重视亚历山大将军的意见。"尽管勒克莱尔和他的军队怀着与敌交战的迫切心情，但由于第8军在厄尔阿日伊拉附近停止前进，他们到12月12日才开始进军。

在这个时期内，当我们占领费赞以后，我们必须防止英国企图扩展它在费赞的权力。11月28日，亚历山大将军写信通知勒克莱尔，负责占领区行政管理的英国军官将被派到费赞来。英军总司令明确指出："这些军官是驻你部的代表，负责你部所占领的地区，一直到在英国军事管制下完成的黎波里塔尼亚的全面统一为止。"另外，亚历山大又通知勒克莱尔："在货币方面，伦敦的经济政策禁止在费赞使用法郎。"查尔斯·皮克先生不知是不是由于他自己的原因，经常承担吃力不讨好的任务。12月1日，他不抱多大幻想地给我送来艾登先生的一封信，信中谈到的是同样的内容。我尽量亲切地答复皮克说，我不接受这个意见，我也给勒克莱尔将军拍了一个电报："在非洲战争中，费赞应该是法国的一部分。在地理上，它是南突尼斯和乍得之间的枢纽。您应直截了当地拒绝英国在这个地区的一切干涉，无论这种干涉采取什么形式，政治的、行政的、货币的，或者其他的形式……"

12月22日，准备工作已告完成，反攻开始。在两个星期的激烈战斗中，英戈德和德朗日的部队分别向乌木耳-阿拉内布和喀特隆推进，在"布列塔尼"航空队的协助下肃清了敌人的机动队并占据了敌军阵地。在这两个将领的指挥下，在迪奥、马苏、热奥弗罗、萨拉扎克、达伯扎克等地获得很大的战绩和大量的战利品。1943年1月12日，他们又占领塞卜哈，打开了通往的黎波里的大道。13日模苏克阵地落入我军手中。俘敌1 000余人，其中有40多名军官，另外掳获20门大炮、许多装甲车和好几百迫击炮、机关枪和自动武器。当勒克莱尔准备向北推进时，德朗日上校就任了费赞的军区司令。

最后，由于我们的大胆步骤和策略，终于得到了沙漠中这一味美而丰硕的果实。1943 年 1 月 13 日，我向祖国广播我们军队的这次胜利时指出："我们的英勇士兵的奋斗，可能使苦难的法国稍得安慰……是的！在赤道的气候下严格地进行长期而艰巨的准备工作，在飞沙走石的沙漠中筋疲力尽地行军，飞行队拼命地飞行，攻击敌人阵地，同敌人机动部队和敌机进行流血战斗；从年轻光荣的将军到无名的列兵，一切纯洁勇敢的人们，都承担了这一重担，以自己的全部热情为法兰西的苦难和骄傲作了微薄的献礼。"

虽然军事方面的远景逐渐明朗，但是政治方面的远景更加模糊了。我们在"卡登花园"知道得十分清楚。因为与非洲和英国来往的军人、公务人员、新闻记者，都为我们义务递送信件和情报。此外，阿尔及利亚和摩洛哥的"戴高乐派"，也趁整个局势混乱的机会来到我们这里。

因此我们知道，达尔朗居于最高地位，已经引起当地的激烈批评。由于元帅的正式斥责，维希分子也感到莫衷一是了。"戴高乐派"反抗这个"权宜之计"。与墨菲商谈捧吉罗上台而没有成功的要人们感到希望落空了。他们当中的许多军人和职员也受到严厉的制裁。正因为这样，所以贝多亚特将军、马兰上校、葛洛蒙检查官在诺盖斯的命令下于摩洛哥被捕后，差一点儿被枪决。艾森豪威尔费了九牛二虎之力，才把他们转送到直布罗陀。马斯特将军和巴利尔上校被迫从阿尔及尔逃到地中海东岸地区。另一方面，海陆空三军在清理船只的漂流物、飞机的残骸和士兵的尸体——达尔朗所造成的损失——的时候，看到达尔朗背信弃义，从中取利，都感到极大的愤慨。最后，土伦舰队宁肯自沉也不听从达尔朗命令的事例，使许多人进一步认识到，今后要他继续领导事务只会带来更多的不利。

这些情况促使我急于与阿尔及尔取得联系。最初我曾向罗斯福和丘吉尔要求让我的代表团去非洲，当然，这个代表团并没有去成；华盛顿和伦敦用种种借口加以阻挠。12 月初，我请求艾森豪威尔将军亲自在阿尔及尔接见达斯迪埃·德·拉·维热里将军，我让他负责在阿尔及尔同法国的领袖们取得有效联系。在这件事情上，如同其他许多事件一样，我得到了美军总司令的谅解，却没有得到美国政府的谅解。他接受了我的请求。说实在的，他在登陆时遇到的抵抗使他震惊，许多法国人玩弄的阴谋使他迷惑，他看到人们思想混乱而感到不安；他时刻担心这种激愤会变成骚动，危及他在突尼斯的整个战斗中的交通安全。所以，在他看来，我要在北非与某些不愧为正直人士取得协议的意图正符合盟国的共同利益。

达斯迪埃将军于 12 月 20 日来到阿尔及尔。他耳闻目睹的一切使他感到有一种严重的危机，尽管这个危机被政权周围的警察机器设法掩盖着，但仍在下面酝酿着。

达斯迪埃将军发现，吉罗由于没有能够在登陆时使军队追随他而懊恼，美国人拒绝他出任盟军司令，这使他感到伤心，同时他也感到事事仰承达尔朗的鼻息是一种莫大的屈辱。他的不满使他可能接受我们的建议。当我的代表请他与战斗法国取得联系，特别是调整军事部署和招募军队时，吉罗表示了同意。

从摩洛哥来的巴黎公爵向达斯迪埃将军表示，他认为局势严重，有害于法国的利益。照他看来，再没有比驱逐海军上将，然后把一切善良的法国人重新团结起来更必要、更紧迫的事情了。至于他自己，他到阿尔及尔来是为了团结他的信徒，为促进统一的事业服务，并自愿做各种调停工作。此外，公爵对有关个人切身利益的事，在必要的情况下也尽量表现得大公无私。

勒麦革勒·杜伯勒耶和他的党羽毫不掩饰他们因没有得到指挥

官职位而愤恨不满的情绪。据他自己说，他的政治才能和给美国人做的事应该使他获得指挥官的职位。在吉罗的指使下，勒麦革勒·杜伯勒耶主张吉罗作国家元首，他担任内阁总理，而由戴高乐将军出任国防部部长。

另一方面，达斯迪埃了解当地的政治力量，这个地方虽然长期以来默默无闻，但现在在暴风雨中已经觉醒了。11月24日，索兰、弗劳热、德隆等先生分别担任了奥兰、阿尔及尔、君士坦丁的省议会主席，阿尔及利亚的一位议员萨尔达先生也跟他们联合在一起。他们给达尔朗写了一封信，信中说："你投靠连你自己也不承认能自由执行政权的元帅的政府，在北非担任这个政府委派的职务，因此，你不具备任何条件得到一个合法的和独立的政府的权力。"

最后，我的代表在美国方面注意到，艾森豪威尔和他的参谋部虽然与达尔朗海军上将合作，但是他们肯定高级委员会只是临时机构，并一再声明他们希望与戴高乐直接往来。

至于在维希政权下基于种种动机而加入抵抗运动的人，有些在盟国干涉时帮助了盟国，现在他们比任何时期都受着迫害，达斯迪埃将军看到他们内心情绪十分激动。他在高级委员会担任要职的弟弟亨利、北非"战斗"运动首领加比唐教授以及许多消息灵通人士，都给他介绍了这些抵抗运动者内部所酝酿的密谋，这些密谋是随时可能造成流血事件的。

达斯迪埃将军鉴于整个局势的发展，加以墨菲先生的催促，同意与达尔朗会谈。他希望会谈秘密进行。但是他发现达尔朗在开高级会议时，吉罗和布尔日莱等人也在座。在他看来，他们都神色阴沉而紧张，充满阴谋诡计和怨气。达尔朗显得有些不耐烦，但他的确想再稳定一下他的部下，认为应该在我的代表面前摆出盛气凌人的架子。他声明说，他已把事业掌握在自己手中，一定要使法国人团结起来；为了团结法国人，他同意赦免那些在停战后帮助盟军的人，并同意公开表示他打算在战后退休，但在这一过渡期间，他代表唯一可能的作为团结的中心。这种装模作样的信心同时局的实际情况、同他本人所表现出的紧张和他周围的气氛适成鲜明的对照，因此任何人也不会受骗的。

达斯迪埃把他了解的情况告诉了达尔朗，同时介绍了法国的舆论——他是刚从法国来的。当时海军上将大发雷霆，斥责达斯迪埃是到阿尔及尔来制造混乱的。达斯迪埃问吉罗："我等你回答我转达给你的戴高乐建议，你的意见是不是将你指挥的军队和战斗法国的军队两者的活动协调起来？"达尔朗看到吉罗正准备处理这个问题，冷冷地打断他说："不行！我的将军，这是我的事情。"随后是一阵令人感到难受的沉默。为了结束这个尴尬的局面，达斯迪埃将军大声对达尔朗说："你在这儿是统一的绊脚石，你最好赶快下台。"在这次谈话以后，美国人告诉达斯迪埃说，达尔朗希望他离开这里，他们自己也希望这样。于是，达斯迪埃于 12 月 24 日回到伦敦。他的这次阿尔及尔之行带回了这样的信念：达尔朗也觉得自己站不稳，很快就会下台了。

当天下午，我参加海军的圣诞树集会回来，获知达尔朗海军上将被刺。凶手是斐尔南・包尼埃・德・拉萨伯尔，他充当了某些被激怒的人的工具，他周围这些人激动起来，但是他们的背后可能还酝酿着一种政策，决定利用这个"权宜手段"以后就把他除掉。这个年轻人看到一些可恨的事情而激动起来，他认为铲除在他看来是丑恶的、阻碍法国走向和睦道路的障碍物，是给分裂的祖国做了一件大事。此外，正如他在临刑时所说的那样，他认为这会招来一个相当有力的外国干涉，使现有的北非政权丝毫不敢拒绝。的确，除非在战场上，任何个人都无权杀人。况且，从达尔朗是执政者和首脑这一点来说，他的行为是受国家法律管辖的，不是受一伙人或一个人的判断管辖的。但是，怎么能否认使这个年轻人愤怒的意图的本质呢？正因为这样，所以在阿尔及尔只进行了几个钟头的奇怪而蛮横的调查，就立刻组成军事法庭在夜间进行不成熟而又不完备的审讯，不准旁听，就这样把斐尔南·包尼埃·德·拉萨伯尔秘密枪决了，同时还指示检查官不公布他的姓名。所有这一切都使人相信，他们想用尽一切办法来掩盖这次判决的根据，并且歪曲一些情况，而这些情况不仅不能替这场悲剧辩解，反而暴露了这场悲剧，甚至在一定程度上原谅了这场悲剧。

虽然铲除达尔朗的悲剧难免遭到许多人的反对，但是他应该下台这一事实仿佛符合事情的严酷的逻辑。因为在关键的时刻，事情只能由一些能左右其发展的人来指挥。然而在事态发展到这种情况的时候，达尔朗对于可能以各种方法取得成功的事情也无能为力。每一个人——首先是海军——都看到达尔朗的时代现在已经过去了。

达尔朗失去了一个好机会。在1940年时，海军的确具有头等作用，而几世纪以来法国在陆地上的命运却始终维持二等地位。在法国本土军事崩溃的时候，幸而海军是完整的。当时海洋、距离、速度是与命运攸关的要素，这些条件变成了最重要的东西。海军还掌握着未被侵犯的法兰西帝国，而当时盟军在海上受着威胁。如果我们的海军前去解救，盟军是不会跟它讨价还价的。如果把这支海军力量与盟军的海军力量联合起来，那就既能封锁也能围困敌人，并能保护和领导非洲，往非洲运送解放部队所必需的物资，并且最后，有一天会把这支解放部队送回自己的海岸。要完成这样的任务，海军将领除了冒险精神以外，还必须具有爱国的热忱，无论舰队遇到什么情况，都必须一心一意为法国尽忠。然而，达尔朗没有具备这样的条件。

达尔朗把他的野心和精力都施展到海军方面，而且只是单纯地用在海军上。他的全部事业几乎都是在国家软弱和反复无常的时期进行的，他只知道特别关心他那魁梧的身体、个人利益、嗜好和技术。由于他的热情和熟练的技巧，他在和平时期可以从国家权力中猎取用来建立优良装备的海军经费，可是他像一个封建主一样，仅仅为自己和个人打算而存在。

当法国战败时，首先摆在达尔朗面前的是海军没有战败。投降协定签字以后，对他来说，接受投降只要相信海军与战败无关就够了。当战争演变成世界规模的时候，法国海军方面增加了更多的救援机会，可是他的目的并不是参战，而是保全这支海军。他想利用海军的名义一跃成为维希政府的元首。他只想给自己保全一个活动的地盘，保证自己的生存。他不顾敌人强加的限制，曾多次下令攻击“戴高乐派”和盟军。这是因为他想支持他认为主要由海军争夺的一切斗争，所以他实行跟德国侵略者合作来反对英国。他最后所采取的决定，即在非洲海岸停止原来计划的对盎格鲁-撒克逊人所发动的战争，在他的心灵深处是慢慢战胜祖国的侵略者的心情占上风呢，还是变换战场希图收回残破不全的海军的心情占上风呢？但是，自从土伦、法兰西堡、亚历山大的海军都不听从他的指挥，接着卡萨布兰卡、奥兰、比塞大的船只又都成了沉入海底的残骸以后，达尔朗海军上将认识到，虽然法国一定会战胜，但他本人却打输了。

法兰西如果没有一支强大的海军，是不能成其为法兰西的。但是这支海军必须是它自己的海军。建立海军、发展海军，把它当作民族利益的工具是政权分内的事。真可惜！政权不会这样做，它在那么长久的时间里在民族身上飘飘荡荡，却没有领导它的活力。在我看来，阿尔及尔的暗杀正好说明了造成我们灾难的主要原因。如同降临到法国头上的其他灾难一样，达尔朗海军上将的过失、我们舰队的悲惨的命运、我们水兵心灵上无法探测的创伤，都是国家长期软弱的后果。

第三章 喜剧

达尔朗之死，对于法国的统一产生了很大的影响。我应当善于利用这个影响。1942年12月25日，我在给吉罗将军的电报中指出：『阿尔及尔的暗杀事件是一个征兆和警告，现在比任何时候更需要组织一个全国性政权。』

KAJ8 ·3

达尔朗之死，对于法国的统一产生了很大的影响。我应当善于利用这个影响。1942 年 12 月 25 日，我在给吉罗将军的电报中指出："阿尔及尔的暗杀事件是一个征兆和警告，现在比任何时候更需要组织一个全国性政权。"接着我写道："将军，我建议您尽快地在法国的领土上和我会谈，无论在阿尔及利亚或在乍得都可以。我们要研究一些办法，在一个临时中央政权下把国内外和法国领地的一切可以为解放法国和拯救法国而战斗的法国军队统一起来。"

我急于发出这封电报，是因为既然有了协议的可能性，就没有理由再等待下去。我所以打电报给吉罗将军，是因为我认为他将继任达尔朗的职位。的确，现在美国人可以随便把吉罗安插在阿尔及尔了，因为美国人一开始就看中了他，只是由于有达尔朗海军上将才拖延下来。至于必要的手续问题，那完全取决于"帝国议会"，换句话说，取决于诺盖斯、布伊松、沙戴尔和伯尔日莱等人。而这些人，显然都掌握在艾森豪威尔和墨菲手里。事实上，吉罗将军于同年 12 月 26 日就以显赫的"军政长官"的名义掌握了一切大权。要是他接受我的建议，要是我们两个人在没有阴谋家和外国人干涉的情况下举行会谈，要是我们号召那些愿意把敌人赶出我们国土的人按照我们的榜样团结起来，那么，很快就会奠定一个有力量的作战政府的基础。这样就可以消除长期以来前后矛盾的做法。但是，除了当地某些法国人的私怨和妄想之外，盟国还有一种打算，想在战争结束前在北非保有一个隶属于盟国的政权，从而阻挠法兰西重新以一个主权国的姿态出现，这种打算是要推迟法国民族意识的实现。

果然，吉罗一直拖到12月29日才给我答复。他对法国人必须联合起来这一点表示同意，但又援引我提出的加速联合的理由说必须延迟联合。他说："最近的暗杀事件在北非军政界引起了极大的不安，因此，目前的气氛不利于我俩举行会谈。"可是他提到了目前的军事情况，而且把我从前曾经通过达斯迪埃将军向他提出的相互取得联系的建议改头换面地据为己有。他补充说："我认为，关于您的事，最好请您派一位有才干的代表，来共同研究如何使正在为反抗共同敌人而战的法军携手合作。"

显然我不赞成这种支吾搪塞的态度。我接到吉罗将军的答复以后，随即于1943年1月1日又给他打了一个电报。在这第二次通信中，我表示欣喜，因为"我们初次交换了意见"。但是我肯定地说："把法兰西帝国和法国一切军队统一并与抵抗运动联合起来，这是刻不容缓的事。"我写道："我的信念是，唯有一个临时中央政权才能在全国团结抗战的基础上，保证指挥法国的一切力量，保证维护法兰西主权的完整，保证法兰西在外国的合法代表权。"所以我重新向吉罗将军提出会谈的建议，并且补充说："阿尔及尔的局势复杂，我不是不知道。但我们可以毫无障碍地会晤，在拉密堡或布拉柴维尔或贝鲁特，任您选择。我满怀信心地静候您的答复。"

我虽然把统一法国的呼吁写在电报纸上，但我很怀疑电报的效果。因为在阿尔及尔经过盎格鲁-撒克逊人员检查过的密电不能刮起一阵能够扫除争端和对立的大风。我也愿意依靠法国的舆论，我认为舆论的压力最后可能是不可抗拒的。1月2日，我发表了一项公开声明，希望舆论给我支持。

头一天，阿尔及尔突然发生的一件重大的意外事件，更增加了我的论据的力量。吉罗逮捕了几十个人，他们都是在美军登陆时就帮助美国人的，其中有许多是属于警察或行政部门的。“军政最高长官”对前来采访这一新闻的盟国记者解释说，这是为了防止一起新的暗杀阴谋发生，尤其是为了防止暗杀罗伯特·墨菲先生。事实上，当时某些尚与这个美国外交官的行动保持联系的人在觉悟之后，现在都想算账了。所以我巧妙地利用这个机会在声明中指出“笼罩着法属北非的混乱状况”。我认为这种混乱状况的主要原因是排挤了战斗法国。我说明这一事件的后果：“给军事行动造成一种不利的局面，法国在紧要关头失去了法兰西帝国统一这一支柱，饱经忧患的法国人民感到惊惶不安……”我指出拯救法国的办法是“建立一个广泛的临时中央政权，这个政权以全国统一为基础，以战斗精神和解放精神为鼓舞力量，以共和国的法律为依据”。但是，我也庄严地表明了我与吉罗举行会谈的建议，并表示我确信“法兰西的形势以及战争的总形势，都绝不容许我们再有任何迟延了”。

我的这项声明以及声明所引起的一切评论都打中了华盛顿政府的痛处。使华盛顿最感不快的是我们指出了它的政治实践与理论相脱节。自从人们知道我建议与吉罗谈判而吉罗总是一味拖延以后，每个人都了解吉罗的态度直接反映了墨菲的主意。那时怎么能不得出这样的结论呢？即美国人口头上主张法国统一而实际上却一心一意地反对法国统一。

实际上，虽然罗斯福总统矢口否认，其实在这种声明的掩饰下，却要把法国问题置于他的管辖之下，想由他拉线，操纵我国的分裂，今后从混乱局势中产生出来的国家权力要仰承他的鼻息。正因为这个缘故，他一开始就在戴高乐同时又在贝当身上下赌注，以后当看出他应该赶快与贝当断绝关系时，就又把吉罗投入了赌场，接着在吉罗从戈吉斯登逃跑失败后，又把重担放在达尔朗身上，最后由于达尔朗海军上将被杀，就又叫吉罗粉墨登场。现在，罗斯福总统认为最好还是让战斗法国和阿尔及尔的体系继续保持分裂状态，直到他把自己所选择的解决方案强加于这两部分时为止，他的解决方案肯定是不希望组成一个真正的法国政府。

罗斯福的这种企图显然瞒不了我。所以当我知道我的声明并不受华盛顿欢迎时，我丝毫不感到诧异。1943 年 1 月 4 日，美国副国务卿萨默·韦尔斯在接待我们的代表蒂克西尔时说，他的政府不同意我对吉罗的邀请，也不赞成我对他们所进行的宣传，因为我把政治问题放在首要地位。当蒂克西尔问他是哪一点使他感到不快时，这位美国官员再一次提出军事形势的需要，好像戴高乐所建议的谈判会威胁艾森豪威尔在北非的联系似的。

罗斯福总统已决定就地进行干涉，这一点我间接地得到了证明，因为从达尔朗被刺殒命的第二天，美国人就在我即将动身的时候，请我推迟我的华盛顿之行。可是，当美国军队在非洲登陆后，罗斯福亲自派人约我去访问他。显然，为了这次访问，一切已都安排妥当。我原来打算在 12 月 27 日动身，乘飞机至阿克拉，再从那里转乘一艘美国巡洋舰去美国。海军上将斯塔克为了准备一切，已先我而行，于 12 月 20 日离开了伦敦。特别指定陪我同行的贾德鲁将军也于 24 日从贝鲁特来到阿克拉。但是在这一天，达尔朗死了，于是罗斯福总统开始了新的干涉。我立刻了解了这个诡诈的手段，因为 26 日丘吉尔先生（显然他是替罗斯福来办事的）问我，鉴于目前的局势，我是不是认为应当把我的访美之行延期。第二天，美国政府给了我一份内容相同的照会。

所以我很注意促使吉罗把会谈延期的原因。1 月 6 日我收到了他对我第二封信的答复，可以说已经摸到了底。他原则上同意与我在阿尔及尔举行会谈，这次没有再提达尔朗的死所造成的不利气氛。但是他借口“早有约会”，说他在 1 月底以前不可能规定任何日期。关于这一点我向他说（这次我可有些粗暴）：“早在 12 月 25

日，我就向您建议举行会谈，使我遗憾的是，您由于早有约会就说延至1月底举行。我要坦白地告诉您，关于实现法兰西帝国的统一以及把它的力量和全国抵抗运动的力量结合在一起的迫切性，民族委员会和我个人跟您的见解不同。”

但是，当我期待罗斯福先生表示态度时，丘吉尔先生却忽然表示意见了。1月17日，艾登先生把英国首相从摩洛哥拍来的一份电报交给我。丘吉尔先生约我去摩洛哥与他会面。他在电报中说：“我可以在这里给您和吉罗在完全秘密的情况下安排一次具有良好远景的会谈。”

我对这件事非常不满。艾登先生告诉我，罗斯福先生也在摩洛哥。毫无疑问，盟国首脑正在摩洛哥开会，决定他们的共同计划。但是，为什么丘吉尔先生不提呢？为什么他不说明这次邀请我的其他目的，而只说邀我去与吉罗会谈呢？为什么这次邀请只用他个人的名义呢？如果我应当去安法，在这场竞争中充当不列颠人的一匹“小马”，而另一方面，美国人也会邀请他们自己的“小马”，这将会在那里演出一幕不合适甚至危险的喜剧。我拒绝了丘吉尔先生的邀请。同时我也给吉罗去电报，我在电报中写道：“请您记住，我仍旧随时准备与您会谈，但必须在法国领土上、在法国人当中进行，地点和时间完全由您选择。”

两天后，艾登又把丘吉尔的一封电报转给我。我的拒绝使丘吉尔感到难堪，他极力在美国人面前掩饰，并敦促我重新考虑这个问题。他说，要不然，恐怕舆论会对我不利，而丘吉尔自己，则在我领导“抵抗运动”时期内在使美国人帮助战斗法国的问题上不再做任何努力。但是他这次声明：“我受他人的委托告诉您，那份关于参加会议的邀请是美国总统和我本人共同向您发出的……在这次会议上，首先要讨论北非问题……如果您参加这个问题的讨论，那么美国总统和英国首相将感到荣幸。”

我没注意这个电报中所包含的威胁，这种威胁我经历过许多次，已经觉得无所谓了；我认为“大战的形势和法国目前的处境，不容许我拒绝跟美利坚合众国总统和英王陛下的首相举行会谈”。我回电接受邀请，电文末尾就是用这种语气写的。我还强调指出，会议上要讨论的问题是“战斗法国未曾参加讨论的事情的继续，而这件事已引起一种对于盟国似乎是不太令人满意的形势，而对于法国则在任何情况下也绝不能令人满意”。

我在发出这份复电前，曾经正式召开了一次民族委员会，委员们对这一事件经过深入讨论以后，批准我去安法，即使是在那里与罗斯福本人单独会谈也无不可。讨论特意拖延了一些时间，我丝毫不急于开始我的旅行。指定与我一起同行的有贾德鲁、达让吕、帕留斯基（他成了我的办公室主任）、德·布瓦斯朗贝（他由卡纳监狱逃出以后，最近刚从法国来，他是由于在达喀尔事件中所负的责任而被维希政府投入卡纳监狱的）。最后，因为气候恶劣又推迟了我们的行期。我们于 1 月 22 日才到达费达拉[①]地区。

在那里，非常秘密地前来欢迎我们的有美国将军韦尔伯，过去在陆军大学我就与他相识，他代表罗斯福总统向我致意；其次有科德林顿先生，他给我带来了丘吉尔先生的问候；此外还有李纳莱斯上校，他是吉罗将军派来邀我们去聚餐的。没有仪仗队，但是美国哨兵却在我们周围站了一大群。美国汽车来了，排列在飞机前面。我上了第一辆车。韦尔伯在上车以前，用一块破布蘸了些污泥涂在汽车的玻璃窗上。这种谨慎做法无非是要把戴高乐将军及其同伴到摩洛哥的消息封锁起来，不让别人知道。

在安法，盟国征用了许多别墅，这些别墅中的住户都迁到别处去了。此外，又把四周都弄空了，用铁丝网把会议处所圈了起来。

① 在卡萨布兰卡东北，大西洋的港口。

里里外外都有美国岗哨，不许任何人自由出入。每个人的生活事务都由美国士兵料理。换句话说，这就是软禁。如果盎格鲁-撒克逊人软禁他们自己，我倒看不出有什么不好。但是，他们这样对待我，尤其是在法国领土内，就未免有些侮辱人了。

我与吉罗将军见面后的头几句话就很不客气。我向他说："哎！怎么回事！我四次向您建议会谈，而您怎么要我在这铁丝网里，在外国人中间来跟您会谈呢？您从国家观念上说不感到有些可恶吗？"吉罗显得很窘，他向我解释，他不得不这样做。的确，从吉罗和美国人的关系看来，他的处境尴尬这一点我并不怀疑。

不过聚餐时，气氛还是融洽的。人们都想起共同的往事，由于我的请求，主人还叙述了他从戈吉斯登脱险的传奇故事。但是，当我们分手时，吉罗将军谈起了别的问题。他一再坚持地说："我只想作战……我不愿搞政治……从来不听任何人给我解释什么理论或纲领；我不看任何报纸，也不收听任何广播……"不知是按照他个人的信念还是由于某种协定，他宣称自己是和几个"总督"联系着的，那就是：诺盖斯，"摩洛哥不可少的人物"；布伊松，"他懂得保护自己的殖民地，使它不受一切外国包括德国的侵害"；贝鲁东，他刚来不久，在阿尔及利亚总督府中代替了沙戴尔，"办事情很有手腕"；伯尔日莱，"是个特别优秀的战略家"。吉罗毫不隐讳地说，除了他跟德国人作战的意志（这种意志毫无疑问是非常坚决的）以外，他根本没有一点反对维希政权的地方。最后他表示，如果不是说他不赞成法国抵抗运动的简单的、群众化的和革命的性质的话，那至少他对这个运动不能理解。首次晤谈后，我们让吉罗留在自己的别墅，我们则回到我们的别墅。

下午，当我按预定时间留在自己的别墅的时候，我接待了英国国务大臣麦克米伦先生，英国政府派遣麦克米伦到阿尔及尔来，是为了调整西地中海的事情。麦克米伦告诉我，他与墨菲取得联系以后，将设法找出一种吉罗和我都可以接受的合作形式，而这种形式又可能是罗斯福和丘吉尔向我们建议的。这就是我所预见到的干涉。我告诉麦克米伦，吉罗和我中间的协商只能在法国人中实现。但是，由于这位英国大臣一再敦请，我就去访问了丘吉尔先生。

我一见到首相就激动地向他说，要是知道我在法国领土上还要处在美国的刺刀下，我一定不来。他喊着说："这是被占领的地方啊！"我们俩都平静下来以后，开始商谈事情的内容。首相向我解释说，关于解决法兰西帝国问题的计划，他和美国总统已取得协议。吉罗和戴高乐两位将军将共同担任一个委员会的主席，在委员会中他们两个人在各方面都是平等的，其他成员也都是如此。但是吉罗将军要掌握军事的最高指挥权，这主要是因为供给统一的法国军队物资的美国只同意由吉罗处理这个问题。"毫无疑问，"丘吉尔先生接着说，"我的朋友乔治将军可能以第三主席的名义来辅助您。"至于诺盖斯、布伊松、贝鲁东、伯尔日莱，他们还保有他们原来的位置，并且也将参加委员会。"的确，美国人现在正利用他们，也愿意别人信任他们。"

我答复丘吉尔先生说，这个解决办法在美军上士看来也许是合适的（而且还是很值得重视的），但是我认为丘吉尔本人也不会把它看作严肃的事情。至于我，我应当重视法国固有的主权。丘吉尔本人也不怀疑我对他和罗斯福的崇敬，然而我却不承认他们有任何资格可以决定法兰西帝国的权力问题。盟国撇开我，并且违反我的意图在阿尔及尔建立了行使职权的行政系统。显然，因为他们在这方面不能得到任何满足，所以现在又图谋把战斗法国溺死。但是战斗法国不允许这样做。即使战斗法国必须灭亡的话，它也愿意光荣地牺牲。

丘吉尔先生似乎不理解这个问题的精神实质方面。他说："您看我的政府怎么样？我新近组织政府，原已决定我要长期为反对慕尼黑精神而战，但这样一来，我却让我们所有具有慕尼黑精神的人物都进入我国政府。好！他们干得很彻底，以至在今天来讲，人们已经辨认不出他们跟别人有什么不同了。”我回答说：“这样讲，您一定是没看见法国的遭遇。至于我，我可不是一个想组织内阁并在议会得到多数票的政客。”但是首相却恳求我考虑一下他告诉我的那个计划。他补充说：“今晚您要和美国总统会谈，而且您将会知道，在这个问题上美国总统和我都是一致的。”他通过花园一直送我到大门口的铁栅门，这时英国岗哨举枪致敬。丘吉尔向我说：“您要明白，虽然这儿有美国哨兵，可是和他们并肩站在一起的还有英国兵。”

不久以后，罗斯福先生派人到我这儿来安排我们的会谈。晚上，我到会迟了。在他的别墅的一个大房间里，我同他在同一个长安乐椅上坐了一点钟。虽然与我谈话的罗斯福假惺惺地说，只有他自己陪着我，但在一个高走廊里边，我清楚地看到还有一些黑影，我也看见各个角落的帷幕在颤动。以后，我知道哈里·霍普金斯先生以及一些秘书都躲在那儿听着，没有露面，并且还有武装警察在保卫罗斯福总统。由于有这些幕后人物参加，罗斯福和我的第一次会谈是在一种奇特的气氛中进行的。这天晚上，正如我们以后的每次会谈一样，罗斯福表现得急于用他的思想压倒我的思想。为了说服我，与其说他用的是理论，倒不如说用的是魅力，他总是坚持他所拿定了的主意。

富兰克林·罗斯福的野心是极大的。他的智慧、知识、胆量成了他的野心的资本。他的国家是一个强国，而他是这个强国的领导人，这就使他的野心找到了出路。而战争又给他的野心造成了机会。如果说他所领导的伟大民族长时期地倾向于门罗主义，不去过问远方事务，倾向于不信任被战争和革命不断冲击的欧洲，那么现在就是有一种救世主思想在唤起美国人的心灵，把它卷进广阔的计划之中。美国赞赏自己的富有资源，它觉得自己的力量在国内找不到广阔的场所，决意扶助全世界所有贫困和被奴役的国家，因此它倾向于含有统治本能的干涉。罗斯福总统出色地遵循了这种倾向。所以他想尽一切办法使他的国家参加世界性冲突。由于死亡已经暗中催促，他现在正完成着他的命数。

但是，自从美国参战以后，罗斯福就认为和平是美国的和平，应该由他独自决定如何安排，经受着灾难考验的国家应该听从他的定夺，尤其是法国，应该把他当作救星和命运的主宰。因此，法国重新站立起来，不是以分散的，因而也是好对付的抗战姿态出现，而是作为一个独立自主的国家站立起来，这是与他的意旨相违背的。在政治上，他并不倾向于我这方面。

他不倾向于我，特别是因为他在国内经常受到舆论的攻击。舆论使他握有权力。但是舆论也能褫夺他的这种权力。在大战期间，罗斯福曾两次参加竞选。而且在非选举期间，报纸、无线电、各种势力都很刁难他。罗斯福总统用心地去讨好别人，但是他内心却因他的痛苦的残疾而难堪，他一直与他的残疾进行勇敢的斗争。他对派性的指摘和讽刺很敏感。而正是他对戴高乐将军的政策在美国引起了非常激烈的争论。应当补充说，他像一个名人一样，对于别人的作用是妒忌的。总之，罗斯福是以贵族式的文雅姿态，毫无好感地来看待我这个人的。

这天晚上，我们竞相称赞对方，但是当谈到法国事务时，我们都保持着某种程度的暧昧。罗斯福转弯抹角地把丘吉尔已直言不讳地告诉给我的那个草案作了介绍，并委婉地暗示这个方案是一定要照办的，因为这是他决定的。而我呢？我很有礼貌地告诉他说，法兰西的民族意志已经有了自己的选择，并且迟早要先在法兰西帝国内，然后在法兰西本土上建立起法国人所渴望的政权。但是我们都竭力小心，避免引起正面冲突，因为我们都感觉到，冲突没有什么用处，并且我们也知道此后我们俩都需要彼此尊重对方的利益。

第二天，我接见了吉罗将军。只有我们俩在场，我们很随便地谈着。我对他说："您打算怎么办?"他向我讲述了他的计划，而这项计划，总的来说，就是罗斯福和丘吉尔两位先生的计划。作为首脑人物的有我们三个人：吉罗，他本人是第一位首脑；我是第二个；英国人打算从法国调来的乔治将军是第三个。为了对等，人们将任命我为陆军上将！但是吉罗却要把军事方面的指挥权独揽下来。吉罗将是法国军队，包括战斗法国和抵抗运动的一切武装力量的总司令，因此，他只隶属于艾森豪威尔。"总督们"仍然保留他们原来的位置。只有伯尔日莱可能离职。另外，组织一个"法兰西帝国议会"，议会成员有诺盖斯、布伊松和贝鲁东，还可能补上贾德鲁，或者补上埃布埃和几位"秘书"；这个议会要管理法兰西帝国的行政事务，但绝不能从事任何政治活动。

在我看来，吉罗的见解是不能接受的。我向他说："您所想象的是，在您那方面装扮一个多少有些动人的样子，在罗斯福的庇护下由您掌握实权，而在您身边有个多少像点样的人来跑龙套。总之，这是任凭外国摆布的执政官。但是，第一执政官拿破仑是在战争和独立中得到人民的一致称赞的。您要举行一个什么样的公民投票呢?如果举行一次公民投票的话，准能对您有利吗?况且，拿破仑是以一个为法国赢得多次伟大胜利而且占领了广大行省的将领的姿态出现的。我也全心全意地希望您能做到跟他一样。但是，照目前的情况来说，您的胜利在哪儿呢?"我又补充说："第一执政官在立法方面和行政方面都有过人之处。您的才能是这样的吗?再说，您不是不知道，在法国，公众舆论都攻击维希政府。然而，您的职务先是从达尔朗那里取得的，以后是从诺盖斯、布伊松、沙戴尔、伯尔日莱手中取得的。所以您是以贝当元帅的名义取得您的那些职务的。人人都知道您给贝当元帅写的信，您在信中告诉他说，您决不做任何事情来反对他的政策。在这些条件下，您相信您能取得大部分法国人民的拥护吗？没有人民的拥护，一个政府即使不成为叛乱的靶子，也只是个徒有虚名的政府。最后，对于盎格鲁-撒克逊人来说，您的权力是人为的，是处在从属地位的。试问您，在这种情势下，怎能保全法国的主权呢？”

吉罗将军再次声明说，这是属于政治问题的事，他不愿卷入政治旋涡；对于他来说，他只知道重建法国军队；他完全信赖美国盟友。他说：“我刚刚跟罗斯福总统达成了一项协议，根据这项协议，我能组织多少个师，美国就负责装备多少个师。我考虑，准备在半年内建立 12 个师。至于您，您能在同样时间内组织起一半吗？谁来供应您武器呢？”

我反驳说：“我们现在谈的不是你我在军队数量上的竞赛。现在，北非的军队是属于法国的。这些军队不是您的产业。这一点，如果我们不能达成协议，您很快就可以看到的。问题是法兰西帝国以及法国本土内的统一，这就要求建立一个适应这种形势的中央政权。做到了这一点，所有各种军队就会毫无问题地统一起来，而且能统一使用。世界局势要求战斗法国成为抗击敌人、维护共和国以及复兴民族的标志。当维希这个幻影破灭的时候，全法国的共同情感自然而然地会转向战斗法国。另一方面，从您是位军事领袖来说，也有很多人对您估价很高。在这一方面，我认为您是法国资本的一个要素，丢了它就会使我悲痛。所以，最好的解决办法是：希望戴高乐在阿尔及尔组织一个抗战政府，这个政府在适当的时候将成为法兰西共和国的政府。希望吉罗从这个政府手里接过解放法国的军队的指挥权。万不得已，如果认为需要有一个过渡时期的话，我们还可以一起组织这个中央权力机构。这个中央权力机构一开始就该谴责维希政府，并且声明停战条约根本无效，是非法的；这个中央权力机关和法兰西共和国是不可分割的，而且对于全世界来说，要成为法国独立的化身。”

吉罗将军坚持他的见解。我看到他不但没有被我说服，反而更加顽固起来了，我只好希望将来有一天事实的力量会使他改变看法。目前，国家利益的问题要求协商解决。在军事行动、财政、贸易、金融、突尼斯的命运、印度支那的命运、安的列斯群岛、圭亚那、亚历山大舰队的归向等问题上也是如此。所以，我们同意在我们之间建立联系。我向吉罗将军指出，我有意往北非派遣一个以贾德鲁将军为首的代表团。这一点，吉罗马上同意了。在这以后，吉罗和他的随行人员就在我们这里吃午饭。贾德鲁、达让吕、帕留斯基、布瓦斯朗贝，还有李纳莱斯、包菲莱、波尼亚托夫斯基等人，由于互相进行接触，也了解了情况。他们都知道谈判没有成功，大家虽然不惊异，但内心里都很难过。这次聚餐是在忧郁的气氛中度过的。

后来，罗伯特·墨菲先生来访问我。他似乎很有把握地认为一切都要按照他的计划实现。我把我的怀疑告诉他并问他，按照他的看法，当人们知道在安法并没有达成协议时，摩洛哥和阿尔及尔的舆论将有什么反应。他回答说，有许多人会感到满意和慰藉的。他还补充说：“在北非，戴高乐分子不到10%。”他向我证实说，罗斯福总统和丘吉尔先生刚刚同吉罗将军签署了一项协定，规定要交给北非一批武器和粮食（这件事，我毫无保留地赞成）；另一方面，他们又一同承认“军政长官”的地位。这一点美国直到今天还没有正式宣布，英国也没有确认。

这项协议规定：“为了法国人民的利益，为了拯救法国的过去、现在和未来，美国总统和英国首相承认法国军政长官（总部设在阿尔及尔）有权利和义务以法国的军事、经济、财政利益代理人的身份行事，这些利益现在或将来都是与北非和法属西非已经建立起来的解放运动分不开的。美国总统和英国首相在这方面有责任尽力用一切办法帮助法国军政长官。”这样一来，美国和英国就成了法国人民命运的主宰，因此他们只同吉罗一人会谈，而吉罗则在不搞政治的幌子下承认他们的特权。我知道，丘吉尔先生头一天与吉罗会谈时，曾亲自在桌子的一角上写明在北非一英镑要值250法郎。而按照我们与伦敦所签订的协定，一英镑只等于176法郎。我也知道，罗斯福总统请摩洛哥的苏丹吃过饭，跟他谈过一次话，这次谈话是与法国保护国的地位不适合的，而吉罗却丝毫没有看出那次谈话有什么值得抗议的地方。晚上，哈罗德·麦克米伦来了，他翻来覆去地跟我谈一些关于战斗法国前途未可乐观的话。最后，韦尔伯将军又通知我说，这次会议要在24小时内结束，并把在卡萨布兰卡服务的法国军官请他转交的信件交给了我。我请他转告他的上级，北非大战正酣，法军，包括战斗法国军队在内，都广泛地参加了战斗，而来安法开会的盟国军事当局，竟没有一个人顺便跟我提到作战计划和战役的事，这真使我感到诧异。

第二天清早，麦克米伦和墨菲就给我送来前一天夜里由罗斯福和丘吉尔先生决定的一份文告，他们要求戴高乐和吉罗将军把它当作自己的文告联名发表。吉罗方面已经接受下来了。根据这份将要变成法国文告的盎格鲁-撒克逊文告的内容，两位将军应同意“盟国的原则”，并宣布他们的意图是要共同组织一个委员会，以便在战时管理法兰西帝国。毫无疑问，文告的用语非常模糊，使我们不能明了究竟说些什么。但是，这个文告有三点不合适：首先，它来自盟国；其次，它使人认为我放弃的不只是法兰西帝国的行政权；最后，它使人以为已达成协议，而实际上并没有。我征求我的四个同伴的意见，他们一致否定，我就回答信使说，法国国家权力的扩大不应当是外国干涉的结果，不论这种干涉多么高尚友好。不过，我答应在今晚谈判决裂以前（决裂原是意料中的事）再去会见罗斯福总统和丘吉尔首相。

我和丘吉尔的会谈实际上是针锋相对的。自大战以来，这是我们最难堪的一次会谈。在最激烈的一幕中，首相严厉地斥责我，这些斥责除了非难的遁词以外，没有别的。他告诉我，他回伦敦后，要公开控诉我阻挠协商，还说要发动他的国家的舆论来反对我，以此向法国的舆论呼吁。我只回答说，我对他的友谊和我对英国盟友的热情使我对他所采取的态度感到痛惜。他为了使美国满意，竟不惜代价偏袒了一件为法国所不能接受的、使整个欧洲不安的、使英国感到遗憾的事。

以后，我又到罗斯福那里去。这次接见是巧妙的，换句话说，是亲切而又令人悲伤的。罗斯福总统向我表示，当他知道法国人的谈判没有达成协议，而他自己也不能使我接受一个文告的内容时，深感惋惜。他说："在人类事务中，应当演剧给公众看。您和吉罗将军在有我和丘吉尔参加的会议中举行会谈的消息，特别是随着这个消息同时发表法国首脑们的一项共同声明，即使只在理论上获致协议，也会产生令人注目的可贵的效果。"我回答说："不用您操心！会有一个文告的，虽然这个文告不可能是你们的文告。"

在这次会见中，我把我的同僚都介绍给罗斯福总统。罗斯福也把他的同僚都介绍给我。于是丘吉尔先生、吉罗将军和他们的随员也都进来了，最后走进来大批盟国军官和职员。当大家都聚集到罗斯福总统面前时，丘吉尔又高声地对我进行严厉的批评和威胁，他的企图显然是为了抚慰罗斯福的多少有些受伤的自尊心。而罗斯福却装作不理会这一点，相反的，采取一种更为高雅的声调，以便向我提出他所最关心的最后要求。他对我说："您至少能同意与吉罗将军同时坐在我和英国首相旁边照一张相么？"我答应说："非常愿意，因为我对这位伟大的军人抱有最崇高的敬意。"罗斯福总统喊着说："您能在我们和照相机面前跟吉罗将军握手吗？"我的回答是："为了您的缘故，我愿意这样做。"这时候，罗斯福总统惊喜若狂，叫人把他抬到花园中去，花园中事先早已准备了四把椅子，无数的照相机都瞄准了这四个座位，新闻记者站了好几排，他们手里都拿着自来水笔。四位“演员”都露出微笑，都作了约定好的姿势。一切都好了！美国可能很满意，因为它认为根据照片它已经看到法国问题在罗斯福总统身上找到了“解围的魔力”。

离开安法以前，我起草了曾向吉罗建议的一篇简短的公告，当然没有让盟国知道。公告说：“我们会见了，我们也交谈了……我们肯定了法国胜利和‘人类自由’凯旋的信心。我们宣告，我们之间已建立起永久的联系。”吉罗签了字。由于吉罗的请求，“人类自由”一语在文告中代替了我的初稿上的“民主原则”。

以后几个星期，对于我们来说真是太难堪了。到安法后，我打算到利比亚去，我们的军队正在利比亚作战。但是盟国反对我去。盟国以技术上的借口，不给我们留下任何离开安法地区的交通工具，只给我们留下一架英国飞机，而这架飞机又是必须回伦敦的。我们在 1943 年 1 月 26 日回到伦敦。在 2 月 9 日的一次记者招待会上，我向公众说明了安法发生的事件真相，并且说明事实并不像盎格鲁-撒克逊人所宣传的那样。我毫不客气地着重指出美国官方机构以及官方人士所玩的一套阴谋诡计，他们斥责战斗法国人“玩弄政治”，而且打算用这种方法来阻挠法国成为一个统一的国家。后来，当我又表示有意去中东的时候，英国政府于 3 月 3 日书面通知我，拒绝给我想办法。

华盛顿和伦敦之间的恶意竞争在报刊和无线电广播中引起广泛的反应。美英的报纸和评论家，除少数例外，都似乎不再怀疑法兰西的统一应当以吉罗为中心来实现。人们所见所闻，几乎全是对我的极为严厉的指责。有些人说：“这是可悲的骄傲”，或是“未能实现的野心”。绝大部分人却进一步说我准备实行独裁，我的左右都是些法西斯分子和党棍，等到法国解放后，一定会建立一个个人独裁的政权；相反的，吉罗将军则是一个没有野心、没有政治企图的军人，是民主的堡垒；法国人民应该信赖罗斯福和丘吉尔，以便阻止我奴役法兰西人民。

自然，没有归附我并因此而依赖外国人的那部分法国侨民，也听信和鼓吹这个说法。在美国的《胜利日报》，在英国的《法国每日快讯》、独立法国通讯社以及《自由法国》杂志，在英国广播公司“法兰西人向法兰西人谈话”组的一大部分工作人员，也都公开偏袒吉罗。相反的，“戴高乐派”的喉舌，如纽约的亨利·托雷斯的“法国之音”、伦敦的弗朗索瓦·魁立西的“马赛曲”、莫利斯·舒曼在英国电台的广播、布拉柴维尔战斗法国的总电台，则都拥护我们的解决办法。

盟国常给我们气受，而在法属非洲，支持我们的表示与日俱增。有“戴高乐派”参加的“战斗”运动的参加者越来越多。勒内·加比唐不久前在伦敦曾向我报告过这些。前往格达美斯与撒哈拉军队取得联系的勒克莱尔军队在那里受到热情的招待，无数志愿者纷纷要求参军。在尼日尔、达荷美、多哥、几内亚、科特迪瓦、上沃尔特，我们的秘密工作人员直到现在都能很顺利地与当地土著保持接触。尤其是在海员中，人民的选择显得更加明确。一大部分来自摩洛哥、法属西非以及阿尔及利亚而途经英美海港的战舰和商船的海员，都利用机会向战斗法国征兵局登记。从达喀尔去纽约整修的“黎塞留”号就是这样的；有300名船员离开那只船，准备到战斗法国海军的舰只中去服务。驱逐舰“芳塔斯克”号、运输舰“韦奥明”号、货船“罗特”号等靠拢美国海岸后，船上的人都走空了。在苏格兰格里诺克的海港中，运输船“爱里当”号、“威耳·道兰”号、“尚波里昂”号、“可罗”号、“麦奥尼亚”号、“日马依克”号都集结在戴高乐将军麾下，并且要求让他们的船只挂洛林十字旗。

华盛顿十分不满海员们的这种斗争。特别是因为已经有不少预兆使我们可以预见到，在突尼斯，德、意军队仍处在吉罗将军的军队和勒克莱尔、拉尔米纳的军队之间，如果敌军一旦减少，那么就会有一股不可抗拒的潮流使大部分北非军队转向战斗法国军队。由于美国人害怕北洲战役结束后在那儿将引起一次“戴高乐派”海啸，所以他们作了很大的努力来引导我们走向妥协。

美国人采取了强硬的手段。在美国，一些海员离开了他们自己的船只，以便与战斗法国取得联系，但都被逮捕下狱了。我们的代表阿德里安·蒂克西尔和我们的海军代表团团长加拉海军上将都受到美国国务院和海军部的威胁性的刁难。当英国人在大不列颠只采取一种令人难堪的态度时，美国人却对来自非洲向我请求任务的法国船员进行威胁。甚至有一天，停泊在格里诺克的“日马依克”号军舰竟被一支美国海军队伍强占了。在“卡登花园”，由于斯塔克海军上将要做的事是违背他的良心和理智的，而他又不得不执行命令，所以很难过，他马上向海军委员奥包诺和负责管理商船的迪特尔姆递交了申诉书，并抄送给我一份。美国报纸和广播电台都发表了正式和非正式的声明，控诉戴高乐将军阻挠法国军舰完成任务，破坏作战力量。

事实上，我的确曾下令组织志愿军，因为我考虑到，只要阿尔及尔的组织跟我们平行地执行职务，志愿兵便可以有所选择；我认为他们愿意在哪儿服务，就让他们在哪儿，这样对事情是有利的，总比硬把他们放在一个心里不满意的地方好得多；我还认为，这个指示可以澄清世界的舆论。同时，我也托阿尔及尔驻美国的海军代表团团长菲纳德海军上将转请阿尔及尔当局把战舰上那些改变志愿的人员更换下来。的确，由于和盟军作战，有许许多多的舰只被击沉，在北非找人并不困难。至于商船，只要它们确实归向了我们，我一定亲自下令，叫它们在洛林十字旗下驶回它们原来的阿尔及利亚或摩洛哥的海港。3月11日，我接待了斯塔克海军上将，通知他作出这些规定。这些规定后来都有效地实施了。

另外，美国给我们吃了一些苦头，却又给我们一点甜头尝尝。2月22日，萨默·韦尔斯写信给蒂克西尔说，罗斯福总统希望在华盛顿与我再次会晤。我又一次答复说，我已准备去访问美国。但是这次邀请又没有确定日期。毫无疑问，这个计划一露头就消失了，在白宫的政策中，这个计划像海蛇一样令人十分迷惑。

但是，外国人的混乱做法并没有使我们忘记法兰西民族的意识。关于这一点，从敌人占领我国全部领土、完全奴役维希的那一天起，我就再也没有丝毫疑惑的阴影了。11月17日，赖伐尔为了能毫无阻碍地大干一番，访问希特勒总部回国以后，叫贝当授予他大权，以便以个人名义单独签署颁布的法律和命令。到冬天，尽管群情激奋，尽管有主教们如图卢兹主教萨里埃热、里昂红衣主教基尔利埃的抗议，尽管有法兰西基督教联合会主席波里尔牧师的反对，迫害犹太人的行动仍然日益加剧。1943年1月30日，成立了国民军，秘书长是达南特，他这时已参加德国警察局，大事搜捕爱国志士。2月16日，又设立强迫劳动局，专门给“政府”想办法来无限制地供应敌人所需要的劳工。4月29日，希特勒再度接见赖伐尔，跟赖伐尔签订了合作的补充条例。即使有一部分人仍然以痛苦或怜悯的心情原谅贝当元帅，但所有的法兰西人民（除丧心病狂的极少数人以外）的理智都唾弃贝当式的政治。现在，引导全国的就是抗战派，而抗战是与战斗法国分不开的。

所以法国本土和伦敦之间的往来络绎不绝。在“卡登花园”的各机关、“军事抵抗总部”所在的杜克大街的大厦、城里和郊区的各种秘密处所都可以看到，曾经在法国或准备离开法国的人在各种掩护下，纷纷乘飞机、哨艇和渔船偷偷地溜进来。在1943年头四个月非洲危机达到顶点的时候，我们的“航空和海运工作部”，从这儿到那儿，或从那儿到这儿，运送了好几百名密使和代表。我们的中央总部增加了许多人物，如：勒内·马西格里，2月5日我任命他担任外交国务委员；陆军上将包内，专门负责领导我们驻华盛顿的军事代表团；拉法拉德将军，不久被任命为东地中海地区的总司令；沃特兰将军，被派遣到利比亚，担任拉尔米纳军团的参谋长，后在执行任务时被杀害；儒勒·莫克，他以军事专家的头衔接受了海军方面的任务；费尔南·格利尼埃，他是应共产党邀请由勒米介绍来的，派他在苏斯戴尔的指导下担任宣传工作，以便推行严格的“戴高乐主义”；皮埃尔·维埃诺是个理想主义者，聪慧机敏，我打算等将来民族委员会迁到阿尔及尔以后，派他做法国驻英使节，后来他在这个岗位上逝世；安德烈·马劳塞利，他将负责管理我们救济战俘的机关，这个机关每月竟能送递100多万件包裹；乔治·布伊松和马塞耳·彭波弗，一个是法国总工会的代表，一个是天主教工会的代表，他们与他们两人的前任代表艾伯特·基吉和我初期的伙伴亨利·奥克共同组织了一个活跃的工会代表团。知名的议会议员有古盎、葛义、法尔隆、胡曼斯，不久又有雅基诺、奥里约、勒·特劳盖、路易·马兰，他们一下船就立刻匆匆忙忙地把他们的主张连同詹伦内、赫里欧、勃鲁姆、曼德尔、保罗-彭古等先生的文告向各通讯社、广播电台发布，并向政界、外交界以及盟国新闻界一再申述：整个法国解放后，除戴高乐将军的政府以外，不能想象有任何其他的政府。

在法国，当抵抗运动遇到困难最多、活动最频繁的时候，它也就团结得最紧密。另外，由于敌人占领了人们所谓的“自由”地带这一事实，某些观点的分歧消失了，看法也一致了。1942年底，我有机会结识了许多运动的领袖。从那时以后，我还会见了许多别的首脑人物，他们到处奔走，风尘仆仆，忽而冲出激动、秘密而忧郁的云雾（在这种云雾中，他们把自己的武器、印刷机、信箱都隐藏起来，他们的袭击也是秘密的），忽而又回到那里。在这一阶段中，路经伦敦的主要人物有：加瓦耶，一位哲学家，他一向明智，但他对于压迫的痛恨却使他具有非凡的胆量，驱使他为了法兰西忍受苦刑和死亡；达尼埃尔·梅耶，他是“社会行动党”卓越的倡导人；让-皮埃尔·勒维是朴素而果敢的人；还有赛扬，一位杰出的工会活动家，他是莱昂·石乌派来的。有许多人曾再度来访，如比诺、赛尔穆-西蒙。同时，我们自己的代表也走遍各地，如勒米，一位杰出的鼓动家，实际工作的组织者，他领导秘密活动就像指导盛大而又安排妥当的运动项目一样，他主要是在巴黎和西部地区从事活动；还有班根，在南方进行工作；另外还有曼努尔，他曾经实地视察过我们的通讯网和通讯工作情况；一月，有布罗索莱特，一个月以后，有巴希-德瓦兰，先后前往法兰西；一位英国青年军官叶约·托马斯，由于我们的请求，随同“军事抵抗总部”的主任一块去了，他是直接为伦敦内阁做情报工作的；巴希和布罗索莱特负责行动协调，他们的责任是与各个组织保持联系，使北方各组织按照南方的榜样，在实际工作中相互配合，通过一个共同的委员会和单一的军事系统，使南方和北方的组织统一起来。

2月，我们在法国本土的代表让·穆兰和地下军司令德勒斯特兰将军来到了英国。我又一次会见了让·穆兰，他的坚强果敢十分感人，他自知死期不远，但是他抱定决心，要在逝世以前完成自己的统一使命。我给德勒斯特兰将军指出方向，交给他一项特殊使命，从很多方面讲，他对这项任务不是很内行，但他以军人的顽强意志接受下来，只要谈到任务，就没有任何东西能把他吓倒。

穆兰早就准备好了办法，我命令他尽快地成立有两个占领区各个运动组织、各个政党以及两个中央总工会的代表参加的“全国抵抗委员会”。我派他执行这项任务的命令，规定这个组织的结构，确定该委员会的任务以及该委员会与民族委员会的关系。让·穆兰应亲自担任这个新组织的主席。我任命他为法兰西民族委员会委员，我在我的汉普斯公馆举行授予他解放十字勋章的仪式，没有任何仪式能比这个仪式更加动人了。德勒斯特兰在逗留期间，与盟国首脑人物，特别是和布鲁克将军、伊斯美将军、斯塔克海军上将，共同进行了有益的工作。他们把德勒斯特兰看成自己人。因此，在法国登陆时地下军的活动将尽可能与盟军司令部的计划配合起来。德勒斯特兰将军从我手里接到的训令，已经给他明确了任务，这就是在大战役开始前进行一次总视察。一旦内线作战能配合外线作战，这也就是一个军队指挥官的职权。但是，这位值得尊敬的人物回到法国几个月就被敌人逮捕，关进集中营，最后在一个集中营的门前被打死，他早有为祖国献身的决心，就这样为祖国牺牲了。3月24日，穆兰和德勒斯特兰启程回国，准备为战斗牺牲。

无数的迹象表明，法兰西的统一有了进展，有利于法兰西帝国的统一。民族委员会立即提出与阿尔及尔进行谈判的倡议。当我们从安法回来8天之后，贾德鲁将军就去了北非。他在那里会见了许多人，他让人们了解我们的目的就是协商，我们所要清洗掉的只是几个有负众望的人，接着他又到贝鲁特作短期逗留。而马沙尔、沙尔彭尼埃尔、贝契柯夫、布拉彭等人则在阿尔及尔设立了我们的联络站。不久以后，布斯加将军来到伦敦，作为吉罗将军派到我方面的代表开始交换意见。2月23日，民族委员会通过了一项备忘录送交“军政长官”，这项备忘录明确了统一的必要条件。

这些条件是：坚持1940年的停战协定根本无效；承认保留某些首脑人物原来的岗位在政治上和道义上是不可能的；在北非重新建立共和国法制；这些原则一旦被吉罗集团接受，就可以组织起一个具有政府各项职能的中央权力机关，使法兰西在抗战期间能有一个唯一的负责当局和代表机关；此外，应成立一个抵抗运动的临时咨政议会，以便尽可能广泛地反映遭受苦难并且战斗着的民族的舆论。这样我们的地位又一次得到巩固。备忘录于2月26日送交吉罗，并于3月12日公布。

从此以后，阿尔及尔当局再也不能公开采取另一种态度了。因为不管法国本土发生的事情怎样，非洲已经以一种迅速的步骤倾向我们。现在，群众初步感觉到维希政府失败了，戴高乐胜利了。“军政长官”的人为权力及其对美国人的依附状态，在所有官员中都引起了日益增长的不满。而且，在盎格鲁-撒克逊代表团的压迫下（这些代表团又受本国的新闻记者和议会议员们的监督），政治检查松懈了。很多人醒悟过来了。来自法国的新闻、由于旧日自由地区的沦陷和抱着抗战愿望而来到北非的那些人所发表的言论、突尼斯正在进行的激烈战斗，这一切都有效地驳斥了反戴高乐派的流言蜚语，而在一个很长的时期，当局对此都公开加以散播。

吉罗将军左右有些人的政治嗅觉相当灵，足以设法抓住时机。让·莫内先生就是助长这种发展倾向的人。他于2月离开华盛顿来到阿尔及尔，利用他经济上和行政上的能力以及他与美国人的关系来协助吉罗。民族委员会的备忘录促使他认识到应当急速改变“军政长官”执行的路线。关于这一点，莫内先生很快就同精明强干的墨菲先生、聪明睿智的麦克米伦先生取得一致。所以，3月这一个月是吉罗充满民主表现的一个月。

4日，在阿尔及尔颁布了“战斗师团”的新规定。5日，吉罗在广播电台发表声明说：“法兰西没有种族主义的成见。”8日，他命令把已经分发出去的头一天出版的《北非公报》收回，而这一期正和已往各期一样，刊登了贝当元帅播送的命令。14日，在阿尔萨斯省人和洛林省人的集会上，吉罗发表演说，抨击维希当局，并向法兰西共和国致敬。15日，他写信给贾德鲁将军说：“昨日我曾公开表明过自己处理事务的原则。在我们之间不存在任何分歧……我准备接待戴高乐将军，以便为法兰西的统一安排一个具体的方式。我请您把这件事转告他。”3 月 18 日，吉罗签署了一系列在很多方面废除维希当局法律的命令。

丘吉尔和科德尔·赫尔两位先生似乎没有及时注意到法兰西民族委员会的备忘录。第二天，人们听见他们说，他们的政府完全同意吉罗将军所肯定的原则。19 日诺盖斯将军，21 日布伊松总督，先后都表示完全同意“军政长官的民主文告和演说”。接着，伯尔日莱将军、李高尔特、勒麦革勒-杜伯勒耶等人先后辞职。由于这一系列事实以及北非当局纷纷表示态度，英美大多数报纸和评论员也一致赞扬，并要求战斗法国归附吉罗，按照这些报纸和评论员的意见，“戴高乐派”对于吉罗再也不能有所非难了。

民族委员会根据吉罗将军 3 月 14 日的演说和他请贾德鲁转达给我的消息发布公告，指出“阿尔及尔的宣言在许多方面表现出已向战斗法国的原则大大地靠近一步，而这个原则是战斗法国从 1940 年 6 月以来一贯遵循的，并且通过 2 月 23 日的备忘录重申过的”。我告诉吉罗将军，当我得到他的消息时感到非常高兴，我考虑在最近期间赴北非。我通过广播电台发表了这个消息，以这种方式和倡议来呼吁法兰西的统一，让听见我的广播演说的人都知道法国的统一并没有更换“旗手”，而且这个“旗手”也没有改变原则。我还给艾森豪威尔打电报说，如果我到达阿尔及尔时能会见他，那就太荣幸了；他回电说，他非常高兴地期待着。我要求英国政府给我预备一架飞机，以便届时启程，同时我公开声明要严肃地坚持自己的人所共知的立场。当我动身以前，我期待民族委员会能从阿尔及尔得到关于 2 月 23 日备忘录的令人满意的答复。这时，有人为了贬低我们，又对我们展开了最后的攻击。

麦克米伦先生开火了。3 月 17 日，他在阿尔及尔接见了沙尔彭尼埃尔，因为当时贾德鲁将军不在北非。麦克米伦向他说：“现在，军政长官已公开地接近了战斗法国所主张的原则，在吉罗将军周围没有任何东西能阻挠法兰西的统一。”当沙尔彭尼埃尔表示某些保留时，英国国务大臣怒气冲冲地说：“如果戴高乐将军今天拒绝握手，您要知道，英美就会完全地抛弃他，那么他就什么也不是了。”虽然在会谈中麦克米伦先生尽量地抑制自己，但是人们只能把他的行动看成是一轮攻击。

接着，纽约总主教史培尔曼也出来攻击了。他从阿尔及尔来，要求与我会晤，因为他担负了美国总统的一项重大使命。3 月 23 日，我会见了这位总主教。他非常虔诚，他接触这个世界上的一切问题，显然都是为了全心全意地为上帝的事业服务。但是，事情终归是事情，再虔诚也解决不了问题。因此这位纽约总主教不得不向我提出了明智的建议。

按照他的见解，“自由、平等、博爱”应当是我处世的座右铭。“自由”是指我不应当在战斗法国和吉罗将军的统一中提什么条件；“平等”是我应当考虑人们在安法跟我谈过的三人政治；“博爱”是把宽恕施于阿尔及尔、拉巴特和达喀尔当地的人们身上。史培尔曼主教对我说：“请想一想，如果您拒绝了别人，人家也会以同样的方式拒绝向您施惠，那么这对您来说，该是多么不幸？您想到过这种情况吗？难道您看不到，您不得不留在英国，因此被撇开，无法参加实际活动，而与此同时，法国在没有您的情况下，就不会得到解放吗？”

我回答这位总主教说，在这种情况下，不会有法兰西的解放，因为这种胜利只是把盎格鲁-撒克逊人选好的政权强加在我国头上，用来代替依靠德国人而存在的政权。可以确切地预见到，那时候法兰西民族就会追随西方盟国所不希望的第三个解放者。最好还是让民族意志去抉择吧！在谈话结束时，我向这位总主教说，尽管有种种困难，但法兰西民族意志正放出曙光。我把北非的动向、海员的态度尤其是来自法兰西的消息一一向他举例说明。总之，史培尔曼总主教似乎并不反对这一点。我甚至应该说，后来我也得到了证明，在我们的会谈中我赢得了他的同情。

紧跟着，丘吉尔先生亲自出马了。由于他的请求，4 月 2 日，我由马西格里陪同去会见他。在首相身旁还有亚历山大·贾德干爵士，首相向我解释说，如果吉罗和我之间的协议不能实现，那么我到阿尔及尔去会造成很大的困难。丘吉尔所谓的协议，自然指的是要我接受在安法时他们告诉我的那些条件。由于在这些基础上没有达成协议，丘吉尔指出了我在北非出现对公共秩序和军事情势所能造成的不幸后果。首相肯定地说，我所要求的飞机已经准备好了。但是，从各方面看来，等访问美国的艾登先生回来，等一星期前才去阿尔及尔的贾德鲁将军取得某些结果后再去阿尔及尔，岂不是更好吗？我希望丘吉尔先生能吐露真情，分手时我向他表示，我总希望在不接受任何条件的情况下飞往阿尔及尔。于是首相说，艾森豪威尔将军要求我的旅行延期。但是我很快就用事实证明艾森豪威尔对我并没有这样要求，这就使丘吉尔不得不当众承认这是他一个人的主意，因为他反对我去北非。

4 月 6 日，我先后拜访了从华盛顿回来的艾登先生和魏南特先生。他们在我面前描绘了华盛顿与伦敦显然已协议好的计划，叙述了我的固执在美国所引起的愤怒，以及法国所遭到的不利。他们又向我进行了相反的描述，说要是我同意把战斗法国置于吉罗管辖之下，盟国的盛意隆情将给法国多么大的好处。我对他们说："如果吉罗在 1940 年 6 月 18 日担任了北非的首脑，拒绝贝当和魏刚的命令并继续作战，那么我就心甘情愿地把地位让给他。但是今天木已成舟。法兰西民族已经认识到这一点。"

我一方面要抵制盟国的压力，另一方面还要忍受我的许多同僚的指责。的确，有些人由于对华盛顿和伦敦一意孤行的担心，由于针对他们本身而采取的一些讨好的做法，也由于他们十分希望无论如何要能够实现联合，终于逆来顺受了。民族委员会内部也有一些委员毫不隐讳这一点。连贾德鲁将军（自然受了当地人和墨菲以及麦克米伦等人的包围）也从阿尔及尔给我打电报，建议我把政治上的最高权力以及军事上的指挥权让给吉罗。虽然我不能漠视这些好意，但我终于没有采纳这种意见。因为在造成我们目前困难的大树后面还有树林，这就是，还有法兰西民族。

但是，人们争论最多的问题当然还是国家的前途。当民族委员会于4月10日接到吉罗关于2月23日的备忘录的复函时，大家都承认了这一点。贾德鲁从阿尔及尔带来了这个复函。毫无疑问，这个文件对良好的原则明确地表示同意，但实际上暗示的办法却是使法兰西直到大战结束时也不能有一个政府，这也就是使“军政长官”的权力，换句话说，实际上就是使盟国的权力，能够无限制地执行下去。

的确，人们又向我们建议在阿尔及尔只成立一个“海外领地议会”，参加议会的有吉罗、戴高乐、现任驻节长官和总督，以及担任某些特殊职务的“委员”。这个议会不得享有任何政治上的职权。它只有调整行政的任务，而没有领导国家的权力。至于总司令吉罗将军，则应当服从于盟军最高统帅部的命令，他的军事职权不隶属于任何法国的权力机关。此外，在陆续解放期间，在戒严的名义下，维护公共秩序和任命法国本土公务人员的权力都属于吉罗。这样一来，由于没有一个真正的法国中央权力机构，实质上只是由外国将军指挥之下的军官随意处置。这种奇怪的机构是战争持续多久，它就存在多久。大战以后，有人不立刻着手恢复地方参政权，却打算复活1872年的一项所谓“特莱弗诺克法”，并且规定当国民议会不存在时，行政和任命政府的权力属于省议会。总之，根据吉罗将军签署的备忘录，一切都办理妥当，仿佛作为一个国家的法兰西已经不存在了，至少到胜利时是这样。这就是罗斯福的主张。

这一文件的效果是使我们的伦敦委员会的意见又趋一致。全体委员都清楚地看到了民族的前途在哪里。4月15日开会，为决定由贾德鲁将军带给阿尔及尔当局的复函文稿，大家的意见完全一致。复函是简单而坚定的。民族委员会把吉罗将军原则性声明中令人满意的地方通知他，重申实施的必要条件：组织一个有效的政权，在所有解放区或待解放区，尤其是法国本土，行使它的权力，同时它毫无例外地统辖所有的法国军队、将级军官、驻节长官和总督，首先是总司令必须服从这个政权；凡在投降和通敌中负有个人责任者一律撤职。为了组成政府机构，我们必须再说一遍，民族委员会的主席和许多委员必须能来北非，而不受任何限制。另一方面，为了杜绝报纸散布有关我们的分歧的流言，民族委员会全体委员都应郑重声明，表明他们比任何时候都更紧密地团结在戴高乐将军的周围。

战斗法国依然屹立不动，阿尔及尔当局固执地要我们服从它的时期已经结束了。即使在非洲，情势也不容再等待下去。在人们的心灵里、在墙壁上、在大街上，到处都有这样的反响："欢迎戴高乐莅临!"3月14日，当吉罗从他发表自己的新政方针的大厦中走出来时，集结在广场上的群众竟以"戴高乐万岁"的呼声欢迎他。没有人再怀疑最近地方政权所采取的态度、维希政权立法全部废除、国民军解散、政治犯释放、一些人辞职等等，都是民族委员会所取得的成就。洛林十字旗到处飘扬。"战斗"运动占据首要地位。4月19日，阿尔及尔、奥兰和君士坦丁的省议会在举行开幕典礼时都向我致敬。26日，贝鲁东先生在拜访贾德鲁将军时声明说，为了促进统一，他将在我到阿尔及尔的时候辞去他的阿尔及利亚总督职务，并且要求到军队里去服务。5月1日，为庆祝劳动节而组成的游行队伍高呼："我们需要戴高乐!"前一天晚上，丘吉尔与我作了一次很满意的会谈。在他向我读了麦克米伦最近的报告以后，他承认我在北非赢得了第一回合。

况且，当非洲军和战斗法国军队在突尼斯的土地上怀着同样的心情、为共同的目标并肩作战的时候，把我撇在一边，又怎么能说得过去呢？但是，突尼斯的战斗是激烈的。2月底，隆美尔也投入了战斗。他用后卫部队阻挡了蒙哥马利的胜利进军，以后他向南推进到马莱防线，从斯法克斯向特贝萨挺进，想打开阿尔及利亚的通路。一个美国军团和法国的维沃尔师（该师师长不久以后英勇牺牲）艰苦奋战，阻击隆美尔。与此同时，瑞兰的继任人冯·阿尔芒将军一方面沿北侧进击孟萨伯尔将军率领的自由师团和摩洛哥骑兵队守卫的塔巴尔卡地区，另一方面又向英军固守的麦德日-厄尔-巴布进击。人们担心会有一次重大的失利。但是，盟国的整个作战体系保持下来了，这主要是由于法国军队尽管武器和装备低劣，但士气旺盛，加之朱安将军能够七拼八凑地组成一支军队有效地作战。3月中旬，第8军团投入了战斗，战斗法国的各种部队与它并肩作战，起了决定性的作用。

由勒克莱尔担任左翼和拉尔米纳率领着一支后备军的蒙哥马利大军，逼近并绕过马莱防线，到达了加贝斯。这次突击使巴顿再一次收复了加夫萨。4月11日，斯法克斯解放；12日，苏塞和凯鲁万解放。于是盟军的总反攻展开了。5月7日，布莱德雷和马兰占领了比塞大，安德逊进入了突尼斯，科尔兹攻克了邦-杜-法赫。5月11日，拉尔米纳师占领了塔哥鲁纳。第二天，冯·阿尔芒将军被围于邦角，率部25万人投降。

随着我们的乍得和中东军队在作战中与突尼斯、阿尔及利亚以及摩洛哥的勇敢伙伴和人民取得联系，我们的军队逐渐为热情所包围。3月26日，拉尔米纳给我打电报说，南突尼斯的中心区，梅德宁、吉尔巴、萨尔斯等地活动频繁，力求与战斗法国联系。4月6日，勒克莱尔写信告诉我说，加贝斯的人民看到他和他所率领的士兵，出现了令人非常愉快的场面。4 月 14 日，美国报纸报道，当英国人和战斗法国人进入斯法克斯的时候，人们一致高呼：“戴高乐万岁!”《纽约先驱论坛报》以“我们的力量何在?”为题写道：“当一面落满灰尘的三色小旗飘扬在一辆卡车上，表明战斗法国的军队到达时， 种难以形容的热情立刻奔放出来……叙述这一幕的记者深为惊异……法兰西的所有党派都热烈地响应戴高乐的号召，在这种热情面前，在解放了的突尼斯的热泪、欢呼和献花中，还容许我们再到其他任何地方去寻找我们的事业的力量和光荣吗?”4 月 30 日，不久以前曾任青年团委员、现任非洲第 7 猎兵团团长的瓦内克上校，要求把他的全团人马都投入我的指挥之下。5 月 3 日，在斯法克斯，非洲第 4 轻骑兵团，除了几名军官以外，也曾集体向勒克莱尔将军表示同样的愿望。战斗很快就结束了，许多原属非洲军队的军人都怀抱着参加洛林十字旗队伍的希望离开了他们的队伍。5 月 20 日，在突尼斯，在庆祝胜利的盟军的分列式中，战斗法国的军队得到了它应得的荣誉。

由此可见，人民的判断终于扫除了最后的犹疑。4 月 27 日，吉罗将军写信给我说，他要放弃最高权力。然而他还主张保持由他和我、驻节长官以及总督们参加的那个毫无实权的“议会”。另外，显然是由于害怕群众的反应，他建议我们第一次会议应在偏远的地方举行，在比斯克拉或马拉喀什都可以。5 月 6 日，我答复了他，向他重申民族委员会关于即将成立的政府机构的性质、组成部分以及各种职权方面所决定的意见，同时我拒绝了认为这个会议可以在一个偏僻地点举行的想法，并且要求赴阿尔及尔。前一天晚上，我在一次公开的演说中曾相当坚决地强调应当作出这样的决定。

5 月 15 日夜间，菲利普和苏斯戴尔胜利归来，交给我 ·份刚出巴黎拍来的电报。让·穆兰告诉我说，全国抵抗委员会已经组织起来，并且以委员会的名义向我报告下列消息：

“北部和南部的一切抵抗运动组织和一切党派，在戴高乐将军启程赴阿尔及利亚的前夕，一致向戴高乐将军和民族委员会再一次表示，保证完全服从他们所确定的原则，并贯彻到底。

“一切抵抗运动组织和一切党派都一致主张发表正式声明，认为会议地点应在阿尔及利亚总督府，应在法国人中间公开举行。

“此外，它们确认政治问题不应被排斥于会谈之外；法兰西人民永远也不同意戴高乐将军隶属于吉罗将军，并要求在戴高乐将军主持之下，从速在阿尔及尔成立一个临时政府；吉罗将军可以担任军事领袖；不管会谈的结果如何，戴高乐将军总是法国抵抗运动的唯一领袖。”

5月27日，全国抵抗委员会在富尔街48号召开全体会议，在让·穆兰主持的第一次会议上，证实了他电告我的这些消息。

这样看来，在所有的土地上，首先是在法国受着敌人蹂躏的土地上，播下的种子已经在预定的时间内发芽成长起来。巴黎的电报传到了阿尔及尔，并且由美国、英国、战斗法国的无线电台加以广播，这就产生了决定性的效果：它肯定并且证实了法国抵抗运动深深知道如何完成自己的统一。这个曾被压抑但响亮果敢的法兰西呼声突然盖过了那些图谋不轨的私语和狼狈为奸的谈论。因此我也立时振奋起来。华盛顿和伦敦虽然很不愉快，却清楚地估计到这一事件的重大意义。5月17日，吉罗将军要求我立刻前往阿尔及尔，以便同他一起组织一个法国的中央权力机构。5月25日，我答复他说：“我准备在本周末到达阿尔及尔，我庆幸能有机会跟您合作，共同为法兰西服务。”

在我离开英国以前，我写信给英王乔治六世，深深感谢他本人、他的政府、他的人民，感激他们在1940年悲惨的日子里接待了我们，而且从那时起一直支持自由法国和它的领袖。

我正打算去拜访丘吉尔先生，突然获悉他“由于某项秘密使命”刚刚离开了伦敦。因此我去向艾登先生告别。会谈充满了友好气氛。这位英国大臣对我说：“您对我们有什么看法?”我回答说：“没有再比您的人民更友好的了。但谈到您的政治，我却不能得出同样的看法。”当我们谈起英国政府同我协商的许多事务时，艾登和善地对我说：“您知道您给我们带来的困难比我们在欧洲的其他所有盟国给我们带来的困难还大吗?”我也微笑着回答说：“我对这点毫不怀疑。因为法兰西是一个大国。”

第四章 阿尔及尔

1943年5月30日中午，一架战斗法国飞机（机长是马尔米）把我送到布法利克机场。同机前来的有马西格里、菲利普、帕留斯基、比奥特、狄骚和沙尔·鲁等人。吉罗将军亲到机场欢迎，贾德鲁将军也来了。

KA18-3

1943年5月30日中午，一架战斗法国飞机（机长是马尔米）把我送到布法利克机场。同机前来的有马西格里、菲利普、帕留斯基、比奥特、狄骚和沙尔·鲁等人。吉罗将军亲到机场欢迎，贾德鲁将军也来了。美国和英国使团的代表站在法国人后面。国民志愿军的仪仗队向我致敬，乐队奏起《马赛曲》。汽车也都是法国的产品。这些迹象同安法欢迎我所表现出的迹象比较起来，说明战斗法国以及（通过战斗法国），法国本身已经在北非取得了胜利。

公众不知道我们来到这里。因为阿尔及尔、伦敦和纽约的新闻检查机关不许发表这项消息。因此，我们这些人很快穿过的地区一般都没有任何表示。只有那些时刻保持警惕的“戴高乐派”不顾一切地向我欢呼。在比尔哈希姆，突然被惊动了的人群跑来高呼：“戴高乐万岁！”但地方当局早有戒备，不让群众迎接我们。飞机有意不在白宫机场降落而特地在偏远的布法里克降落，因此我们没有进城就直奔“避暑大厦”。

中午，举行了一个盛大的宴会。不管参加宴会的人关系和心情如何，法国这种举行宴会的好习惯还是必需的。我与吉罗对坐。我的右边是乔治将军，他曾告诉我英国人怎样帮助他从法国来到北非。左边是让 莫内，他立即跟我谈到经济问题。贾德鲁和马西格里坐在吉罗的左右。安德烈·菲利普和勒内·梅耶，帕留斯基和顾夫·德姆维尔，李纳莱斯和比奥特，以及其他30多位客人都参加谈话。这些形形色色而又相仿佛的法国人曾被事变的浪潮卷到不同的海滩上，现在又聚会到一起，仍然和战败前那样朝气勃勃和充满信心！用眼睛向四周张望，好像三年来没有发生任何悲剧似的。但是，这里面有两套班子。

在这两套班子中，力量的鲜明对比是一望而知的。一方是无所不有，另一方是一无所有。这里的军队、警察、行政、财政、报纸、电台和广播，都由“军政长官总部”直接管辖。盟国用自己的力量扶植了“军政长官总部”，而且只为它出力。至于我，我在这里没有军队、宪兵、职员，银行里没有存款，也没有能使人们听到我的声音的工具。但是，两个钟头之后，我所看到的人们的态度、听到的议论以及人们所表现出的神情，都在向我表明优势是在哪一方面。每个人内心里都知道争论应如何结束。

4 点钟，为了向死难者纪念碑献“洛林十字”，我走到邮政广场，群众热烈地欢呼。虽然这个仪式是临时举行的，任何报纸没有刊登消息，任何军队也没有参加，但是突然得知“战斗”运动消息的千万爱国者迅速聚集起来，热烈地欢迎我。我向为法国捐躯的阿尔及利亚人致敬以后，就领头唱《马赛曲》，无数的声音也跟着唱起来。随后，我在热情洋溢的欢呼中前往格里西诺别墅，这是给我安排的住处。

各方的信件送到这里来了。我收到的第一封信是前空军总参谋长维勒曼将军寄来的。他从 1940 年惨败以后，就满怀悲痛和希望隐居家园。这位将军以最高尚的词句，要求我在战斗法国的空军里给他相应的军衔，派他担任指挥一个中队的职务。群众的欢呼和维勒曼这一行动更使我看清了事情的本质。在这儿，跟别处一样，民族感情做了抉择。因此，在即将面临的赌博中，王牌是操在我手里的。在非洲的法国人中，我遇到的障碍就是在职人员的顽固不化和某些权贵的猜疑。此外，我还得对付盟国，他们支持吉罗派坚决反对我们。

钩心斗角在第二天早晨就开始了。在未来的政府要召集会议和设立几个机构的弗罗芒坦中学，我与吉罗将军会晤了。他那方面参加的有莫内和乔治。我这方面有贾德鲁、菲利普和马西格里。对于会议的程序，我们的意见是一致的。由现有的 7 个人组成政府委员会，以后为了充实内阁，可以再增添一些人。但是，我认为在没有作出任何决定以前，多增加一些人才好。

我说："为了我们能够形成统一的组织并同心协力地工作，必须在一些主要问题上求得一致。在我国能够表达自己的意志时，这个政权应负起全国的一切责任。军队的领袖即使由部长或主席来担任，也必须由政府任命，并且必须服从政府。如果为了作战，必须将某军的将领在战略上拨归外国将军指挥，这也应由法国最高当局的命令来决定。从我这一方面说，如果不首先规定这个新机构在全部范围内，特别是在它本身范围内的一切权力和职能，我不赞成法兰西民族委员会由别的机构来代替。其次，为了更清楚地表示法国还在作战，完全不得承认维希政府，我们必须解除诺盖斯将军、布伊松和贝鲁东总督的职务。"

吉罗恼怒了。他不同意军队的领导权属于政府。关于"地方总督"问题，吉罗很激动地声称，绝不愿意牺牲他们。但我坚持自己的条件。这时，大家同意休会，并同意今后的会议应根据草拟的方案重新讨论。在很长的辩论中，只有乔治支持吉罗；莫内则从中设法调解；贾德鲁、菲利普和马西格里三人，虽然各有不同的说法，但都赞同我的主张。一开始就出现这样的僵局，所以没有成立政府。但在我看来，我是被一层浓雾包围了的领航人，我相信，如果我掌住舵，终究会见到晴天的。

风云更加险恶，一种危机爆发了。如果我们感觉不到大局已定的话，我们可能认为这次危机会破坏掉一切。6 月 1 日，我在格里西诺别墅招待了阿尔及尔的全体记者。这是急于采访新闻的一群人物！最前排是盟国记者，他们毫不隐讳地表示他们对今后呼吸这种新鲜的空气感到满意，在这种空气中，他们要刊登大字标题和发表爆炸性文章。稍后一点是法国记者，他们一边同情我，一边又害怕“军政长官总部”御用的情报机关检查。我发表了简短的声明，我说我们一行来到北非，目的是建立一个有实力的法国政权，领导与抵抗运动有联系的民族力量进行作战，我们要求尊重法国的最高主权，并把别有居心的少数人清除出去。直到这时，当地从来还没有听到过这样的论调，于是这些话立刻到处传开了。

当天晚上，茹斯上校给我送来贝鲁东先生的一封信。阿尔及利亚总督写道：“考虑到法国人中间的毫无私见的团结是获得胜利、恢复我国崇高地位的唯一办法，我要促使它早日实现。”因此，他向我辞职，希望我转告军事当局，给他在军队中服务的机会。他在这封信中完全没有提到他同样也给吉罗写过信。我回复贝鲁东先生说，我准许他辞职，并且我相信“在祖国遭受危险考验的时候，法国人一定都会和我一样重视他的这种大公无私行为的价值”。我立刻把总督的来信和我的回信的副本送交给吉罗将军，同时我也把这一切情况告诉新闻记者。第二天，这个消息就在世界各地报纸上刊登出来。

贝鲁东先生在这种情况下辞职，立刻产生了一系列重大的影响。事后，人们虽然获悉他同样也给吉罗写了一封信，但是没有发生任何反响。这个维希政府的旧日代表曾出任巴西大使，由于罗斯福的催促才从巴西到阿尔及利亚来担任总督的职务。他引咎辞职，并公开按照我的要求否认了阿尔及尔当局。那里的官员及盟国顾问内部的混乱达到了极点。同时，在城里正酝酿着一场骚乱，到处有大批志愿人员出走，他们租了卡车，在大街上设法寻找拉尔米纳和勒克莱尔的队伍。因为几天以前，吉罗取得艾森豪威尔的同意，把以洛林十字作为军旗的军队从法国土地上驱逐出去了。他们现在集结在的黎波里附近地区。但是，他们遥远的营房仍然吸引来成百上千的年轻士兵。吉罗自己负责市区和城郊的治安管理，内心感到惶恐不安，因为英国人派来的穆兹利埃海军中将担任了警察总监，他打算对旧日的不幸事件进行报复。

6月2日，我一点也不奇怪地接到"军政长官"亲自签署的一封信，信中的语气暴露了它是从哪里得来的启示。它按照伦敦没有组织起来的侨民的旧腔调控诉我，说我要把可靠的人撵下岗位，要破坏我们的联盟，要建立以我为首的清一色的独裁。就在我获悉这封信的内容的同时，有人向我报告说，警备队已不许离开兵营，避暑大厦广场集结了装甲部队，在阿尔及尔禁止一切集会和游行，军队和宪兵布置在城市的进出口和机场附近。这时候，在格里西诺别墅只有拉尔米纳派来的10名骑兵保护我。在这种警卫下，我觉得这种大骚扰并没有影响我要咨询的人们兴奋地应召而来。我在深夜里叫人告诉吉罗将军说，这种在外国人面前制造"小暴乱"的气氛，在我看来，是一件令人痛心的事情。我们或者决裂，或者达成协议，明天必须采取新的步骤。所以，6月3日10点钟，"七人"又聚会在一起了。

这一次，固执的吉罗将军终于低头了。我拟定了建立新委员会的命令和声明。两个文件毫无异议地被通过了。我们声明说："戴高乐将军和吉罗将军联合声明，正式成立法兰西民族解放委员会。"我们都是主席，贾德鲁、乔治、马西格里、莫内和菲利普担任第一届委员会的委员，以后还将任命其他人。当时我们宣布："委员会就是法国的中央政权……它将以种种不同的形式在各个地区领导法国的力量进行作战……它执行法国的最高权力……它在全世界保证管理和维护法国的利益……它在一切地区都享有权威。在一切军事力量上，无论这个军事力量现在属于法国民族委员会统辖，还是属于军政长官统辖，它都享有最高的权力。”我们还补充说：“在委员会把它的权力交给共和国将来的临时政府以前，它负责恢复法国的一切自由，制定共和国的法律，确立共和国的政体，彻底粉碎今天强加于国家的个人权力和专制。”

同时，“总督”的问题也解决了。我们当时作出了决定，指出贝鲁东先生的辞职是既成的事实，特派贾德鲁为阿尔及利亚总督，仍兼任委员会委员；诺盖斯将军应离开摩洛哥；而布伊松先生必须等殖民部长人选确定后再在达喀尔予以撤换。此外，伯尔日莱将军也退休了。

尽管显然有缺陷，但这样组成的机构，在我看来已经奠定了可以开始利用的基础。的确，暂时还必须忍耐“双头领导”的怪现象。毫无疑问，我们应该估计到，盟国的政策会通过调停人来干涉委员会的内部，在北非总司令今后照规定真正服从中央政权以前，可能给委员会造成意外的事故。但是，法兰西民族解放委员会完全符合战斗法国不断进行斗争的原则。关于如何实施这些原则，我应该加以指导。我把委员会和它的责任比较一下，打算在舆论压力下使它的内部紧紧团结在我的周围，并且帮助我排除一切错误的和脱离中心的事情。目前，最初采取的并列做法尽管有许多不方便的地方，可是能使我管理当时不由我管辖的北非军政人员。至于在法国和其他地区信任我的人，我肯定他们会继续跟着我走。散会时，我感到在统一的道路上已迈进了一大步。撇开在这上面所遇到的艰难变故，我热情地拥抱了吉罗将军。

虽然我是很高兴的，但是在盟国方面只达到了有限的满意。在北非建立法国的中央政权，享有一个政府的权力，行使法国的最高主权，取消“总督”制度，这和罗斯福及其部长们所宣称的主张是极其矛盾的。因此，法兰西民族解放委员会在6月3日中午正式宣告诞生的声明被美国新闻检查局压到晚上9点钟才发表。在我这方面，明知早晚会冲破封锁，于是我急忙把这个既成事实向新闻记者宣布了。第二天，我在“戴高乐派”业已渗入的广播电台中，肯定地向法国本土的人民说，他们的政府在迁回巴黎以前，在阿尔及尔执行职权。6月6日，战斗法国召开了一次会议，列席旁听的有数千人，这次会议使我和菲利普以及加比当有机会让公众今后能听到官方的讲话和声音。当然，英美的使节不欢迎我们的演说传播到全世界去。

盟国不仅仅是对新闻报道不高兴。比如我给伦敦去电报，催促我的几个朋友来参加政府，10天后我还没有看到一个人；英国人以各种理由为借口，迟迟不让他们来。此外，在阿尔及尔，英国当局不管是否为自己打算，并没有抱友好态度来对待我们的事态发展。

5月30日，我刚在布法里克机场着陆，就听说丘吉尔先生也秘密地来到这里，随后艾登先生也赶来了。此后他们住在遥远的别墅里，但是暗中却叫乔治将军把我们进行的讨论向他们汇报。法兰西民族解放委员会宣告成立的时候，首相就在6日请我和吉罗以及其他几个委员去参加所谓“乡村”宴会，我看在他的面上，没有拒绝。我指出，近几天他在这样的环境下出现，有些地方使我们感到惊异。他连忙表白说，他丝毫也不打算干涉法国的事情。可是他又补充道：“在军事倥偬的情况下，英王陛下政府应该了解北非这个主要交通要冲内部所发生的事件。如果在这儿突然发生了一种非常震动的事件，比方说，你把吉罗一下子吞并了，我们也好采取一些措施。”

我当时绝对没有这样的意图。我虽然很坚决地希望法国政府成为一个政府，但我打算有步骤地来做，而且只考虑全国利益，而不会理会外国的恫吓。我希望吉罗将军自动地走向国家利益的一方面。虽然已经太迟了，但我仍然准备让他在军事上起头等作用，只要求他局限在军事方面，并从法国政权那里接受他的任务。

老实说，在法国不可能有一个真正的名副其实的总司令。不论他是谁，我也只有为之叹息。这是为什么呢？盟军在西方的战略只有两个理想的战场：一个在北部，一个在地中海。唉！我们不可能派出足够的陆海空军，由 位法国将军在这个或那个战场上执行真正总司令的职权。的确，我们并不缺少人。我们在勇敢并忠于帝国的人中间可以随意招收军人。但是我们现有的军官和特种工作人员的实力却限制我们扩充军队。再者，我们本身也无力供应他们武器和装备。跟两个盎格鲁-撒克逊国家在意大利和法国的战斗中所使用的资源比较起来，我们的力量绝不是主要的。特别是我们的陆军，恐怕在长时期内无法超过一个军的编制，或者顶多能到一军人。因此，不论是北方或南方，丝毫希望也没有，英美绝不会让一个法国将军享有负责指挥共同作战的权力。

如果在 1940 年 6 月，当共和国政府还是合法的政府、还是中央行政机构的核心并保有外交权力的时候，它把所有兵站的 50 万军队和当时能装到船上的野战军，把全部海军和所有的商船以及战斗机的全部人员和所有的轰炸机都撤退到北非，那么，肯定不是现在这样的局面。甚至，有一批轰炸机已经飞到北非，却又叫它们飞回法国，拱手交给了侵略者。当时法国所有的黄金和信贷，能使它在等待“租借”期间向美国买得大批物资。这一切力量再加上原来在阿尔及利亚、摩洛哥、突尼斯、中东、撒哈拉以南非洲的全部力量，足能以大海为屏障，在英法舰队，特别是 100 艘潜水艇的保护下，建立起强大的军事力量。正是基于这些事实，盟国才会根据我们的请求来到法国的北非，在我们身旁建立进攻的基地。无疑的，一年前本应会在这个战场上出现由法国将军或法国海军上将掌握的最高权力。

但是可怕的恐慌和后来败北的沮丧，使当时的全部力量不能转移到帝国的领土上，而是把大部分军队交给了敌人或将其遣散，把国家权力和军事统帅交给敌人任意摆布，用大炮来接待盟国，这一来就注定法国丧失了这个建军机会，正如丧失其他许多机会一样。我从来还没有在比这更令人痛心的情况下感到更大的悲伤。

然而，即使吉罗将军的能力和经验不能在领导作战上得到发挥，也能作出巨大的贡献。他或者放弃政府主席的地位而在内部担任国防部部长的职务，或者不适于担当行政职务而任我们的武装部队的总监，同时担任委员会的军事顾问，并在盟国联合司令部担任代表。我必须声明，我并不反对第一个办法，可是，我却坚持第二个办法是最合适不过的。我曾多次把这两个办法提供给吉罗将军选择。但是他一个也不采取。他的幻想、某些势力和利益的意见以及盟国的影响，使他决定愿意保持个人对全军的权力，同时由于法令和命令要共同签署，因此他能够做到政权不得到他亲自同意就无所作为。

因此，吉罗不可避免地越来越变得孤立和众叛亲离，一直到关闭在他所不能接受的境域内为止，或者，到失去了使他头脑发热的外部支持以后宣告退休为止。对我来说，同这种难堪的事情纠缠，并不是没有苦恼的，因为它最尖锐地触动一个品质高尚的军人。对他，我一向是尊重和爱戴的。在把国家引向统一的漫长道路上，我不止一次地遇到这种人事问题。在这些问题上，职务上的责任超过了感情，但却伤害感情。我可以说，没有什么情况比铁面无私地执行法律更使我难过的了。

然而，这只是在程度上有所不同。6 月 5 日，七人委员会开会了。这次开会是为了选定其他委员和分配任务。乔治被任命为“国务委员”，贾德鲁仍保留原职，马西格里和菲利普分别担任他们已经负责的外交和内政职务，莫内担负军备和供应给养的责任。根据吉罗将军建议参加委员会工作的顾夫·德姆维尔担任财政职务，勒内·梅耶担任运输和公共工程职务，阿巴特担任司法、教育和卫生职务。我也推荐了几个人加入委员会：普利文担任殖民地职务，迪特尔姆担任经济职务，蒂克西尔担任劳工职务，包内担任情报职务。另外，庞内和赫莱被任命为摩洛哥和地中海东部地区的代表，我们也同意马斯特将军在突尼斯继续负责。

这些人选后来都使我很放心。在阿尔及尔、拉巴特、突尼斯，正像贝鲁特、布拉柴维尔、杜阿拉、塔那那利佛、努美阿那样，政权已经由坚决主张作战的人掌握，而这些人我认为都是可靠的。在达喀尔，布伊松的继任者是喀麦隆调来的古尔纳利，15 日以后才能到职视事。在法兰西堡，一切说明很快就会走上轨道。至于政府本身，它是由一些有理智有才能的人组成的，他们大部分是我一向赏识的人，其余几个人，除了个别人以外，也都是要求跟我接近的人。这些人肯定是支持我的，因此我敢于继续赌下去。可是在掷出骰子以前，我要使劲地摇晃。

6 月 8 日，只有七人出席的委员会——其他成员都在伦敦，只有等他们来——讨论了关键的军队统帅问题。有三个建议摆在我们的面前：一个是乔治提出的，建议把法国的一切军事力量统一归吉罗管辖，由他担任国防部部长兼总司令，同时还保留主席的职位，但在军事范围内的事务不属于法国政府。第二个是贾德鲁提出的，主张由戴高乐担任国防部部长，吉罗为军队的总司令。第三个是我提出的，赋予总司令以训练法国所有军队的权力，并且在共同战役中与盟军将领合作。必要时总司令不作为政府的成员，应实际指挥战场上的作战任务。按照我的计划，军事力量的组织和分配应由一个军事委员会来规定。这个委员会由戴高乐、吉罗、有关的部长和参谋长组成，必要的时候，政府仍保留它的决定权。大多数参加会议的人都拒绝第一个建议。乔治支持的吉罗不肯接受其他两个建议。大多数委员还不能做到使“总司令”服从或辞职，必须承认，他们在这件事情上是无能为力的。

那么委员会有什么用处呢？这是我向委员们书面提出的一个问题。由于“八天的时间我们不能解决政府和总司令各自的权力的问题，而在全国范围内合理解决这个问题的办法是十分明显的”，同时我看到“在几分钟可以解决的很小问题，却使我们陷入喋喋不休的和冒犯他人的争论中”，因此我声明：“在委员会目前工作的情况下，我不愿长此以往地参加委员会工作。”随后我在格里西诺闭门不出，内心非常沉痛，我对来看望我的部长、官员、将军们透露，打算到布拉柴维尔去。

的确，这种故意闹事所产生的影响加速了事态的演变。吉罗将军不顾一切地召集委员会开会，我没有参加，每个委员都指出，在这种情况下我们不能作出任何有效的决议。此外，双头领导制度的无能暴露在知情人的面前，在国外也惹起许多嘲笑，在各界法国人士中也引起了不安和愤慨。军队中也是如此。朱安将军来到阿尔及尔向我报告这种情况，并恳求吉罗放弃他的野心。空军参谋长布斯加将军也在这方面出力。总督府、大学、编辑部门都流传着令人惊慌的谣言。

经过六天的混乱，我认为时机成熟了。况且，被阻于伦敦的委员也相继来到阿尔及尔。因此，政府可以召开全体会议了，我希望在这个全体会议上得到基本上的支持不像在“七人”会议那样。我发起召开“十四人”委员会，试图解决悬而未决的权力问题。虽然开了会，但吉罗在同事的面前干脆拒绝人们提出这个问题，否认委员会有他亲笔签署的法令所赋予的权力。这样，在这出痛心的闹剧中，维希的后遗症和外国的干涉使法国蒙受耻辱达七个月之久，即使到了最后一幕，吉罗仍然顽固地扮演一个不要政府的总理的角色。

的确，这对盟国来说，是再好也没有了。他们看到事态发展的趋向，便试图采取新的努力来阻挠法国的统一。但是，他们的干涉甚至连吉罗将军的地位也被动摇了。

6 月 16 日，墨菲先生和麦克米伦先生把艾森豪威尔将军的邀请书交给马西格里转给法兰西民族解放委员会，请戴高乐将军和吉罗将军前来共同商讨“有关军队统帅和组织法国军队的问题”。6 月 19 日开始会谈。这次会谈只有三个发言人和一位一言不发的列席者比德尔·史密斯将军。但是墨菲先生和麦克米伦先生以及许多英美的军政官员却在旁边，专心致志，交头接耳。

我故意最后到会，并且第一个发了言。我向艾森豪威尔说：“我是以法国政府主席的资格来这里开会的。因为在作战中，按惯例国家元首或政府主席应该亲自到他们授予指挥权的总司令部去。如果在有关你的职权范围内的事情上向我有所要求，请放心，我一定使你满意，但是，当然这必须与我所负责的利益一致。”

于是，盟国总司令便尽量表现和蔼，他具体说明道：“你们知道，我准备不久就向意大利发动一次重要的战役，它直接关系着欧洲和法国的解放。为了进行这场战斗，我需要你为我保证后方的安全。法国在北非现有的军事统帅和组织必须不作任何变更。特别是吉罗将军，必须保持现有的权力和职位，并仍由他保留处理军队、交通、港口和飞机场的全权。应该由他一个人来同我商讨北非的一切军事问题。虽然我不管你们内部组织的问题，那是你们自己的事情，但是这些事情对于我们也是一个重要的因素。我以美英两国政府的名义向你声明，如果我刚才所指出的条件未经履行，美英方面将停止对法国军队供应军火。”

我回答说：“我知道你的措施。你向我要求的保证，我无权给你。因为，法国的统帅和组织是法国政府权限以内的事情，而不属于你们。但是我听了你的发言，我想向你提几个问题。一切作战的国家，比如美国，都是把作战部队的指挥权交给将军，而有关建军的事项则由部长负责。难道你硬要法国不这样做么?”艾森豪威尔将军只是重复地说，他的请求是指维持吉罗的整个权力而言。

我又说：“你刚才提到你对美英政府承担着自己的义务。难道你不知道我对法国也负有自己的责任吗？因此，我不能允许任何外国来干涉法国执行自己的权力。”艾森豪威尔默不作声了。

我接着说：“你是个军人，你认为一个领袖依靠某个外国的恩赐，就能维持他的权威吗?”

又一阵沉寂以后，美国总司令向我说：“我的将军，我十分理解你对祖国命运深切关怀，考虑得很远，请你了解，我现在在军事方面有燃眉之急。”

我回答说：“我也有。因为我的政府应该迅速地把法国的军事力量联合起来，包括战斗法国的兵力、北非的兵力和现在法国本土所组成的兵力，而现在的制度却迫使政府把它们分散。政府还必须用你们供给的武器来装备这些分散的军队，你们的供给是为了我们同盟的利益，也是为了取得我的政府给予你的各种合作。在这一点上，我也有一个问题要问你。你还记得吗，在第一次世界大战期间，在供给许多盟国武器方面，法国也起着像今天美国这样的作用。我们法国人当时完全装备了比利时和塞尔维亚，供应苏联和罗马尼亚许多军火，最后，我们又以大量物资供应了你们的军队。是的！在第一次世界大战中，你们美国人用的大炮是我们的大炮，坐的战车是我们的战车，乘的飞机是我们的飞机。反过来，我们对比利时、塞尔维亚、苏联和罗马尼亚，甚至对美国难道也曾要求任命某某统帅和建立一定的政治制度吗?”又是一阵鸦雀无声。

一直没有开口的吉罗将军，这时也发言了：“我也有我的责任，特别是对于军队。这支军队的力量很小。它只能在盟国范围内维持下去。关于它的统帅和组织，正像它参加战役一样，完全应包括在盟国的范围内。”

说到这儿，我站起来，离开了会场，回到自己的住处。

第二天，根据我向盟军总部提出的要求，总部把一个照会分别交给我和吉罗，上面明确了有关盎格鲁-撒克逊人对法国军队的统辖问题所提出的要求。的确，我希望这些要求将来会留下记录。这个照会对吉罗的职权问题进行催逼以后，用下列词句结束："盟军总司令坚决重申美英两国政府所提供的保证，保证使法国的最高主权在法属北非和西非地区得到尊重和保持。"

虽然这个讽刺性的结论，这个实际上没有付诸实行的冠冕堂皇的条件，是由盟军总司令提出的，但是我多次看出，肯定它是华盛顿和伦敦采取的手段。它们一边侵犯权利，一边又自我标榜。但是当时我知道，尽管这种做法符合美英两国政府对法国执行的政策，它却不是出自艾森豪威尔将军的主意，也不符合艾森豪威尔将军的性格。

他是个军人。由于天性和职务的原因，他的行为是直爽而简单的。按照传统的规则，使用既定的和熟悉的办法，他就是这样看待战争，也是这样看待自己的任务的。艾森豪威尔用 35 年工夫只受了一门技术和哲学的熏陶，从来也没有越过这个范围，他现在面临考验了。他突然承担了非常复杂的任务，跳出了直到如今还很狭窄的美国军队的范围，而成为一个强大同盟的总司令。由于他要在决定各国命运的战斗里领导许多国家的军队，他从所指挥的各军队的经过考验的体系中，发现了各国的猜忌和雄心。

艾森豪威尔本人不仅具有必要的智慧来解决棘手的问题，而且爱好历史也为他的职业开辟了广阔的疆域，这是盟国的幸运。他能运用灵巧和温和的手段。他善于斗智，也非常勇敢。的确，他必须有勇气把从大西洋彼岸运来的大军投到非洲的沙滩上；在意大利登陆，面对一支实力完整的敌军；使重装备部队面向隐蔽的和熟练的敌人在诺曼底海岸登陆；使巴顿的机械化部队冲过阿沃朗斯隘口直奔梅斯。但是主要的，必须有方法和有恒心才能使自己掌握全局。艾森豪威尔将军选定了合理的计划，坚定而不犹疑，尊重后勤要求，把自由世界既复杂又充满激情的军队引向胜利。

因此，我们永远不会忘记艾森豪威尔曾经有这种荣誉，率领自由世界的军队解放法国。但是，一个伟大民族的苦难越大，它的要求就越高，人们就可能会想到总司令本来可以更好地为我们国家设想。如果他把自己的战略同法国巨大的纷争联系起来，如同他让他的战略服从于盎格鲁-撒克逊国家的意图那样；如果大量武装我们的军队，包括地下军在内，在他的作战部署下经常把头等任务分配给法国复兴的军队，那么我们的战斗力的恢复就会更加明显，前途也就更加光明可靠。

在我跟他所有的来往中，我经常感到这个人是心胸开阔的，是倾向于这些远景的。但我看到他很快地又倒退了，真是令人遗憾的事。的确，华盛顿的政策支配了他的态度，叫他作一些保留。他受到罗斯福派来的顾问的影响，还受到他的同僚（他的对手）的监视。他俯首听命于罗斯福，是由于尽管他作为军事统帅长期以来战功赫赫，但是在权力方面还没有得到应有的保证。

虽然有时他也随波逐流支持一些企图抹杀我们的借口，但我可以肯定地说，他这样做并非出于本意。因为每逢我为全国利益不得不在他的战略内容方面有所干涉时，他全都听从。其实，这个伟大的军人，从他那一方面感到一种神秘的同情，将近两个世纪以来，这种同情使他的祖国与我的祖国在世界最大的悲剧中接近。这次美国一心想统治世界而不顾法国的危难，这不是艾森豪威尔原来的打算。

无论如何，6月19日，艾森豪威尔迫于政治上的需要而采取的步骤带来了与华盛顿的企图恰好相反的结果。法兰西民族解放委员会在21日获悉了盎格鲁-撒克逊人的要求以后，根据我的意见作出了决定：对他们的要求不予理会。但是，对这件事极表不满和认为受到莫大侮辱的委员会通知吉罗：或是服从法国政府，或是辞去委员会委员和军队统帅的职务。

此外，由于吉罗坚持从军事秘密的角度出发，认为 14 名部长参加的会议不宜讨论军事问题，于是根据我的建议成立了一个“军事委员会”，由我担任主席，另外包括总司令、参谋长和政府的代表，以便对我国军队的组织、招募、联合以及调配问题作出决定。在执行问题上，分设两个临时最高统帅：吉罗仍负责北非的武装力量，戴高乐负责其他地区，包括地下部队的武装力量。但主要的决定仍由民族解放委员会全体会议作出。

对于这个初步决定，我毫不满意。我愿意在康庄大道上向前迈进，我愿意政府本身的统一领导问题立即解决，我愿意把吉罗将军的职权明确地加以限定，我愿意由一个或几个部长把军权揽在手中，如同在战区直接执行军事权力一样，最后我愿意在这个范围内使北非和战斗法国的兵力联合起来。但是，委员会虽然看到了它预定的目标，对于迅速向前推进却仍然犹疑不定。就在这个时候，吉罗将军宣布说，罗斯福总统请他到华盛顿去讨论有关武器的供给问题。最高统帅恳切要求大家等他回来后再讨论委员会的组织和军队领导问题。大多数部长采取了拖延的办法。我却赞成作一个临时规定，我的想法是，很快地把政府的各个机构安放在应有的位置上。

7 月 2 日吉罗启程了。他这次旅行是美国政府跟他个人已商量好的，并没有征求民族解放委员会的意见。吉罗的这次访问除了解决我们的军队装备这一实际问题以外，在美国看来，这是一次好机会来表现它的对法政策：跟法国的一位司令讨论军事问题，而明确拒绝承认法国有一个政府，公开继续支持它在北非所选定的法国将军，最后它还可以利用这次机会来为这位将军在美国舆论中树立威望。在这件事情上，丘吉尔先生认为自己应该为罗斯福总统帮忙，特地向英国的驻外使节和英国报社社长发了一份“备忘录”，列举了首相对戴高乐不满的一些事实。这个备忘录虽然是十分不客气的，但还是被美国的报刊发表了出来。

尽管挖空了心思，但得到的结果并不符合美国的心愿。因为总统和他的部长们只准备以军事名义来接待吉罗，而吉罗也没有别的要求。因此，美国舆论界对吉罗这次访美相当冷淡。装备法国几师军队的技术问题不能引起人们的兴趣，在人们的情感中，根本就不把美国报纸所赞扬的驯服的客人当作法国的旗手。至于消息灵通人士，都不赞成吉罗将军自甘屈从的态度和白宫利用吉罗访美来鼓吹一种不得人心的政策的顽固态度。

他们不赞同吉罗在华盛顿招待新闻记者时所发表的一项声明，这项声明事先曾交给美国政府看过，甚至在招待会举行前几分钟吉罗还同意修改。他们同样不赞同罗斯福在 7 月 10 日谈话中提到吉罗访美时所说的话，他说：“目前法国已经不复存在，这只是为盟国作战的一个法国军人的访问。”他们同样不赞同在白宫举行的宴会上，出席宴会的只有军界人物，连法兰西民族解放委员会派遣的大使亨利・奥坡诺都未被邀请参加。他们不赞同吉罗与罗斯福的会谈避而不谈阿尔及尔政府，不谈法国的统一、完整和独立的问题。他们还不赞同的是，在 7 月 14 日国庆那一天，吉罗虽然身为美国政府的贵宾，却没有接到美国政府的任何表示和祝贺，而他也没有给美国政府发出贺信，而只是在早晨到“黎塞留”号战舰上去了一趟，下午赴法侨在纽约一家饭店召开的欢迎会。

吉罗在回国途中，曾在加拿大暂作停留并路经英国。他在这两个地方停留并没有改变他在美国所产生的效果。他向渥太华的新闻记者声明说，他唯一的目的是重建一支法国军队，因为其他一切都无关紧要。他以坚定的口吻向三年来一直声援自由法国并极力维护法国利益的伦敦新闻界说：“任何人都无权以法国的名义来讲话！”

总而言之，在盟国和公众中，无论官方人士或非官方人士，凡见过吉罗将军的人，对他的总的印象是，吉罗本人和他的职业经历博得了别人的尊敬，但他并不是领导自己国家作战的适当人选。因此，人们得出结论说：吉罗在法国复兴这一问题上只能发挥一种次要的作用。

这一时期，在阿尔及尔，由于摆脱了双头领导，政府是团结一致的。帝国海外领地的团结、作战的物资需要和精神需要、外交关系、与本土抵抗运动的联系以及解放后法国应该做和现在必须准备做的一系列问题，都摆在我们委员会的面前。我们每周开两次会。我们所讨论的问题是很棘手的，每位部长一方面指出困难，另一方面也谈到自己缺少办法。至少我们在讨论前都竭力做好准备，并作出积极的结论。另外，虽然意见分歧，但我能很顺利地加以解决，因为在政府内部，大家在任何问题上都没有深刻的矛盾。必须指出，在委员会中，由于没有议会、没有政党、没有选举，因而无须玩弄政治手腕。我的领导工作也就方便了。

此外，我在技术方面又得到了很大的帮助。从 6 月 10 日起，我们为政府设立了一个“总秘书处”，任命路易·若克斯为秘书长，雷蒙·奥佛劳和埃德加·富尔担任秘书长助理。若克斯作为部长相互之间和部长与我之间的桥梁。他建立了档案制度，将文件交委员会审议，记载决议，公布命令和法令，并督促施行。若克斯真是个以身作则的模范，谨慎小心，守口如瓶，三年来，他作为一个积极的哑巴，参加了一切会议。在阿尔及尔创立的总秘书处，后来就成为政府集体工作的场所。

7 月成立了“法制委员会”，负责人是雷纳·卡山，他在佛朗索瓦·马里翁、勒巴亚尔等人的合作下，在提供意见方面和编制条文方面，都起到了正式的参事院的作用。由于阿尔及尔政府必须制定一些战时暂行法律，同时准备将来本土解放后在法国采取立法、司法和行政的措施，因此可以想象这个委员会的重要性。此外，"诉讼委员会"在皮埃尔·狄西埃主持下，代替参事院作出了关于惩治维希政府在公共机构滥用职权、强制制裁或赔偿的罪行的暂行条例。最后，"军事委员会"委派了一位秘书，即比奥特上校，他直接协助我进行工作。

在整个7月中，行政机构、参谋部、舆论界都了解到，按传统分别掌握政府权力的各部负责人都成为部长，都具有与本职务相称的权力和责任；它们了解到，自从维希政府在北非的政权结束以后，阿尔及尔当局所长期施行的临时制度现在被一个有能力有领导的机构代替了；它们还了解到，有一个中央行政机构代替了阿尔及利亚、摩洛哥、突尼斯、西非的虚假联邦（这个联邦是为了个人利益而成立的，而且缺乏全国性的权威）；总之，政权有了领袖，上了正轨，开始按部就班办事。在领导人中间所产生的效果就是以我为中心的统一，这种统一虽然曾经只是某些人的希望，但是现在已经得到公认，就像这是法国群众的事情一样。

总的来说，人们开始看到，在事实中和思想中已经重新出现了一个活跃的而不是无名的国家。从此，维希政府不可能再炫惑人了，除去野心家，人们的热情和信赖都自动地转向了戴高乐。在北非，居民的民族组织和政治团体、地方政权的态度以及盟国的压制都延缓了这种发展。但是从此以后这种发展是无法抵挡的了。一种意志和感情的浪潮肯定了这种发展是完全合法的，它从拯救公众出发，同时不管当时所谓"合法的"公式是怎样的，它一直承认处在巨大灾难中的法国。这里有一个基本要求，用形象化的话来说，我经常感到自己是这个基本要求的工具和仆人。自然，在举行公众集会时这个仆人才出现在人们的面前。群众的热情协助、已建立的团体的赞扬、公共事业的整顿、在职权上的以我为中心，这些都是人民的表示。民族的决心比任何正式法令更有力量，它公开地促使我与国家合而为一，并且指定我来领导它。

6月26日，我到了突尼斯。我发现雷让斯处于动荡不安的情况下，这是由于德国入侵、维希政府站在轴心国部队一边和一些地方民族主义分子与德国及意大利勾结所造成的。物质损失是严重的。政治影响也十分恶劣。我来阿尔及尔以前，"军政长官"已经把蒙塞佛王废除，因为在德军侵占时期，他在负责与法国联系方面表现出了令人不快的态度。两个"教长"手下的许多人都被逮捕入狱。在乡村，必须惩罚那些受侵略者怂恿或与之合谋的强盗和暴徒，因为他们对许多法国侨民和财产都犯下了严重罪行。

马斯特总督重新打开了局面。他十分英明地进行工作，如限制惩罚的范围，尽量利用调解的方式，防止打击报复。我支持他。我对前来拜访我的法国和突尼斯的权威人士、代表团和著名人士指出，过去所发生的一切只是一些枝节问题。为了审理土著居民所犯下的罪行，必须把维希政府在当地作出的投降榜样估计在内，例如"非洲长枪队"的丑闻，这支部队是维希政府下令组织以便协同敌人作战的。我声明目前再没有比把法国和突尼斯紧密联合在一起，使当地重新活跃起来这样重要的事了。必须指出，从此以后，我的政府在突尼斯再也没有遇到严重的困难。相反的，这个尊贵的王国又一次以支援作战，并把它的英勇士兵编入我们的军队而与法国联合起来。

我拜会了蒙塞佛被废后根据继承程序登上皇位的西第·拉米诺王。他在迦太基接见了我，在座的有他的大臣，主要是巴古斯先生。尽管由于深得民心的前国王的废除曾一度引起舆论界的评论，但新登位的国王以令人称赞的朴素作风担当起重任。透过他的年纪和性格，在他身上可以看出他为国服务的无限忠贞，这使我深为感动。我也有理由相信，国王本人会把我看作法国维护自己的化身，因为，法国是突尼斯经常向往和有时能接触到的泱泱大国。此后，我对西第·拉米诺产生了一种钦佩和友好的心情，这种心情一直没有削弱。

6 月 27 日星期天，在举行阅兵典礼和在主教座堂做过礼拜以后，我在群众的欢腾中来到冈比大的广场上。我在这里向夹杂着许多突尼斯人的无数法国侨民讲话，我讲的是关于法国的情况，我警告敌人说，法国要用它现有的一切力量来狠狠地打击敌人，直到他们投降为止；我也以法国的名义向伟大的盟国致敬，并向它们保证法国的忠诚，只要这是双方面的。随后我声明说，虽然我要求大家在战争结束以前通力合作，但是我事先声明，我对未来没有任何野心，我所从事的胜利和解放事业必定以胜利和解放结束，一切获得成功后，戴高乐将不作为任何形式的候选人。

我大声疾呼："我们对法兰西、对自己的母亲法兰西只有一件事，除了为它服务以外，再也没有其他重要的事情。我们应该把它从敌人手中解放出来，应该打击敌人，应该惩办叛徒，应该为它保留自己的朋友，应该摘掉它嘴上的箍套，斩断它身上的锁链，使人们能够听到它的声音，并重新掌握自己的命运，奔向光明的前程。我们对它没有任何要求，除了在解放的那一天，我们要求它张开那双仁慈的臂膀抱着我们欢乐地痛哭一场，而将来我们有一天与世长辞的时候，它把我们轻轻地埋葬在可爱的祖国的神圣的土地上。"

7 月 14 日，在帝国和战斗法国的首都阿尔及尔，举行了国家复兴和恢复全国统一的示威游行。传统的阅兵典礼呈现了复兴的气象。当我向走过的队伍答礼时，仿佛看到人群中间有一股渴望投入战斗的炽烈火焰迎面扑来。在军队和人民的上空飘荡着愉快的信心，洋溢着去年被欺骗的人们的激动心情。就是这些东西融合在一起，毁灭了昨日的灾难，带来了充满希望的今天。接着我到广场对群众讲话，这片数不清的人群也给予我同样的感受。

我说："经受了三年无法形容的痛苦的法国人民又站起来了！

它又高举着祖国的旗帜，团结一致、热血沸腾地站起来了。这一次它是以团结一致的姿态出现的。今天在帝国首都，以一种光荣的形式所表现出来的团结，明天在我们的所有城市和乡村，当它们从敌人及其帮凶的手中解放出来时，也会同样出现。”我知道盟国到处都有耳目，为了使它们听到，就根据这个事实强调指出那些企图利用法国军事力量而又想排除法国的荒诞阴谋。我说：“世界上有些人曾认为可以把我国军队的行动看成与我国人民大众的感情和意志毫无联系的事情；他们可以认为我们的陆军、海军、空军与世界上其他国家的陆军、海军、空军完全不同，他们不考虑上战场是为了什么而去冒生命的危险。总之，这些理论家、冒牌的现实论者替法国人，也只是替法国人想出一种理论：国家作战的力量可以在国家政治和民族精神之外独立存在。我们可以向这些现实论者指出，他们不了解事实。一切法国公民，无论在任何地方，从 4 年或 8 个月对敌作战以来，都是响应法国的召唤，为了达到法国的目的和为了符合法国的要求而作战的。凡是建立在其他基础上的一切制度，只能导致冒险或陷于无能为力的境地。但是，法国现在是以它的生命、它的伟大和它的独立来做赌注的，在这个紧要关头，既不允许软弱无力，也不允许冒任何危险。”

对于明天必将获得胜利的法国来说，解放后必须有一个目标作为努力的方向，使它能够振作起来并生存下去。所以在表扬抵抗运动的活动和牺牲后，我祈求复兴火焰，正是它激励法国进行战斗。“法国不是解放之神将要轻轻唤醒的睡意惺忪的公主。法国是一个备受折磨的女囚，她在牢狱中受尽鞭笞，深深体验到自己的灾难的原因和虐待她的那些暴君的无耻！法国早就选定了一条复兴的道路！”接着，我又指出了抵抗运动一旦胜利后在国内外必须达到的目标。在结束讲话时，我激励人民的自豪感：“法国人！啊！法国人！祖国在痛苦和光荣中生龙活虎般地经历了1 500年。目前的考验虽然还没有结束，但我们历史上最悲惨的一幕却快要结束了。昂起头来！大家像兄弟般地紧密团结在一起，通过斗争，通过胜利，奔向新的前途！”

群众听了我的讲话后沸腾起来，这种群情激奋的盛况立刻注定了那些长期反对我的阴谋家的彻底失败。很明显，为了迁就错误和符合外国在阿尔及尔的利益而陆续建立起来的伪政权将不可避免地随之倒台，即使还有一些有待完成的程序，戴高乐也已稳操胜券了。在讲演台上，墨菲先生显然有所感动地向我走来表示祝贺说：“这样多的人啊！”我回答说：“这只是你在阿尔及尔所看到的10%的戴高乐分子。”

在摩洛哥，也有同样的景象。8月6日我到了拉巴特。长期以来，那些流露出与战斗法国意见一致的人，在这里受到严重的迫害和辱骂；还有许多人隐姓埋名保持缄默。现在，居民、当地政要和绅士们在光天化日下毫无隐讳地向我欢呼。布奥大使、摩洛哥总督向我作了汇报。总督现在必须立刻使与外界隔绝而又受灾难威胁的摩洛哥生存下去。至于将来，他在这儿已经看到保护国政治发展所提出的问题。但是总督确信摩洛哥将继续同法国联系在一起，并在帝国为拯救法兰西而开展的斗争中作出努力。

在隆重的仪式中，我同穆罕默德·班·约瑟夫苏丹进行了个人接触。这位君主年轻、自豪、很有个性。他并不隐瞒他的雄心，决心领导他的国家走向进步，并有朝一日走向独立。他的言谈举止时而满腔热情，时而机警明智，使人感到他随时准备跟任何帮助他担当这个角色的人合作，但是对于反对他这样做的人，他也绝不让步。此外，他赞美法国，也相信法国的复兴，他从来不幻想摩洛哥能够离开法国。虽然，在安法会议上，他偶尔也听取了德国在胜利中给他送来的和使他听到的一些建议，另外还有罗斯福的一些暗示，但是，他仍然表示忠于我国。我们必须承认，诺盖斯在这一点上对这位君主的精神产生了很好的影响。

我认为穆罕默德·班·约瑟夫苏丹是怎样的人就应该直接当作怎样的人来对待，这就是说，对待一个很有抱负的人，我应该向他表示自己的身份，换句话说，我是宗主国法国的元首，是准备对重视法国的人们做许多事情的。倚仗战斗法国的胜利和启示给予他的精神信赖，我跟他结下了亲密的个人友谊。同时，我们还签订了一项共同谅解和互相合作的协定，在我能以法国名义向他讲话的整个时期，我们都没有违背这个协定。

8 月 8 日，星期天，我到了卡萨布兰卡，城墙上飘扬着国旗与彩色缤纷的旗帜。6 个月以前，我不得不秘密地住在城郊，周围是铁丝网和美国岗哨。今天我却是作为法国权力的象征和中心重新出现。举行雄伟的阅兵典礼之后，我向充盈着利奥广场的人潮发表了演说。我讲话的语调是从容自若的。由于法国和帝国的统一，法国必将取得胜利。我以摩洛哥为例，“它通过卡萨布兰卡的怒吼，表达出自己的热情、信心和希望”。下午，我视察了梅克内斯。8 月 9 日，我整天在非斯。我走遍了这个阿拉伯人的城市，在喇叭声中，在旗帜林立中，在这个几千年来一向沉寂的都市里，举行了空前未有的游行。最后，8 月 10 日，我在伊弗兰地区受到柏伯尔人及其首领的盛大欢迎。

在突尼斯、阿尔及利亚、摩洛哥消除了最后暧昧态度的同时，法属安的列斯群岛也以极大的热情归附法国。它们完全出于自愿，并没有盟国从中直接协助。

1940 年以来，高级专员罗伯特海军上将把这些属地保持在贝当元帅的控制之下。他有巡洋舰“爱米尔·伯尔坦”号和“贞德”号，航空母舰“伯亚尔诺”号，辅助巡洋舰“巴尔佛勒尔”号、“盖尔西”号、“厄斯德莱耳”号，油船“瓦尔”号和“湄公河”号，并拥有强大的守备部队。他推行严厉的制度，同时以中立的保证从美国人那里取得了必要的补充物资。但是，随着形势的演变，人民与许多军人都希望与进行抗战的人们联合起来。

1941年春天，我派让·马西普（别名伯莱耳上校）到马提尼克岛和瓜德罗普岛一带去。他的使命是把自由法国的影响渗入这个地区，并设法护送从岛上逃出的志愿人员到战斗法国地区。马西普不顾重重困难，尽力而为。在当地善良的法国人如约瑟夫·萨耳瓦多里和阿的加尔·德·高特利等的帮助下，他从英属岛屿圣卢西亚岛、多米尼加岛和特立尼达岛，同法兰西堡和巴斯特尔抵抗运动的人员取得了联系，并且把2 000多名入伍的人送到战场。1943年初，预示有一个大规模的运动将把美洲法属领地及其所有武装力量带到解放阵营中来。

3月间，圭亚那脱离了维希政权。长期以来它就希望这样。1940年10月，我曾看到商顿少校率领的来自马罗尼河岸的一支200人的队伍在自由法属非洲登陆。以后，成立了一个由卡宴市长索菲先生负责的“投诚委员会”。1943年3月16日，群众聚集到市区的巴尔米斯特广场，要求总督下台，抬着“洛林十字”的标语牌，欢呼戴高乐的名字，举行示威游行。在群情激昂的情况下，总督辞职了。于是索菲给我拍了一个电报，报告归顺情况并希望给卡宴派一位新的殖民地长官来。但在美国领事的催促下，他也给吉罗拍了一封类似的电报。然而，在这个时候，伦敦的委员会和阿尔及尔的组织还没有联合起来。当时美国人控制着圭亚那的对外交通工具，于是他们设法让吉罗派的总督拉伯诺先到卡宴，而我派去的总督贝尔托却无法到任。在这以后，这个殖民地只有依靠盟国才能得到给养，盟国便利用这个事实强迫圭亚那接受一位虽然很体面但并不符合自己的要求的行政长官。两个月以后，在阿尔及尔成立的法兰西民族解放委员会才把这件很像一场骗局的事情完全正常化。

6月间，马提尼克岛完成了决定性的工作。几个月来，罗伯特海军上将收到他的部下的无数请愿书，恳求他让这块热爱法兰西的土地承担自己对法国的义务。1943 年 4 月，我找到机会派军医总监勒·当德克到法兰西堡去，向罗伯特海军上将提出了一个圆满的解决办法。后来，到 5 月间，我向吉罗提议，由我们两人联名给这位海军上将高级专员写一封信，邀请他参加到我们这方面来作战。我们对海军上将采取了这些步骤，但他一直没有回答，反而变本加厉地迫害和镇压当地的抵抗运动者。

以法兰西堡市长、议员维克多·塞沃尔、埃马纽埃尔·兰博、莱翁德尔·加沃尔等人为领导核心的“解放委员会”产生了。6 月 18 日（我在 1940 年发出号召的周年纪念日），这个委员会到死难者纪念碑前献了“洛林十字”。然后，它号召群众集会，在 24 日那一天举行了示威游行。5 天后，杜尔德少校和他的一营士兵加入了这个运动。群众的热情也蔓延到海军中。罗伯特海军上将被迫让步。6 月 30 日，他公开声称：“已向美国政府要求派一位全权代表，以便确定法国政权改变的方式，然后自己就引退。”虽然没有人认为需要美国人来解决这个国内问题，但是他的声明使大家安定下来。两天后，从马提尼克岛来到多米尼加的一个代表团向让·马西普报告了马提尼克岛殖民地归顺的情况，他们要求由戴高乐将军派一位全权代表。

瓜德罗普情况的发展也是这样。长期以来，人民将自己的愿望和希望寄托在自由法国的身上。参议会的执行委员会主席瓦朗蒂诺先生、麦劳尔、热拉尔和其他绅士们组织了一个“抵抗委员会”。瓦朗蒂诺被捕并被押解到圭亚那，这个殖民地解放后，秘密潜回瓜德罗普。1943 年 5 月 2 日，巴斯特尔举行了一次拥护战斗法国的示威游行，由于军警向群众开枪扫射，造成了流血事件。6 月 4 日，瓦朗蒂诺和他的朋友们企图夺取政权，没有成功，但是，他们得以到达让·马西普那里。6 月末，罗伯特放弃马提尼克岛，瓜德罗普的问题从此也解决了。

7 月 3 日，法兰西民族解放委员会获悉有关这些事件的报告后，立即任命驻华盛顿的代表亨利·奥坡诺大使为“安的列斯群岛的特使”。他率领陆海空军的高级官员于 7 月 14 日抵达法兰西堡。他在海洋般的一片洛林十字军旗中，在暴风雨般的“戴高乐万岁”的欢呼声中，受到塞沃尔及其委员会和无数人的欢迎。奥坡诺和他的代表团马上接管了一切事务。他们采取了坚决的措施，对一切事务和全体人员都作出了合理的安排。罗伯特海军上将到了波多黎各，并从那里回维希去了。由赤道非洲调来的彭登总督被任命为马提尼克岛的总督。包伊利埃秘书长和贝尔托总督接受了瓜德罗普的职务。法兰西银行寄存在法兰西堡的黄金一律交给阿尔及尔的委员会管理。舰队则驶往美国，修理后调回北非。军队都编入解放部队。特别是安的列斯营，它在杜尔德中校的指挥下在鲁瓦扬战役中打了一个漂亮仗。但是在这次战斗里，它的营长牺牲了。

安的列斯群岛的归来，完成了全国的一项大计划。这是在惨败过程中由第三共和国的最后一届政府拟订、“停战”后立刻由自由法国通过、此后一直全力以赴的一项计划。但是，维希的当权者却有意或无意地符合敌人的意图，极力反对这个计划。除了印度支那被日本控制外，所有帝国的领地现在都为解放法国参加了战斗。

法国在海外的一切军事力量也都联合起来了。亚历山大舰队从 1940 年以来一直保持中立，1943 年 6 月舰队司令决定听从政府的命令。8 月，戈德佛洛伊海军上将经过红海、好望角、达喀尔，把主力舰“洛林”号，巡洋舰“杜盖-特鲁安”号、“都盖斯诺”号、“苏佛兰”号、“图尔威尔”号，驱逐舰“巴斯克”号、“佛尔班”号、“佛尔都内”号和潜水艇“普劳德”号都开到北非港口。这些优良的舰只，正如安的列斯群岛开来的舰队一样，也参加了战斗。这样一支补充力量，与北非港口所有的舰只以及船桅上飘扬着洛林十字旗的舰只联合在一起，使海上又出现了一支法国海军的强大力量，以后欧洲便是从海上看到了胜利的来临的。

形势按照一种看不清的和谐程序发展，使法国势力的复兴和敌人势力的衰退耦合起来。意大利，按照拜伦的话来说，又变成了"一个死亡王国的忧郁之母"，正当它要遭到侵占时，它采取了与德国断绝关系的道路。但是，由于意大利改变阵营所提出的问题，法兰西民族解放委员会作为一个政府的地位也就更加肯定了。同时，盟国也被迫承认，关于意大利的问题，如果没有法国参加，就不能有任何有效的解决办法。以后，盟国在意大利半岛开始进行的艰苦战役，使它们希望不久后得到我们的军队和舰只的合作。因此盟国被迫在外交上也像在战场上一样，让我们多多参与。既然它们需要法国，不管愿意与否，它们就必须同法国政权打交道。

7 月 10 日，英国的一个军和美国的一个军在亚历山大将军的率领下在西西里岛登陆。他们没有邀请我们参加作战，理由是我们的军队缺乏装备。的确，我们很少得到美国的物资。其实，华盛顿和伦敦指望意大利很快就会垮台，因此不愿我们参加决战，也不愿意我们参加决战胜利后的停战条约。

我们的盟国在西西里岛碰到赶来保护这个岛屿的德国人的强有力的抵抗。虽然如此，经过六个星期的艰苦战斗以后，盎格鲁-撒克逊军队终于战胜了。但是，在这个时期内，人们已经知道法西斯议会废黜了墨索里尼，意大利国王已下令把他逮捕起来，并任命巴多格里奥元帅为内阁总理。虽然他声明还要继续站在轴心国一边作战，但是这种态度显然掩盖着相反的企图。希特勒比谁都更不怀疑这一点。在他第二天的广播演说中，在咄咄逼人的自信的叫嚣中，人们觉察到这个被出卖了的盟友的担心。人们也在这里面发现了一点点人性，这在独裁者身上是多么罕见的啊。希特勒向垮台的伙伴墨索里尼致敬。他是以一个也快要垮台的人的语调来广播的，可是，他硬要与命运顽抗到底。

罗马政变是7月25日发生的。7月27日，我公开表示了立场。我在广播中声明说："墨索里尼的垮台标志着轴心国的必然失败，也是法西斯体系破产的证明。对于法国来说，这是第一个正义的报复。"我还指出："墨索里尼的榜样补充了一切凌辱法国尊严和受到命运惩罚的人们的历史。"在强调指出为了取得胜利必须加倍努力之后，我声明说："意大利法西斯坍台后，不久即可能发生清算问题。虽然我国还很明显地处在十分悲惨的地位，但是这样的一种清算，没有法国参加是不能生效的，也是不能持久的。"另外，我要人们知道，我们参与这种清算是抱有和解愿望的，绝不是出于报复的成见。"因为我们是紧密的邻居，并且在某种程度上，两个伟大的拉丁民族具有相互依存的关系，尽管目前还存在着怨恨，它们仍然是欧洲理性和希望所寄托的因素。"最后我肯定了"法兰西民族解放委员会在这个问题上必须承担的义务和应享有的权利。这些权利和义务是法国绝大多数人的热情信任和委员会本身的性质所决定的，委员会是对国家神圣的利益负责的机构"。

如果我们总是陷在混乱的局面中，怎么能推行这样的政策呢？7月31日，吉罗从国外归来，我在委员会的会议中抓住这个问题不放。这次政府通过了与我们的目的相接近的决议。

从此以后，委员会的领导权和会议的主持工作都归戴高乐一人。虽然吉罗还保留主席名义同我一起签署命令和法令，但纯粹是形式而已，因为条文是在会议上决定的，是根据我个人的意见裁决的。在军事范围内整编一切军队也有了规定。最高军事委员会在我的领导下改组成"国防委员会"。吉罗被以法令的形式任命为法军总司令，如果有机会的话，他还同意不再担任政府委员的职务而到指定的战场去领导作战。勒让蒂约姆将军从马达加斯加调来担任国防委员会的候补委员，后升任委员。勒埃将军、勒莫尼埃海军上将、布斯加将军分别被任命为陆海空军参谋长。为了帮助他们，又委任柯尼格将军、奥包诺海军上将、瓦兰将军为参谋次长。关于朱安的安排，决定请他从事准备工作，不久率领远征军到意大利去。

这些决定基本上解决了主要的问题。但还必须使它们付诸施行。尽管以前有过经验，但我还是希望这是可能的事。既然民族解放委员会在不放弃自己的权力的情况下，能够给予一个军事领导人最高头衔和最广泛的权力，希望吉罗将军会放弃他不服从政府权力的做法；希望吉罗在他的范围内而不要在政权领导人的范围内进行活动。最初，人们可能是这么想的。

在整个8月和9月的最初几天，民族解放委员会继续从事它在7月所做的工作，起着政府应有的作用，例如关于动员、财政、给养、运输、房屋、海上航运、修筑码头和飞机场、公共卫生等等，使很多问题得到了解决。由于这些地区物资极端缺乏，解决这些问题是十分困难的。这些地区在正常情况下是仰赖海外供给的，当时海外供应已经中断，而为了支援军队，要承受各种负担，另外，由于盟军的到来和从本国逃来的大批难民，人口过多，因此这里的供应陷于匮乏状态。

同时，民族解放委员会对抵抗运动和维希政府都明确了自己的立场。它发布了一项命令，准备在11月召开咨询议会。9月3日，委员会一致通过一项决议并立即公布："在情况许可的时候，对于贝当以及过去或现在参加伪政府的所有人员，以及投降、违宪、通敌、把法国劳工交给德国人和指使法军攻击盟军或袭击坚持战斗的法国军队的人，均应予以法律制裁。"

民族解放委员会的对外活动也同样确定下来。战斗法国和阿尔及尔政权，把分别派驻英国和美国的外交、经济和军事代表团都统一了。伦敦的维埃诺、华盛顿的奥坡诺，现在成了我们唯一的代表。每个人在他的驻在国都有权管理所有文武官员。8月间，我们派给养和装备委员让·莫内与美国、英国、加拿大政府进行谈判，以便签订一项关于租借的双边协定，包括双方提供的物资、粮食和服务人员，并准备解放时所必须进行的一切工作，以便保证法国的主要供应。这个时候，财政委员顾夫·德姆维尔与英国财政大臣研讨了英国和战斗法国在1941年3月所签订的财政协定。9月7日我们向华盛顿和伦敦提出一个协定草案，明确指出“盟军将来在法国登陆时，在登陆的军队一方与当局和居民一方之间，必须确定合作的方式”，并要求三国政府立即讨论这个问题。的确，我们很怀疑我们的盟国怀有这样的计划，那就是，随着他们进入我国，他们就在他们的军事指挥权掩护下，对我们的国家实行管理。当然，我们坚决阻止他们这样做。

最后，由于我们看到意大利已经投降，知道我们的盟国尽量不让我们分得胜利的果实和光荣，我们正式通知他们：“法兰西民族解放委员会必须参加停战谈判，随后也应参加有关执行强加于意大利的条款的机构的商讨和决议。”所以我们在8月2日，由勒内·马西格里递交麦克米伦和墨菲一份备忘录，表明我们的态度。在这份备忘录中，我们特别指出与法国有直接关系的事项，按照我们的意思，这些事项应该列入将来的协定中。

在军事方面，政府主席和总司令之间的合作现在显得令人满意。吉罗将军高兴地看到自己所珍惜的名义仍被保留，并有权统率战斗法国的军队，他表现出了自己的忠诚。国防委员会也顺利地采取了有关整编工作的措施。勒克莱尔和他的军队开到摩洛哥。拉尔米纳的部队则驻扎在突尼斯。各种战舰和几队空军由北非来到英国，以便利用英国的基地在洛林十字军队身旁作战。同时，国防委员会按照我们现有的兵员和组织并根据美国供应的装备，制订出陆海空军改组计划。关于在盟国内部使用这些军队的问题，由戴高乐和吉罗所签署的备忘录体现了我们的意志，9月18日，该项备忘录分别递交罗斯福、丘吉尔和斯大林。

我们估计了自己当时能动员的军队以后指出：如果对过去我们的军队在意大利所完成的一切协作不抱成见的话，法国陆海空军的主力应该直接致力于法国的解放事业，并从北非出发通过法国南部参加战斗。同时我们还指出，当时需要我们提供一些部队参加北方的战役。至少必须有一个法国装甲师及时运往英国，以便保证参加解放巴黎的战斗。此外，在登陆开始时，还需要有一团伞兵部队、一团突击兵、许多船只和五六个飞行队投入战斗。最后，我们还表明了自己的意愿：欧洲战事一旦结束，立即抽调一个兵团的远征军和大部分海军到远东去，以便共同抗日，解放印度支那。的确，这一切都逐步实现了。

8 月间，我视察了阿尔及利亚的军队、阿尔及尔和奥兰港口准备就绪的战舰和空军基地。我趁此机会在各地召集军官举行了座谈会。从 1940 年失败后，维希当局的过错、纪律的松弛、情况的突变，都可能使这些诚实而安分的人脱离现在所遵循的道路。但是，从来也没有人在内心里失去再一次打击法国的敌人的希望。戴高乐的出现令他们十分感动，他们以关心和尊敬的态度对待他。虽然有一种政治强迫他们谴责过甚至有时还攻击过戴高乐，但是现在，民族的命运和形势的发展把他推向权威的高峰，而他们当中没有人再妄图否认他的权威。我看到他们聚精会神地倾听，愿意了解我，因此我就以恰如其分的尊严和坦率的态度向他们讲话。讲完话以后，我跟他们相互行礼，一一握手，然后离开他们这个连队。接着我开始从事另外一项工作，更有信心地使法国军队从胜利中得到自己的那一份，从而为国家开辟道路。

法国政权的巩固，迫使盟国对我们一贯采取的怀疑和不信任的态度稍有转变。法兰西民族解放委员会在 8 月 26 日得到美、英、苏联的正式承认。古巴、墨西哥、挪威、希腊、波兰、智利、比利时也都先后承认。

的确，三大国所用的词句有很大的区别。华盛顿方面作了最大的保留："委员会被承认，对承认它的权威的海外领地拥有管理权。"伦敦也采取同样的词句，但是它补充说："在英国看来，委员会是个有权指导法国作战力量的机构。"莫斯科显得非常宽宏大量。苏联认为委员会代表"法兰西共和国的民族利益"。它是"在与希特勒主义进行斗争中的一切法国爱国者的唯一的领导机构和代表"。"大国"的榜样很快就被其他国家仿效了。9月3日，趁战争四周年纪念日[①]，我在广播中宣布了这些情况，我指出："有26个国家承认法兰西民族解放委员会，为我们争取胜利和和平的团结一致提供了鲜明的证据。"

但是，按照7月31日的决定，只有对内对外的指挥权完全属于政府的时候，政权组织才能存在。从意大利的情况来看，并不是这样。

好几个星期以来，巴多格里奥已经在暗中与盎格鲁-撒克逊人接触。9月3日，他通过派往锡拉丘兹去的代表团向他们接洽投降。这时盟军占据了卡拉布利亚。克拉克将军率领的一支美国军队准备在那不勒斯一带登陆，以便与意大利国王取得联系，必要时接受意大利国王及其政府的投降，并接管他们在罗马集结的一些精锐部队。另一方面，8月29日，麦克米伦和墨菲交给马西格里一份备忘录，预料意大利即将投降，并要求法兰西民族解放委员会"承认艾森豪威尔将军代表法国正如同代表所有盟国一样，有权和巴多格里奥元帅签订一项停战协定，这个协定涉及盟国的利益，其中特别包括法国的利益"。备忘录还大体说明了所考虑的方式，最后指出："联合王国和合众国政府将尽可能使法兰西民族解放委员会派遣

① 法国于1939年9月3日正式向德国宣战。

位代表参加签字仪式，如果它愿意的话。”

9月1日，我们用照会提出答复，同意艾森豪威尔代表我们，正如代表所有的盟国一样，签订停战协定，同时要求马上把草案全文通知我们；我们还声明，无论在哪里签字，我们都随时准备派遣一位法国最高统帅部的代表参加签字仪式。

因此，对于华盛顿和伦敦来说，这就是表明它们愿不愿意承认法国在结束敌对行为的一系列规定中是它们的平等的合作者的机会。显然这是一个非常有利的机会。因为在意大利，法国军队始终没有停止战斗，大家都知道，没有我们军队的合作，绝不可能从德国人手中收复这个地区；在西方国家中只有法国是它的邻国，除了法国以外，就没有其他国家能够决定意大利领土、政治、经济和殖民地的前途。但是我们清楚地看到，在这件重要的事情上，美英在它们刚刚正式承认我们的民族解放委员会以后没有几天，竟对我们肆无忌惮地耍了一系列的手腕。

的确，9月8日午后，麦克米伦和墨菲向马西格里说，意大利的投降已成事实，半点钟以后，艾森豪威尔将军就要宣布。他们把声明的全文交给了外交委员马西格里——嘲弄人的手腕！——通过这项声明，盟军总司令可以说是当场下令公布“他同意意大利政府停战的要求，停战条件是由英、美、苏三国政府批准的”。

马西格里提出上述声明没有提到法国，违反了英美在8月29日书面向我们提出的保证。他们回答说，艾森豪威尔的声明主要是一种手段，仓促采用是为了触动意大利的军队和人民，因为在半岛上，盟军正在进行一次新的艰苦的战役。马西格里回答说：“是否是手段，我不知道，但你们说已经签订了停战协定。何时签订的？究竟有哪些条件？”麦克米伦和墨菲只说，法兰西民族解放委员会主席吉罗将军曾得到大本营的通知，他并没有给我们提出任何意见。当天夜晚，马西格里又会见麦克米伦，向他提出一系列问题，这时英国国务大臣才承认伦敦和华盛顿政府从 8 月 20 日起就与意大利政府开始谈判，但仍然说，这一切事情都通知了吉罗。

9 月 9 日，我召集了法兰西民族解放委员会会议。外交委员的报告自然引起了大家对英美当局做法的激愤和不满，毫无疑问，大家对他们的企图也表示愤慨。因此，我们发表了一个公报，指出意大利的战败给法国带来了无比的兴奋，并提到法国军队和抵抗运动的贡献，同时认为艾森豪威尔将军的声明明确指出了“法国本土和法兰西帝国的基本利益”，要求“法国必须参加一切有关对意大利的协定”。

在会议上，我问吉罗将军，为什么没有把盟国通知他的重要消息向政府，特别是向它的主席报告？如果我们早知道这些情况，我们就更能保障法国应得的利益。吉罗证实他没有得到有关停战的任何消息。于是，马西格里在晚上把吉罗的否认通知麦克米伦和墨菲，但他们仍然坚持自己的说法，只是支吾其词地推脱说，艾森豪威尔总部没有人懂法文而吉罗参谋部没有人会英文，这可能是造成误会的原因。第二天，他们道歉说：“经过调查，我们才证明只是今天早晨艾森豪威尔将军才把停战条件通知吉罗将军。”

一点疑问也没有！我们的盟国都一致打算尽力把我们从有关意大利的决定中推开。必须估计到，将来它们在决定欧洲命运时还会排挤法国。但是它们必须知道，法国绝不允许被推出去。如果它们轻视法国，从今以后就不要打算再依靠法国。9 月 12 日，当我去奥兰进行正式访问时，我明确重申此事。

在市府广场上聚集的一望无际的群众面前，我强调指出：“祖国将加倍努力来加速敌人的失败，使法国根据自己的地位参与作战的安排和世界的重建。”关于这一点，我呼吁“具有善良愿望的国家团结起来”。我补充说：“在各个国家之间应存在这样一种相互关系，即一切国家都有义务关心其他国家的基本利益和地位。”想到苦难的法国人民和正在或即将参加大战的法兰西战士，我提出这种警告："真正的现实论，就是不要欺骗这些人。"的确，我承认："在这战争的第五个年头，法国还不能有更多的师团、更多的舰艇、更多的飞行队参加到战争中去，因此有人草率地贬低我们对各国的贡献。当法国几乎是单独对付希特勒和墨索里尼时，由于遭到失败和一些人的投降思想，破坏了国家的一部分战斗力……我们动摇了！是的，的确是这样！但是，首先这不是因为 20 多年前[①]我们为保护别人和我们自己而流尽鲜血的缘故吗?"我在结束时声明："法国为了一切人的利益，在目前开始进行的解决战争问题的过程中应有它自己的地位。"大家对我的讲演报以热烈的欢呼。

不管怎样，从麦克米伦先生和墨菲先生的行动中得出的结论是，我们的盟国往往利用我们政府双头领导的畸形现象来掩盖自己的过失。然而，就是这个双头领导，对于一次重要的全民军事行动——科西嘉岛解放战役，几乎也产生了不堪设想的后果。

从 1941 年起，自由法国就往科西嘉岛派了斯加马劳尼上尉，他的使命是准备作战。在两年中，斯加马劳尼作了一系列的工作，成功地装备了抵抗运动的一切力量，使任何政党和派系都不能为自己的利益而独霸一切力量。因此，以共产党人吉奥沃尼为政治首领、以共产党人维多利为军事首领所组成的"民族阵线"与自由法国的代表取得了联系。这就像精神上团结在莱蒙第和吉亚哥比兄弟周围的爱国志士一样，或者像由退伍军人组成的小组如亚尔方索·德·伯莱蒂中尉的小组那样。我们英勇的代表在盟军北非登陆的第二天不幸落到意大利人手中。经受酷刑以后，斯加马劳尼为了保守机密而自杀了。

在这个时期——1943 年 3 月——突尼斯的战斗将近结束。一切

① 指第一次世界大战。

都预示着，指向意大利和法国南部的战役将包括科西嘉岛。在这块与法国联系紧密的马基[①]的土地上，侵略者的阴谋和侵占更加激起了当地人民的爱国热情，当时暗中流行着一种强烈的反抗情绪。有成千上万的人，由居民积极支持，抱定了决心，迫切地等待着投入战斗。

阿尔及尔的组织也与科西嘉岛建立了联系。“军政长官”首先往科西嘉岛派了几个人，随后，在1943年4月又派科洛纳·第斯特利亚少校到那里去，他的一切活动没有不受到赞扬的。遗憾的是，当6月我们的阿尔及尔委员会成立以后，吉罗将军没有把他在科西嘉岛所进行的活动向我提过一个字。毫无疑问，科洛纳在该地自认为是整个政府的代表。科洛纳以这种身份排斥别人，只同共产党代表吉奥沃尼和维多利商讨事务，他可能是未发现这种偏向的坏处，也可能是为了简化问题或奉命办事。应该指出，共产党从法国往吉罗那里派过代表，这个代表就是阿尔卑斯海峡省议员布尔达莱，他从尼斯早就跟吉奥沃尼有了联系。布尔达莱在对他本党有利的情况下，曾给吉罗提供了不少有关科西嘉局势的情报和建议。

7月至8月间，吉罗将军的秘密组织背着我进行了一次大规模的活动来武装科西嘉岛的抵抗运动。英国“情报处”如果不是别有用心，向来是不会那样慷慨大方的，它供给了科西嘉岛一万挺轻机枪。其中有些是从阿尔及尔由“卡萨比扬卡”号潜水艇冒险运到科西嘉岛的，有些是英国飞机在科洛纳指定地区空投下去的。这些武器收到以后，就由“民族阵线”首领分配了。这些武器使吉奥沃尼和维多利更加享有权威了。共产党首领就把抵抗运动完全置于自己的管辖之下，但是他们的党员在这个组织中只占一小部分。当时，在阿尔及尔和岛上的“戴高乐派”之间，一切联络是受到阻碍的。

① 第二次世界大战期间的法国游击队。

“戴高乐派”迫不得已，才与这个组织联合在一起，甚至我的表弟亨利·马约也加入了“民族阵线”的委员会，认为这样才符合我的意志。

9月4日，巴多格里奥签署停战协定的第二天（这个消息隐瞒到9月8日才告诉我），吉奥沃尼乘“卡萨比扬卡”号潜水艇来到阿尔及尔。他秘密进行活动，不让我知道。他是来与总司令协商作战问题的。由于锡拉丘兹协定使占领科西嘉岛的8万意大利人保持中立或站到我方来，才有可能进行这一战役。关于这件事，吉罗对我只字未提。吉奥沃尼跟我也没有任何接触。9月6日，他回去了。9日晚上，我们听说抵抗运动者已占领阿雅克肖，省长声明该省归附民族解放委员会，同时意大利警备部队没有进行任何反抗。这时，吉罗将军才第一次将他在科西嘉岛所做的一切事情向我谈了。

听了他的报告后，我回答说：“听到好消息，我心里也不高兴。我的将军，你对我们隐瞒了自己的活动，你这样对待我和政府，我感到不满。我不赞成你把独揽的政权交给共产党领袖。你叫人相信事情是用我的名义，也是用你的名义进行的，我认为这是不能容许的。最后，你既然在吉奥沃尼最近的拜访中听到了你所同意的战役和发动这次战役的条件，我真不懂得今天早晨你在我们的委员会上怎么能说出自己不知道意大利即将停战。所有这一切，只要一渡过目前我们面临的难关，我就要决定必须如何处置。目前，我们应该针对着军事情况。科西嘉岛应该尽快地得到增援。然后，政府必须彻底消除我们不和睦的根源。”吉罗与我至少都同意立即调部队到科西嘉岛去。至于执行这个任务，那是吉罗的事。在这一点上，我相信他会尽力去做。

第二天民族解放委员会召开的会议对总司令也采取了同样的态度。虽然委员会在处理军事问题上对他表示信任，但指责他擅自处理他无权过问的一些事。在这次会上，沙尔·路易兹被任命为科西嘉岛的省长。他立即偕同一个强有力的班子动身前往科西嘉。莫拉尔将军以该岛卫戍司令的身份同行。

在科西嘉岛，我们以极大的热情发动了军事行动。但是，正规军和运送军队的舰艇都是临时加入战斗的。说实话，几个星期以前朱安将军遵照总司令的指示已经拟订了一个完整的计划。假定意大利军保持中立，按照朱安的计划，就必须在科西嘉岛上同时从东西两岸登陆，以便切断德国人的海岸退路。朱安打算投入两个师：一个野战师，一支摩洛哥骑兵，百余辆装甲车和一些突击队。这样，我们就能够消灭或俘获该岛现有的和从撒丁岛调来的德国军队。9月9日，这支远征军一切准备就绪，人人摩拳擦掌，要求采取行动。但是，运送他们需要大批船只和许多护航的舰队与空军。由于所需的战舰、商船和飞机事先都不齐备，总司令无法用我们自己的力量来执行这样宏伟的计划。向盟军方面请求协助也遭到拒绝，因为他们在同一时期正全力以赴试图在萨莱诺登陆。

但是事情发展到这种地步，必须立刻行动。吉罗决定在较小的规模上来进行这个战役，我表示赞成。三个星期中运到该岛的部队在抵抗运动的配合下成功地打退了德军的进攻，保护了该岛大部分阵地，袭击了德军后退的支队，并使他们在人力和物力上遭到巨大的损失。然而，尽管我军大力活动，仍然没有切断敌人逃跑的道路。虽然如此，由于解放科西嘉岛只用了法国部队的力量，仍然在法国人和盟军中产生了极大的反响。

9月12日，勇敢的“卡萨比扬卡”号潜水艇在阿雅克肖使我们的第一批军队登了陆。随后，每天都有登陆的部队：“突击营”、摩洛哥第1步兵团、第2摩洛哥骑兵队、非洲第1骑兵团的一个机械化营、炮兵、工兵、后勤部队以及必需的器材、弹药、汽油，这一切都是由巡洋舰“贞德”号和“蒙卡尔穆”号、驱逐舰“芳塔斯克”号和“恐怖”号、鱼雷艇“阿勒西翁”号和“暴风雨”号、潜水艇“阿莱都兹”号和“卡萨比扬卡”号运到岛上的。一个驱逐机队飞到奥罗营基地。德国军队打算把驻在该岛的党卫军旅和正从撒丁岛迅速往回运的第 90 装甲师撤走。他们的行动是从东岸通过波西法西俄—巴斯蒂亚公路，在大批飞机和深入该岛的强有力的侦察的掩护下进行的。许多机动的平底船把军队从巴斯蒂亚送到厄尔巴岛和利沃诺。

亨利·马丁将军是法国部队的统帅。他十分卓越地指挥了这次战役。他首先在阿雅克肖建立了桥头堡；其次派出突击队支持抵抗运动在巴斯蒂亚、波西法西俄、盖萨、莱维、因塞卡等地狠狠打击敌人，并控制该岛“脊骨”的通路；随后肃清波尔托维乔、波西法西俄、法沃诺、吉索纳恰的敌人；最后在圣弗洛朗及科西嘉角的山区和林区一带打退德军，进抵巴斯蒂亚城郊。此外，马丁将军与意军司令马格利将军也能很好地互相配合。这位意大利将军尽管自己处于特殊时局的混乱中，还供给我们一些汽车和骡马，并且在某些地区用他的炮火支持我们。路塞将军在北方指挥前进，冈彼厄兹少校指挥“突击”队，德·拉都尔上校指挥阿尔及利亚的侦察兵，德·布特莱尔上校指挥步兵，德·朗彼里上校则指挥装甲部队，战绩都很出色。吉罗将军在部队登陆后不久亲自到科西嘉岛去视察了当地的情况，并把自己的决定告诉了所有的人。10 月 4 日，我们的军队进入巴斯蒂亚，敌人虽然能够从海上把后卫部队撤走，但还是遗弃了大批物资。

当天晚上我去拜访总司令，以政府的名义祝贺军事方面取得的胜利。科西嘉战役是他规划的，也是他发动的。他承担了战役的一切危险。功绩应该归于吉罗将军。虽然我们投入的兵力是小规模的，但当时的困难是巨大的，因为我们必须从 900 公里以外的基地向我们不大熟悉的地方运送自己的军队，并且把从陆海空军中临时抽调的部队投入到唯一的战斗中。9 月 24 日，我就在阿尔及尔电台说："全国和帝国向科西嘉岛的法国战士致敬，法军总司令刚才亲临前线，向你们部署明日的战斗。民族解放委员会向参加这次战役的全体官兵，向所有为解放自己在科西嘉岛挺身而起的人们，向新生的法兰西陆海空军英勇地派到那里去的人员，致以法兰西的亲切、热烈而自豪的敬礼。"

虽然应当正确肯定吉罗将军的军事能力，但他对政府所抱的态度是不能容许的。这天晚上我向他表示祝贺后，又再三向他指出这一点。他说："你又跟我谈政治。"我回答说："是的，因为我们正在作战，而作战就是政治。"他虽然听我讲话，但总把我的话当作耳旁风。

其实，吉罗不甘心居于任何附属的地位。表面上他好像接受了，实际上总不听从指挥。出于本性和习惯以及玩弄的手法，根据某种策略上的考虑，他的思想仅仅局限在军事范围内，拒不考虑人民和国家的现实情况，闭眼不看属于政权的一切事物。在这种心理下，他在我面前不能摆脱过去的等级观念，这并不是他体会不到我所担负的使命的特殊性。此外，他当众或私下在这方面都曾对我作出过慷慨动人的表示。但是他没有从中得出实际的结论。必须指出，过去使他在北非窃踞要津的环境、美国政策给他的支持以及某些法国人对我所抱的成见和怨恨，这些对吉罗的思想和作风不是没有影响的。

必须结束这种错误的局面。从此以后，我虽然决定仍然要利用吉罗进行工作，但是我必须使他离开政府。况且，民族解放委员会的成员也充分认识到不能再拖延下去了。9月中，我任命了两位政府的新成员，加强了我采取断然措施的倾向。一位是来自法国的弗朗索瓦·德·孟顿，他担任民族解放委员会司法委员。另一位是皮埃尔·孟戴斯-弗朗斯，他按照我的指示离开了"洛林"航空队，接替顾夫·德姆维尔担任财政职务。德姆维尔则按照他提出过的要求，去意大利事务委员会担任法国代表。然而，科西嘉岛在政治方面所发生的一切，使部长们大为吃惊。安德烈·菲利普被派去视察该岛，以便了解事情发展到怎样的程度。果然发觉共产党人利用抵抗运动设立他自己选择的市政府并控制新闻工具。无论如何，部长们都不愿意将来在法国本土也出现这种情况。因此，他们催促我改革组织结构，以免政府遭到这种意外。

他们的担心正是我内心的隐忧。但是我对吉罗这位伟大的军人要坚持不渝地采取慎重态度，他的一生为国家作出了重要的贡献，同时，敌人逮捕了他的全家老小，手段十分可耻。

至于科西嘉岛，一切即将安排就绪。我在10月8日到该岛，度过了不平凡的三天。我的访问驱散了天空的乌云。在阿雅克肖，我在市府广场向群众发表了演说。在大家欢迎的面前，我头几句话就是为了证明“今天使我们大家奋起的民族热情的浪潮”。我把向科西嘉岛爱国者和向非洲军队的致敬结合起来了。我指出了维希制度的土崩瓦解。我强调说：“那么这里著名的维希民族革命真相如何呢？为什么无数肖像和徽章转瞬间就让位给英雄的洛林十字呢？……解放的风浪一旦掠过科西嘉岛，就足以使法国这块土地坚决地倒向抗战的、统一的、共和国的政府。”

当时我觉得自己的声音是从“拉丁海的中心”发出的，因此我提到了意大利。我强调指出：“昨天一个拉丁邻国同贪婪的德国结成可恶的联盟，借口我们的衰落，妄图夺取科西嘉岛，它的野心是多么荒诞！”但是我又声明：“一旦伸张了正义，明天的法国绝不会对一个跟我们有亲密关系的民族固持抱怨的态度，而且也没有任何理由使我们分离。”我最后说：“胜利即将来临。它既然是自由的胜利，怎么能说不是法国的胜利呢？”

在阿雅克肖，我看到路易兹省长、莫拉尔卫戍司令、厄热尼·马基尼市长都在埋头工作。科尔泰市一片欢呼声，仍然保持它那雄壮的气概。我还到过萨尔坦。我视察了巴斯蒂亚，看见满街堆着敌人逃跑前烧毁或爆破房屋后残留的瓦砾，以及器材和弹药仓库的废墟。这个城市的公墓在被轰炸后更呈现出十分悲惨的景象。在重返家园的第一批人中，马丁将军请我检阅了胜利的军队。各地的非正规军由于为法国作战，捍卫了科西嘉岛的光辉，显示出了应有的骄傲。我在途中停留的每个村庄都向我表示了感人的敬意，同时，住在那里的意大利士兵也并不掩饰对我们的同情。当我来到和离开一个村庄的时候，我的主人们按照当地风俗纷纷用大米向我脸上撒来，表示欢迎和欢送，同时我也听到解放的机枪声。

四个星期以后，阿尔及尔委员会的改组将成为既定的事实。不管怎样，11 月初咨政议会的召开决定它必须改组。大家都看到抵抗运动的代表历尽艰险纷纷来到阿尔及尔。他们把他们的委托人的精神和情绪带到了北非。一种艰巨而有益的气氛充满了阿尔及尔的会议、机关和报社。代表们都公开发表了自己带来的向戴高乐表示崇敬的信件。他们不断地谈论地下活动、英雄人物以及他们的需要。他们心里酝酿着关于国家前途的计划。我一面使政府摆脱双头领导，同时希望让来自法国的一些人加入政府同我合作。

10 月中旬，民族解放委员会根据我的请求颁布了一项法令。按照这项法令，政府只有一个主席。吉罗也在这个法令上签了字。此外，由于向意大利派遣一支法国远征军的前景日益明确，吉罗又希望盟国请他到意大利半岛去执行总司令职务。11 月 6 日，在吉罗在场并已取得他的同意的情况下，委员会“要求戴高乐将军对委员会进行他认为必要的改组”。

11 月 9 日进行了改组。在盎格鲁-撒克逊人不顾牺牲登陆阿尔及尔和摩洛哥以后的一年，在我冒险来到阿尔及尔的五个月以后，民族的意志，不管它受到多大的压制，也不管它多么低沉，终于取得了胜利。这个潮流是那样明朗，使得对立面再也无法隐藏其恶意。至于盟国，它们也不得不看到法国是由一个法国政府领导着战斗。从此以后，它们不再提出什么“军事需要”和“交通安全”来搪塞，它们的政策不得不适应它们无法阻挠的一切。共同的努力将从中得到大大加强。对于我来说，我当时肯定地感到自己有足够的理由确信，将来别人的战斗和胜利也就是法国的战斗和胜利。

第五章 政治

冬天近了。一切都显示着这是战争结束前最后的一个冬天。但是，巴黎将会建立一个什么样的政权呢？这个政权要做什么呢？这是人们思想中所存在的迫切想知道的一些问题。

冬天近了。一切都显示着这是战争结束前最后的一个冬天。但是，巴黎将会建立一个什么样的政权呢？这个政权要做什么呢？这是人们思想中所存在的迫切想知道的一些问题。的确，这并非遥远的理想，而是即将到来的现实。正因为如此，各种打算露出苗头并明确起来。政治的争论在某些时间内还能被血和泪削弱，由于舆论受到限制而被掩盖起来，但是无论如何，它现在已不仅在当权的人中间和内阁中，而且在法国广大公众的思想和很多外国人的讨论中展开。人们都相信法国会复兴。人人都在预测它将是个什么样的法国。

我在 1943 年 11 月初改组民族解放委员会的时候，就考虑到这一点。在刚刚开始的决定性时期，国家的命运在于全国的统一。我决心让统一表现在政府中。每个主要党派，更确切地说是法国人民按传统分成的每个精神上的团体，在民族解放委员会中都有自己的代表。但今天提供作战力量和本身带有复兴希望的是抵抗运动。因此，它的一些领导人即使还没有任何名义，也应该留在我的周围。总之，许多有杰出才能的人都应该参加民族解放委员会的工作，以便指导它的活动，提高它的威信。

国务委员亨利·葛义和财经委员孟戴斯-弗朗斯都是激进党的议员。安德烈·菲利普负责民族解放委员会和咨政议会的联系工作，安德烈·勒·特劳盖担任陆空军委员（以上两个人都是议员），蒂克西尔任劳工和社会福利委员，这三个人都是社会党党员。路易·雅基诺任海军委员，他是一个温和派议员。孟顿任司法委员，是天主教民主联盟的领导成员。这就是政界人物分配的情况。普利文任海外领地委员，厄曼努尔·达斯迪埃任内政委员，加比唐任国民教育委员，迪特尔姆任给养和生产委员，弗莱乃任俘虏、流放者和难民委员，他们都是抵抗运动者，这些人直到现在还没有表示明确的倾向。贾德鲁将军担任国务委员兼伊斯兰教事务委员，亨利·庞内任情报委员，马西格里任外交委员，梅耶任交通和航运委员，让·莫内担任驻美国商洽给养和军备的委员，他们都是以自己的能力和威望出来任职的。由于没有得到教会上级明确同意，我不能像我所希望的那样看到希斯基主教加入政府。

因此，政府的改组不是一种翻天覆地的变化。现在组成法兰西解放委员会的16名委员中，只有四名委员是新加入的。确实，也有四个委员退出。他们是：吉罗将军，他自己认为，大家也认为，他的军职不能再允许他行使政权；乔治将军，他光荣地退休了；阿巴迪博士，他希望回去搞科学研究工作；勒让蒂约姆将军，我按照他的志愿把他派到英国的一个岗位上。

那么，共产党人呢？由于他们参加了抵抗运动，也根据我的意图，至少在战争时期让他们的力量参加到全国的力量中来，因此，我决定在政府中任命两位共产党人。从8月末以来，这个“党”在被征求意见时，表示愿意派几个党员参与合作。但到行动时，却产生了种种困难，阻止我召请参加民族解放委员会的人给我肯定的答复。共产党的代表团时而推荐一些别的党员，时而探询我的纲领的细节，时而又坚持它的党员必须担任它指定的职务。后来，我不能再忍受一再讨价还价的情况，就中断了谈判。

事实上，共产党的代表团分为两种不同的倾向。有的是过激派，他们跟随着安德烈·马尔梯，主张该党不与任何人联合，通过抗敌斗争，准备采取一种直接革命行动来夺取政权。有的是策略家，他们主张同别人合作，首先是跟我合作，以便加入政府；这种策略的主脑就是莫里斯·多列士，他一直留在莫斯科，但他恳求允许他回来。最后，在1944年3月，共产党作出决定，同意格利尼埃和皮佑出任我给他们分派的职务：格利尼埃被派到航空部，皮佑被派到国务委员会。由于这种情况，政府内部就有了改变。勒·特劳盖被任命为解放地区民族解放委员会的代表，迪特尔姆接替他担任了国防委员的职务，孟戴斯-弗朗斯则兼管经济和财政的工作。

委员会这样组成以后，不仅致力于动员和组织作战的力量，同时也准备在祖国解放后能获得物资供应，得到治理和复兴所必需的一切。长期以来，海外吹来的一股蓬勃的朝气把本土推向奋战，充满希望。现在是祖国的号召推动海外一切决心支援法国的人采取行动。在国内外的积极分子中，达到了协调一致。为了充分利用这些因素，11月初，我同时进行了改组阿尔及尔政府和召开抵抗运动咨政议会会议的活动。

正如9月17日法令所规定的，来自法国本土的代表有50多名是由抵抗运动组织委派的，20多名是由各政党委派的，在这种情况下，原则上，这些代表是在1940年7月没有投票赞成给贝当全权的那些议员中挑选出来的。这两类代表，当然是由少数人和秘密的委员会产生出来的。但是所有来到这里的人，都觉得自己代表着地下斗争的公众。除此以外，还应加上约12名共产党员，主要是塞纳省议员，1939年被捕后一直被拘留于阿尔及尔，由吉罗将军释放；20名帝国海外领地抵抗运动的代表；10名阿尔及利亚区议员。这些代表不管他们的出身如何，却都有共同点，这就是“咨政议会”的面貌。

既能使他们相互一致而又能使他们彼此接近的，一方面是他们想为抵抗运动的同志提供帮助的殷切关怀，如在军备、款项和宣传方面，当然他们总是认为宣传得不够；另一方面是贯注在地下工作人员精神中相当混乱和激烈的思想，这些人经常有被人出卖的危险，同时也被许多懦夫藐视和反对，他们不但愤懑地反抗侵略者德国，也反抗本土上那些被视为法兰西国家的司法机器和警察行为。共同“抗战”形成的人们间紧密的团结，对于执政者、官僚政客的不信任甚至反感，坚决要求肃清组织内部的愿望，就是萦绕在他们脑际的思想。一有机会，这种思想就强烈地表现出来把人们联合在一起。

这里还有他们对夏尔·戴高乐的爱戴，因为他挺身而起反对因循守旧，因为人们曾把他判处死刑，因为他遥远而遭到干扰的声音驱散了重重顾虑，扫除了乡愁。但是，他为了恢复国家统一、保卫民族主权和重建祖国所采取的一系列措施，大多数代表却不那么能够接受，当然，这并不是因为他们不关心国家的前途。相反的，在他们各派之中，各种想法、各种方案洋洋大观。他们都热衷于重建世界的公式，而对于任何一种政权所绝对不可缺少的权威却显得冷淡。虽然他们希望法国东山再起，成为头等强国，可是他们又害怕采用能使法国成为头等强国的一些强硬手段，情愿幻想有那么个罗斯福和丘吉尔会殷勤地把法国的地位还给法国。虽然他们不希望在解放时由我以外的另一个法国人来担任国家的元首，虽然他们预见到我能留在国家元首的地位上，他们也会成为人民的代表走向一种他们还不熟知而奇妙的革新，可是他们却闭口不谈我应该享有的执行任务的权力。他们一边诚心诚意地拥护戴高乐，同时又已经窃窃私语地反对“个人权力”。

代表们在感情上是融洽的，在精神上可以分为几部分。有的是一心只想到战斗的普通战士，有的是积极赞美那种笼罩着抵抗运动的英雄和友爱气氛的诗人。另外，共产党人形成了一个严密的整体，办事时寸步不让，大唱高调，不遗余力地进行宣传。总之，

“政治家”确信我们的事业就是法国的事业，更好地为祖国服务，并不妨碍他们考虑自己的生涯，并不妨碍他们按照自己职业的标准采取各种手段突出自己，也不妨碍他们想到未来可能带给他们选举、职务和权力，从这个角度来考虑他们的前途。

在这些人当中，过去拒绝卑躬屈膝，因此自认为尽了职守而自豪的“旧人”都知道旧政权是多么不受人民欢迎，于是他们就蹑手蹑脚，不敢大声说话，并否认自己别有居心。但是在他们的内心里，却希望用一些改良的办法，仍旧恢复昔日的制度。“新人”对于以前的制度态度严厉，要求大力改革。但是在这些被保留的东西面前，他们已预先感受到这些保留的吸引力。总之，看到我周围这些勇敢的同伴和无数的善良意愿，我感到我对一切人都怀着敬重的心情，对大多数人都充满友谊。但是我深入追究一下他们的思想，我不禁怀疑，在这些空谈革命的人群中，莫非只有我一个人才是真正的革命家？

1943年11月3日举行了咨政议会的开幕式。这是一次令人十分激动的典礼。在这儿参加议会的人们，都感到自己代表着一支受难者和战斗者的队伍，代表着法国伟大的力量。我对“不顾特殊困难而召集的”会议致以民族解放委员会的敬礼，然后，我阐述了我很久以来为什么决定只要可能就召开这次会议的理由，指出我为什么向这次会议表示要求合作，并说明我要求它怎样进行合作。这次会议之所以有资格，是因为它是从“法国人的根本反应和民族意志的主要表现”——抵抗运动产生的。

支持政府在“要求精神团结和物质援助”的作战方面所作的努力；支持政府“旨在使法国能够在有利于一切人的情况下恢复它在国际上的伟大作用”的外交活动；协助政府选择一些措施，这些措施“在光复后必须实行，因为战后我们的国土遍地遭到破坏，缺乏食粮、缺少原料，而在那时候我们也必须生活下去，因为到处需要把共和国的权威恢复得有秩序，与它的地位相称，因为必须保障国家唯一有价值和可以承认的司法，因为必须在行政管理中进行一些改革，因为必须使我们的青年俘虏和流放者归来”；最后，必须与大会共同研究“重要的改革，也就是在战后必须完成的改革”。这就是民族解放委员会对大会的期待。我预祝大会取得“某些成就，因为两千年来都能证明人们信任法兰西是有理由的”。

会议推选了费利克斯·古安担任主席，随后分成各个小组，各组组长如下：“法国本土抵抗运动”组长费利埃，“国外抵抗运动”组长比萨内，“独立抵抗运动”组长奥利沃，“议员”组长奥里约，“共产党”组长马尔梯。大会讨论了我所提出的一些重要问题。从第一次会议到本土登陆这一段时期，会议开了50次以上，很多次是分成委员会来进行讨论的。所有的部长都跟会议密切联系。菲利普负责委员会与咨政议会的联系工作，内政委员达斯迪埃、司法委员孟顿、外交委员马西格里和财政委员孟戴斯-弗朗斯在会议上发言最多。

我曾参加会议20多次，有时作全面的工作报告，有时参加讨论。我对于在交换意见中所表现出来的观点和感情是非常注意的，因为我所要求的是深入地听取意见。所以我努力鼓舞大家的情绪，使大家都表白自己并谈出自己所想的一切。事实上，会议所表现的认识水平和信念使法国公众舆论和外国记者有了深刻的印象。它耗费时日最多的问题就是它最关心的问题，如肃清内部、对于抵抗运动的支援和光复后建立法国政权等问题。

的确，我们就一些问题进行了长时间激烈的讨论，如对于维希政府人员必须加以追究，对于情节上犯有比较严重罪行的和变本加厉推行苛政的官员必须予以制裁，对于受难者必须给予补偿。关于这几点，代表们催促委员会坚决执行，为此，必要时可以改变通常的规定和手续。这些问题所引起的公愤十分激烈，以至于数名委员由于被认为软弱无力而遭到猛烈攻击。我很清楚地知道这个司法问题在抵抗运动会议中占有首要地位，但是我仍然坚持自己已经规定出来的行动标准：把制裁限于在维希政权中起骨干作用和跟敌人直接勾结的人。在海外领地，这只是很少一部分人。可是通过咨政议会讨论所暴露的思想情况，使我预料到将来在本土防止报复行为和只让司法界进行惩罚将会遭到多大的困难。

关于给法国本土的抵抗运动者以支援，关于跟他们取得联系和我们的宣传工作从他们的活动和启示中所能吸取的教益，会议既慎重又热忱地提出了自己的见解。自然，地下工作者在军备十分缺乏和威胁很大的情况下，经常感到伦敦和阿尔及尔没有尽力帮助他们。因此，许多代表最初对有关部门满怀着谴责和激怒的情绪。但是经过调查以后，他们才知道这个机构所完成的任务的广泛性和它所遇到的困难。同时他们也不得不考虑到，盟国机构在法国进行活动所引起的麻烦，使当地产生了各种不协调的现象，还使法国当局丧失一部分号召力，而在海外，法国的号召力是由于法国人作战的努力而取得的。但是由于害怕得罪盎格鲁-撒克逊人——这种惧怕是“政治家”的第二天性——会议没有在这一点上采纳我所希望的那样明确的提案。

在会议期间，关于共和国在法国重建政权的方式所进行的讨论比较平静，但也同样是深入的。当然人人都认为贝当元帅和他的“政府”应该消灭。另外，大家觉得应该立即征求法国人民的意见，并由国民议会着手进行制宪工作。但是对于应由哪种议会负责这项工作，代表们意见不一致。

共产党人用一种谨慎的语言透露出他们要在公共场所进行公开选举的计划，认为选举最好是在抵抗运动组织和军队的监督下用口头表决的方式进行。很明显，他们打算利用他们的巧妙手段从这样的选举中得到有利于他们的结果。一些资深议员，如上院的马塞耳·阿斯迪尔、马尔克·鲁加尔、保罗·吉亚哥比等人，1940年7月曾建议召开的国民议会。这个议会在光复的压力下，不免要废除贝当的政权，并在形式上接受勒伯伦总统的辞职，另外选出一位新的共和国总统，同时对我的政府投信任票。最后，它将自行解散，让位给按照旧的方式选出的上院和下院，然后，根据1875年宪法的规定，对该宪法进行必要的修改。这就是明确而简单地希望恢复第三共和国制度的一些人的论调。

他们的人数并不多。大多数人的意见是“旧制度”已经被判死刑。但是应该说明，在许多代表的思想中，旧制度的毛病在于笼络人心的做法太少，而不是太多。由于权力和责任不清，旧制度没有一个坚强的政府，无法执行坚定而一贯的政策，只好任由事变摆布。根据许多人的看法，这种权力和责任不清并不是必须改革的东西，或者他们认为更进一步使行政权变成有名无实，就是改革。

把一切权力毫无例外地归于一个议会，使它有权设置和任命部长，废除作为政府平衡力量的上院，取消国家元首，或者至少把元首的地位降低到比在从前制度中的地位更加可怜的地步，这就是许多代表的想法。人们公开地梦想一个“独立自主”的议会，一种国民议会。这个议会可以自行避免走上断头台，它的冲动行为也不会遇到障碍，而且大部分从抵抗运动中选出的政治人物，打算有一天都能在这个议会里取得席位。

我没有这种倾向。相反的，我认为，祖国将来复兴的要素在于积极和负责的制度。照我看来，必须使政权分开，分别有效地成立一个政府、一个议会和一个司法机构。国家元首通过选举方式产生，他的资格和权力使他能够承担国家公断人的职务。公民必须以公民投票的方式直接参与有关自己命运的主要决定。我当时看到将来负责国家事务的人们的思想情况后，感到十分忧虑，他们重新建立政权的企图是为了政客们进行赌博，而不是为国家服务。难道我们从把法国引向灾难和导致共和国垮台的混乱和动荡中所得到的教训，只是为了走向更严重的混乱和动荡吗？

但是现在并不是组织公众讨论这个问题的时候。我不顾那些纠缠不清的理论，采用了杜麦斯尼耳·德·格拉蒙、樊尚·奥里约、雷勒·卡山、路易·瓦隆几个人的明智办法。我引导会议作出一个谨慎的结论。在光复过程中把“咨政”议会搬回本土，加以适当的扩充，使该议会继续从旁协助政府，等全国都光复了，俘虏和流放者都回来了，全国再相继选举市议会、省议会和国民议会，而国民议会的组成及其任务等待以后再规定。此外，妇女们也要享有选举权和被选举权。1944 年 4 月 21 日的法令实现了这个巨大的改革，结束了 50 年来的争论。

“咨政”议会只有发表意见的权利，而对于是否进行工作也仍然由我负责，直到人民有可能讲话的那一天为止。虽然如此，盟国还是同样注意人们在讲坛上和会下所谈论的一切。盟国代表团的成员和记者参加各种集会，经常出现在会场和走廊上。英美报纸当时以很大篇幅登载了阿尔及尔的辩论。毫无疑问，他们引以为憾的是这个议会雏形无权推翻政府，征服者还没有被消灭。至少他们企图从中找出一些分歧点。

当会议讨论法国对外政策的那一天，这些观察家都参加了会议。然而从“抵抗运动者”比萨内、加里埃尔和马犹的讲演，从“政治家”奥里约、奥利沃和鲁加尔的讲演，从共产党员邦特、格利尼埃和麦尔西埃的讲演来看，代表们都非常赞成我面向敌人对盟国所采取的原则和立场。会议态度鲜明地宣告戴高乐将军在战时代表法国，他的政府就是共和国的政府，民族解放委员会必须以这种资格与盟国进行合作。因此，盟国必须承认它。会议决议表达了这个一致的意见，在世界新闻报道中引起很大的反响，给了我的政策一种极大的支持。我也当然把它宣扬出去了。

但是会议就到此为止了。它不愿坦率地讨论任何棘手的问题，如意大利、近东和非洲问题。在这些地区，民族解放委员会的外交活动正在进行。会议也没有讨论任何有关德国、东欧、印度支那等方面的问题，这些问题很快就会摆在法国和全世界的面前。关于盟国企图在总司令部的掩护下在法国行使行政管理权的问题，同样为了谨慎起见，会议也未加以讨论。关于作战的领导、法国政府和法国参谋部在这方面承担哪些责任，“咨政”议会以一种崇敬的心情注意地听取我对这个主要问题、对我从 1940 年以来所实行的计划以及我们不断遭到的困难所作的阐述。关于在全球战略中法国应有的地位和法国军队应起的作用，会议通过了原则性的意向。但是会议却没有决心对我们的盟国提出正式的要求。

总之，关于重大的问题，会议本能地满足于提出一般性的意见，措辞空泛，以使大家都能接受。当戴高乐将军登台说明他所采取的行动或者当他总结一次讨论而使人心大为振奋时，大家就热烈地鼓掌。相反的，当某位国务委员登台说明具体措施时，大家就表示冷淡和进行批评。大家都不大敢贸然说出具体的意见和确定的计划。

正是由于这只是一个咨政议会，它感受不到选民们的鞭策，它的表决和这种慎重态度不能引起内阁的危机。还有，它有意让我放手行动，希望不牵涉到盟国，关心决议是否得到一致通过。但其中最主要的是近乎承认自己无能为力。会议认为，它可以表达一些愿望，但不能解决问题，它可以表面上议论一种政策，但不能决定任何政策。会议由此感到的苦恼在代表会议中变本加厉地再次表现出来，代表会议持有一切权利，但无力行使这些权利。对我来说，通过各个小组的言论，我看出了各个党派的用心，同时也看出它们的无能，这样就使我看清楚将来法国会发生怎样的一场宪法悲剧。“讨论是几个人的事。行动是一个人的事。”正是由于这个缘故，所以大家只愿意讨论。

在此期间，阿尔及尔政府的统一、同这个政府站在一起的咨政议会的召开以及法国舆论的抉择，原则上解决了解放期间的政治问题。虽然事实早已摆在大多数人的面前，但恶意的攻击还是在法国和其他各地不断出现。在各界乃至反对派中竟有人顽固地认为我的成功是可恨的；为了阻挠我的成功，他们越看到我的成功大局已定，他们的阴谋诡计就越层出不穷。现在，这些人毫无例外地都肯定维希政权必将垮台。但是，他们当中没有一个人不想尽一切办法取代维希政权，但同时不让戴高乐取得胜利。

法国本土占领者对维希政权的态度也加速了它的瓦解。的确，德国人看到北非所发生的事态，确信贝当元帅和他的政府没有足够的权威来阻止法国人一有机会就掉过头来反抗他们；他们一想到将来盟国登陆的大战事就害怕后方发生全国性的骚乱。此外，由于需要法国的资源来补充被战争力量消耗了的本国经济，他们只给法国以无足轻重的地位，并进一步加强直接压榨。因此维希政权所指望和依靠的虚假的内部自主就彻底破产了。

无论如何，贝当既然在事实上把一切权力交给赖伐尔，那就再也不能以保护者自居了。现在，他不愿过问“政府”的工作，而自行引退了；此外，当时的政府的作用只不过是采取一些强制和镇压的措施罢了。11 月间，完全不让贝当到广播电台讲话了。12 月，赖伐尔拜见希特勒回国以后，为了同侵略者进行更全面的合作，改组了内阁，邀请伯利诺和达南特参加，等候戴亚来接任总理，最后元帅也没有表示反对。当时，在这个自称“国家元首”的人的身旁有位德国人朗特-范克先生监视，使他无可奈何。甚至到 12 月 18 日，贝当还写信给希特勒承认“今后占领当局有权改变法国的法律”。虽然后来他在巴黎、鲁昂、南希和圣艾蒂安有时会出现在群众面前，到处都有人向这个不幸的老人表示悲痛和同情，可是他从来没有说过一句话，使人从中可以听到被蹂躏的独立所发出的哭泣声。

从那时起，维希当局尽管在表面上还保持着可怜的政权，周围的一些自命为部长和宣传家的恬不知耻和丧心病狂的人，如菲利普·亨利奥和海洛德·巴基之流，为了欺骗大众，尽其蛊惑人心之能事，还利用公开刊物对正在与敌斗争的人们横加污蔑，但事实上，全国人民现在都谴责这个制度，人们只希望在德国人逃跑时，看到这个制度土崩瓦解。

法国群众当然丝毫也不怀疑将会有一个什么样的政府在巴黎出现，并且准备热烈地欢迎它。但是树立贝当的政客们害怕自己的前途发生问题，他们不甘心失败，从1943年末起，就策划各种阴谋，以便时机一到，就限制戴高乐将军的权力，如果可能的话，甚至把他踢开。贝当元帅自己暗中也作了一些必要的准备，一旦他不能执行职务，他就把自己的职务请一伙对待各种事件的态度很不相同的知名人物出来担任，当时还把一份在必要的时候建立中立执政内阁的“宪法”交到可靠的人的手中。不久以后，元帅又制定了与上述宪法显然矛盾的另一个“宪法”，并且准备公布。这个文件明确规定，如果他本人在宪法草案公布以前死去，1940年“国民议会”授予他的权力就归还给这个议会。虽然贝当的这个文件实际上对公众没有多大用处，但是德国人还是反对把它公布出来。

与此同时，在实际上和精神上都不归附我的一些议员也骚动起来了。他们以自己的委任状为理由（好像没有背叛他们的委任状似的），硬说1940年的“国民议会”是合法的（虽然它已经正式垮台），他们要求召集这个议会，以便在任何情况下解决政府的问题。大肆鼓吹这个计划的阿纳托尔·孟吉得到了他的几百个同僚的支持，当贝当元帅的困难加剧时，他勒令贝当服从他。但是，被这种蠢动激怒了的希特勒命令里宾特洛甫给贝当写了一封恫吓信，不许贝当以后再提这个丧失资格的议会，“只有德国国防军是法国唯一负责公共秩序的机构”。浮躁的议员们又噤若寒蝉了，但准备以后卷土重来。

在盟国方面，既然不能指望吉罗来同戴高乐保持均势，就设法另耍新花招。我从法国传来的消息得知，盟国在勒伯伦总统身上找到了这个花招。自从维希议会剥夺了勒伯伦的总统职务以后，他没有提出抗议就退居到维基尔去了。华盛顿和伦敦的一些企图摆布法国政治命运的人纷纷揣测是否有办法使总统到北非去。因为他既然没有正式辞职，而他对敌人的态度也未可厚非，那么一到阿尔及尔，难道他就不能自称拥有完全合法的地位吗？如果盟国马上承认他是法兰西共和国的总统，同时大多数的本国公民（至少可以这样希望）也承认他是总统，那么戴高乐及其拥护者怎么能否认他呢？从此以后，任命部长、主持他们的会议、签署法律和法令就都是他一个人的事了。这样一来，与戴高乐的不可侵犯的最高权力给白宫和唐宁街所造成的不安比较起来，该有多大的变化和安慰呀！后来，我又得到报告，听说英美的阴谋家想在8月底抓住这个机会。

正在这个时候，走投无路的巴多格里奥暗地里与英美接洽意大利投降。他们十分秘密地在里斯本商谈。当时，胜利者向战败者提出了半正式的建议，要是他们接受了，人们会感激的。勒伯伦的住地维基尔正处于意大利占领区。有一天晚上，一些从罗马来的军官拜访了总统，他们强调将来的战争可能危及这一地区，将影响总统本身的安全，所以他们以本国政府的名义向艾伯特·勒伯伦建议，请他搬到意大利去住，那儿又安全，又有合适的住处。同时给他预先准备了一切护送和安全措施。大家都知道，在接洽投降的同时，盟国总司令部与巴多格里奥已达成协议，准备采取一个军事行动，就是意大利一旦宣布停战后，盎格鲁-撒克逊人即进驻那不勒斯，如果可能的话，还将进驻罗马，同时无论如何将收留维克多·厄曼努尔国王和他的大臣以及其他重要人员。在“牵线人”的思想中，认为勒伯伦一到意大利，叫他到哪里他就得上哪里去。

根据我所听到的，总统直截了当地拒绝了这个建议，也许是因为他看不清真正的目的所在，也许是因为他看清楚了，但不愿合作。他向意大利人说：“你们的国家同我的国家是作战双方。对我来说，你们是敌人，你们可以用暴力把我劫走，我是不甘心跟你们走的。”代表团回去了。但是，不久，这些“法国事务”惊动了希特勒，他老羞成怒，派德国秘密警察逮捕了勒伯伦总统。他被弄到德国去，在那儿被拘留了一年。

我应该说，这些从各方面制造的阴谋，是为了逃避不可避免的命运，使我觉得好像是演中国皮影戏。在压迫世界的可怕现实中，我感叹阴谋是多么活跃而顽强啊。但是说真的，我并不怎么担心，使我更不安的是本土抵抗运动的命运。果然在这个时期，抵抗运动首脑遭遇的悲剧影响了抗战的骨干和方向。

6 月 9 日，我到阿尔及尔以后几天，德莱斯特兰将军在巴黎被捕了。地下军司令退出战斗，导致非正规军正好在它们的领导人要把它们联合起来的时刻陷于解体的危险。让·穆兰原定 6 月 21 日在卡鲁伊耳召集抵抗运动的代表开会，以便和他们商讨采取必要的措施。然而，在这一天，德国秘密警察进行了一次搜查，这次搜查涉及的时间、地点以及它要逮捕的人非常令人感到奇怪，我的代表和他周围的人都落到敌人手中。几星期后，我的代表在严刑拷打下牺牲。

让·穆兰的死产生了严重的影响。他就是使他们的那些任务具体化的一个人，因此没有人能代替他。没有他在那儿，就会给他亲自指导的联络、运输、分配和报道等机构带来极大的混乱，而这些机构正是抵抗运动的一个坚固的整体。特别是这种没有首脑的情况，一定会影响到政治，并给统一造成更大的困难。

当然，这并不是说，战斗者的情绪会受到这种影响。因为，这些人不知道负责鼓动他们的各种组织，而参加这些组织的人又大都是匿名的。关于地下的斗争，他们在精神上是与戴高乐联成一气的，在实践上，他们的游击生活、突击、破坏行动、偷运武器、传送情报——这一切当然是在较小的范围内进行的——都听从小组领导人的指挥。但是关于委员会的计划、影响、命令，事情就不那么简单了。虽然在斗争最激烈的时候，政客们同意在一定程度上放弃他们的野心，但是，特别在战争快结束的时候，他们一看到有攫取权力的机会，就不肯放弃他们的野心了。由我直接指派和支持的穆兰，由于他的个性，当时能把他们团结在一起，从而掌握他们。现在他一牺牲，某些人更要玩弄他们的把戏了。

首先，共产党人的情况就是这样。例如在全国抵抗委员会内部，他们采取的做法就是指望在委员会里取得实际上支配的地位，而另一方面又使这个委员会具有一个自主机构的面貌。这个机构在理论上属于我的政府，但它有权为了自己的目的从事活动。因此，就有可能利用全国抵抗委员会，以它的名义进行某些活动，安插某些政权，制定某项纲领，也许还抓住某些权力，在解放的混乱中掌握未来的命运。

如果我能够立刻任命一个接替让·穆兰职位的人，如果我的新代表能够亲自控制抵抗运动的所有代表人物，他也就能够取得我的代表团的首席位置和全国抵抗委员会的主席位置，也就不至于产生一些人企图制造的双头领导了。但是环境没有允许我立刻找到适当的人选。

尽管抵抗运动不断遭到损失，但是能够领导抵抗运动的有资格的和勇敢的人并不缺乏。然而他们属于不同的派别，领导和队伍的派性非常严重，谁也不肯服从别人。另外，备受蹂躏的法国很快就要复兴，国家生活、公共秩序和社会舆论在很大程度上都与法国的行政结构有密切关联。为了在内地充当我的代表、领导我们的机构，并在全国各地把政权确立起来或者推翻原有的政权，必须有一个“高级官员”之类的人物。他必须参加过我们的斗争，熟悉充满激情和错综复杂的情况，但本人不属于任何党派，必要时又能掌握政府即将设立的行政机构。过了好几个月，我才能够挑选和安置具有这些条件的人。

在这个时期里，我从伦敦委派曾与让·穆兰一起工作的克劳德·布基内-塞罗勒和雅各·班根暂时担任代表。在巴黎，布基内-塞罗勒不顾这一时期各抵抗运动参谋部遭到的残酷破坏和蒙受的可怕损失，仍设法保持一切联系。班根在南方主要从事组织支援工作来帮助西南中央高地和阿尔卑斯山日益增多的抵抗战士，一直到他被敌人逮捕，自己结束自己的生命。9 月间，我任命了艾米尔·波拉尔为戴高乐将军和民族解放委员会的代表。这位大省长从 1940 年起就拒绝向贝当元帅宣誓，退休隐居。他的感情和能力同我现在请他担任的职位相称。但是任命后不久，当他准备在布列塔尼半岛启程来阿尔及尔接受政府指示的时候，被敌人逮捕了。后来，他被放逐到布痕瓦尔德。尤其不幸的是皮埃尔·布罗索莱特，他也同时被敌人逮捕，不久以后，他为了逃脱德国秘密警察的魔掌，在跳窗时不幸牺牲。这位勇敢的伙伴当然也是被指定担任这个职务的，因为他具有卓越的才能、热烈的愿望，在抵抗运动各方面都享有威信。也由于他像让·穆兰一样与一切政党无关，所以他今天在战争时期和将来在和平时期所期待的，就是希望把“戴高乐主义”建成为社会、道德和民族的学说。1944 年 3 月中，行政法院委员兼劳工部管理局局长亚历山大·巴罗迪也接受了任务，他曾拒绝为维希政府服务，他的哥哥勒内是抵抗运动中最早为法兰西牺牲的人。

我的委派人选的变动，正有利于共产党人对全国抵抗委员会的企图。他们使 15 个委员中的 5 个委员或明或暗地听从他们。委员会自行主张推选一个主席，选出了乔治·皮杜尔。这位著名的抵抗战士十分喜爱政治，也有政治天才。战前他以新闻记者的才华和在天主教民主党内的地位而闻名，他力图使这个小集团变成大党并使自己成为大党的领袖。他接受了任命，承担起风险。其中的一个不小的风险就是在政坛上遇到了一个有纪律的集团，招架不住。这个集团精于革命行动，善于哗众取宠，高唱同志友爱。不久我就看出了一些苗头，这个小集团咄咄逼人，它的压力给皮杜尔造成种种障碍，由于它的所作所为，我不久也发现在我的面前出现了一些困难。果然，委员会通知说，它的全体会议必须是非常会议，它把权限委托给由 4 名成员组成的办事处，其中两名成员是共产党人，同时还成立了一个单独负责军事的所谓“行动”委员会，由“党”[①]员把持着。

1943 年末和 1944 年初，我们的运动在法国本土所遇到的情况更使我放心不下，因为我住在阿尔及尔，比在伦敦时更难使人听到我的声音，用无线电同法国联系的工作也多少松懈了。的确，对法国来说，阿尔及尔的电波没有英国广播公司的电波熟悉。毫无疑问，情报委员亨利·庞内、法兰西广播电台台长雅克·拉塞尼以及让·安路斯、亨利·伯纳兹特、让·加斯特、热尔日·戈尔斯、让·罗尔等人的努力，使阿尔及尔、突尼斯和拉巴特的广播更受注意和更有个性。另一方面，现正在热罗·儒沃的控制下充分发挥作用的布拉柴维尔大广播电台，正在赢得世界各地越来越多的听众。尽管如此，我总觉得我的话传到法国人的耳朵里的似乎是压低了的声音。在我很难向本国大声疾呼时，暗中同法国的联系也更加复杂了。

因为这些联系工作是从伦敦组织的。我们的指示和任务都是通

① 指法国共产党。

过在伦敦长期安排的手段发出的。报告员、通讯员、观察员以及逃出来的人都到那里。在使用飞机、哨舰、电报、无线电台和邮递方面，大批通讯、运输和供应人员都习惯了从英国首都进行的这种有节奏的活动。当时不可能毁坏这个网。至于在北非重新建立一个新网，由于缺少专门设备，加之距离太远，我们只能草草完成。比如，轻单引擎飞机从英国某基地起飞，经过两个钟头的工夫就飞到法国中心，降落到一个临时机场，同时还可以立刻返回原地。现在必须有一架双引擎飞机长时间飞行，降落时要有又长又平的跑道，返航前还必须上油，这样才能把本土、阿尔及尔、奥兰，或者甚至阿雅克肖联系起来。因此，我们仍然把主要的通讯机构留在英国。但是，这样一来转发、迟延和误会的情况就经常发生。

此外，除了法国抵抗运动专用的通讯机构外，还有一个陆军参谋部的老情报部。这个老情报部在维希一直维持到 1942 年 11 月，它在罗宁上校和里韦上校的领导下，在可能范围内反对德国人，到敌人占领南部地区时便转移到北非。"军政长官"就把这个机构作为自己与本土取得联系的工具。只要民族解放委员会是双头领导，就存在着这种弊病，属于我的情报和行动组织和为吉罗服务的组织各行其是。当吉罗离开政府只负责军事任务时，似乎才没有任何东西阻挠专门机构的统一。

但是，好几个月以后才做到这一点。民族解放委员会 1943 年 11 月 27 日的法令决定合并机构，任命雅克·苏斯戴尔为情报局局长，并且把整个组织交由政府首脑支配。这个组织不打算把老情报局的军官辞退，相反的，我们还大力使用他们在这方面的技能。但是，我们所进行的这种战争要求我们的体系是一个整体，超出过去的范围和方法，通过各种联络网、游击队、游击小组、地下组织、秘密传单和报纸、爆破和破坏行政机构的行动等复杂途径，包括抵抗运动的一切形式，并且深入到全国活动的各个部门。遗憾的是，吉罗将军固执地反对政府对这一问题所作出的决定。

吉罗利用总司令的名义，硬要把过去设置的那个机构完全归他掌握。我在多次会谈中再三向他说明统一的必要，并保证吉罗本人完全有使用整个机构的自由。但是他根本不理会。吉罗将军仍然以他的权威压制负责军官，不让他们遵守规定的制度。

他这样做，显然不是为了战略的理由。因为无论给予吉罗任何头衔，他都不能有效地执行作战总指挥的职务，而我们的装备优良的盟军是要把指挥权牢牢掌握在手里的。但是推行某种政策的人还没有放弃利用吉罗的打算。在法国、非洲以及侨居美国的法国知名人士当中，不同阶层的人还想给吉罗一个机会，希望这也会成为他们自己的机会。另一方面，盟国代表团和盟国参谋部暗地里忠实于它们以前的计划，无论如何不肯让吉罗在扮演头等角色上感到失望。因此，尽管我多方警告，他仍然固执地与本土某些人士单独保持着联系，同时在美国的帮助下往本土派遣自己的人，让他们制造混乱。

最后，事情终于爆发了。1944 年 4 月，由于发生了一件比较严重的事件，我不得不警告吉罗将军必须停止这种手法。由于他采取拖延的态度，政府下令撤销了他的有名无实的总司令职务，任命他担任陆军总监，这样就彻底改变了模棱两可的态度，并且也适合于他所能做的有益事情。为了减轻他的悲伤，我特意给他写了一封正式公函，对他的功绩表示政府的谢意，另外还给他写了一封私人信件，恳求他在祖国处于悲惨情况的时候能做一个舍己为国的榜样。同时，民族解放委员会也决定为吉罗颁发军功勋章和荣誉极高的奖状。

吉罗将军宁愿引退。他辞谢了请他担任的职务，拒绝接受勋章，迁往马查格朗附近居住。他说：“要么就当总司令，要么就什么也不干。”他的离职在军队和人民中并没有引起任何波动。必须指出，曾经与他有关系的维希旧执政者也不赞成他在布舍起诉一案中所持的态度。对于吉罗被法庭传唤作证这件事，人们都责备他没有明确地为被告人辩护，因为布舍只是由于“军政长官”的正式保证才来到北非。我本人感到，战争结束的日子还很远，而吉罗就退了职，这种固执态度真使我惋惜。但是，如果涉及国家秩序，这又算得了什么呢？

尤其是这时，法国苦难深重。从邮寄给我们的情报，尤其是从巴黎我们的“公共行政中心”机构供给我们的情报，从参加咨政议会的代表或通过比利牛斯山的逃亡者所带来的消息，以及从我们在阿尔及尔和本土间来往的负责人基雅因·德·伯诺维耳、布尔热·毛诺里、弗朗索瓦·克洛松、路易·曼根、伯利萨克将军、兹莱尔上校、加斯顿·德费尔、弗朗索瓦·密特朗和我的外甥米契尔·加姚等人给我作的报告，都使我们对情况逐渐有所了解。

法国人的物质条件从来没有糟糕到这样的地步。差不多对所有的人来说，粮食供应问题已经成为每日的悲剧。从 1943 年春季到 1944 年春季，正式的配给量还达不到每人每天 1 000 大卡。由于缺乏肥料、人手、燃料、运输工具，农业产量仅达到往年的三分之二。此外，占领军还从征购的物品中提取大部分；在肉类方面，他们提取一半，并通过黑市把剩下的应该供应市场的肉类也刮去一大部分。德国人这样耗费的食物都由法国国库支出。到 1943 年 8 月已支出 3 000 多亿法郎，到 1944 年 3 月达到 4 000 多亿法郎。150 万法国战俘一直被敌人关在集中营。敌人虽吹嘘释放了 10 万名俘虏，可是反过来又向“劳工局”征集了 100 万名市民。此外，德国又直接利用我们三分之一的工厂为它服务，消耗掉我们一半的煤炭，劫走我们 65%的机车、50%的车皮、60%的卡车，德国利用我们的企业、工具和原料来为它修筑“大西洋长城”。吃饭、穿衣、取暖、照明、交通等等令人筋疲力尽的问题，对大多数在苦难中挣扎的法国人来说，常常是无法解决的。

然而，当时的战争又继续在我国本土上造成破坏和损失。随着“停战”——投降者对这一点还引以为荣——后的喘息时间而来的是流血和警报。在迪埃普，后来又在圣纳泽尔，英军在法国军队的配合下进行了拉锯战。空袭我们城市的次数也增多了。特别是在巴黎、南特、鲁昂、里昂、圣艾蒂安及其郊区，都造成了严重的损失，这一切预示着将来大战役所加于我们头上的灾难。登陆以前，就有 3 万人死于空袭。在很多地方，特别是在安省、中央高地、阿尔卑斯山、利穆赞、多尔多涅省，到处展开了反对敌人的游击战，而敌人则以枪杀、纵火、逮捕人质、罚款来报复。当地国民兵也助纣为虐，他们的军事法庭经过草草审讯就把大批爱国志士判处死刑。

报复已成为敌人的一种真正的军事行动。他们采取的手段既露骨又凶狠。他们觉得大战即将来临，打算在大战以前肃清自己的后方。因此，德国秘密警察和德国宪兵配合着“治安总署署长”达南特当时所掌握的国民兵和警察，大肆破坏我们的联络网和地下组织。他们用尽一切恐怖手段、非刑和利诱迫使被捕者供出同伴。登陆以前那一时期的标志是许多领袖人物的死亡，如加瓦耶、马沙尔、麦德立克、彼利、波利兹尔、黎包舍、杜尼等，2 万抵抗战士被处死，5 万人被流放。同时，敌人还疯狂地制造了迫害犹太人的可耻的恐怖局面。最后，德国勒令维希政府把政治犯交给他们，主要有赫里欧、雷诺、达拉第、勃鲁姆、曼德尔、卡姆兰、雅哥麦，还逮捕了艾伯特·萨劳、弗朗索瓦·蓬塞、德·拉·罗克上校，并扣押了一些高级官员、商人和将官，这些人全被运到德国，准备将来作为人质进行交换。

但是，这阻挡不住抵抗运动的日益发展。抵抗运动以战斗、暗杀、突击、破坏铁道的方法，袭击和杀死了许多德国人，越来越多地把法奸和告密者处死，同时又把这些事到处传扬，把告示四处张贴出来。抵抗运动在全国范围内掀起了大规模的人道主义运动，激发人们的思想、感情，提出了一些理论，推动了艺术界和文艺界的进步。地下报纸通过奇妙的办法经常得到纸张，还有人主动编辑、印刷和散发。《义勇军报》、《战斗报》、《抵抗运动报》、《保卫法国报》等，每日共发行60万份。有一些杂志如《法兰西文学》、《解放手册》、《天主教证言手册》、《自由大学》、《自由艺术》等，都暗地送到许多订户家中。子夜出版社秘密地把许多书传播出去，其中维科尔的《海洋的寂静》有许多手抄本，广为流传。由于阿尔及尔政府的支持，所有在思想和文艺战线上与敌人进行斗争的人们的努力都通过广播电台反映出来。我以自由人和被迫缄默的人的名义，在“法兰西协会”10月30日召开的大会上向他们表示崇高的敬意，电台向巴黎播送了这次大会的实况。

法兰西思潮的汹涌澎湃，更加巩固了我们的政策。无数的阴谋、欲盖弥彰的野心、许多人策划的颠覆，怎么能胜过这种无穷无尽的勇敢和新生的泉源呢？也许这只是一个篇章，然后又会出现麻痹和消沉的景象。但“明天又是新的一天”。只要战争继续下去，从精神上说，我就可以团结法国人民。

特别是，民族本能比以往更清楚地以我为统一的中心。正是围绕着我，政治家展开活动，以便为不久的将来寻求保证。所谓领导阶级，即有权、有钱、有声望的人们转向我。在这类人当中有一部分人——一般说，同钱的关系最小——很早就跟随着我走。至于其他良心受到谴责的人，却期待我使他们避免可怕的毁灭，这部分人现在毕恭毕敬，把他们的批评和侮辱留到以后再说。群众在这一场悲剧中无机可投，他们只等待我来临，我一旦到来也就是他们的解放。最后，对于作战的人们来说，我就是他们愿意献身追求的象征。有一天晚上，赛尔穆-西蒙从法国来（不久以后，他在法国死去），给我带来一些被处死的年轻人的崇高形象的证据，怎样将我内心的激动形容出来呢？有他们在临刑前夕把我的名字刻在监狱墙壁上的照片；有他们给亲属写的最后遗书，他们在信中称呼我是他们的领袖；在执行枪决时，人们听到他们高呼："法国万岁！戴高乐万岁！"

这些人在我最需要的时候指明了我的责任。因为我工作过度劳累和精神痛苦，1944 年初，我患了一场大病。但是在谣传"将军"可能死去的时候，由于李克特维兹医生和拉克罗医生细心诊治，我的健康恢复了。的确，在自由法国存在的两年中充满着动荡和失望。但是，我们必须孤注一掷。我们感到周围的空气是英雄的气氛，受到不惜任何代价必须胜利这种信念的鼓舞。在我和由我领导的人（都是自愿的）之间的团结一致，这对我是个有力的支持。现在虽然目标日渐接近，但是我觉得仿佛是脚踏在更不牢固的土地上，呼吸着不大清洁的空气。在我的周围，个人利益出现了明争暗斗，人们一天比一天更加流露出人的本性了。

在我的"格里西诺"办公室内，我调和钟鼎，日理万机。有该批阅的公文，虽然我的直接助手巴莱沃斯基、比奥特、苏斯戴尔按照程序只给我提供主要的文件。有该采取的决定，虽然只是对于一些主要的事务。有该接见的人，尽管我采用限制的办法，只接见国务委员、外交人员、盟国和本国的重要领袖、某些高级官员、从法国来的或派往法国去的使者以及一些著名的来访者。按照原则我与别人很少通电话，别人也很少来电话。至于观点的比较和措施的选择，我特意交由政府会议进行讨论。我的天性和经验告诉我，只有系统地综合管理一切事务，高瞻远瞩，通达大体，才能在极其繁忙的事务中节省时间和保住自身。

这就更需要在特定的时间接触群众和事物。我尽最大的努力到当地去看望他们。我在阿尔及尔的岗位上待了 15 个月，除了参加首都的会议和大会以外，到各处访问了100天。在阿尔及尔，我访问了城市和乡村，视察了军队、船只、飞行队。我在摩洛哥逗留了四次，到过突尼斯三趟，在利比亚住过一次。在撒哈拉以南非洲我作了一次长途旅行，走遍了这块属地。我三次路过科西嘉岛。我为了视察在意大利作战的法国部队，曾先后三次到意大利去。当盟国在诺曼底半岛登陆后，我访问了英国，从那儿也曾经去法国的贝叶城。不久以后，我初次访问了美国和加拿大。这些旅行使我受到鼓舞。处在令人十分厌恶的野心勃勃的阴谋中的人，在为一件伟大的事业活动时又是多么感到亲切呀！

由于个人喜好和便于工作的关系，我的私生活是十分简单的。我的住宅是奥利维埃别墅，我的妻子跟我在这儿居住，还有安娜，她的健康总使我们担忧[①]。不久以后，伊丽莎白从牛津回来，在办公室服务，她负责阅读外国报刊。至于菲利普，继续在英吉利海峡和大西洋中航行和作战。晚间，我在奥利维埃尽量一个人静静待着，以便准备该做的演讲。但是我往往必须接待客人。许多本国和外国客人跟我们共进午餐，使我们很高兴。可是，菜非常简单，因为配给制是适用于一切人的。有时，我们到卡比利别墅去度过星期天。

每隔些时候，我们也接到家人的来信。我的哥哥格扎维埃在尼翁城找到了藏身之处，他从那儿寄到阿尔及尔一些有用的情报；他的女儿热内维艾尔与《保卫法国》报的领导人一起被敌人逮捕并被放逐到拉文斯布吕克；他的长子在意大利作战。我的姐姐阿尔弗雷德·加姚夫人被德国秘密警察逮捕，在弗雷纳住了一年监狱以后被送到德国；她的丈夫已67岁了，也被送到布痕瓦尔德集中营去了；他们的儿子沙尔是轻步兵的年轻军官，在法国战役中牺牲了；其他

① 安娜是戴高乐的第二个女儿，身有残疾。

三个儿子在海外加入了我们的军队。我的大弟弟雅克的三个儿子也都来到海外，参加了我们的军队。雅克已经瘫痪，由于皮埃尔神父和他的小队人员把他抬到瑞士国境那边去，才没有被德国警察逮捕。可是我的小弟弟皮埃尔却经常受到严密监视，1943 年，他终于被德国人逮捕，后来押往艾森贝格集中营。他的妻子和六个孩子（其中一个女儿是抵抗运动者，后来被枪毙），一起步行跨过比利牛斯山，从西班牙来到摩洛哥。在温德鲁家里，我妻子的兄弟姊妹们都为共同的事业奋斗。在法国和非洲，我们所有的亲戚都不顾任何危险地投入斗争。每当我感到自己的担子过于沉重的时候，除了其他的勉励以外，我就想起还有来自我的亲戚的鼓舞。

的确，我的部长们也分担这副担子。以前我们的组织范围小，工作集中在我一人手中，今天为了照顾日益扩展的范围，必须分散权力。在民族解放委员会委员中，肯定流行着竞争状态和脱离中央的要求。但总的来说，他们在我的周围形成一个有纪律的班子。这些人当中的每一个人都有自己的权利和自己的责任。

每个人各有自己的作风。亨利·葛义领导着联系各部的委员会，把自己天生的理智与慎重作风以及他在第三共和国作为政府部长的经验也带来了。以外交手腕非常熟练和经常有一套办法而著名的勒内·马西格里，竭力恢复由于形势而被破坏了的外交联络网。皮埃尔·孟戴斯-弗朗斯具有清晰的头脑和坚强的意志，他解决了压迫我们的阿尔及尔财政上的显然难以解决的问题。勒内·梅耶具有卓越的才能，他使北非的铁路、港口、公路得到最充分利用。勒·特劳盖急躁而慷慨，是他所管辖的军队的头号勤务员。安德烈·菲利普经常同自己的思想中迸发出的大量想法和会议上相继而来的“争执”进行斗争。让·莫内利用范围广泛的办法和关系，致力于使盟邦美国及时安排它所愿意给予我们的援助。亨利·庞内在互相争夺情报工具的小组间充当了调解人的角色。弗朗索瓦·德·

孟顿、厄曼努尔·达斯迪埃、勒内·加比唐、亨利·弗莱乃四人的部门是司法、内政、国民教育和俘虏部门，他们主要准备明天在法国应做的工作并且在改革的热情上互不相让。费尔南·格利尼埃和弗朗索瓦·皮佑，前者性情暴躁，后者非常灵巧，这两个人都有能力，他们把小心翼翼的注意力分别倾注于自己的岗位（空军和国务委员的职务）和他们的政党，他们是受党来自外部的监督的。至于在自由法国时期追随我的部长们，如能办大事的乔治·贾德鲁、勒内·普利文、安德烈·迪特尔姆、阿德里安·蒂克西尔，都是四年来在极其艰苦的环境中工作过的，他们每个人对待自己的任务——伊斯兰宗教和民族问题、殖民地问题、生产问题和劳工问题，都有不向困难低头和百折不挠的勇气。

所有这些部长，不管他们的出身、倾向和个性如何，都以与夏尔·戴高乐联合为荣，并跟他共同分担责任。因为他们的管理机构都是拼凑起来的，所以他们在这方面的功绩就更大。尽管这些机构有不少缺陷，而且部长们热衷于自己的职务，在复兴本国的远景的激励下，免不了大搞规划，但我应该说句公道话，他们是热情的、聪明的。在阿尔及尔办公室中，也像在会议和集会中那样，大家都为重建祖国和世界而拟订各种计划，人们也会本着良心正确地完成自己的任务。在职员中，外交方面的赫伯特·盖兰、塞沃尔、阿尔芳、巴利斯，内政方面的塞维鲁，财政方面的格莱、甘德、勒洛-包利耶，殖民事务方面的劳伦特，运输方面的安都兹·法里斯，中央国库的波斯特耳·维内，还有一些参谋部的人员，如陆军方面的勒埃，海军方面的勒莫尼埃，空军方面的布斯加，都是我们机关里的骨干和模范。最后，一切事情都要由我决定，我不能忽视我们力所能及的范围是狭隘的。如果说政治需要一种兴奋剂来刺激的话，那不是其他东西，而是抓住机会的艺术。

政府会议经常在夏宫举行。每星期开会两次。我在路易·若克斯协助下制订议程。在每个问题上，委员会都听取有关部长的报告。讨论开始后，每个人发表自己的意见。必要时，我请每个人发言。通常在讨论结束时，我也发表自己的意见。然后由我作结论，提出会议的决议，必要时我也裁决一些争执。随后将决定通知各部。这些决定往往以命令或法令的形式作出。在这种情况下，全文由雷纳·卡山和他的法制委员会先行拟定，然后在部长会议中讨论，最后在“法兰西共和国政府公报”中颁布。这个公报是按传统的形式在阿尔及尔出版的。

这样，1944 年 1 月 10 日、3 月 14 日、4 月 21 日、5 月 19 日的法令，规定了解放过程中关于政权的组织和权力的执行。设 17 个“共和国地方委员”，赋予他们特殊权力；驻在里尔、南希、斯特拉斯堡、夏龙、第戎、克莱蒙费朗、里昂、马赛、蒙彼利埃、利摩日、图卢兹、波尔多、普瓦蒂埃、雷恩、昂热、鲁昂、奥尔良和塞纳的省长都承担这样的职责：采取一切措施保证本国军队和盟国军队的安全，设立地方的行政管理，恢复共和国的法制，以及满足人民的需要。此外，每一部门应先委派一位高级官员担任秘书长，在部长到任前负责照常进行机关工作。市镇要恢复 1939 年的市议会，这种市议会一般都被维希当局一手制造的代表会议代替了。为了让当地的抵抗运动在恢复过程中起到作用，成为表达意见的正常手段和人们不可避免的沸腾情绪的表达渠道，规定在每省成立一个“解放委员会”。这种委员会的成员包括全国抵抗委员会中当地各党派和社团的代表，它按照从前县议会那样的做法，把自己的意见提交省长，直到县议会由选举产生为止。最后设立一个“驻光复区全国代表委员”，他就地直接采取必要措施。

4 月，安德烈·勒·特劳盖被委派担任这个职务。共和国的委员和光复区的省长由以米契尔·德勃雷为助手的亚历山大·巴罗迪提请政府审核后秘密委派，他们在接到正式任命后，就准备在战火停息后出任新职。他们当中的维尔底埃和弗尔加德两人被敌人杀害，布伊和加苏两人受重伤，九位省长为国牺牲。但是在法国人中，在盟国和战败的敌人面前，将出现一个完整、负责而独立的国家政权。

同时它必须具有司法制度。由于目前所遭受的苦难，光复时无疑会掀起一股要求惩罚的情绪。有成千上万的男男女女为保护祖国而惨遭杀害了；上百万的人被送到阴森恐怖的集中营，能回来的人将为数很少；有千千万万抵抗运动的战士、游击队员、行动小组，都被敌人看成不受战争法保护的人而被就地处决；此外，敌人大肆利用严刑拷打和卖国行为，在“部长”、职员、警察、国民兵和法奸的直接协助下犯下了无数杀人、放火、抢掠等种种罪行；多年来，许多报纸、杂志、书籍和演讲大肆侮辱为法国而战斗的人们，对占领者反而赞扬；同时，在“政府”、行政机关、工商界和社会上，有些人在全国沦于屈辱和灾难中，竟公开通敌。这样一来，德国人的逃跑很可能成为草率的血腥报复的信号。但无论如何，任何私人都无权惩罚有罪的人，这是国家的事情，必须由国家的法院在很短时期内对案情进行审理判决。否则，法院就无法控制一些集团或个人的激愤情绪。

因此，民族解放委员会先后以 1944 年 6 月 26 日和 8 月 26 日的法令补充规定有关通敌的重罪和轻罪以及应该受到惩处的情节。我们的法律中有提出控告的法律根据，那就是通敌罪。但是，这次由于维希政府的命令和态度，在减刑方面，应考虑到一些特殊情况。针对这种史无前例的政治局势，为了使法官能把通常制裁应用于不是通常的过错上，规定了一种新刑罚：全国蔑视。这种刑罚是剥夺政治权利、不得担任公职，最重的处罚是流放。这样，对于必须惩罚的各种重罪和轻罪有了明确的认识，又有了一个相当明确的量刑标准，法院就可以作出判断。

这是个什么样的法庭呢？当然，普通刑事法庭和轻罪裁判机关不是审理这类案件的。它在性质上和组织上都不能审理这类案件，因为许多法官曾被迫向贝当元帅宣誓和根据维希当局的命令来进行判决。因此，司法制度必须改革。解放委员会根据这个精神，事先规定在上诉法院中设立“审判委员会”。审判长和检察部门应该由司法部选出的法官来担任，四个陪审员由上诉法院院长提名抽签决定，上诉法院院长有两名由共和国委员指派的抵抗运动代表作为助手。从各方面来看，需要抵抗运动参与正式司法工作。至于那些在“政府”或重要的职位上负有主要的投降或通敌责任的人，将归最高法院审理。

但其中有一个人的命运是在阿尔及尔决定的，那就是皮埃尔·布舍。他当时是维希政府的内政部部长，犯有残酷迫害抵抗运动人员的罪行，在抵抗战士的心目中，他是镇压能手。布舍在1942年离开了他的“内政部”，到达西班牙。吉罗将军当时是“军政长官”，他根据布舍的请求允许他来摩洛哥，以便在军队中服务，只有一个条件，那就是必须暗中进行。但是，这位前任部长大摇大摆地抛头露面，吉罗将军就把他软禁起来。以后，民族解放委员会决定对维希政府的成员施行法律裁判，于是皮埃尔·布舍被投入监狱。现在就发生这样的问题：他是不是应马上受审判呢？

政府成员们一致赞同，决定由政府对布舍开庭审判。从原则上说，没有往后推迟的理由。特别是为了国家的缘故，需要马上有一个典型。当时正是抵抗运动在即将来临的战斗中要成为国防的主要力量之时，也正是达南特以身负“治安”责任的资格参加赖伐尔的内阁并伙同德国人致力于粉碎抵抗运动的时候。必须使我们的战士和他们的对方很快地得到一个证明，就是犯罪者必须对自己的行为负责。我在咨政议会的讲台上声明了这一点，并引用了乔治·克里蒙梭的一句话：“战争！就是战争！制裁的时候到了！国家将要看到它是受到保卫的。”

为了审判布舍，在没有能够召集最高法院的情况下，民族解放委员会就把被告提交到“军事法庭”，审判长是阿尔及尔上诉法院的院长维林先生。法官是费舍尔顾问和沙德伯克・德・拉法拉德将军、加塞将军和斯契米德将军。检察官由威斯将军担任。被告很巧妙、很有力地作了辩护。但是有两个问题使法庭决定对他宣布了最严厉的判决。布舍做内政部部长的时候曾给省长们下达过多次紧急通知，要他们为德国提供它所需要的劳工。其次，有一切迹象表明当德国人准备为他们被暗杀的士兵复仇而要把关在萨多伯利昂宫中的一些人执行枪决时，这个可恶的人竟把愿意叫他们执行枪决的一些人的名单交给了德国人。敌人在这桩罪恶上得到了满足。解放时我们又找到了有关这件事的确凿证据。

在诉讼过程中，吉罗将军被请来作证，他面对被告吞吞吐吐，可是在布舍被判处死刑后，吉罗却跑来向我要求缓期执行。我只能拒绝他的要求。皮埃尔・布舍自己一口咬定他完全是为了公众利益。他在法官面前作最后的申辩时提到戴高乐，他大声说：“今天给法国带来最大希望的这个人，如果需要我的性命来为他即将完成的使命服务的话，就请他把我的生命拿去吧！我送给他！”他死得很勇敢，亲自向执行队下令说：“开枪！”

祖国在风雨飘摇中，人们分为两个阵营，要把国家和民族引向相反的道路，达到不同的目的。从这个时候起，这个阵营和那个阵营的人的责任，在这个世界上不是以他们的意愿为标准，而是根据他们的行为来衡量的，因为这直接关系着祖国的命运。不管他们曾经怎样想，不管他们曾经要做什么，只能善有善报、恶有恶报。但是以后呢？以后？那就只有让上帝来裁判所有的人了！现在先让法国人来埋葬所有的尸体！

但是国家必须生存下去。民族解放委员会全力以赴，使国家一旦解除锁链，就能继续生存下去。而我坚决相信，在即将发生的财政、经济、社会危机的面前，任何事情要不是预先筹划好并决定下来，是一定做不成的。因此我把政府现有的大部分力量集中在将来的事情上。的确有三个致命伤等待我们去医治：通货膨胀，工资和服务事业收费低到无法忍受的水平，还有粮食供应的缺乏。

的确，由于必须向敌人交付的款项，货币流通的总额在 1944 年春超过 1940 年两倍，而很多种货物的数量又平均减少了一半，因此，实际价格高涨，黑市猖獗，给大多数居民带来了无法形容的困难。敌人一方面设法把法国工人吸引到德国去，同时又施加压力，把工人的工资和职员的薪金都冻结在最低水平。相反的，一些商人、小贩、经纪人则牟取非法利润。解放时，由于解放所引起的心理震动，国家可能同时面临几种危险：货币崩溃、劳工浪潮和饥荒。

在政府方面，如果采取放任自流的态度，就会把民族置于无法挽救的混乱中，因为在解放的震动下通货膨胀就会泛滥起来，而人们将看到一切堤防都会倒塌。同时冻结财富、钞票、工资和价格，也会发生问题。这必然带来种种沉重的压力，对刚从压迫中解脱出来的民族来说是无法忍受的。这会引起社会动荡，同发展生产和医治战争创伤的需要是水火不相容的。无须等到政府采取其他办法供给，这就会使市场一扫而光，因为一切储备都没有了，国库没有外汇来支付大批进口物资，同时盟国商船也被用来从事军事运输。在两个极端中，民族解放委员会采取了折中的办法，这种办法也并非轻而易举。

兑换钞票、征收财产税、没收非法利润、规定银行储户只能取用直接需要的款项、利用胜利给国家带来的乐观心理发行大批公债以吸收游资，只有这样，我们才能控制货币的流通。重新调整付给生产者的商品价格，并补贴生活所必需的食粮，以便维持最低的价格，从而有可能保证市场供应。将“实际”工资和薪金大幅度地提高30%，就可以消除社会的危机。但是，现在必须保证从国外获得粮食援助。因此，政府于1944年春在海外领地筹集了当时价值100亿法郎的储备，并与华盛顿签订了一个“半年计划”，商定了第一批美援物资。

这些措施防止了法国陷入更坏的境地。但是，没有任何办法可以使法国解放后不再长期忍受经济的穷困和配给制度。任何魔术和一切妙计都不能使法国从破产变为富裕。不管大家怎样研究创造，怎样组织，还必须经过很长的时间、一系列的安排、许多工作和巨大的牺牲，才能重新恢复已被破坏的一切，才能重新整顿已经毁坏和过时的设备。为了做出这些努力，还必须同劳工阶级合作；没有他们的合作，一切将会成为混乱和笼络人心的空谈。国家必须把主要动力资源如煤、电和煤气收归国有，只有国家才能使这些资源正常开发；对信贷进行监督，以使它的活动摆脱垄断资本的摆布；通过企业管理委员会为工人阶级开辟合作的道路；保证我国的男女不受疾病、失业、年老的威胁，解除他们在生活和工作中的忧虑；最后，广泛采取发放补助金的办法来鼓励生育，为法国开辟活力的源泉。这些就是我在1944年3月15日所宣布的改革措施，是我的政府决心完成的措施，实际上，这些措施一定能够完成。

我们的政策可以依靠舆论。因为人们在经历灾难的同时，也向往进步。许多人感到，战争的灾祸必将在人类的生活中导致一个广泛的变革。如果我们在这一方面没有进行任何工作，我们就无法避免群众倒向共产党的共产主义。相反的，如果我们立即行动起来，就可以拯救法国的灵魂。此外，特权者不会站出来反对，因为这个社会范畴的人受到维希当局错误的牵连那么重，又是那么害怕革命的幽灵。至于抵抗运动，它是完全赞成进步的；同生死共患难的战士们也是倾向友爱的。

但是迫使法国本土迅速进行重大改革的深刻理由，也要求我们改变海外殖民地的地位和当地居民的权利。我同所有的人一样，都是这样认为的。我是依靠“法兰西帝国”的人力和财富来领导作战的。此外，我怎么会怀疑在席卷全球的大战后，得到解放的热情将掀起汹涌的波涛呢？在亚洲、非洲、大洋洲所发生的一切预兆对任何地方都将发生影响。可是在我们的海外领地上，我们的灾难虽然没有毁灭当地居民对我们的忠诚，但他们也亲眼看到损害我们威信的十分残酷的事件：1940 年的崩溃、维希政要在敌人面前的奴颜婢膝，以及 1942 年 11 月荒诞战斗后美国人在法国喧宾夺主的情况。的确，全部法属非洲的土著为战斗法国的表率所鼓舞，他们在自己的本土看到法国复兴的开端，他们十分慷慨地参加了这一事业。从此一切又可以从头做起。但有一个主要条件，就是不能让这些国家和地区仍然维持原来的状况。在这个问题上，要把事情做好，越早越好。我的政府必须采取主动，不能再拖延了。

因此，1943 年 12 月当负责穆斯林工作的民族委员贾德鲁将军向民族解放委员会提出一项有关阿尔及利亚的重要改革的建议时，我对他表示支持。一直到现在，那里的居民还是分为两个选区。第一选区是由原籍法国或加入法国籍的人组成的，同穆斯林组成的第二选区比较起来，它在市议会和县议会中占有压倒性的多数。在法国议会中，只有第一选区的代表。不管穆斯林“个人地位”如何，我们通过法令规定“有能力”的几万穆斯林都参加第一选区。此外，所有其他人都在第二选区享有选举权。最后，在议会中（包括在法国议会中），第二选区获选人的比例应予以提高，到对等为止。这在整个阿尔及利亚的公民平等和政治平等方面迈进了一大步。

当然，这种改革无论在侨民中还是在若干伊斯兰教派中都引起了一些含蓄的批评。但是许多阿拉伯人和卡布勒斯人[①]对法国倒抱有一种希望和感激的心情，法国不等到自己摆脱灾难就把他们的地位提高了，也把他们的命运和法国本土的命运更紧密地结合起来了。同时在各界中，人人都对政府迅速果断地采取旧政权长期不敢采取的措施感到意外。1943 年 12 月 12 日，我偕同贾德鲁将军和几个部长来到君士坦丁。在那儿的伯莱什广场上，我在无数的群众面前宣布了我们的决定。在讲台附近，我亲眼看到潘德热鲁博士和许多穆斯林都感激得掉下眼泪。

为了巩固导向法兰西联邦的新政策，我们创造了另一个机会：召开布拉柴维尔非洲会议。这是殖民地民族委员勒内・普利文所提出和组织的。这个会议将有 20 位总督和领地长官参加，其中费利克斯・埃布埃是主要的代表人物。参加会议的，还有咨政议会主席费利克斯・古安和 10 多位咨政议会的成员，以及非官方的权威人士。会议的目的是交流意见和经验，“以便确定在某种切实可行的基础上，能逐步建立一个包括撒哈拉以南非洲地区在内的法兰西共同体”，来代替直接管理的制度。

在盛大而隆重的欢迎中，我来到了布拉柴维尔。路经摩洛哥时，我到过达喀尔，在那里，地方当局、陆军、海军、侨民和居民都洋溢着无比兴奋的心情。但是三年前，也就是在这儿，曾经以炮击来阻止我进入塞内加尔境内！我还先后到科纳克里、阿比让、洛美、科托努、杜阿拉、利伯维尔等地访问，也到处都受到热烈的欢迎，在这些表示中，人人都感到内心振荡着胜利的信心。布拉柴维尔以动人的场面迎接了我，表现了它在最艰难的年月里曾经作为法国主权避难所的光荣。我下榻于“戴高乐草堂”，这是当地居民怀着无比殷切的心情在瑰丽的刚果河畔为我建筑的公馆。

---

① 即居住在阿尔及利亚和突尼斯一带的柏伯尔人。

1944年1月30日，我召开了会议。在普利文向我献词以后，我就说明政府为什么决定召开这次会议："我们不愿夸大迫使我们谈起整个非洲问题的紧急理由，我们认为震撼世界的事件使我们不能再拖延下去。"我对法国在非洲取得的成就表示祝贺后，接着指出大战前"在非洲就已经出现了在新的基础上创造发展经济、使居民进步和行使法国主权的条件的必要性"。在今天，这该是多么紧迫啊，"因为大战大部分也可以看成是非洲的战争，它是以人类的命运作赌注的，同时在各地展开心理战的影响下，各个民族都从远处着眼，寻求自己的命运"！然而我现在声明，法兰西决定通过新时代的道路来领导"与本土的4 200万儿女共命运的6 000万人"。为什么呢？"首先，因为它是法兰西……其次，因为法国在自己的海外领地及其忠诚中找到了支援和走向解放的基地……最后，因为它今天……具有一种新生的热烈愿望"。

会议开始进行工作。会上提出了有关行政、社会和文化教育方面的提案，总督会议显然不能解决帝国改为法兰西联邦的宪法问题。但是，道路已明摆出来，只要跟着走就行了。只要愿意，就会使这一改革成为具有世界意义的民族事业。全世界没有一个人会看不清这一点，他们的注意力会突然转向布拉柴维尔。这只能在法国自愿的情况下才能产生出来。这个时候，法国新生的力量和重新燃起来的信心，使她能够作出贡献，而任何人还不敢硬从她那里把这些贡献夺走。我拥抱了埃布埃，他由于操劳过度，三个月后就与世长辞了，他没有亲眼看到法国解放。随后，我离开法属赤道非洲的首府，飞经班吉、拉密堡、津德尔、尼亚美、加奥，又返回阿尔及尔。在那里，我的寓所的屋顶上飘扬着一面旗帜，已经再也没有人怀疑它是合法的旗帜了。

但是，实际上所获得的东西应该用语言表明。现在应当及时还给政府所应有的名称。尽管法国现在面临着可怕的纷乱，我只要不死就抱着这样的希望：总有一天这项声明将在全国一致拥护下宣布出来，并在事情彻底解决以前把国家重新组织起来。过去有一些人认为得到了国家的权力，实际上却采取民族投降态度，对这些人，我在漫长的、可怕的四年中总想给他们一个机会，让他们有一天能说出这样的话："我们错了。我们向荣誉、向责任、向战斗投诚。现在我们有法律形式给我们留下的合法外表，也有没做过任何坏事的人严格而忠实地跟随着我们。不论敌人使我们付出什么代价，我们下令，用一切方法打击他们，在哪儿遇到敌人，就在哪儿进攻它。如果你们愿意的话，政治、正义和历史的判决留待以后再说吧！为了最崇高的事业，请你们让我们以法国统一和法国命运的名义站到你们的身旁！"

但是，这种声音从来没有发出过，在全世界总是"后悔多于认罪"。然而很快就会有一天，解放的军队登上祖国的土地。为了祖国和全世界，我们迫切需要使我们的政权按照现在的样子确定下来，包括一切权力掌握者的头衔，这些权力是人民经过选择而赋予的。5月7日，我在突尼斯声明："我们向那些想象法国在解放时可能倒退到封建时代并分裂成许多政府的人声明：在不久的将来，请你们到马赛的加内彼厄尔大街、里昂的伯勒古尔广场、里尔的大广场、波尔多的甘公斯、斯特拉斯堡的勃劳格里运动场、巴黎的凯旋门和圣母大教堂之间的某一地方来和我们会晤吧！"5月15日，我接到根据艾伯特·加吉埃的提议由咨政议会一致通过的一项动议，这个动议在1944年6月3日成为法令。当我飞往英国的时候，民族解放委员会已成为法兰西共和国的临时政府，三天以后，解放战争便从伦敦发动起来了！

第六章 外交

在一般的惯例下，外交只看现实。当我们失去力量的时候，我们可以去感动人，但我们不能过问行政机关的事务。正在重新统一的法国，是有分量的，是轻视不得的。

KA18 ·3

在一般的惯例下，外交只看现实。当我们失去力量的时候，我们可以去感动人，但我们不能过问行政机关的事务。正在重新统一的法国，是有分量的，是轻视不得的。法国已逐渐再度出现在未来的世界之中。不仅法国人对祖国的得救从此不再抱着任何怀疑，就是盟国也不否认总有一天法国应恢复原来的地位。当他们预见到这一天会来临的时候，他们的政策自然会特别重视我们。

此外，我们对于盟国的协助是日益可贵了。没有我们的部队，盟国在突尼斯的战役一开始就吃了败仗。此后不久，法国的行动在关键的战区又决定了盟军在意大利的胜利。关于不久将在法国本土进行的战争，盟国的政府和参谋部都对我们内地的部队、从法兰西帝国调来的军队以及我们剩下的舰队的参战寄予希望。另外，我们在非洲和科西嘉岛的基地的设备，以及盟军从这里所能获得的有效支援，对盟军来说具有极大的价值啊！我们是盟军精神上一张值得重视的王牌。因此，法国的利益和感情在盟国处理事务的过程中确实越来越受到重视了。

华盛顿、伦敦和莫斯科固然很关心我们，但它们把官方关系局限于必不可少的范围内。害怕欧洲复杂关系的美国打算在某一天通过直接与苏联进行谈判来解决欧洲的和平问题，它认为法国参加首脑会议不符合它们的既定计划。尽管伦敦方面小心翼翼地不妨碍美国，美国还是认为英国参加已经是不合适的了。如果法国带着自己的主张和灾难参加进去，又将产生多少困难啊！法国一进来就会以中小国家的代言人自居，那么怎能够从苏联方面取得白宫所幻想的这种合作呢？这种合作的代价一定要牺牲维斯杜拉河地区、多瑙河以及巴尔干半岛上的国家的独立。关于亚洲及其前沿地区，美国人的计划就是宣告欧洲国家势力结束。关于印度问题，实际上已经解决。关于印度尼西亚，人们也不相信荷兰能够坚持。但是，关于印度支那，如果复兴起来的法国人跃居大国地位，该怎么办呢？华盛顿尽管乐于看到我们的复兴，尽管在有用的时候与我们合作，但是，尽量拖延时间，把法国看成一块休耕地，把戴高乐的政府看作是一个不方便的累赘，总之，它们认为对于这个政府不应该像对一个国家那样来看待。

英国不肯采取这样简单的方式。英国知道，法国的存在、力量和影响，将来和过去一样，对于均势来说是必需的。英国从来不甘心于维希政府那种自暴自弃的法国，这曾使它付出了很大代价。英国的本性和它的政策，都希望法国重新和过去那样，以一个又容易驾驭又摸得清底细的伙伴的身份出现。但是，为什么要急于求成呢？今后胜利是肯定的，而法国军队用它的一切力量来帮助盟国也是肯定的。关于将来要处理的一系列的事情，最好也让法国参加，但有一个条件，就是法国只能以从属的地位参加，在得到英国支持的美国把戏面前低头。然而戴高乐将军是否只听任人摆布呢？那就很不一定了。总起来说，最好使法国的主权处于暧昧不明的状态，特别是因为这种状态可以利用来结束法国以往在中东的竞争势力。

苏联正在观察着，盘算着，怀疑着。当然，一切都使克里姆林宫希望重新产生一个能够帮助它制服德国人，同时又不受美国牵制的法国。但是用不着焦急。目前需要的是打胜仗，是从英吉利海峡到亚得里亚海开辟第二战场，不要采取与盎格鲁-撒克逊人太不一样的政治立场。此外，假如要让戴高乐将军的法国直接参与欧洲事务，谁知道法国是否同意取消波兰、匈牙利、巴尔干各国的独立呢，是否同意取消奥地利和捷克斯洛伐克的独立呢？最后，明天的法国将是一个什么样的国家呢？法国国内的局势，一定会大大影响它的对外政策，特别是对苏联的政策。谁能保证它不会受到那批建立维希政府的人的影响，而不变成自己的敌人呢？在它的对立面，共产党在巴黎不是也有取得政权的可能么？无论如何，最好是不过分讨好阿尔及尔政府。一句话，苏联虽然对我们表示出一种友好的谅解，但实际上它仍然认为应该等一等，看看风向。

总之，虽然华盛顿、伦敦、莫斯科的政府各怀私心，但它们同意保留我们的地位，但不急于把它还给我们。至于戴高乐是复兴法国的领袖和象征，它们也都注意到了，但是它们认为必须对戴高乐的活动加以限制。戴高乐已经走上把分裂的民族联合在一起的道路，并且能成立一个巩固而团结的政权。这些事实，在外国专家的眼里，看来是不正常的，甚至是可笑的。他们愿意法国在这种力量推动下从深渊中跳出来，可是不能让它登上顶峰。因此，他们表面上对戴高乐很尊敬，但没有丝毫的热情，在下面却煽动一切反对戴高乐将军的流言蜚语和阴谋暴乱。然后他们再竭尽全力去找回一个玩弄政治的法国，这样的法国，对外任人摆布已经是司空见惯的了。

至于我，必须声明，我看到阿尔及尔政府的外交地位仍然不明确，我并不大在乎。与从前的情况比较起来，我觉得最主要的事情都已经做到了，同时我也感到，如果我们坚持下去，剩下的一些进程迟早也要完成。此外，我们现在或将来怎么样，不应取决于别人的选择。从现在起，我们的地位足够巩固，按我们的意愿，无论在任何地方或任何时候，都能够叫别人听见我们的声音。法国的前途，决定于法国本身，而不在于盟国的“客气”。德国一旦被打败了，鉴于大国将会面临一些严重的困难，法国只要愿意，是可以起到应有的作用的。由于我对这一点深信不疑，所以我对盟国不愉快的脸色处之泰然。关于共同作战这点，坦白地说，我引以为憾的是他们对于合作采取保留态度，同我的意见总是格格不入。

在阿尔及尔，马西格里经常与外交使团往来，由于工作的关系，他对于一种不明确的外交地位可能特别感到难受；在伦敦的维埃诺，始终是英法联盟的信徒，他也常常为英国的保持缄默而感到悲伤；在华盛顿的莫内，他进行的有关“援助和复兴”的会谈未能成功，因为法美的关系问题一直没有解决；另外还有奥坡诺，他有智慧和才能，对美国的成见深感惋惜；在莫斯科的加罗，他把苏联人民委员所发表的关于支持法国的声明与他们过分慎重的行动加以比较，就显得不那么心平气和了。我偶然也让他们发泄一下他们的情绪。我同情我们驻在盟国的外交代表的焦急心情，如我们驻流亡到英国的外国政府的代表德让；驻希腊和南斯拉夫在开罗的政府的代办巴兰；驻重庆的瓜法尔；驻渥太华的波诺；驻比勒陀利亚的贝契柯夫和后来接任的格朗丹·德·莱波莱维；驻堪培拉的克拉勒和继任的孟马尤；驻拉丁美洲的加罗-顿巴斯勒、勒杜、朗西亚尔、阿尔温加、鲁克斯、卡斯德朗、勒塞内；驻哈瓦那的格鲁塞；驻太子港的米隆·德·伯伦。我也考虑到我们驻中立国代表的困难处境，这些代表是：驻西班牙的特鲁勒；驻葡萄牙的沙伊拉；驻土耳其的圣·阿尔端；驻埃及的德·伯努瓦；驻瑞典的德·沃·圣西尔；驻瑞士的德·勒斯；驻爱尔兰的德·拉福卡德。但是我故意保持一种国家元首的态度，准备同那些向我提出要求的人协商，但我也绝不恳求别人什么，因为我确实知道我今天想要的东西将来肯定会得到。

这场赌博的实际情况就是这样。这一点可以从意大利事件中看出来。盟国根据折中办法把我抛在一边，但是又不完全排挤我们。1943 年 9 月 27 日，英美代表把停战协定全文交给马西格里，而这个停战协定在同一日应交给巴多格里奥签字。盎格鲁-撒克逊的外交家又指出——这倒是真的——这个停战文本考虑到了我们以前所要求的一切。但是，法国外交部部长向他们提出质问："你们为什么不让法国参加呢?"他们又无法答复了。几天以后，巴多格里奥向德国宣战，它得到英、美、苏的同意，但其中并没有提到我国。同时，我们听说在莫斯科将召开英、美、苏外长会议讨论意大利的问题，可是这个会议也没有邀请我们参加。

科德尔·赫尔赴莫斯科开会，路经阿尔及尔，我对他没有提出任何指摘，但是我向他说明我们的情况，表明我们并非无关紧要，一文不值。我对他说："我们对于你们为自己的事情直接跟苏联打交道表示庆贺。在我们这方面，为了法国的利益也打算到莫斯科去。"当时，国务卿试探我对意大利问题的看法，我就回答说："当我们能够了解到其他国家的观点时，我们自然也不会不明确我们自己的观点。"

科德尔·赫尔当时对我说，关于意大利问题，在莫斯科可能成立一个盟国联合委员会。他还补充说："可能您也要参加的。"我回答他说："以后看吧！不管怎样，为了决定意大利半岛的命运，首先必须从德国人手中夺回它的领土，这就是说，必须有法国军队和法国基地的协作。我知道艾森豪威尔希望得到这种协作。我们也准备跟他协作。但是为了这个目的，很明显我们应该同你们一起，也以跟你们同样的名义来决定意大利的前途。我们只是为了我们的目的才肯叫我们的军队参战。"科德尔·赫尔懂得他面对的是极其坚定的立场。10月10日，我会见艾登先生，也表明了这一点。至于波格莫洛夫，他却首先向我解释，他说成立地中海委员会是苏联的主意，他的政府主张把我们也请去参加。

果然，马西格里在11月16日会见了麦克米伦、墨菲和波格莫洛夫，他们告诉他说，他们三国政府"关于意大利的事情有意成立一个咨询委员会”。这个委员会在当地代表盟国全体，向政府建议应该共同采取的措施，并用它的名义向驻军司令部发布一切有关政治和行政的事务的指示。当时他们也要求我们参加这个委员会。民族解放委员会接受了这个建议。11月29日，我接见了维辛斯基先生，他向我保证他的政府愿意在委员会内同我们密切合作。这个以麦克米伦、马西格里、墨菲和维辛斯基组成的委员会于是开始工作。不久以后，马西格里因外交部的事情忙不过来，才改派顾夫·德姆维尔接替他。这样，我们就能直接了解当时这个半岛所发生的事情，参加了为惩罚意大利的过失和为使它克服灾难而采取的措施。这样，我们也就能推行我们的政策，这主要是为了意大利的前途，为了我们以及整个西方国家的前途。

在10月的一天晚上，史佛卓伯爵[①]暗地来到我在奥利维埃别墅的办公室，我也把这个政策告诉了他。这位老政治家度过20年的流放生活，正要回到意大利去。他准备在他一直进行攻击的法西斯制度的废墟上，领导自己不幸的祖国的外交政策。我对史佛卓高尚而勇敢的抱负非常钦佩。他对我说：“现在我来到您这里，就证明我要尽一切的努力来建立法意之间的合作，因为没有这种合作，你们和我们才付出这么大的代价，何况我们的欧洲比以往任何时期都需要这种合作。”关于这个主要问题，我向史佛卓伯爵表示，我的想法跟他完全一样。但是，由于所发生的事情，与意大利的友好合作也不能使意大利完全不付出代价，尽管我们愿意尽可能地照顾它。

取消意大利人在突尼斯所享有的特权；把法国在1860年经公民投票让与意大利的坦达和德拉布利克两县重新归还法国；重新划

① 墨索里尼上台后流亡海外，1943年意大利法西斯政府被推翻后回国。曾数次出任意大利外交部部长。

定拉尔希山口、日内沃尔山口、斯尼山口、小圣伯纳德山口的国境线，以便在我们山坡这边取消一些引起麻烦的侵占地；给予瓦尔-道斯特保持现状的权利，即在名义上承认为法国的领土；要求若干赔偿，特别是在战舰和商船方面。这就是我决定必须保证给予法国的利益，虽然为数很少，但是非常明确。

另一方面，我们考虑到南斯拉夫也加入了盟国阵营，并考虑到米海洛维奇将军和铁托的军队不断作出的努力，那就十分明显，意大利在亚得里亚海东岸不能再保存战前所占有的地方。但是，我们准备帮助它仍然保存的里雅斯特。我对史佛卓说明这些有关意大利国境线的意见以后，又补充说："关于你们的殖民地，虽然你们失去昔兰尼加，英国人硬要待在那里，我们也决意留在费赞地区，但是我们希望你们不但留在索马里，而且还可以留在厄立特里亚和的黎波里塔尼亚。关于后一个地区，无疑地需要你们与当地民族共同寻求一种合作的方式；关于前一个地区，作为你们得到的权利的交换条件，你们必须承认埃塞俄比亚皇帝的主权。但是，我们认为把你们看成一个非洲的国家是合理的。如果你们有这样的要求，我们一定坚决支持你们。"

12 月，依照艾森豪威尔将军的要求，民族解放委员会往意大利派遣了第一批法国远征军。这支军队后来得到增援，一直到在盟军争夺罗马之战中担负决定性的战斗。随着我们参加的军事力量的增长，我们在政治方面说话也就越来越有力量。同时，这也是必然的趋势。因为盎格鲁-撒克逊人在意大利实行一套权宜办法，支持维克多·厄曼努尔国王和巴多格里奥元帅仍居旧职，阻挠法意两国走向友好的道路，并在半岛上积聚起革命的因素。

1940 年意大利国王听任向正在德国攻击下惨遭失败的法国宣战，向 1859 年以流血奋斗挽救了意大利和保证它的统一的这个法国宣战，向 1917 年在皮亚韦帮助卡波莱多使他免遭败北的法国宣战。国王接受和容忍了墨索里尼的独裁，直到独裁者在事变中失败为止。巴多格里奥则倚仗德国的胜利，迫使贝当和魏刚的全权代表签署了一项“停战”协定，按照这个协定，意大利人占领了法国一部分土地，并控制着法兰西帝国的武装力量。此外，内阁首相和元帅的荣誉与统帅的权力都来自法西斯政权。这样的国王和首相怎么能组织本国与我们共同建立合作和领导意大利走向新的道路呢？因此，民族解放委员会在1944年1月22日，照会华盛顿、伦敦和莫斯科，强调必须把意大利国王和政府赶下台。

在3月、5月和6月，我亲自到意大利视察我们的军队，我看到了许多令人不安的现象（特别是在那不勒斯），一种是极端贫困的现象，一种是富有的占领军与当地人接触后在公共道德上引起的悲惨后果。我作为一个天主教徒、拉丁民族和欧洲人，十分悲痛地感到这个伟大民族对世界有那么多贡献，可是它竟被一种错误领导引入了歧途，蒙受着灾难。也许意大利群众也本能地体会到我的心情，也许由于它所受的灾难，因而像许多不幸的国家那样经常地想到法国。总之，使我吃惊的是当我出现时，大街上一群群兴奋的人都跑来向我欢呼。我们的代表顾夫·德姆维尔通晓一切，他很有把握地向我描绘了意大利的政治面貌，说到它由于各对立派别的斗争，形成了分裂，并且感到它的政治命运摇摆于共产主义和教皇之间。我在旅途中虽然感到遗憾，但我还是不得不拒绝会见安伯托和巴多格里奥，因为我的确不承认亲王的父亲继续保持着皇冠，也不承认巴多格里奥仍然充当政府的首相。

但是，当我们在地中海西岸收获由于长期努力而得到的果实的时候，在中东方面我们又不得不忍受一些不如意的事情。在东地中海地区国家中的政客，受英国人利用，策动了一场声势浩大的危机反对我们，以便在还来得及的时候，利用法国被削弱了的地位取得好处。

黎巴嫩是这次活动的场所。它在1943年7月举行过一次选举。眼看那么多严重损害法国威信的事件发生以后，新的下议院自然表现出一种极端的民族主义。英国人既然大力帮助黎巴嫩获得了选举的结果，当然现在就要利用这个结果。在当选总统伯沙里·扈利和利亚德·索勒哈政府中，斯皮尔斯以敌视法国的面目出现，他大言不惭地声称在任何情况下，英国都要保护黎巴嫩。

必须指出，斯皮尔斯在叙利亚和黎巴嫩的活动，完全符合英国在大战最后阶段在中东所推行的全部政策。北非战役的胜利结束，使英国有可能调动很多军队。其中一部分用来进攻意大利，另一部分则部署在红海两岸。总计有7万英国军队，盘踞在埃及、苏丹、昔兰尼加、巴勒斯坦、外约旦、伊拉克和中东各国。此外，伦敦在开罗设立了一个“经济中心”，利用贷款、运输专利、封锁禁令掌握了阿拉伯国家的全部对外贸易，也就是说，英国事实上掌握了人民的生活、绅士们的舆论、政府的态度。最后，英国在当地还驻有拥有巨大财力的专家队伍，并在全世界进行有组织的外交和宣传活动，这都加强了英国的势力。英国利用这些因素，在东地中海地区摆脱了敌人的威胁，并打算在那里确立自己作为唯一宗主国的地位。

当时我们无力与这种压力较量。法国在东地中海地区的兵力只有三营塞内加尔步兵、几门大炮、几辆战车、两艘通讯舰、15架左右的飞机，这就是法国在中东的全部武装力量。再加上我们直接指挥的士兵，加上叙利亚和黎巴嫩的军队，一共18 000人。如果大马士革和贝鲁特的政府对我们公开采取敌对态度，那么这些士兵又将会怎样呢？另外，由于我们极端穷困，也不允许我们拿出任何东西送给任何人。至于同盎格鲁-撒克逊人肯定在全世界随时散布的别有用心的消息进行斗争，那更是我力不能及的了。我们当前最重要的任务是：法国的解放已出现在地平线上。无论如何，我没有任何办法来使法国人，首先是使我的部长去承担另一项事业。总之，我们当时过于贫困、过于忙碌，无力就地制止损害法国地位的行为。

11月间，事件发生了。贝鲁特政府由于内部原因而陷于议会的危机中。为了转移视线，内阁总理利亚德·索勒哈和外交部部长加米耶·夏蒙大吵大嚷反对托管国。我们驻中东的总代表让·赫莱大使看到这种危险之后，来到阿尔及尔向政府报告。11月5日，他当着贾德鲁和马西格里的面向我作了报告，我们指示他设法缓和压力，在贝鲁特和大马士革举行谈判，以便将法国政权至今还掌握着的一些经济和警察机构移交给当地政府。

同时，赫莱看到了我们对于托管问题的态度在原则上是坚定不移的，因为托管权是由国际联盟授予法国的，只能将来交还国际机构，而且应由一个法国的非临时政权交还。这是我们当时一直向盟国，特别是向英国声明的立场，从没有任何人从原则上加以反对。从法律方面说，假使叙利亚和黎巴嫩的独立具有国际意义，那正是由于我根据我们的托管权力授予它们的。但是，根据同样的理由，我们必须在东地中海地区保留一些因战争状态而产生的责任。面临着这一幕使全世界紧张的悲剧，我们认为大马士革和贝鲁特政府可以等到战争结束后，重新解决这个限制国家主权的最后形式。如果伦敦不怂恿它们，英国军队不支持它们的强硬要求的话，肯定它们是可以等到的。

赫莱到阿尔及尔时，黎巴嫩议会却正在修改宪法，取消一切有关托管权的规定，好像这个托管已经被废除一样。他在归途中路过开罗时，给贝鲁特政府打了电报，表示他带有法国政府关于举行谈判的指示，并要求它缓期公布新宪法。但是黎巴嫩人不听这一套。赫莱回到贝鲁特以后，对这种挑衅行为表示愤慨，于是在11月12日否决新宪法，中止了议会的活动，逮捕了黎巴嫩国家元首、内阁总理和几个部长，另由艾米尔·艾迪担任共和国的临时总统。

民族解放委员会一方面认为我们的代表所采取的措施，尤其是促使他这样做的感情是正当的，但另一方面民族解放委员会立即认定这些措施超出委员会在总的形势下所能给予的支持。特别是因为，我们在不放弃托管的原则下已经同意人家独立，现在不能翻案。因此13日早晨，当我们获悉前一天晚上贝鲁特所发生的事件后，我们决定派贾德鲁将军前往黎巴嫩，重新建立正常的按宪法办事的局面，但是也没有否定赫莱。这就是说，贾德鲁在当地进行谈判后，应下令释放扈利、利亚德·索勒哈及其部长们，并使总统复职。在这以后，黎巴嫩政府又重新组织起来，最后下议院也复会了。至于我们的大使，由于贾德鲁在那里充任全权代表，他就没有必要再待在那儿了。所以几天以后，我就以“咨询”为由把赫莱召回阿尔及尔。

为了不使任何人在贾德鲁的使命问题上发生误会，11月16日，我亲自在咨政议会上发表了一项安定人心的声明，强调指出：“贝鲁特所发生的事件，决不影响法国在黎巴嫩的政策，也不影响我们所承担的义务，更不影响我们坚持执行这些义务的决心。我们的意图是要在黎巴嫩建立一个正常的按宪法办事的局面，以便我们能够同黎巴嫩政府在双方独立的情况下商谈我们共同的事务。”我在结论中说：“偶然飞过的云朵毕竟遮盖不住天空。”第二天，贾德鲁经过开罗，看到了英国无任所大臣凯西，向他说明即将释放扈利和利亚德·索勒哈。11月19日，贾德鲁抵达贝鲁特，与伯沙里·扈利进行了谈判，接受了总统对法国提出的忠实友谊的保证，并向总统宣布立即下令开释，请他复职。从此，再也没有人会怀疑我们愿意尽早“洽谈”和采取和解的办法。

但是英国的政策是不赞成这种和解政策的。一切都表明，伦敦好像在火上加油，以便使人们相信我们在黎巴嫩所采取的措施是由于英国的干涉才不得不实行的。也许是为了在民族解放委员会最近改组后对戴高乐进行报复，11 月 13 日，代理麦克米伦先生工作的麦金斯先生，向马西格里转达了一项带有威胁口吻的“口头”照会，要求立刻召开英、法、黎三国会谈以解决黎巴嫩的突然事件，并声明，在英国政府看来，我们应该立即召回赫莱。但是在 19 日，当几天来的事实表明我们所采取的是和解途径的时候，英国大发雷霆了。十分明显，当时英国这样做，只能是说做给旁人看的，为了造成一种凌辱法国的印象。

当天，凯西果然来到贝鲁特，并由斯皮尔斯将军陪伴，向贾德鲁将军下了一道名副其实的最后通牒。英国不顾与我们所缔结的同盟，不顾它所承担的义务，在中东国家中保持政治上的“大公无私”，不顾奥利佛·李特耳顿代表英国与我签署的协定，竟强迫法国代表接受三国会谈，并限 36 小时内释放黎巴嫩总统和部长。否则，英国人借口维持治安——这并非他们的职权——将宣布他们所谓的“军事管制法”，用武力夺取政权，并采取一切手段，派兵解救被法军监禁的人们。

贾德鲁将军对凯西和斯皮尔斯先生说：“看来我们又回到了法绍达的时代。”但是，现在的情况有所不同了，法国在法绍达时期有力量与英国作战，而现在英国却丝毫不必冒打仗的危险。民族解放委员会指示贾德鲁将军拒绝举行三国会谈，依照我们以前的决定释放扈利先生及其部长们。如果英国公然以武力威胁来夺取黎巴嫩的政权，那我们就把公务人员和士兵都在一个港口集中，然后带回非洲，由我负责向法国和全世界说明撤离的原因。

最后，在东地中海地区重新订立了一个“临时协定”。英国人使用武力威胁的叫嚣有所收敛；贾德鲁将军在大马士革和贝鲁特进行谈判，讨论给予附属国管理“公共利益”的职权；统治者在企图夺取他们地位的人们所造成的混乱中，继续动摇不定和唱高调；附近的阿拉伯国家“领袖”也以同样的理由，向法国提出抗议。例如：在开罗有纳哈斯，英国大使迫使国王法鲁克任用他为内阁首相；在巴格达有努里·赛义德，他凭借英国军队的行动，又重新取得了政权；在安曼有阿卜杜拉酋长，他的预算完全由伦敦控制，他的军队的领袖是皮克将军和格拉布上校，又名“皮克酋长”和“格拉布酋长”。

1944年2月间，贾德鲁回到阿尔及尔，民族解放委员会任命贝纳特将军为法国驻东地中海地区的全权总代表。赫莱不再回去。凯西也离开了开罗；夏蒙离开贝鲁特。斯皮尔斯则仍留在那里，准备制造另一次危机。法国新任的全权代表，十分巧妙和坚定地重新掌握了这个局面。显而易见，经常玩弄的一种手段，再高明也不能无休止地用下去。何况我们那一点力量、法国舆论界沉痛的心情以及全世界的注意力，从此都被吸引到决定欧洲命运的战争中。

关于这方面，政治就跑在事实的前头，到处都在讨论有关胜利后的一切问题。在盟国阵营里特别要考虑中、小国家的问题。在阿尔及尔，对于这些被当作赌注的国家的辩论，我们只听到一些，因为这些中、小国家的国王和部长们都住在伦敦，他们的外交主要是设法在华盛顿活动，他们主要在盎格鲁-撒克逊国家中开展宣传。但是，我们相当清楚地了解他们的隐忧。同时，再也没有任何事情更清楚和更悲痛地证明，昔日法国的惨败以及今天三大强国把它抛弃在一旁的固执态度都可能十分严重地影响目前正在酝酿着的未来的世界和平。

的确，位于西方怀抱中的比利时和卢森堡，从来不怀疑解放后将会把它们的国土和独立完全归还它们。到那时，它们面临的问题是经济问题。惨遭破坏的法国和本身也受到巨大损失的英国，都不能帮助它们立刻解决经济问题，还必须等待一个很长的时期。眼前它们都指靠美国。所以我们看到斯巴克、哥特和伯克先生经常去参加大西洋城、温泉、敦巴顿橡树园的会议，在这些会议上，决定了美国对欧洲的粮食援助以及重建和发展欧洲的美援计划。同时，比利时驻法兰西解放委员会的大使德·龙莱先生主要关心成立西欧联盟的计划。荷兰人对于本国也没有什么政治顾虑，但另一方面，对于他们在亚澳地区殖民地的前途则忧心忡忡。从现在起，荷兰政府就受到美国的压力，这种压力迫使它有一天放弃它在爪哇、苏门答腊、婆罗洲的主权。荷兰的全权特使万·维克的谈话和德让从伦敦给我们寄来的报告，都说明克莱芬斯先生以悲痛的心情预料到盟国在太平洋的胜利将使荷兰失去殖民地。挪威人通过中立的瑞典和实际上战败的芬兰，已经感觉到整个苏联的沉重的压力。因此特里维-赖伊先生业已着手进行大西洋公约的计划，挪威驻阿尔及尔的公使德·胡根先生也把这个计划告诉我们了。然而特别是中欧和巴尔干的流亡政府，当时都感到不安。因为看到继德国人而来到它们本国的是苏联人，它们对于前途十分恐惧。

1943 年 12 月举行的德黑兰会议只是更增加了它们的恐怖。无疑的，出席会议的罗斯福、斯大林和丘吉尔当时发表了大量安定人心的声明，肯定他们会议的内容只是战略问题。但是根据透露出来的消息，一点也不能使流亡政府安心。透过官方的保密，它们也不是看不出德黑兰会议所讨论的主要问题是什么。斯大林在会议上讲了话，好像别人是来向他汇报情况似的。斯大林没有向罗斯福、丘吉尔说明苏联的计划，反而叫罗斯福和丘吉尔两人给他讲了美、英的计划，并按照他的要求加以修改。罗斯福与斯大林联合起来反对丘吉尔的想法，即由西方军队通过意大利、南斯拉夫和希腊向维也纳、布拉格和布达佩斯进行反攻。同时，美国人和苏联人不顾英国方面的建议，一致拒绝商谈中欧的政治问题，特别是波兰问题，而苏联马上就要进入波兰了。我们被排斥在这次会议之外，以致丘吉尔从法属北非的天空、罗斯福通过我们沿岸的大海到开罗和德黑兰去，都避免同我们接触。

这样一来，多瑙河、维斯杜拉河和巴尔干各国的首脑和部长们所惧怕的前途开始明朗起来了。例如，在希腊，以共产党为领导核心的抵抗运动的很大一部分人建立了“民族解放阵线”组织，一面攻击侵略者，一面为革命开辟道路。“人民解放军”这个运动的武装力量吸收了许多在希腊山区作战的游击队员，并且深入到驻扎在中东的海军和陆军各个部队。为了与陆军和海军保持联系，为了更容易与国内互通声息，希腊内阁首相苏德罗斯和大部分大臣都驻在开罗。不久以后，国王乔治二世也来到开罗，但当时恰好发生了一次剧烈的危机。1944 年 4 月，苏德罗斯先生不得不退职。他的继任者威尼齐洛斯先生跟着也垮了台。帕潘德里欧先生费了很大力气才组成内阁。同时在陆军和海军中又发生了严重的叛变。为了平息叛乱，不得不借用英国军队进行流血的干涉。以后，尽管希腊各政党代表在贝鲁特集会，宣告民族团结，但是没有多久，争端又起。一切迹象都预告着，德军在希腊的撤退就是内战的开始。

事实上，美国小心地预先退出了这场斗争。但苏联人却在希腊人中间进行活动。同时，英国觊觎东地中海地区的霸权，它毫不隐讳地说，英国人认为希腊问题是他们的势力范围以内的事情。正因为如此，法国政府从未加以过问。但是，本来更符合欧洲利益的是由法国的影响和武装力量按照过去的惯例与英国军队在希腊联合行动。希腊驻我国代表阿格罗普劳先生比任何人都更深信这一点。这位关心本国面临威胁的爱国者，这位确信欧洲排斥法国就会走向歧途的政治家，为外部势力在他的政府与法兰西共和国政府中间竖起了一道屏障而感到十分遗憾。

关于南斯拉夫的问题，我们盟国采取了同样的办法。然而在战前，塞尔维亚、克罗地亚、斯洛文尼亚王国的民族之间就发生过激烈纷争，现在完全处于混乱状态。我们看到意大利人在南斯拉夫成立了一个克罗地亚国家，并吞并达尔马希亚和卢布尔雅那的斯罗维尼亚省。在这里，我们看到米海洛维奇上校在塞尔维亚山区勇敢地指挥反对德国人的游击战争，随后约瑟夫·布罗兹，又名铁托，在共产党的旗号下也投入战斗。在这里我们也看到侵略者用前所未闻的野蛮行为进行屠杀和破坏，同时米海洛维奇和铁托也彼此成了敌人。在伦敦的年轻国王彼得二世和他那摇摇欲坠的政府不但遭到国内极端困难的威胁，还受着英国人强加的压力。

英国人的确把南斯拉夫看作执行自己地中海政策的重要场所之一。在这件事上，丘吉尔还亲自出马。他念念不忘要在巴尔干打一场大仗，并要以南斯拉夫作为桥头堡。因此，最初英国往米海洛维奇那里派了一个军事代表团，由伦敦供军火、出主意。以后，内阁首相把他的儿子伦道尔夫派到铁托那里。最后，英国政府选定了铁托，供给他装备，武装他的军队。至于米海洛维奇，则失去了一切帮助，而且伦敦电台还谴责他，英国外交部的代表还在英国下院控诉他是卖国贼。此外，1944 年 6 月，可怜的彼得二世被丘吉尔勒令解散波利奇政府；原任陆军部长的米海洛维奇也被迫改由苏伯西奇继任，可是他早已得到铁托的任命。大家知道，这个做法是得到莫斯科同意的。同时，南斯拉夫驻华盛顿大使福迪希先生未能替他的国王取得美国的支持。

法兰西民族解放委员会被有计划地排斥在这一系列事件之外。有时我能与米海洛维奇将军来往，他也热心希望同我联系。我们互相发送电报。1944 年 2 月，我授予他一枚战斗十字勋章，为了在他的地位不稳时鼓励他，我公开宣布了这件事。但是我从突尼斯或意大利设法给他派去的军官，却一直未能到达他那里。至于铁托，我们从来也没有从那里收到过什么信息。我在伦敦时，同彼得二世和他的部长们的往来倒很密切。我们驻南斯拉夫的代表德让和南斯拉夫驻阿尔及尔代表尤凡诺维奇都是我们交换意见和情报的中间人。

但是，南斯拉夫政府就没有过一次——无疑的是他们没有自由——来请求我们帮助调解。就连英国也不认为有必要向我们征询意见。因此我更加坚决地把我们的全部力量直接用于解放法国的事业，而没有把它分散，投入巴尔干战役。为什么我们要把我们的武装力量投入到别人不让我们参与的政治事件中去呢？

虽然苏联军队的挺进和它的工作人员的活动使某些流亡政府感到苦恼，可是贝奈斯总统及其部长们还是假装不大担心捷克斯洛伐克的局势。并不是他们胸有成竹，而是他们认为与其反对不可避免的事情，倒不如去利用它。他们的代表塞尼先生也向我们表明了这种看法。1943 年 12 月，贝奈斯到了莫斯科，与斯大林签订了《苏捷友好互助与战后合作条约》。他在 1944 年 1 月 2 日回伦敦时曾到阿尔及尔。我们尽可能热烈地欢迎了这位国家首脑，他经历过无数可怕的反复，仍然是法国的朋友。

贝奈斯把他在莫斯科会谈的情况告诉了我。他向我描绘了斯大林，说他语言有节，也有坚定的决心，他对欧洲的每个问题都秘而不谈，同时又有非常肯定的看法。随后他向我叙述了他的政策。他说："您看地图。苏联人已经来到喀尔巴阡山，而西方国家还没有准备好在法国登陆。可见一定是红军从德国人手中把我国解放出来。那时为了能够建立我国政府，我必须同斯大林意见一致。这就是我刚刚办好的事，而且是在不出卖捷克斯洛伐克独立的条件下进行的。因为按照我与斯大林签订的协议，苏联司令部完全不过问我们的政治事务。"

谈到总的问题，总统像他多次对我表示的那样，又一次向我说明，捷克斯洛伐克只有与莫斯科联盟才有复兴的希望。他用手指着地图大声说："这儿是应该从德国人手里夺回的苏台德山区。这儿是波兰所觊觎的德申[1]。这儿是匈牙利所垂涎的捷克斯洛伐克，第骚主教已经在那里建立了一个分离派政府。将来德国东部、波兰、匈牙利一定要落入苏联手中。苏联势必参与它们的争吵，肢解已成定局。这样，您就可以看出与苏联联盟是我们必须采取的步骤。”

我向他提出：西方国家可能与苏联的力量相抗衡。贝奈斯表示不相信这一点，他说：“罗斯福愿意同斯大林协商，并且在胜利后尽早把自己的军队撤回美国。丘吉尔并不把我们放在心上。在丘吉尔眼里，英国的防线是在莱茵河和阿尔卑斯山。他有了这道防线，除地中海以外再也没有什么能动他的心了。至于我们，他的态度是随罗斯福的态度而定，只要在中东得到一些好处就行。我在德黑兰听说，他们一致同意对于捷克斯洛伐克只字不提。的确，只剩下您一个人，戴高乐将军，您是这个坚定、强大的法兰西的缔造人。对于均势，法国是不可缺少的。在法国惨败以后，如果不是您出来领导复兴祖国大业，那欧洲的自由就没有希望了。没有人比我更殷切地预祝您完全成功。但是我应该指出，华盛顿和伦敦并不愿帮助法国。将来的形势要如何演变呢？我们不应忘记第一次世界大战后法国议会是怎样把克里蒙梭赶下台的。当这消息传到布拉格时，我正同大马萨里克一起工作，我们有同样的感觉：‘这是法国自暴自弃！’”

贝奈斯向我讲的关于华盛顿和伦敦对苏联野心所抱的态度的话，后来都在波兰问题上证实了。红军离华沙越近，莫斯科想统治波兰和改变它的国境线的企图也就越明显。我们看出了斯大林要把立陶宛、白俄罗斯、加利西亚东部攫为己有，还要使波兰人扩展到奥得河和尼斯河，从而削弱德国人的力量。更明显的是，克里姆林

[1] 即 Teschen，位于奥得河支流，煤产丰富。第一次世界大战后，1921 年分属波兰和捷克斯洛伐克，1938 年完全划归波兰，1939 年曾被德国占领。波兰人称为哲申 (Cieszgn)，捷克斯洛伐克人称为捷克特申（Cesky Tesin or Decin）。

宫的主人要在维斯杜拉河上建立一个听命于他的制度，而盎格鲁-撒克逊人并不表示反对。

流亡到伦敦的波兰政府这时已面临可怕的问题，它无法在实质上对抗莫斯科的决定，但在精神上还武装着它的一种阴沉的信心，这是经历几世纪压迫所锻炼出来的爱国主义所赋予每一个波兰人的，这是一种令人忧虑的保证。其实，波兰内阁总理兼总司令锡柯尔斯基将军最初曾设法同苏联订立协定。在德国军队逼近莫斯科时，订立这种协定似乎是可能的。因为，有许多在1939年被苏联人俘虏的波兰兵曾和他们的长官安德尔斯将军一同被派到中东去，同时斯大林谈到国境线和将来的关系问题时语调也极温和。现在，正如军用地图一样，局势大不一样了，波兰人又厌恶地害怕起苏联人来。1943年春，波兰正式控诉——表面上并不是毫无根据——苏联人三年前在卡腾森林①屠杀了一万名波兰俘虏军官。斯大林大发雷霆，便与波兰断绝了外交关系。这件事发生在7月锡柯尔斯基将军从埃及视察安德尔斯部队回来、因飞机失事死于直布罗陀的时候。这位杰出的人物威望很高，颇受国人爱戴，在国际上也享有盛誉，没有人能代替他。就在他死后的第二天，苏联与波兰的争端就尖锐化了。

波兰新政府总理米科拉兹柯先生答应，解放后组成的华沙政权保证与莫斯科友好相处。关于国境线，政府宣布不事先拒绝任何解决方案，只是声明一定要以和约来解决这个问题。它命令国内抵抗运动的军队与苏联军队合作。最后，它向美国和英国呼吁“消除分歧，解决一切悬而未决的问题”，但是这些和解措施并没有得到克里姆林宫的回应。相反的，苏联的军队越往前进，指摘也就越多。

① 在苏联斯摩棱斯克附近。1939年苏联在解放西乌克兰时俘获了一批波兰军官，1941年侵入苏境的希特勒匪徒在这个地方屠杀了这批军官。1943年波兰流亡政府企图把罪责转嫁给苏联政府。

1944 年 1 月间，在苏军进入波兰时，他们发表了一个声明，按照这个声明，应该以所谓“寇松”线[①]作为东部的国境线；在伦敦的流亡政府也应该全部改组。就在这个时候，出现了苏联人训练出来的一支波兰军队。它的长官是伯尔林，他不承认合法政府的权力，同时，在莫斯科筹备好的、以奥苏卜莫拉大斯基先生为首的“波兰民族解放委员会”也随同苏军进入加利西亚。

很明显，波兰的独立在盎格鲁-撒克逊人那里只找到一种不可靠的支持。从 1944 年 1 月起，科德尔·赫尔先生支吾其词地回答了米科拉兹柯先生关于邀请美国出面调停的要求。加上罗斯福在今年要竞选总统，考虑到祖籍波兰的选民情绪，采取模棱两可的态度。但是这一关过去以后，我们可以预料，他就听任斯大林自便了。英国人没有那么心甘情愿。但是，英国一心要站到美国方面，它们很可能只要求形式上作一些调整，最后在实质上让步。

的确，丘吉尔和艾登先生尽管口头上讲一些赞成波兰独立的话，但是他们还是敦促米科拉兹柯先生到莫斯科去。米科拉兹柯于 8 月访问莫斯科，当时正是苏军进抵华沙城下，城内被称为“保尔”的科莫洛夫斯基将军率领的波兰地下军向德军进攻的时候。波兰人在这次英勇作战中被打败了，他们控诉苏联人不但丝毫没有帮助他们，反而不让帮助波兰守军的英国飞机在苏联基地降落。在这之前几天，波兰部长尽管在莫斯科接到了“波兰民族解放委员会”与苏联签署协定的通知，但是只得到斯大林和莫洛托夫的令人懊丧的回答，这个协定只赋予该委员会管理解放地区的权力。

我们的政府无力阻止这种压制波兰的活动，因为它在外交上并没有真正进入大国行列，也未能以平等身份与大国规划共同的战略。它又怎能使西方国家采取既保证苏联实现它提出的国境线，又

① 1923 年英国外交大臣寇松（1859—1929）所提出的波兰东部国境线。

保证波兰独立的政治态度和军事决定呢？我认为斯大林计划以波兰在普鲁士和西利西亚所得的土地来补偿它在东方所割让的地区是很可接受的，只是人们必须在必要的移民问题上实行人道主义。但是我认为，斯大林想由追随他的人在华沙建立独裁制度的企图是应该加以阻止的。我认为，如果美、英、法在全世界面前共同确认上述两点，共同跟苏联政府和波兰政府商讨这个问题，保留西方混合舰队将来进入波罗的海港口的权利，必要时让苏联舰队进入北海的港口，那么，最后就可能做到使崇高而英勇的波兰恢复自由。

但是，美国对苏联的要求采取了缄默态度。英国在寻求一种方式。法国没有发言权。我只能向波兰驻法兰西民族解放委员会的极其称职的大使莫拉夫斯基先生（我曾多次同他进行谈话）、苏斯科夫斯基将军（继锡柯尔斯基之后的总司令，1943 年 12 月我在阿尔及尔接见过他）、安德尔斯将军（1944 年 3 月我在卡西诺山前见到过他和他的军队）、波兰共和国总统拉凯维兹先生（1944 年 6 月我从伦敦路过时，我们曾互相拜访过）以及在总统身旁见过的外交部部长德·罗麦尔先生，说明我们的立场，并向他们保证，我们有了力量时就要使我们的立场得到尊重。

但是我们有了一个帮助波兰政府的机会，就是处理波兰国家银行 1939 年 9 月交给法兰西银行和 1940 年 6 月存在巴马科的一批黄金。1944 年 3 月，民族解放委员会根据米科拉兹柯内阁的请求，决定将这批黄金归还波兰。波格莫洛夫先生曾几次催促我们撤回这个决定。最后他请求跟我见面。在会见时，他对我说："苏联政府对于把波兰的黄金移交给流亡到伦敦的政府提出严重抗议，因为它不是将来的波兰政府。"我回答他说，这个政府由于得到包括苏联在内的盟国的承认，它今天还是波兰政府，而它的一些军队也奉这个政府的命令正在意大利同我军并肩作战，那么，我不了解苏联有什么理由来干涉这个纯粹是波兰与法国之间的问题。波格莫洛夫先生显然很不高兴地告退了。

这样我们看到，中、小国家不顾华盛顿、伦敦和莫斯科给予它们的不要接近法国的指示，纷纷都来跟我们接触。其他一些在地理上与我们距离较远的国家也想法在精神上接近我们。加拿大的代表瓦尼尔将军给我们带来他的国家（作战力量的模范）的鼓励，并且与我们商谈它已经供给我们和随着解放进程将提供给我们的经济援助。我们的拉丁美洲盟国，通过它们全权大使的行动也说明，法国恢复在世界上的地位与它们的情感和利益是密切联系着的。比如：巴西通过瓦斯各・德・古哈先生，秘鲁通过德・阿朗布里先生，厄瓜多尔通过佛莱拉・拉里亚先生，古巴通过苏亚莱斯・索拉尔先生，都是这样做的。最后，西班牙虽然是交战国中唯一的中立国，由于地位不明确而有些踌躇，但是最后也通过它的杰出代表德・桑克罗尼兹先生诚恳地来与我们商谈解决有关摩洛哥和丹吉尔的命运问题、越过比利牛斯山的法国人的去向问题、法属非洲和伊比利安半岛间的贸易问题。的确，我们十分重视与西班牙人建立必要的关系。他们也有这样的愿望。此外，我希望在不久的将来，巴黎和马德里之间能重新恢复与两大邻国相称的关系。

但是，在阿尔及尔，当然只有三大国的代表与我们在外交上有频繁的往来。现在虽然不像我们没有正式外交部的时期那样需要我直接参与，但我仍须密切注意一切事务。所以我与美、英、苏代表经常联系，尽管他们的政府一直怀疑究竟谁代表真正的法国，但是他们还是委派大使到我们这里，而这些大使也毫不隐瞒他们不久就要跟我们到巴黎去。

当民族解放委员会改组，由我一个人担任主席后，华盛顿和伦敦无可奈何，也只好采取了适当的措施。罗斯福总统的非正式代表罗伯特・墨菲先生被调到意大利，改由埃德温・威尔逊先生以正式的身份继任美国政府驻我们委员会的代表，墨菲先生的调任和他的继任者的作风，给我们与美国大使馆的关系带来一种愉快的舒畅感觉。因为前任代表不大重视“戴高乐派”的成就，而继任者恰恰相反，表示非常满意。那时候，我与墨菲先生之间的会谈是稀少而不愉快的，现在威尔逊先生的拜会则恰恰相反，既频繁又融洽。这个外交家既自重又大有作为。虽然他的忠诚不容许他违背白宫和国务院的立场，但是很明显，他经常为此感到苦恼。他多次以个人行动表现出善于做到即使对方不能接受，至少也能够谅解对方的观点，并随时防止我方或美方酝酿中的争吵爆发出来。

在英国方面，达夫·库柏先生也作了同样的事情。直到 1943 年 12 月麦克米伦先生还是英国驻阿尔及尔的代表，并负责其他重要任务。现在他担任无任所大臣的职务调到意大利去了。麦克米伦当初是丘吉尔派来参加英国在北非的活动的，虽然他的参加是有保留的，但是他逐渐明白在这里能作出更好的事情。他的高尚心灵和清醒头脑，都使他同情那些决心扫除法国障碍的法兰西人。随着我们的往来日益密切，我觉得他以往所持的成见逐渐消融了。在我这方面，我也很敬重他。现在他调任了，伦敦准备尽可能物色一位更好的人来代替他，同时也使英国的代表正常化起来。于是达夫·库柏先生被任命为驻阿尔及尔大使，以后成为驻巴黎大使。这是联合王国政府对于法国所表示的最亲善和最有远见的事例之一。

达夫·库柏是一位高尚的人，他有很多特长。政治、历史、文学、艺术和科学，样样精通，都很喜好。但是他对待一切却很慎重、很谦虚，避免把自己的意见强加于人。然而他的信念是很坚强的，他的原则是不可动摇的，他的全部生涯都证明了这一点。在英国形势的发展需要任用最能干的人才时，他本来可以出任首相的。人们可以认为，他之所以没有做到这一点，是由于他严于律己的性格，也由于当时有了丘吉尔这样一个人。虽然他没有当上伦敦的首相，但却做了驻巴黎的大使。在人情方面他热爱法国；在政治方面他处理问题风格高尚沉着；作为一个英国人来说，他对英王毫无二心。他处于丘吉尔和我之间，设法减轻我们的冲突。他有时做到了。如果有一个人能够经常获得成功的话，那就是达夫·库柏了。

在苏联方面，我们仍和从前一样同波格莫洛夫先生打交道。他急于要知道一切事情，但十分注意不暴露自己的想法，必要时态度突然僵硬起来，把他政府要讲的话直截了当地说出来。在某些情况下，则由维辛斯基先生来阐述问题，他是临时负责处理意大利问题的，但他对所有问题都很熟悉。在这些问题中，维辛斯基不仅显示出眼光远大和才智，而且有着使人想不到会在这个苏联前检察长身上出现的诙谐。但是在他身上偶然也流露出不可逾越的禁令的影响。有一天，我对他说（在近旁的人也可能听到）："我们在 1939 年以前未能为反对希特勒同你们结成亲密的联盟，真是一个错误。但是你们同希特勒签订条约，竟让他把我们搞垮，是多么大的错误啊！"维辛斯基先生挺起身子，脸色苍白。他挥一挥手，好像要扫除一种不可理解的威胁，他低声说："不！不！话不应该这样说啊！"

总之，法国和盟国的关系实际上是不顾条文中的清规戒律而发展起来的。1944 年 1 月 1 日的事情就是有力的证明。这一天外交使团按照向一个国家元首祝贺新年的惯例，非常隆重地来到奥利维埃别墅向我祝贺新年。在客厅中，为了谁是外交使团的首席代表和致传统的祝词，英国大使与苏联大使发生了一场激烈的争论。达夫·库柏先生胜利了。这次隆重的拜访同这次争执都标志着我国的地位正在提高。

但是，盟国领导人对待法国的意图继续使外交关系长期处于紧张状态。罗斯福依然坚持否认我们是解放时的法国政权。英国虽然认为这种态度过火，但它还是附和这种态度。如果这仅仅是措辞问题，我们倒也不会介意。但是否认我们是法兰西国家当局，实际上隐藏着美国总统念念不忘在法国树立裁决权的意图。对这种侵犯我们独立的野心，我必须使它落空。罗斯福总有一天会被迫承认这一点。但是由于他的固执所造成的拖延，盟军司令无法事先知道应该跟谁来联系有关法国的事务。另一方面，我们与盟国之间终于还是可以避免引起一些摩擦或任何意外事件的。

1943年9月以后，民族解放委员会递交华盛顿和伦敦一份备忘录，确定在法国作战时，法国行政机构与盟军合作的条件。备忘录中特别说明，在作战地区，盟军司令只要向当地政权提出要求就可以使用交通、运输、公用设施。在后方，法国政府将照艾森豪威尔将军的要求行事。为了保证取得联络，规定每支大部队都配备一名法国“行政联络军官”随军工作；同时派遣一位拥有必要的职权和随行人员的将军到艾森豪威尔那里去；在政府返回法国本土以前这个时期，由政府的一个成员以代表的资格前往采取一切适当的措施。事实上，1943年9月在德·布瓦斯朗贝的领导下成立的行政联络团进行了征集和训练，以后迁到了英国。1944年3月，我指定柯尼格和加塞将军分别在北方战场和地中海战场协助盟军总司令。同一天任命安德烈·勒·特劳盖为驻解放地区的民族解放委员会代表。这些措施都满足了盟军参谋部的要求。但是，要使这些措施收到实际效果，还必须有华盛顿政府和伦敦政府的同意。可是这两个政府对我们的备忘录却没有答复。

实际上，罗斯福总统一月复一月把我们的文件束之高阁了。在这期间，美国出现了一个“盟国军政府”，准备掌握法国的政权。我们可以看到，在这个组织中搜罗了形形色色的理论家、专家、工商业者、宣传家和一些新近归化美国的法国人。莫内和奥坡诺认为应当向华盛顿进行交涉，英国政府向美国提出了意见，艾森豪威尔也向白宫发出恳切请求，都没有引起任何改变。由于最后总得签发一份文件，所以罗斯福在4月间决定给艾森豪威尔发出指示，规定盟军总司令在法国拥有最高权力；总司令可以自己选择与他合作的法国当局。不久我们就知道艾森豪威尔请求总统不要让他负这个政治责任，而英国人也不赞成这样专横的做法。罗斯福虽然在文字上稍微修改了一下他的指示，但实质上丝毫没有改变。

老实说，我认为总统的企图与《爱丽斯漫游奇境记》中提到的迷梦有异曲同工之妙。罗斯福早在北非就冒险实行过类似他现在梦想在法国推行的政策，当时的条件对他的图谋要比现在有利得多，但他在那次尝试中完全落空了。我们的政府在科西嘉岛，在阿尔及利亚，在摩洛哥，在突尼斯，在撒哈拉以南非洲都顺利地行使着主权。华盛顿企图用来制造障碍的人们早已下台了。没有人再去理会达尔朗和克拉克的协定，因为它对民族解放委员会是无效的，我在咨政议会的讲台上也公开声明过法国不承认这个协定。罗斯福在非洲政策失败后，还没有放弃他的幻想，我为他本人以及我们之间的关系感到遗憾。我可以肯定地说，他打算在法国本土实行的计划是丝毫也没有实现余地的。盟军在法国除了我所委任的部长和公职人员以外，就找不到其他的人。除了我领导的部队以外，就找不到任何其他部队。我毫不夸张地说，我绝不相信艾森豪威尔能同不是我指定的人在那里顺利地进行工作。

况且，艾森豪威尔本人也没有这种打算。12 月 30 日，艾森豪威尔在赴华盛顿并从华盛顿返回伦敦准备在法国登陆以前，就曾经向我声明过这一点。他说："过去我对你抱着成见。今天，我承认这是错误的。为了将来的战争，我不仅需要你的武装部队的支援，还需要你的公务人员的协助和法国人民精神上的支持。所以我需要你的帮助。现在我请求您帮助我。"我对他说："对啦！你真是个好汉！因为你会说'我错了'。"

我们讨论了我们的政权与盟军指挥部之间在法国建立的合作的性质，以及一些悬而未决的问题。艾森豪威尔毫不掩饰他对这些问题有些担心。他补充说："但是除了原则以外，还必须看事实。我可以向你担保，关于我的事情，无论人们强迫我采取什么表面上的态度，实际上，在法国除了你的政权以外，我不承认任何其他法国政权。"于是我向他说明，关于解放巴黎的方式，我们会有机会表现我们的这种协调的。我说："应当由法国部队占领首都。为了这个战役，应该像我们法国人要求过的那样，必须有一个法国师及时地运到英国。"艾森豪威尔答应了这一点。

离参谋部决定要登陆的月份（5月至6月）越近，英国人就越希望澄清已经陷入僵局的政治局势。于是丘吉尔先生自告奋勇，在罗斯福总统的要求与戴高乐将军的拒绝之间充当了中介人。但是因为美国势力大和声望高，所以首相的努力主要是对我施加压力，叫我去满足罗斯福的要求。

1944年1月上旬，达夫·库柏先生来跟我说："您已知道，丘吉尔从德黑兰回来以后，就病在突尼斯了。后来又把他转送到马拉喀什。他很想见见您。但他的健康情况不容许他移动地方。您同意到他那里去吗?"在法国的领土上，照一般惯例，英国首相应当拜见法国政府的主席。虽然如此，鉴于首相本人的客观情况，我还是在1月12日去同丘吉尔先生共进午餐。我发现他正在恢复健康。这是半年来的第一次会谈，我们的谈话时间很长。在座的有达夫·库柏先生同比维布鲁克爵士，还有加斯顿·巴莱沃斯基。

首相生动而热情地给我描述顺从总统观点的好处。总之，他竭力要使我承认罗斯福在法国事务上的最高权力，借口罗斯福已经采取了一种难以改口的公开态度，同时他对若干同维希政权有牵连的人物承担了一些必须履行的义务。具体地说，丘吉尔先生暗示我从现在起，不要开庭审讯佛兰亭、贝鲁东和布伊松先生。首相对我说："我已研究过佛兰亭的档案，并没有什么重大罪名。他来到北非的事实，就证明他已脱离了维希政权。贝鲁东到阿尔及利亚来当总督，是美国总统提名的。至于布伊松，不久前，总统曾向他保证过他可以保持他的地位。”我这样对他说：“好好打仗吧！不要操心其他的事情！”丘吉尔先生还对吉罗和乔治将军不得不离开法国政府表示十分惋惜。他说：“吉罗是罗斯福选择的，乔治是我叫来的。”从丘吉尔先生的话里，似乎应该确认，对于由美国总统和英国首相为法国所作的选择，法国必须照办。他们对戴高乐将军不满的主要之处，就是他不接受这一点。

我用最好的态度回答了丘吉尔先生，说他同罗斯福对我们内政的关心，在我看来，正是法兰西复兴的明证。因此，我不愿意听任我国将来发生革命骚乱而使他们失望，要是正义不能伸张，那么我国就会发生革命骚动。我对佛兰亭先生和贝鲁东先生并无恶意。关于佛兰亭，我不忽视他的身份和愿望。关于贝鲁东，我不能忘记他为了统一所作出的贡献——我一来到阿尔及尔，他就把自己的职权让给了我。但我认为，他们应当到高等法院去申辩他们担任维希政府部长的行为，这是符合民族利益的。至于布伊松应该怎样处理，那是他的上级的事情。吉罗将军和乔治将军是否在我的政府中，那是我自己的事。因此，我要沿着我的道路——独立的道路前进，我相信，不仅对于我所负责的国家和民族，而且对于我所珍视的联盟，这都是一条正确的道路。

为了缓和紧张气氛，我请丘吉尔先生第二天到我这里来检阅守备部队，他很高兴地接受了。阅兵典礼是在民众强烈的热情下进行的。对于马拉喀什的群众，正像对于其他各地的民众一样，如果只看正面，不看反面，那么丘吉尔同戴高乐并肩出现，恰好象征着盟军共同向胜利前进，而实际上这也是最主要的方面。我向首相提到了这一点，总之，我们都同意群众的看法是正确的。

但是盎格鲁-撒克逊人的政策为了伤害我而采取的手段，却常常同与丘吉尔会谈的性质不一样。冬天，某些英国官员显然在美国有关部门的串通下，策划了一桩对我进行恶毒诬蔑的非常卑鄙的事件。首先，他们在美国报纸上大事宣传，千方百计地要使人相信，前战斗法国及其领导人力图在法国建立自己的独裁统治，并已经采取了一系列的措施。他们发表了纯粹捏造的十分荒唐的宣誓词，说那是自由法国志愿兵必须履行的入伍手续。他们控告我们的机关，尤其是"军事抵抗总部"，说我们为了使我们的人服从我们的野蛮纪律，实行了残酷虐待和拷打的手段。在这些准备工作以后，突然发生了"杜弗尔事件"。

这个名叫"杜弗尔"的人，是"英国情报处"的一个情报员。他是背着我们在法国被招收的，1942 年英国人把他带到英国，后来他来到了战斗法国的队伍请求入伍。他自称是中尉和荣誉勋章的获得者。不久以后，他的上级发现他既不是中尉，也不是荣誉勋章的获得者，相反的，他是英国情报局的间谍。他因为谎报军衔、窃取他实际没有的光荣头衔而被判刑，后来他又以真正的身份——普通士兵重新参军。但是，有一天，他在坎伯利兵营服刑时，在"英国情报处"的帮助下越狱逃走了，重新又投奔到他的主子那里。在法国这方面看来，他是一个逃兵，非法受到一个外国机关的利用和保护。由于他在英国领土上，法国无法逮捕他，所以一年多以来，驻英国的法国司令部就不管他了，到 1943 年 9 月，皮埃尔·维埃诺被英国外交部召去，他接到了一项有关杜弗尔的使人吃惊的通知。

英国政府通过正式的外交途径指出："杜弗尔在英国法院为遭到某些法国军官和他们的领导人——戴高乐将军的虐待曾提起控诉。由于我们这里绝对的分权制度，英国政府不可能阻止司法机构执行它们的任务。另一方面，戴高乐将军在我们的国家内并不享有外交特权。戴高乐将军是否可以用一种与杜弗尔友好的方式来解决这件事？否则，他将被卷入诉讼之中。我们认为应当劝告他重视这件事。因为这件事很可能要进行判决，那就会给报纸，尤其是美国报纸，对战斗法国所使用的方法和手段造成攻击的机会。”事实上，在同一时期，在公开攻击我们的美国报纸上，也出现了恶意的流言蜚语。

对于这个颇为卑鄙的行动的原因和动机，我是不会弄错的。很明显，杜弗尔，这个法国的逃兵，英国的情报员，在英国法院对我起诉，完全是由于他的主子的唆使。至于伦敦政府，它之所以漠视同自由法国签订的协定——根据协定，法国军人在英国只能受法国军事法庭的审理，它之所以不承认戴高乐将军享有外交特权——英国在50个外国使团中对最小的秘书也都给予这种特权，它之所以企图用一种无耻的诽谤阴谋来对我进行恫吓，是企图发动一次政治攻势，以便使盎格鲁-撒克逊的领导人摆脱困境。当时的舆论敦促英美政府对法兰西、戴高乐将军以及他的政府采取一种无愧于联盟的态度，白宫和唐宁街竟然答复说：“我们要等这件事情弄清楚以后再说。”

我决定毫不客气地对待这件事情。我们在英国服务的一些军官被英国外交部的通知唬住了，他们打算把这场官司委托给英国律师，我命令他们立即撤回。我禁止我的部下对英国法院的任何问题和传唤作出任何回答。我叫维埃诺去通知英国外交部：“我很清楚这种行动的目的，它是企图用侮辱戴高乐的手段来为盟国所犯的政治错误辩解；我认为这一事件的实质只能是一种诽谤；纽约的‘神秘’或华盛顿的‘神秘’所带来的后果，并不一定落在我的身上，相反的，一定会落在捏造这一事件的人的头上。”四个月过去了，伦敦并没有任何表示，只是送来一些零星的通知，对于这些，我们没有予以理睬。

但在1944年3月间，那个阴谋又旧事重提了。必须指出，关于在法国重建公众政权的法令是3月21日通过的。世界各国报纸都抓住这件事来肯定——也的确是这样——戴高乐将军和他的委员会是自身树立起来的法国政府，并认为无须盟国承认，它就可以在法国立足。可是罗斯福被新闻记者包围时，却辛辣地说："没有一个人，甚至连法兰西民族解放委员会也不能知道法兰西人民真正的要求。在美国看来，这个问题依然存在。"在我们的法令公布一星期以后，他们又利用杜弗尔事件，向我们进行了最后一次攻击。3月28日，达夫·库柏先生显然不敢对我谈这个与我有关的问题，他要求会见马西格里。他请马西格里转告我说，英国司法机关不能再拖延，英国政府不能不让它采取行动，诉讼就要开庭了。

但是，恰好我们也有可以对这个通知给予适当答复的事件。1943年初，一个战斗法国人，名叫斯蒂芬·马尼埃，被我们派到阿克拉的英国广播电台从事法语广播，他的工作成绩很好，他是应我们的召集到来的。当他一到英国，英国情报处也许是出于误会，也许是有计划地把他关在一所"爱国学校"里进行审讯。但在那里，不管是由于恐怖，还是由于患恶性疟疾，这个可怜的人终于自杀了。他在北非海军服役的儿子偶然写信给我，把这件事的经过告诉了我。这位年轻的海军战士要求把他父亲死难的情况，至少是那些可疑的地方调查清楚。他表示他想向法国司法机关起诉，控诉在法国领土上的英国情报局人员，还控诉那些可能在那里的英国政府的成员，包括丘吉尔先生在内。我责成马西格里把控诉人的信件原文通知英国大使，我补充说："法国政府没有任何理由阻止司法机关执行它的任务，很遗憾的是，恐怕全世界的报纸将借诉讼的机会，对于得到政府掩护的英国情报局所采取的方法与手段，进行一次使人不愉快的宣传。"我不了解英国司法机关为什么不再继续进行它的司法程序，我也不知道伦敦内阁怎么能不顾分权制度，使司法机关中止了诉讼的进行。另外，这也不是我分内的事。但从此以后，再也听不到谈论所谓"杜弗尔事件"了。

事情真是热一阵，冷一阵。4 月 14 日和 17 日，达夫·库柏先生来拜访我，交给我一则首相的通知。据大使说首相对我与罗斯福的关系感到十分不快。但首相确信，如果我当面去与罗斯福总统会谈，事情就会好得多。特别是关于承认民族解放委员会的问题，肯定可以得到解决。丘吉尔先生已准备把我去华盛顿的请求转达给罗斯福先生，并保证得到赞同的答复。

我向达夫·库柏先生声明，这样的邀请——不止一次，随后还有几次——在我看来是没有任何意义的。如果美国总统希望会见法国政府主席，他只须请他去就是了。在这种情况下，我绝不会拒绝的。但是我为什么非要请求总统同意我去拜访他呢？哪怕是通过丘吉尔先生做中间人。既然罗斯福先生公开宣称在法国重建政府必须由他授权，那么我的这种行为将如何解释？在我这方面，我没有什么需要请求总统的事。在形式上承认或不承认法国政府并不重要，重要的是要得到法兰西民族的承认。这种承认，实际上我们已经得到了。盟国当初本来可以帮助我们提高地位，但它们没有这样做。现在，事情没有什么意义了。

关于我们的行政机构与盟军司令部之间的关系，我向大使说明，只要司令部今后不再侵犯我们的任何权利，关系是很容易建立的。如果发生相反的情况，在法国就可能发生一场混乱，而这种混乱对于作战和盟国的政策都将是灾难性的。我得出结论说，毫无疑问，总有一天我要到华盛顿去，但必须在纠纷真正解决的时候；在法国解放的第一块土地上无可争辩地建立起我的政府权威的时候；在美国人表现出在军事行动以外不干涉法国的其他事务的时候；在承认法国是完整的、不可分割的时候。我只能表示希望这个时候很快到来，并希望我在令人满意的条件下到美国去。无论如何，我感谢丘吉尔先生很关心我去美国访问的事情，我预先感谢他对这一问题还要作出的努力。

既然谢绝了盟国的提议，我就依照时钟摆动规律等待从盟国那里来的不愉快的措施。果然，4 月 21 日，盟国通知我们，今后不再转发我们与我们驻伦敦的外交和军事代表之间的密码电报。盟国当局对我们解释说，这是因为必须保守正在进行的准备工作的秘密。我们认为英美单方面对法国所采取的这种防范措施对我们是一种侮辱，因为法国的武装部队正同它们的军队一样，在作战中担负着主要任务，同时战场正是在法国的领土上。因此，民族解放委员会决定，只要盟国仍硬要对我们下达命令和传达报告进行干预，就命令自己的大使维埃诺和军方代表柯尼格拒绝同他们解决任何问题。这种禁戒使艾森豪威尔和他的参谋人员十分为难，同时，外交关系也更加紧张起来。当然，由于有法国军人及公职人员往返于伦敦和阿尔及尔之间，我们的密码电报的传递工作仍然可以继续进行，没有中断过。

危机已经达到顶点，另一方面，现在已逼近登陆的期限，盟国再也不可能用拖延的办法来解决问题。5 月 23 日，达夫·库柏恳切地要求我接见他，这是毫不奇怪的。自从理论上我们不能向伦敦传递密码电报以后，我就很遗憾地不再接见英国大使。这次，我给他敞开了大门，因为他声明有了“新方针”。他对我说，英国政府请我到伦敦去，以便在那里解决承认法国的问题，并解决将在法国登陆的盟军同法国行政机构合作的问题。但是大使又向我声明，英国政府希望登陆的时候我在英国。

我答复达夫·库柏说，我很感激这种关注。事实上，当盟军发动登陆战时，我确实很愿意在出发基地，我想从那里到第一块解放了的法国领土去，所以我愿意接受到伦敦去的邀请。但是，关于在那里签订一项带有政治意义的协定，我必须完全采取保留态度。大使听到我重复说明我们对承认不感兴趣。同时，我还告诉他，在这一点上，民族解放委员会不管盟国有何意见，我们都要采用共和国政府的名义。关于我们与盟军司令部合作的条件，很早以前我们就在一个备忘录中讲得很清楚，但是盟国对这份备忘录迟迟没有答复。现在英国政府可能准备在这个备忘录上签字，但是美国政府并不是这样。那么，法英之间决定采取的措施，因为没有罗斯福的同意就不能付诸实施，这又有什么用处呢？当然，我们准备讨论合作的实际方式，但这应由三国而不是两国来进行。最后，我告诉达夫·库柏先生，只有我得到保证，能与我的政府用密码通电报后，我才到伦敦去。

5 月 26 日，民族解放委员会通过了我对英国大使声明的立场。它当时商定，不要任何部长随同我去，以便明确地说明我去伦敦是参加发动反攻战役并在适当时间去慰问战地的法国民众，而绝不是为了协商什么事情。后来委员会通过一项法令，正式规定了“法兰西共和国临时政府”的名称。第二天，我又接见了达夫·库柏先生并向他重申我上次的答复。关于密码电报的事，他给了我一个书面保证。

罗斯福开始有些后悔，但他又不愿意公开表示出来，于是他选择了通过别人来通知我的办法。这个人就是我们派驻美国的海军代表团的领导人菲纳德海军上将，他个人同白宫有很好的关系。海军上将在 5 月 27 日匆忙从美国来到我这里，并对我作了如下的报告：“总统正式请我转告您，他邀请您到华盛顿去。鉴于他迄今在这方面所采取的立场，他今天不能采取官方的步骤而只好用非官方的办法。在这种情况下，如果您接受了他的邀请，双方使馆就按正常途径安排您的旅程，而不需要公布是罗斯福主动提议的，还是您主动提议的。”不管总统所运用的方式如何奇特，我总不能忽视他本人正式表示的愿望，无疑我也不能忽视我们会晤所包含的意义。因此，我认为我很快就可能去华盛顿。但是喜形于色的表示是不得体的。我责成海军上将菲纳德作了初步答复，表示已收到了罗斯福的邀请，由于我正要去伦敦，目前不可能作出具体计划，我最后说，最好以后再行接洽。

总统的举动终于使我明白了。我觉得为了法兰西的独立，长期以来针对盟国所进行的艰苦斗争终于得到了预期的结局。诚然，我们还必须渡过最后的难关，但是结果是无疑的了。6月2日，我接到丘吉尔先生来电，他要求我火速到英国去。他恳切地派了他的专机来接我。第二天我就动身。巴莱沃斯基、贝多亚特、比奥特、乔弗洛·德·古塞尔、狄骚都跟我同行。在卡萨布兰卡稍停后，又在直布罗陀稍事休息，6月4日清晨我们在伦敦附近降落，接着便马上被卷入错综复杂的事态中。

当我们着陆时，接到丘吉尔先生写给我们的一封信，叫我们到火车上去会见他，他当时为了等待登陆的时刻住在朴次茅斯附近的火车上，这真是别出心裁。我同皮埃尔·维埃诺到了那里。首相迎接我们。在他身旁还有其他大臣们（特别是艾登和贝文）、将军们（特别是伊斯美）。史末资元帅也在那里，他表现得相当尴尬。因为几个月以前，他曾在一个团体中说：法国已经不是一个强国，它应该与英帝国并在一起，同时盎格鲁-撒克逊的报纸也曾经对此大事宣传。我们开始进午餐，丘吉尔立即谈了起来。

首先他生动地叙述了关于即将从英国海岸出发所展开的规模巨大的战斗，他满意地指出最初阶段将主要由英国的力量来承担这个任务。他说："特别是皇家海军在运输和护航方面将起主要作用。"我诚恳地向首相表示对这次成就非常敬佩。英国勇敢地经受了无数次的考验，从而挽救了整个欧洲，今天它应当成为反攻大陆的基地，在那里集结无比强大的兵力，这就是英国的勇敢政策的鲜明证据。丘吉尔本人从最阴暗的日子以来，一直是这个政策的体现。无论将来的事情还要使法国付出多大代价，法国对于它能与盟国共同解放欧洲感到骄傲。

在这个历史时刻，在这儿的法国人和英国人中间，充满了一种互相尊重和友好的气氛。接着大家就谈到正题。丘吉尔对我说："让我们安排一下我们在法国合作的问题。随后你就到美国去，向总统提出来。他可能会接受，那时我们就可以把它付诸实行。但无论如何，你要去跟他谈谈。这样他才会软化，并以某种形式承认你的政府。"我答复说："您似乎认为我必须要求罗斯福总统让我当法国政权的候选人，为什么呢？法国已有政府。在这一方面，我一点无求于美国，也无求于英国。在这里，最重要的是盟国把法国行政机构和盟军司令部的相互关系组织起来。我们早在九个月前就提出这个问题了。因为明天军队就要登陆，我理解你们急于解决这个问题。我们自己已准备好了，但是为了解决这个问题，美国的代表在哪里呢？而且你也非常清楚，没有他，我们在这件事情上什么也定不下来。另外，我注意到，华盛顿和伦敦政府已经采取措施，以便不需要同我们协商。举例来说，我刚才得到消息，听说准备登陆的部队和工作人员不顾我们一再警告，都带有所谓法国货币，但这些货币都是外国制造的，共和国政府绝对不承认，而这种货币在盟军司令的命令下将在法国领土上强制流通。我就等待明天艾森豪威尔将军按照美国总统指示和在你同意下，宣布法国应受他的管辖。在这种基础上我们怎么能举行谈判呢？"

丘吉尔大声说："您怎么能叫我们英国人采取与美国不同的立场呢？"当时我感到他冒火是为了打动他的英国听众而并不是针对着我的。他接着说："我们即将解放欧洲，这是因为美国人同我们一道来做这项工作。因为，你们要知道！每当我们必须在欧洲和海洋之间进行选择时，我们总是挑选海洋。每当我需要在罗斯福和您中间选择时，我总是选择罗斯福。"在他讲完这些话以后，艾登摇了摇脑袋，在我看来，他不大相信这件事。劳工大臣贝文走过来，为了让别人都听到，向我大声说："首相对你说，无论如何他是赞成美国总统的。你要知道，那是他个人的看法，绝不是以英国内阁的名义来说的。”

在这以后，丘吉尔同我们一起到附近的艾森豪威尔总部去。总司令在树林深处、墙壁上净挂着地图的小屋中，对我们十分详尽和稳重地介绍了登陆的计划和准备情况。船只随时可以出港，飞机待命起飞。几天来，军队都已经上了船。由8个师团和装备组成的第一梯队，渡海和登陆都已经全面地准备妥当。由海军、空军和伞兵部队进行配合的工作也无可挑剔。我体会到在这种极端危险和复杂的事件中，盎格鲁-撒克逊人为了建立自己的“计划”所施展的才能真是登峰造极。但是总司令还必须确定日期和时间，在这一点上，他流露出踌躇不安的样子。的确，一切都计算好了，登陆要在6月3日至7日之间进行。这时期一过，海潮与月亮的条件就要把登陆战役几乎推迟一个月。然而，这正是天气恶劣的时候。在大海的风浪中，使用平底船、登陆艇、浮桥对航行和靠岸都是没有把握的。但最迟明天必须发布进攻或延迟的命令。艾森豪威尔问我：“您的意见怎么样？”

我回答总司令说，这完全是他的职责，我的意见对艾森豪威尔没有丝毫约束，但是我毫无保留地预先赞成他的决定。我补充说：“我只向您说一句话，如果我是您的话，我决不推迟。我认为天气的危险比推迟几个星期的危险要小些，因为推迟就要使执行任务的人精神长期紧张，也有泄露军事机密的危险。”

当我准备告退时，艾森豪威尔显然有些局促，他递给我一份打印的文件。他说：“这就是我准备向西欧人民发表的声明，特别是对法兰西人民。”我浏览了一下声明的全文，向他声明，我并不满意。总司令向我保证说：“这只是一个草稿。我准备按您的意见修改。”我们约定第二天我明确地告诉他我认为必须加以修改的地方。丘吉尔跟我一起回到列车中，在这里，我们又找到了自己的同伴。

我对丘吉尔毫不隐讳地谈出自己内心的忧虑。因为在光明的战斗前景上，又一次出现了一种奸诈政策的阴影。

的确，对于华盛顿为艾森豪威尔撰写的声明，我是不能接受的。按照这个声明的原文，总司令首先以负责军事任务的统帅身份向挪威、荷兰、比利时和卢森堡人民讲话，同这些国家的人民的政治前途毫无关系。但是，声明接着用另一种语调向法兰西民族讲话；他要求法国人民“执行他的命令”。他规定“如果没有相反的指示，在行政机关中，人人应该继续执行自己的任务”。等法国全境解放后，由“法国人自己来选举他们的代表和政府”。总之，他自命要担负我们国家的责任，其实他只不过是一个有权指挥军队的盟国将军，他没有任何资格来干涉我们的内政，何况他也是无法这样做的。在这个声明中，它对法国的政权只字未提，这个政权几年来是鼓舞和领导我国人民作战的力量，这个政权也把大部分法国军队的荣誉委托给艾森豪威尔指挥。无论如何，我在 6 月 5 日上午，交给盟军总部一份我们能够接受的文本。正如我所估计的那样，他们答复我说，这个文件来得太晚了，因为声明都已经印制妥当（已有 8 天了），随时准备空投到法国的本土上。的确，当晚就要开始登陆了。

在伦敦，一切都跟从前一样，我的办公处安置在卡登花园，我的住所在卡诺特饭店。我又看见了查尔斯·皮克先生，心里很高兴，但我对他却有一些怜悯的心情，他是英国外交部特地派来与我们进行联系的联络员。我们这位外交界的朋友，恰恰在 5 日午后跑来，向我们报告明早在电台上广播的节目。首先准备向他们的人民讲话的是西欧各国的首脑：挪威国王、荷兰女王、卢森堡女大公、比利时首相。随后由艾森豪威尔宣读他的声明。最后轮到我向法国讲话。我告诉查尔斯·皮克先生说，就有关我那一部分而言，这个节目行不通。我在总司令后面讲话，就仿佛承认他所说的一切，而我是不赞成的，并且名次的排列与我的地位不相称。如果我要发表演说的话，那只能在另一个时间，而且是在他们一连串讲话以外的时间。

早晨两点钟，皮埃尔·维埃诺来找我。他从丘吉尔先生那里来，丘吉尔找他去，把对我的怨气向维埃诺发泄了一通。皮克先生随后也来了。我向他证实，我将不参加今早的广播讲演。可是，我希望能在今晚利用英国广播公司的电台。在幕后进行了不愉快的争吵以后，英国伦敦广播电台果然按照我所要求的条件让我使用了。晚上六点钟，我单独作了讲演，我怀着无比的热情向法国人说："最后的战斗开始了……当然这是法国的战争，也只是法国的战争……凡是法兰西的儿女，不论他们在哪里，也不论他们是谁，他们唯一而神圣的义务是尽一切力量打击敌人……法国政府及其任命的首长的命令必须确实遵守……在我们的鲜血和眼泪所凝成的浓雾后面，将重新出现我们伟大的太阳！"

在我到英国以后的几天中，战争的喜讯不断传来。登陆成功了。在贝叶[①]周围建立了桥头堡。人造港按照预定计划安置妥当。至于参战的法国武装力量：战舰、机群、突击队、伞兵部队，根据达让吕、瓦兰、勒让蒂约姆给我的报告，情况都很好。勒克莱尔和他的师团虽然有迫不及待的心情，但秩序井然等候诺曼底登陆的时刻。我们的机构，特别是后勤司令曼圭从自由法国成立以来长期领导的后勤部，都忙于运送在英国从未见过的那么多的法国兵，还忙于为救援光复地区进行准备工作。最后，柯尼格向我报告了我国内地军按照他的命令或自发地在很多地区参加了战斗，因此德国好几支大部队都被牵制在前线的后方。此外，到处都在按计划进行破坏工作。虽然德国第一次真正向伦敦发射了 V－1 式飞弹，但是这些

① 在法国北部，临塞纳湾，是西方盟军在法国登陆后光复的第一座城市。

轰炸，不管怎样残酷，都不能扭转整个战斗的进程。

虽然战略的迷雾已经澄清了，但在外交的天空，却晴朗得很慢。艾登力图驱散迷雾。他主动地，当然也是在英国内阁的同意下，把直到今天仍由丘吉尔先生处理的在法国的合作问题掌握在自己手中。在8日那一天，艾登偕同达夫·库柏和维埃诺来与我共进午餐，并跟我商谈，他坚决主张法国政府改变自己的决定，派马西格里来伦敦签署一项法英临时协议。他说："如果您和我们的意见一致，美国人就不可能单独坚持自己的立场。您什么时候去华盛顿，我也要同去，那时罗斯福就一定得同意我们商定好的安排。"艾登在他写给维埃诺的一封信中明确自己的要求。但是我们法国人是坚定不移的。我向英国人再三重复地指出，我到伦敦不是为谈判而来的。后来，在阿尔及尔征求了政府的意见，政府也赞成我的主张。马西格里还是留在原地。维埃诺于是回复艾登说，如果英国内阁愿意就我们1943年的备忘录进行谈判，那么，他本人就以大使的身份在这里等待他们，或者作必要的传达。

同时我们也公开地强调指出，盟军如果不与法国政权和法国官员取得联系，相互配合，那它采取的立场将是十分荒谬的；我们还公开否认外国人在我们本国所散发的货币有任何价值。6月10日，我在接见一家外国通讯社的记者时，简短地阐述了这件事情。另外，我决定除了几个报道人员以外，行政联络官均不必跟随美、英的参谋部，因为我们不愿参加这种篡权行为。一向反对我的一部分美国新闻记者当然就大吵大嚷攻击我，但是其余新闻记者和英国的大部分报界人士却对罗斯福的固执表示反对。这个时候经常在报纸上或在广播中大声疾呼支持我们的人在美国有华尔特·李普曼、埃德加·莫莱、道乐赛·汤普逊、乔夫·帕森斯、埃里克·霍金斯、海伦·柯克帕特里克、麦克·万恩、查尔斯·科林伍德、索尼·塔麦拉；在英国有哈罗德·尼克逊、哈罗德·金、波丁、格拉纳、达西·西里，还有其他许多人，都指出这样的玩笑早就开够了。

这也是伦敦所有流亡政府的共同愿望。在它们看来，解放快要来到了，这些人中的每个人，现在都抛开那种流亡心理。人人都为大国在当地所采取的满不在乎的态度表示担忧，也为大国丢开有关国家来解决欧洲命运感到忧虑。在我与挪威国王、荷兰女王、卢森堡女大公及其大臣们的谈话中，在我与皮埃乐、斯巴克、哥特和他们的比利时政府的同僚们聚餐中，在我与贝奈斯总统和拉凯维兹总统互相访问中，他们都对法国反抗盎格鲁-撒克逊人欺侮人的行为感到满意。在6月8日至20日之间，捷克斯洛伐克、波兰、比利时、卢森堡、南斯拉夫、挪威等国不顾英美当局从中阻挠，都以本国的名义正式承认了法兰西共和国临时政府。只有荷兰指望美国对印度尼西亚问题作进一步谅解，因而在这一点上顺从了华盛顿的意愿，继续抱观望态度。欧洲国家的这种一致行动，对美英两国有很大的影响。这是刚刚光复法国一小块地区的战斗所获得的明证，这个战斗将驱散一切阴影。

6月13日，我去视察桥头堡。好几天来，我就准备好了这次旅行。但是，盟国迟迟不给我这种便利。甚至在动身前一天的晚上，当我在外交部与英国大臣们共进晚餐（只有首相不在），他们对我能登上法国本土表示祝贺时，丘吉尔先生给艾登先生送来一封信，信中最后提出了一个难题掀起了反对我作这次旅行的最后浪潮。但是，艾登征求在座同僚的意见，特别征求克莱门特·艾德礼的意见以后，向我宣布，内阁全体成员决定仍然维持英国方面的既定措施。海军少校巴杜所指挥的“战斗”号驱逐舰，按照原来的计划，将到朴次茅斯靠岸，并接我上船。我偕同维埃诺、达让吕、贝多亚特、巴莱沃斯基、比奥特、柯勒特、夏尼、古塞尔、布瓦斯朗贝、狄骚上了船。6月14日早晨，我们在最近展开了出色战斗的法国海岸抛锚，与登陆的一个加拿大团同时登上了介于古尔苏勒与圣麦尔-厄利塞市镇之间的海岸。

桥头堡的盟军司令蒙哥马利将军在一点钟以前就得到通知，他很高兴地为我们提供了车辆和向导。法国联络官商顿少校也同他的部下来欢迎我。于是我立刻把当场任命为共和国委员的弗朗索瓦·柯勒特派到贝叶去，同时马上任命夏尼上校负责领导军分区。然后，我到了盟军司令部。蒙哥马利在他的行军车中接待了我，他正在隆美尔肖像前工作。隆美尔虽然是蒙哥马利在艾尔阿拉敏战役中的手下败将，但蒙哥马利对他仍然怀有崇敬的心情。这位英国统帅谨慎而严格，兼有热情和幽默感。他的一切部署都按照预定的计划顺利进行。南进的第一个目标已经达到了。将军对我说，现在西边美军应该占领瑟堡，东边英军应该占领卡昂，这就需要增加一些新部队，增援一些物资。一听他的讲话，我就知道在他的指挥下，战斗进行得很勇猛，但既不操之过急，又不鲁莽从事。我向他表示了自己的信赖，我就不打扰他的工作了，后来我回到我的同伴那里，到了贝叶。

柯勒特在这里履行他的职责。的确，诺曼底的共和国委员布尔多·德·冯特纳未能从鲁昂出来，也未能公开身份。在他尚未露面以前，我打算一旦敌人逃走，所有的地区就都由我的政府管辖。当我进入贝叶城时，柯勒特和陶德曼市长以及市议会全体人员都在那里。

我们步行，从这条街走到另一条大街。居民们看到戴高乐将军都甚为惊讶，随后是热烈欢呼，或泪如雨下。他们走出家门，怀着无比激动的心情跟着我走。孩子们把我包围起来。妇女们真是又哭又笑。男人们向我伸出手来。我们一起走着，又激动，又亲热，心头感到从苦难的深渊中又涌起民族的喜悦、自豪和希望。在一个钟头前还悬挂贝当肖像的县府大厅，罗沙特县长在莱蒙第·特里布莱未接任以前，表示听候我的命令。凡是担任职务的人员都来向我致敬。头一个拜访我的是贝叶和黎兹克的主教皮戈特。居民都聚集在城堡的广场上，于是我就到那里去对他们讲话。莫里斯·舒曼宣布我要讲话时，用了日常惯用的词句："荣誉和祖国！我们的戴高乐将军来了！"于是，在四年来的恐怖日子里，这些法国群众第一次听到一个法国领导人在他们的面前讲话：敌人就是敌人，我们的任务就是击败他们，法国一定会胜利的。事实上，这不就是"民族革命"吗？

伊西尼遭到了惨重的破坏，人们还在从残垣断壁的瓦砾中往外拉被害者的尸体，它以满目疮痍的废墟向我致敬。在被炸毁的死难市民的墓前，我向居民们讲了话。我们在继续冒烟的废墟上树立我们的信仰和希望。渔民乡镇——格朗坎也惨遭蹂躏，这是我最后访问的地方。在途中，我向上前线或从前线下来的盟军表示慰问，也向我们内地军的几个分队致敬。有些分队曾有力地帮助了登陆。傍晚时分，我们又回到古尔苏勒，然后回到船上。又等了几个钟头才开船，由于德国鱼雷艇和飞机在夜晚袭击了一艘挨一艘停泊在海面上的船只，它们奉命停留在原地不动。6 月 15 日早晨，我回到朴次茅斯，离开了"战斗"号。前一天晚上，当我们登上法国大陆时，我曾授予不久后被击沉的这艘英雄的战舰战争十字章。

事实已经作出证明。在本土和在法兰西帝国一样，法国人民也表示了他们要把领导自己的任务交给谁。6 月 15 日下午，艾登先生到卡登花园来看我。他知道贝叶所发生的情况，新闻记者已经报道了这些情况。在艾登看来，罗斯福只等戴高乐去华盛顿就会改变他的看法了。艾登很惋惜法国政府没有采取伦敦政府对它提出的建议，现在他打算同维埃诺拟订一个计划，然后由他自己把这个计划提交华盛顿，他希望法国、英国和美国能够签字承认这个计划。我认为这个计划是可以接受的。我把这一点告诉了艾登。后来我为了减轻丘吉尔先生自己造成的创伤，给他写了一封信。他立刻答复我说：法英合作未能建立在更好的基础上，使他感到悲伤；但他本人无论在顺利或困难的时候，都表现出自己是法国的忠实朋友。他曾经认为我来到伦敦，有促进达成一项协议的可能。他只希望这并非是最后的机会。首相在回信的结尾说，他希望我将来与罗斯福的接触会使法国与美国建立作为他的“遗产的一部分的友好关系”。他向我提出保证，在这个问题上，他要帮助我。16 日晚，我从英国起飞，第二天回到阿尔及尔。

那时候，正好意大利也传来详尽的捷报。我在伦敦期间，盟国在半岛上获得了一次伟大的胜利。特别是我们的远征军，冲破敌人在加里利亚诺[①]的坚强防线后，打通了到罗马去的道路。法、美、英三国军队在 6 月 5 日进入了罗马。军事胜利发挥了作用，维克多-厄曼努尔国王把他的权力让与自己的儿子，巴多格里奥也辞职了，波诺米在萨莱诺成立了新内阁。我想去视察我们胜利的远征军，同时也想去实地考察一下那里发生了多大的变化。6 月 27 日，我前往意大利。

首先，我在那不勒斯停留了一下，在这里顾夫·德姆维尔给我介绍了意大利外交部秘书长普鲁那斯先生。这位高级官员以他的驻萨莱诺的政府的名义来欢迎我。我请他向波诺米先生说明，我希望通过顾夫·德姆维尔与他建立直接的关系。总理写信答复我说，他十分满意地接受我的要求。随后，我赴前线视察，并与朱安、威尔逊、亚历山大和克拉克进行了谈话。最后，我到了罗马，下榻于法尔内斯宫。这标志着法兰西又重新回到了一所属于自己的住处。

6 月 30 日，我拜见了教皇。圣座以他那永恒不变的谨慎，直到那时对战斗法国仍然抱完全保留的态度，后来对阿尔及尔政府也抱保留的态度。虽然瓦勒利阿·瓦勒利主教在 1940 年是驻巴黎的教

① 意大利的河流，在罗马和那不勒斯之间，在加埃塔附近入海。

皇钦使，又在维希贝当元帅那里保留了这个职务，同时雷翁·伯拉尔先生是驻教廷代表，然而，我们曾不断用各种机会向教廷说明我们的目的和心愿，并且也得到教廷方面的积极同情，特别是主教阁下狄塞朗。我们知道，教皇是希望希特勒及其体系垮台的，我们希望有可能与教皇取得联系。6 月 4 日，罗马还有战事，巴纳费耶少校和瓦扎尔中尉把戴高乐将军写给庇护十二世的信交给狄塞朗主教。15 日，教皇给我回了信。30 日这天我特地去拜访他。

到了梵蒂冈，我首先拜见了国务秘书马格奥诺枢机主教，他病势沉重，但还坚持起来同我会谈。罗马教廷从它晴朗的高处世世代代都在不断地注视着从它城墙下走过的人流和所发生的事件，这样，教会就无所恐惧而十分同情地、了如指掌地看到战争狂潮的起伏。马格奥诺主教确信盟国的胜利，但对它带来的后果特别表示忧虑。关于法国，他判断维希政权一定垮台，并肯定我是法国政府的元首。他希望政体的改变要在没有严重动荡的局势中进行，特别是对于法国的教会而言。我向枢机主教说明，共和国政府认为事情就应该这样，虽然某些法国教会人士对戴高乐的态度无助于政府明天的工作。关于德国战败后欧洲的前途和苏联势力的扩大，我说，新均衡的条件就在于法国内外的复兴。我要求梵蒂冈以它无比的威信来支持我们。

教皇接见了我。在他亲切的接见和简短的谈话中，我被他敏锐而有权威的思想感动了。庇护十二世是从超脱人、超脱人的事业和不牵涉到纷争中的超然态度来判断每件事情的。他很清楚地知道这些纷争使人们付出多大代价，而且也同他们一样感到难受。他是全世界唯一享有超然职务的人，这个职务对于他的灵魂来说是沉重的，但他的目标十分清楚，他对于前进的道路充满信心，他始终不倦地负起这个责任。关于危害全世界的这幕悲剧，他的反应以及他的情报，使教皇对一切都了如指掌。他富有远见，对将来的后果是十分清楚的，那就是：在地球上的绝大部分地区，共产主义和民族主义思潮混集在一起，大肆泛滥。在他看来，世界各地长期被淹没以后，只有天主教的信、望、爱[①]才能抵挡住这股洪流。所以他认为一切决定于教会的政策和它的行动与言论，以及它的领导方式。因此，教皇把这一切规定为他个人亲自负责的范围，在这个范围内，他可以发挥上帝授予他的权威、光辉和才能。他使我油然产生对他的尊敬，我认为这个教皇，这位君主，具有虔诚、慈悲和政治家这类词句所形容的最高意义。

我们谈到天主教国家命运的动荡不安。谈到法国时，他认为法国首先受到它本身的威胁。他认为法国尽管受到考验，但仍有机会在一个多少人类的才能无处发挥的世界上起巨大作用，法国也有重新陷入经常使它的才能无能为力的分裂的危险。谈到德国，许多方面是他特别珍视的，现在德国是教皇最关心的国家。他重复地说："可怜的民族！他们该受多大的痛苦啊！"他预料意大利将遭受长期的混乱，但他并不过于担心。他可能认为，法西斯垮台和王国解体以后，在这个国家具有强大精神影响的教会将是唯一的安定力量和统一力量；这也许是他颇为乐于考虑的远景。当他对我叙述这些事情时，我就想起一些见证人刚刚说过的话。昨天的战斗刚刚结束，就有无数群众走到圣彼得广场来向教皇欢呼，好像他是被从罗马解放出来的君主，是意大利的救星。但是，苏联今天在波兰和明天在整个中欧的活动使教皇感到非常忧虑。在我们的会谈中，他提到加利西亚的情况，他说在红军占领区，教友和神父已开始遭到迫害。因此，他相信天主教会将遭到很严重的苦难，只有欧洲天主教国家德国、法国、意大利、西班牙、比利时、葡萄牙紧紧地团结起来，才可能防止这种危险。我看清了这就是教皇庇护十二世的远大计

① 天主教的基本信条。

划。他为我祝福后，我告辞了。

我离开梵蒂冈的时候跟我来时一样，许多罗马人都聚集在梵蒂冈周围地区向我致意。我访问法国人的圣路易教堂时，布冈主教接见了我。以后我到了麦迪奇别墅，在这儿，法国艺术的光芒很快又要放出异彩，我在这里接见了我国侨民。从 1940 年以后，我国侨民就只包括一些——当然有原因！——修会的成员。他们全都来了。枢机主教狄塞朗给我一一介绍。尽管过去我们经历过无数的风险，但是今天大家都被同样的喜悦激动了。值得骄傲的胜利把那些被战祸和忧虑驱散的人又重新结合起来了。

现在，法国的统一在人们的心目中已是太明显的了。美国总统现在也不得不承认这一点。为了在每个新事件发生的时机表示有所转变，他再三邀请我到华盛顿去访问。当我在伦敦时，菲纳德海军上将又来了。罗斯福叫他告诉我他认为比较适宜会见的日期。6 月 10 日，在诺曼底桥头堡的艾森豪威尔和正好在伦敦的马歇尔将军派了参谋长比德耳·史密斯将军来卡登花园拜访我。比德耳·史密斯恳切地要求我接受与罗斯福总统会晤的邀请，因为盟军司令部急于要了解有关在法国进行行政合作的问题，以便有所遵循。在阿尔及尔，威尔逊大使的临时代办塞尔顿·查班先生也为这件事焦急。最后，我知道盟国将于 8 月在法国展开攻势。如果要达成一项切实可行的协定，那就不能再拖延下去了。

经政府深入讨论后，我决定去华盛顿。但如同我在路过伦敦时所表示的那样，我去华盛顿并没有任何要求，也不打算与华盛顿举行谈判，所以没有一个部长跟我去。戴高乐将军与罗斯福总统会谈的目的，只是就两国感兴趣的世界性问题交换意见。另外，我在这战争的决定性时期去美国，一方面表示法国对美国作战力量的敬意，另一方面也表示两国人民一直未衰的友谊。在我与白宫会谈后，如果美国政府决定与法国政府谈判有关盟军与我们的行政机构的关系问题，它可以像英国政府那样通过正常的外交途径进行。在这个基础上，国务院和我们的大使奥坡诺共同拟制了我在华盛顿访问期间的活动程序。据商定，我在华盛顿完全是美国总统和美国政府的贵宾，这就足够纠正一些报道和评论，这些报道和评论硬说我访问美国不是被邀请，而是去乞求帮助的。况且，加拿大也请我去访问，于是我恳切地叫我们在渥太华的代表波诺与麦肯齐·金政府商定我路过这个可爱而高贵的国家时的一切活动细节。

我乘坐的是美国总统亲切地给我派来的专机，在查班先生陪同下，我于 7 月 6 日下午抵达华盛顿。贝多亚特、巴莱沃斯基、朗古尔、巴利斯、包伯和狄骚与我同行。在白宫门前，富兰克林·罗斯福笑容可掬，亲切地欢迎了我。科德尔·赫尔站在他的身旁。稍事休息后，罗斯福总统与我单独谈了很长的时间。第二天、第三天都是这样。我住在布莱尔大厦，这是美国政府经常接待贵宾的一座古老而奇特的寓所。白宫举行了一次盛大而极为友好的午宴。国务卿和陆军部长各自为我举行了一次晚宴。在我们的临时大使馆，我也举行了一次招待会，因为旧法国的大使馆和将来的大使馆现在都还封闭着。这些宴会和招待会是我与协助总统的政治军事领袖人物晤谈的好机会。

这些人是：科德尔·赫尔先生——他虽然是一个对美洲以外的事情所知很少的人，罗斯福又经常干涉他分内的事，但是他很踏实和很出色地完成了自己繁重的任务；派特逊和福莱斯特先生——他俩作为部长都抱着大企业主的心情，因为他们的部（前者是陆、空军部部长，后者是海军部部长）三年来有了惊人的发展，显然他们占有了美国不少的财力、人力和智力；对我国事务最关心的朋友摩根索先生——他虽然负责财源滚滚的财政部，但秩序井然地管理财政；马歇尔将军——他是个富有魄力的组织者，沉默寡言，他是全球规模的实力和战略的推动人；金海军上将——他非常热心而又富于想象力，毫不掩饰自己因美国海军控制了海洋而感到自豪；阿诺德将军——他由于办事得法，迅速设计、制造和试验成功了一大批飞机，并很快地招募了许多飞行人员，经过训练之后就投入战斗，造就了美国强大的空军；李海海军上将——他思想保守，由于事情发生得突然，他看到我在这儿十分惊异，但也只好算了；参众两院外交委员会的主席康纳利和索耳·布卢姆先生——他们都想知道这一切。这个参谋部形成一个坚实的整体，由于每个成员的特长和罗斯福的光辉人格，它虽然只得到有限的光荣，但是毫无疑问，它对自己的任务是胜任愉快的。

借此机会，我到阿林顿花园的无名英雄墓前致敬。我也去看望了潘兴将军[1]，这个人生性朴实，正在军医院中度过他一生最后的时刻。为了纪念乔治·华盛顿，我曾拜谒蒙特-维龙墓地。我在布莱尔大厦接见了许多人物，首先是美国副总统亨利·华莱士先生，他追求社会公平，希望**普通人**得到胜利。我也接见了正在华盛顿的墨西哥外交部部长巴迪拉先生。在我们代表团的住所，我曾与亨利·奥坡诺周围的法国外交人员交谈；以后，圣第的埃将军、菲纳德海军上将、吕根上校都在这儿向我介绍了我们的军官。我离开华盛顿以前，举行了一次记者招待会，我尽量与许多来访问我的新闻记者谈话。在合众国的首都，我逗留了五天，我赞叹所有美国上层人物的自信心，我也体会到乐观是属于有办法的人们的。

罗斯福总统本人丝毫不怀疑自己有这种力量。在我们的会谈中，他根本不提棘手的事情，而只让我理解到他自己想从胜利中达到什么样的政治目的。在我看来，他的设想是宏伟的，它使欧洲和法国感到不安。的确，按照总统的看法，美国过去的孤立主义是一个大错误。但是，罗斯福从一个极端跑到了另一个极端，他打算通

---

① 美国将军，第一次世界大战时统率美国远征军。

过国际法来建立一个常设的干涉体系。在他的思想中，他要建立美国、苏联、中国、英国四大国的领导权来解决全世界的问题。联合国家会议要为“四大国”的权力披上民主的外衣。但是，除非把差不多整个地球交给三国来处理，否则，按照他的意见，要建立这样个机构就必须把美国军队部署在世界各个地区的基地上，包括法国领土上的某些基地。

因此，罗斯福把苏联拉进整体里，以便约束苏联的野心，美国在这个整体里可以集合他的仆从国家。的确，在这“四大国”中，他知道蒋介石中国需要他的帮助，除非英国放弃它的自治领地，否则也必须屈从它的政策。至于大批中、小国家，他能用美援的方式影响它们。最后，民族自治权、华盛顿所提供的援助、美国基地的存在，都将促使非洲、亚洲地区建立更多的新的主权国家，从而增加更多的欠美国债务的国家。在这种远景中，欧洲本身的问题特别是德国的命运，维斯杜拉河流域的国家、多瑙河流域的国家、巴尔干国家以及意大利的前途，对罗斯福来说，都是次要的。他绝不会为了给它们寻求一个有利的解决途径而牺牲他自己的远大计划。

我静心倾听罗斯福给我叙述他的计划。这多么合乎人之常情啊，他用理想主义掩盖了强权的意志。而且，总统绝不是光谈原则的教授，也不是根据情感和利益来谈事情的政治家，他轻描淡写地把事情一笔带过，以致很难公开反驳这位艺术家和幻术家。但是我回答他说，照我的看法，他的计划冒着把西方国家置于绝境的危险。如果把西欧看成是次要的，岂不是要削弱他自己所从事的文明事业吗？为了博取苏联的欢心，难道应该让给苏联一些威胁势力均衡的权益，而损害波兰、波罗的海、多瑙河和巴尔干地区的一切利益吗？怎么能保证中国刚刚经受了民族主义锤炼的考验后，仍能保持住现在的地位呢？如同我最初所想的和所说的那样，如果殖民国家必须放弃直接管理所属的民族，并同他们实行一种真正合作的制度，同样地也必须使这种解放在不反对殖民国家的情况下实现，不然，就会在无组织的群众中掀起仇外情绪和无政府主义，这对全世界都是危险的。

我对罗斯福总统说：“西欧是应该复兴的。如果它复兴起来，世界上其他各国都宁愿以它为榜样。如果它衰弱下去，蛮横的暴力就要席卷一切。尽管西欧存在着一些纷争，但对于西方来说是最重要的因素。任何东西都代替不了古老民族的价值、能力和光辉。的确，这一点首先对法国来说是这样，在欧洲的大国中只有法兰西，无论过去、现在或将来都是你们的盟友。我知道你们准备从物质上帮助它，这对它是十分宝贵的。但是在政治上它应该恢复自己的实力和信心，因而恢复自己的作用。如果关涉世界的最重要的决定不让法国参加，如果法国丧失了它在非洲和亚洲的属地，一句话，如果战争的最后决定给它造成一种战败者的心理，那它怎么能起作用呢?”

罗斯福的伟大思想是能够接受这些考虑的。况且，哪怕是由于过去他对法国所抱有的想法，他也是真诚爱护法国的。但是，正是出于这种感情，他内心深处感到失望和生气，因为我们昨天打了败仗，而在许多法国人当中，特别是自己认识的法国人当中，只引起不大的反应。他把这一点直截了当地对我说了。特别是关于前途问题，他确信我们的制度将会革新。他向我描绘了战前他看到我们的政治无能时那种难言之痛。他对我说：“我这个美国总统，甚至有时还想不起法国政府的短命总理的名字。现在，您在这儿，您看到我国热烈地欢迎了您。但演完这幕悲剧后，不知道您是否还是政府的领袖?”

使罗斯福回忆美国孤立派在第一次世界大战后和第二次世界大战初期法国惨败中让我们多么失望并不困难，但毫无用处。另外，指出他对戴高乐将军和战斗法国的态度，除了使大部分上层人物抱着观望的态度以外，将怎样使法兰西民族重新陷入他所不欢迎的动荡不安的政治局面，也同样是没有用处的。美国总统的见解终于使我相信，在国际事务中，理论和感情同强权的现实比较起来并没有多大分量；最主要的是人们所取得的和能够保住的东西；法国要恢复自己的地位，只有靠自己。我把这些事向他说明了。他微笑了，最后说："我们应该尽力去做，的确是，为法国效力，谁也不能代替法国人民。"

我们的会谈结束了。这些会谈都是在罗斯福的办公室内挨着堆满纪念物、锦旗、塑像和无数古玩的桌旁举行的。当我告辞后，总统坐在他的推车中送我。在走廊中，有一个门敞开着。"您看看我的游泳池，我就在那里游泳。"他仿佛在向他的残疾挑战，用手比画着对我说。在我离开华盛顿以前，我把比塞大兵工厂工人所制的机械珍品——一只小潜水艇送给了他。他给我寄来一张他自己的照片，上面写着亲切的字句："给我的朋友戴高乐将军！"

后来，一位匿名者给我寄来罗斯福在我离开美国后八天致国会议员约瑟夫·克拉克·鲍德温先生的一封信的副本。总统在这封信中提到我不知道关于美国与法国企业"外大西洋总公司"所进行的秘密交易，总统告诉他说，必须十分小心，别让戴高乐知道，要是他知道了，就会把这个企业的经理赶出去。另外罗斯福在信中对于我和我们的会谈都作了评价。他写道："戴高乐和我大致考察了目前的问题。我们深入谈论了有关法国前途、殖民地和世界和平等问题。关于将来的问题，只要从全球着眼去对待法国，他是完全可以采取'商量'的态度的。关于法国的地位问题，戴高乐是非常敏感的。但我认为他主要是自私的。"我永远也不知道，富兰克林·罗斯福到底认为夏尔·戴高乐是为了法国而自私呢？还是为了自己而自私？

7月10日，我匆匆地路过纽约。为了不给民众游行制造机会

(因为在离总统选举还有三个月的时间内，游行集会都好像是反对总统政策的)，所以事先商定，让我在纽约公众的面前出现的机会将十分有限。况且，罗斯福竞选的对手杜威又是纽约州的州长。但菲利洛·拉·加第亚市长充满亲切的友谊，隆重地在市政厅欢迎了我，那里聚集了许多群众。随后他请我游览市容。我在拉斐特[①]像前献了洛林十字，在“洛克菲勒中心”广场视察了由盖兰·德·包蒙领导的法国总领事馆。我到了“法兰西万岁”的会所，这是一个团结法国人和支持我们战斗的美国人的协会，在这里，亨利·多里斯向我表示了大家的感情。纽约法侨和从外地来的一些代表都在华尔道夫-阿斯托立亚大厅聚会，我也去会见了他们。许多在场的法国人直到那时还对戴高乐将军持有保留态度。有些人还攻击过他，甚至侮辱过他。但是，这天晚上大家表现出了无比的热情，没有分歧的表现。这正说明法国在有关她的大辩论中肯定地获得了胜利。

我们希望在加拿大的一切安排也能证明这一点。首先在访问魁北克[②]时，我感到仿佛沉浸在法国的骄傲的海浪中，但很快又被难堪的痛苦的波涛淹没了，这两种心情都有悠久的历史根源。以后，我们在大使瓦尼尔将军的陪同下到了渥太华。总理麦肯齐·金先生在机场欢迎我。我十分高兴地又看到了这位道德高尚、精明朴实的人。这位政府领袖毕生为自由贡献出自己的一切力量和经验。加拿大追随他，这是十分可贵的，尤其是因为加拿大是由两个共同存在而没有混合在一起的民族组成的。这个国家的纷争已经过去了，再也没有任何利益会导致它发生直接冲突。

在他的政府的推动下，这个国家现在为作战发挥了巨大力量。在为皇家海军补充大型舰只和船员、补充皇家空军的飞行队方面，

① 18世纪的法国将军，富于自由思想，1777年曾志愿赴美参加美国的独立战争。

② 加拿大东部魁北克省的行政中心，居民大部分是法国人后裔。

加拿大都投入了大批具有高度战斗力的兵员。他的兵工厂生产了大批军事装备，在盟国中已成为一个重要的组成部分。加拿大的实验室和工厂参加了研究制造首批原子弹的工作。他私下告诉我，法国科学家皮埃尔·奥热、儒略·盖隆和伯特朗·戈尔斯密特即将获得成功。他们是经过我的允许，参加从事这项机密工作的盟国机构的。与第一次世界大战比较起来，加拿大这一次作出了全国性的贡献。无论于国于民，他们取得的成就使部长、议员、公务人员和人民都十分满意。这就是麦肯齐·金向我介绍的情况，也是他主要的同事路易·圣劳伦先生在强调加拿大将竭力帮助复兴法国时向我重复谈到的事情。

我在加拿大时，曾到加拿大总督阿洛纳伯爵和英王乔治六世的姑母、公爵夫人阿丽斯公主的家里做客。她以令人难忘的款待欢迎了我，并请了许多人来作陪。在访问期间，时间几乎安排不过来：正式会谈；接见拜访者；参加渥太华庄严的谒陵典礼；检阅在附近受训的法国飞行人员；赴加拿大政府举行的午宴；举行记者招待会，在会上讲话——至少总得讲一次吧——来答谢圣劳伦先生的致词，我是在总督、部长、高级官员和外交使团在场的情况下，向议会发表这篇讲话的。谈到为了未来的和平应该如何实现国际合作，特别是西方的合作时，我强调法国在这种合作中应发挥的作用，最后我指出："法国相信在自己的身旁会找到最知己的、与它完全一致的那些国家的人民。首先，肯定会找到加拿大。"

7月12日，我到蒙特利尔，这个城市对我表示了最动人的热情。在市政府开完欢迎会后，我分别到加拿大和法国的两座无名英雄墓前致敬，接着我向聚集在自治领地广场和附近大街上的广大群众讲了话。阿德马·雷诺市长向他的市民大声说："请你们让戴高乐将军看看，蒙特利尔城是世界上法国的第二大城市！"万岁的呼声从每个人的内心里像雷鸣一般喊了出来，这种情景是无法用语言形容的。晚上我们乘飞机离开加拿大，7 月 13 日回到了阿尔及尔。

回来后，接到美国政府在前天发表的声明。这个声明是这样的："美国承认法兰西民族解放委员会有资格行使法国的政权。"同时，国务院与奥坡诺和阿尔芳举行了谈判，为的是要在光复地区达成一项行政合作的协定。艾登和维埃诺也达成了一个圆满的协议。8 月初，关于共同的条款，阿尔及尔、华盛顿和伦敦已经取得一致的意见。这次达成的协议与我们一年前所建议的极其相同。"法兰西共和国临时政府"的名称正式写在协议上。人们毫不勉强地承认只有它能行使国家的权力；只有它能派遣必要的联络机构到盟军方面去；只有它能提供盟军司令部所需要的工作；只有它能在法国发行货币和收取英镑和美元，以供给它的领土上的美英军队所需要的一切。

现在，让法国的大战展开吧！让在我们的内地军协助下的盟军与我们的军队一道从诺曼底冲向巴黎和罗纳河谷吧！在北海与地中海之间，从大西洋到莱茵河畔，让这个民族从敌人手中解放出来吧！1 500 年来，任何灾难，甚至这次灾难，都未能剥夺它的主权，也未能夺走它的最后武装。我们现在又给法兰西带回了独立、帝国和宝剑！

第七章

战斗

当盟军进攻欧洲的时候，法兰西之剑是多么的短啊！在这样危急的关头，我们国家的武装力量还从来没有相对地减少到如此地步。为我们祖国的解放事业而斗争的人们，回忆起我国旧日的力量，不免无限悲哀。但是，我国军队的素质从来没有像今天这样优良。

KAIB -3

当盟军进攻欧洲的时候，法兰西之剑是多么的短啊！在这样危急的关头，我们国家的武装力量还从来没有相对地减少到如此地步。为我们祖国的解放事业而斗争的人们，回忆起我国旧日的力量，不免无限悲哀。但是，我国军队的素质从来没有像今天这样优良。我们的复兴是从苦难的深渊中开始的，这就更为光辉灿烂。

自 14 世纪以来，军事力量就是法国的第二生命。尽管我国曾多次忽略国防、轻视军队，打过很多败仗，但无论什么时候，它一直能出色地在沙场上建立丰功伟绩。这个规律并没有因近代的盛衰变迁而失效。尽管在拿破仑的伟大业绩以后我们的国力大衰，尽管 1870 年的失败[①]非常惨重，但是，我们仍然保持着一个强盛民族的精神和力量。我们是 1918 年的胜利的主要缔造人，我们领导了其他国家走向这个胜利。如果说我们的陆军是世界陆军之冠，我们的海军是世界优良海军之一，我们的空军是世界上的一流空军，我们的将军都精明强干，那么，这对我们来说乃是当然的事情。

因此，1940 年的失败以及伴随而来的沦丧使许多人大为震惊，甚至认为法国无可救药了。长期以来法国人民对自己的估价以及全世界对法国人的历来看法和历史舆论，忽然间烟消云散了。如果法国不重建自己的军队，它将永远无法在自己和别人面前恢复它的尊

① 指 1870 年普法战争时所遭受的严重失败。

严。但是，能够帮助法国重新恢复统一和再次取得它的旧日威望的，莫过于这件惊人的事实了，这就是在刚刚团结起来的法兰西海外领地上，在受着压迫的法国本土上，找到充分的信赖和战斗的勇气，再锻造一支作战能力强的军队。在色当和敦刻尔克以后，接着是莱敦德[①]和都灵的投降，然后是维希当局接受丧权辱国的条件，现在，当敌人占领我们全国、两百万法国人沦为俘虏而“合法”政府坚持惩罚抗战的法国人的时候，让我们的军队取得最重要而光辉的胜利，这应该是一个翻天覆地的转变。

在非洲可以动员足够组成一支野战军的士兵。然而范围还是很狭小的。因为虽然我们可以按照我们所希望的数字，从阿尔及利亚、摩洛哥、突尼斯、撒哈拉以南非洲、马达加斯加的当地人中抽调士兵，但那就会使适于在现役或后备役军中服务的士官和技术人员减少。建立这支现代化的庞大军队所必不可少的基干人员，主要是从原籍法国的人中抽调的。但是原籍法国的居民只有120万。截至1918年，实际上历年应征入伍人数共116 000人，因为行政部门、经济生活、公共秩序方面也占用了一大部分优秀人员，而且自1940年以后，许多应征的人已成了德国的俘虏。诚然，自由法国带来了15 000名法国青年，科西嘉岛提供了13 000名士兵，还有12 000名男青年经西班牙逃离法国，6 000名妇女和年轻的姑娘走进了各机关。当然，一切应征者都很快地编入队伍中去了。尽管这样，在招募士官和技术人员方面仍感到来源不足。

必须补充的是，供应我们军械和装备的美国人提出一个条件，要我们采用他们的编制规定，而他们的编制在实际名额上还包括数字庞大的机关人员和弥补损失的机动人员。对于他们来说，作战单

① 法国瓦斯省的一个市镇，在贡比涅（或译康边）区，1940年法国战败后，在这里签字投降。

位的生活和行动都要仰赖供给丰富的后方。只有核实了相应的后勤组织人数充足而且有办事能力的时候，美国人才同意装备法国的师团。另一方面，我们的非洲军队一向生活朴素，总以为把这么多的人力投入辎重、仓库、车队、工厂等，是一种浪费。因此，盟国和我们的参谋部之间常常争吵，而且有许多次伤了感情；另一方面，法国人对自己的精锐部队被解散而改编为辅助部队，也感到十分伤心。

在这件事上，首先吉罗将军是难以甘心的。在安法会议上，听到罗斯福说我们能组织多少军队美国就保证供应多少装备，吉罗将军就希望能装备 14 个法国师，只建立少数必要的维修部队和后备部队。所以在分配所要求的物资以前，当外国监督官要求建立完整的辅助部队因而不得不缩减军队时，便不免引起许多感叹和愤懑。此外，我们还应当在我们非洲的地面上保持最低限度的驻军。最后，我们要保留两个旅，以便一有机会就派到印度支那去。这些驻军和这两个旅装备的是法国武器，因此不受美国规定的限制。但是它们的军事干部还是被调走了一些，这也就相应地减少了我们组编野战军的机会。

对于我来说，一方面，我看到美国人提出的把供应美式装备和采用美式编制联系起来的主张所造成的难堪局面；另一方面，我认为欧洲的下一次战役，的确需要设备完善的后勤机构。此外，在交付武器的问题上，我急于要结束因供应经常接济不上而拖延我们进入战线的状况。我成为政府的唯一首长以后，就着手处理这个问题。1944 年 1 月 7 日，我发布了关于实际名额、编制的最低限度标准以及盟国供应我们武器装备的条件等方面的命令，规定在法国本土作战的地面部队的总体如下：1 个军部，3 个军团司令部，6 个步兵师，4 个装甲师以及一切必要的机关和后备部队。此外，还有计划中规定的 1 个步兵师和 1 个装甲师未能在预定时间完全建立起来。另外，3个摩洛哥骑兵队、2个伞兵团和一些突击队将编入我们的大部队。无法想象勒埃将军领导的参谋部需要作出多大的努力，以便在物资缺乏和供应有时接济不上的情况下，建成这支模范的军队，使法国得以把它投入意大利战场，然后调到法国本土战线上作战，直至攻入德国和奥地利。

我们的海军也具有同样的热情。海军的生命和迫切要求是技术，因为海军必须根据技术来衡量它目前所经受的各种考验。我们的海军正是在作战中一面发挥积极作用，一面重新建立起来的。勒莫尼埃海军上将于1943年7月被任命为总参谋长，他在这次改编中表现出很大的能力和坚强的意志，但他表面上是灵活谦虚的。1943年10月14日，国防委员会通过了勒莫尼埃建议的军事计划。这个计划规定我们的海军在第二年春天就可以使下列各舰参加战斗：主力舰2艘，即“黎塞留”号和“洛林”号；巡洋舰9艘，即“光荣”号、“乔治·莱革”号、“孟特加耳莫”号、“爱米尔·伯尔坦”号、“贞德”号、“杜盖·特鲁安”号、“杜盖斯诺”号、“苏佛兰”号、“图尔威尔”号；轻巡洋舰4艘，即“芳塔斯克”号、“马兰”号、“恐怖”号、“胜利”号；辅助巡洋舰3艘，即“帕尔马角”号、“盖尔西”号、“巴尔弗勒尔”号；航空母舰2艘，即“伯亚尔诺”号和“迪克斯麦德”号；鱼雷艇14只；潜水艇18只；小型船只80艘，包括护航舰、油船、驱逐舰、快艇和挖泥船等。

在这项计划中，大部分舰只（包括武器）面临现代化改装和修理工作，当时比塞大兵工厂已呈半毁坏状态，卡萨布兰卡兵工厂的能力也很有限，达喀尔兵工厂还仅具雏形，当耐都也无力完全承担；但布鲁克林和百慕大的盟军基地愿意承担这项工作，所以预定的计划可能实现。并且，在原来规定的船只之外，又增添了下列船只：被意军掳走而新近收回的鱼雷艇“猛虎”号和“飓风”号；我们接收的1艘意大利潜水艇“布龙佐”号（现改名为“新纳尔瓦耳”号)；英国人让与我们的4艘中型战舰；美国人赠与的6艘鱼雷护航舰，其中第一艘“塞内加尔”号由罗斯福总统隆重地移交给我们的海军。同时，在森德兰和惠灵顿重新武装起来的6个水上航空小队，使法国的海军航空队又在大西洋上空出现。最后，陆战队的2个装甲团、1个重野战炮营和一些突击队都以海军的名义参加了大陆作战。至于非洲和科西嘉岛，则由海军的22个海防炮兵队和7个高射炮队守卫。

根据布斯加将军的建议和1943年10月22日国防委员会通过的计划，我们的空军到1944年春应当编成30个空军大队。它们的部署情况是：7个空军大队以大不列颠为基地，其中驱逐机4个大队，轰炸机3个大队；21个空军大队在地中海战区作战，其中驱逐机8个大队，轰炸机4个大队，防御沿海地区和阵地的6个大队，侦察机1个大队，运输机2个大队；还有2个驱逐机大队在苏联作战。由于在阿尔及利亚、摩洛哥和突尼斯同美国人进行了战斗，实际上法国的飞机都已丧失了，这些昨日的敌对者今天就负责在北非慷慨地供应飞机给我们的飞行队；英国人和苏联人供应我们在他们土地上的飞行队。法国空军的新式飞机是在仓促间装备起来的，是突然与盟国空军配合统一作战的，它需要熟悉盟军的规则和方法，在布斯加的卓越指挥下，它比任何时候都更迫切地要求作战。

总起来说，我们建立了拥有23万人的野战军；15万士兵的驻防军；5万名海员和32万吨位的舰队、120万吨的货船和商船，其中有三分之二是由法国海员武装起来的；此外还有一支拥有500架作战飞机、3万名服务人员的空军。大部分物资是盟国根据它同我们签订的租借法案供给的，而我们也相应地把我们的海港、运输、交通、电讯、设备、人力等提供给盟国使用。从精神方面看，我们的军队非常高兴地看见自己又得到生存的意义，摆脱了曾使它们绝大部分瘫痪或走入迷途的那些誓言和巫术。应该看看我们的军队和海员是多么热烈地接受现代化武器，看看出发的命令在奉召参战的部队中激发起多大的热情。这期间，我视察了每一个团队、每一只军舰、每一个空军小队。我从每个人的眼睛里看出了我们的武装力量的自豪感。法兰西军队的根苗具有多大的生命力啊！

法国游击队也证实了这一点。截至 1942 年末，他们的人数还很少，力量也很微弱。但是从那时以后，希望增加了，志愿参加作战的人数也增加了。此外，几个月内强征 50 万青年（主要是工人）送往德国强迫服劳役，还有“投降军”的遣散，都促使了许多反抗的人参加地下活动。规模大小不一的法国游击队增多了，并且展开了游击战，这在消耗敌人方面和以后在打开法国战局方面都起到了头等作用。

游击队活动地区的性质和他们所使用的武器是不相同的，这些独立的小队的组织、生活和战斗方式也不相同。于是，人们看到法国领土内又出现了当年克里特人、高卢人、法兰克人纷纷起来保护各个地区，捍卫独立自由，反抗侵略者日耳曼人、罗马人和撒拉逊人[①]的情景。法国中央高原、阿尔卑斯山、比利牛斯山、汝拉山、孚日山脉、阿登森林[②]、布列塔尼更是游击队活动的中心。盟国飞机也在那里找到了空投工作人员或“集装箱”的最好地区。距离沿海地区、大都市和主要交通线较远的地方，敌人的占领都不太巩固，警察监视也不太严密。奥弗涅、利莫赞、塞文、朗尼莫桑的被蹂躏的多林老山区；萨瓦和杜费内的阿尔卑斯群山的高原；孚日—汝拉—朗格勒—莫尔温第山系的密布森林和形势险峻的边远地区；法比边境的阿登的悬崖峭壁；阿尔高的荆棘地、灌木林、洼地、沼泽地等等，都是游击队员长期出没的根据地，他们在这些地区进可

① 欧洲各国在中世纪初叶对阿拉伯人的称呼，以后一般用来称穆斯林。

② 位于法国北部，与比利时、卢森堡毗连，森林茂密，野生动物甚多，产煤、铅、铁等。

以攻，退可以守。谁说这是个“甜蜜的法兰西”呢？

几十个同伴结成一伙。一般来说，由于隐蔽地方小、粮食供应困难，这是能容纳的最多人数了。人们通过一定关系，往往从很远的地方悄悄地来投奔游击队，参加游击队以后，谁也不想再回去。人们住在挖好的隐蔽所、茅屋、洞窟内，有时在小板屋、破落的农庄、树林中的房屋里坚守岗位。他们必须忍受艰苦，冒寒风骤雨，尤其要饱尝忧患。游击队员们时刻处在警戒状态，准备转移，又尽可能与当地宪兵队和行政机关里的自己人取得联系，以便获得险情警报或活动的机会。邻近的农庄和村落供给小队生活必需品，儿童、姑娘和老人们秘密充当小队的运输员和通讯员。法兰西乡村就这样勇猛、沉着地帮助着这些英勇的儿女。敌人采取各种报复手段，他们杀害那些被怀疑与游击队有联系的市民，流放有声望的人士，焚烧整个村庄等等。

在德国辎重队经过的道路旁打伏击，炸毁运输敌方人员或物资的列车，袭击那些漫不经心的斥候队或疏于防范的据点，焚毁辎重库的车辆、储存的汽油、仓库的军需品等，这都是游击队日常进行的小规模战斗，而且截至盟军登陆为他们打开更广阔的活动地区为止，他们一直这样坚持作战。作战计划决定以后，最重要的就是周密准备和迅速执行，因为人数少，武器也缺乏，只有出其不意地突然袭击才能成功。袭击以后，必须赶快退出，因为敌人很快就要派兵封锁交通，在附近进行扫荡。游击队隐蔽以后，喘息未停，就清查战果。当游击队员看见德国国防军的士兵中弹倒下、卡车起火、列车倾覆以及他们收拾小股德军战败逃跑遗下的武器的时候，那是多么辉煌的胜利啊！但又有多少次游击队被敌人追上啊！这时候，战斗是残酷无情的。如果战斗失利、我们的同胞未能逃脱，就会被敌人立刻打死，或者经过一次装装样子的审讯就被枪毙在土坡旁。他们不论是在从容就义或者负伤倒地而死去的时候，总是面对着将要开枪的德军横眉怒目，高呼："法兰西万岁!"不久以后，当地居民就在他们死难的地方树立起墓碑，石碑上刻上洛林十字，说明他们是为什么和怎样牺牲的。

但是，我国的一大部分地区并不完全适于游击队的活动。于是这些地区的抵抗者便分成许多很小的小组，或者单人活动。他们都持有抵抗运动给他们的假证件，抵抗运动在政府各部、各省政府、市政府、委员会中都有自己的人；游击队和樵夫、石匠、筑路工人保持着密切的联系，他们有时住在偏远的农庄，有时隐身在大都市中。工厂、货站、机关往往都给他们提供了很好的"掩护"，使他们得以乘机进袭，袭击后他们就不见了。这些分散的游击队只进行很小规模的活动。但他们袭击的次数不断增加。他们打死单独行动的德国人，往占领者脚下扔手榴弹，用触发地雷炸毁敌人的车辆。在巴黎盆地、诺尔和里昂等省，经常发生零星的破坏活动。所以我们应当适时地设立一种保护机构，以便接济游击队的某些需要。

这些队伍不向任何人交名单或清册，显然不可能正确地知道它的人数。1943 年初，游击队正式建立时，我们估计总数在 4 万人左右，但这里不包括参加我们的 60 个联络网的将近 3 万名法兰西儿女。一年以后，至少有 10 万名游击队员控制着乡村。法国战役开始后，游击队员的数目已超过 20 万人。的确，法国国内士兵的人数直接取决于供给他们的武装。当某个支队偶然收到它所需要的物资的时候，就有许多人志愿报名参加。相反的，某一支队缺乏供应时，他的长官就要拒绝接受志愿者参加。人们可以想象到，供给法国抵抗运动武器，这是政府最关心的问题之一。

在法国，武器来源是很缺乏的。1940 年，某些军事当局可能曾隐藏了一些军用物资。但是这些物资几乎全部被敌人发现弄走，或者由维希当局交给了敌人，战斗人员只掌握着很少的本国武器。当然我们能够从北非给他们运去一些，但也有限，因为北非的军械并不充足，而且飞机起飞的基地离法国太远。至于从德军手中夺来的武器，只有 1944 年夏季大战开始以后，所得数量才多起来。

拥有必要作战物资的是我们的盟国。但是，尽管我们因需要迫切而不断要求，可是我们的盟国只有彻底了解情况以后，才肯派专机往法国空投步枪、轻机枪、手枪、手榴弹、重机枪、迫击炮等。并且，即使已经十分小心，还是有一半空投物资落入敌人手中。此外，虽然美英的情报机构，尤其是英国的，已逐渐了解法国抵抗运动可以起到什么作用，可是盟国司令部仍迟迟不去考虑这种作战方式的效果，因为它对于专为正规作战而设的参谋部来说是完全陌生的。直到最后仍发生这种情况：他们所空投的物资，远远不能满足游击队的要求，因此，他们常常大感失望。但是统计起来，在此期间供给我们游击队的有 50 多万件个人武器和 4 000 件集体武器，其中五分之四是由我们的盟国供应的。

游击队、通讯网以及维持这种运动和支持它们的宣传事业，都需要经费。为了不暴露他们的身份，政府力图把通用的货币供给他们。法兰西银行在英国、非洲、安的列斯储存的全部钞票首先都用到这方面去了。后来把“解放公债”寄给他们，公债是由阿尔及尔的政府担保和我们的巴黎代表团同意后发行的，它可以在信贷机构或私人来往中秘密兑现。在危机最严重的时刻，某些地方当局迫于紧急情势征集各种基金，最后由国家负责偿还。共计有 1 500 亿法郎（折合现币 10 000 亿法郎）正式分发给法国抵抗运动了。当然，滥用是难免的，但据商业法院报告，这些拨款受到定期检查，证明有四分之三以上是正当的。

法国内地军首领是些什么人呢？他们几乎百分之百是自封的，但由于他们的威望和才能，人们也承认他们的地位。他们当中的绝大部分可以说是值得我们信赖的，只有某些人（这是例外）做出了一些应该加以谴责的行为。如果考虑到这些军队首领不是来自军队而是来自群众、很早就否认维希政权、并且自任作战部队的首领，那么，人们就应当承认这些在本地起家、孤立无援、担当起艰巨任务的军事首领是为祖国出了力的。此外，过去的“自由”地区一被占领，投降军一经解散，贝当元帅所引起的感情上和法制上的考虑一旦消失之后，立即就有大批职业军官和军士在义勇军和它的领袖勒维将军的策动下参加游击队。

只要地下军是分成小队随时随地自由行动的，就谈不上把正规军衔强加于他们的问题，也谈不上从阿尔及尔或伦敦规定他们在指定时间、地点完成任务的问题。但是，如果不使他们隶属于中央政权而听任他们自由行动，将会带来严重的弊病，因为不论他们形成“乌合之众”的无政府状态，或眼看着让他们归并到共产党人占优势的部队中去，都是十分危险的。毫无疑问，共产党人在“义勇军和游击队”中起着核心和领导作用，他们差不多领导了三分之一的游击队。如果戴高乐不争取所有人服从自己，那么这部分人就会成为一支独立武装，掌握它的将不是政府而是图谋夺取政权的人。此外，其他部队如果不知道该投靠谁，势必也要受这个组织的诱惑，而听从它的指挥。况且，在这个时期共产党人正力图控制全国抵抗委员会，使它在阿尔及尔把所有地下军都置于它控制的“行动委员会”的管辖之下。

所以，我们在法国建立了一个体系，这个体系不妨碍游击队的主动精神和各自为政，但它使游击队隶属法国司令部，受它的节制。政府在每个行政区和某些省内分别设一个由我任命的“军事代表”。这个代表同当地的武装部队保持联系，使他们互相配合，并通过他所掌握的电台使他们与我们的中央联系，接收我们的命令和传达他们的请求，与我们的机关商定给他们空投武器的事宜。游击队有视察员：米契尔·布劳尔特——负责视察法国全境；乔治·勒巴特——视察南方地区；安德烈·布洛桑-法沃劳——视察北方地区。在德莱斯特兰将军和他的助手德斯马兹将军、加斯塔多上校被敌人逮捕后，地下军参谋长一职由德吉塞上校接任。另一方面，我还任命了一名“全国军事代表”，也就是一名代表法国司令部参谋处负责领导游击队、通讯网、各行动组等所有战斗单位和驻全国抵抗委员会的军官。路易·曼根、埃利上校、毛里斯·布尔热-毛诺里、雅克·沙邦·戴尔马等相继承担过这个任务，这个任务要求刚柔相济，而他们也的确做到了这点。

在战事顺利的地区，当内地军日益增加、敌人露出崩溃迹象而全面行动有可能展开的时候，人们就可以看到某职业军官或非职业军官掌握了领导本地全部或部分游击队的指挥权。如瓦莱特·多兹亚在上萨瓦省，罗曼·皮第上校在安省，奥迪伯尔将军在布列塔尼，圭劳杜上校在伊尔-维伦省，莫里斯上校在莫尔比昂省，加尔西上校、盖丹上校、甘戈恩上校在奥弗涅省和利莫赞省，安德烈·马尔罗上校在科雷兹省、洛特省、多尔多涅省，拉瓦奈上校在上加龙省，波米埃上校在比利牛斯省，阿德利诺上校在纪龙德省，格朗德瓦尔在洛林省，塞万斯-伯尔丹上校在布罗旺省，罗耳和德·马尔加里特上校在巴黎，科米尔上校在图林，伯特兰将军在贝里省，等等。

自从登陆那天起，就要考虑这些分散的部队如何协助盟军作战，盟军司令如何给他们规定目标、供应物资以便其执行任务。关于使敌人的活动陷于瘫痪的破坏活动，我们早就与各地区的主管专家取得联系，拟订了全盘计划。例如：“绿色计划”适用于铁路，这是“铁路抵抗运动”领导人哈尔第、阿尔曼向我们建议的；“紫色计划”是在邮电抵抗运动人员德包马尔舍等人的协助下拟订出来的，目的在于破坏电报、电话的通讯，特别是地下电缆；“乌龟计划”确定在适当的地点切断道路，以龙德纳为主要的执行者；“蓝色计划”是要使一切电力中心都失去作用。但另一方面，游击队的地方性活动在适当时期也应具有全国性的力量；他们应当坚持战斗，以便成为盟军战略的一个因素；最后，他们应当把秘密战斗员与其他战斗员混合编成一支法国军队。

因此，我于1944年3月成立必须包括所有地下军在内的“法国内地军”，规定他们尽可能按照排、连、营、团的正规军编制，并决定对指挥人员暂按他们所指挥的人数授予相应的军职。诚然，人们可以预料到，这些措施，在代表军职的帽箍和袖章的标志上，会引起许多浮夸的做法，关于这一点，有待委员会以后处理。但是，我坚持要把这些军队按正规标准编制（这些军队也希望这样），这对法国的统一是大为有利的。4月，我任命柯尼格将军为法国内地军司令，并把他派到大不列颠协助艾森豪威尔。在那里可以使抵抗运动与盟国共同作战的战略配合起来，并采取一切有效措施与抵抗运动联系，供应抵抗运动武器和给予必要的支援，从而最大限度地使抵抗运动发挥作用。此外，柯尼格将军还率领其他外籍小部队，而这些队伍直到今天还由盟国以“盟军”、“军装部”、“作战部”等名义利用着。

法国最近新建立起来的军队将如何使用呢？在这方面，政权的双头领导曾经有一个时期妨碍作出决定。但这只是在突尼斯战役后和意大利战役前，换句话说，是在一个相对稳定的时期内。况且一般来说，吉罗的主张也和我的见解很接近。1943年秋，反攻欧洲大陆的前景展现出来了。同时，委员会主席一职也只由我一人担任。在应该行动时，我已有可能采取行动，但范围很狭窄，而且我承认，这对我是难堪的，但又不得不接受，因为在盟军中，法国军队并不占主要地位。

我对于指挥作战的概念还同我在1940年确定的概念完全一样。这就是，我们的军队在非洲重建以后应回到法国本土，与地下军协同作战，解放我国，并参加进攻德国的战役，同时在这个阶段取得所需的保证，等最后解决问题时不能没有我们参加。这就需要盟国把力量调往我国领土，不但在诺尔省有一次登陆，在南部也要有一次登陆，而我们要广泛地参加后一个行动。在等待期间，西方人最好在意大利展开攻势，以便消耗德军和打通水路。我们的陆、海、空军也都应当参加到这个战役中去。

但是，盟国的战略计划依然不明确。1943 年 9 月，盟国一致商定在意大利登陆。但是对于以后应该怎么办，意见却不一致。美国人认为以后可以通过捷径，换句话说，可以通过法国开展欧洲战役。他们想从诺曼底登陆，再向巴黎推进；从普罗旺斯登陆并上溯罗纳河谷——他们想把这两路军事行动配合起来。以后，在瑞士和北海间相互接合的盟军再越过莱茵河挺进。对于美国人来说，意大利战役只不过是一种军事牵制而已，不应削弱主攻力量。

英国人方面，首先是丘吉尔，有另外的看法。在他们眼中，美国人的计划是“捉牛先捉角”，进攻敌人最坚固的地方。如果对准弱点，“先刺其腹”，那就更有价值。按照英国人的看法，不要确定直接进攻德国的目标并从法国打到那里去，相反的，应穿过意大利和巴尔干，向欧洲多瑙河流域推进。所以盟国的主力应向意大利半岛挺进，在希腊和南斯拉夫登陆，等土耳其参战以后，再攻取奥地利、波希米亚和匈牙利。

诚然，这个战略是与伦敦的政策相适应的，伦敦的政策是企图在地中海建立英国的霸权，同时它最害怕看到苏联人在地中海取代德国人的势力。在德黑兰会议和开罗会议这段时间，丘吉尔首相曾致电罗斯福总统，当时盎格鲁-撒克逊人的机构“参谋长联席会议”正在华盛顿进行工作，据我所知，在这些电报中，英国人力图使这项计划得到实现。

尽管盟国费尽心机不让我们参与它们的讨论，但是，现在我们有足够的力量使人们不能不理我们自己的决议。尽管我不蔑视丘吉尔的设想的迷人之处，但我并不赞成。从军事观点来看，从地中海向中欧进军，我认为这太冒险了。即使能够很快地粉碎在意大利的敌人兵力（但是没有任何迹象可以使我们预见到速决的可能），以后还要越过阿尔卑斯山的天险。虽然人们能够设想在达尔马提亚登陆，但又怎样越过南斯拉夫的山区呢？也许可以进入希腊，但是再稍稍往北，巴尔干的崇山峻岭会层层树立多少障碍啊！何况，英美军主要是依靠大量机械的支持在平原上作战，而且必须保持充分的军需供应，生活条件不能太苦。我难以想象英美军怎么能够通过巴尔干半岛的崎岖地带，那里没有适当的港口可以作为他们的基地，至于交通，只有差劲的公路，而且为数也不多，铁路运输又少又慢；而他们面对的德军，却是善于利用天险的能手。不！必须从法国领土找出解决办法；在法国，也就是说，在有利于速战的土地上，既接近海空军基地，又有抵抗运动在敌后活动，给予盟军有力的帮助。

在我们这方面，我认为应当根据法国本身的利益来排除英国人的计划。难道当侵略者正在奴役法国的时候，可以听任西方把我们的士兵派到其他遥远的地方去吗？难道可以允许我们国家最后解放和间接地解放，而不是自己的军队与盟军并肩作战，首先踏上自己国土争取胜利吗？难道可以让自己唯一的军队打到布拉格去，而巴黎、里昂、斯特拉斯堡还要长时期沦陷在敌人手里吗？如果疏忽了这点，不让我们在海外经过训练的军队在本土作战和取得胜利，那么，不是使我们在历尽动乱之后坐失加强法兰西联邦的联系的机会吗？最后，在我们国内，在德国人撤退和维希政权垮台以后的混乱中，如果我们的军队还在奥地利或在匈牙利，不能与国内武装力量结合起来，试问将要出现一个什么样的政权呢？对于英国和美国来说，战略的抉择关系到它们的政策，但是这个抉择将牵涉法兰西的整个命运。

关于在诺尔省登陆一事，美国的观点相当早就占了上风。1943年12月，我们的盎格鲁-撒克逊盟友在苏联人的再三敦促下，决定在当年春末以前执行他们所谓的"霸王"伟大进军。我们只能称赞他们。但是在法国南方登陆问题，虽然原则上已经拟定好，并且事先定名为"铁砧"，却还在争论之中。丘吉尔先生不放弃把盟国在南欧的全部力量运到意大利和巴尔干去的主张。他为麦兰德·威尔逊将军争得了地中海总司令的职位；亚历山大已经指挥驻意大利军队。丘吉尔尽可能把美法各师团以及登陆专用舰只掌握在他们手中。尽管我们表示反对，丘吉尔首相仍然固执己见，要在南方战场上实施英国计划。

但是我们怎样干预此事呢？鉴于这一战的得失，以及在战争这一阶段我们已投入战场的力量，我们当然应该参与盟国的主要决定；法国政府领袖应当与美国总统和英国首相共同会商决定关于战争的计划；法军司令部（例如以吉罗将军为代表）应当是起草军事行动计划的联合参谋部的成员之一。我们正以这种方式来使我们的观点发生效力，并对决议产生影响，使盟国的战略也完全成为我们的战略，正如它是采用这个战略的两个国家的战略一样。为了执行这个战略，一个美国将军负责北方，一个英国将军负责南方（这一事实使我们怀念过去，但对于目前和将来并不担忧）。但是盎格鲁-撒克逊人一直不同意以真正盟国的资格来对待我们。他们采取任何措施都没有以政府之间平等相待的办法来征求我们的意见。由于政治或便利的缘故，他们设法利用法国军队来达到他们的目标，在曾经帮助装备法国军队的借口之下，似乎法国军队已经隶属于他们了。

这种哲学不是我们的哲学。我认为法国给予盟国各种形式的协助，其价值远胜于美英所供应法国的物资。既然把法兰西排斥于讨论之外，那么我认为我们有理由在必要的时候按照自己的利益行动，而不听从其他任何人的指挥。这当然不能不发生冲突。但是人们只好迁就，事后将证明那些有利于法国的事情，也有利于大家。

12月，碰上了一个机会，可以说明在我们所处的环境下，我们保留着我们的自由。这就是我们的军队开始在意大利作战的时期。在意大利已经有三个法国师的兵力。老实说，三个师中最后运送到意大利半岛的摩洛哥第4师，在运输上并没有得到盟国多大帮助。他们本来认为我们只用几个营来增援朱安将军的兵力就够了。为了使摩洛哥第4师的兵力不致过于分散而全部出发，于是我不能不出面干涉，事情也照办了。在战场上，人们为此而感到高兴。此外，在这一期间，盟军司令改变了态度，并且请求吉罗将军往意大利派遣第4支大部队。法国国防委员会同意了这个要求，并且选了“自由法国”第1师。但是，我们突然得知，第1师去不成了，艾森豪威尔命令法国殖民地军第9师代替它开赴意大利。我立即向他发出照会，第9师不属于他支配，而应当留在北非。于是艾森豪威尔一面援引在没有我们参加的情况下他和吉罗将军所达成的协议，一面又提起吉罗将军和罗斯福总统在安法所签订的协定。根据这些协定，凡是由美国装备起来的法国军队都完全归美国司令部支配。这些论据只能使我更坚持我的立场。我维持原来的决定。此后我通知埃德温·威尔逊先生和哈罗德·麦克米伦先生，建议由三国政府规定一些条件，使法国武装力量能和英美武装力量以同等资格得到盟军司令部的使用。

我们发生了一些争吵。盟国参谋部方面抗议说，我们的做法会贻误军机。各位使节则宣称这不是华盛顿和伦敦政府的事情，应由艾森豪威尔将军与法兰西民族解放委员会协商办理。但是，既然我们的军队不离开非洲，而意大利又迫切需要我们的军队，因此需要把事情说个明白。12月27日，根据我们最初的建议，举行了一次由我主持的会议，出席会议的有威尔逊先生和麦克米伦先生，艾森豪威尔正在旅途中，由比德耳·史密斯将军代表出席。我们这方面出席的是勒内·马西格里和吉罗将军。

我说明，第1师（而不是其他别的师）是已交给盟国总司令部支配的，所以只要正式通知我们把它运往意大利，就可以立即开赴意大利与那里原驻的法军会合。当然，任何法国军队，如果没有法国政府的命令，决不能在任何战场使用。接着，我指出，这个偶然事件促使我们明确法国政府希望怎样使自己的军队同盟国军队合作的问题。

我说："我们当然乐意于这项合作，但是我们应当了解原因。可是，我们并未参加你们的计划。为方便起见，我们拟了一项协定草案，以便改正这种不愉快的事情，安排三国政府在领导作战和三国司令部在战略方面的合作。如果能缔结这项协定，则一切将迎刃而解。如果不能缔结，则法国政府只有在自己规定的条件下，才把自己的兵力置于盟国的指挥之下，并且，在它认为当国家利益有需要的时候，就把自己的军队全部或局部地调回。"

我又补充说："目前，在意大利战场上，盟国司令部接受了法国陆、海、空军的协助，而我们却不知道人们要把意大利战役引到什么地方去和到什么时候才结束。但是对于我们来说，将来在法国的登陆却是一件至关重要的事情。现在时机到了，我们要说：除非英美政府向我们保证'铁砧'登陆一定实现，所有在意大利的法国军队都应像在北非的法国军队一样参加战斗，并一定按规定时间把一个法国师运到英国，以便参加'霸王'登陆并解放巴黎，否则我们不向我们在意大利的军队进行增援，并且也不想把军队长时期摆在那里。如果有了这些保证再发生问题时，法国政府就要根据这一事实立即收回它的军队的使用权。"

第二天，马西格里致函威尔逊和麦克米伦先生，把我们的建议和条件都转告给他们。马西格里得到了他们的复信。信中说，他们的政府已经研究了我的协定草案，并给予我们所要求的关于法国战场方面的保证。于是又开始向意大利运送法军。

从此以后，盟国司令部就不断向我们报告它的计划，征求我们的意见，并以正式手续要求法国军队支援。在阿尔及尔、在各参谋部之间建立了令人满意的合作。在我这方面，广泛接见了英美领导人，如艾森豪威尔将军、泰德空军元帅、比德耳·史密斯将军，他们都是在动身去英国以前来拜访我的，他们要到英国筹备和发动“霸王”登陆；当麦兰德·威尔逊来就任司令职位时，我接见了他，以后又和他见面好几次；我还接见了海军上将安德烈·坎宁安爵士，负责“铁砧”登陆行动的运输、护航、防卫和登陆事宜的赫威特海军上将，地中海战区战略空军司令杜利特将军，还有德维尔将军、加麦耳将军、卢克斯将军和斯莱塞尔空军元帅等等。当我视察意大利时，盟军司令亚历山大将军、美国第5军（法国远征军就附属于这个军）司令克拉克将军、英国第8军司令利斯将军、空军司令伊克尔将军都向我说明他们的作战意图，并征询法国方面的意见。

这些将领的这种态度毫无疑问是符合当前的利益的，也是值得赞扬的。的确，在与戴高乐的联系中，他们需要克服一种很可以理解的惊讶感觉。这位国家领袖没有宪法，没有选民，没有首都，却口口声声用法国的名义说话；这个军官佩戴的将星并不多，而他的部长、将军、海军上将、总督及国家的驻外使节等都对他奉命唯谨；这个法国人曾受“合法”政府的谴责，曾受许多贵人的谩骂，曾受一部分军队的攻击，但是许多人还团结在他的周围，这怎能不使因循旧习的英美军人大感惊异呢？我应当说，他们是能够不顾常规、实事求是地看待法国的。而他们，这些为他们自己的国家和我们的事业服务的杰出的人，这些正直的人，这些好军人，得到了我深切的、真诚的敬重。

此外，在他们与我们的接触中，同我们共同处理事务的组织也加强了团结。诚然，自从法国政府只有一个领袖以来，就决心不把决定权同对决定负责的义务分开。司令部的组织是最明确不过的，我根据战时国家组织法，以国家元首的资格兼任军事统帅，并以政府主席的身份负责指导国防。关于使用我国军队以及由此牵涉到与盟国在战略方面合作的问题，我当然也责无旁贷。陆、海、空军的部长们都应该在我规定的统一范围内来建立、管理和供应军队，以及会同英美各部门处理军备的供应问题。最后，我所指定的将领都在盟国系统内、在战地上执行着指挥我们军队的职务。这些正是罗斯福、丘吉尔、斯大林以同样理由执行的职权。遗憾的是，我们的实力与他们的实力相差悬殊。

为了协助我完成任务，我组织了国防参谋部，任命贝多亚特将军为参谋总长，海军上校巴尔热和空军上校德·朗古尔为副参谋长。贝多亚特负责把决议通知有关方面，并注视执行情况。此外，他保证与盟国最高方面的军事联系，与当地最高司令——首先是艾森豪威尔，其次是威尔逊——保持联系，他还要对外安排我国陆、海、空军的军事任务。除了我个人在对外接触中所遇到的各种纠葛外，他所担当的这些任务也都是很困难的，因为一方面任务相当复杂，另一方面又因为这关系到盟国政府和盟国参谋部、法国部长和上层人物以及各地人士的自尊心问题。但贝多亚特却圆满地完成了这些任务。

在我们要求在盟国内部提高地位这一点上，指挥我们主要部队的将军的才干起着很大作用。我们这些将军都是完全胜任的。例如就地判断敌情、地势、兵力，组织各兵种协同作战及训练军队等，都是师长们的工作；陶蒂将军、德·孟萨伯尔将军、塞威将军、勒克莱尔·德·霍德罗克将军、杜·魏日埃将军、德·威尔诺耳将军、威廉将军、布洛塞将军、马刚将军等，在这些方面都各以独特的方式大显身手。波德诺将军和沙勒特将军在指挥配备有各种口径大炮的炮兵方面特别出色。德罗马德将军领导的工兵以准确无误的工作保证我们军队克服一切障碍，最后胜利地渡过了莱茵河的天险。在指挥师团方面，应当高瞻远瞩，把几个大部队的不同的、陆续的行动协调成一股力量。亨利·马丁将军和德·拉尔米纳将军曾担任过这个职务，表现出他们在这方面的能力。此外，形势顺利，物资充足，军官们因为自己日益走向胜利，都感到幸运！

在海上，由于敌人已经不能再使用海军作战，所以海上战争也就仅限于把兵力分布在广大海面上，驱逐潜水艇、毁灭侵袭者、防卫飞机的轰炸、护送辎重、保护基地等。因此，我们的海军要在盟国组织内部分成小组舰队去活动。法国海军将领们在与英美同僚共事中，完全能够胜任参加这场海上斗争。在这场斗争中，人们不断碰到措手不及的情况，就如同在下棋时缺少了棋子一样。指挥整个海军作战的是勒莫尼埃，指挥各分舰队或支舰队的是达让吕、科利内、诺米、奥包诺、罗纳尔克、索耳、巴尔特、朗高德、米索佛、巴戴等，他们都为法国海军增了光。

至于我们的空军，迫于形势，只能把它的机群分插在西方空军力量所属的各个歼击机大队、地面支援机队和轰炸机大队中；我们的空军将领有以布斯加为首的瓦兰、热拉尔多、孟特勒莱、勒契尔等人，他们在不同的任务中都表现出无愧为一支急于恢复自己地位的空军。这一支崭新的、正在摸索自己的理论的空中力量，能够在士气和技术两个方面发挥出卓越的作用，使得人力和物力得到最大限度的利用。

在这次复兴时期，我国军队的第一流将领中有两个人得到了统率权，轮流指挥法国在这次战役中可能使用的军队。朱安将军和拉特尔·德·塔西尼将军，他们两人有着很多共同之处。他们年龄相同，受过同样的训练，在同一时期内以同样速度晋级，同样地摆脱了1940年的失败和以后“停战”政权给他们所布置的陷阱。他们现在都手握负责指挥军事的大权，这是他们的天职，也是他们一直梦寐以求的事情。此外，他们虽然互相竞争，却能公正地评价对方。但是他们彼此是多么不相同啊！

朱安深沉稳重，一心致力于本身的任务，他的权威不是从声誉而是从高深的才能中得来的；他的吸引力与其说得自外表的魅力，不如说是来自坚忍不拔的意志；他为了给自己开辟道路，有时并不怕用计，但却避免诈术。塔西尼则是一个富于感情的人，他很机灵，眼光远大，面面俱到；他以勇猛和敏锐压服别人的才智；他出奇制胜，以飞速的跳跃奔向目标，而这种跳跃往往是计划好了的。

总之，他们都是行家里手。朱安对每个军事行动计划都在事前周密拟订。他的计划一向根据情报或自己的直觉，而事实总是证明他是对的。他的作战计划只贯穿着一个中心思想，这个思想是明确的，使他的部下可以了解；它也是相当正确的，使得在作战时用不着改变；它又是足够有力的，可以最后压倒敌人。他的胜利，即使付出很大代价，这代价也并不显得高昂，无论战功多大，看来却似水到渠成，得心应手。

塔西尼不管在任何形势下，都要寻找时机。在还没有找到机会以前，尽管非常令人焦急，他也能经受住在摸索和等待时机的过程中的任何考验，直到他认清事情将在何地、何时并以何种方式发生。为了创造战机，扩大战果，他会发挥高度的天才和大无畏的精神；同时坚决要求所有参与者全力以赴，并善于激励士气，吹起胜利的号角。

像拉尔米纳、勒克莱尔和柯尼格曾仅凭极可怜的物质力量在黑夜中摸索前进时所做到的那样，朱安和塔西尼在黎明时分立刻扩大战斗（可惜还是有限的），使法国的军事指挥在本国、盟国和敌人眼中恢复了荣誉。

我们的远征军于1943年12月在意大利参加战斗。人们让出位置给它，可见这是一个艰巨的任务。这时，亚历山大所指挥的盟军正在那不勒斯和罗马之间，与凯塞林元帅的德军第10军和第14军接触，战线自地中海加里利亚诺河的入海处，越过卡西诺山，至拉皮杜河在亚得里亚的入海口。德军统帅狡诈而顽强，率领所部沿前线占领一个坚固的阵地，在这个阵地后面，他们又建立了“盖世太保”和“希特勒”两个阵地，派精锐部队扼守，并配备着碉堡和武器、隐蔽的炮队和地雷。当年冬初，法军在阿布鲁齐山的南坡和阿奎芳塔山附近活动，这个地带群山绵亘、积雪皑皑，一片荒凉，还有岩石嶙峋的山岭和黏土黑泥斜坡，经常被浓雾笼罩、寒风吹打。我们配属于美国第5军的部队就在这里把该军右翼与英国第8军连接起来。

罗马是盟军的目标。为了到达罗马，第5军司令克拉克将军企图进入里利平原，发挥他的装甲部队的威力。但是他的进军被阻于卡西诺山天险。而克拉克却想向敌人防守最严密的地方正面突破这道防线。的确，克拉克指望他的强大炮兵，尤其是依靠他的空军来压倒一切。法国远征军的任务是在著名的修道院北方把敌人防线突破一角，协助盟军直接夺取这座修道院。

12月下半月，摩洛哥第2师的极艰苦的进军令人瞩目。这是我们法国大部队作战中第一个投入战斗的师。它由陶蒂指挥，越过最高峰为2 400米的高山，冒着大雪或大雨前进，并经常与顽强的敌人搏斗，终于一寸一尺地占领了卡斯特诺沃、庞塔诺、曼纳第等山地。稍向南一点，我们的盟军也接近了卡西诺山。但是他们没有将它攻下。在北方，英国仍在原阵地上按兵不动。1944年1月，克拉克决定全面进攻。全线总攻击开始了。盟军有一个师团同时在昂齐奥港登陆以便包抄敌人。艰苦的战斗一直坚持到3月中旬，但仍无结果。

这并不是说法国远征军没有出力，也不是说它没有取得成就。1 月初，朱安将军掌握了指挥权。北非第 3 师（师长德·孟萨伯尔将军）和一个摩洛哥骑兵部队（由威廉将军统率）都开入前线，协助陶蒂师。随后，塞威所指挥的摩洛哥第 4 师也加入战斗。此外，尤提耳将军的一个意大利师也配置在法国的战区上。1 月 12 日开始攻击。三星期后，法国人占领了 20 公里的纵深地带，在他们的战线上攻下德军第一道防线，切入第二道防线，俘虏了 1 200 人，这一切都是在极险峻的地带进行的。在这里，敌人为了抵抗我军，使用了抵挡第 5 军所用兵力的三分之一以上。可以这样说，我们的最大战果是攻下了依附群山并充分设防而成为盖斯塔沃战线钥匙的伯耳威德尔。这个阵地屡得屡失，进行了许多次拉锯战。在这个阵地上，突尼斯狙击兵第 4 团，以重大损失为代价完成了战史上极为光辉的一次战斗。在这次战斗中，该团团长鲁上校和 24 名连长中的 9 名都壮烈牺牲。但是在左翼，尽管有空军的大肆轰炸和美军、印度军、新西兰军一再猛烈冲锋，卡西诺山仍在敌手。在右翼，英国第 8 军没有显著的进展。在这种情况下，朱安必须暂时停止前进。

但是，法军的进展，使法军认为自己胜利了。敌人在法军面前逐步后退。法军感到自己有一个英明而坚定的指挥官，他的计划丝毫不差地完全实现了。各兵种的协同作战和各种武器的配备都是无可指责的。总之，事实证明了我们的部队在需要有最大力量和战斗技巧的山地战方面，在盟军阵营里，都是首屈一指的。同时，盟国对这点也给予高度肯定。再没有比英王乔治六世和艾森豪威尔、威尔逊、亚历山大和克拉克等将军给予朱安将军及其部队的评价更崇高、更慷慨的了。

3 月初，我视察了我们的前线部队，我走遍我军所攻下的天然屏障，我跟那里的人们同样感觉到一种极大的骄傲和坚定的信心。但是我很明显地看出，如果要他们作出进一步的努力，那么只有在一个更大的战略范围内作战。朱安早就确信这一点。在这方面，他已经向盟军司令部作了紧急建议。不久，他就向盟军司令部提出一个新的作战计划。

根据朱安的意见，为了攻取罗马，盟军应采取一致行动，首先要组织一支主力，其他一切都配属于它。这支主力以攻占阿布鲁兹南方地区为目的。因此，必须紧缩第5军的战线，使它自加里利亚诺河起能发挥强大的力量，第8军要把它的战线向南伸展，从左翼向卡西诺山和里利河行动。以后，克拉克将军的战区即收缩在两个地段：北面在奥隆岐山，南面在沿海平原。法国远征军司令建议由自己负责攻打奥隆岐山，美军在法国远征军左翼较平坦的地区前进。

我视察了我们的军队以后，和亚历山大在卡塞塔总部会晤。这位伟大的军官头脑十分清醒，并且非常沉着，我认为他指挥盟国军队完全能够胜任。他的任务非常复杂：他需要同时指挥英军一个军、美军一个军、法军一个支队、一支波兰部队、一些意大利的新兵和一个巴西师；他还要指导和协调一些十分爱面子的部下，要同各种海空军配合，要接受华盛顿和伦敦的指示和各方面的汇报。这一切都是为了在两海之间进行一场正面战斗，在这种情况下，运动的余地大大受到限制。亚历山大将军在这些困难中行事，始终保持清醒、谦虚和乐观的精神。他向我报告了他的计划。我静听着，竭力不干预他的作战计划。因为我坚决主张各盟国政府应当在作战方面让司令部有完全自由的意志和负责的指挥。但是，当我听他说到他有意按照朱安的建议改变战略以后，我表示非常满意。

在克拉克方面，也愿意这样做。我到他的一辆用来居住和工作的车中去会见他，当时给我留下了良好的印象。这不仅因为他谈吐通达，而且也因为他十分淳朴和率直。在美国将领中，他是第一个在欧洲战场上负责指挥一支军队的将军，他们祖国的骄傲指望着他的成功。和亚历山大一样，克拉克对朱安推崇备至，对法国军队也称赞不绝，而且绝不是虚伪的。安德尔斯将军也给予法军同样的评价。他在邻近法军的一个阵地上指挥一支为了自己的希望而不惜牺牲、奋勇作战的波兰部队。意大利将军尤提尔和他那一师，都很愿意对我们的战士给予最可贵的协助。从巴西率领军队到达阿尔及尔并准备即将去意大利的马斯冈海拉将军声明说，他决心学习法国将军的榜样。这些话都使我们在悲痛中得到安慰。

不久以后，威尔逊派人通知我，亚历山大已经作出决定。根据朱安的主张，决定在5月发动反攻。同时，我们马上增援法国远征军。“自由法国”第1师、非洲第2骑兵队、几个炮兵队、某些工兵部队、一个装甲部队都被调到意大利。另一方面，直到当时还属于军部的机构得到了必要的补充，成为一个军的勤务部门。此后，由于第2装甲师已经开赴英国，所以在北非的大部队只有第1、第5装甲师和第9殖民地师，它们正在进行最后的准备工作。在意大利半岛上，我们投进了二分之一以上的兵力。够了！威尔逊将军向我大谈他要在亚得里亚海两岸开展的一次更大规模进攻的远景，并向我表示，他希望不但能运用已在那里的法国军队，而且还希望调用法国后备军。我又一次向他说，这不是法国军队的最后目的，法国政府想把这两支军队都用在“铁砧”登陆上。我又对威尔逊说：“目前，我们在意大利的军队已达12万人，换句话说，占战斗人员的四分之一以上；他们要在最近的反攻中发挥一份我所希望的决定性的作用。”

事情果然这样实现了。战斗是在5月11日至12日的夜间开始的。法国远征军攻击奥隆岐山。这个岗峦重叠的山地看上去似乎可以阻挡我军的迅速推进。但正因为这样，法军司令部才选定它作为自己行动的地区。是的，敌人似乎确实有理由认为他们的防御重点不应放在山区，而应放在南北两方面，因为这两方面斜坡都不大，而且有罗马的第 6、第 7 两条公路分别经过这里。所以，当敌人见到我们以主力向最艰险的阵地进攻时，不禁惊慌失措。不仅如此，在这个阵地上，朱安将军的行动正好是出敌不意。因为在这个高耸云霄、道路阻塞的山巅，德国人绝对没料到会遭受袭击，而法军正是从这个地方以神速行动采取了攻势，从左右两面不断突破守敌的阵地，连续穿透敌人的三道防线，使三道防线无暇重新建立。此外，法国远征军司令为了利用一切突袭的机会，决定冒一切危险，不用大炮预先轰击，出其不意地夜取马约山。这座山是一个巨大的屏障，掩护着德军整个防御体系。

无疑的，法国远征军拥有最善于山地战的优秀军队。特别是第 4 师和摩洛哥部队，真是攻无不克，锐不可当，而朱安将军比任何人都清楚这一点。所以他把这两支部队都交给塞威指挥；给他们的任务是尽快地通过本地区的高地向前推进，在南方设法包围德军，最后从敌人后方夺取毕戈附近的佩特莱拉山地。令人钦佩的摩洛哥第 2 师的一个团，即莫莱团长率领的狙击兵第 8 团的任务是攻占马约山，打开一个缺口。“自由法国”第 1 师要在北方包围全部山地，并协助第 8 军左翼向里利河进军。最后，夺取奥隆岐山中的德军防线这个艰巨任务，由北非第 3 师和摩洛哥第 2 师负责。

法国在意大利的军队，像一部活机器似的，齿轮由共同奔赴一个目标的人们带动着，准确地执行着它的首长所决定的任务。5 月 17 日，我在陆军部长安德烈·迪特尔姆及塔西尼和贝多亚特两将军陪同下又来到意大利半岛时，就地看到这一情况。孟萨伯尔和陶蒂的军队向艾斯贝里亚和圣奥利瓦进攻，布洛塞的军队向圣基尔基周围进军，塞威和威廉的军队直抵毕戈边境；波德诺的炮兵紧紧跟在山坡上的步兵后面，德罗马德的工兵在进攻的前夕完成一个壮举，他们在紧挨着敌人的加里利亚诺河上秘密地修建了几座桥，现在正片刻不停，不分昼夜地扫除地雷，恢复被切断的道路。这真是我国经过数年屈辱和分裂之后出现的壮丽奇观。我们的辎重队有秩序地输送物资，我们的弹药队和修械所都顺利地、毫不迟延地供应着我们的各兵种部队。在我们的野战医院里，在法军和德军的伤兵大批涌来的情况下，我们的军医部门所表现出的工作精神和能力都是同他们的任务相称的。不管什么岗位、任何地方，不管损失多大、多么疲劳，人人都表现出一种愉快和紧张的气氛——法兰西人顺心如意时所具有的气氛。

5 月 20 日，30 多公里长纵深地带的全部德军阵地都被法军突破了，法军已经冲到毕戈。左翼，美军第 2 军团占据了冯第，并向波丁沼泽地带推进。右翼，英军和波兰军虽也分别占领了圣昂齐诺和卡西诺山，但由于在敌人集结了最强大的兵力的地段上战斗，因而在阿奎诺—庞特科尔沃战线前面受阻。法国远征军在赢得荣誉、清点 5 000 名俘虏以及大炮和物资等战利品以前，还必须参加一次新的战斗，向庞特科尔沃—毕戈战线发动攻击，以便协助利斯将军的左翼夺取通往罗马的开阔地带。6 月 4 日，我们的先头部队进入罗马。5 日，美、英、法三国军队进抵意大利的首都。

经凯塞林元帅许可曾亲身在意大利参加战斗的德国作家鲁道夫·毕姆莱，在他的著作《卡西诺山》里有一段关于法国第 10 军的描述。作者在叙述法国远征军光辉地参加冬季作战，特别是参加“伯耳威德尔”战役的情况以后，提到德国最高统帅部当获悉法军离开阵地而不知去向的时候，是如何惊慌失措。毫无疑问，可以预见到，盟军将作出新的努力来占领罗马。鲁道夫·毕姆莱写道：“但是，只有敌人的反攻才揭露了主要的危险将发生在什么地方。关于这一点，法国远征军的所在地将会给我们一个肯定的指示……法国远征军在什么地方？朱安出现在哪里，哪里就是亚历山大策划主要行动的地方。再没有人比凯塞林对这种情况更清楚了。这位元帅说：‘我最大的顾虑，就是始终弄不清楚法国远征军进攻的方向、它的编制以及它的部署……而我要根据这一切来作出我最后的决定。'”鲁道夫·毕姆莱补充说：“这些恐惧是有根据的。因为朱安击溃了第10军的右翼，给盟军打开了通向罗马的道路。朱安所率领的法国远征军经过几个月的战斗，终于打开了‘不朽之城’[①]的大门。”

军事才能、武器的威力和士兵吃苦耐劳的精神，三者缺一不可，否则国家就不可能维持，更谈不到复兴。许多世代以来，我们的民族一直能大量地供应这种财富。但是还必须有一个民族的灵魂、意志和行动，换句话说，应当有一种政治。如果法国在两次大战中都有一个有能力的国家领导，如果在希特勒的野心面前有人来治理法国，如果大敌当前的法军有适当的供应和领导，我们的命运该有多么不同啊！即使1940年5月失败后，只要政府和首脑人物有这么一点愿望，我们的非洲、我们的海军、我们支离破碎的陆军也依然能发挥巨大的作用。然而，要复兴长期无人治理的国家，就必须从深渊的底层开始，可是如果没有自己战士的努力，就会一事无成。在克伦、比耳哈希姆、费赞和突尼斯战役以后，我们在意大利的军队的光荣使法国重新得到了机会。当我在大规模的登陆前夕抵达伦敦时，接到了他们的战报，我立即回电说：“在罗马大捷中，法军作出了巨大的贡献。应当如此！你们做得对！朱安将军啊！你和你所率领的军队完全没有辜负祖国的期待！”

当第2军、第4军和摩洛哥骑兵队集结到罗马附近时，朱安又把拉尔米纳将军所指挥的一个军团投入阵地，追击敌人。这个军团由装甲兵和炮兵加强的布洛塞师和德·孟萨伯尔师组成，它向如下方向前进：博尔塞诺湖，拉迪科法尼，奥尔西亚山隘，谢纳。这里的每一个胜利都是经过艰苦的战斗换来的，指挥“自由法国”第1

① 即罗马。

师炮兵和一个海军陆战队团的劳伦特·桑布劳塞上校和阿米约·丹威耳海军中校同许多优秀士兵都在这里阵亡了。但是拉尔米纳节节推进，不断肃清德军的后卫部队。盟国的空军可以说完全掌握了制空权，并粉碎了敌军的进攻。对于我军来说，没有什么能比沿途堆积的许多废铁更好说明德军溃退的惨状。

这时，在英国支援的特种战舰和美国许多驱逐机及轰炸机的援助下，法军占领了厄尔巴岛。这个攻势，吉罗将军曾在解放科西嘉岛的第二天提出过。但是当时盟军集中全力在昂齐奥港作战，没有采纳这个意见。现在，盟军要求我们占领这个岛。我应允他们的要求。进攻该岛的战事由亨利·马丁将军指挥，由下列部队参加战斗：殖民地军第 9 师，突击营和一些突击队，所有这些部队都是驻扎在非洲的，并预定将来反攻法国南部时参加塔西尼的军队。

6 月 16 日至 17 日夜间，马丁将军命令冈比埃少校指挥的“突击”小组登陆，它们不久就占领了德军的 7 个海岸炮兵阵地。接着，马刚师在冈波小海湾登陆。6 月 18 日，在冈波、隆高港、菲拉约港等地激战之后，我军终于摧毁了加尔将军所指挥的德国国防军，并占领全岛，共俘敌 2 300 人，缴获各种炮 60 门，以及其他许多物资。亲自在战场指挥的塔西尼将军，当天晚上就从“拿破仑宫”给我打电报，报告战果。他强调指出，这些战果正是在我 1940 年发出号召的周年纪念日获得的。

厄尔巴岛的胜利，对于我梦寐以求、号召实现的伟大事业似乎是一个极好的征兆，这个事业就是在布罗温斯海岸登陆。但是一切还要等待盟军作最后决定。他们是不是因为在意大利的大捷而最后完全放弃“铁砧”登陆，另采取一个不同的计划而在意大利半岛扩大战果呢？我在 6 月末从伦敦和巴犹回来后的最后一次旅行中，发现盟军司令确实很想利用他们在当地所支配的兵力继续打下去，并且，如果得到新的增援就甚至扩大这个战场。对盟军司令来说，这是很自然的。

但是因为我要对法国全国负责，我不能同意这种方案。

其次，美国人由于在诺曼底投入艰苦的战斗之中，他们坚决要求盟军在布罗旺斯登陆。马歇尔和艾森豪威尔急切地要求布罗旺斯的登陆要在8月实现。为了更有把握起见，我通知威尔逊和亚历山大两将军说，法国政府特别要求他们在必要时把法国政府拨归他们调遣的一切法军集结起来，至迟在8月间把这些军队运到法国去。我同意让我军在几周内继续投入追击敌人的战斗。但是我军在那里的作战无论如何不得拖到7月25日以后，也不应越过阿诺河谷。我还直接给在意大利的法军和在非洲待命的法军下达了关于下一步的任务的命令。至于朱安将军，尽管当他离开他的指挥岗位时是如何苦恼，尽管我免除他这个职务时感到非常惋惜，但我还是任命他为国防部参谋总长，因为这是在解放全国的战事非常激烈，而且与盟国会发生不可避免的摩擦时期的一个重要职务。直至我下台的那一天，朱安始终追随着我，他是一个法国领导人所能有的最好的助手和最稳健的军事顾问。

最后，在法国南部登陆的日期规定在8月15日。正如我们所希望的，在地中海的一切可以利用的法国陆、海、空军都要参加这一战役。在这期间我们的某些部队，还可以在意大利半岛与敌人周旋到底。拉尔米纳将军偕同孟萨伯尔和陶蒂两个师，以及一个摩洛哥部队继续向前挺进，7月3日，终于占领了谢纳城。拉尔米纳将军竭力保护这座名城，使它不受任何损失。7月22日，我们的军队在决心参加意大利最后战役的朱安将军的直接指挥下，攻克了佛罗伦萨和阿诺河谷对岸的卡斯佛伦蒂诺，在佛罗伦萨和阿诺河谷的敌人还将继续盘踞几个月。于是法军把阵地交给盟军，迅速登上把他们运抵法国的舰只。

法军是在西方国家海军所控制的海面上运输的。的确，自1943年9月以来，塞拉库萨的投降，几乎把被安德烈·坎宁安打得丢盔卸甲的意大利海军全部从轴心国手里抽掉了。另一方面，1944年春，德国海军最后两艘快速装甲舰“沙尔斯特”号和“提尔皮斯”号也被英军击沉了。但是敌人还有很大数量的潜水艇、袭击艇、鱼雷快艇，在飞机配合下不断给运输队造成严重的损失。所以在登陆舰队行动以前，首先要扫清海面。

因此，在大西洋、北海和北极圈中，法国的巡洋舰、鱼雷艇、潜水艇、中型舰、炮舰、驱逐舰、鱼雷快艇、护航舰等，在达让吕海军司令指挥下，从大不列颠的海港开始行动，参加了盟军所组织的巨大攻击和防御体系。对于“霸王”登陆来说，我们以英国为基地的所有船只（40艘小型战舰与大约50艘商船和货船），都被用于轰击、护航和运输艾森豪威尔的军队登陆。除了这个任务以外，还有两艘巡洋舰“乔治·莱革”号和“孟特加耳莫”号组成的分队的活动，它由吉雅尔海军司令指挥，在贝桑海港前参加了一次十分有效的海滨轰击，以后又参加掩护登陆的军队。老主力舰“科伯特”号四年以来一直在朴次茅斯港作我们的浮桥；在这最后的时机，它得到了不足额的人员和一位优秀指挥官威塞耳；为了充当阿罗曼什人工港的堤坝，它冒着敌人炮火在法国海岸搁了浅。最后，海军上尉吉菲尔所率领的海军“突击队”，配合盟国的先头部队一齐攻上奥斯特来汉海岸。

在南大西洋，法国海军在“铁砧”登陆待命期间，对于西方国家军队的活动给予了有效的帮助。我们的7艘巡洋舰分为两队，分别由朗高德和巴尔特两位海军司令指挥；不久吉雅尔司令的两艘巡洋舰也来增援，这两艘巡洋舰用来在达喀尔和纳塔尔之间截击德国的“冲破封锁船”。“封锁军”的一艘军舰“波特兰”号被“乔治·莱革”号击沉了。在非洲西海岸的长而宽阔的地带，由科利内海军上将的海空军负责对付敌人的潜水艇、袭击艇和飞机。

在地中海，法国的一个轻巡洋舰舰队在海军上校萨拉（以后由朗斯劳接任）指挥下，配合许多英美海军舰队支援在意大利作战的军队。这样，1943 年 9 月，“芳塔斯克”号和“恐怖”号都在军队登陆之后开往萨莱诺。1944 年 1 月，“芳塔斯克”号和“马兰”号近距离轰击了沿亚平宁大道运动的德国援军，支援安齐奥港的战役。接着，这支轻巡洋舰舰队开抵亚得里亚海，负责攻击敌人的舰只，因为敌人陆上军需供应受到盟国空军的破坏，他们为了补充军需，船只在夜间沿意大利海岸航行。3 月 1 日，在波拉海面，我轻巡洋舰击沉了敌舰 5 艘，其中有一艘鱼雷艇。3 月 19 日，我轻巡洋舰在莫莱里海面击沉敌舰 5 艘。6 月，在北亚得里亚海，我轻巡洋舰又击毁了其他舰只 4 艘。在同一时期内，在英吉利和诺曼底的广大海域内，或向意大利、科西嘉岛、北非航行的所有盟国辎重舰队，都由法国舰只护送。我们在护航中损失了鱼雷艇“战斗”号、潜水艇“普洛德”号、通讯舰“磷火”号、挖泥船“马丽马德”号、油船“尼沃斯”号、第 5 号驱逐舰和许多货船。

最后，在太平洋中，莫尔维耶·杜·维热诺舰长领导的“黎塞留”号光荣地与舰队配合作战。4 月在塞班前面，5 月在泗水前面，这艘战舰有力地支持了盟国航空母舰的活动。总之，法国海军经过整顿之后，发挥了巨大作用。

这一次能够在掌握了制海权后进攻大陆，是由于制海权与制空权结合起来了。无论在制海权或制空权方面，法国人都起了有力的作用，虽然还不是主要的作用。我空军 17 个大队配合在意大利的军队作战。7 个空军大队支援法国战役，其中两个大队参加破坏德意志工业的远程轰炸。两大队驱逐机光荣地参加了苏联胜利进军的决战。在北非海岸，许多飞行大队协助掩护地上基地和海上运输队。克洛斯特曼大队、马里多尔大队和马兰·拉·麦斯莱大队的光辉战绩，圣·艾克苏皮里的英勇牺牲，以及其他的英勇事迹，都好像是“大竞技场”的巨大机器迸发出来的火花一样。

法国的战斗形成一个整体。作战的热情加重了我们正规军的作用，也使我国内地军壮大起来了。内地军远在登陆以前，就不止进行小规模的游击战，也奋勇地参加正规的战役了。现在在军队、战舰和飞行队每天的报告里，都附带报告了关于游击队和地下工作者的活动情况。自然，战火首先在法国中央高地、利莫赞①和阿尔卑斯山燃烧起来。

1943 年 9 月 10 日，在阿维隆的杜尔希地方展开了正规战的序幕。德军一个连被我军打得抱头鼠窜，战场上还遗弃了德军连长和 10 个士兵的尸体。屡获胜利的游击队本身在拉·波里的战斗中伤亡也很重，指挥官罗格穆莱中尉牺牲了。但是，在阿韦龙和空塔耳的其他据点新近展开的战斗中，我们却占了优势。在科雷兹，到处都是游击队。在圣菲勒奥和特拉松的激烈战斗中，游击队使侵略军损失了数百人，这些战斗是配合大规模登陆战的前奏。在布伊-德-多姆省，经过多次成功的袭击后，卡尔西上校在穆希特阵地集结了 3 000 人，并自 6 月 2 日起在那里开始了一系列的战斗，德国人不久就处于被动挨打之势。在利莫赞、凯尔西②、培利格③等地的多次遭遇战，都使敌人遭到重创。

在上萨伏依省，战斗越来越激烈。1943 年 6 月在当德朗封，7 月在克鲁兹，使占据该省的意大利人大吃苦头。这年冬天，前来接防的德国人也在很多地方受到袭击。1944 年 2 月，有 500 名法国人和近 60 名西班牙人在埃尼维尔高地构筑了阵地，莫莱尔中尉任指挥官。莫莱尔牺牲后，由安约上尉继任，但安约上尉后来也光荣阵亡了。在 3 月间，敌人由于对游击队发动的多次突然袭击都没有收到效果，决定调动大军向它们进攻。敌人在这次进攻中使用了 3 个

① 今法国科雷兹省和上维也纳省。

② 法国旧省名，包括现在的塔伦-加隆和罗德省。

③ 今法国多尔多涅省。

营、2 个山炮连和重迫击炮队，法国国民兵和国民义勇队也曾给予敌人可耻的协助。总共有 7 000 人在“斯杜卡斯式”机群协助下攻打埃尼维尔高地。经过 13 天的战斗，这个高地终于被德军占领。敌军共伤亡 600 人。他们虽然付出如此重大代价，但并不能将守军消灭，守军有三分之二撤走了。

安省是一个战火从未停息过的战场。内地军领导有方、组织严密，掌握着主动权。他们在 11 月 11 日这个光荣的节日把奥约纳斯市占领了一整天，就可以证明这一点。罗曼-皮第上校在当地的阵亡将士纪念碑前检阅了军队，在群情激奋的情况下，他率领部队游行全市。德国人为了消灭我们安省的游击队，1944 年初曾发动多次重大战斗，结果是敌人损失了几百人。4 月，敌人又发动新的攻势，这一次使他们付出的代价更高。6 月，我们的游击队进行全面反攻，俘敌 400 人。

德龙省有里昂—马赛铁路、格勒诺布尔铁路和布里昂松铁路通过，该省德鲁奥特上校领导的游击队主要是破坏铁路。1943 年 12 月，一列满载短期休假的德国士兵的火车在瓦朗斯郊外被炸，车厢有的停住了，有的翻了过来；我游击队用机枪扫射，毙伤敌兵 200 名。又过了几天，开往德龙省的一列军车在威尔契尼出轨落在德龙河中。1944 年 3 月，在顿泽尔隧道，我们的游击队以炮火截击了敌人的一个军火辎重队，打死打伤敌人 300 名。不久以后，一支法国游击小队在塞德龙附近遭到袭击，只剩最后一人还坚持战斗。德龙省对于大规模战役开始后切断敌军铁路交通线的工作做了充分准备。

伊泽尔省所发生的一切同样使人预见到，在大规模战役开始时，我们内地军将要展开某些巨大战斗。这些准备工作使敌人付出了极高的代价。例如，1943 年 11 月 14 日，在格勒诺布尔，游击队爆炸了炮兵弹药库，其中贮存着德国人的军火、汽油、车辆等。于是德国人逮捕了300人作为人质。在被勒令释放他们后，德国人拒绝了；于是，德国国防军几支炮兵队所盘踞的鲍诺兵营遭到一次惩罚性的爆炸，死了220人，伤550人。另一方面，根据德莱斯特兰将军遗留下来的指示和伊泽尔省游击队长德斯古尔上校的命令，游击队员在勒·莱少校的领导下到威尔戈尔山地成立了一个出击基地，而敌人的侦察却无法接近这个山区。

这些就是在这个时期报告中提到的有关抵抗运动的一些最激动人心的活动。还有其他许多活动，虽然规模较小，或比较隐蔽，在这一时期也开展起来了。我们的通信中用密码指明地点，用预定的暗语传达命令和报告，用奇怪的化名代替战斗人员的真名，通过这些信件，人们可以了解国内战争有多大效果。敌人残酷的报复可以证实这一点。盟军在我国登陆以前，德军已经损失了成千上万的人。敌军内部充满了一种不安的气氛，严重地影响到他们的士气，他们的军官一筹莫展。特别是法国地方政权的职员和警察，有的情愿向抵抗运动通风报信，有的害怕被以“通敌”治罪，因而对敌人的镇压措施拖延执行，不敢充当敌人的帮凶。

此外，德国人在还没有吃到我们地下军的枪弹和手榴弹的时候，就已经感觉到自己经常受到监视了。占领军的任何活动都瞒不过我们的情报网。比德耳·史密斯将军曾写信给“军事抵抗总部”说：“5月间，有700件电报、3 000件书面报告从法国送交到伦敦。”的确，在战役开始的那一天，关于德国军队、基地、物资仓库、空军基地、司令部等全部位置，我们都已准确地掌握，人数和物资都计算得清清楚楚，防御工事都拍了照片，地雷阵地也测出来了。在柯尼格参谋部和情报网之间所交换的询问和情报，都立刻由一个管理得非常好的电台系统转播过来。法国抵抗运动所供给的情报使盟军对敌人了如指掌，所以能准确地打击敌人。

登陆的消息给予我们的游击队一个全面行动的信号。1944年5

月 16 日，我已先把这个全面行动的命令下达到内地武装部队，并以一个名为“卡伊曼”计划的形式指示他们必须尽力达到的目标。但是盟军司令部对游击战的开展抱着某种不信任的态度。此外，盟军司令部又首先估计战役要拖长。盟军司令部希望抵抗运动除了在桥头堡附近活动以外，不要轻举妄动。6 月 6 日，艾森豪威尔将军通过无线电广播发表演说，要求法国的爱国者要谨慎从事。相反的，在同一天，我却恳切地要求他们按照法国司令部给他们的命令全力以赴去战斗。但是武器供应却完全取决于盟军总部，而且起初总是非常有限的。联合参谋部所关心的主要是我游击队对铁路、公路、电讯网的破坏，这种破坏当然起着重大的作用。

铁路不仅是空军破坏的目标，也是抵抗运动破坏的目标。抵抗运动负责最边远的地区，如里昂、第戎、杜省①、法国东部、中部和西南部。在这些地区，6 月至 7 月间，铁路出轨事件共发生 600 起。此外，我们的游击队还负责在所有铁路沿线进行破坏，曾使 1 800辆机车和 6 000 多节车厢陷于瘫痪状态。至于敌人还在使用的地下电缆，我们在 6 月 6 日和以后时期，也巧妙地把诺曼底和巴黎地区间的地下电缆切断了。高架电线也割断过无数次。人们可以理解，所有对于运输和电讯方面的这些破坏，给德军阵营内造成多大的困难。特别是，许多省份中一致开始了武装起义，使军事行动的进程大受影响。最后，盟国最高司令部终于承认游击活动的好处，并且给予虽然是谨慎的但是有效的援助。

关于提供武器给布列塔尼半岛的事不再拖延。艾森豪威尔将军决心在把他的军队开到塞纳省去之前，先把阿尔莫里克半岛上的敌军肃清。布列塔尼半岛有大批游击队员，尤其是北滨海省和莫尔比昂等省的地势非常适合于游击队活动。因此，盟军决定供应布列塔

① 在法国东部的汝拉山区。

尼人武器，并把布尔甘上校领导下的在英国待命的我伞兵第 1 团派到当地去。登陆前夕和以后几天，我们的内地军看见了给他们空投的大量“集装箱”和伞兵。这一下，抵抗运动燃起了熊熊大火。3 万人投入了战场，有些编成了正规军，有些进行零散的武装暴动。但是，在马来斯特罗附近的圣马塞尔，我游击队接受英国空投武器的一个基地被德军发现了。6 月 18 日，德军向该地进攻。贾来克少校和卡罗少校指挥的两个莫尔比昂营和布尔古恩指挥的几个伞兵小队扼守着这里的一个据点。退伍将军德・拉・莫尔负责指挥他亲自在于甘冈组织起来的一个连。经过数小时的战斗，敌人付出了遗尸遍野的代价占领了这个据点，我守军安全地转移了。

圣马塞尔战斗的消息最后把整个布列塔尼半岛都鼓动起来了。占领军被封锁在一些据点和海港里。但是，敌人仍疯狂地顽抗，不向任何人投降。布列塔尼的战士一刻不停地到处袭击敌人。在布列塔尼的战斗中，布尔甘上校和他指挥的军队起了犹如酵母在面团中那样的催化作用。伞兵第 1 团的 45 名军官中，有 23 人阵亡了。8 月初，当巴顿的装甲兵越过阿弗朗什隘口进抵布列塔尼半岛时，发现所有战场已完全为我军所占领，我军已经掩埋德军尸体 1 800 具，俘敌 3 000 名。为了消灭当地的敌军，我们的熟悉地形的游击队作了美国战车部队的向导，有的成了协同作战的步兵。各地敌人大都停止了抵抗，只有圣马洛、布雷斯特、洛里昂等早已做好战斗准备的港口还不肯放下武器。这个战役的结果是，敌军死了几千人，近 5 万人被俘，还损失了大量物资。德军有 4 个师完全被歼灭。

在这个地区的另一端，维尔科尔高地的战斗者也显示了法国抵抗运动的军事力量。6 月初，有 3 000 人在这里的山区构筑了阵地。这里的形势非常险峻，宜于独立部队防守，而这正是游击队所擅长的；另一方面，阿尔卑斯的战士特别坚决，他们得到盟军司令部的有力支持，为他们空投的物资达 1 500 箱，使他们的装备得到了保证。从英国派去了一个包括美、英、法三国官员组成的代表团，它为了使当地守军和盟军总部取得联系，特地驻在维尔科尔。一些来自阿尔及尔的教官和专家也参加了游击队。同时，经盟国空军同意后，又在这个山地中心修筑了一条飞机跑道，它可以使一支正规部队空运着陆，并供应战斗者的给养和转移伤员。

7 月 14 日，敌军发动了进攻。敌人以相当大的兵力连续激战了 10 天。敌机用机枪扫射我们的守军，轰炸我们疏疏落落的村镇。由于德国驱逐机终日在空中盘旋，盟军飞行队借口距离太远，不能派自己的驱逐机来保护运输机和轰炸机，因而停止了运输。不仅如此，我们防守部队原来希望能有我军增援部队着陆的飞机场也被敌人占领了，敌人并用滑翔机运来几连精锐部队。尽管如此，我守军仍坚守据点，顽强奋战，使敌人无法得逞，一直坚持到 7 月 24 日。在这一天，德军占领了维尔科尔。在这次战斗中，敌人投入了一个师的兵力，阵亡数千人。敌人为了发泄愤恨，杀害了我们的伤员和许多平民。瓦锡耶村的居民甚至全被杀光。维尔科尔高地的阿尔卑斯战士，有一半人为法国献出了自己的生命，其余的人都顺利地转移了。

这些战斗事迹在全国各地引起了巨大的反响。当然，阿尔及尔广播电台、伦敦广播电台、纽约广播电台对这些事实更广泛地展开宣传。7 月中旬，40 个省全都起义。中央高地、利穆赞省、阿尔卑斯省以及上加龙省、多尔多涅省、德龙省、汝拉省等，正如布列塔尼各地一样，完全控制在游击队的手里。这些游击队里有“地下军”，有“义勇军和游击队”，有“抵抗运动”组织的军队，有“法兰克团”等。无论是否有诚意，这些省的省长都与抵抗运动建立了联系，而且“解放的省长”（不问他们是否为原来的省长）都公开出现了。1940 年撤销的各市政府又在原地恢复办公。人们的胸前、墙上、公共纪念物的旗帜上都挂上了洛林十字。至于德国人，他们的守军则到处受袭击，疲于奔命，而且联系断绝，陷于惶惶不可终日的状态。他们如果单独行动，不是被杀死，就是被俘。他们的纵队被袭击，寸步难移。他们在奥拉多尔茹格兰、蒂尔、阿斯克、塞尔顿等地曾用屠杀和放火的行动来反扑。但是，当诺曼底的战斗对他们越来越不利的时候，他们在法国的处境也就几乎令他们绝望了。

7 月末，法国内地军单独牵制住敌人的 8 个师，使它们不能增援前线。步兵第 1 师和伞兵第 5 师在布列塔尼，第 175 师在昂儒和图林，第 116 装甲师在巴黎附近，所谓的“东方兵团”在中央高地，第 181 师在图卢兹，第 172 师在波尔多，以及为防守罗尼河谷而从布罗旺斯抽调的相当于一个师的兵力，都被牵制在原地不能移动。此外，德军司令部为了在 48 小时内参加战斗而从别处调到诺曼底的 3 个装甲师，在途中也耽搁了很久。第 17 装甲师在他们的纵队未能打开出路以前，在波尔多与普瓦蒂埃之间与我军接触，因而拖延了 10 天时间。所谓“帝国”番号的党卫军第 2 装甲师在 6 月 6 日自蒙托邦开拔，由于不能利用铁路（所有铁路都被破坏），只好绕道塔尔纳、洛特、科雷兹、上维埃纳等省，沿途都受到截击，直到 6 月 18 日才带着重大伤亡精疲力竭地抵达阿朗松。第 11 装甲师乘火车用了 8 天的时间从苏联前线开到法国边界，但是从斯特拉斯堡通过法国境内开到卡昂时却用了 23 天。辎重、给养、联络的种种意外事故，给其他所有德国部队所造成的物质和精神影响，简直难以估计！

同样，人们可以预见到，只要法、美军队在普罗旺斯登陆，负责防护地中海沿岸的敌军后方也一定支持不住。在 8 月的头几天，驻东南战区军事代表亨利·兹莱尔上校，为此特地从法国来向我报告。他断定，土伦和马赛一旦被我军占领，我军就能很快地突破封锁罗尼河谷的顽强抵抗，因为阿尔卑斯地区和中央高原各省已由我内地军控制。我立刻叫兹莱尔把他的论证告诉派奇和塔西尼两位将军，他们因此而修订了我军向前挺进的作战计划。事态的发展说明兹莱尔的主张是有道理的。司令部本来计划两个月才能攻下里昂，结果，登陆后的第 17 天，里昂就由我们收复。

在法国和非洲鼓舞法国人作战的运动，使越南也不免受到影响。在西贡和河内，虽然人们在日本侵略者突然的暴力袭击之后生活着，但是现在，和其他地方一样，他们毫不怀疑最后的胜利一定属于盟国。除去德国崩溃的预兆外，人们也看到了日本的败退。从 1943 年夏季以来，不但日本陆海军的总攻全面受阻，而且自那时起盟军一直掌握着主动权：尼米兹海军上将在中太平洋逐岛作战，麦克阿瑟将军向菲律宾进攻，蒙巴顿勋爵在蒋介石军队的协作下也在缅甸登陆了。

因此，印度支那的某些法国官员也逐渐转向阿尔及尔政府。银行经理弗朗索瓦先生为了说明此事，从西贡来到这里；印度支那总督府政治局局长布桑热先生秘密与我驻重庆大使贝契柯夫将军通电；驻军总司令莫尔当将军也秘密与我设在云南的情报处主任杜丹热上校取得了联系。

依我看来，在远东的直接目的就是使我军参战。有人认为，对日本始终保持顺从的被动态度一定可以保存法国的地位，我却认为这种看法是可耻的，而且也是可笑的。印度支那在战略上的地位处于敌人军事部署的中心，因此，我毫不怀疑，敌人一旦认为四面受敌而要退却的时候，势必消除印度支那半岛上一切可能打击它的危险。并且，当法国的伪装中立随着维希政权的垮台而破产的时候，敌人在附近战场失利的情况下，怎能容忍 5 万法军完整地保存在它的中间呢？一切迹象都可以预见到，日本总有一天要解除法军的武装和取消法国的（殖民）政权。即使有人指望用新的、可耻的保证，使日本人容许我们保留一点象征性的守军和残余权力，法兰西联盟的国家和人民，或者盟国，也都不会容许我们在世界大战中根本未经参战的地区恢复政权。

所以在印度支那半岛必须准备军事抵抗，使敌人不能一枪不发就占据我们的阵地、清除我们的代表和使我们信誉扫地。还应当向远东派遣一支军队，以便伺机立即开进印度支那地区。1944 年 2 月 29 日，我写信给莫尔当将军，加强他的信心，使他继续保持忠诚，因为我知道他是会有诚意的。同时我明确地向他指出，在他所处的极端困难的局势下，法国政府对他本人和他的军队抱有很大希望。不久以后，我任命了布列佐将军负责指挥远东军队。但是，由于这些军队只能从印度、缅甸或中国开始行动，所以法军要派遣这支军队，就必须征得盟军的同意。然而，华盛顿、伦敦、重庆的态度都非常暧昧。不过英国政府和印度洋战区司令蒙巴顿勋爵却同意布列佐将军在新德里驻扎，以便准备未来的一切。布列佐率领法军一小部先遣部队出发了。这是走向目的的第一步。但是，我们很了解，印度支那问题正如整个法国的未来一样，只能在巴黎解决。

8 月 15 日，法国第 1 军和美国第 6 军团的先遣部队在布罗旺斯海岸登陆。起初由派奇将军担任指挥。塔西尼负责指挥我们全部的军队。我批准了他们的作战计划。当大军登陆后，美军以“拿破仑”公路为轴心，向格勒诺布尔进发；法军则进占土伦和马赛，继续沿罗尼河谷向前推进。在前一天傍晚，美国先遣部队在海军、空军大规模轰炸的掩护下，在卡瓦莱尔和勒特鲁雅之间登陆，伞兵在卡尔努里、卢加、穆伊降落，我非洲突击队也按照预定计划在拉耶耳和拉旺杜登陆，而美军的 3 个师也在白天开始登陆。16 日，布洛塞师、孟萨伯尔师、杜・魏日埃师开始行动，这几个师都是在拉耶耳、卡瓦莱尔、圣特罗佩、圣马克西曼等地登陆，以便进攻土伦。这时美军开到了德拉吉尼安。

在人类的事业中，有时经过长期奋斗，会突然从各个分散的不同力量中得到一个统一的势头。8月18日，消息接踵而来，同时澄清了所有战场的情况，显示出每个战场上法国人承担多大的份额，表明我军的行动已形成一个完整的体系。在普罗旺斯，塔西尼发现德国第19军陷于混乱，因而彻底利用了这个有利条件。在他的命令下，拉尔米纳军团和孟萨伯尔军团完成了对土伦的包围，我军某些部队驰往马赛。马刚师、威廉的非洲部队以及各后勤机构正在海上，准备同上述部队会合。陶蒂师、塞威师、德·威尔诺耳师也准备采取同样的行动。我空军已开始越过大海。我海军以它所有的大炮支援了陆军。就是这一天诺曼底德军全线崩溃。8月11日，勒克莱尔师加入战斗以后，表现得十分出色。通往巴黎的道路已经打开了。在巴黎城内，警察和游击队也向侵略者开了火。抵抗运动同敌人战斗的消息从各地纷纷传来。正如所希望的那样，盟军在法国之战，也就是“法兰西战役”。法国人“只为一个祖国进行一种战斗”。

政治、外交和军事共同为统一作了准备。现在一俟国家从深渊中解救出来，就应把全民族团结在一起。于是我离开阿尔及尔，前往巴黎。

第八章 巴黎

四年来，巴黎一直是自由世界的一个痛点。突然间，它又变得有磁性了。当这个被囚禁、被麻醉的巨人似乎酣睡的时候，人们对它的不可想象的销声匿迹不闻不问。

KAIB -3

四年来，巴黎一直是自由世界的一个痛点。突然间，它又变得有磁性了。当这个被囚禁、被麻醉的巨人似乎酣睡的时候，人们对它的不可想象的销声匿迹不闻不问。可是德国人的防线刚在诺曼底被突破，法国的首都就马上又成为战略中心和政治中心了。军事将领的计划、政府的规划、野心家的阴谋、群众的心情，都立刻又转向了巴黎。巴黎将以新的姿态出现。有多少事情将会发生啊！

如果让巴黎自由抉择的话，它首先必须解决法国的政权问题。谁也不怀疑，戴高乐回到首都时，如果没有人制造既成事实反对他的话，那么人民对他的欢迎就会肯定他的地位。那些国内外站在不同立场的、想阻碍这种结果出现或至少使它不那么美满的人们，都千方百计地想利用解放的最后时机，来制造一种局面，即使不能使我瘫痪，也要使我为难。但是，人民已经有所选择，群众的觉悟将粉碎这些阴谋。

皮埃尔·赖伐尔搞了这样一个阴谋。1944 年 8 月间，当人们先后向我报告诺曼底的决定性胜利、普罗旺斯的登陆、我内地军所展开的战斗以及巴黎人民酝酿的起义的时候，我就知道了那个投靠敌人的家伙策划的阴谋。这个阴谋是要在巴黎重新召集 1940 年的“国民议会”，并建立一个所谓“联合”政府，然后把它当成合法政府，来欢迎盟国和戴高乐进入首都。这样就捷足先登，取代了戴高乐将军组织的政府。无疑的，人们会在政府中给戴高乐留个位置，必要时也由他来领导政府。但是，这在精神上剥夺了他的荣誉，使他失去民众的支持，人们就随时可以用政治上的特有手段甩开他；或者给予他空头衔，以党派进行各种各样的阻挠，最后借口他既没有能力管理国家又想实行独裁，群起而反对他。至于赖伐尔，由于他设法召回议员，议员们虽然按原则办事要对他进行惩罚，但心里是感谢他的。于是赖伐尔就躲在一旁等待人们遗忘他，并等待情况的变化。

但是，要实现这种计划，必须有对立分子的帮助。为了使这个计划具有复兴共和国的外貌，首先要有这样一个杰出的人物参加政权：在国会里有代表性，在反贝当的政策方面很著名，同时在国外又有相当声望。赫里欧先生似乎就是一个理想的人物。问题是要让他下决心出来干，同时还要考虑在盟军进入巴黎时这个新政权能否得到盟国的承认。另外还要经德国人同意，因为这时仍然是他们的军队占据首都。最后还要贝当元帅同意，否则德国占领者拒绝批准，盟国拒绝承认，议员们拒绝开会。然而，在任何情况下，抵抗运动方面的愤然拒绝也是必然的。

8 月初，赖伐尔也许认为他可能得到他所期望的必要帮助。他通过美国派来和下院主席联系的昂菲埃尔先生（他是赫里欧先生的朋友，并且和驻伯尔尼的艾伦·杜勒斯先生的情报部门有联系），证实了华盛顿方面赞成一个压低或排斥戴高乐的计划。这位“政府”领导人探听德国人的态度，发现德国人也很赞成。实际上，阿伯兹、里宾特洛甫和其他人，都认为法国一旦解放，最好在巴黎出现一个保留维希分子的政权，而不是一个无所畏惧的和无可非议的政府。赖伐尔取得德国占领者的同意之后，就到囚禁赫里欧的马尔维尔劝说赫里欧，同他一起到巴黎来召集 1940 年的国民议会。至于贝当本人，他表示愿意随时到会。

值得提出的是，皮埃尔·赖伐尔虽然得到了表面上的支持，但在我看来，这个恶毒的阴谋是没有前途的。要得到成功，最后非有我参加不可。然而，任何力量，甚至盟国的压力，都不能叫我承认1940年的国民议会有资格代表法国说话。此外，我想到抵抗运动正在各地风起云涌，巴黎眼看就要解放了，我并不怀疑这种阴谋必然会流产。7月14日，城郊举行了声势浩大的游行。人们到处插上了三色国旗，高唱《马赛曲》，不断高喊："戴高乐万岁！"这一天，被囚禁在桑德监狱的政治犯在监房互通声气，冒着被野蛮镇压的危险在所有窗户上挂起国旗，并且赶走了看守人员，他们的爱国歌声响彻全区。8月10日铁路工人举行罢工，15日警察罢工，18日邮务人员也罢工。我估计很快就会传来巷战的消息，显然，这将使议员们的幻想遭到破灭。

但是，与赖伐尔的阴谋恰恰相反，抵抗运动的某些政治人物为取得政权而制订的计划在我看来则比较有希望。我知道这些人想利用群众激昂的情绪或首都的斗争所形成的无政府状态，在我没有抓住操纵杆以前抓住它。这当然是共产党人的意图。如果他们能成为起义的领导者，并能指挥巴黎的军队，他们就很可能建立一个由他们实际领导的政府。

他们利用战时的紊乱，把全国抵抗委员会拉过去。其中除了服从他们的那些人以外，还有几个委员可能是利欲熏心，追逐权势。他们利用他们所受的迫害、所遭受的损失以及他们所表现出的英勇，在各界当中博得同情；他们利用民众由于没有任何治安力量所引起的忧虑；最后他们再故意含糊其辞，表示拥护戴高乐将军，企图以一种公社起义领导者的姿态出现，宣布成立共和国，维持秩序，设置司法，假惺惺地只唱《马赛曲》，只挂三色国旗。等我返回首都的时候，这个"人民"政府已经大权在握。它给我戴上胜利的桂冠，请我在里面担任一个它给我指定的位置，叫我充当傀儡。对于操纵这个把戏的人来说，剩下来的事情就是：交替地大胆或谨慎行事，在清洗队伍的借口下渗入国家机构，巧妙地使用新闻报道和民兵的办法来钳制舆论，逐步排挤最初的合作者，最后建成他们的无产阶级专政。

照我看来，这些政治意图不可避免地夹杂着激烈的斗争。我早就知道，首都起义后，可能有些人要建立由第三国际操纵的政权。但我仍然认为，叫法国军队在巴黎比盟国军队先着手行动是最重要的事情，一定要动员人民协力打垮侵略者，使首都的解放具有军事行动和民族行动的特征。因此，我冒险鼓动起义，绝不放弃任何一个能够发动起义的机会。必须指出，我相信我能够使这件事转向有利的方面。我事前在当地采取了适当的措施，并准备及时把法国的伟大团结带回首都去，我准备亲身在那里把解放了的巴黎的热情团结在自己的周围。

为了使巴黎正规军的指挥权掌握在忠于政府的将领手中，政府采取了必要的措施。7月，科西嘉省长沙尔·路易兹就被任命为警察总监。经过两次失败之后，他于8月17日进入巴黎，正好在警察占领警察厅的时候，担当起自己的任务。另一方面，哈里将军也要在适当的时机去领导共和国卫队（维希政府曾称为巴黎卫队）、消防队、机动卫队、宪兵队，以及其他一切拥护戴高乐派来的将领的单位。

但是，由于实际情况的影响，各地区所组成的零散的游击队却是另外一种情况。当然他们只追随自己的领导人，共产党人却力图直接或假借“民族阵线”的名义把他们拉到自己一边去。他们的上级则是“党”利用对全国抵抗委员会施加压力的办法指派给他们的。关于军事问题，委员会委托由克里日、瓦利蒙和魏庸三人组成的一个称为“科马克”的行动委员会来处理。在德吉塞上校被德国人逮捕以后，内地军参谋长由马雷莱-阮维里继任。罗耳-塔吉被任命为伊耳德法兰西州[①]军队的领袖。如果光看这些任命，人们可能设想，作战部队的指挥权将落到共产党人的手里。

但是，这里所说的只是名义，而不是实际的职务。事实上，这些拥有名义的人们，并没有像文字上所规定的那种等级的指挥权。他们的工作不按照军队的准则通过发布命令和执行命令去进行，而是通过布告或限于一定地点的个人活动来进行。实际上，拥有25 000多名武装人员的游击队组成许多独立的部队，每支部队很少按上级的命令活动，大多依照当地的临时情况来活动，而且他们不大离开自己有掩护的地区。另一方面，德·马尔加里特上校是个十分坚定的军官，他领导着巴黎和巴黎城郊的内地军。勒维和布洛希-达索尔两位将军都先后在“科马克”和“民族阵线”当过顾问。最后，政府的军事委员沙邦-戴尔马在伦敦接受柯尼格的指示以后，于8月16日回到巴黎，成为当时的中心人物。沙邦-戴尔马目光远大，机警能干，只有他一个人同国外有联系，他将审查提案，通过漫长艰巨的谈判来控制全国抵抗委员会和其他委员会的冲动行为。最重要的是，戴高乐将军和他的政府在巴黎有了自己的代表。

亚历山大·巴罗迪承担了这项任务。8月14日，我扩大了他的权力，任命他担任尚待解放地区的特派代表。由于他以我的名义说话，所以他的话很有分量。他心地正直、大公无私、品格高尚，他能克制感情，具有相当的道德威望。此外，他善于处理国务，他的经验和才能足以应付动荡的局面。另外，他的作风也与他的性格一样，在无关紧要的事情上肯于让步，在主要的问题上却以温和而坚定的态度坚持到底。他一方面照顾到意识形态上的要求以及个人的奢望，另一方面密切注视事态的发展，使我到巴黎时，不致处处受到牵制。应当说，由于全国抵抗委员会主席乔治·皮杜尔同巴罗迪

① 法国旧地名，包括现在的安省、瓦兹等省。

通力合作，同时，他们说话大胆，行为谨慎，才防止了出现最坏的情况。至于各行政部门，没有人否认我派去的代表和我指定的各机关负责人的权力。巴罗迪是在一点困难都没有的情况下进驻马提翁宫[①]并委派各部的秘书长的，警察总监路易兹将代替布舍尔，塞纳省省长福洛莱也将坐在波菲特的交椅上。阿尔及尔政府原来的政府机构也将很快地像其他省一样在巴黎配备干部。

8月18日下午，我乘自己经常使用的飞机（机长是马尔米）从阿尔及尔起飞。朱安将军和我的一部分随员乘坐一架“空中堡垒”跟我同行。这架“空中堡垒”是美国人一定要借给我们的，借口是他们的航空人员熟悉航线和目的地。第一站是卡萨布兰卡。我原来打算天一黑就从那里再起飞，第二天在圣洛附近的莫伯尔杜着陆。但“空中堡垒”在中途发生机器故障，需要修理。另一方面，盟国代表团依照飞行航线的规则，坚持要我们在沿西班牙和法国边境飞行以前，先在直布罗陀停留一下。这样就耽搁了一天。

19日我离开卡萨布兰卡。在我到机场去的道路两旁，排列着许多群众。他们脸上的紧张表情流露出他们猜到了我此行的目的，尽管我们还保守着秘密。没有人鼓掌，也没有人欢呼，但都摘下帽子，扬起双手，目不转睛地注视着我。这种热情而严肃的敬礼证明群众在一个重要的时刻向我表示欢迎。这使我很激动。在我身边的总督也很感动。加布利埃尔·布奥向我说：“您是多么幸运啊！”

当我们在直布罗陀总督那里进午餐时，盟国军官来通知“空中堡垒”不能起飞，我自己的“罗克西”式飞机是没有任何武装设备的，而没有飞机护送，在诺曼底附近的上空飞行是冒险的。总之，看来只好拖延行期了。我不怀疑他们提出这些意见的动机是真诚的，但我认为最好还是不接受他们的意见。我上了飞机，按照我预

① 法国内阁所在地，总理办公的地方。

定的时间起飞。过了不大工夫，“空中堡垒”也能起飞了。8 月 20 日（星期日）8 时左右，我在莫伯尔杜着陆。

柯尼格在那里欢迎我，在诺曼底的共和国委员柯勒特和艾森豪威尔派来的一位官员也来欢迎我。我先到了盟军总部。柯尼格在路上把他从巴罗迪、沙邦-戴尔马、路易兹的通信和特工人员带回来的情报中所了解的巴黎情况告诉了我。这样，我知道警察已经罢工三天，在 19 日黎明占领了警察厅，并向德国人开了火；游击队也几乎到处都向德国人袭击；政府各部都在代表团派去的各支队的手中；“抵抗运动”方面已进驻市区和城郊的区政府，那里有时也有战斗，例如在蒙特列区和纳伊区。由于敌人忙于撤退机构，至今还没有进行顽强的抵抗，但他们有几个纵队正穿过巴黎，随时都可以进行报复。谈到政治情况，显然赖伐尔一切都落了空，而在维希政府方面，人们预料贝当随时会下野。

艾森豪威尔在接受了我对盟军以雷霆万钧之势胜利进军的赞扬以后，给我介绍了当前的战局。巴顿的第 3 军带领布莱德雷军团向前追击，并准备分为两个纵队越过塞纳河。一个向巴黎北部进抵芒特，另一个从巴黎南方到达默伦。在巴顿的后面，指挥美国第 1 军的霍奇将军，把部队再度集结起来，这支军队在俄恩地区刚刚肃清了德军。在布莱德雷左翼，蒙哥马利的军队击退了德国人的顽抗，逐步向鲁昂推进。他的右翼是空虚的，艾森豪威尔企图加以利用来促使巴顿直捣洛林省，依照军备供应的可能性向最大纵深挺进。最后，塔西尼和派奇两军从南方来参加这整个部署。我认为总司令的计划是完全合乎逻辑的，只有一点例外，而这正是我十分担心的：谁也不向巴黎进军。

我曾向艾森豪威尔表示我的惊异和担心。“从战略观点上看，”我对他说，“我不了解为什么要从默伦、芒特、鲁昂以及其他各处越过塞纳河，为什么单单不从巴黎越过塞纳河？况且巴黎是交通中心，而交通今后对于你们是不可缺少的，尽快予以恢复是有利的。如果是别的地方，而不是法国的首都，对于我的意见，您可以不受任何约束，因为在正常情况下，战事是归你指挥的。但是，巴黎的命运跟法国政府有密切关系，因此我不得不进行干预，并请你指挥军队直下巴黎。当然，首先要派法国的第2装甲师担负这个任务。”

艾森豪威尔对我并没有隐瞒他的困难。我认为他心里是同意我的见解并且很愿意派勒克莱尔去巴黎的，只是由于一些战略之外的原因，还不能那样做。事实上，他解释，迟迟未决的原因是由于在首都作战会引起物资的大量破坏和居民的大批伤亡。然而，我在这方面提醒他注意：如果巴黎不发生任何事情，等待就可能是对的；但是，一旦爱国者在那里同敌人搏斗，各种各样的大动乱都可能发生的时候，这个办法就行不通了。这时艾森豪威尔并没有反驳我的意见，但是他向我声明：“抵抗运动动手太早了。”我问他：“既然现在你的军队到了塞纳河，怎么能说他们动手太早了呢?”最后总司令向我保证，虽然他还不能提出确切的日期，但不久就下令向巴黎进军，并且指定由勒克莱尔率领的那个师担负这项任务。我记下了这个诺言，并补充说，我看这件事对全国具有特别重大的意义，因此，假使盟军的命令下得太迟，我准备亲自把法国第2装甲师投向巴黎。

艾森豪威尔的踌躇不定，使我想到总司令似乎受到赖伐尔所采取的政治计划的妨碍。这个计划得到罗斯福的支持，它要求巴黎能避免受到震动。由于抵抗运动开展战斗，这个计划便完蛋了。但是，要使华盛顿方面愿意承认这一点，还要等一些时间。勒克莱尔师直到现在一直合理地配属巴顿军，三天后又配属霍奇军，受美国第5军团司令格鲁将军的严密监视，被留在阿尔让当附近，仿佛怕它向巴黎埃菲尔铁塔疾进似的。我了解到这些情况以后，更确定了自己的看法。另外，我也注意到，盟军和法国当局之间的那个有名的协定，几个星期以前就在阿尔及尔、华盛顿和伦敦三方面达成了一致，但柯尼格和艾森豪威尔还没有签字，因为艾森豪威尔还等着授予他这种权力。白宫本来已无可奈何地同意了，现在又拖延时日，如果不是由于这最高阴谋之故，又怎样解释呢？朱安到总部以后，在与参谋部的接触中也得出与我相同的结论。

当盟军取得了辉煌的胜利以及美军表现出卓越的才能的时候，华盛顿这种明显的顽固政策使我感到相当忧虑。但不久出现了令人快慰的事。当我进入瑟堡和经过古当斯、阿弗朗什、富热尔到达雷恩的时候，我深深地为居民的热烈欢迎所感动。当我从被破坏的城市和村庄的废墟中经过时，居民夹道欢呼。他们在剩下的窗户上悬挂着国旗和旗帜。仅存的钟响起洪亮的声音。人们在弹坑累累的大街上，好像在朵朵鲜花中那样欢笑。市长发表豪壮的致词，最后声泪俱下。我这时讲了几句话，我讲的不是悲天悯人的话，这是人们所不爱听的，而是充满希望和自信心的语言，最后群众同我一道唱起了《马赛曲》。在人们的热情与财产所遭到的破坏之间形成了鲜明的对比。起来吧！法国既然经受得住一切苦难，就一定能够生存！

晚上，在解放地区的特派委员安特烈·勒·特劳盖、朱安、柯尼格和加斯顿·巴莱沃斯基等将军的陪同下，我到了雷恩省政府。布列塔尼的共和国委员维克多·勒·戈尔根、伊尔-维伦省省长伯尔纳·科尔努·让蒂勒、军区司令阿拉尔将军向我介绍了他们的全体官员。由此可见，行政机关胜利地恢复工作了，传统也恢复了。我到过市政府，市长依维·米庸同他的参议员、抵抗运动的同事和著名人士一起，请我们重新打开布列塔尼首府的光荣史册，使时间的长河永流。然后，在夜幕降临的时候，我冒雨向集合在市政府门前的群众讲了话。

第二天，8月21日，从巴黎纷纷传来消息。我知道赖伐尔的阴谋已经破产了。爱德华·赫里欧接到抵抗运动组织给他的警告，并且感到已经面临风暴的前夜，看到维希政权的部长们、巴黎高级官员以及德国大使都已陷入混乱，就没有同意去召开“国民议会”。此外，他同议员们的接触，尤其是同阿纳托·孟吉的接触，使他了解到议员们对一些人的悲惨遭遇，尤其是他们亲近的朋友所遭到的悲惨命运难以忘怀，像乔治·曼德尔、让·沙乌、莫里斯·萨劳等被达南特的国民兵暗杀，像菲利普·亨利奥被抵抗运动组织的某部队处死，这些都使他们不想再在巴黎陷于恐怖气氛时参加议会了。贝当元帅经过仔细考虑权衡轻重以后，认为这条路走不通，现在也改变了主意不想再到首都来了。最后，希特勒因这个阴谋标志着他的失败而发火，吩咐结束这件事，命令赖伐尔同他的“政府”迁到南锡，并强迫贝当也同赖伐尔等人一起到南锡去。至于议会主席，还要送回马尔维尔监禁起来。8月18日，赖伐尔、赫里欧和阿伯兹在马提翁宫共进午餐后就分手了。8月20日，元帅由德国人从维希带走。

这样一来，赖伐尔最后的一次阴谋也落空了。他支持一场斗争，而且一直撑到底，任何妙法都不能开脱他的罪责。赖伐尔由于他的本质，由于长期在政客生涯中养成一套惯用的卑鄙手段，他认为要掌握政权就必须使用阴谋诡计，投机取巧。他认为没有不能改变的事，也没有不能利用的人。在战争的灾难中，他体会到国家的灾难，但是他也抓住了掌握大权的机会，并且在更大的规模上，运用他的投机迎合才能。但是居于战胜国地位的德国，是一个不好对付的伙伴。然而不管怎样，赖伐尔为了寻找活动的机会，竟利用了法国的失败，他接受了投降条件。他想从罪恶中取得好处，甚至甘心充当奴隶，为虎作伥，成为最可怕的镇压的得力工具。为了实现他的诡计，他不顾祖国的荣誉，不顾国家的独立和民族的尊严。这些因素随着敌人的衰落而显得更加强烈和无理。

赖伐尔进行了一场赌博，他输了。他有勇气承认他应承担的后果。可能，在他的政府中，为了支持无法支持的东西，他施展了一切阴谋诡计，极尽顽劣固执之能事，设法为他的国家效力，这一点，就算他有此心吧！事实上，在不幸的深渊中，还有一些法国人，为数不多，选择了堕落的道路，但不背弃祖国，这是那些“极端堕落”的儿女们对法国作出的回答。宽恕的大门是半开着的。

对维希政权的清算和首都战斗的开展是同时进行的。我在雷恩短期逗留中获得的消息，使我急于结束这个危机。当然，德国司令部由于某些原因似乎也不想把事情做绝。但是，在这种被动的态度之后，可能突然发生一次疯狂的镇压。此外，当我们有力量把敌人赶走的时候，绝不能容忍他们盘踞首都，哪怕是多一天也是不能容忍的。总之，我不愿使首都由于纷乱而陷于无政府状态。巴黎后勤总监皮埃尔·米奈给我一份报告，描述粮食供应已处于最危急的状况。首都的一切交通运输已被封锁了数周，可以说，已处于饥馑状态。米奈提到某些地方已开始抢劫最后几个粮库和商店，如果没有警察维持秩序，就会发生严重的过激行为。这时，一天已经快过去了，而盟军司令部叫勒克莱尔前进的命令还迟迟未下。

我从雷恩给艾森豪威尔将军写了一封信，把我所得到的巴黎消息通知他，催促他赶紧命令法军和盟军出动；我还强调指出，即使从军事行动的角度来看，首都陷于混乱所引起的后果也是不幸的。8 月 22 日，柯尼格把我的信交给了艾森豪威尔并加以说明，然后又回到伦敦原岗位。他在那里比在我们的流动军营中更容易与抵抗运动联系。朱安将军也从他那一方面同正在指挥部队追击敌军的英勇的巴顿将军保持接触。我亲眼看到共和国委员征用了卡车和司机，并组成辎重队开往巴黎。以后，我就离开了雷恩，首先来到拉瓦尔城，接着又进入阿朗松，那里全城沸腾，旗帜飘扬。

我到省政府时受到共和国委员米歇尔·德勃雷的欢迎。我接见了一位军官，他送来勒克莱尔将军的一封信。勒克莱尔将军告诉我，他还不明确知道他最近的任务，同时他主动派出由吉勒邦少校率领的先头部队逼近巴黎。我对这一点马上表示同意，同时在回信中告诉他，艾森豪威尔已答应派他的这支部队向巴黎推进，柯尼格到总司令部去正是为了这件事。朱安也到了那里，最后我也打算第二天去见勒克莱尔本人，以便向他下达我的指示。不久我就听说，几乎在我给勒克莱尔写信的同时，格鲁将军就申斥他不该派一支部队开向巴黎，并命令他立即调回吉勒邦少校的部队。

最后，艾森豪威尔将军在接到我的信以后，不到几小时就命令第2装甲师向巴黎进发。几乎可以说，每时每刻都有报告从首都送来，特别是科克道和莫诺医生给布莱德雷将军的报告，都表示支持我的意见。另一方面，盟军总部也知道赖伐尔的阴谋已告破产。当勒克莱尔星夜布置行军事宜的时候，我在勒芒省政府接到报告，知道在巴黎事态发展得十分迅速。

就这样我知道罗兰-布莱和雷翁·哈孟所领导的一支巴黎警察队伍于20日早晨占领了市政府。塞纳省省长福洛莱将去上任。但是我也知道：巴罗迪和沙邦-戴尔马，全国抵抗委员会的大多数人，都从英美情报人员方面得到消息，盟军进城还要等一段较长的时间——有人说是几个星期。德国守军还有2万人、80辆战车、60门大炮、60架飞机，相形之下，游击队的装备力量是多么薄弱，同时希特勒还下令炸毁塞纳河大桥，而他们想保护大桥，又想救出政治犯和战俘。他们认为必须依照瑞典总领事诺德林先生的提议，以他为中间人同巴黎市区和郊区的敌军司令冯·高尔梯茨将军缔结一项休战协定。

这个消息应该说使我很不愉快，特别是当我听到缔结了休战协定的时候。这种做法是不符合当时的军事形势的，因为勒克莱尔正向巴黎逼近。不过，当我23日早晨离开勒芒时，又得知休战协定遭到大多数抵抗运动者的反对，只有一部分被履行。这个协定还使巴罗迪和罗兰-布莱两个人在圣日耳曼林荫路被德国人拘留了，后来同高尔梯茨本人进行了接洽才恢复了自由。此外，又有人告诉我，21 日晚间又恢复了战斗，但各个机关和各区政府仍在我们手中。巴黎市民到处布置了街垒，德国将军仍然坚守据点，但完全没有进行镇压。德军这些克制的做法是因为担心明天的命运还是出于爱护巴黎使其免遭破坏，抑或是由于他们与盟国缔结了什么协定？（在奥伯格和德国秘密警察离开首都之后，盟军特工人员甚至出现在德国将军的参谋部）对于这一点我还分辨不清，不过我相信，援军会及时赶到的。

8 月 23 日，我沿途遇到的人，没有一个人怀疑这一点。当我在旗帜飘扬、群众高呼“戴高乐万岁”的夹道中走过时，我感到自己被一种欢乐的洪流推动着。在拉费泰-伯尔纳、诺让勒罗特鲁、夏尔特尔以及我经过的任何村镇，我必须在热烈欢呼致敬的群众面前停下来，代表光复的法国讲话。下午，我赶过第 2 装甲师的纵队，进驻兰布埃宫①。在路上，勒克莱尔写信给我，说他将住在城里。我当即召见了他。

他的进攻计划已经制订好了。虽然从阿尔让当赶来的装甲师主力只能在夜间到达指定地点，先头部队已在阿蒂斯蒙斯、帕来索、都苏·勒·诺布、特拉布一线与筑有防御工事企图顽抗的敌人交火，这个阵地必须攻破。主力将由比奥特部担任，以奥尔良经安东尼到巴黎的公路为轴心。朗高德部从都苏·勒·诺布和克拉马进攻，同时莫莱、德维尔指挥一个支队到凡尔赛附近去掩护他。至于迪奥部，则暂时作为后备队随在比奥特部之后。第二天拂晓，开始行动。我批准了这些部署，并命令勒克莱尔在进入巴黎后把指挥部

① 14—18 世纪的王宫，现在是法国总统暑期住地。

建立在蒙帕纳斯车站。我要到那里去找他，布置以后的事。我注视着这个投身战斗的年轻将领，看到已为他准备好的各种非常顺利的条件，我对他说："你真幸运！"我还想：在战争中，将军们的幸运也就是政府的光荣。

法弗劳医生早晨从巴黎动身，下午到了兰布埃宫。他给我带来了路易兹的报告。警察总监说，抵抗运动者完全控制了街道。德国人现在都龟缩在他们的据点里面，只是有时用装甲车冒险出来侦察。伦敦广播电台恰恰在当天晚上报道我内地军解放了巴黎的消息。英王乔治六世第二天给我打来贺电，这个电报马上就公布了。报道和贺电的确有些过早了，但也许它的目的是要使美国人克服一些别有用心的想法，因为英国人不赞成这些。我注意到，英国广播公司对于巴黎发生的事情所表现出的热情同"美国之音"的那种抱着保留态度的带酸味的声调截然不同，这种不同使我意识到，这次关于法国的事情，伦敦与华盛顿之间的意见不是完全一致的。

我又派英勇的法弗劳返回巴黎，把我的回信带给路易兹。我在信中明白地说出自己的意思，我不打算到全国抵抗委员会和巴黎解放委员会所在的市府大厦去，而是先到"中心"去。我指的是国防部，它肯定应该是法国政府和指挥部的中心。这并不是说我不急于同巴黎的起义将领联系，而是要表示政府经过许多艰苦考验并没有被消灭，也没有被削弱，现在理所当然地应首先回到自己家里。我看到两天来抵抗运动的政治活动分子出版的报纸《战斗报》、《卫国报》、《义勇军报》、《民族阵线报》、《人道报》、《解放报》、《人民报》等取代了投敌分子的报纸。我为报上表现出的斗争精神高兴，坚定了自己的信念，决心不接受以任何形式委派的权力，除非是群众直接交给我的。

这也正是我对亚历山大·德·圣法尔说过的话。他同我的代表有联系，我知道他在商界中的势力。同他一起来见我的有东方汇理银行经理让·劳伦特、瑞典总领事的兄弟罗尔福·诺德林先生和奥地利子爵波希·帕斯托尔（他是一个德国军官，也是高尔梯茨的助手和盟国的特工人员）。这四个人都是8月22日夜间从巴黎出来请求美军司令部急速出动正规部队的。他们听艾森豪威尔说勒克莱尔已经出发，正在途中，于是他们就来见我。圣法尔向我提议，要我一进巴黎就召集"国民议会"，以便国会投信任票来承认我的政府的合法性。我不同意这个意见。这个代表团的成员以及它的冒险经历，使我从当地德军司令部的精神状态看到了一种奇异的远景。这四个"使者"都带有两张通行证，一张是巴罗迪发给的，另一张是冯·高尔梯茨将军发给的。他们通过敌人的岗哨时，曾听到士兵们骂道："叛徒！"

24日傍晚，第2装甲师的主力部队经过艰苦的战斗以后，进抵巴黎近郊；比奥特和迪奥占领弗来纳和克洛·伯尔尼，朗高德占领了赛弗莱桥，德洛纳上尉所指挥的一个支队到达了市府大厦。第二天，准备用一整天的工夫攻破敌人最后的外围抵抗，然后清除他们在市区的据点，最后确保向勒·布尔日[①]方面的防卫。勒克莱尔派比奥特的部队通过让蒂勒门推向卢森堡宫、市府大厦、罗浮宫，进逼高尔梯茨将军的司令部莫利斯饭店。迪奥部穿过了奥尔良门，并分路向陆军学校和波旁宫的敌军军营进攻。诺莱纵队沿着城外的林荫路直至奥德伊架空桥，然后上溯塞纳河。罗维洛纵队要经过蒙帕纳斯和荣军院。至于凯旋门广场和"马耶斯底克"[②]一线则由朗高德部担当。大家都预定在协和广场会师。在勒克莱尔的右方，美国人要指挥他们第4师的一个小队向意大利广场和奥斯德利车站推进。

① 在巴黎北11公里。法国曾于1870年两次在此与普鲁士军队血战。

② 巴黎一大饭店名。

8月25日，一切都按计划进行。我自己事先也决定了首都解放后要做的事情，其中包括把全国人民紧密地团结在一起，显示国家的面貌和权威。当我在兰布埃宫的阳台上踱着大步，时刻掌握第2装甲师前进的情况时，我想起了那些灾难，当时只要有一支由7个这样的部队所组成的机械化队伍，我们本来是可以避免这些灾难的。我思考着使我们软弱无能的原因，这个原因就是，由于缺少权力使我们当时得不到这些部队。因此，我需要更加坚定地维护我的权力，不使它受到损害。我所担负的使命似乎再明显不过了。当我乘车准备进入巴黎的时候，两种心情交织在一起，既感到激动，又感到平静。

沿途等着欢迎我的人可多啦！房屋上下不知有多少飘扬的旗帜啊！从隆瑞莫起，欢迎的人群越来越多。在布尔拉来纳附近，人群更是拥挤。在奥尔良门前，人山人海，简直是一片欢腾的海洋，虽然附近还不时听到枪声。奥尔良大街更是黑压压一片。当然，人们都预料我要到市府大厦去。但是，我拐入马纳大街，这条街和奥尔良大街比起来可以说是行人稀少。下午4点钟左右，我到达了蒙特巴尔纳斯车站。

勒克莱尔将军刚到那里。他向我报告了冯·高尔梯茨将军投降的情况。经过最后一次同诺德林先生协商后，他亲自到比奥特的参谋长德·拉·霍利少校那里去投降。以后由参谋长带他到警察厅，他同勒克莱尔签订了一项议定书，规定德国人在巴黎的据点必须停止抵抗。但是，有许多据点是当天用武力攻下来的。至于其他据点，德国将军立即下达命令，叫守军放下武器，投降当俘虏。高尔梯茨参谋部的军官们由法国军官押送到德国部队里去传达命令。我恰好看到我的儿子，他是海军第2联队的海军中尉，正押着一个德国军官到波旁宫的守军那里去受降。巴黎战斗的结果非常令人满意。首都没有遭到人们所担心的那种破坏，居民也没有受到人们本来害怕的伤亡，我们的军队赢得了全面的胜利。

我向勒克莱尔祝贺。在他的光荣道路上，这是多么重大的进展啊！我还向他身旁的罗耳·塔吉祝贺。实际上，内地军在前几天已向敌人展开进攻，把敌人从我们的街道上赶走，他们杀敌甚多，大挫德军士气，并把敌人封锁在孤岛一般的堡垒里。此外，游击队从早晨起就以仅有的拙劣武器英勇地协助正规军肃清德国人企图顽抗的巢穴，甚至他们自己还单独消灭了戈里格纳古尔营房的一批德军。然而，当我看到勒克莱尔给我的敌人的受降书的副本时，我不同意因罗耳·塔吉的极力要求而加上的一段话。根据这段话的说法，罗耳·塔吉与勒克莱尔同样有权接受德国司令部的投降。“首先，”我向勒克莱尔说，“这是不确实的。另外，在这件事上，你是最高的将官，因此是唯一的负责人。但最重要的是，要求你接受这种提法，其用心是不能容许的。”我叫人把今天早晨全国抵抗委员会发布的声明念给勒克莱尔听，这是以“法兰西民族”名义发出的，但是它既没有提到政府也没有提到戴高乐将军。勒克莱尔立刻明白了。我十分热诚地拥抱了这位高尚的战友。

我离开蒙帕纳斯车站前往国防部，前面有夏尼上校率领的一小队先头部队。队伍不大，共四辆汽车：我一辆，勒·特劳盖一辆，朱安一辆，还有一辆机枪装甲车。我们打算沿荣军院大街到圣多明尼克街，但到了圣方济沙威，附近房屋里射出一阵排枪，于是我们取道瓦诺和勃艮第大街。5点钟，我们到达国防部。

我发现这庄严的地方内部毫无改变，真感到惊讶。巨大的事件使整个世界天翻地覆，我们的军队全军覆没，法兰西几乎灭亡，但国防部却依然如故。院子里一队共和国警卫兵照旧向我致敬。门厅、楼梯、军徽完全同从前一样。服务人员仍然是以前的那些人。我走进部长办公室，这是我同保罗·雷诺先生于1940年6月10日夜间离开的地方。这里连一件用具、一块地毯、一个窗帘都没有移动位置。桌子上的电话仍在原处，同时也看到电话键盘下面还写着同样的名字。不久，有人告诉我，共和国所在的其他房屋也都是这样，除了缺国家政府以外，什么都不缺。我应当在这里把政府恢复起来。所以我首先驻在这里。

路易兹来向我报告情况，以后巴罗迪也来汇报工作。他们俩又高兴，又忧虑，一周来的昼夜不眠已经使他们精疲力竭。他们都有两个非常紧迫的问题：公安秩序和食物供应问题。他们向我描述了全国抵抗委员会和巴黎解放委员会看到我没有首先直接到他们那里去以后如何愤愤不平。我又一次向特派委员和警察总监说明理由。不过，一会儿我就要从这里动身到警察厅去慰问巴黎的警察，向他们表示敬意，随后就到市府大厦去。我们决定了这个拜访计划，接着又决定了第二天的阅兵式，巴罗迪和路易兹为此感到兴奋和焦虑。他们走后，我接到柯尼格将军的一份电报。在这伟大的日子里，他未能同我在一起。因为上午艾森豪威尔请他去共同签订协定，以便调整我们的政府与盟军司令部之间的关系。终于做了！亡羊补牢，还不算太晚。

晚上7点钟，我在警察厅的操场上检阅了巴黎的警察队伍。这支队伍由于它的任务而在敌人占领期间留在原地。今天看到他们情绪饱满，喜形于色，我内心为他们感到骄傲。可以看出，他们由于取得了战斗成绩和做出了榜样，已洗雪了长期屈服的耻辱，他们也没有放过提高自己威信和声望的机会。这一点，我对他们讲了，行列里响起万岁的呼声。于是，我在巴罗迪、勒·特鲁基、朱安和路易兹的陪同下步行到市府大厦，路上欢声震天，群众围着我。我们从拥挤的人群中走过去，市府大厦前有一小队内地军，在雷贝尔克少校的指挥下非常严肃地向我敬礼。

乔治·皮杜尔、安德烈·陶来特和马塞耳·福洛莱在台阶前欢迎戴高乐将军。台阶各级上有高兴得流泪的士兵在举枪致敬。我在震耳的欢呼声中被引进第二层楼的大厅中央。全国抵抗委员会和巴黎解放委员会的委员们都聚集在那里。周围还有许多同伴们站着。许多人在臂上戴着政府命令规定佩戴的内地军臂章。人人佩戴着洛林十字。我向会场环视了一遭，看到这个为兴奋、热情、好奇所激动着的会场，我立即感到我们是相互了解、心心相印的，我们都是为祖国而战的战士。在我们中间，有一条毋庸置疑的纽带。如果会场上还有一触即发的分歧和蠢蠢欲动的野心，那么只要群众和我站在一起，就会使我们的团结战胜一切。另一方面，尽管每个人的脸上都显得十分疲倦，尽管受到许多危险和变故的刺激，但我没有看到一点不合乎身份的举动，也没有听到一句不合乎身份的话。我们久已梦想的，付出若干努力、苦痛和生命而换来的团结，辉煌地重新实现了！

感情已经表达过了，现在该轮到政治来说话了。政治方面的发言也讲得十分高尚。安德烈·陶来特的代表乔治·马拉内代表新巴黎市府用美妙的词句向我致敬。接着，乔治·皮杜尔也向我致以具有最高尚内容的祝词。我在即席的答词中表示了这种神圣的激情，我说："在这高于我们每一个人可怜的生命的时刻，它紧紧抓住我们每个男女公民的心灵。"我明确指出"巴黎是它自己的人民在军队的协助和全法国的支持下解放的"。我当然也把胜利归于"这时正在沿罗纳河谷前进的法国部队"和我们的盟军。最后，我号召国民去尽战争的职责，并且要在全国统一的情况下去完成这个使命。

我进入塞纳省省长的办公室。马塞耳·福洛莱在那里给我介绍了他手下的主要官员。当我要起身的时候，乔治·皮杜尔喊着说："我的将军！您瞧，全国抵抗委员会和巴黎解放委员会都团结在您的周围。我们请您在这里聚集的民众面前庄严地宣告共和国的成立。"我回答说："共和国一直存在着，自由法国、战斗法国、法兰西民族解放委员会都与它形成一体。维希政权过去和现在都是无效的和非法的。我本人就是共和国政府的主席。为什么我还要宣布共和国成立呢?”我走到窗前，向挤满广场的群众挥手致敬，通过他们的欢呼，我看到他们并不要求别的东西。后来我回到圣多明尼克大街。

晚上，勒克莱尔向我汇报了巴黎市区的战斗总结。德国人所有据点的受降目前都已完毕。卢森堡宫、矿业学院、孟戴尼中学的所谓“卢森堡”驻军和在欧根尼亲王营房内组成并以阿尔什维大街电信总局为依托的共和国广场驻军是最后停火的。我们的部队这一天俘虏了 14 800 名士兵。德国兵死亡 3 200 名，游击队前些天单独打死的——至少有 1 000 人——还未计算在内。第 2 装甲师的损失是 28 名军官，600 名士兵。关于内地军，据负责卫生和医务的巴斯德·瓦来利·拉道教授估计，它死伤 2 500 人。这是对六天来的战斗的数字估计。此外，还死亡了 1 000 多市民。

勒克莱尔告诉我，巴黎北部仍然受到敌人的压力。在圣德尼和拉维叶特，敌军拒绝缴械，借口说他们不受高尔梯茨指挥。德军第 47 师的某部正在往布尔日和蒙特莫朗西进行部署，显然是为了掩护继续往北撤退的纵队。敌方把他们的前哨阵地一直伸展到首都城郊。因此，美军第 5 兵团司令格鲁将军命令作战中归他指挥的第 2 装甲师向德军阵地挺进，准备向他们攻击。

但是，我比任何时候都坚决地要在第二天按照以下路线前进：从凯旋门广场到圣母院大教堂，在那里同人民见面，我决定要第 2 装甲师参加阅兵典礼。当然游行可能带有一定的危险性，但这是值得的。而且我认为德国人的后卫部队骤然变成前卫部队而向巴黎中心进攻的可能性很小，因为现在巴黎的守军都已成了俘虏。总之，小心提防还是必要的。

我同勒克莱尔预定好，卢米昂佐夫指挥的一个战术组清早就开往布尔日方面进行掩护，并与在这方面进行小规模战斗的内地军配合起来。在检阅分列式的时候，该师的其余部分编成 3 个队，分别在凯旋门、香榭丽舍大街的圆点广场和大教堂前进行警戒，必要时可以开往指定的地点。勒克莱尔本人走在我后面，他必须不断地同他的各个部队保持联系。由于盟军司令部认为无须同我有任何联系，所以我叫勒克莱尔负责把我决定的部署通知盟军司令部，况且盟军司令部有种种办法替补这一部分临时留用的法国军队。对于来自盟军方面的相反命令，勒克莱尔应当答复说，他要按照戴高乐将军的命令行事。

8 月 26 日清早（星期六），没有发生任何事件使我改变自己原定的计划。的确，有人告诉我，格鲁曾警告勒克莱尔本人和他的部队不要参加游行。美国将军为这件事还派来一位武官当面通知我。当然我是不理睬的，但我也看出，在这样的日子、这样的地点，没有上级指示他一定不敢采取这种态度，这显然是不谅解的表现。我应当说，除了这件无聊而又不礼貌的意外事件以外，我们的盟国丝毫没打算干预首都的事务。我在 8 月 21 日任命柯尼格将军担任卫戍司令，塞纳省省长、警察总监都不应越权干预他执行任务。没有任何美国部队在巴黎驻扎，昨天从意大利广场和里昂车站附近路过的部队马上就撤走了。除了记者和摄影师在场外，盟国方面没有参加这次举行的检阅仪式，只有法兰西的男男女女。

但是，无数的法国人即将涌现在阅兵典礼的现场。让·吉纳贝尔、皮埃尔·克来奈斯和他们的工作队努力修复了广播电台，从前一天晚上就开始播音，发表检阅仪式的消息。上午，人们告诉我，在地铁和公共汽车尚未恢复运行也还没有汽车的巴黎市区和城郊，有无数的人徒步进城。下午 3 时我到了凯旋门。政府人员巴罗迪同勒·特劳盖，皮杜尔和全国抵抗委员会成员，陶来特和巴黎解放委员会成员，将级军官朱安、柯尼格、勒克莱尔、达让吕、瓦林、布洛希·达索尔，省长福洛莱和路易兹，军事委员沙邦-戴尔马，以及内地军的许多军官和战士，都站在英雄纪念碑前。我向乍得团致敬，他们在凯旋门前排成战斗队形，当我在广场上从官兵们面前经过的时候，他们都站在车上向我注目，好像是一个梦正在变成事实。我重新点燃碑前的火炬。自 1940 年 6 月 14 日侵略者占领这里以后，谁也没有这样做过。随后，我离开了凯旋门和平台。参加的人让开了一条路，香榭丽舍大街呈现在我的眼前了！

啊！简直是人的海洋！也许有 200 万人。屋顶上黑压压的一片人。窗口密密麻麻挤满人，人群中间夹杂着许多旗帜。甚至梯子和柱子上边也挤满了人。凡是能看到的地方，都是阳光灿烂、国旗飘扬下的人群巨浪。

我下车步行。这不仅是一个武器闪烁、军乐嘹亮的阅兵节日。今天，一个曾经沦为亡国奴、受尽压迫和摧残的民族，在欢欣鼓舞的景象和自由的气氛中重见天日。由于每个参加者都选择了戴高乐作为自己灾难中的救星和希望的象征，就让他们看见他在他们面前和蔼可亲的面容，并使全国的统一发出光辉吧！的确，参谋们会怀疑，如果敌人的装甲车闯进来，或者一群敌机飞过来投掷炸弹或向地面扫射，岂不会使群众受到大量杀伤和突然陷于恐怖状态吗？但是这天下午，我完全相信法兰西的命运。维持秩序的人的确害怕控制不住群众的拥挤。相反的，我却认为群众自己会遵守秩序。诚然，除了那些应该跟在我后面的人以外，还有一些多余的跑龙套的人，但是人们所注意的并不是他们。就是我自己，也确实不具备能讨好群众的仪表、服饰、风度和举止。但我确实知道，群众所期望的并不是这些。

我在群众无与伦比的欢腾中，在暴风雨般高呼我的名字的时候，激动而又镇静地走着，尽力使我的视线看到这个海潮中的每一个浪头，以便所有人的形象都能进入我的眼帘。我的双臂时起时落，答谢群众的欢呼。这个时候发生的事件，是多少世纪来经常照耀着我们法兰西历史的一种民族觉醒的奇迹和法兰西的伟大业绩。在这只有一种思想、一种心情、一种呼声的整体中，分歧消失了，个人也不存在了。我先后在凯旋门广场、在圆点广场、在协和广场、在市府大厦前、在圣母院大教堂的门前，接触了无数的法国人。要知道，你们是多么相似呀！你们，面黄肌瘦的儿童们手舞足蹈向我大声欢呼！你们，经受无数苦难的妇女们笑逐颜开，向我高呼万岁！你们，自尊心长期被压抑的男人们，向我欢呼致谢！你们，流着眼泪的老年人向我致敬！啊！你们是多么相像啊！至于我，在这种激动欢腾之中，深深感到应该完成一个远远超过自己能力的任务，充当决定国家命运的舵手。

但是，即使走的是胜利的坦途，也不可能是单纯的喜悦。在我充满快乐的心里也夹杂着许多忧愁。我很清楚，整个法兰西所想的不只是解放。昨天出现在雷恩和马赛而今天涌到巴黎的要求复兴的热潮，明天就会出现在里昂、鲁昂、里尔、第戎、斯特拉斯堡、波尔多。只要看一看，听一听，就会完全明白国家要求重新站立起来。但是战争还在进行，还需要赢得战争的胜利。为了达到这个目的，究竟还要付出多大代价呢？我们过去遭受灾难，今后还要遭受多少灾难呢？我们还要牺牲多少士兵呢？法国的战俘还要在精神上和肉体上受多少折磨呢？我们那些斗争性最强、受苦最深、比我们任何人功绩都大的被敌人流放的志士，又能回来多少呢？最后，我国人民将处在什么情况下，将处在什么样的世界中呢？

在我周围确实出现了团结一致的特殊证据。因此人们可以相信民族将会克服自己的分裂，直到消除争端；相信法国人可以互相了解，要团结一致恢复他们的国势；他们选择了自己的目标，找到了自己的领袖，会为自己建立制度，使自己有所遵循。但我也不能忽视共产党人的打算，也不能忽视许多重要人物对我心怀怨恨，他们由于犯了错误而不能原谅我，也不能忽视制造骚乱的毛病又发作于各个党派。我在队伍前头走着，感到热诚的拥护中也夹杂着种种野心。在人民信赖的浪潮下，政治暗礁也暴露出来了。

我在世界最著名的中心每迈进一步，就感觉到往日的光荣同今天的光荣已经融合在一起。在凯旋门下，为了向我们致敬，火焰愉快地升起来了。25 年前凯旋的军队走过的这条大街光辉灿烂地展现在我们面前。我经过克里蒙梭塑像时向他敬了礼，他似乎要从台座上飞到我们面前来。艾格隆囚犯所想念的香榭丽舍的大栗树，在这些年里亲眼看见法兰西的美丽与荣誉成长起来的大栗树，为千万个观众做了观礼台。杜勒里①代表了两个皇帝、两个王朝的国家尊严；协和广场和加鲁塞尔广场目睹过大革命激情的奔流，并检阅过胜利的军队；许许多多街道和桥梁以胜利的战斗命名；在塞纳河的对岸，荣军院的圆屋顶还闪烁着“太阳王”② 的光辉；杜伦奴③、拿破仑、福煦的墓碑；多少知识渊博之士所尊崇的法兰西学士院；所有这一切，都是从它面前经过的人流的亲切见证人。看，这边是罗浮宫博物馆，历代国王曾在这里孜孜不倦地建设法兰西；贞德和亨利四世的塑像站在台座上；圣路易宫，昨天刚刚度过圣路易的节日；巴黎的祷告者圣母院大教堂，还有巴黎的摇篮西藏岛，这一切都参与了这个盛典。每块砖石和这些地方所集中的史迹，仿佛都在向我们微笑。

但是，历史也教训了我们。这个“西藏”曾经是被恺撒军团征服的路黛斯④，以后成为由于圣日奈维耶弗教堂的祷告而从阿提

---

① 包括杜勒里宫和杜勒里花园。法国大革命后，政权设于此。帝国失败后，改为元首的官邸。

② 荣军院修建于路易十四时代。“太阳王”似指路易十四时代的昌盛。

③ 18 世纪法国元帅。

④ 巴黎旧称。现成为巴黎一市区，位于西藏岛上。

拉[①]的烧杀掠夺中拯救出来的巴黎。圣路易[②]随着宗教战争的失败而死在非洲的沙漠中。在圣赫诺来门，贞德[③]曾被她刚归还给法国的城市赶出去。紧靠着这里就是亨利四世由于狂热教徒的仇恨而遇难的地方。“街垒之战”[④]、圣巴特勒米大屠杀[⑤]、投石党运动[⑥]的谋刺、8 月 10 日的狂流[⑦]，都使罗浮宫的围墙洒满了鲜血。在协和广场上，法国国王与王后人头落地[⑧]。杜勒里宫看到过旧君主制度的覆灭，查理十世和路易·菲利普被流放就是从这里动身的，王后由于悲观失望而最后像旧市府一样变成了灰烬。波旁宫曾经是多么可怕的暴乱一再演出的舞台！香榭丽舍在仅仅两代的时间内就遭受过四次侵略者的践踏，他们在可憎的军乐声中进行过分列式。今天下午，如果说巴黎由于法国以往的伟大事迹而放出光芒，那么，也应从悲痛的日子里吸取教训。

---

① 是公元 445—453 年的匈奴王，曾远征欧洲，火烧高卢城，当时路黛斯（巴黎）险遭难。

② 指路易九世，他曾发起针对埃及苏丹的战争，在乘船前往突尼斯途中，因染黑死病而死。

③ 15 世纪法国抗英女英雄，她以不多的军队解奥尔良之围，并大败英国人于巴塔伊。由于部下的背叛，在圣赫诺来门受伤，于贡比涅落入卢森堡大公之手。后转卖给英国人，在教会法庭受审，被宣布为异教徒而在卢昂被烧死。

④ 指历史上巴黎街头的几次血战。一次发生在 1588 年 5 月 12 日，当时神圣同盟党为反对亨利第三举行示威游行，引起冲突。第二次是 1648 年 8 月 27 日投石党发动的战斗。1870—1871 年，巴黎公社也曾利用街垒和敌人作战。

⑤ 1572 年查理九世在位时，8 月 23 日夜间圣巴特勒米发生大屠杀事件。新教徒被杀者无数。

⑥ 由法国儿童游戏“投石”（fronde）一字而得名。这个运动是因路易十四时的首相马萨林的财政政策而引起的。共发生两次战争：第一次在 1648—1649 年，称老投石战争；第二次在 1649—1653 年，称新投石战争。

⑦ 指 1792 年 8 月 10 日巴黎人因愤恨路易十六勾结普奥攻入王宫，囚禁了路易十六和皇后。立法议会也因而解散。在进行议会选举改建共和政体以前，有一个多月时间法国曾陷于无政府状态。

⑧ 路易十六和王后玛丽-安东纳特因勾结普奥，背叛祖国，在协和广场被处死刑。

《圣母赞歌》[1] 唱起来了。能有比现在唱得更热情的时候么？但是，枪声也一直没停。几个家伙站在教堂上层座位上打排枪。没有一颗子弹从我耳边飞过，但是向穹窿射击的子弹打碎了东西，碎片落下来，有几个人被砸中了。警察总监派了警察到教堂的最高处，在那里发现了几个拿枪的人，这些人说是向隐蔽的敌人射击。虽然神职人员、司仪人员和群众都坚持下去，表现良好，但我仍提前结束了这个仪式。这时教堂附近的枪声停止了。但在出口处有人告诉我，在凯旋门广场、圆点广场和市政府大厦等相当远的地方，那时也发生了同样的事情。有些人受了伤，几乎全是由于拥挤造成的。

究竟是什么人首先开枪呢？经过调查以后，仍不能确定。德国兵或维希的国民军在房顶上射击这个假定看来并不可能。尽管进行了搜索，但一个人也没有捕获。再说，当我本人毫无戒备地走过时，敌人偏要把烟囱当作射击目标，而不是向我瞄准，这是难以想象的。如果人们愿意的话，也可以认为在巴黎的许多地方同时发射排枪是完全出于偶然。但据我看来，这是一种政治阴谋，有人想利用群众的忧虑来保持一个革命政权和一种特殊的势力。在约定的时间内向空中放枪，也许没有料到会引起发生枪击的后果，这样做的企图是制造一种印象：也许恐怖势力尚在暗中活动，因此抵抗运动的组织必须保持武装和警戒，“科马克”、巴黎解放委员会、市区委员会应该各自进行一切公安、司法和清洗工作，以使人民不受可怕阴谋的危害。

当然，我决心要把社会秩序安定下来。但敌人使我们再次认识到，战争是不承认其他法律的。夜里敌机还来轰炸首都，炸毁了500多所房屋，焚毁了酒市，死伤约1 000人。尽管8月27日是星期日，对居民来说是相对安定的一天，尽管我有工夫到数千名内地

---

① 表示感恩的诗篇。

军的人群中去参加他们的随营司铎布鲁克贝尔日神父主持的宗教仪式，尽管我有时间乘车游遍全市，观看人们的面容和事物的景象而没有被人认出来，可是第 2 装甲师仍然从早到晚一直坚持艰苦的战斗。迪奥的部队占领了布尔日的机场，朗高德的部队攻克了斯台斯、皮尔非特和蒙特马尼，他们都付出了重大的代价。

像探照灯的光芒突然照亮一座纪念碑一样，法国人自己设法使巴黎解放和民众对戴高乐的信赖驱散了笼罩着国家的阴影。不管是自然的后果，还是偶然的巧合，总之发生了一种震动，这种震动使我们扫除了前进道路上的种种障碍。8 月 28 日白天，我接到了一批令人兴奋的消息。

我首先听说我军在北郊占领戈内斯之后，德国人正在全线撤退，这说明巴黎的战事已经结束。另一方面，朱安给我送来了第 1 军的报告，证实 22 日在土伦、23 日在马赛敌军都投降了，同时我军在罗纳河两岸向里昂迅速进展，美军沿游击队打开的拿破仑公路抵达格累诺布尔。此外，还有我们在罗亚尔河南部一些主要委员的报告：伯诺维耳报告中央高地的情况，普菲斯特将军报告西南的情况，指出德国人已在狼狈溃退，有的企图到勃艮第去以免被包围，有的龟缩在大西洋岸设防的袋形地带，随时都在同攻打他们的纵队和袭击他们军营的法国内地军交战。东南方面的委员布尔热·毛诺里说，游击队已完全掌握了阿尔卑斯省、安省、德伦省、阿德什省、空塔耳省、布伊·德·多姆省，这能加速派奇将军和塔西尼将军的前进。最后在东部和北部，我军也日益活跃，同时在阿登省、艾诺省、勃拉邦特省以及比利时，抵抗组织也进行着激烈的游击战。可以预见，敌人在塞纳河被击退以后，将在罗纳河沿岸受到追击，在我国各地受到袭击，他们只有在靠近德国边境的地方才能再站住脚。因此，我们的国家尽管满目疮痍，但是在最短的时间内就会出现全国复兴的新局面！

要使国家复兴，就得治理它，这就要排除一切与我平行的权力。要趁热打铁，及早下手。8月28日上午，我召集了巴黎游击队的20个主要首领，想和他们认识一下，祝贺他们，并把内地军编入正规部队的决定通知他们。接着各位秘书长都进来了，很明显，他们只等待我和我的部长们的指示。以后我接见了全国抵抗委员会的委员们。在我面前的同伴们的思想中，同时存在着两种倾向，我是以两种不同的方式加以对待的。他们为自己所做的事情感到骄傲，这一点我毫无保留地赞许。至于某些人在思想深处对国家领导的想法，我是不能接受的。虽然8月26日群众的示威公开显示了戴高乐将军的优先地位，但仍有人坚持打算在他以外成立一个自主政权，把抵抗委员会定为常设机构来监督政府，把抵抗运动的武装部队交给"科马克"，从这些部队中抽调所谓"爱国的"民兵去为某种意义的"人民"进行活动。此外，全国抵抗委员会通过了一个"全国抵抗委员会纲领"，其中列举了应在各个方面实行的措施，准备不断地向行政当局提出来。

一方面，我对同我说话的人们在战斗中所起的作用给予高度评价，但同时，我毫不含糊地让他们清楚我打算怎样对待他们。巴黎从敌人手中解放出来以后，全国抵抗委员会就列入解放事业的光荣史册，而再也没有理由作为一个行政机构继续存在了，政府将负起全部责任。当然，我将要请委员会的某些委员参加政府。但是这些人必须放弃一切不合乎内阁要求的联系。另一方面，我打算把全国抵抗委员会合并到将从阿尔及尔迁来并将予以扩大的咨政议会。至于内地军，则将成为法国陆军的一部分。随着他们陆续公开身份，国防部就直接负责掌握他们的人事和武器。"科马克"应当取消。至于公安问题，则由警察厅和宪兵队负责，必要时还有卫戍军队来协助。国民兵再没有必要了，现存的国民兵都要解散。我对我的客人们宣读了我方才签署的一道命令，命令整编抵抗运动的军队，并责令卫戍司令柯尼格将军立即在巴黎采取一切必要的措施。

我在听取了各委员的忍让的或激昂的意见之后，就结束了这次接见。我的结论是：必然会有些人企图以浑水摸鱼和故意歪曲的方式来把持大量的武装部队，因此有些手续需要办理，摩擦避免不了，也要维持秩序，但是，政府的权威终将树立起来。我认为在这一方面道路很快就可以通行无阻。

从此，与美国人联系的道路畅通了。艾森豪威尔将军来拜访我。我们相互祝贺，庆祝巴黎战役的胜利结束。我毫不掩饰当我进入自己的首都并受到热烈欢迎的时候，对格鲁的态度不满。我通知总司令，为了居民的情绪和治安的缘故，我要把第 2 装甲师多留几天由我直接指挥。艾森豪威尔告诉我，他打算在凡尔赛建立总部。我表示同意，我认为他不驻在巴黎是合适的，而驻在附近却是有用的。在他临别时，我向这位善良而伟大的盟军司令表示了法国政府对他的尊敬、信赖和感激。不久，美国未同任何人商议就发表了一份公告，说司令部将根据协定将它在法国所掌握的权力移交给法国政府。很明显，从盟军方面讲，什么也没有移交，因为，它不能移交从未掌握而又从未执行过的权力。但是，总统为了保持自尊心，当然是有自己的需要的，加上美国开始大选，在今后 6 个星期内富兰克林·罗斯福将要参加竞选，因此更有这种需要了。

傍晚，我得悉贝当元帅这位“国家元首”的最后一个文件。朱安交给我一份通知，这是维希政权前部长奥芬海军上将托他转交的。这是海军上将给我写的一封信，并附有一份备忘录，他告诉我元帅给他的任务，并说元帅曾把这个任务写成两个秘密文件。第一件是 1943 年 9 月 27 日的所谓“宪法”的“决议”，责令一个由 7 人组成的委员会，在贝当不能视事时保证执行“国家元首”的职责。第二件是 1944 年 8 月 11 日给奥芬的一张委任状，“在必要时应替他与戴高乐将军取得联系，以便在本国解放时为法国政治问题寻求一个避免内战并使所有善良的法国人都能重新和好”的办法。元帅说，在奥芬无法向他报告的情况下，“他相信奥芬会最好地为祖国的利益而努力”。接着他又补充说：“但必须坚持我所表达的合法原则。”

海军上将写到，8 月 20 日，他获悉元帅被德军带走以后，曾想召开“会议”。但是两位指定的成员魏刚和包蒂埃，都被囚禁在德国；另一个是法国大使雷翁·诺尔，他 4 年来参加了抵抗运动，并正式拒绝参加这种阴谋；此外两个是行政法院副院长波尔希和巴黎大学校长基德尔，他们也都没有应召到会。“结果只剩下我自己和高等法院总检察长卡乌斯，我认为这个‘会议’已经流产，今后我就是元帅的主要合法权利的代表。”他请求我接见他。

这种行径并不使我惊异。我知道元帅从 8 月初就预料会被带往德国，他曾派人同抵抗运动的领袖们联系。驻克勒蒙腓隆的共和国委员亨利·英格朗德 8 月 14 日曾向我报告过，元帅派奥利欧上尉去访问过他。奥利欧说元帅建议把自己置于法国内地军的保护下，并同时指出要退职。英格朗德回答说，如果元帅向他投降，法国内地军将保证他的安全。但是贝当以后没有这样做，毫无疑问，这是在他被带到贝尔福和西格与林根以前受到德国人监视的缘故。现在他的代表正式向我请求进行协商。

这是什么下场！这是不打自招的供状！随着维希政权的垮台，菲利普·贝当也投靠戴高乐了。这就是那些借口“保全家当”而甘受奴役的一系列丧权辱国的罪恶行为的后果。一个光荣的军事领袖在晚年竟采取了这种政策，是多么不可思议的不幸啊！当我读他转来的文件时，我为自己过去的正确估计而自豪，同时感到一种不可言状的悲痛。元帅阁下！你过去为我们的军队博得了那么辉煌的荣誉，你以前是我的长官，我的模范，现在人们把你送到哪里去了呢？

但是，对于这个通知，我将怎样处理呢？在这件事情上，考虑到国家，不能感情用事。元帅提到了内战。如果他指的是两部分法国人民的激烈冲突，这种假设是没有根据的。因为在过去拥护他的人当中，没有任何人、没有任何地方起来反对我的政权。在光复地区，没有一个省份、一个市镇、一个村庄、一个官吏、一个兵士甚至没有一个单独的人，为了忠于贝当而表示要攻击戴高乐。关于抵抗运动的某些部分，对勾结敌人折磨他们的人可能进行的报复行为，国家的权力要负责制止，同时要保证按法律办事。关于这个问题，任何安排都是无法想象的。

总之，贝当提出同我协商的条件正是使协商成为不可能的原因。共和国政府绝对否认他所标榜的"合法"，这不仅是因为他应当承担国会放弃自己权力的责任，而且因为他让法国遭受奴役，与侵略者正式实行合作；因为他下令攻击解放法国的法国兵士和盟军，而且他从来也不允许向德国人开火。此外，贝当无论在他给奥芬的任务中，还是在他刚向法国人民发出的告别书中，连一句谴责"投降"的话也没有，连一声"打击敌人"的口号也没喊。此外，一个合法的法国政府绝对不可能放弃独立。我们法兰西人在过去遭受灾难的日子里，丢失过一些省份，偿付过赔款，但从来没有受过外人的统治。即使布尔日王、1814 年和 1815 年的复辟政府、1871 年的凡尔赛政府和议会，都没有隶属过外国。如果法兰西承认一个戴着枷锁的政府，那就是断送了自己的前途。

从历史深处发出的呼声和国家的本能，促使我考虑到无人继承的情况，并肩负起法兰西主权的重任。是我掌握着合法的地位，我是根据这一地位得以号召全民投入战斗，走向统一、安定、秩序，执行法律和行使司法权的，并对外要求尊重法国的权利。在这方面，我丝毫不能放弃或作任何迁就。尽管我并不否认贝当写这封信的最后意图，尽管我不怀疑它对未来的民族情绪有其重要性，但就最后贝当倒向戴高乐这一事实来说，我只能以沉默来回答他。

此外，在如此动乱之后的一夜，我周围的一切都沉寂下来。我应该总结一下已经完成的工作，考虑以后的事情。今天统一成功了。这个统一始于布拉柴维尔，成长于阿尔及尔，而完成于巴黎。这个曾经饱受灾难、悲痛和分裂的法兰西，现在又能不间断地把目前的这出戏唱到底，胜利地收复全国的领土，恢复它的地位和尊严。可以相信，目前重新团结起来的法国人，要在相当长的时间内保持这种团结，使他们各自所属的、经常妨碍民族团结的派别不能再占上风，不能达到它们眼前的目的。

我衡量了自己的任务以后，也对自己进行了评定。我的任务是使全国各个不同的成分服从于共同的利益，把国家引向得救的道路。尽管我可能遭到失败，我还是有责任在危机四伏的时期内担任这个角色；以后，如果国家同意的话，我将一直担任这个职务，直到我们国家建立了一种同我国地位相称、适合时代要求并吸取了严酷教训的体制，这种体制将从我手中接受领导国家的责任。

我很清楚，在我前进的道路上，随着国家危机的逐渐远去，我将会遇到各种集团、派别以及论坛所显露出的敌意。任何保守或骚乱，任何颓废或野心，任何放任或关注，开始都是秘密地，而后才公开地大声疾呼来反对我的事业，反对我团结法国人民建立一个正义和富强的国家的事业。从人与人的关系上来讲，我的命运就是孤独。但是，为了肩负起这个重担，人民的支持将是最有力的杠杆！群众的这种信赖和这种朴实的友谊给予我的保证，就是使我坚定起来的力量。

召唤渐渐被人们听到了。经过长期艰苦的奋斗，统一终于实现了。现在，人民和领导人互相帮助，开始走向得救的道路。

纪念世界反法西斯战争胜利70周年

战争回忆录

（全三卷）

Mémoires de Guerre

Tome 3 Le Salut (1944-1946)

[法]夏尔·戴高乐（Charles de Gaulle）/著

陈焕章/译

III

拯救

1944—1946

中国人民大学出版社

·北京·

译者前言

戴高乐的《战争回忆录》，是从他本人和法国的角度，对第二次世界大战的回忆。全书共分三卷：

第一卷名《召唤》，叙述的时间从 1940 年起，到 1942 年年中为止。

第二卷名《统一》，从 1942 年年中起，到 1944 年为止。

第三卷名《拯救》，从 1944 年 8 月起，到 1946 年 1 月止。

书中的描述，对于研究第二次世界大战前后欧洲形势，特别是法国情况，有不少参考价值。

在第一卷中，戴高乐叙述了法国统治集团投降前后的一些情况和“自由法国”建立的经过。还以很多篇幅叙述了法国与英美的关系，特别是与英国的关系。

在《战争回忆录》中，戴高乐将军代表了虽然有过战败和投降历史，却仍不失其价值的一个真正的法国。该书以第一人称记述，以他本人的观点详细记录了第二次世界大战的进程，将重点放在法兰西拒绝与敌人合作等主题上。

值得提及的是，戴高乐在本书中表达了他个人对共产主义、共产党、殖民地等问题的看法，相信读者会理解他的思考方式，正确把握上述问题。

本书译文承蒙尤繦同志做了必要的校订，谨表谢忱。

受过历史摧残的古老法兰西，
受过战争和革命创伤的古老法兰西，
虽然在荣耀和衰亡之间往返不定，
却总能以青春的活力获得复兴！
饱经忧患、与世隔绝的老人，
虽然感到漫长的寒夜即将来临，
却仍在黑暗中永不厌倦地瞩望着永生之光！

目　录

CONTENTS

第一章 解放

解放的步伐极其迅速。盟军和法军在阿弗郎什打开缺口并在我国南方登陆以后，只用了六个星期的时间就到达安特卫普，进驻洛林，深入孚日山区。1944年9月底，除阿尔萨斯及其前沿阵地、阿尔卑斯各山口和大西洋沿岸的据点以外，我国全部领土上的敌人均已肃清。

解放的步伐极其迅速。盟军和法军在阿弗郎什打开缺口并在我国南方登陆以后，只用了六个星期的时间就到达安特卫普，进驻洛林，深入孚日山区。1944 年 9 月底，除阿尔萨斯及其前沿阵地、阿尔卑斯各山口和大西洋沿岸的据点以外，我国全部领土上的敌人均已肃清。由于盟军机械化部队的打击和法国抵抗运动的到处袭击，德军迅速被驱逐出去，其速度比不久前它们占领我国领土时还要快。敌人只能在没有民众起义来扰乱其后方的德国边境才停止溃退。但是，潮水退下去以后，法国大地上的混乱便突然完全显露出来。

因此，政府在治理这样一个刚脱离痛苦深渊的国家的过程中所遇到的无数紧急问题，不仅压力很大，而且发生在最不容易解决的时刻。

首先，为了正常行使中央政权，政府必须能够了解情况，下达各项命令并监督其执行。但是，在若干星期以内，首都和各省之间还不能有正常的联系。无数的电报和电话线路被切断了，无线电台被破坏了。在弹坑累累的飞机场上法国的联络机无法起落。铁路几乎全部不能使用。我国的 12 000 台机车只剩下 2 800 台。从巴黎开出的火车，没有一列能到达里昂、马赛、图卢兹、波尔多、南特、里尔、南锡；没有一列能跨过内韦尔至大西洋的卢瓦尔河，跨过芒特至英吉利海峡的塞纳河，或者跨过里昂至地中海的罗纳河。公路桥梁有 3 000 多座被炸毁；过去我们有 300 万辆汽车，而现在只有 30 万辆勉强能使用；而且，由于汽油奇缺，乘坐汽车简直成了最不可靠的事。至少还要等两个月才能正常地传递命令和报告。由于没有正常的传递系统，政府只能断断续续地行使职权。

其次，交通的中断还打乱了供应计划，而粮食、原料、燃料和工业品的贮存又都完全耗尽。不错，阿尔及尔和华盛顿之间签订的“六月计划”规定要输入第一批美国物资。但是，我国的港口都不能使用，又如何实现这项计划呢？一方面，敦刻尔克、布雷斯特、洛里昂、圣纳泽尔、拉罗歇尔以及波尔多的海口仍然掌握在敌人手中；另一方面，由于英美空军的轰炸和德国占领军在缴械以前的彻底破坏，加来、布洛涅、迪埃普、鲁昂、勒阿弗尔、瑟堡、南特、马赛和土伦现在都只剩下坍塌的码头、破烂的船坞、闭死的水闸、被漂浮物堵塞的航道。

是的，盟国正积极供给我国在鲁昂—里尔—布鲁塞尔和马赛—里昂—南锡两条战略轴线上修复公路和铁路所需的工具；着手帮助我国在北部、东部和巴黎附近修复飞机场；从科唐坦到洛林的输油管很快就要敷设；他们在建成阿罗芒舍和海滨圣劳朗人造港以后，正加速占领布雷斯特，排除使用瑟堡、勒阿弗尔和马赛港的障碍，以便在我国沿海卸下足够数量的物资。但是，运行的火车和卡车、着陆的飞机和停泊的船只，主要都是供作战部队用的。甚至根据盟军司令部的紧急要求，我们还要提供煤场中的一部分存煤，答应它运用我们能够开工的某些工厂，并且把我们仅有的劳动力的一个重要部分供给他们。因此可以想象，全国的解放并不会首先给我们这个支离破碎、被洗劫一空的国家带来任何物质上的方便。

但是，解放至少使全国的精神为之一振。这件渴望已久的事情现在突然从天而降了！四年来，群众在敌人占领的压迫下，一直保持的沉默心理骤然消失了！现在是什么景象呢？人们可以彻夜高谈，自由来往，随便行动！每个人不仅欣喜若狂，而且看到自己面前展现出原来连想都不敢想的美景。但是，法国人民却像重病刚好就认为健康已经完全恢复的人一样，一味纵情欢乐，似乎一切困难都已经过去了。这是一种只图目前安逸的精神状态。另一方面，还有很多人开始产生种种幻想，以致很快就出现许多误解。

正因为如此，很多法国人把解放和战争结束混淆起来。他们把在敌人被打垮以前应该进行的战斗、承担的损失、忍受的限制都看作是没有多大意义的事情。由于未能正确估计我国遭受破坏的程度，我国极端贫困的处境，以及我国所承担的继续作战的繁重工作，他们认为，不要很久我国的生产就会大量恢复，供应就会改善，新的舒适生活的各种条件也会随之而来。人们把盟国看作埃比纳尔[①]画像的样品，认为它有无穷无尽的资源，准备供给法国；人们还认为，盟国由于热爱法国才来解放它，并且希望它重新站在强国的行列。至于对戴高乐，大家多少把他看成一个神话人物，认为戴高乐将军是神奇解放的化身，他一个人可以创造出人们所希望的种种奇迹。

至于我个人，在风云变幻的夏末来到了悲惨的巴黎，我丝毫没有自己欺骗自己。我看到人们像度荒年一样，衣衫褴褛，凉锅冷灶，没有灯火；我曾在橱窗空空的商店、停工的工厂、死气沉沉的车站前面走过；我听到群众发的牢骚和团体提出的要求，以及造谣惑众分子的兴风作浪；我清楚地看到，尽管各国人民都同情我们，但是各国都奉行一条铁的纪律：绝不白白地赠送东西。所以，我们只有付出代价才能恢复自己的地位；我估计了为争取我们那一份胜

① 埃比纳尔（Epinal），法国东部城市，以画像著称。

利和完成初步恢复工作所应付出的代价。考虑到这一切以后，我绝不可能抱有任何幻想，我个人更没有任何法术使全国不受痛苦就达到目的。但是，我一定要利用法国人民对我的信任来拯救法国。第一步应该做的是：建立政权，把各个地区和各个阶层的人都团结在我的周围，把来自法兰西帝国各地的军队和内地军组成一支统一的军队，使全国重新开始生活和劳动，以免陷入可能引起的其他不幸的动荡之中。

必须自上而下地使政府全面着手工作。阿尔及尔的委员们，无论从自由法国时期就追随我的，或者以后在北非和我合作的，大部分仍将在巴黎担任部长。但是，各方面的情况提醒我，应该把留在内地的、献身于抵抗运动的其他人士吸收到政府里来。不过政府还不能立即进行改组，因为在职的部长们只能从阿尔及尔陆续回来。在他们中间，迪特尔姆、雅基诺、达斯迪埃、菲利普四个人正在视察第1军所属部队和南方各省。马西格里在巴黎解放时又返回伦敦，以便顺利地保持我国同外国的关系。普利文已经来到我身边。其他的人都要迟些时候才能动身。至于我从本土遴选的人，有几个刚刚离开地下活动，还不能马上来到巴黎。因此，到9月9日，也就是在我到圣多米尼克路以后过了两个星期，政府才重新组织起来。

新政府中设两个国务部长，由詹伦内议长和贾德鲁将军分别担任。前者是从敌人刚刚撤离的格勒诺布尔邀来的，他的任务是草拟共和国政权逐步恢复正常状态所应采取的措施；后者将仍然同时负责穆斯林和阿尔及利亚总督府的事务。弗朗索瓦·德·芒东继续任司法部长，安德烈·迪特尔姆任陆军部长，路易·雅基诺任海军部长，勒内·普利文任海外领地部长，勒内·梅耶任运输与公共工程部长，勒内·加比唐任国民教育部长，保罗·吉亚科比任粮食部长，亨利·弗雷内任俘虏、迫迁人员与难民事务部长。另一方面，国民经济部由孟戴斯-弗朗斯负责，内政部由阿德里安·蒂克西尔负责，公共卫生部由弗朗索瓦·皮佑负责。有八个部由新近从斗争中涌现出来的人负责：外交部长乔治·皮杜尔，财政部长安德烈·雷贝尔克，空军部长夏尔·狄戎，工业生产部长罗伯特·拉戈斯特，农业部长弗朗索瓦·唐吉-普利让，劳工部长亚历山大·巴罗迪，邮电部长奥古斯丁·劳伦，情报部长皮埃尔-亨利·戴让。

另一方面，有八名阿尔及尔的民族解放委员会委员不再参加内阁：亨利·葛义是自动请求辞职的；勒内·马西格里将代替7月间因劳瘁逝世的维埃诺担任我国驻伦敦代表；亨利·庞奈将主持我国驻华盛顿大使馆的馆务（美国终于承认该机构为使馆）；安德烈·勒·特劳盖已就任巴黎市议会主席；厄曼努尔·达斯迪埃——我原来希望能让他摆脱政治活动——拒绝了我交给他担任的外交职务；安德烈·菲利普性情暴躁，不适宜担任行政工作，所以免除了他的部长职务；费尔南·格列尼埃同样失去了部长职位，因为在维科尔战役时，他的党玩弄阴谋，使他在阿尔及尔公开采取与政府对立的态度（虽然他以后对此有所悔悟）；让·莫内任驻美经济谈判代表，自然不能在国民经济部成立之后再兼任国民经济部长。

我周围的21位部长起初感到工作漫无边际，无从着手。因此，确定一个目标是非常必要的。1940年6月以来，我领导法国的目的是求解放，解放的手段是抗战。现在已进入了一个新的阶段，它要求全国上下一致，共同努力。

9月12日，在沙约宫召开了一次大会，参加大会的有全国抵抗委员会、各运动组织和通讯组织的领导委员会、市议会、国家团体、主要官员以及巴黎大学、经济界、工会、新闻界和律师公会的代表等，共计8 000多人。这次大会给了我发表施政方针的机会。我在人们都沉醉于幻想的时刻，更觉得自己应该说明事实真相。

我在追述全国掀起来的“欢乐、骄傲和希望的浪潮”并向抵抗运动、盟国和法国军队致敬以后，便着重说明应当克服的困难以及必须进行的努力。不容许有任何贪图安逸、散漫松懈的情况存在！不容许有脱离政府、妄图干涉司法和行政的任何组织存在！我提出了不容易解决的“民兵”问题。我大声疾呼：“我们还在作战！”“在目前和以后的战役中，我们一定要尽可能参加。将来在占领德国的问题上也是如此。……为此，我国需要建立智勇兼备、战无不胜的大部队，参加内地军的热血青年将要并入这支军队……所有法国士兵都是法国军队整体中的一部分，军队应该像法兰西一样，永远是团结一致和不可分割的。”

在提到我国对外关系问题时，我也没有忘记强调困难，而不管那些只会幻想不够清醒的人会受到什么打击。我说：“我们愿意相信，法国参加结束大战和处理战后问题的权利终将得到承认，法国在对外事务中遭到的那种公然被排斥，也将以恢复我国几世纪以来和其他大国一向保持着的正常来往而告结束……我们相信，在安排德国命运的时候，如果没有法国参加，那就不能就任何条款和规定进行讨论或通过，这关系着人类的最高利益……我们认为，在决定任何有关欧洲的问题时，如果没有法国参加，那都是一种严重的错误……我们认为，对于战后与全世界人民息息相关的政治、经济和思想方面的问题，如果没有法国参加就作出决定，那都是冒险行为，因为无论怎么说，还有一亿人口生活在我们的旗帜下……人类的任何重大事业，如果没有得到法国的同意，都将是非法的，因而也是不稳固的。”

绝不是只恢复自己的地位就算万事大吉，还必须能够保持住这种地位。这件事情，特别是这件事情，绝不会没有困难、不费力气就能实现。在描述我国所遭受的破坏和说明阻碍我国复兴的条件的同时，我宣布：“我们正处在一个十分艰苦的时期，解放绝不容许我们有任何享受；相反，它意味着我们要继续克己奉公，并且要求我们付出艰巨的劳动，进行大量的组织工作，还要服从严格的纪律。”我补充说：“为此政府必须作出必要的规定。”接着，我明确了政府所规定的目标，我说：“设法使法国工人的生活水平随着生产水平的上升而提高；通过征用或保管的方式把某些公共服务机构和企业的活动直接交给国家管理，没收投敌分子所拥有的罪恶财产；在生产和运输还不能满足消费需要的时候，规定物价和监督交换……”

毫无疑问，这是一些因时制宜的措施，然而它也符合抵抗运动在抗战时期梦寐以求的改革原则：“要求个人利益服从整体利益，国家巨大资源的经营和管理要有利于全体；永远消灭营利联盟；总之，要使法兰西的每个儿女都能安全而有尊严地生活、劳动和教养子女。”

在结束讲话时，我向“参加抵抗运动的男女战士”发出了呼吁：“你们是佩戴着洛林十字勋章的人，你们在争取法国的荣誉和自由的战斗中是全国的先驱，你们今后的任务是把全国人民引向富强和伟大的道路。这样，并且也只有这样，法国才能获得伟大的胜利。”

我这次讲话并不是针对着未来提出一些意图，而是提出各个利益集团和各人要立即采取的若干措施。昨天，在伦敦或非洲，那还是将来要做的事情，而今天在巴黎，却是立即行动的问题了。有一种神秘的力量曾经鼓舞过自由法国的热情。阿尔及尔委员会拟出了纲领草案把这种动力变成具体的目标。可是现在，则应当制定政策以支配政府的行动了。领导人今后所无法摆脱的那些急迫而又互相矛盾的现实，是不是会让野心家和集团分裂成各行其是的派别呢？通过抵抗运动而终于实现的团结意识，在拯救民族以后是不是还能保持下来呢？沙约宫集会给我的印象，使我对这一点感到怀疑。

是的，在我走进会场就座时，在乔治·皮杜尔作了有力的致词以后我发表演说时，我的确是大家高声赞颂的对象。如果我只重视欢呼声，那我就会以为又回到了亚培尔大厅和布拉柴维尔团结一致的会场，仿佛又走进了阿尔及尔、突尼斯、阿雅克肖的那种有和我心情相同的听众的会场[①]。但是，我说不出这里的热情欢呼含有怎样一种不和谐的音调，那种掌声的配合、与会者的互递眼色和点头示意，以及随着我的发言而流露出来的表情，使我感觉到，无论新的或老的“政治家”的称赞都各有其微妙之处。在这方面，可以清楚地看出，共同行动将会由于一些保留态度和一些条件而复杂起来。

现在比任何时候都更需要依靠人民群众的支持，而不是依靠企图置身于我与人民之间的“优秀人物”。我的威望是解决危难中难免要出现的问题的资本。我应该像在巴黎一样，首先利用这种威望来建立各省的国家权力机关。

但是，很多省传来的消息都显示出普遍的混乱。毫无疑问，事先任命的共和国委员和省长都已在各地就职。他们最大的难题是使一切恢复正常。四年来人们的积愤太多了，为了不让郁结心中的这种愤怒，在敌人及其走狗树倒猢狲散的混乱中爆发出来，这种怒火迄今还在胸中燃烧。很多抵抗运动中的人要亲手进行惩办和肃奸。游击队出身的武装部队，不通过法律手续就随意制裁曾经迫害过他们的人。在不少地方，公愤发展成为粗暴的反抗。这里面当然也有趁火打劫的政治阴谋、职业竞争、私报冤仇等行为。总之，非法逮捕、任意罚款和不经审讯立即处死等情况，使由于普遍穷困而产生的混乱越来越严重了。

由于缺乏警察的协助，地方当局在控制当地局势方面遇到更多困难。这种局面，即使机动卫队和宪兵的编制是满额的，即使他们

① 这里指的是戴高乐过去受到热烈欢迎的一些地方，本书第二卷中曾经提到。

都有信心，也未必完全应付得了。何况他们不仅由于很多人当了游击队员而人数大大减少，还因为被维希政权使用过而感到心虚不安呢！只有正规军驻扎的地方，如诺曼底、普罗旺斯、巴黎和罗纳河、索恩河、杜河沿岸等地，才阻止了绝大部分令人不愉快的事件；凡是正规部队没有进入的地区，共和国委员和省长就无力维持秩序。当然，我本来可以把非洲来的军队分派到内地去帮助他们，可是那就要减少法国的作战部队，从而影响我军参加争取胜利的事业。我宁肯冒险多少发生一些骚乱，也不愿采取这种放弃职责的做法。

老实说，如果共产党不像在巴黎那样企图乘机夺取各省政权，这种危险本来是可以减少的。虽然政府明令规定每省只成立一个有各运动、各党派和工会的代表参加的解放委员会，临时协助省长工作，可是在地方上、在企业中、在公共机构和行政机关里却出现了很多委员会，企图对市长、资本家和经理施加压力并进行监督，搜查有罪和可疑的分子。狡猾而团结一致的共产党人，善于利用各种各样的招牌，依靠很多党员在斗争中博得的各阶层的同情和好感，不断挑拨和煽动有武装部队支持的这类组织。军事行动小组委员会（COMAC）在政府机构和抵抗委员会之间玩弄两面手法，继续在暗中分配任务，发号施令，授予军级。我决定立即到事态最严重的一些地方去，以便使事务朝着适当的方向发展。我一连奔走了两个月，同各省取得了联系，在这期间还抽空返回巴黎指导政府的工作。

9 月 14 日，我在机库被毁、遍地碎铁的布隆机场着陆。陪同我前往的有陆军部长安德烈·迪特尔姆。十天前，法国第 1 军和美军解放了里昂市。这个城市当时正在努力恢复中。这的确是一个困难问题。里昂索恩河和罗纳河的桥梁，除石人桥完好如初，吉约蒂埃尔桥尚能通行人以外，其余的桥全被破坏了。韦兹、布罗托、珀拉舍等车站，以及作为该市主要交通的铁路，都已不能使用。各工业区，尤其是维勒尔巴纳工业区，七零八落的工厂触目皆是。但是，尽管到处是一片废墟，居民的热情却很高。

曾在这个地区做过抵抗运动领袖、最近又因此获得声誉的共和国委员伊夫·法奇，把工作安排得很好。他做事有热情，富于想象力，能主动适应形势中的革命因素，而从未采取过过激的手段。我曾命令他不要允许其他人采取过激手段。除此以外，通过沿途各阶层对我的欢呼，通过在省政府接见由省长隆尚邦介绍给我的官员和团体，在市政府接见“临时”市长朱斯坦·戈达尔（他对我说，他“正期待爱德华·赫里欧回来”）和市议会议员、基尔利埃红衣主教以及工商界、工会、自由职业及手工业的代表，我看得出来，从总的方面说，里昂人是绝对不想扰乱国家生活的。人们赞同某些重大变革，但未提出明确要求；主张进行杀一儆百的惩处，但并无具体目标。总之，他们毕竟希望平安相处。

第二天，我检阅了内地军。在游击战中和不久前在收复里昂的战役中都表现十分突出的德斯古尔上校现在指挥这个军区。他率领意气风发的军队在我面前进行了分列式。他们的样子虽然不很协调，但尽量采取了正规部队的形式，看来令人十分感动。这支自动建立起来的军队体现了法国军队的传统。我离开里昂时确信，只要政府着手治理，一定能够克服种种困难，并且认为可以对这里的秩序抱乐观态度，因为一个领导全国的政府又出现了。

但是，马赛的气氛却十分沉重。我在迪特尔姆、雅基诺、皮佑三个部长陪同下于 15 日上午抵达那里。旧港区在 1943 年已被德国人破坏，后来盟军的轰炸和最后的战役又把该市广大城区完全毁灭了，把船坞和堤岸也完全破坏了。此外，这里的海湾净是水雷，码头倒坍，所有的起重工具都被敌人彻底破坏了。美国人希望利用这个基地，毫无疑问，社会服务机关也正在他们的帮助之下进行清理。但是，由于破坏情况十分严重，不免使人怀疑是否要等很久港口才能恢复。居民的粮食供应十分困难，正过着悲惨的生活。此外，马赛的上空还笼罩着一层由越轨行为造成的紧张气氛，也可以说是压力。是的，共产党人利用过去的地方分裂，竟在马赛建立了一个无其名而有其实的政权。施行逮捕，由于当局未予严厉制止，甚至还进行处决。

在这里，曾经在抵抗运动中竭尽全力的共和国委员雷蒙·奥勃拉克，现在却缺乏高级官员应有的心理。在他本人，该地区各省长及其同僚都聚集到省政府的时候，我以强调的口吻向他们指出，政府希望他们恪尽职守，希望他们以后必须执行法律和命令。一句话，他们应该负起行政的责任，必须排除所有无关的人。我在检阅内地军时，奖励了他们支援孟萨伯尔军队收复马赛的英勇行动。很容易看出哪些部队（占绝大多数）希望到阿尔萨斯去参加战斗，哪些暗中受人指使的小股部队愿意留在当地。我当时命令从地中海东岸地区调来指挥马赛军区的沙德伯克·德·拉法拉德将军，要尽快地满足前者的愿望，而将后者解散。同时命令陆军部长立即从阿尔及利亚调一个团到马赛来，以便推动事态的进展。

我在任何地方也没有像在这座破坏惨重、情况混乱的大城市里这样尖锐地感觉到，只有抵抗运动才能决定法兰西的新生，可是，如果分不清什么是解放和骚乱，那么，这种美好的愿望势必成为泡影。此外，马赛这个行政当局虽然原来态度暧昧，但对我个人表示的坚定态度，是十分令人满意的。必须说明，由于戴高乐将军来到当地，同聚集在姆伊广场和圣菲勒奥街上的群众谈话，由于他在加内彼厄尔大街散步和在市政府受到加斯通·德费尔市长欢迎，这里又掀起了群众拥护的浪潮，因而使得问题从表面上看来简单化了。的确，从那以后，问题也确实变得简单了。

下午，我很快地飞到了土伦。最令人伤心的事恐怕莫过于看到兵工厂、喀琅施塔得码头和附近市区所遭受的彻底破坏的情景，以及被毁坏的船只漂浮在港湾或船坞中的惨相了。但是另一方面，恐怕也没有任何事情比舰队整整齐齐在海面摆开等待检阅的阵容更令人兴奋的了。被检阅的舰队分成三部分，分别由海军将军奥波诺和若雅尔以及海军上校朗斯洛指挥。舰队包括：主力舰“洛林”号，巡洋舰“乔治·莱革”号、“杜盖-特鲁安”号、“爱米尔·伯尔坦”号、“贞德”号、“蒙卡尔穆”号、“光荣”号，轻巡洋舰“芳塔斯克”号、“马兰”号、“恐怖”号，以及30多艘鱼雷艇、潜水艇护航舰、扫雷船。我在海军部长路易·雅基诺、海军参谋长兼海军司令勒莫尼埃、港口司令朗贝尔海军将军等人陪同下登上了“皮克”号护卫舰，慢慢地沿着舰队的行列向前驶进。当我从飘扬着大幅海军军旗的40艘军舰前面经过，接受甲板上的参谋部人员对我的敬礼，听到排列在船舷上的水兵高呼万岁的声音的时候，我感觉到我国的海军熬过了自己的痛苦，恢复了希望。

9月16日，我来到相当动荡的土鲁斯市，西南部的分裂一向极为严重。维希政权的政策和沦陷时期的悲惨生活更加深了这种裂痕。况且，这个地区的游击队很多，曾经进行过十分艰苦的斗争，因此，形势动荡，还有很多人怀有深仇大恨，要求申雪。此外，在阿基坦作过战的敌军，其行动特别残酷，必然也有不少卑鄙可耻的通敌行为。内地军的精锐部队已经开往布尔戈涅编入第1军，留在当地的只是一些杂牌部队。最后，这里紧靠西班牙，情况特别紧张，因为有很多西班牙人从内战时期就逃到热尔、阿里埃热、上加龙等省，后来也参加了游击队。现在他们扬言要脱离游击队，携带武器返回本国。占据优势地位、组织严密的共产党人，自然要抓住这个机会，大做文章，以便操纵全局。他们的确也获得了部分的成功。

我看到那里的共和国委员受着内地军某些领导人的钳制。那里的正式负责人原是让·加苏，在德国人溃逃的混乱中，他受了重伤，于是便由抗敌时期领导一个重要通讯组织的皮埃尔·伯尔道受命代理他的职务。现在，伯尔道正力争掌握领导权。但是，上加龙省游击队队长阿舍尔（又名拉瓦奈）上校却控制着该军区的指挥权，并且行使着无限的权力。

某些小股军队的首领围绕着拉瓦奈组成了类似苏维埃的机构。这个机构的成员妄图依靠部下直接进行肃奸工作，而把宪兵队和机动卫队都拘禁在遥远的兵营里，不准他们外出。参谋长诺廷惹上校是一个经验丰富的军官，他也的确在混乱的行政工作中竭力防止滥用职权的行为，但是并非每次都获得成功。此外，该地区还组成一个西班牙“师”，公开叫嚷要向巴塞罗那进军。更严重的是，在一位自称“希莱尔上校”的英国军官指挥下的一支部队只服从伦敦的命令，这位军官是通过英国谍报机关混入热尔游击队的。

17 日上午，我在一种有计划安排的庄严仪式中检阅了所有的部队。我打算通过同游击队的直接接触，使他们每个人都成为自己想成为的那种士兵。在我接近行列时，行列中的一阵波动使我感觉到他们理解了我的意思。然后，拉瓦奈上校指挥所有的军队进行分列式。队形整齐雄壮。由“弗拉索夫军”的士兵组成的苏联营端着上好刺刀的步枪走在最前列，这些人是不久前被编入德国军队，乘机从那里逃到我们抵抗运动中来的。随后是西班牙军官率领的西班牙士兵。最后是法国内地军。他们打着军旗和临时制作的小旗，按照正规部队排、连、营的编制进行了整编，他们尽力使自己的服装显得一致，特别是从我眼前走过的士兵的姿态、目光和眼泪，都显示出军纪有多么大的力量和作用。我觉察出，这里也有一种到处可见的那种对我表示普遍拥护的气氛。

前一天晚上，我在省政府和市政府接见工作人员和著名人士（最重要的是勇敢的总主教萨利埃热），已经看到一种类似的表现。

聚集在卡皮托勒广场欢呼并等待听我讲话的人们和在街道两旁列队欢迎的群众，也都有同样的表现。当然，我完全相信对我的这种拥护能够弥补在维护公共秩序方面所缺乏的一切。至少我可以依靠这种力量来防止某些人实行独裁或出现普遍的无政府状态。

在离开土鲁斯以前，我撤销了拘禁宪兵的禁令，恢复了这些正直的人的正常职务。我决定任命从摩洛哥调来的科勒将军为这个军区的司令。我向西班牙士兵的首领们说明，法国政府不会忘记他们和他们的部下在我国游击队中作出的贡献，但是，不允许他们接近比利牛斯山国界。另外，第 1 军按照我的指示已经向塔耳波和珀尔皮尼昂派了一支精锐部队，以保证比利牛斯山各隘口的秩序。至于“希莱尔上校”，在两个小时以内就被送往里昂，立即被遣返到英国去了。

9 月 17 日，我在波尔多发现人们十分恐慌。德国人虽然从那里撤退了，但是仍然留守在附近的鲁瓦扬和格拉弗角，堵住港口的入口，并且时时有卷土重来的危险。在波尔多及其附近，由军区司令德吕伊上校全力负责装备和编制起来的法国内地军的大部队，在阿德利诺上校的指挥下，在纪龙德河两岸同敌人发生了接触。实际上，德国海军将军梅伊尔在离开波尔多居民区，退守到大西洋沿岸的据点时，使人相信他是准备投降的。在我到达波尔多的时候，他还在进行谈判。但是，人们很快就看得出来，这是敌人在玩弄诡计，企图不受损失地脱身。敌人拥有大量的物资和相当多的兵力，而我国内地军连进行阵地战的训练和装备都不足，因此，波尔多市在恢复自由的喜悦中笼罩着重新丧失自由的恐怖。除此以外，在著名“投敌分子”马尔凯市长管辖过的这个城市中，现在人们也都要求控诉敌人占领期间所积累的冤仇。在这种混乱的气氛中，出现了各种抗拒行政当局命令的武装部队。

和在别的地方一样，我在这里也确定了行政当局的权力。共和国委员加斯通·居森毕竟是个思想健康、头脑冷静的人，他在省府按照惯例给我介绍了行政官员、军官和各界代表。大主教菲尔坦首先来拜访。我在冈伯塔[①] 1870 年向群众讲过话的那个阳台上向波尔多人讲了话。我到过市政府，受到新市长费尔南·奥得吉尔的欢迎，我走遍了市区。最后，我在军需部操场上检阅了留在那里的内地军。几乎所有内地军的态度都很好，我赞扬了他们。对于几个不肯合作的军官，我立即提出了两个办法任他们选择；一个是服从军区上校的指挥，一个是被关进监狱。所有的人都选择了第一种办法。在离开波尔多时，我觉得这里已经稳定下来了。

为了检阅阿德利诺上校的部队，我来到桑特。虽然圣东日[②]家家户户插着解放的旗帜，人们却过着惶恐不安的日子，因为鲁瓦扬和奥列龙岛依然在德国人手中，另一方面，拉罗歇尔和雷岛也还由敌人盘踞着。起初敌人认为前来作战的是盟军大部队，所以躲在主要的工事里。在混乱的最初几天，塞万斯-伯尔丹将军尽力组织了我国西南部内地军的活动，迫使在拉罗歇尔抵抗中心的司令官希尔利兹海军将军撤出罗什福尔。但是，日子一天一天地过去了，展现在德国人眼前的只是我国这些没有重武器、大炮、装甲车和飞机的游击队，因此敌人时刻有反扑的可能。至于我们的军队，还像在游击队时期一样，分成许多小队，散布在纪龙德、上下夏朗德、维也纳和多尔多涅等省，虽然士气旺盛，但是缺乏阵地战所需要的一切。另外，他们没有后勤机关，没有仓库，也没有辎重队，只好就地筹粮，因此秩序往往是混乱的；加上某些军官目空一切，滥施职权，使得这种混乱更为严重。最后，还有军事行动小组委员会的干扰，而且它的成员所起的影响是相当大的。普瓦蒂埃地区的共和国

---

① 冈伯塔（léon Gambetta，1838—1882）（旧译甘必大），法国政治家，以善辩和爱国思想在共和党中享有威信，1879 年任议会议长，1881—1882 年任总理。

② 圣东日（Saintonge），法国旧省名，现与奥尼斯地区合并为夏朗德海滨省。

委员让·舒勒尔、省长沃特洛伊和各市长都遇到了不少困难。

阿德利诺上校为消除混乱尽了最大的努力。他在缩进鲁瓦扬和拉罗歇尔两个袋形据点的德军附近布置了一些哨所，想方设法组织正规部队和供应给养。部队获得武器并稳定下来以后就能够考虑进攻了。我在桑特检阅了数千名装备不齐而士气旺盛的士兵。分列式是动人的。接着我把来历不同的军官都召到我的身边，他们大部分只有临时军阶，但是他们完全有理由对自愿参军感到骄傲，为戴高乐将军站在他们中间而欢欣鼓舞；我本人，虽然外表上尽量保持冷静，但是内心也同样感触很深。我向他们说了我要说的话，然后怀着一定要以法国人的胜利来结束这场大西洋沿岸的战斗的决心，离开了这支正在成长的队伍。

奥尔良是我这次旅行的最后一站。我巡视了这座惨遭屠杀的城市，残垣断壁触目皆是，使我心情十分沉重。共和国委员安德烈·马尔斯向我报告了他以镇定态度处理的一切问题。这个地区虽然受过无数的灾难，却不显得那么混乱，同加龙河上发生的事件比较起来，卢瓦尔河两岸的居民似乎稳健得多。应该指出，柏特兰上校和科美尔上校曾把他们指挥的博斯、贝里和图林的内地军组成正规部队，并领导他们在卢瓦尔河以南同败退的德军进行了卓越的战斗。从此以后，游击队有了纪律，有了自信心，对于维持秩序也起了很好的作用。在勃利希机场上看到向我持枪敬礼的优秀队伍时，我悲痛地想到：如果不是维希政府阻止军官们去各地领导这些年轻的部队，抵抗运动的队伍不知还要多么强大呢。9 月 18 日晚，我回到首都。

25 日，即我在第 1 军那里逗留两天以后，来到刚由巴顿将军的部队解放了的南锡。对洛林省说来，侵略者一向是最残酷的敌人。因此这里没有任何政治问题。公共秩序没有被破坏的危险。人民具有高度的责任感和爱国心。那一天在我从洛林省首府的米勒库尔、斯特拉斯堡、圣迪齐埃、圣乔治和多米尼加等大街上走过时群众发出的欢呼声，后来在斯塔尼斯拉广场听我站在市政府阳台上讲话的群众发出的欢呼声，共和国委员夏耶-贝尔和市长普卢维的发言，各方代表的讲话，格朗德瓦尔上校指挥的两千名游击队在我面前进行分列式时的表情，都证明了这个曾经遭受蹂躏、现在还有部分地区处于德国人手中的省份对法兰西的忠诚。

我回到巴黎以后，9 月 30 日又由蒂克西尔、梅耶和劳伦几位部长陪同动身到弗朗德勒去。我们经过苏瓦松和圣康坦，共和国委员皮埃尔·佩内引导我们访问了这两座被摧毁的城市。到了里尔，诺尔和加来海峡的共和国委员弗朗索瓦·克洛松，正在尽力为居民们筹措劳动工具，因为居民们原有的工具已经丢失了。当时这里的工人的生活实在悲惨窘迫，使我大为震惊。在沦陷时期，由于敌人的压制，劳苦群众的工资降到最低的水平，现在，由于工厂没有煤炭和车间没有机器，很多工人处于失业状态。此外，粮食供应量也降到最低的限度以下。当我走过自己出生的这个城市时，里尔人不住地向我祝贺，但是，我十分清楚地看到，他们的微笑丝毫也掩盖不住他们那面庞的苍白消瘦。

我早就意识到并且考虑过，全国解放以后必须进行一次深入的社会改革。现在里尔人的面色使我更看出了这种改革的绝对必要。我确信：政府若不主动迅速采取措施，大大改善工人的生活条件，极力削减金钱势力的特权，那就会使苦难深重的工人群众走向骚乱，使法国仅有的一点生机也要丧失殆尽。

10 月 1 日，星期日，我参加了里埃纳尔红衣主教在圣米歇尔教堂举行的宗教仪式，接着视察了市政府，会见了市长科尔多尼埃，在共和国广场检阅了内地军，接见了地方政权和各种组织的代表以及知名人士。接着，我在市政府前向聚集在那里的群众宣布了政府恢复国家经济的原则，我说："国家将直接管理各大公共企业……

保证每个工人的安全和尊严。”我向群众作出的诺言在人群里激起了一阵浪潮，我感觉到我的话打中了群众的心坎。

在返回巴黎的途中，我视察了朗斯的煤矿。由于设备毁坏，矿工半数缺勤，职员惊惶不安，所以效率低得可怜。出场的煤仅及战前的三分之一。很明显，为了恢复煤的生产，必须进行一次能够改变人们思想情况的基本改革；另一方面，需要兴建的工程只有国家能够筹措经费。因此，唯一的解决办法是把煤矿收归国有。我怀着坚定的决心从阿拉斯回到首都。

一个星期以后，我来到破坏最严重的诺曼底省。由于这里的古迹和现代建筑都很多，破坏情况显得更加令人伤心。在孟戴斯-弗朗斯和唐吉-普利让陪同下，在共和国委员布尔多·德·冯特纳和军区司令勒让蒂约姆引导下，我特别视察了勒阿弗尔、鲁昂、埃夫勒、黎兹和卡昂等地，说得更正确一点，是视察了这些城市的废墟。前几天我在诺尔同群众接触的时候，思想上已经肯定，要使全国励精图治，必须实行重大的社会改革，现在看到诺曼底省遭受破坏的程度，使我更坚定了这个信念。重新建立国家机构是全国恢复工作中必不可少的一个条件。

然而，农村呈现出一片鼓舞人心的景象，与满目疮痍的城市恰恰形成鲜明的对照。农民在战事正酣的8月照样完成了秋收，把粮食收进仓。尽管村庄和庄园遭到严重破坏，尽管农民缺乏一切，但是到处仍然可以看到耕种得很好的田地和精心饲养的家畜。聚居在诺堡的农民表现了坚持不懈的精神。法国农民这种顽强的劳动照亮了粮食供应的前途，也是将来国家复兴的一个重要因素。

10月23日我经过布里和香槟省的时候，也产生了同样的印象。一离开布瓦西-圣-来日，高原地带就逐渐开阔，显示出它一向丰产的面貌。像不久以前一样，布里-孔特-罗伯特附近仍然是一垛垛的麦秸；普罗万还是那么多的小麦和甜菜；塞纳河畔罗米伊平原上的田陇还是那样整齐，并不比从前多一块荒地。当我来到特鲁瓦时，下起雨来了，不难理解，这不免使共和国委员马塞尔·格里果列以及欢迎我的市民们扫兴，但却给农民带来异常的快乐。旺德弗尔和奥布河畔巴尔草原上依然放牧着健壮的牛群。我在科隆贝双教堂停留了一会儿。居民们随同镇长德马尔逊热情地欢迎了我。解放了，他们十分高兴，决心更好地种地。上马恩省为我准备的正式欢迎会在肖蒙举行，我在夜色苍茫中来到肖蒙，我看到这个忠实而亲切的乡村已经恢复了元气。

我在肖蒙又视察了一次第 1 军，然后从第戎回到巴黎。第戎这个大城市受到的破坏较少，但是由于侵略者刚刚撤退，还不算安定。共和国委员让·麦雷（接替在该市解放时负重伤的让·布伊）和得人心而又勇敢的市长基尔神父在公爵大厦向我介绍了各个团体的代表，这时候，街道上和广场上万岁的欢呼声不绝于耳。在布尔戈涅的首府找到了自己的亲人的吉罗将军，也率领知名人士来到这里。他对我说："变化多大呀！"我心里想："的确变化很大。"但是当我看到会场上欢腾激动的情景时，我感到法国人的感情并没有多大变化。

11 月 4 日、5 日和 6 日，我视察阿尔卑斯山区。这里的任何一个地方都发生过战争。当时在通往意大利的山口附近仍在作战。我们的山区和爱好自由的居民，给抵抗运动提供了不少城堡，支援了很多战士。目前，虽然粮食供应极端困难，摩洛哥部队和阿尔卑斯山游击队仍在同敌人作战，那些想要自己复仇的秘密分子甚至还不时引起骚乱事件，但是在那里，正常的生活已经开始恢复了。在迪特尔姆和孟顿两位部长、共和国委员法奇、朱安将军和塔西尼将军陪同下，我首先到了昂贝里耶。随后来到安讷西和阿尔贝，在那里我检阅了陶蒂师和摩洛哥部队。尚贝里人热情洋溢，充分表现了萨瓦人的忠诚。最后我到了格勒诺布尔。

我步行经过巴士底广场和冈伯塔林阴道，看到阿洛布罗日人[1]所表现的热情简直是无法描述的。随后我来到里维广场，那里万头攒动，等待听我演讲。我把授予格勒诺布尔市的解放十字勋章交给市长拉弗莱尔以后，阿尔卑斯第27师进行了分列式。我以特别满意的心情向这个师敬了礼。因为，既然我要保证不久前被意大利占去的阿尔卑斯山山坡上我国一侧的飞地[2]重归法国，同时我也知道在与盟军协同行动时，我们只有通过自己攻占才能收回这些地方，那么我必须依靠这支新生的军队。11月6日我又返回巴黎。

这样，我在几个星期内走遍了祖国的大部分土地，作为政权机构的代表同1 000万法国人见了面，在这些场合，他们的表现说明全国人民是拥护我的。我还曾就地发出一些紧急命令，使在职人员看到，国家确实有一个领袖，使很多分散的军队中的游离因素感到，他们唯一的前途就是统一，唯一的义务就是服从纪律。但是，法国的实际情况是多么悲惨啊！我从人们的发言、欢呼声以及从欢迎旗帜下，感觉到无可计量的物质损失，也觉察出全国政治、行政、社会和思想结构方面的严重问题。很明显，在这样的条件下，不管人民在解放后如何欢欣鼓舞，肯定还要经受一场长时期的严重考验，同时，野心勃勃的共产党必然要乘机活动。

但是，和在巴黎一样，我在外省也看出了人们对我抱着多么大的热望。全国人民本能地看到，假使没有我作他们的向导，作他们的团结核心，在目前的混乱中，他们将不得不忍受无政府状态的灾难，然后再忍受独裁政治的奴役。今天为了防止颠覆，全国人民都团结在戴高乐的周围，正像过去为了摆脱敌人的奴役而团结在

---

① 阿洛布罗日人即恺撒时代居住在萨瓦等省的高卢民族。

② 指一个国家在另一个国家的土地包围中的领土。

戴高乐的周围一样。因此我感觉到，解放了的法国人民又把我在他们受奴役时一直承担的空前重大的责任交给了我。而且，这种情况要一直延续到直接威胁完全消除和法国人民重新安居乐业的时候为止。

我这种救亡图存的合法权利，是人民授予的，并得到了所有政治家的无条件公认（尽管不能说没有任何怨言），任何组织也没有否认过它。在政界、司法界、教育界和军队里，对我的权威没有任何怀疑。现在以卡山为首的参政院率先表示了完全的忠诚，审计院也作了同样的表示。无论我到什么地方，教士们总是立刻为我举行宗教仪式，向我表示敬意。9 月 20 日我接见了苏哈尔红衣主教，主教保证教会将协助我。法兰西学院常任秘书乔治·杜亚梅代表该院要求我给予帮助。可以说，一切旧有制度的代表人物无不表示衷心拥护我。巴利斯伯爵满怀爱国热情地给我写了信，说将要派一个代表来。模范游击队员和阿尔卑斯猎兵上尉拿破仑亲王也主动表示拥护我。在阿尔及利亚遭受暴徒枪击负伤的吉罗将军，从阿尔及利亚到达这里以后立即来会见我。维希政权中的领导分子在事实面前都低了头：在德国的贝当一直保持沉默，所有为维希政权效过力的官员、外交官、军人和政论家都纷纷向政府表示服从和请罪。最后，由于全国普遍表示拥护，勒伯伦先生也作为第三共和国忧郁的幽灵来表示支持我。

10 月 13 日我接见了他。这位总统对我说："我从前和现在都完全赞同您的事业，没有您就没有一切，有了您，一切就都有救了。我本人只能这样说，除了通过这次拜访向您表示以外，我不打算再采取任何其他行动。请您把我这次拜访公开发表。的确，我从来也没有正式辞职。再说，没有一个有权更换我的国民议会，我向谁辞职呢？但是，我愿向您证明，我对您是完全忠实的。"

我们谈到 1940 年的事件，勒伯伦面带忧容地对于 6 月 16 日接受保罗·雷诺的辞职并委任元帅[①]组织新政府的事情表示十分后悔。他双目含泪，举手向天，忏悔了自己的错误。他说："同绝大多数部长一样，使我做出错误决定的主要原因是魏刚的态度。他是多么顽固地要求停战啊！又是多么固执地肯定没有任何其他办法啊！但是，我也像雷诺、詹伦内、赫里欧、孟戴尔和您本人一样，认为应该到非洲去，我也认为可以用非洲的军队，用仍然可以转移出去的军队和还没有受过丝毫损失的海军，同时依靠法兰西帝国和我们的盟国，继续作战。但是内阁却在总司令[②]的独断专行下让步了。有什么办法呢？他的声誉是那样高！在最危险的时刻，将军们拒绝作战，这是多么不幸的事啊！"

勒伯伦总统告辞了。我同情地、亲切地同他握了手。其实，作为国家元首来讲，他缺少两个条件：他既不是领袖，又不掌握国家大权。

当国内的热情高涨到极点的时候，盟国的军事行动也正在东北两方面推进。艾森豪威尔把主要兵力放在左翼，打算迅速通过比利时，然后从莱茵河口附近渡过莱茵河，最后以占领鲁尔区夺取胜利。8月底委派给蒙哥马利将军的任务就是这样安排的，空军要给他最大的支持。在中部，布莱德雷将军应该向杜塞尔多夫和美茵茨之间的莱茵河挺进，策应北面的军事行动。至于将要由德弗斯将军指挥的法国第1军和美国第7军，则应尽快从地中海方面开来，部署在右翼，推向阿尔萨斯，进抵莱茵河。我的意图自然是进军越快越好，盟国军队应当直捣德国的心脏，同时法国军队要在这些军事行动中担任重要的任务。因此，我在9月6日就写信给艾森豪威尔，催他加速我国第1军的行动，并且把第2装甲师也交给他指

① 指贝当。

② 指魏刚。

挥，同时向他说明了法国政府希望自己的军队与美英军队同时进入德国的愿望。但是，迅速推进到边境的军队，在没有到达敌国以前就停下来了。

事实上，敌人居然重整旗鼓，在荷兰、阿登、洛林、孚日等地重新建立了战线。希特勒本人虽已声名狼藉，7 月间险遭暗杀，现在却又占了上风。他想通过使用“秘密武器”，即喷气式飞机、V－2火箭、新式坦克，甚至原子弹（德国那时正疯狂地加紧制造原子弹），来重新采取攻势，并在德国人民中树立起更高的威信。另一方面，盟军由于逐渐深入，供应不能保证，汽油、炮弹、备用武器都感缺乏，也妨碍着作战行动。

我国第 1 军的情况尤其严重。据盟军司令部估计，从南向北推进的军队，进展可能很缓慢。人们认为土伦和马赛的全部工事需要几个星期的苦战才能攻下；其次，派奇和塔西尼必须控制住沿意大利国界的整个地带，掩护困难，任务繁重，不能迅速前进；最后，德国第 19 军占领着普罗旺斯，第 1 军占领着阿基坦、朗格多克和利穆赞，这两个军共计有十个师，它们会在阿尔卑斯山支脉、罗纳河走廊的很多地方以及中央高原长期阻挠法军和美军的行动。因此，从非洲、科西嘉和意大利运送军队和物资，以及从海岸供给大部队给养的运输计划，都规定了较长的期限。但是，塔西尼和派奇将军的军队前进的速度远远超过了计划。所以不利的一面就是作战部队经常缺乏汽油和弹药。

8 月 15 日，法国第 1 军第一批部队在圣特罗佩和附近地区登陆后，28 日占领土伦，30 日完全收复马赛。我军俘虏了四万名敌军并缴获了大批武器和物资。负责部署南线军队的派奇将军，最初计划由美军一直北上，法军在收复地中海岸两大港口以后即在阿尔卑斯山各隘口掩护盟军。但是，塔西尼将军在土伦和马赛获得胜利以后，不满足于别人给他计划的次要任务，他坚决要求与美军并肩作战，齐头并进。我当然同意这种看法。从那时以来就对法国第 1 军十分重视的派奇将军，也同意了我们的意见。

这样，孟萨伯尔所指挥的我军第 2 兵团（最初主要包括魏日埃和布罗塞两个师）便从阿维尼翁渡过罗纳河，在河右岸展开活动，于 9 月 2 日和 3 日赶走了里昂的敌军。不久，这个兵团的左翼在奥顿地区拦住了从中央高原逃窜过来、企图从布尔戈涅找条出路的德国第 1 军的后卫。但是，把敌军去路完全截断的还是进展神速的魏日埃师。经过四天激战，西南地区和伯里的内地军又赶来追击，敌人最后的几个梯队受到两面夹攻，无路可走，终于投降了。但是，敌军司令艾尔斯台将军觉得罪责难逃，不敢向法国投降，便与派遣到奥尔良的美国军官进行接洽。9 月 11 日，他将部下 22 000 名有战斗力的士兵交给了美国军官。同一天魏日埃解放了第戎。第二天，担任塔西尼军左翼的布罗塞师在蒙脱贝尔与从巴黎开来作为布莱德雷军队右翼的勒克莱尔部会师。9 月 13 日，第 2 兵团和上马恩省的游击队攻下朗格勒。接着，孟萨伯尔将军的前哨部队便逼近了上索恩的朱塞和波尔索恩。

这时候，美国人沿格累诺布尔—布尔—贝桑松作战干线以同样的速度推进，在里昂和昂贝里耶之间强渡了罗纳河。但是，美军必须在阿尔卑斯山区掩护全面作战部署，因为凯塞林元帅的军队一直占据着意大利北方，扼守通向法国的隘口，并在上阿尔卑斯、萨瓦、上萨瓦等省活动，威胁我们的交通。的确，当地的内地军经常同德军的小股部队和在阿尔卑斯山法国一侧进行活动的意大利法西斯军队进行小规模作战。但是这种侧翼保卫行动需要协助，因此调去了一个美国师和陶蒂的摩洛哥第 2 师。摩洛哥第 2 师在内地军和摩洛哥步兵的支援下，占领了布里昂松、莫丹、布尔圣莫里斯。

此后，9 月 5 日伯都亚特将军担任了第 1 兵团司令，他把这个兵团部署在昂贝里耶和瑞士边界之间的罗纳河沿岸，成为美军的右翼。这个兵团起初只拥有纪尧姆的北非第 3 师和马尼昂的殖民第 9 师，它越过汝拉山，于 9 月 12 日到达杜河谷。

就这样，美国人和法国人在三个星期内结束了 700 公里的特殊追击战。如果不是因为缺乏汽油而拖延了一些时间，进军还会更快。汽油在马赛、土伦和尼斯卸运十分困难，而且必须到那里去取。当时因为罗纳河两岸的铁路都已被破坏，所以只能依靠卡车辎重队来供应，平均每天要为法国第 1 军输送汽油 1 500 吨。而且，给派奇和塔西尼分配物资的美国后勤机关总是愿意（这也是人之常情）首先供应我们的盟军。作战情绪正高的军队、参谋部和第 1 军司令，在胜利机会眼看就要错过时所表现的焦急心情是可以想象的。殖民第 9 师、摩洛哥第 4 师、第 5 装甲师三个大部队以及大部分后备部队同样缺乏汽油，也拖了很长时间才赶上第 1 军的主力部队。

为了正确评价这次从地中海到阿尔萨斯的创纪录的追击战，必须考虑到上述种种不利的条件。另一方面，我们游击队的活动大大加快了进军的速度。游击队消耗了敌人的力量，控制了大部分前进的路线，补充了正规部队的兵力，对于这次追击所取得的惊人成果起了很大作用。9 月 12 日大追击战结束，有 12 万德军成了法军的俘虏，第 1 军、内地军和第 2 装甲师都有俘获。这个数字相当于盟军俘敌总数的三分之一。

9 月 13 日，艾森豪威尔派驻我这里的代表约翰·刘易斯将军给我带来盟军最高司令的一封信。艾森豪威尔通知我，现在盟军从瑞士边界到北海的作战部署已经完全连接起来，今后法国第 1 军和美国第 7 军共同组成南部集团军。其中美军应该组成左翼，向萨韦尔纳前进，然后推向斯特拉斯堡；法军应在维祖耳地区组成右翼，进占贝尔福，最后占领科尔马。艾森豪威尔要求我同意这样使用我国的军队。我感到十分满意的是，让法军完全同英美军一样有自己的作战区，而且，作战区是在阿尔萨斯，对于这一点，我也认为很适当，因此总的来说，我完全同意艾森豪威尔的要求，于 9 月 21 日复了信。但是我向盟军司令说明了对战斗法国第 1 师的一个保留条件：必要时我可以把它调到巴黎。另一方面，我请求艾森豪威尔尽早派一个法国师到波尔多去，以便攻取鲁瓦扬和格拉弗。那个大港口一旦解放，就可以利用它向法国供应粮食。最后，我向总司令指出，在斯特拉斯堡方面应该部署一支大的法国部队。

这支部队应该是勒克莱尔师。我让这个师在巴黎休整几天以后，于 9 月 6 日把它重新交由盟军最高总司令部指挥。现在，我特别主张要它协同美国第 7 军作战。按计划，阿尔萨斯省首府是派奇进攻的目标。由于明显的民族方面的理由，我希望有一天由法国军队来解放这个城市。我毫不怀疑，只要勒克莱尔被部署在应当部署的地方，他一定会找到机会。因此，第 2 装甲师继续在美国战区内活动。

但是，一切都预示着收复斯特拉斯堡并不是最近能实现的事。德国第 19 军在孚日山两侧修筑了坚强的阵地；德军指挥官维塞将军重新整顿了他从普罗旺斯撤回的军队，并且从国内调来援军，在整个战区继续进行顽抗。因此，我军必须在一次胜利的追击战以后，立即展开一场艰巨的战斗。整个盟军战线也是如此。在默兹河口，蒙哥马利在 9 月 20 日发动的进攻失败了。在洛林和卢森堡，布莱德雷也不得不停止前进。显而易见，西线的战事还需要推迟几个月才能结束。东线战事的结束，看来也不会比这更早。因为苏联人虽然占领了罗马尼亚和保加利亚，从波兰和南斯拉夫的大部分土地上驱逐了德军，并且进入了匈牙利和波罗的海沿岸国家，但是，还一步也没有进入德国本土。

战争必须继续下去，考虑到我们法国人所要承担的伤亡、损失和费用，这当然是十分痛心的。但是，从法国的最高利益（这与法国人目前的利益完全是两回事）着想，我也就无所顾惜。因为，如果战争拖延下去，我们就必须像在非洲和意大利战场那样支援莱茵河和多瑙河的战斗。我国的国际地位，甚至我国人民多少世代以后对自己的评价，主要决定于这一战。另一方面，在敌对行动结束以前的这一段时期，我们有可能及时地重新赢得我们应得的权利。最后，所有法国人都要经受考验的这个最终阶段，是有利于全国统一的大好机会！今后自由法兰西帝国的法国人同受过压迫的法兰西本土的法国人再也不会像过去那样被分隔开了，他们现在具有同样的条件，属于一个统一的政权！首先我们有可能在适当的时候来解决与政治密切相关的军事编制问题，简单地说，就是把我们那些不同来源的军队融合成一个整体。

第1军的部分力量就是根据这个考虑加以配备的。在非洲各师和游击队之间，总算建立了一定的联系。到9月20日，已经有五万多名内地军参加了塔西尼将军所指挥的战斗。另外有五万人也正准备这样作战。同正规军这样结合在一起的还有：萨瓦、伊泽尔、安省、德伦、阿尔代什等省组织起来的13个阿尔卑斯营；普罗旺斯、尚巴朗、上马恩、莫尔旺山区、阿登等地的所谓“游击队”；夏洛莱、洛蒙、荣纳、弗朗什-孔太的“团队”；各种名目的“突击小队”；很多小部队和不少散兵游勇。此外还有新近开到的中央高原和阿基坦游击队的庞大纵队。

8月底，我在巴黎接见了西南地区军事代表塞万斯-伯尔丹将军，并委托他把他那一地区的内地军尽量送到第1军那里。塞万斯-伯尔丹执行了这个任务，并把指挥这支庞大而杂乱的军队的任务交给他的助理舍内德尔。舍内德尔总算把“图卢兹轻装师”带到了布尔戈涅，其中特别包括“比利牛斯自由团”和“阿尔萨斯-洛林旅”以及塔尔纳、塔尔纳-加龙、阿韦龙等省的队伍。朗格多克、洛特-加龙、科雷兹等“旅”，也同样送到第1军那里。最后，他把

“中央高原旅”、“布伊-德-多姆炮队”以及“维希的机动卫队”组成“奥弗涅集团军”，送到第1军那里。

这些杂牌部队从各方面涌来，显然使第1军司令部、参谋部和后勤机关非常高兴，但同时也使他们遇到严重的困难。当然，关于从属关系的问题，是很快就得到了解决的。我委托负责卢瓦尔河以南地区内地军的高色将军去断然打消某些内地军军官所表现出来的独立意图，并把所有来到他的军区的部队立即交给塔西尼将军直接指挥。但是，如何按照正常条件来整编、装备和使用这些军队呢？这就必须根据政府在战争最后阶段所拟订的计划，由政府自己来制定条例和提供武器。

当时有一种蛊惑人心的宣传，极力要求我们动员各种适龄人员，把他们全部武装起来。尽管我们有250万人做了俘虏和作为抵抗运动政治犯被带走或被迫去做劳工，还有30万人在战争一开始就受了重伤或阵亡，但是，如果仍像大革命时代那样大批招募，无疑还会得到大量的兵员。然而现在已经不是数量决定一切的时候了。假使我们没有武器、干部和装备，那又怎样对待征集起来的新兵呢？如果把这批赤手空拳的人送到战场上，叫他们去对付德军的大炮、坦克、机枪和飞机，那岂不既是罪恶又是可笑的行为吗？我根据当时的情况，实事求是地作了决定。

把进行过秘密斗争的英勇而热情洋溢的年轻人组织起来，编入从非洲来的军队并参加战斗，我认为从军事观点看，这样做是符合实际的，从国家观点看，也是必要的。在目前物资极端缺乏的情况下，我们在秋季和冬季只能做到这些。假使战争还要拖延下去，那么可以到适当的时刻再作安排。实际上，我准备把第1军所能吸收的游击队统统编入该军，其余的则组成新的大部队。

当我们确切了解了非正规部队的实际情况以后，就是说在我从罗纳河流域和南部视察归来以后，我们马上就在国防委员会上制订了这项改编计划。内地军中的现有人数接近 40 万。考虑到没有参加战斗的青年人数，以及维希政权直到最后还对那些进行抗敌斗争的青年大肆搜捕和判罪的事实，人们当然会认为，这样一股自动起来冒着生命危险进行游击战的洪流确是法国的荣誉。我们首先通过 9 月 23 日的法令决定，一切现役军人在战争时期都应该照章填写一份正式入伍服役的参军书。游击队的地位因此便正规化了，其中有四万人加入了海军和空军。为了帮助内政部长维持公共秩序，参加了游击队的宪兵和机动卫队应自行回到他们原来的组织。此外还编制了 60 个“共和保安队”。这种做法在当时受到了各方面的指责，但是它们今天依然存在。最后，还有一些特种技术人员，如矿工、铁路工等，则根据国家经济的特殊需要复员归队了。结果，仅仅内地军中自愿参加陆军的士兵就有 30 万人。

根据我的决定，塔西尼将军立刻从这些人中选拔了十万多人。其余的被编成七个新师。目前正在编制中的有：阿尔卑斯第 27 师，由瓦莱特·多兹亚指挥；在巴黎的第 10 师，由比约特领导；在布列塔尼的第 19 师，由波尔尼-戴波德指挥。在圣纳泽尔、拉罗歇耳、鲁瓦扬、格拉弗角等地与德军据点接触的游击队，将组成第 25 师和第 23 师，分别由科美尔和安瑟伦指挥。卡伊指挥的第 1 师和萨朗指挥的第 14 师，将在春初分别在贝里和阿尔萨斯组成。除了这些大部队以外，陆军部长还要以团为单位建立各个兵种，以便保证内地的训练和补充前线的缺额。到 12 月，1943 年的适龄人员就应该应征入伍。到 4 月，则轮到 1940 年、1941 年和 1942 年适龄的人员入伍，但已经参过军的青年不再征集。军事学校也立即重新开办起来。

这个计划实现了。但是，问题主要不在建立军队，而是在武装和装备军队方面。如果用游击队所掌握的、在小规模战斗和伏击战中使用过的各式步枪、为数极少的机枪和迫击炮以及坏得可怜的几辆汽车来参加阵地战，那简直是开玩笑。我们把所有这些武器都收集回来，另外从非洲搜集来一些法国造的备用武器，并修理好在法国从敌人手中夺来的以及不久前在突尼斯和意大利缴获的武器，终于把这些新编的部队初步装备起来。但是，这样他们也还不能同德国国防军较量。他们需要重武器。可是法国连一个可以制造重武器的工厂也没有。我们的那些专门生产重武器工厂的设备和机器都被德国人拆走了。车间里剩下的只是给敌人制造配件的工具。在我们的工厂复工以前（这还需要很长时间），只好依靠美国的施舍了。

但是，这种施舍不会很多。必须说明，我们的盟国必须从美国运来大量战争物资，确实已经很困难了。因此他们很难考虑再临时增加一部分供给法国军队。对由内地军编成的军队来说，供给就更谈不到了。就盎格鲁-撒克逊人来说，他们的参谋部很讨厌内地军，他们的政治家甚至认为内地军是靠不住的。当然，在解放战争的时候，他们也曾给过“起义部队”一些武器。但是，华盛顿和伦敦现在绝对不想增加运输量，从美国给他们运来重型武器。再说，谁能保证这些不伦不类的军队将来不会用他们获得的威力来进行颠覆活动呢？特别是如果给戴高乐将军的政府装备八个或十个新师的武器，那就等于在冬末以前使法国军队增加一倍，使它在战斗中能起更大的、也许是决定性的作用，从而必须接受罗斯福所极力避免的让法国参加处理停战的问题。由于这些原因，我们与美国政府或英国政府的交涉都毫无结果。自登陆之日起到德国投降止，我们的盟国连多装备一支大部队的武器都没有供应我们。在这方面，从10月马歇尔将军路过巴黎同我们会见以后，我们就再没有抱过任何幻想。

盟国是否可以只同意供应我国第1军各师、后勤机关以及后备军所准备吸收的十万增援人员的装备呢？连这一点也不肯。盟国借口参谋本部的供应计划已经制订，总是不肯把这些增加的人员考虑进去。我国的军需部只能给第1军补充一些必要的给养和被服，其他方面则只能因陋就简，另想办法。

由于孚日地区的冬天对于黑人的健康很有妨碍，我们便把在战斗法国第1师和殖民第9师中服役的原籍中非和西非的两万名士兵调到南方，而由这样装备起来的同等数目的游击队来替换他们。几个经过两年苦战的北非团队又返回了他们的原驻地，同时，由内地军中抽出的军队接收了他们的武器，接替了他们的战斗岗位。塔西尼将军充分利用了他预先给自己军队准备的武器，把这些武器分配给新的部队。最后，各个梯队都设法多弄到了一些武器，有的是从美国军械库领新武器代替报废的武器，然后把报废的武器加以修理照常使用；有的是不怕有失身份，把我们手边的盟军的装甲车、大炮和汽车都利用起来。唉，我们现在太穷了！为了恢复我们多少世纪来一向富裕甚至可以任意挥霍而今天却万分贫乏的实力，我们不得不采取一切手段。但是不管怎样说，第1军的补充人员总算有了必要的装备。

9月23日，我去视察这支军队。我同迪特尔姆和朱安一起在多尔附近的塔沃着了陆。我们首先到了贝桑松司令部，第二天在阵地巡视了一遍。那时第1军正加紧向德军阵地推进。塔西尼将军依然保持着从地中海迅速进军的势头。他认为他的左翼如果越过孚日山脉进行猛攻，就可以一鼓作气攻下阿尔萨斯。在这个地段（第2兵团的地段），孟萨伯尔将军沿孚日山支脉向塞尔旺斯峰和隆尚展开了猛攻。他乐观果敢，不避危险，到各段阵地巡视，到处激励士气，使每个人都能发挥最大的作用。而且他无时无刻不关怀部下，对自己却从不在意。这一段时间，我想奖励忠心报国的人，只听到他反复强调别人的功绩，而从来没有谈过他自己。

第1兵团在吕尔至洛蒙之间形成了第1军的右翼。我看到这支军队正在建立自己的基地，准备打开贝尔福隘口。由于他们的战地十分狭窄，而德军部署的力量又相当雄厚，他们的行动是非常艰巨的。但是，负责这项行动的将领似乎能很好地完成任务。伯都亚特将军绝不希图侥幸，他是一个善于周密制订计划又能以同样精神执行计划的人。他这种表现博得了部下的信任，但有时也使他的上级焦急。

塔西尼将军只有在大获全胜时才表示满意。他的热情近乎沸腾，他敏感、好强，一向希望事情做得无可指摘，好像事态的演变是个人的事情一样，却又难免失之过细。他对待部下铁面无私，毫不留情，但是由于他威望很高，他的部下并不计较这些。

在视察时，我和指挥战斗的塔西尼将军接触过不少次。虽然人们责备他有怪癖（其实那是他的优点表现得过分了），但我一直认为他是最有指挥韬略的人。这绝不是由于我们之间存在着友情而对他有所偏袒，而且为了国家的利益我也会干预他的权限，但我一直相信他能够完成委托给他的任务。此外，在我们的相互关系中，特别是我在场时，他不仅经常表现出忠诚精神，而且对由我肩负重大使命一再表示具有充分的信心。

那一天，他陪同我视察了部队和后勤机关。那里人人喜形于色。他们在进行了胜利的追击以后，是理应感到自豪的。不仅如此，他们还个个容光焕发。从技术上讲，他们也不亚于任何人，人们很容易看出，如果条件相同，他们的成就至少可以与英美军相媲美。关于这一点，德军是最了解不过的，因为他们总是用相当大的兵力来对付我国的军队。

我也清楚地看到，由非洲军和内地军混合编成的军队同样能够很好地完成任务。这并不是说来自不同地区的军队之间的地区观念已经完全消除。“战斗法国人”对任何人都保持着一种唯我独尊的态度。参加地下斗争的人们，由于长期处在被搜捕和朝不保夕的困难情况下，很自然地会认为唯独他们才有权代表抵抗运动。阿尔及利亚、摩洛哥和突尼斯等团，尽管不久以前还有互不相同的倾向，现在却表现了共同的多疑心理，有了结成一个集团的迹象。但是，不管走了多少弯路，命运终究把他们集合到一起了，为同一目标并肩作战的愉快心情，毕竟在士兵、军官和将军的心中占有压倒的优势。应该指出，从我们经过的城市和村庄的居民所表示的欢迎来看，不容许对群众的心情有任何怀疑。尽管法国军队在重建时受到极为不利的条件限制，但他们的确表现了从未有过的优良品质。

第2装甲师的情况是最好的例子。9月25日，我离开塔西尼将军的战区，到摩耶、瓦蒂麦尼尔、日尔伯维视察第2装甲师。该师在停留巴黎的短短期间就收容了数千名参军青年。同时，它像磁石吸铁那样自然地把物资吸拢来。总而言之，它什么也不缺。9月10日，这个师在肖蒙以北渡过马恩河，在以后的几天，边战边进，攻占了安德洛和维台勒，之后又向东佩尔推进，击退了德国大批坦克的反攻，最后逼近默尔特河，在那里守卫战线上的一个地区。勒克莱尔和他的军官们不习惯于这种停顿状态。我号召他们头脑要冷静，因为决定性的行动完全同天才一样，是长期耐心磨炼的结果。勒克莱尔看中了前面已经陷于孤立的巴卡拉城，准备在适当的时机攻下它。

一个月以后，我又去视察我们的军队，看到他们已经准备随时执行艾森豪威尔关于不久即将开始全线反攻的命令。在10月最后的几天，法国战区的人们表现得十分焦急。不论从瑞士还是通过战线从孚日山、贝尔福和阿尔萨斯来的密使，都恳切地要求我军向前进攻。我首先视察了热拉尔多所指挥的空军大队，我知道它已经像我们所要求的那样，从盟军司令部接受了主要支援法国军队的任务。我在出发阵地上巡视了一遍，人人充满乐观的精神。塔西尼将军问我："在失败的时候，您想到过这种情况吗?"我回答道："正因为我预料到了，今天我们两个才都在这里。"

我在全国奔走并视察军队，收到了预期的效果。但是，如果没有实际的部署，这种效果是不会持久的。关于这方面的计划，在阿尔及尔就已经制订了。这一点我们是可以自慰的。因为，虽然政府迁至巴黎以后情况还很混乱，但是我在多事之秋所召集的内阁会议并没有敷衍塞责，在几个星期内，政府就采取了全面措施，没有听任国家自行发展。

困难越大，就越需要治理。在摆脱巨大的骚乱以后，首要问题是使全国重新投入生产，其中最重要的条件是使工人能够生活。7月16日政府在阿尔及尔就决定："解放以后，刻不容缓的问题是大幅度增加工资。"8月28日，巴黎解放的第三天，负责解放地区的部长勒·特劳盖召开了一次各部秘书长会议，建议把工资提高40%。9月13日，内阁会议通过了这个平均数。10月17日，另外颁布了一道命令，把家庭补助提高50%。这次增加的工资和家庭补助看来很多，但是若以1938年10月的指数为100来看，那还是很低的，因为工资的平均水平只达到225，而官方规定的物价指数已经从100增长到300，某些物品的实际价格甚至涨到1 000。

但是，假使货币贬值，国家破产，增加工资和报酬又有什么用处呢？从这个观点来看，我们真是如临深渊。是的，敌人对公款的征用（5 200亿法郎！）已经停止。可是国家必须支付作战费用，需要陆续修复铁路、港口、运河、发电厂、桥梁工程等等，否则就谈不到任何恢复。同这样庞大的开支相比，收入是远远不够的。9月份国家的经济活动下降到战前1938年水平的40%。另一方面，货币流通额和短期债务额分别达到6 300亿法郎和6 020亿法郎，为战前四倍多。这笔巨大的开支和如此缩小的生产是完全不成比例的，因此物价终有一天会发生不可抗拒的上涨危险。为了供给国库资金，同时制止通货膨胀，必须大量发行公债。

这就是"解放公债"。财政部长安德烈·雷贝尔克为我们制定了具体的发行办法。11 月 6 日开始发行利息三厘的长期公债和无息公债，11 月 20 日结束。领导这项工作的安德烈·雷贝尔克本人在执行任务中牺牲了，他为人忠诚可靠，在诺尔省推行认购公债的旅程中，由于发生了事故而死去。11 月 19 日，在发行公债结束前 30 小时，我向全国发表了广播声明，指出已购公债的数字是一项成就，但是随后我又补充说："我所要求的是一次胜利！"

结算结果，解放公债共发行了1 650亿法郎，相当于今天的12 000亿法郎。公债有 1 270 亿法郎是"现款"，其余是国库债券。公债总额的三分之一是在最后一天中认购的。如果考虑到当时全国所陷入的巨大经济困难已经使几乎每个法国人都一筹莫展，再注意到自从第一次世界大战以来任何一次募集都未获得同样的或类似的成绩，那么，完全可以认为，这是法国人民信赖祖国的巨大胜利。钞票流通额很快就从 6 300 亿法郎减到 5 600 亿法郎，短期债务也从 6 010 亿[①]法郎减到 5 550 亿法郎。通货膨胀恶性发展引起的巨大危险一扫而光了。另一方面，国库收入的公债资金以及根据 10 月 18 日命令没收的非法利润，使我们勉强可以支付作战费用和恢复动力工业及交通事业等额外开支。加上税收，国家也有了维持必要开支的经费。

除此以外，还必须使国家能够控制事态的发展。由于存在着各种思想流派，激起了不同的情绪，稍遇挫折就会引起骚乱，使国家权威蒙受损失，因此，必须完成两项急迫的任务，那就是惩办投敌分子和保证公共秩序。应该立即严格实行，否则将永远无能为力。因此，我们采取了必要措施。

9 月 13 日，政府命令按照 6 月 24 日命令的规定成立特别法庭。每一地区成立一个特别法庭，由一名法官担任庭长，由上诉法院院

---

① 原文如此。前面谈到的短期债务为 6 020 亿法郎。

长任命一个陪审团。可以参加陪审团的公民名单由共和国委员负责拟定。这种法庭应按照法定手续和保证（有辩护权，可以向最高法院申诉，或向国家元首上诉）来审讯通敌分子。特别法庭正式行使职权后，地方当局应立即将内地军在抗战期间建立的军事法庭解散；专横的逮捕正式成为非法行为；罚款应被认为是不折不扣的诈财行为；草菅人命是严重的犯罪行为。几乎玷污抵抗运动名誉的报复行为逐渐停止了。还会出现某些非法监禁、抢劫或暗杀案件，罪犯都将依法从严惩办。不过，这种残余的冲动行为终究是极个别的。

以谋杀或告密手段害死抵抗运动战士的法国人中，有 10 842 名未经正式审讯即被处死，其中有 6 675 名是在解放前的游击战争中被处死的，其余是在解放后被镇压的。此外，经法院和军事法庭正式审讯而处决的有779人。这个数字本身实在令人痛心，但是同他们的罪恶及其严重后果比较起来，这个数字是很小的；如果同那些曾经投降和投敌而现在感到绝望的狂人所夸大的数字比较起来，那就差得更远了。但是，无论如何，事情本身是令人痛心的，何况这些人的犯罪动机并不都是那样卑鄙。民兵、职员、警察、宣传员中有的只是由于盲目服从命令才走入歧途的。有一些人是为冒险的幻想所引诱。还有极少数人觉得自己完全正确，是在维护相当高尚的事业。他们固然都犯了罪，但也有很多人并非懦夫。在民族灾难中，法国人又一次为敌对双方流了血。祖国看到自己最优秀的儿女为保卫她而牺牲了性命。她怀着自豪和爱怜的心情痛楚地祝他们安息。可惜！也有一些儿女投入敌人的阵营。祖国同意给予他们惩罚，但也暗暗地为这些死去的儿女伤心落泪。让时间安排一切吧。终有一天，眼泪会流下，愤怒会平息，坟墓会消失，但是，法兰西却要万古长存。

自从法庭开始工作以后，除了正规军以外，任何武装部队都没有理由继续存在了。但是，有好几个组织，首先是“民族阵线”，仍然不顾发布的指示，坚持要自己掌握一些准军事人员。这些“爱国民兵”的借口是预防“法西斯主义卷土重来”。但是，人们也感觉到他们正准备随时向政府施加压力，企图控制它或夺取政权。在幕后操纵他们的无疑是军事行动小组委员会。这个委员会的极端暧昧的行为必须停止。不顾几位部长的反对和各委员会的斡旋，我坚决要政府明令解散民兵。10 月 28 日，命令下达了，公布了。

如我所料，反应是十分强烈的。29 日，星期日，全国抵抗委员会要求会见我。我在私邸以关怀和友好的态度接见了这些昨日的战友。他们一致要求我改变头一天的决定，对此我只能拒绝。抗议最激烈的是那些代表温和派的人，这是共产党人做工作的结果呢，还是某些“好心人”往往有的那种幻想的结果呢？与他们相反，“党”的代表却在会见中保持谨慎态度，这也许是他们已经看出大局已定，也许他们打算以另一种方式发泄他们的怒火吧。31 日，在内阁会议上制定了详细规定，国家军队或警察以外的一切武装应立即解散，必要时可以运用权力来做到这一点。没有省长的正式许可，不准任何人持有武器，违者严惩。一切私人武器应在一星期以内送交警察局或宪兵队。号召“有志保卫共和制度和共和权利的公民”进行登记（实际上登记的很少），以便政府当局在必要时征召他们入伍。

不知道是巧合还是故意挑衅，在第二天，即 11 月 1 日，有一列军用车在塞纳河畔的维特利被炸毁了。死 30 余人，伤百余人。这一不幸事件恰恰发生在我到瓦利良山在伊夫里公墓和万森堡向抵抗运动的阵亡战士致诸圣节①敬意的上午。共产党立刻断定这是“法西斯第 5 纵队干的勾当”。11 月 2 日，“党”的政治局在一份公

① 诸圣节即 11 月 1 日，次日是追悼死者的日子，从 1 日晚上开始。

告中援引“维特利爆炸事件”，强烈地攻击了解散民兵的戴高乐将军。政治局宣布说：“政府主席再一次表明他把法国抵抗运动看得无足轻重。”两天以后，民族阵线在冬季赛车场举行了一次群众大会。会上发言的人纷纷提出抗议。11 月 25 日，沃克吕兹省蒂莫讷堡爆炸了一枚炸弹，炸死住在那里的共和保安队卫兵 32 人。事后经过调查，未发现肇祸人。但是事态的发展似乎说明，民兵事件就此收场了。仅存的一些非法武装部队也销声匿迹了。以后再没有发生秘密爆炸事件。

国家的利益要求曾经在第一线战斗的人们也来参加恢复事业。但是，除了共产党的领导人有一个十分确定的目标以外，所有参加抵抗运动的人几乎都没有一定的方向。在敌人逃走、维希政权倒台的时候，他们都企图能像歌德著作中的浮士德那样说：“时间！你停下来吧。你是多么美丽呀！”是的！解放了，他们就不能继续从事过去的活动了。他们开始怀念过去。何况这些既有热情又有冒险精神的人，都是在最危急的时刻迷上地下斗争的，这种斗争方式也有不利的影响，使他们难以摆脱。他们中的战士都设法参加了军队。但是大部分“政治家”，不管从前是政治家或者现在才成为政治家，都急于进行国务活动。他们希望有一个场合，让他们阐明自己的主张，而且有些人还千方百计要爬上领导地位。

在我这方面，则努力使政府同一个最有代表性的议会联系起来。关于在本土建立政权的法令已经规定，阿尔及尔的咨政议会扩大以后将移到巴黎。这并不是说我想把行动的职能交给这样一个议会。我知道，尽管言词激烈，议会是不敢采取行动的；我也了解，由于争权夺利，抗战人员已经分裂，所以我绝对不能希望他们的代表真正支持既定的方针。不过，我希望议会至少可以支持我国人民心神向往的复兴计划。无论如何，我认为还是给他们的沸腾的热情找到一个发泄的场所好些。况且，怎么能够忽视这样一个议会向政府提出的意见以及它可能给政府带来的国际声誉呢？10 月 12 日，另一道命令规定了新咨政议会的组织。

这个新政咨议会包括 248 名议员，其中有 173 名是各抵抗运动组织的代表，有 60 名议会议员，12 名海外领地议员。特别是有 18 名全国抵抗委员会的成员参加了这个议会。议会丁 11 月 7 日召开会议。会址在卢森堡宫，因为我坚持要把波旁宫留给将来的国民议会。在阿尔及尔就任议长的菲利克斯·古盎当选为新咨政议会的议长。9 日，我出席第一次工作会议，主持了开幕典礼。

当我登上讲台代表政府向大会致敬的时候，我看到整个半圆形会场上坐满了全国抵抗运动以及各种政治见解的代表。全场的人都向我鼓掌致意。参加会议的人和我一样深切地感到这次会议是法国在经受不可估计的灾难以后的一个巨大成就。的确，法兰西遭受的压迫现在结束了，解放的巨大动乱也结束了。在避免了起锚时沉没的危险以后，重新给我们的国家这只大船打开无边无际的自由海面的重大工作，现在完成了。

巴黎光复已经十个星期。在这短短期间所做的工作决定了多少事情啊！人民同领袖之间的联系建立起来了。各种各样反对国家权力的争论也都解决了。国家正在执行它的权力。政府正在工作。军队统一了，扩大了，士气比任何时候都高，他们在阿尔萨斯附近、阿尔卑斯山区和大西洋海岸同我们的盟军并肩战斗。行政走上了轨道。司法正在行使职权。公共秩序已经建立。重大而广泛的改革正在进行，为全国人民排除了骚乱的威胁。经济破产避免了；国库相当充裕，币制也暂时稳定下来。最主要的是，法兰西又苏醒过来，并且看到了自己的前途！

前途还要经历最后胜利以前的种种考验，以后还要实现复兴才能得到。战争一天不结束，我就要对此负一天责任。但是，今后的问题主要将由今天聚集在卢森堡宫大厅、团结在我周围的这些人来决定。因为，以后人民会选举他们为自己的合法代表。只要他们像对待战争一样团结一致，努力恢复建设，一切希望就都有保证。反之，如果他们离开我，各行其是，争权夺利，国家就还要走向衰亡。

但是，我们先看现在。正在作战的法国回到自己的家园了，现在的问题是：她还应该重新出现在国际舞台上。

第二章 地位

世界各国都在注视着解放了的法兰西。多少世纪来这个国家一直在世界上居于首位，不久前她在令人难以置信的灾难中遭到沉沦，但是，她的某些儿女为她进行了坚持不懈的斗争，今天她又宣布为主权国家，而且成为参战国之一了。她是以怎样的姿态重新出现的？她要走上什么样的道路？又将赢得什么样的地位呢？

世界各国都在注视着解放了的法兰西。多少世纪来这个国家一直在世界上居于首位，不久前她在令人难以置信的灾难中遭到沉沦，但是，她的某些儿女为她进行了坚持不懈的斗争，今天她又宣布为主权国家，而且成为参战国之一了。她是以怎样的姿态重新出现的？她要走上什么样的道路？又将赢得什么样的地位呢？

人们认为，来到巴黎的戴高乐将军，无疑地暂时还要领导着一个政府。但是，他究竟能对什么人和什么事行使权力呢？这位领袖既没有君主的委任，也没有议会的委托，更没有经过公民投票选举，他本人又没有任何政治组织，难道世界上性格最不稳定、最难约束的人民会长期追随他吗？在这疮痍满目的国土上，在贫困不堪的人民中间，在政治见解严重分歧的局面下，他是不是会遇到一些无法克服的困难呢？还有，在抵抗运动中壮大起来的共产党，看到自己面前只是一些乱糟糟的党派和凌乱不堪的警察、司法组织和行政组织，谁能保证他们不来夺取政权呢？各国政府在对法兰西临时政府采取明确的态度以前，是要看看法国动向的。

但是，人们必须承认法国已在向好的方向发展。没有内战，没有社会骚动，没有军事叛乱，没有经济破产，政治也没有陷入无政府状态。恰恰相反！法兰西在一个实际上毫无争议的政府的领导之下，在苦难中重新实现了平衡，并正在积极重建，正在发挥自己的战斗力量。我们国家就是以这样的姿态出现在其他国家面前的，尽管她还带着一些阴影。盟国和中立国再也不能拖延同我们建立正常关系了。

诚然，如果早些时候采取这种做法，那些同我们并肩作战的大国，就会在我们最近刚刚克服的危险局面中给予我们巨大的精神援助。但是，美国总统的疑心，英国首相的抱怨，使这种决定拖延到不能再拖的时候。现在他们再也没法等待了！况且美国对友邦法兰西所采取的无理态度，已使选民忍无可忍，因此想再度当选为总统的富兰克林·罗斯福，就不得不亲自来处理这个问题。美国大选预定在 11 月 7 日举行。华盛顿、伦敦和莫斯科三方面是在 10 月 23 日同时正式承认法兰西共和国临时政府的。白宫和唐宁街为了挽救自己的面子，说艾森豪威尔认为现在可以“把他在法国领土上的权力移交给戴高乐政府”了，就好像这位总司令在法国领土，除了对自己的士兵以外，真的——哪怕一分钟也好——执行过这种权力似的。所有迟迟不肯承认我国政府的国家，看到“大国”在不可违抗的事实面前低头以后，也都同我们恢复了正常关系。当然，我们对那些拖到最后才办理这种手续的国家并不表示感谢。因此，在 10 月 25 日记者招待会上，当有人问我“对盟国承认法国政府一事有什么感想”时，我只回答说：“法国政府为别人愿意称呼它的名字而感到高兴。”

在占领时期一直关闭着、占领时期结束以后也只是半开半闭的各国驻巴黎大使馆的门又敞开了。我们在阿尔及尔时期的那些外交官陆续前来向我呈递国书，而且这一次他们的名义不再是模棱两可的了。华盛顿派杰斐逊·卡弗里来代替埃德温·威尔逊，他是盟国使节中我们唯一不认识的一个。至于那些中立国家，因为它们在维希政府方面所建立的外交使团已经解散，所以法国政府欣然接受了它们派来的新使节。只有在罗马教皇驻法公使方面发生了问题。梵蒂冈本想委派前驻贝当元帅政府的代表瓦勒利阿·瓦勒利主教为驻戴高乐将军政府的使节，我们认为这是不能接受的。以后经过几番周折，圣座[①]就委派隆卡利主教为大使一事，征求我方同意。我们立刻同意了。在瓦勒利阿·瓦勒利主教回国时，我们也向他表示了对他个人的崇高敬意。

我们也相应地增派和更换了我们的驻外使节。勒内·马西格里驻伦敦，亨利·庞内驻华盛顿，雅克·马利丹驻梵蒂冈，贝契柯夫将军驻重庆。我们驻盟国的代表从此恢复了传统的名义。驻马德里、安卡拉、伯尔尼、斯德哥尔摩、里斯本等地的大使也都正式就任。我们的外交部曾长期变成了睡美人宫[②]，现在又活跃起来了。外交部长乔治·皮杜尔在秘书长雷蒙· 勃吕热尔的协助下，担负起了突然繁重起来的外交事务。

德国战败以后，欧洲将发生什么变化，德国应该有怎样的命运？根据事态的发展，这些重大问题很快就要提到日程上来。人们可以相信，我最关心的也是这些问题。

在这一辈人中，法国被迫同莱茵河彼岸的邻国进行了三次战争。第一次，割让领土，蒙受了奇耻大辱。第二次，不错，是我们战胜了，并且收复了阿尔萨斯和洛林，但是我们受到的损失非常大，破坏也极为惨重，致使我们民穷财尽，濒于破产。同时，盎格鲁-撒克逊国家由于别有用心，利用我国政府执行政策缺乏连贯性的时候，迫使我们放弃用管制德国和以莱茵河作边界为代价而换得的保证和赔偿。在第三次战争中，我们的军队刚与敌人接触就被打得一败涂地，政府屈膝投降，国土遭到占领，人民遭到有计划的掠夺和强迫劳役，有 200 万人被拘禁，法国的独立和主权能够在法兰西帝国最边远的地方保持下来，无疑是一个奇迹。在那里逐步地建

---

① 对罗马教皇的称呼，或译作“教廷”。

② 睡美人出自法国文学家查理·贝洛的一篇寓言故事。故事讲述一位公主在受洗时忘记说出一位仙女的名字，结果这位公主被罚睡 100 年。

立了一支军队，同时法国本土也开展了抵抗运动。法国依靠巨大的军事力量、巩固的政府和团结一致的意志参加了本国的解放事业。从此以后，确信胜利一定属于自己。但是事情特别明显的是，胜利以后，由于力量大为削弱，她在世界上的地位，海外领地对她的拥护，甚至她自己生存的基础也都要长期受到影响，除非她把握住当前这个机会——也许是最后一个机会——来恢复自己的力量。这就是我要达到的目的。

为了使法国的复兴成为可能，必须消除日耳曼主义的侵略势力。在已经出现的危险世界中，法国由于有一个多次表现好战的邻国而有可能重新处在战争威胁之下，这与我们经济的发展、政治的稳定和思想的平衡是绝不相容的，如果我们没有发达的经济、稳定的政权和平静的思想，那么任何努力都是徒劳。事实上，由于德国的削弱、盟国的占领以及东部领土的合并，可能在今后几年内不会发生更坏的事情，可是再往后呢？马上就要垮台的德国人失败以后，要朝着什么方向发展呢？他们能够放下屠刀走和平道路吗？即使如此，他们的这种转变能够持久吗？由于在这方面情况的演变，我们的安全条件也显然要随着发生变化。但是，在我们确实了解这一切之前，我们必须按照日耳曼主义仍然有危险的情况来行动。在允许人数众多的德国人能够生活、进步、同我们和全世界共同合作的条件下，我们应该取得哪些保证呢？

不许可再次建立中央集权的德意志帝国！按照我的意见，这是防止德国危险势力再起的首要条件。每当一个有统治欲望和野心的中央政府无视德国各州的特点而控制它们的时候，帝国主义就会出现。这一点我们在威廉二世和希特勒时代看得太清楚了。相反的，假使日耳曼民族的每一个州可以独立存在，各州按照自己的方式管理自己的事务，处理自己的利益，就很可能避免这样组成的联邦走上奴役邻国的道路。如果把作为战略物资来源的鲁尔区置于国际管制的特殊制度之下，就更容易防止这个联邦走向奴役邻国的道路。另一方面，莱茵地区当然要由法、英、比、荷四国军队占领。但是，如果莱茵地区的经济和西方国家集团发生联系——并不排除德国的其他部分也参加这个集团，如果莱茵河本身真正变成自由的国际河道，那么有必要互通有无的各国之间就可以建立经济合作。最后，一定要使萨尔区自成一州，完全保持德国的特点，而在经济方面则与法国联合，以该区的煤炭抵补对我国的赔偿。这样，既使日耳曼人各自保持自己的特点，又使他们转向西方，结果只能使他们丧失战争的手段，而不会丧失向前发展的手段。况且，法国人根本不打算兼并任何一块德国土地。这样，就不会关闭我们两国实现和解的大门。

我对未来德国的这种看法，同我对欧洲的看法是有密切联系的。近 30 年来欧洲经历了可怕的分裂并且在全世界发生了巨大的变化以后，只有通过斯拉夫、日耳曼、高卢和拉丁各民族之间的协作，才能恢复欧洲的安宁与和平。当然，必须考虑到苏联制度的专制性和侵略性。一切迹象表明，克里姆林宫要利用专制手段，并以中欧和东欧各民族团结一致以防止德国侵略的危险为借口，企图把维斯杜拉河、多瑙河流域以及巴尔干半岛各国置于自己的统治之下。但是，在来自德国的威胁消失以后，那些附庸国迟早会不再忍受这种毫无道理的从属关系，同时苏联人本身也就会失去向外扩张的野心。如果克里姆林宫坚持要实行这种统治，势必要引起在它阵营中国家的不满。因为，凡是违背民族意志的制度都是不能持久的。此外，我认为只要西方盟国及时地一致向克里姆林宫的统治者采取坚决行动，就能保持住波兰、捷克斯洛伐克、匈牙利和巴尔干半岛国家的独立。具备了这些条件以后，欧洲的统一从冰岛到伊斯坦布尔，从直布罗陀到乌拉尔——就可能通过各国人民的协作得到实现。

这是我设计的蓝图。我非常清楚，这样的问题绝不会像自己所希望的那样完全实现，因为我考虑到，由于我国受到削弱，我的政策对外缺乏威信，在国内又得不到支持；但是我确信，法国在这方面还可以起很大的作用，能够作为一个大国为本国和全人类的利益贡献很大的力量。首先必须争取参加大国会议，而美、苏、英三国在没有我们参加的情况下对有关问题进行了各怀鬼胎的争论。

从做到同他们平起平坐这一点来说，我们的起点实在太低了。美、英、苏、中四国的代表为筹备未来的“联合国组织”而在9月和10月召开的敦巴顿橡树园会议，并没有让法国代表参加。关于领导这个组织的“安全理事会”，会议同样决定只由四“大国”组成。美国参议院外交委员会主席康纳利说：“这样很好！因为美、英、苏、中四国为世界其他国家流出了自己的鲜血。至于法国，在这次战争中只是以一个小国的身份参战的。”伦敦的欧洲委员会已经成立一年多，英、美、苏三国政府的代表在这个委员会里，在没有我们参加的情况下讨论了有关欧洲特别是有关德国的问题。9月，美国总统和英国首相为了确定他们的立场，在魁北克进行了会晤，但什么也不通知我们。10月，丘吉尔和艾登到莫斯科，跟斯大林和莫洛托夫达成了协议，双方都没有通知我们在那里做了哪些决定。一切迹象似乎都表明，盟国进行协商时将继续坚持排斥法国的立场。

我们无法直接制止这种排挤我们的举动，但也只有我们自己才能使那些排挤我们的人不再采取这种行动。因为关于欧洲的问题，首先是德国问题，任何不经法国同意而作出的决定都是无法付诸实行的。不久以后，我们将用一支坚强的部队向莱茵河和多瑙河进军。战争一结束，美国就要回到它的西半球，英国将回到它的岛上，只有法国仍然屹立在旧大陆上。只要我们愿意，我们就有法子打破我们的三个伙伴强加给我们并要我们消极认可放弃权益的局面。我们的国土解放了，政府重新建立起来了，全国的秩序恢复了，所有这些情况证明我们能够参加他们的行列。10 月 30 日，我们邀请丘吉尔和艾登先生到巴黎来访问。同时，出于礼貌的关系，我们也不抱任何奢望地向罗斯福先生和科德尔·赫尔先生发出了同样的邀请，但是这项邀请被婉言谢绝了。

丘吉尔和艾登于 11 月 10 日来到巴黎。我们热烈地欢迎了他们。在欢迎他们时，巴黎人简直喊破了嗓子。我和皮杜尔以及几位部长到奥利机场去欢迎他们，然后陪同首相前往外交部，我们请他在那里下榻。第二天是庆祝胜利的日子。我们前往拜谒无名烈士墓和检阅军队以后，丘吉尔和我同乘一辆汽车在暴风雨般的欢呼声中来到凯旋路。首相在克里蒙梭像前献了一束花，在乐队依照我的命令奏起了《胜利之父》歌曲的时候，我对他说："这是为了您！"对此，丘吉尔是当之无愧的。随后，我回忆起一个天气很坏的夜晚，他在契克斯首相别墅一字一字地给我唱过保罗斯的老歌曲。我们在巴黎荣军院瞻拜了福煦的石像。以后这位杰出的英国人在拿破仑墓前俯首默念致敬。他向我说："世界上没有比他更伟大的了！"在陆军部——当时的政府主席官邸举行的国宴上，宾主互相致词，宴会在友好的气氛中结束。

宴会后，温斯顿·丘吉尔向我说，他所看到的和所听到的都使他十分感动。我问他："您愿意谈一谈最使您感动的事情吗？"他回答说："啊！最使我感动的就是法国人一条心！我们，即您和我，在法国过去的事件中受到那么多口头和书面的攻击和侮辱，但是我看到，我们每到一个地方都掀起一片热潮。可见，法国人民从心里拥护曾为他们效力的您，以及曾在这方面向您提供帮助的我。"丘吉尔补充说，他对仪式的秩序井然也很感动。他向我坦率地说，英国内阁是经过长时间的讨论才批准他到巴黎来的，因为他们对巴黎的混乱十分担心。实际上看到的情况却是各安本位，群众非常遵守秩序，完全懂得什么时候应该欢呼，什么时候应该沉默，最后是那些雄伟的军队——昨天的法国内地军——的军容严整的分列式。他对我说："我好像看到了一个复活的奇迹。"

当天，我们在圣多明尼克路我的办公处举行会谈，探讨法英在处理世界事务中进行合作的可能性。陪同丘吉尔的有艾登和达夫·库柏；我这方面有皮杜尔和马西格里。这一次是办正事而不是感情问题了，因而我们的客人说话又吞吞吐吐了。

关于向法国军队提供武器装备的问题，他们不肯答应给我们任何像样的援助，甚至不愿意支持我们向美国要求援助。在德国问题上，他们承认法国也应该有一个占领区，但是这个占领区在什么地方，始终是含糊其辞的。关于德国各州的未来制度，关于鲁尔区、莱茵河、萨尔区等等，他们更不愿意同我们谈任何具体的问题。不过，他们并没有向我们隐瞒，他们前几天在莫斯科同意了斯大林对苏联和波兰未来国界的提案，并且按照苏联的要求把三个波兰部长——米柯瓦依契克、德·罗麦尔、格拉布斯基——从伦敦送到苏联首都同"卢布林委员会"进行商谈，最后他们和克里姆林宫达成在巴尔干半岛划分势力范围的协议。丘吉尔说："在罗马尼亚，苏联人占90%，我们英国人占10%。在保加利亚，他们占75%，我们占25%。在希腊，则是我们占90%，他们占10%。在匈牙利和南斯拉夫，彼此各占一半。"当我们试探着谈到地中海东岸国家的问题的实质时，英国的首相和大臣采取了回避的态度。最后，关于印度支那问题，广泛地说，关于远东问题，他们的态度始终很暧昧。

听了丘吉尔和艾登的谨慎而又有礼貌的回答，我们觉得他们好像参加了一种不许我们插手的游戏，似乎对我们保持着其他人强加于他们的保留态度。但是，他们仍然一再表示他们对法国的信任，表示确信法国一定会恢复她的大国地位。他们提议立刻开始商谈法英同盟条约的问题。他们甚至给我带来了英、美、苏三国邀请我们同他们一起参加伦敦“欧洲委员会”的联合邀请书。

这是不可忽视的第一步。但它绝不能使我们满足。无论如何，根据我们的谈话，丘吉尔可以清楚地了解，除非让我们享有完全平等的地位，否则我们是绝对不会迁就的。他在以后的访问中也会继续看到，正如他在香榭丽舍大街得到的印象，法国人民是不会容许别人来干预自己的事务的。

11月12日，巴黎市政府为丘吉尔先生举行了欢迎会，根据他的要求，他不仅在那里会见了市议会的代表，而且会见了抵抗委员会代表、巴黎解放委员会代表以及很多位八月战士①。他对我说：“我去看一看叛逆分子！”他也许对会见他们中间反对戴高乐的人产生兴趣吧。回来后，他对我描述他感到惊异的事情时说：“我本来以为会遇到激动和骚乱的叛逆分子，不料却受到议员们或举止完全同议员一样的人们所组成的仪仗队的欢迎，穿礼服的共和国卫队向我敬礼，我被引进一个挤满热情而又理智的人群的大厅，不少人致了欢迎词，他们一定是准备竞选的。你们的革命分子可以比作我们的工党党员！这件事从公共秩序来看是很有利的，但从场面来看，就有些美中不足了。”下午，进行了一次有艾登和皮杜尔陪同参加的新会谈，英国大使馆又举行了一次宴会，接着我陪同丘吉尔访问了我们的第1军。

11月13日，丘吉尔先生在整天大雪纷飞的日子里看到了新生的法国军队，看到了整装待发的大部队、工作正常的后勤机关、正在办公的参谋部以及充满自信心的将军们，这一切都表明对于第二天就要展开的进攻已经完全准备好了。看来这些使他十分感动，他说，他比任何时候都更感觉到他对法国的信赖是正确的。

但是，丘吉尔这样的信赖还不能使他对我们采取一种可以复兴

---

①　八月战士，指1944年8月法军解放巴黎时在市内参加战斗的人。

欧洲，可以在近东、亚洲、非洲维护西方威望的团结一致的政策。他到我国来访问，也许是使他转变态度的最后机会。在我们单独谈话的时候，我曾试图使他转变态度。

我一再对丘吉尔说："您看到了，法国正在复兴。但是，不管我对她抱有多大的信心，我还是知道，她不会立刻恢复从前的实力。你们英国人将以许许多多辉煌的功绩结束这场战争。不过由于你们的巨大损失和耗费，英联邦中离心力的加强，特别是美国和苏联的地位上升，以及不久可以见到的中国的发展，你们的地位将要相对地降低到某种程度（这是极不合理的）！目前我们两个古老的国家都已衰弱下来，难以应付一个崭新的世界了。假使我们两国不携起手来，单独一个国家又能有多大力量呢？相反，如果英法协作，在处理未来的问题上采取一致行动，那就会有足够的力量，使一切不经我们同意或决定的事情都行不通。你们向我们建议的同盟条约应当以这样的共同意志为基础。否则签订一个模棱两可的文件有什么用处呢？"

我又说："维持欧洲的均势，保证莱茵河沿岸的和平，保证维斯杜拉河流域、多瑙河流域和巴尔干半岛国家的独立，以合作的形式使我们在世界各地进行过开发工作的那些国家的人民继续站在我们一边，建立一个不至于成为美国和苏联争论场所的国际组织，最后，不管社会的机械化程度怎样进步，在政治上仍应该承认人的作用要占首要地位，这一切便是我们在即将出现的世界中的重大利益所在，难道不是这样吗？我们要同心协力支持这些事业。如果您愿意的话，我可以立刻行动起来。我们两国人民是会支持我们的。美国和苏联是互相对立的，他们不能为所欲为。况且还有很多国家和世界舆论支持我们，因为这些国家本能地害怕大国。总之，英国和法国要像在过去30年的时间里它们曾两次并肩作战一样，它们要共同缔造和平。"

温斯顿·丘吉尔对我说："请您放心，我绝不打算让法兰西和大不列颠分手。这一点您已经看到了，并且我在最困难的关头为避免英法分裂而做的事情就是证明。今天，我就向您建议同我们缔结一项同盟条约。但是，在政治上同在战略上一样，用说服方法对待最强者，比与他们背道而驰要好得多。这正是我力求做到的事情。美国拥有无限丰富的资源，但是他们往往没有很好地加以利用，我想提醒他们，当然我不会忽略使我国得到好处。我已经同罗斯福建立了亲密的私人关系。我要启发他，以便引导事态朝着我所希望的方向发展。至于苏联，它是一头长期挨饿的猛兽。今天，它既来到驯顺的羊群里，是非开怀大嚼不可的。但是问题在于不要让它把羊群吃光。我要设法使斯大林克制一些，他的胃口虽然很大，但还不失为一个具有现实感的人。况且，饱餐以后还要消化，那时，困倦的苏联人就要感到难受了。到那个时候圣尼古拉①才能使那些被妖魔装在腌肉罐里的可怜的孩子复活。目前我参与各种交易，不同意没有任何代价地答应什么，并且要分到一些红利。"

丘吉尔一再说："至于法国，因为有了您，它又重新出现了。请您不要着急！大门已经打开了一道缝，以后就会为您完全打开。人们会理所当然地请您在管理委员会中占一席。到那时候，就没有任何东西妨碍我们共同行动，在此之前，请您尽管信任我好了！"

11 月 14 日，首相向我告辞，他到前方视察英国战区去了。艾登则已经返回伦敦。从他们同我们的谈话中可以看出：英国对于法国的政治复兴还是欢迎的；为了保持均势，顾全传统和安全，英国会越来越乐意帮助我们；英国希望同我们缔结一项形式上的同盟条约，却不同意我们跟它共同行动，它自以为可以单独对付莫斯科和

---

① 圣尼古拉（Saint Nicolas），是俄国水手以及儿童等的守护神，传说他曾使被屠夫杀害的三个孩子复活。

华盛顿，可以限制莫斯科和华盛顿方面的过分要求，同时认为可以从中得到好处。我们法国人愿意沿着我们认为合理而公正的途径帮助建立和平，但英国人认为，按照经验和妥协的方法处理才适当。总之，由于各国的地位和形势的格局还没有稳定，这就使英国认为，在有可能施展和扩大他们的野心的地方可以进一步追求某些具体目标。

在地中海地区的问题上，特别是这样。伦敦方面认为，雅典、贝尔格莱德、贝鲁特、大马士革、的黎波里，应以不同的形式来加强英国过去靠直布罗陀、马耳他、塞浦路斯、开罗、阿曼和巴格达在这个地区所取得的优势地位。这样，英国便可以使它不得不对苏联贪得无厌的心理和美国的老板作风所做的让步得到补偿。任何考验也改变不了人的本性，任何危机也改变不了国家的性质。

总之，我们看到了，在大国的俱乐部里，有多少会员就有多少极端利己主义者高踞要津。罗斯福在华盛顿向我透露了美国人的野心，这种野心虽然带有理想主义的色彩，实际上却是追求实利的。伦敦方面的领导人刚刚向我们表示，他们打算达到大不列颠的特定目标。现在，克里姆林宫的主人也要让我们知道，他们也只是在为苏联的利益而努力。

果然，在丘吉尔先生和艾登先生来法国访问以后，波格莫洛夫先生就马上积极进行交涉，请我到莫斯科去。既然法国又自由地和生气蓬勃地出现了，法国政府又在巴黎建立起来，直接同斯大林和他的部长们接触一下也正合我的意思。因此，我接受了他们的邀请，也同意了莫洛托夫和我国大使罗吉·加罗所商定的日程。按照日程安排，我偕同乔治·皮杜尔在苏维埃首都逗留一周，这样双方就可以互相了解在有关缔造未来和平问题上的观点了。也许有可能再通过某种方式建立法苏之间相互支持的关系，虽然这种关系曾屡次被否认和背弃，但是今天，面对着德国的危险和盎格鲁-撒克逊人称霸世界的野心，它还是符合事物的自然规律的。我甚至想建议缔结一项一旦德国威胁再起，法国和苏联采取共同行动的条约。这种假定的危险性无疑是不会立即发生的，但是法苏条约的签订将有助于我们从速打开参与处理欧洲事务的局面。

在我准备启程赴克里姆林宫以前，曾想公开提出法国对于处理未来事务的条件。为此，咨政议会曾就外交事务进行过讨论。发言人像往常一样，只谈到一般概念性的问题，对于具体问题却含糊其辞。所有的人都谴责希特勒主义，但是没有明确地谈出应当如何处理德国问题。他们对于我们的盟国表示百般热情，除了要求它们的友谊以外，没有提出任何要求。他们认为法兰西必须恢复她的国际地位，但没有指出走哪条路，用什么方法。我在 11 月 22 日发表的声明中，就尽量把我们的要求谈得更清楚些。

我首先指出："我们开始重新具备法兰西采取应有的外交行动的手段"，"几乎所有的外国政府现在都已承认共和国政府。至于德国，我们的大炮正在阿尔萨斯和其他地方用唯一适当的方法，就是说通过胜利，使它承认共和国政府……另一方面，我们参加了伦敦欧洲委员会和意大利事务委员会……我们最近同英国首相及外交大臣进行了坦率、广泛而友好的会谈……我们准备在不久即将进行的访问莫斯科期间同苏联政府进行同样的会谈……我们希望有一天在类似的条件下同美利坚合众国总统进行讨论"。我就是这样说明法国得到了应有的发言权，可以重新发挥她的作用了。

这种作用应该是一个大国的作用。我在提到未来的联合国组织以及我们希望参加安全理事会的意愿时肯定了这一点。我说："我们认为有能力在精神上和物质上在世界各地发生影响的国家应该共同承担这项推动和指导的责任……在我们看来，法兰西无疑的是这样一个国家。"我又补充说："我们准备再一次承担重大任务所要求的责任。另一方面，我们认为，关于欧洲的任何决定以及关于世界其他地区的重大决定，只要我们没有同其他通过这些决定的国家以平等地位参加讨论，我们将不受任何约束。”

最重要的是德国问题。“无论是关于德国领土的占领问题，对被占领地区的德国人民应采取的行政制度和他们将来应确立的制度问题，也无论是关于东南西北国境的确定问题或者应采取的军事、经济和思想方面的管制措施问题，以及关于可能脱离德国的居民的命运问题，只有在法国参加的情况下作出的决定，我们才准备执行。”我明确地指出：“德国问题的处理，只有按照天然形势在使莱茵河沿岸地区的基本安全得到保证的条件下，才是可行的。莱茵河不只是我国基本安全的屏障，而且是比利时、荷兰，更广泛地说也是英国的基本安全的屏障。”我在这样确定德国必须走和平道路的同时，还指出，法国认为，问题在于必须使建立统一的欧洲这件有益的事情能够实现。我宣布：“我们相信这一点，为此，我们希望首先通过具体行动实现莫斯科、伦敦和巴黎三极的联合。”

我们表示有意同意大利解决“赔偿我国损失”的问题，我们愿意“随后与意大利政府和人民建立关系，从而走向真诚的和解”，紧接着我又提到太平洋的事态发展，表示了“在那里尽最大努力来参加共同作战事业”的决心，表示了“收回敌人从我们手中夺去的一切”的意志，最后我说：“法国可能遇到了一个千载难逢的机会，她的人民会赢得无限美好的前途，足以弥补她所经历的惨重苦难。但是，如果我们不成为大国，我们就不能维护我们的权利，也就不能履行我们的义务……我们要不顾我们蒙受的损失和苦难，我们要不辞劳苦地恢复我们的实力！这就是今后法国的主要斗争目标！”

议会对我的讲话报以热烈的掌声，还一致通过了一项支持政府对外行动的议案。但是，在对外事务方面，我和“政治家”之间存在着分歧意见。这绝不是说，这些昨天和明天的议员对我所指出的具体目标持保留态度，而是说他们抱着敬而远之，实际上并不太关心的态度。他们对于影响舆论的理论的态度比对各国所应解决的边境、安全和均势等等问题更为关心。就是在理论问题上，他们也只满足于一些晦涩含混、娓娓动听的言词。

例如，当我谈论“打垮法西斯主义以后将到来的自由和正义的胜利”或是“法国革命任务”，大谈“民主国家团结”或“在各国人民合作的基础上缔结和约”时，代表们都表示能够领会。但是，当我明确地谈到莱茵河、萨尔地区、鲁尔区、西里西亚、加里西亚、地中海东岸国家、印度支那等等问题；当我表示对盟国在没有我们参加的情况下作出决定，那我们就要预先说一声“不!”；当我说明我们的命运同盟国的命运联系在一起，并不是因为英国是议会制，美国是民主制，苏联是苏维埃制，而是因为这三个国家都在打击侵略我们的敌人；这时候，与会者虽然注意聆听并且赞成，但是种种不同的迹象使人感觉到，他们认为这些见解太高深了。就目前的情况来说，我到莫斯科去，甚至在莫斯科缔结一项条约的意见，都会得到与会者的赞同。他们之所以赞同，是因为他们只把它看作是对一个盟国友好的表现。

11 月 24 日，我同乔治·皮杜尔飞往苏联。同行的还有朱安将军、巴莱沃斯基先生和德让先生等，波格莫洛夫先生作我们的向导。经过开罗时，我拜访了法鲁克王。这位年轻的国王精明睿智，洞察情势，他向我透露了埃及形势使他感到的不安。虽然他的国家没有直接参加世界冲突，但是他对希特勒即将崩溃这一点也表示高兴。不过，他也同样顾虑西方的胜利会动摇东方阿拉伯国家已经显然难保的均势。他预见到苏丹和埃及的联盟将要受到阻挠，特别是在巴勒斯坦将要建立一个犹太国家。在阿拉伯国家将产生这样的后果：极端民族主义的风波，对外关系的严重危机，国内的巨大骚动。

此外，法鲁克王表示了他和他的人民对法国的同情，他说："我们对贵国的未来充满信心，因为我们需要你们的未来。"然而当我指出他的政府曾就叙利亚和黎巴嫩走向独立的条件对我们提出严厉谴责的时候，他微笑说："那只是因为政治的关系！"我知道他本人是不满意英国人强加给他的首相纳哈斯的。在结束谈话时，法鲁克一世向我表示，他对法国侨民是尊重的，因为法国侨民首先促进了他的国家的进步。

我们旅行的下一站是德黑兰。伊朗的首都呈现出一种在三重占领下的城市所特有的紧张局面。英国人、苏联人和美国人都挤在那里，并且在命运悲惨的群众之上互相窥伺。上层波斯人满脸愁容。与此相反，文化界人士对法国却甚表倾慕。在我国大使皮埃尔·拉封邀请的几位著名人士在我国大使馆同我会见的时候，我从不少人那里得到了令人信服的证明。

伊朗国王在我拜访他的时候表现得十分友好，他忧郁地向我叙述了他的王国和他本人正处在三大国同时并存和它们提出种种无理要求的情况下，三大国的互相角逐，使他的国家和领土有发生分裂的危险。国王十分沮丧地向我请教说："请看我们到了什么地步，您认为我应当采取什么态度呢？您在国家最危急的时刻承担了救国的事业，您是有资格指点我的。"

我答复穆罕默德·礼萨·巴列维说，如果伊朗有必要让一个皇帝来代表国家的主权和统一，那么现在比任何时候更加需要，所以他本人不能以任何借口放弃王位。我肯定地对他说："在外国势力面前，陛下只能成为独立的化身。他们可能对贵国有所侵犯，对此，您必须不断谴责他们。如果三个占领国之中，有这一个或那一个为了自己的利益而企图取得您的协助，您不要被他们利用，即使因此会使您非常为难，也应该坚持下去！您的王权可能暂时变成斗下的灯光①，但是只要它有火，迟早会重新大放光明。”我向伊朗国王保证，只要法国的力量和威望得到恢复，一定竭力支持伊朗在德国威胁消除以后，为使三个盟国军队撤出它的国境而作的努力。伊朗国王向我表示感激，并且说我亲自给他提出的意见使他受到鼓舞。

11 月 26 日，我们在巴库着陆，在飞机场上听了苏维埃当局的欢迎词，接受了仪仗队的敬礼，并且检阅了仪仗队（仪仗队挺起胸膛，持枪行进，步伐整齐有力，的确十分雄壮，不愧为不朽的军队）。随后我们很快地被送进市内，以波格莫洛夫为首的主人在宾馆殷勤备至地接待了我们。我们本来希望能尽快赶路，但是，苏联人起先告诉我说，我们的飞机驾驶员不认识路线和信号，因此将由苏联飞机送我们；继而说初冬气候恶劣，飞行很不安全；最后说将有一列专车来接我们。总之，我们不得不在巴库度过两天，我们参观了那个半荒芜的城市，看了一次市立剧院的演出，读了塔斯社的一些报道，参加了几次丰盛豪华得不可想象的宴会。

专车叫做“大公”号，因为第一次世界大战时尼古拉大公乘坐过这节车厢。由于铁路情况恶劣，速度很低，我们在装饰华丽的车厢里度过了四天的旅程。每到一个车站都受到沉默的但显然是非常亲切的群众的包围。

我要求经过斯大林格勒，以便在这里向取得战争决定性胜利的苏联军队表示敬意。这座城市完全被毁坏了，无数居民正在废墟中劳动，政府当局正在大张旗鼓地宣扬重新建设的口号。我们绕战场一周。向导把我们引向一个倒塌的炼铁厂，那里有一座刚修复的熔铁炉已经开始出铁。以后参观了一个规模巨大的坦克制造厂，这个厂已经完全修复，重新装备起来了。我们走进每个车间，工人们都

① 语出《新约》，原意是不要把灯置于斗下，那样就放不出光芒来。

聚拢来同我进行友好的谈话。回来时，遇到一大群由武装人员押送着的人。人们向我解释说，这是要到工地去劳动的苏联犯人。我应该承认，这些犯人和“自由”劳动者一样很听话，从他们的衣服上也看不出好些或坏些。我把从法国为斯大林格勒市带去的荣誉宝剑送给市政府以后，参加了一次菜肴之丰盛和居民之贫困形成鲜明对比的盛宴，随后就回到了“大公”号列车。12 月 2 日，星期六中午，我们到达莫斯科。

莫洛托夫先生在火车站月台上欢迎我们，他周围还有很多人民委员、高级官员和将领们。各国使节也都前来欢迎。乐队奏起两国国歌，乐声响彻云霄。一营“军校学生”举行了雄伟的分列式。走出车站时，我看到广场上聚集着很多人，发出了对我表示友好的低语声。随后我到了法国大使馆，我个人愿意住在法国大使馆，以免为进行谈判而往返奔波。皮杜尔、朱安、德让则下榻在苏联政府为他们准备的住所。

我们在莫斯科逗留了八天。在此期间，我们和苏联人广泛地交换了意见、情况和建议。皮杜尔和德让在加罗和拉鲁瓦（他们的俄语都说得很流利）陪同下，与莫洛托夫和他的工作人员进行了多次会谈。我方军事代表团团长朱安将军在柏蒂的陪同下，和苏联参谋长安东诺夫进行了长时间的会谈。当然最重要的（这也是很自然的）是我同斯大林之间的会谈和活动。通过他个人的表现和所讨论的每个问题，我感觉到他是一个狡猾的、铁面无情而充满民族野心的对手。

斯大林受着统治欲的支配。他很会隐蔽自己的真面目和内心，不透露任何幻想、同情和诚意；他把每个人都看成眼中钉和危险物；他喜欢耍手腕，多疑并固执。革命、党、国家和战争，都给他提供了统治的机会和手段。他耍尽花招和手段，以非凡的胆略和智谋，以压制或清洗异己的办法实现了自己的统治。

从那以后，只有他一个人统治着苏联，他认为苏联十分神秘，比任何主义和制度都更强大、更持久。他有自己爱苏联的方式。而苏联本身也把斯大林看作是国家处于非常时期的沙皇，并且容忍着布尔什维主义，把布尔什维主义当作一种工具。团结斯拉夫人，粉碎日耳曼人，向亚洲扩张，谋求出海口，这是苏联的梦想，也成了这位独裁者的目标。要达到这个目的，必须具备两个条件：首先是把国家建设成一个现代化的强国，即一个工业国；其次是在时机成熟的时候，在世界大战中赢得胜利。第二个条件在付出空前未有的痛苦和伤亡的代价之后完成了。我会见斯大林时，他正在坟墓和废墟中实现第一个条件。他的运气很好，他遇到的人民是那样具有活力和耐性，他们在最恶劣的条件之下坚持劳动；他的国土拥有极其丰富的资源，可以用之不竭；他所遇到的盟国又是这样的盟国：他没有这些盟国，就不能战胜敌人，而盟国要是没有他，也绝难打败敌人。

我同斯大林一共会谈了 15 个小时左右，我看出了他那伪装得冠冕堂皇的政策。斯大林善于迷惑人，他是个用狡猾掩蔽起来的统治者、外貌和蔼的侵略者。他的偏见极为深刻，难免不时有所流露，但仍带有一种神秘的魅力。

我们的第一次会谈是 12 月 2 日晚间在克里姆林宫举行的。一架电梯把法国人送到一个长廊的进口，长廊上站着不少警卫人员，长廊尽头是一个宽敞的大厅，里面摆着一张桌子和一些椅子。莫洛托夫把我们引进了大厅，然后“元帅”出现了。经过一阵寒暄以后，我们围着桌子坐下来。斯大林无论在发言或不发言时，总是两眼看着下面，用铅笔乱画一些莫名其妙的字样。

我们一开始就谈到德国问题。在座的没有一个人怀疑德国在盟国的打击下将在短期内崩溃。元帅强调给敌人以最沉重打击的是苏联人。双方立即在原则上同意必须使德国不能再危害世界。但是，当我提到苏法两国由于彼此分离而使日耳曼的野心猖狂起来，并造成法国的失败，从而也使苏联领土遭受侵犯的时候；当我提出莫斯科和巴黎政府之间直接进行协商，以便确定一个共同向其他盟国提出的解决方案的基础时，斯大林不但不明确答复，反而一再强调每个问题都必须同美国和英国进行磋商。从这里我看出，他已经很有理由相信自己要什么，罗斯福和丘吉尔一定会答应什么。

他问我，法国希望从西方那里得到哪些保证。可是当我同他谈到莱茵河、萨尔区和鲁尔区的时候，他声明，这些问题只能在四国会谈时讨论。相反，当我向他提出德国东部国界的时候，他直截了当地说："东普鲁士、波美拉尼和西里西亚等原属波兰的领土应该归还波兰。"我说："难道说，这条国界线要一直延伸到奥得河吗?"斯大林明确地说："奥得河，甚至还要远些，到尼斯河，并且还要作一些有利于捷克斯洛伐克的调整。"

我指出，我们对于这些能够解决德国东部国界问题的地域上的变化，原则上没有反对意见。但是我补充说："请允许我提一下，在您看来，莱茵河问题现在不能解决，可是奥得河的问题却已经解决了。"斯大林沉默不语，只顾画着各式各样的道道和圈圈。过了一会儿，他抬起头来向我提出这样一个建议："为了使我们两国共同防御德国重新侵略，我们研究一下法苏条约吧。"

我回答说："我们完全同意，理由和我们从前签订法苏条约一样。"我不无恶意地补充说："甚至可以根据1935年签订条约的那些理由。"斯大林和莫洛托夫被我打中了要害，他们一致说，1935年所签订的条约是他们同赖伐尔签订的，由于赖伐尔的原因，这项条约的精神和条款从未实现。我说，我提到1935年的条约和1892年的盟约，是为了强调，面对着德国侵略的危险，苏联和法国采取共同行动是理所当然的。至于我们可能怎样履行新条约，我认为过去的惨痛经验足以使两国领袖接受教训。我补充说："从我这方面说，我不是赖伐尔。”双方同意由皮杜尔和莫洛托夫草拟条约的全文。

在以后的几天里，两国部长进行了多次会晤。他们互相交换了条约草案，双方的草案也十分接近。在这期间为我们安排了一系列的欢迎会、参观和游览。特别值得指出的是莫洛托夫在斯比里多诺夫卡所举行的午宴，作陪的有外交副部长德卡诺佐夫、李维诺夫、罗佐夫斯基。斯大林也参加了宴会。在吃点心时，斯大林举杯祝贺我们将要签订的同盟条约。他大声说：“这是一个真正的同盟条约，绝对不是赖伐尔式的条约！”我们两个人作了长时间的谈话。我向他祝贺苏军的胜利，当时托尔布欣所指挥的苏军主力正向匈牙利长驱直入。他不以为然地说：“咳！几个城市算得了什么！我们还要打到柏林和维也纳。”斯大林有时表现得很洒脱，很风趣。他向我说：“治理法国那样的国家并不容易呀，法国人都很容易冲动！”我回答说：“是的。为了治理法国，我不能向您学习，因为您的做法是无法仿效的。”他提到了当时法国政府已经允许返回巴黎的多列士的名字。斯大林元帅看我有些沉默不快，便说：“请原谅！我只是说我认识多列士，而且照我的看法，他是一个优秀的法国人。假使我是您的话，我决不把他监禁起来。”他又微笑地补充一句：“至少不立即把他监禁起来！”我回答他说：“法国政府是按照法国期望法国人所做的事情来对待他们的。”

另有一次，我们的主人在莫斯科大剧院请我们欣赏一场优美的芭蕾舞。又一天晚上，我们的主人在斯比里多诺夫卡为我们举行了一次大规模的招待会，出席招待会的有很多人民委员、高级官员、将领和他们的夫人，以及各国驻莫斯科的使节和盟国军官。他们让我参加了红军大厦的一次盛大的民间歌舞会。在所有这些礼仪中，莫洛托夫一直陪伴着我们，但他在接触到事情的实质时，说话总是很有分寸和特别谨慎的。在我们到法国人的圣路易教堂去参与弥撒的时候，他让别人引导我们前往，那座教堂是莫斯科开放的唯一天主教堂。我们去看拿破仑眺望莫斯科的麻雀山[①]，参观堆积着战利品的军事展览会，游览地下铁道，参观各种工厂、军人医院和一所通讯学校，莫洛托夫也都是让别人引导我们去的。在寒冷的大街上，无数行人一声不响地在雪地上疾走。我们所接触到的苏联人，不管是群众还是著名人士，都非常热情，乐于表示他们的同情，但是由于有抑制着他们天性的禁令，他们不能不有所顾虑。

对这样一个伟大的民族，我们法国人不能不尽量利用各种集会和外交礼节上的机会表示我们的友好和敬佩，我在法国大使馆招待了由苏联当局正式承认为“法兰西之友”的很多知识分子和作家。其中比较突出的有维克多·芬克和伊里亚·爱伦堡，他们两位都有卓越的才华。但是只能按照指定的方向和步调来运用这些才华。伯爵伊格那捷夫将军也在座，他曾经是沙皇驻巴黎的陆军武官，后来长时期作流亡者的领袖；他穿着一身和他的年龄很不相称的耀眼的制服，力求举止大方；但是由于身份关系，显得很不自然。让-理查·布洛克是逃到苏联的“避难者”，他以一种造作的姿态逐一向我介绍前来见我的人。这些人个个都坐立不安，十分拘束，好像都是受到羁绊的良马。有一天晚上，我们在大使馆招待了莫斯科的所有官方人士。他们的谈话都很亲切友好。但是人们却感到会场上笼罩着一种难以捉摸的不安情绪。他们大家都故意表现得平淡刻板，在这种言谈举止的掩盖下，每人的个性和特点都消失得无影无踪了。

但是，订立条约的事情变得越来越复杂了。老实说，莫洛托夫和皮杜尔起草的条约草案条文之间的微小分歧本来不难解决，可是苏联人逐渐露出讨价还价的意图。他们首先提出批准条约的问题，

① 即今列宁山。

想在我们方面制造障碍。莫洛托夫先生先问德让，后来又问皮杜尔："贵政府是临时政府，那么贵方谁有资格来批准条约呢?"最后，苏联外交部长又找到了我。我打消了他的顾虑，对他说："贵国曾和贝奈斯签订了一项条约，我知道他的政府也是临时政府，而且他的政府还驻在伦敦。"从此以后，再也没有人提到条约的批准问题了。

争论的真正关键到这时才显露出来。正如我们所预料的，那就是关于波兰的问题。12 月 6 日在克里姆林宫会谈时，为了确切了解苏联人在他们的军队进入华沙以后究竟想做什么，我直截了当地向斯大林提出了这个问题。我们方面在座的有皮杜尔、加罗和德让，在斯大林身边坐着莫洛托夫、波格莫洛夫和杰出的翻译波日罗夫。

我指出，法国在任何时候都希望并愿意支持波兰的独立。第一次世界大战以后，我们曾大力帮助过波兰复兴。毫无疑问，华沙方面后来所奉行的政策，特别是贝克的政策，使我们很不满意，而且最后使我们陷于危境，同时也促使苏联远离了我们。但是，我们仍然认为必须使波兰复兴，必须让它自己掌握自己的命运，不过它必须对法国和苏联友好。假使我们还能对波兰人——说到这里，我特别加重语气说："对所有的波兰人——施加影响的话，我们决心引导他们朝着这个方向走。"我补充说：关于解决边界问题，正像斯大林本人向我们说的那样，东起寇松线，西至奥得—尼斯河，我们认为是可以接受的。但是，我一再重复地说，按照我们的意见，波兰必须成为一个真正独立的国家。因此，对于将来的政府问题，应该由波兰人民自己去选择，这只能在解放以后通过自由选举来决定。法国政府暂时还和在伦敦的波兰政府保持关系，在伦敦的波兰政府从未停止对德国作战。假使有一天法国应当改变这种做法，那只有同三个盟国协商之后才能改变。

轮到斯大林元帅发言了，他很恼火，听他的口气，又抱怨又愤恨，而且理直气壮，使人感觉到波兰方面的事情是他所垂涎的主要对象，是他政策的核心。他说，苏联对这个多少世纪以来就是自己敌人的国家作了“一个大转变”，今后苏联要把波兰看作一个友好国家。但是必须有几个条件。他说：“波兰一直是德国人用来进攻苏联的走廊。这条走廊必须堵死，而且必须由波兰自己把它堵死。”他说，只要波兰能变成一个强大的“民主”国家，那么，把国界定到奥得河和尼斯河就会具有决定意义。元帅声明说，因为“没有一个强国不是民主的”。

随后，斯大林提到了在华沙应该建立的政府问题。他的态度非常粗暴，他的话中对于“在伦敦的那些人”充满愤恨和鄙视，而对于在苏维埃扶植下组成的“卢布林委员会”却大加赞扬，并且肯定只有这个委员会才是唯一受到波兰人欢迎和期待的。他对这样选择（并且认为波兰人民也这样选择）所提出的理由，只能证明是他个人的见解。他说：“在解放本国的战争中，波兰人看不出在伦敦的反动政府和安德斯的军队有什么作为。相反，他们都清楚地看到，民族解放委员会和伯尔林将军的军队的存在和行动。而且，他们知道，华沙起义的失败是在伦敦的波兰政府的代理人造成的，因为他们没有征求苏联司令部的意见，在苏联军队不能干预的时候极端轻率地发动了那次起义。此外，波兰民族解放委员会已经开始在解放了的土地上实行土地改革，这使它得到了人民的热烈拥护。原来属于逃亡反动分子的土地已经分给农民。这便是未来波兰的力量源泉。这正如大革命时期的法国，通过变卖国家财产而取得力量一样。”

当时斯大林质问我：“您曾说过法国对波兰人民能发生影响，这是真的！但是您为什么不用这种影响给他们提出一个必要的方案呢？您为什么至今还采取像美国和英国那样毫无好处的立场呢？我们期待着您，我应该这样说，我们希望您本着现实主义的精神同我们走一个方向。”他又低声补充说：“况且伦敦和华盛顿又没有作出最后决定。”我说：“我注意到您的立场了。我也看到了这种立场的重大后果，但是，我应该再一次向您说，波兰将来的政府是波兰人民的事，而且我们认为，波兰人民应该通过普选来表达他们的愿望。”我本来以为元帅会作出某种强烈的反应，但是恰恰相反，他微笑了一下，并且柔和地喃喃说：“好吧！我们终究会取得谅解的。”

为了弄清楚问题，我问斯大林对巴尔干半岛国家的命运有什么打算。他回答说，保加利亚接受了盟国的投降条件，因此可以保持它的独立，但是“它必将受到应得的惩罚”，而且也应该成为“民主”国家。罗马尼亚也应如此。匈牙利本来准备向盟国投降，但是这个消息被德国人发觉了（斯大林说：“我不知道德国人怎么知道的”），德国人把霍尔蒂摄政逮捕起来了。斯大林元帅又加了一句：“假使匈牙利成立一个民主政府，我们将帮助它转过身去打德国。南斯拉夫丝毫没有这一类问题，因为南斯拉夫已经团结起来，正在反对法西斯主义。”斯大林愤怒地提到了米海洛维奇[①]，他似乎认为英国人把他藏在开罗。至于希腊，“苏联军队并没有进入希腊国境，而是让英国的陆军和海军进入该国。要想知道希腊的情况，应该去问英国人。”

从这次会谈可以看出，苏联人决心按照自己的意志和方式来处理他们的军队已经占领和将要占领的国家和土地。因此，人们一定会看到他们对中欧和巴尔干半岛施加残酷的政治压力。在这方面，莫斯科好像认为华盛顿和伦敦方面不会怎样反对似的。最后，我们看出，只有我们公开地赞成斯大林对波兰的行动计划，他才肯以这个代价同我们签订条约。

---

① 米海洛维奇（Mihajlovic，1893—1946），前南斯拉夫王国的将军。

的确，好像一出精彩的戏剧，正当问题就要结束时，谈判突然搁浅，情况复杂起来了。条约问题突然发生了意外的波折。丘吉尔先生出场了。他打电报给斯大林元帅，内容大约是这样的："我推测您在戴高乐将军访问的时候，要和他签订一项类似贵国政府和我国政府在1942年签订的安全条约。在这种情况下，我们为什么不签订一个苏、英、法三国之间的共同条约呢？我是非常赞成的。"苏联人把他们似乎认为很满意的这项英国建议通知我们。但这不是我的意思。

首先，丘吉尔采取的方式是我们所不能接受的。这一件事对法国和伦敦及莫斯科同样有关，但他为什么只向斯大林提出问题呢？更重要的是，我认为，面对着德国侵略的威胁，苏联和法国之间应该单独缔结一项协定，因为这两个国家所受的威胁最直接。事态的发展已经证明了这一点，而且已经付出多么大的代价啊！一旦受到德国的威胁，英国的参战很可能不及时，而且达不到应有的规模，何况英国在没有取得英联邦其他国家同意——而且这种同意也并不可靠——的时候，什么也不能做。巴黎和莫斯科应该等待伦敦方面采取行动以后才行动吗？最后，即使我愿意有一天修订和确定使法国人和英国人联合起来的事实上的联盟，我也要在同伦敦方面把一些主要问题如德国的命运问题、莱茵河问题，近东问题等等解决以后再去进行，可是现在在这些问题上一直还没有达成协议。总之，我们不同意缔结三边条约的建议。另一方面，我们认为我们和苏联人的谈判，不管能否成功，都应该结束了。12月8日，我偕同皮杜尔、加罗和德让，到克里姆林宫同斯大林、莫洛托夫和波格莫洛夫进行了最后一次讨论。

我开始就提到，法国打算这样来解决德国的命运问题：莱茵河左岸不准再有德国的集中的国家主权，这样分离出来的地区要保持德国的特点，实行自治，在经济上属于西方经济区；鲁尔矿区要置于国际管制之下；德国东面则以奥得河和尼斯河为界。我们感到十分遗憾的是，苏联不同意根据这些条件立即同法国签订一项协定，然后再把这项协定向英国和美国提出。但是，我们的立场是不会改变的。

关于同盟条约的构成，我们打算分“三层”：法苏条约是安全措施的第一层，英苏同盟条约以及法英间应缔结的协定为第二层，将来以美国为主要国家的联合国所签订的公约总其大成，作为最后的依据。我再次说明了我们决定不同意丘吉尔所建议的缔结英、法、苏共同条约的理由。最后，我明确地表示，我们将按照预定的日期在 12 月 10 日上午离开莫斯科。

关于我这一次就德国边界问题所提的一切，斯大林没有提出任何反驳。他强调了三边条约可能带来的好处。但是，他突然转变腔调大声说：“总之，您说得对！我看不出为什么我们不能缔结一项两国条约。但是您应当了解，波兰问题对苏联来说关系极为重大。我们希望波兰成为友好同盟国并坚决反对德国。这件事情如果指靠一贯拥有强烈反苏情绪的在伦敦的波兰政府，便不可能实现。相反，我们可以同另外一个强大的、民主的波兰和睦相处。如果您同意这样的看法，请您公开承认卢布林委员会，并且同它正式进行谈判。然后我们就可以同贵国签订一项条约。总之，您要注意到，我们苏联人已经承认波兰民族解放委员会，这个委员会在敌人被我国军队赶走以后将要领导和管理波兰，因此，关于贵国在波兰的一切利益问题，特别是关于德国人退走时留在当地的法国俘虏和被带走的人的命运问题，您应该同卢布林方面交涉。至于丘吉尔，我以后会打电报告诉他，他的建议没有得到接受。他一定会恼火的。不过这只是使他多恼火一次而已，他本人也有很多次使我激怒。”

以后一切都清楚了。我明白地向斯大林说，法国准备同苏联缔结一项安全条约，法国对于卢布林委员会没有任何恶感，但是无意正式承认该委员会为波兰政府，也无意同它进行正式谈判。关于法国俘虏的实际问题，可以由法国向卢布林派一位不具备外交官身份的普通代表来逐步解决。我补充说：“法国和苏联一致希望波兰成为一个真正独立和统一的国家，而不是一个人为的、法国方面不能信任的波兰。按照我们的看法，波兰将来的政府问题，只能在全国解放以后，并且在四个盟国同意下由波兰人自己解决。”对于这一番话，斯大林没有提出任何新的意见。他只是向我们和蔼地说，他很高兴第二天在他本人为我们举行的宴会上同我们见面。

12 月 9 日这一天的气氛是沉闷的。莫洛托夫向皮杜尔重申了斯大林所提出的关于缔结条约的条件。何止是提出条件！他甚至交给皮杜尔一项法国政府和卢布林之间所应发表的协议草案全文，按照这项草案，巴黎就算正式承认波兰民族解放委员会了。苏联人所进行的斡旋甚至到了这样程度，即在提出这些协议草案的同时，还向我们提出了向世界发表这项消息的公报的措辞。法国外交部长当然通知了苏联人民委员，说这项建议是不能接受的。至于我，我认为对方之所以采取这样一种态度，不仅是因为他们希望法国赞同他们对波兰的政策，而且是出于他们对我们的意图所持的看法。他们这样做是由于他们不顾我向他们如何解释，却一味认定我们所以坚持签订条约，是因为如果没有这项条约，戴高乐将军回到巴黎后就会陷入一种非常不利的境地。但是，他们的错误正在这里，我已经决定对这一点作出说明。

在这个时候，几天以前从加里西亚来到这里的卢布林委员会主要成员在法国使馆进行了频繁的活动，他们以“通报情况的名义”要求戴高乐将军接见他们。两个月以前，丘吉尔先生和艾登先生在莫斯科的时候曾经接见过他们。同时，他们也曾经跟按照英国人和苏联人的联合要求来到莫斯科的在伦敦的波兰政府首脑米柯瓦依契克和几位部长会晤过。我没有理由拒绝他们的拜访。9 日下午，我把他们召到法国大使馆，在自己的房间里接见了他们。

其中主要有卢布林委员会的主席贝鲁特先生，负责“外交事务”的奥苏斯卡-莫拉夫斯基先生和负责“国防”的罗拉-基米耶尔斯基将军。通过这次谈话，我觉得他们这伙人相当平庸。我向他们表示：他们的国家在遭受深重苦难的情况下能在欧洲各地不断参加抗德战争，法国对此深表同情；法国政府希望波兰将以独立的、与法国及其盟国友好的姿态重新出现，我们丝毫不想干涉他们的内政，只是希望波兰人相互之间要和谐一致，以便重新建立政权。他们学着他们所追随的人的口吻回答我，他们怀着勃勃的政治野心，显然他们受着共产党的控制，一再重复为他们准备好了的调子。

贝鲁特先生丝毫没有谈到战争问题。他谈到了土地改革和他期望由此产生的政治效果，他严厉地指责了伦敦“流亡”政府。奥苏斯卡-莫拉夫斯基先生诚恳地说明，波兰一向是法国的朋友，现在更是如此。所以，他用斯大林和莫洛托夫在这个问题上所用的同样字眼要求波兰民族解放委员会和法国政府之间签订一项协定，决定互派外交代表，并且公开发表一项联合公报。罗拉-基米耶尔斯基将军宣称民族解放委员会拥有十个装备优良的师，并且表示了对苏联统帅部的充分信任。不管我怎样要求，他始终对波兰军队 1939 年在波兰，1940 年在法国，1944 年在意大利、法国、荷兰所完成的业绩默不作声，对民族抵抗运动所进行的战斗也只字不提。我的客人们所用的一套语言与《真理报》每天对波兰问题的态度如出一辙，这使我不能承认卢布林委员会所代表的波兰是独立的。

我对贝鲁特、莫拉夫斯基和基米耶尔斯基三位先生说，法国政府准备派一位军官克里斯吉安·伏歇少校到波兰民族解放委员会所控制的地区去处理有关法国人的实际问题，主要是我们的被俘人员问题。我们并不反对由他们的委员会派遣一位代表来巴黎处理类似的事务，如果有这种事务的话。但是，我们和几乎所有的盟国一样，继续同驻在伦敦的波兰政府保持着正式关系，所以我们无意同民族解放委员会签订协定、发表公报或互派外交代表。我应该说明，这时奥苏斯卡-莫拉夫斯基先生带着某种尊严的表情说，既然如此，向卢布林派伏歇少校的事情最好再推迟一些时候。我回答说："随你们的便吧！"于是客人们告辞了。

在我们访问莫斯科期间，美国大使哈里曼和英国代办约翰·巴耳弗两位先生都应邀来拜会我。事实上，我要把我们和苏联之间所进行的事情通知他们，并且告诉他们，我们并没有承认卢布林委员会。他们对此表示满意。不过哈里曼对我说："我们美国人对莫斯科采取了以信用做赌注的态度。"我听到这些话时又想起了斯大林曾向我透露过的事：美国和英国在波兰问题上可能会改变态度。于是我请两位外交官替我分别通知罗斯福先生和丘吉尔先生，他们一旦必须改变自己的立场时，希望他们也以我对待他们那样的恳切态度通知我们。

在玩弄外交手腕的这一天，也出现过令人激动的时刻，那就是我检阅"诺曼底-奈门"团飞行员的时候。本来我已经和苏联人约定，我要到该团参加作战的英斯德堡地区去看看他们。但是，同从巴库到莫斯科一样，我们的盟友要我放弃乘飞机的打算，理由是天气不好。另一方面，坐火车或乘汽车往返要三天三夜。斯大林知道这种情况以后，便命令开一列专车把全团人员都送到莫斯科来。于是，我得以在莫斯科向这支卓越的部队（在苏联战线作战的唯一西方部队）致敬，并且和在那里为法兰西英勇效力的人见了面。我趁这个机会给其中很多人以及临时从前线回来的苏联将军和军官授了勋章。

当我去参加斯大林为我们举行的宴会的时候，谈判僵局仍未打开。最后苏联人还坚持要我们至少发表一项宣布法国政府和卢布林委员会建立正式外交关系的公报，这项公报将在法苏条约宣布的同时发表。我们没有同意。我所以决心不使法国在奴役波兰民族的阴谋中负责任，并不是由于我奢望这种拒绝会发生什么实际效果，显然我们没有办法阻止苏联执行他们的计划，而且我预感到美国和英国将会容许它这样做。但是，不管法国当时的立场多么无足轻重，在那个时候采取这种立场会在以后起重大作用的。来日方长，总有一天一切都会成功，即使这样做只算一种正义和诚实的行为，最后总会看出它是预先投入的一笔有益的政治资本。

克里姆林宫大厅中除了法国人以外，还有40个苏联人：有人民委员、外交官、高级将领、高级官员，几乎人人穿着华美的服装。美国大使和英国代办也出席了。我们登上了具有和沙皇时代同样图画装饰的古色古香的楼梯。那里可以看到几幅令人惊心动魄的油画：《额尔齐斯河激战》、《伊凡雷帝和他的儿子》等等。斯大林元帅同客人握手，把客人请到餐厅。餐桌上闪烁着光辉，豪华极了。我们吃了一顿令人感到茫然的大餐。

斯大林和我坐在一起，我们断断续续地交谈着，波日罗夫先生和拉鲁瓦先生逐字逐句地为我们翻译。关于正在进行的战事、我们两个在各自的职务中所过的生活、对敌人或盟国方面要人的评价，都是我们谈话的题目。条约的问题没有谈到。最后，斯大林元帅以一种冷淡的口吻问我对卢布林委员会的人有什么印象。我回答说，我看这是一伙可以利用的人，但绝不是独立的波兰。斯大林的话直率而简朴。他显出一副乡间人的神气，好像只受过初等教育，用他那肤浅的常识来判断最广泛的问题。他哪一样东西都吃得很多，而且满杯满杯地喝着人们给他不断送来的克里米亚葡萄酒。但是，这个外貌温顺的人却是参加无情斗争的战士。此外，围桌坐着的所有苏联人都谨慎小心而局促不安地不断偷看他。在他们那方面，是一种明显的服从和畏惧，在他这方面，则是一种时刻警惕而集中的权威。关于这个军事政治参谋部同这位从人情上说十分孤独的领袖之间的关系，所能看到的就是这样。

突然之间，画面改变了。互相祝酒的时刻来到了。斯大林开始演出一个精彩的场面。

他首先向法国和我致以热情而亲切的祝辞。我也同样向他和苏联致以答辞。斯大林对美国和罗斯福总统表示了敬意，接着又对英国和丘吉尔先生表示了敬意，并且带着庄严的神情听了哈里曼和巴耳弗的答辞。他向皮杜尔、朱安和所有在座的法国人，向法国军队，向“诺曼底—奈门”团表示了敬意。在这些仪式结束以后，他做了一次全面检阅式表演。

斯大林一再站起来向在座的苏联人祝贺健康。他一一提到他们的名字。莫洛托夫、贝利亚、布尔加宁、伏罗希洛夫、米高扬、卡冈诺维奇等人民委员首先受到主人的致意。然后他就向高级将领和官员祝贺。斯大林元帅对每个人都着重指出他们的功勋和责任。但是，他每次都是在肯定和炫耀苏联的力量。例如，他向炮兵司令大声喊道：“沃罗诺夫！祝你健康！因为你担负着在战场上发挥我们大炮威力的任务。是靠你部署的这种大炮，才能从纵横两方面一举歼灭敌人。继续前进！倚仗你的大炮奋勇前进吧！”他向海军参谋长说：“库兹涅佐夫将军！大家对我们海军的业绩是不够了解的。再忍耐一些，终有一天我们会统治海洋的！”他对设计了“雅科”式歼击机的飞机设计师雅科夫列夫说：“我向你致敬！你的飞机横扫天空。但是我们还需要更多更好的飞机。这要完全指靠你了！”斯大林有时在赞扬中夹杂着威胁的口气。他向空军参谋长诺维科夫说：“我们的飞机归你指挥。假使你使用得不好，你要知道你会得到什么样的结果。”他用手指着在座的一个人说：“你们瞧那一位！这是后勤部长。他应该把兵员和物资送到前线去。他应该努力做好！否则他就会像在这个国家所做的那样被绞死。”斯大林每结束一段祝辞，都要对他所指出名字的人喊一声：“来！”这个人就要离开自己的座位跑过去，在其他呆板而缄默的苏联人的注视下和元帅碰杯。

这出悲喜剧只能有一个目的，那就是企图以此炫耀苏联的武力并以掌握这种武力的权威来影响法国人。但是，看到这些以后，我比任何时候都更不愿意帮助牺牲波兰。所以，晚宴以后，我以冷淡的眼光环视坐在斯大林与我周围的顽固的外交代表团：一方是莫洛托夫、德卡诺佐夫和波格莫洛夫；另一方是皮杜尔、加罗和德让。苏联人喋喋不休地一再提起关于承认卢布林委员会的问题。但是，对这个问题我既然已经作出决定并作过了声明，我认为再争论下去是没有用处的。我知道，玩弄外交手腕的人有一种癖好，他们在任何情况下都想谈判，即使损害政治目标也在所不惜，可是对拖长会谈时间使气氛热烈起来的做法，我很不赞成，同时也很担心我们的随员会作出某些不利的让步。当然，结局是不会改变的，因为我已经下定决心。遗憾的是，法国代表团的步伐似乎不够一致。

因此，我明显地表示对这种“权威的评判会”的争论不感兴趣。斯大林看出来了，他进一步强调说：“啊！这群外交官！”他喊道：“怎么这样呶呶不休呀！要想不叫他们说话，只有一个办法，那就是用机关枪扫射他们，布尔加宁！你去找一挺来！”然后，他离开谈判的人们偕同其他参加宴会的人把我领到附近一个大厅里，看了一部苏联影片，这是1938年摄制的一部宣传片，是一部很迎合统治者的心意而又相当幼稚的片子。影片中描写德国背信弃义地侵略苏联，但是过了不久，它就在苏联人民奋起抗战、英勇的军队和能干的将军们面前被迫溃退，以后便是德国被占领，全德爆发革命，革命在柏林取得胜利，并且依靠苏联的帮助在法西斯的废墟上打开了和平繁荣的新纪元。斯大林笑着鼓掌说：“戴高乐先生对于这个故事的结局看来恐怕不大高兴吧！”我也稍带辛辣地反击说：“您的胜利无论如何都会使我高兴的。不过，在战争初期，贵国和德国人之间发生的情况实际上并不像这部影片中所表现的那样。”

休息时，我把乔治·皮杜尔叫到跟前，问他苏联人到底肯不肯同意签订条约。外交部长回答说，一切都取决于我们是否同意发表法国政府和波兰委员会的联合公报，这项公报要和法苏条约公报同时发表。我对皮杜尔说：“在这种情况下，再继续无休止的谈判不仅无益，而且令人讨厌，我要结束这件事情。”在深夜，当影片放映完以后灯光又亮的时候，我便站起来向斯大林说：“我向您告别。我即刻就要乘车动身。对您本人和苏联政府在你们英雄的国家对我的亲切接待，我表示万分感谢。我们相互交换了意见。我们在主要问题上是完全一致的，法国和苏联要一起把战争进行到底，直到最后的胜利。再见，元帅先生！”起初，斯大林似乎没有了解我的意思，他低声说：“您再等一等，还要放映另一部影片。”但是，由于我已向他伸过手去，他握了我的手就让我走了。我走到门口向在座的人告别时，他们都露出惊愕的神色。

莫洛托夫先生赶紧跑来。他脸色发青，一直把我送到车前。我也向他表示我对在莫斯科的逗留感到满意。他含糊地嘟哝了几句话，没能掩盖住内心的恐慌。毫无疑问，这位苏联部长眼看着那样坚持执行的计划就要落空，确实非常懊悔。现在，再想改变做法，法国人离开首都以前所剩的时间已经很少了。关于要巴黎承认卢布林委员会的事情，显然是失败了。此外，就目前情况来看，戴高乐将军很可能不签订条约就回法国去。这样的结果将会产生什么影响呢？那么，斯大林不是要把失败的责任放到他——莫洛托夫——身上吗？至于在我这方面，不得到胜利是决不罢手的，我平心静气地回到法国使馆。发现皮杜尔没有跟我来以后，我就派人去请他随我走。我们把加罗和德让留在那里，让他们在那里进行一些对我们有利而又没有约束力的接触。

其实，我对于以后要发生的事情没有任何怀疑。果然在早晨两点钟左右，莫里斯·德让向我报告了新的情况：斯大林和莫洛托夫经过长时间的交谈以后表示，苏联人准备在巴黎和卢布林的关系方面迁就一些，声明中的文字要力求委婉。于是加罗和德让认为可以拟定这样一个声明：“根据法国政府和波兰民族委员会之间所达成的协议，克里斯吉安·伏歇先生将派往卢布林，××先生将派往巴黎。”莫洛托夫先生根据这一点表示：“假使戴高乐将军能接受关于波兰问题的这一决定，法苏条约马上就可以签订。”

我理所当然地拒绝了与卢布林委员会达成“协议”这一类字眼。要在几天以后发表的符合法国政策和实际情况的报道只能包含这样简单的一句话：“伏歇少校已抵达卢布林。”德让把这一点告诉了莫洛托夫，莫洛托夫重新和斯大林商量以后通知我们说，他们对此表示满意。但是，他们死抓住最后一个条件，就是关于发表伏歇少校到达卢布林的日期问题。苏联部长坚持要求和签订法苏条约同时发表，也就是说在 24 小时以内。但是，我绝不同意把这两件事情同时发表，并正式通知了苏联人。12 月 10 日是签订条约的日子。至于伏歇到达加里西亚一事，最早只能在 28 日发表。就这样议定了。

皮杜尔这时到克里姆林宫去和对方商订最后的条约文本。我看过以后，表示完全同意。条文中说明双方保证继续把战争进行到最后胜利，不单独同德国订立和约，而是将来共同采取措施，以制止德国新的侵略威胁。条约中还提到两国将共同参加联合国组织。条约的有效期限定为 20 年。

他们告诉我，最后的谈判是在克里姆林宫的一间房间内进行的。附近就是继续有参加晚会的客人出入的那些房间。在这些困难的时刻里，斯大林一直掌握着谈判的进展，随时为苏联方面作出决定。但是，这并不妨碍他出入各大厅，和这个或那个客人谈话碰杯。特别是“诺曼底”团的指挥官布亚德上校更受到了他的殷勤照顾。最后，他们前来向我报告，一切都已准备好，只待签字了。签字仪式决定在莫洛托夫的办公厅举行。早晨四点钟我到了那里。

签字仪式相当隆重。苏联的摄影师们在默默地拍照，毫不打扰我们。双方外交部长在双方代表团的簇拥下分别在法文文本和俄文文本上签了字。斯大林和我站在他们身后。我向斯大林说："您看，条约就这样批准了。关于这一点，我想您的顾虑已经消除了。"于是我们互相握了手。斯大林元帅说："我们应该表示庆贺！"当即摆好餐桌，共进夜宵。

斯大林摆出了一副精明的对手的姿态，他用柔和的声音赞扬我说："您坚持得很好。这太好了！我喜欢跟知道自己的要求是什么的人打交道，尽管他同我的意见是不合的。"这时他同几小时以前向同僚们祝酒时那种类似讽刺剧的表演截然不同了，现在他无话不谈，毫不拘束，好像站在晴空万里的高山顶上观察他人、战事、历史以及他自己似的。他说："总之，谁也免不了要死。"他以怜悯希特勒的口气说："这个可怜的人的末日到了。"我邀请他："您愿意到巴黎去看看我们吗？"他回答说："我怎么能办得到呢？老了，快要死了。"

他举杯向法兰西祝贺，他说："法兰西现在有了坚强不屈的领袖，我祝愿法兰西强大昌盛，因为苏联需要有一个强大的盟国。"最后，虽然席间没有一个波兰人，他好像要我替他的愿望作证似的为波兰干杯。他说："沙皇企图统治其他斯拉夫民族的政策是错误的。可是我们，我们执行的是新政策。希望各地的斯拉夫人都获得独立和自由！只有这样，他们才能和我们友好。强大、独立、民主的波兰万岁！法兰西、波兰和苏联的友谊万岁！"他望着我说："戴高乐先生，您的意见呢？"我一面听着斯大林讲话，一面思索着：在他的世界里，语言和行动之间具有多么大的距离。我回答说："我同意斯大林先生关于波兰所说的话。"我又强调说："是的，我同意他所说的话。”

斯大林的行动，使我们的告别显得热情洋溢。他说：“您尽管相信我！假使您，假使法国需要我们的话，即使仅剩最后一口汤，我们也要分着喝。”突然间，斯大林元帅望着自己身旁的波日罗夫（这位苏联翻译参加过所有的会谈，翻译过每一句话），神情阴郁地用严厉的口吻对他说：“你知道的事太多了，你！我真想把你送到西伯利亚去。”我带着自己的人离开了那个大厅。我走到门口时，回头看见斯大林独自坐在桌前又吃起来了。

当日上午我们离开了莫斯科。回来时和去时一样，都经过了德黑兰。在归途中，我心里想：法苏同盟条约签订30年来所经历的变化和共产主义所进行的宣传战，使人们对这个问题抱有错误看法，法国的舆论对于在克里姆林宫所签订的条约会抱怎样的态度呢？路过开罗时，我看到了反映法国舆论的第一个迹象。雷奎耶大使向我说明法国侨民这一次完全热情地团结起来了，以前在1941年和1942年我在这里逗留的时候，他们还是分裂的。在那里和在其他地方一样，证实了最有力量的影响就是成功的影响。

在突尼斯那一站，我们受到了一次庄严、隆重的欢迎，突尼斯国王在巴尔多宫为我举行了欢迎会。我在这座充满历史纪念品的宫殿里，看到了这位明智的国王左右有不少杰出的突尼斯人，治理国家的必要人才出现了。这个国家在我们的保护制度下已经准备就绪，不久他们将在法国的援助下展翅高飞。12月16日，我们返抵巴黎。

人们对于法苏条约的签订十分满意，群众认为这是我国重新跻身于大国之林的标志。政界人士认为它是保证与联合国家结合在一起的锁链的一环。某些职业党务活动家——或某些狂热分子——甚至私下议论：在这项条约签订时，对于法国共产党、对于使法国共产党在政治和社会斗争方面采取缓和态度，以及让共产党参加国家重建工作，一定也作出了安排。总之，不管基于什么理由，对莫斯科的协定所表示的看法都是于我们有利的。咨政议会也对这项条约极为赞许。12 月 21 日，在会议开始时，皮杜尔首先阐明了条约的实际条款。我在讨论结束时指出了我们“所签订的法苏同盟条约在过去、现在和将来所具有的意义”。

但是，普遍的满意并不能使我忘掉从莫斯科会谈中所看出的令人愤懑的事情。苏联、美国和英国之间一定会达成一项使法国的权利、各国人民的自由、欧洲的均势都受到重大损害的交易。

果然，1945 年 1 月初，盎格鲁-撒克逊人的报纸就发表了罗斯福、斯大林和丘吉尔三位先生即将举行会议的消息，可是我们没有获得外交方面的任何通知。这“三巨头”将决定第三帝国“无条件投降”以后如何处理德国，决定对中欧和巴尔干半岛各国人民采取怎样的行动，最后，他们还准备召开一次建立联合国组织的会议。

他们没有邀请我们，无疑使我很不满，但是我丝毫也不感觉到奇怪。不管法国在恢复自己的地位的道路上获得了多大进展，我还是非常清楚我们是从什么地方出发的，知道我们还远没有达到目的。况且一切迹象表明，他们这样排挤我们，会引起对我们有利的反应，因为在决定未来的问题上，不能撇开我们的条件已经相当成熟了。不管罗斯福、斯大林和丘吉尔三位先生对德国和意大利作出怎样的决定，在实际执行的时候，他们必须征求戴高乐将军的同意。至于维斯杜拉河、多瑙河流域和巴尔干半岛国家的问题，美国和英国无疑地将会听凭苏联摆布的。不过那时候全世界将会看出，欧洲的重新分裂与排斥法国是密切相关的。最后，当我认为表示法国不同意他们的处理方式的时机到来的时候，我一定不会放过这个良好机会。

老实说，在“三巨头”中只有一个人反对我们参加。英国人和苏联人立刻就通过半官方的消息灵通人士使我们知道这件事。斯大林元帅知道我对波兰抱什么态度，而丘吉尔很想叫伙伴们让他在近东享有全权，我显然不相信他们会坚持要戴高乐出席会议。但我并不怀疑只有罗斯福总统坚决拒绝让我出席。不过他本人也认为应该为自己辩解一下。为此，他曾派他的首席顾问和密友哈里·霍普金斯以“特使”的身份来到巴黎。

霍普金斯是在雅尔塔会议召开前几天来到的。我在 1 月 27 日接见了他。由卡弗里大使陪同下来到的霍普金斯的任务是，“把药丸吃下去”[①]。但是，因为他是一个精明强干的人，他从全局性问题着手，要求先讨论法美关系的基本问题。实际上，也只有这样才能把问题弄清。霍普金斯说话十分坦率。他说：“在巴黎和华盛顿之间存在着一种不愉快。但是战争已经快结束。世界的前途在一定程度上将取决于美国和法国的协同行动。应该怎样使这两个国家的关系从死胡同里走出来呢?”

我问霍普金斯，从美国方面看，两国关系中造成这种不愉快状态的原因是什么。他回答说：“这种原因，首先是我们看到 1940 年法国的溃败和随后的投降所带来的震惊和失望，我们一向对法国的价值和力量的看法，一瞬间便被推翻了。其次是有一些法国军政领袖，由于我们认为他们是法国的代表，我们先后给予信任，而他们的表现却有负于我们的希望，至少可以这样说。请您不要在别的地方去寻找我们对贵国抱这种态度的深远原因。我们认为法国已经不是从前的法国了，我们不相信它能够担负起重大的任务。”

“不错，您，戴高乐将军出现了，在您周围组成了法国的抵抗运动，法国军队重新投入了战斗，而且今天整个法国都在向您欢呼，并且承认您的政府。起初我们对这种奇迹没有任何相信的理由，以后您又成了我们的错误的活证据，而您本人对我们也不客

① 意思是叫人接受不愿意接受的事情。

气，所以我们在此以前没有向您表示友好。我们承认你们所完成的事业，我们高兴地看到法国的复兴。但是，我们怎么能够忘掉法国的所作所为造成的局面呢？另一方面，我们看到法国本身还经受着政局动荡，我们有什么理由可以认为戴高乐将军能够长时期领导法国呢？综上所述，在期望它和我们共同担负未来和平的重担的问题上，谨慎从事难道不是应该的吗？”

我听到哈里·霍普金斯的谈话，好像又听到六个月以前罗斯福总统在华盛顿谈到法国时对我所说的话。不过那时法国还没有解放。我个人和我的政府还在阿尔及利亚。对美国人来说，是有某些借口来对法国本土的思想情况抱怀疑态度的。现在一切都清楚了。他们知道我国人民一定要分享胜利果实。他们估量了这支法国新生军队的力量。他们看见我到了巴黎，并且受到全国的热烈拥护。但是，美国由此确信法国能够重新成为一个大国了吗？他们真正肯帮助法国重新成为一个大国吗？从法国人的观点来看，这是决定我们和他们之间现在和将来的关系的关键。

我向总统的特使声明：“您就贵方的看法说明了我们两国关系所以变化的原因，我要按照我的看法对您谈一谈造成同样结果的原因。由于两国联盟的条件不正常而引起的那些暂时的和次要的摩擦，我们姑且不谈。我们认为，主要的原因是：在我们法国人从20世纪初起处在极端危险境地的时候，我们没有感觉到美国把自己的命运和法国的命运联系在一起，也没有感觉到美国希望法国强大并且力所能及地帮助它保持大国地位或重新恢复实力。也许，事实上我们就不配。如果是这样，你们算做对了。但是，万一我们重新站起来了，那你们就算做错了。不管怎么说，你们的态度是要把我们从你们身边推开。”

我谈到1940年的不幸事件，我认为那是法国经受了极端苦难的必然结果。第一次世界大战期间，美国只是在战争进行了三年以后，在我们已经筋疲力尽不能打退德国侵略的时候才参了战，他们参战的唯一原因，是德国的潜水艇妨碍了美国的商业，而且是在试图谈判一项法国连阿尔萨斯和洛林都不能收复的妥协的和约以后。德国战败以后，美国人又否认他们曾正式许诺过的对法国安全的保证，并且坚持对法国施加压力，使法国放弃所掌握的敌产以及应该接受的赔偿，最后还为德国提供恢复实力所必需的一切援助。我强调说："结果，出了一个希特勒。"

我谈到，第三帝国着手统治欧洲的时候美国是袖手旁观的，1940 年法国失败的时候美国是坚守中立的，而在保罗·雷诺向罗斯福总统求援的时候，总统拒不援助，其实那时候只要他答应给予援助，即使是秘密的和有期限的援助，也能帮助我们的政府下决心继续作战。华盛顿方面对那些签字投降的法国领袖曾给予长期的支持，而对那些坚持抗战的人却百般刁难。我补充说："是的，在同德国联盟的日本人偷袭珍珠港、击沉贵国军舰的时候，你们被迫参战了。从那以后，你们所付出的巨大努力正在对胜利起着保证作用。请您相信，法国对此非常重视。我们永远不会忘记：没有你们，法国是不能获得解放的。可是现在她重新站立起来了，她不能看不出美国把她放在次要的地位。华盛顿只是很有限地供给法国军队一点装备，这就是证明。您方才亲自向我说的那些话也是证明。"

哈里·霍普金斯先生指出："您透彻而明确地说明了过去的事。可是现在美国和法国应面向未来，再说一遍，为了今后美国和法国能够互相协作和完全相互信任，究竟应该怎么办呢？"

我回答说："假使美国真有这样的愿望，那我就不理解为什么他们要在没有法国参加的情况下着手处理欧洲的命运。我感到特别难理解的是，在'三巨头'即将开始讨论的问题上根本无视法国，而现在为什么又转过来对于将作出决定的问题要求巴黎同意。"

霍普金斯先生和卡弗里先生同意我的话。他们说，他们的政府现在对法国同美国、苏联和英国一起以平等地位参加伦敦欧洲委员会一事极为重视。他们甚至补充说，关于莱茵河问题，美国比其他两大盟国更同意按照我们所希望的那样去处理。关于最后一点，我指出，莱茵河问题不能由美国来解决，也不能由苏联或英国来解决。假使一定要有一个解决办法，那么只能有朝一日由法国或德国来提出。法德两国曾经长期以互相敌视的立场寻找解决办法。将来这两个国家也可能通过相互合作来寻找解决办法。

在会谈结束时，我向两位使者说："你们两位是美国总统派来同我澄清我们两国关系的实质的。我想我们已经做到了。法国人感觉到，你们现在已经不认为法国的强大对于世界和对于你们本身是必不可少的了。你们一接近我们就感到受到冷落，甚至在这个办公室中感到的冷落就是这样引起的。如果你们希望美法关系建筑在与此不同的基础上，那就需要你们依理行事。在你们作出抉择以前，在罗斯福总统将要来欧洲开会的前夕，我向他表示我的友谊。"

当"三巨头"在雅尔塔开会时，我认为应该公开提醒他们注意，因为他们太藐视法国了。2 月 5 日我在发表广播演说时提出了这样一个警告："关于缔造未来的和平问题，我们已经通知我们的盟国，法国对于自己没有同其他国家以同等权利参加讨论和表示同意的事情，当然不受任何约束……我明确指出，法国认为：从莱茵河的这一端到那一端都要驻扎法国军队，莱茵河左岸地区和鲁尔矿区应脱离德国，波兰、捷克斯洛伐克、奥地利和巴尔干半岛国家必须独立……法国认为这是必不可少的条件，而且我们确信能够实现这些条件中的某些项目，因为在与我们关系最密切的地方的周围，有一亿人口紧密地团结在法国的旗帜下。"

2 月 12 日，"三巨头"在会谈结束时发表了一项公报，公报上宣布了他们已经达成的协议的原则。公报声明，要把战争进行到德国无条件投降为止，三大国将占领德国的领土，三国各有一个占领区，德国的管制和监督将由驻柏林的盟军总司令组成的军事委员会担任。根据公报中的条款，法国也被邀请同美国、英国和苏联一起占领德国的某个地区，并成为管制德国的第四个成员国。另一方面，公报确定了“三巨头”解散一切德国军队、永远根除德国的参谋部、惩办战犯并且最大限度地使德国赔偿它所造成的损失的意志。

为了维护世界和平与安全，将建立一个“普遍的国际组织”，为此，所有在大西洋宪章上签字的国家都将被邀请于 4 月 25 日参加旧金山会议，并且以敦巴顿橡树园会议所确定的基础作为“该组织”的基础。虽然法国没有参加敦巴顿橡树园会议，但公报中说明，三大国将立即征求法国的意见以便使她和三大国共同作出最后的决定，显然这说明法国将和其他三国一起参加“安全理事会”。

公报中也包括一项《关于解放后的欧洲的宣言》。实际上是关于匈牙利、罗马尼亚和保加利亚的问题，因为这三个国家曾追随过德国，而现在被苏联占领着。关于它们的问题，宣言声称各民族有自决权，要恢复民主，要经过自由选举产生政府，但对应当采取的具体措施只是笼统地提及，这就意味着将由苏联占领者按他们的意见决定。三大国表示希望“法兰西共和国政府同它们协作，来执行它们所建议的程序”。

“三巨头”最后声明，他们在波兰问题上已经达成“协议”。他们决定，波兰的国界东起寇松线，并在北方和西方获得“广大的领土上的让予”。关于政治制度，丝毫也没有提到自由选举的问题。所谓“民族团结”政府将在“本国已经执行职权的临时政府”的基础上组成，即以称为“卢布林委员会”的波兰解放委员会为基础组成。公报也明确指出，这个委员会将通过“吸收波兰国内外的民主领袖”加以扩大。但是，既然没有提到驻伦敦的波兰政府，政府权力机关的组成还完全处在未定之中，西方国家没有提出任何监督的规定，对于波兰政府的性质便不能不有所怀疑了。关于将在南斯拉夫执政的当局的性质就更毫无疑问了。虽然关于这个国家的命运，“三巨头”的公报要求由将来的一个“国民议会”来批准，但事实上铁托的独裁政权已经得到绝对承认。这样一来，斯大林对于华沙和贝尔格莱德的要求都被同意了。为了这一点，而且仅仅为了这一点，没有邀请法国参加讨论，这是有原因的！

在美、英、苏三国政府首脑发表公报的同一天，杰斐逊·卡弗里大使向我转交了他们方面的两个“照会”。第一个照会是正式请求法国在德国问题上同三个盟国一起合作。第二个照会借口由于“情况”不许可，法国事实上没有参加讨论《关于解放后的欧洲的宣言》中的各项条款，表示希望法国政府仍然接受和其他三个国家一起共同承担这项宣言所包括的义务。同时，卡弗里先生向我转达了美国总统代表“三巨头”向我提出的备忘录。总统要求法国同美国、英国、苏联和中国一起成为下次召开联合国会议的“邀请国”，并参加华盛顿、伦敦、莫斯科和重庆的各国政府根据敦巴顿橡树园会议所确定的原则制订该组织基础的讨论。

总之，虽然我们认为不能同意三个盟国在没有我们参加的情况下在克里米亚召开的会议，但另一方面，他们目前对我们进行的交涉绝不是令人讨厌的，当然，他们的决定有很多看来对我们是不利的，他们向我们提出的建议还应该很好地研究以后再作结论，但在某些主要点上，他们的照会中也有一些使我们很满意的地方。这种看法是我在2月12日接到卡弗里先生给我转来的文件时产生的。

但是，当天下午大使又要求见我。他给我送来了罗斯福总统的一份私人电报。罗斯福总统通知我说，他希望同我会晤。他自己决定了我们会晤的地点将在阿尔及尔。如果同意到那里去，他就定出日期。

我认为罗斯福的邀请是不合时宜的。哈里·霍普金斯来巴黎时曾提到可能有这件事，乔治·皮杜尔当时就表示他最好不要提到此事，在总统刚参加完他反对我出席的会议以后，要我去见他，这使我确实难以同意。况且，我去见他不会有任何实际好处，相反，在雅尔塔已经作出决定以后，我去拜访他，可能使人认为我承认他们在雅尔塔的全部决定。我们不仅不同意那种专横地强加给曾经同德国勾结的匈牙利、罗马尼亚和保加利亚的命运，也不同意强加给曾经是我们的盟国的波兰和南斯拉夫的命运。除此以外，对于另外几个问题我也很怀疑，那就是在同法国直接有关的叙利亚、黎巴嫩和印度支那等问题上，“三巨头”在他们之间也作出了某种与我们的利益不相容的安排。假使罗斯福真正出于善意希望会见戴高乐，那为什么不让他到克里米亚去呢？

再说，美国总统根据什么理由邀请法国政府主席在法国境内去拜访他呢？1944 年 11 月初我曾经邀请他到巴黎来访问，虽然他没有来，但是只要他作出表示，他就可以到巴黎来或是要求我选择另一个地点。但是，我怎么能够接受一个外国元首的召见而到本国领土的一个地点去同他会晤呢？是的，富兰克林·罗斯福可能认为阿尔及尔不是法国的。那我就更有必要提醒他注意这件事。况且总统在回程中刚刚途经中东阿拉伯国家。他让军舰停泊在这些国家的领海中，而他就曾经在军舰上分别召见了有关国家的君主和国家元首，其中包括法国的委任统治地叙利亚共和国和黎巴嫩共和国的总统。他向戴高乐提出的要求，是要在接待中东国家元首的同一军舰上以同样条件来接待戴高乐将军。我认为这太过分了。不管目前力量的对比如何悬殊，一个大国的主权和尊严是不容侵犯的。我应当对法国的主权和尊严负责。

我和部长们交换了意见以后，于 2 月 13 日请杰斐逊。卡弗里先生代我向美国总统转达，我不能在目前突然到阿尔及尔去，因此非常遗憾，我不能在那里接待他；对于罗斯福总统未能在 11 月法国政府邀请他的时候前来巴黎同样感到十分遗憾，但是如果他愿意在任何时候来巴黎，我们都将很高兴地在首都欢迎他；假使总统在访问过程中仍要在阿尔及尔暂停一下，希望他通知我们，以便我们能够对阿尔及利亚的总督作出必要的指示，使那里的一切能够符合总统的心意。

这个事件轰动了世界舆论。在我这一方面，我并不喜欢有人把这件事情扩大。但是美国报纸却故意把这件事情说成是戴高乐将军对总统的不礼貌，显然这些报纸是得到指示的。而且，美国总统不认为应该掩饰自己的沮丧心情。他回到华盛顿以后，对于这一没有成功的会晤发表了一项措辞尖刻的公报。3 月 3 日他在国会报告雅尔塔会议成就的演说中对戴高乐将军也作了一个明显的暗示，他说，某“女主角”大耍明星脾气，错过了一次有益的会晤。至于我这一方面，只向新闻界发表了一份说明事实的书面谈话。

罗斯福的尖刻言语当然使我气愤。但是我确信，与其说他对我很不满，不如说是他发泄自己的牢骚。假使他再多活一些时间，我们在战争胜利以后，一定会有机会充分地解释一下，我想他会理解并且赞成我作为法国首脑所采取的行动的理由。我并没有因为出了一些事情而否认他的大智、大才、大勇。4 月 12 日，在他正要看到他的任务快胜利完成的时候，死神迫使他放下那伟大的任务，我真挚地悼念他，并且表示了自己的遗憾和钦佩。

但是，法国大多数有组织的人，为了公开阐明立场，都谴责我对待到阿尔及尔去的“邀请”的方式。很多公开宣称罗斯福是没有错误的民主旗手的“政治家”生活在离我应该服从的国家最高利益和尊严相当远的天地间，这些人对我的态度是相当不满的。共产党谴责我这种态度，因为我对于总统对苏联的过多让步表示保留。很多实业家对我的行为感到不安，因为我的行动扰乱了他们依靠美援的前途。一般说来，著名人士对于有钱有势的外国人都是袒护的，而对法国方面采取坚决态度的人却给予谴责。此外，所有这些阶层的人，当他们远远地看到又可以玩弄幻想和诽谤的有趣的游戏时，尽管表面保持谨慎，却都开始疏远我了。

所以，我不能不看出，我对于法国的地位和权利的想法并没有获得舆论界很多有影响的人们的赞同。要坚持我的政策——代表全国人民愿望的政策，越来越不应依靠言语、笔墨和影响了。我承认，这种意见分歧引起了我的极大忧虑，随着困难的增加，这种意见分歧一定会妨害我的努力。

但是，已经得到的已经到手了。在国外没有任何对立，在国内没有任何分裂可以妨碍未来法国恢复她的地位。雅尔塔会议本身也证明了这一点。雅尔塔会议要求我们马上成为由大国组成的“最高法庭”的成员国，以便处理敌人的命运并安排和平，这就说明我们已经被看作是不久即将胜利的主要参战国之一了。在国际政治上法国似乎处于战败国的地位和人们表面上承认的维希政权的合法地位，不久就要完全消失了。我们在 1940 年 6 月 18 日开始的事业的成就，在国际上完全同在军事上以及在法国人民的心灵上一样被肯定下来。我们的目的快达到了，因为对于法兰西儿女和整个世界来说，我们的行动是以将永远存在的法兰西精神为基础的。所以，尽管法国饱受苦难和欺凌，她的目的快达到了，这是事实，只有从事实出发才能成功。

第三章 秩序

用布丰的话说，没有条理和情节发展，就谈不上风格，对政治也可以这样说。在解放了的法国，骤然刮起变革之风。但是，变革必须有一套准则，否则终将一事无成。

用布丰[①]的话说，没有条理和情节发展，就谈不上风格，对政治也可以这样说。[②] 在解放了的法国，骤然刮起变革之风。但是，变革必须有一套准则，否则终将一事无成。我们国家遭受的创伤多么严重，战争和破坏使它所处的生活条件多么艰难，在从前建立起来的政体、等级、家庭和传统中所发生的混乱是多么巨大，以致国家深深地陷入了普遍而漫长的危机。解放后的欢乐只能暂时地使法国人看不到这些事实。现在，现实变得更加严峻了。我，遥望将来，感到国家的前途光芒万丈；可是环视周围，又看到国事纷扰，动乱四伏，大有麦克佩斯[③]站在女巫大镬前面的感触。

首先缺乏满足法国人生活需要的东西。一个人的全部食品配给量折合热量每天不过 1 200 大卡。要想补充缺额，只有求助于黑市，这是使人破产和沦落的道路。由于没有羊毛和棉花，由于缺少皮革，很多人衣衫褴褛，穿着木板拖鞋。城市里不能供暖！因为煤矿生产的一点点煤炭，还要留给军队、铁路、发电站、主要工业和医院使用，一点也不能供给居民。可是那一年冬天偏偏比以往任何

---

① 乔治·路易·布丰（Georges Louis Buffon，1707—1788），法国博物学家、作家，1753 年任法兰西学院院士，著有《自然史》、《风格论》等。

② 布丰的原话是论文体的名言，含意如前。但如果用在政治上，则应译为：没有秩序和运动，就谈不上风气。

③ 莎士比亚的《麦克佩斯》一剧中的主人公。

一年都冷。在商店、车间、办公室、学校里，人人都冻得发抖。除了偶尔有一个钟头例外，煤气的压力经常不够，电流常常停止。由于火车不多，又没有公共汽车，弄不到汽油，市民只好徒步行走，以致无形中延长了他们的劳动日，有自行车骑就算是最幸福的了，而乡下人更是无法离村。我们有400万青年不在家乡，有的被征入伍，有的做了俘虏，有的被劫持到德国去；还有四分之一的居民流离失所，住在废墟或木棚子里，这些情况也妨碍着我们恢复正常的生活。

很多法国人面对这样的艰难困苦感到惊讶和气恼，因为他们以为解放以后立即会出现奇迹，让他们过上舒适自在的生活。但是，这种不满很快就会开始减弱的。可以看到，再过几个月战争就要结束了，然后马上恢复进口，使那些被德国拘禁和大批应征入伍的人回乡生产，把交通逐渐恢复起来，让生产重新发展。当然，要很多年才能恢复到战前的生活水平。尽管有这一切种种困难，人们已经看到了曙光。对于劫后余生的人来说，未来决不会像不久以前那样苦难深重。但是，形势是严重的，除了这种困难之外，还有全国的社会、道德和政治的巨大动荡。

这个民族危机使我每天操劳不安。从四面八方涌来责难、意见、申诉和批评，但我并没有事必躬亲，以至于陷入这些烦琐事务而不能自拔。我和每个人一样，忍受着日常生活的匮乏和困难，勉强维持着政府的工作，知道这些问题目前是无法解决的。尽管目前困难重重，还必须建设未来。建设需要政策，我已经根据情况制定了这样的政策。为了恢复生产和粉碎颠覆活动，必须改革社会条件。必须做好一切准备，以便让人民在时机成熟时能够表达自己的意志。但在此之前，绝不容许任何事情损害我领导的政府。必须加强司法工作，使罪犯迅速受到制裁，制止游击队自行报复，并通过判决罪犯为实现和解扫清道路。恢复出版自由，但必须封闭曾为敌人效劳的报刊。必须加紧生产，在避免过分动荡的情况下恢复国家的经济和财政平衡。必须制止一切阴谋、冒险和有害的行动。这就是我目前所要做的事情。

在我看来，作为战争赌注的并不是只有民族和国家的命运，还有人类的命运。其实，也只能如此，因为这是理所当然的。从技术角度来看，战争一向是一种社会运动。进行战争的欲望和发动战争的借口永远离不开人类的物质或精神境遇的冲突。亚历山大的胜利是一种文明的胜利。野蛮民族的贪欲造成了罗马帝国的崩溃。当法国议会宣布“人们生来就是自由的，人的权利应当平等”的时候，旧制度的欧洲便起来反对法国。

我和一切人一样，认为今天是机械统治世界的时代。由此，产生了20世纪的巨大争论：工人阶级应当是机械进步的牺牲品呢，还是它的受益人？由此，造成了大规模的社会运动，比如社会主义、共产主义和所谓国家社会主义的运动，它们掌握了几个大民族，却因而使之与其他民族分裂了。由此，出现了互相敌对的思想意识，比如自由主义、马克思主义和希特勒分子的思想意识，它们的旗帜飘扬在战斗的天空。由此，沦入这次浩劫的无数男女，都曾为他们本身和自己子女的将来而焦急过。由此，人们明显地看出，交战双方表现的大量激情、希望和痛苦，无数人遭到的疾苦，以及复兴所需的努力，都使社会问题在政府应该解决的问题中占了首位。我确信，如果不在这方面迅速而深刻地实行改革，就不会有巩固的秩序。

对法国来说，这是千真万确的真理！在阶级斗争十分激烈的时候，战争爆发了。由于我们的经济十分落后，不易改革，政体缺乏活力和信心，无力担负这一任务，阶级斗争就越加严重。毫无疑问，这种停滞状态有其不可避免的原因。与其他国家不同，我们不幸没有大量的煤炭和石油供大工业使用。在第一次世界大战以前，以武装维持的和平，使我们不得不把大量的资源用于军事方面。大战以后，没有获得按规定给我们的赔款，恢复建设的重担压得我们透不过气来。最后，当德国的威胁再度出现的时候，我们又不得不再努力备战。在这种情况下，生产投资大大减少，设备没有什么改进，资源没有得到利用，而国家预算难以平衡，通货膨胀严重。这样的落后和重重障碍，再加上因循守旧和自私自利，就很难使经济机构和政府当局去设法进行可以使劳动者得到利益的改革。不错，人民的压力在 1936 年曾迫使当局做了一些让步。但是，高涨一时的热情，很快就沉没在议会的污泥里了。在法国面临战争的时候，她的人民正闹分裂，处在严重的社会不安之中。

悲剧发生以后，人们在灾难的重压下，思想上发生了巨大的变化。1940 年的惨败，使很多人认为这是整个制度和领导层的全面崩溃。因此，有人试图代之以其他制度和领导人。一部分实业界同占领者勾结，重商营利思想流行，绝大多数人赤贫而个别人奢侈无度，这更激怒了法国的广大人民。后来，在希特勒进攻民主国家和苏联的这场战争中，整个工人阶级都投入到抵抗运动方面来，全国的劳动群众又像在大革命时代、1830 年的革命日子里、1848 年起义和巴黎公社街垒战时一样，以爱国者和起义者的姿态出现了。但是，这一次他们举行罢工或参加游击队是为了抗击敌人。因此，认为工人可能再次背离国家集体的想法是令人讨厌的。总之，实行经济改革，使经济首先为集体服务，而不首先为个人利益服务；另一方面，提高劳动阶级的地位，乃是全国人民普遍的愿望。

维希政权曾企图满足人民这种愿望。尽管它的高级技术人员不顾重重困难在财政和经济方面作了无可置疑的努力：同业工会、劳工宪章、家庭特权等所谓“民族革命”的社会学说也含有相当诱人的思想，但都是与投敌同时进行的，因此不能吸引群众，反而使他们要求另找出路。

在群众愤愤不平和希望解放的时候，在苦难深重的情况下，日益强烈的对旧制度的愤恨在抵抗运动中得到集中反映，在解放事业中加深起来。“共产党”认为这是发展的绝好良机。它把人们抗敌的意向同阶级斗争统一起来，自己则成为这两个运动的旗手。它享有一切机会能够夺取国家领导权：在不能通过抵抗委员会、解放委员会和民兵组织夺取时，就利用煽动社会的办法来夺取。但是，只要戴高乐采取主动，实行能够团结人心、取得劳动群众拥护、保证在新的基础上发展经济的政策，它就不能办到这一点。

我立即把政府引导到主动改革的方面来。计划早已拟订，因为一开始我就决心改革，而参加抵抗运动的人，不管是谁，目的都是一致的。各个运动和组织都表示了态度。在法国秘密活动的各工作委员会，以及在伦敦和非洲公开活动的各工作委员会，都参加了拟订计划的工作。一些代表们，特别是出席阿尔及尔咨政议会的代表，同意了计划的纲要。可以说，法国抵抗运动的主要特征，就是它有改革社会的决心。但是，必须把这个决心变成行动。就我的权力和我在舆论界的声誉来看，我自信有办法做到这一点。一年之间，经我签署发布的命令和法令，已使法国的经济组织和劳动群众的生活条件发生了巨大变化，在战前的政治制度下徒然争论了半个世纪的事情，如今实现了。看来，新的制度已经巩固起来，因为以后没有丝毫变化，也没有任何增减。

主要的动力资源从此由国家掌握起来。1944 年成立了“诺尔—加来海峡国家煤炭管理局”，不久还要成立“卢瓦尔国家煤炭管理局”。再过些时候，政府决定把电力和煤气的生产和分配置于国家监督之下。一俟具体办法制定则立即实行。1945 年还要成立“石油制品管理局”，由它负责鼓励、组织、协调一切有关燃油和润滑油的原油勘探与开采工作。原子能最高委员会也将在同年底成立。国家的经济活动有赖于煤炭、电力、煤气、石油，而且有一天要取决于原子能，所以为了使法国的经济达到发展所要求的水平，就必须最大规模地开发这些资源，这就需要只有国家才能承担的巨额费用和巨大工程，以及实行国有化。

根据同样的见解，国家应该亲自领导银行机构。事实上，只要国家担起拨款投资的重担，它就必须直接掌握资金。我们准备通过法兰西银行和各大信贷机构的国有化来实现这一点。由于开发法兰西联邦的土地是法国的主要希望之一，也许是一个最大的希望，所以把前“自由法国中央金库”改为“法国海外领地中央金库”，并由它代表国家参加开发这些新地区的工作。根据同样的精神，决定把战前接受国家补助的各航空公司所经营的航线组成单一的航空网，成立法兰西航空公司。在 1945 年内，一定要使我们的客运、货运飞机重新出现在世界五大洲的上空。不错，关于雷诺公司改为国营的决定不是根据上述原则作出的，而是对它的处分，以使这家最好的“汽车工厂”置于国家管理之下。最后，为了把新的经济建立起来，也就是说，从现在着手建立未来，将在同年内成立“重新装备和现代化计划最高委员会”。

但是，如果参与这项工作的人得不到利益，工作就不会有实际的进展。解放政府应当做到这一点，不仅提高工资，而且主要应当设法彻底改善工人的生活条件。1945 年要把各种社会保险制度完全恢复，并加以扩大。一切靠工资生活的人，都必须享受社会保险。这样，有史以来人类就有的忧患，即病、老、事故和失业给劳动者造成的痛苦，就将一去不复返了。“我们中间永远有穷人”，但不会再有赤贫的人了。此外，一套完整的家庭补助制度，到时候即将施行。国家将根据每个家庭的子女人数，按比例给予补助，期限从出生到能够自立为止。这样，法国人的出生率就可以扶摇直上。从前，我们的出生率曾经很高，以至于培养出了进取精神，维护了我们种族的尊严；而近百年来，我们的出生率却下降得十分严重，甚至使法国变成了一个停滞不前和人丁不旺的国家。同时，也要全面改革租佃制度。今后将保证佃户的佃权，只要他遵守租约的条件，就可以随意地长期租种下去。如果这块土地要出卖，他有优先购买的权利。这样，就可以消除农民骚乱和离开农村的一个主要原因。

此外，我制订的计划决不限于物质方面的这些改革。这项计划旨在使工人在国民经济中负起一定责任，而这种责任与他们至今所起的那种纯工具的作用大为不同。工人将参加企业管理，他们的劳动与资本家的资本具有同样的权利，他们的报酬和股东的收入都一律依据经营的成果来决定——这就是我要实现的计划。为了给提高工人的工作效率做准备，1945 年 2 月企业各自成立了委员会。每个委员会的成员除了企业的经理以外，还有工人、职员和工程技术人员的代表。委员会应当了解整个企业的活动。有关生产率的一切问题，它都可以提出自己的意见。除了职工的薪金以外，其他有关职工的社会和物质生活的资金都由它管理。我不问等级如何悬殊，要使所有从事同一事业的人互相接近，引导他们共同研究企业的活动、发展和缺点，鼓励和引导他们认识彼此是利益一致的。因此我认为我们已向资本、劳动和技术的合作迈进了一步，从这种合作中我看到了未来经济的人事关系。

这些改革虽然范围很广，但没有引起任何动乱便得到了实现。当然，享有特权的人是迫于不得已而接受这些改革的。以后甚至还有人在私下散布不满情绪，对未来心怀隐忧。但是，当时人们鉴于大势所趋，害怕发生更坏的事情，所以立即接受了。在共产党方面，则认为已经做的事情太少了，指责政府由于自身反动而不敢大步前进。但是，他们也没有表示反对。至于“政治家”们，仍然施展他们的惯技，在这方面或那方面做了一些保留，但大体上赞成正在进行的事业。在咨政议会上以过半数票通过了这项工作。其中很多人所以拥护这项工作，是因为它在总的方面符合他们原有的要求；另一些人把自己接受改革看成是为了维持社会安宁而作出的让步。每个人都准备将来在选民面前以此大肆吹嘘。我又一次看出，在他们和我之间虽然目的可能相同，但他们追求这个目的的动机却和我大相径庭。他们依照各自的政治偏见表示自己的态度，而他们的那些理由却很少使我动心。另一方面，我看到他们对于我为了法兰西的强盛而进行改革的动机，也视为平淡无奇。

今天和任何时候都一样，使国家强盛是政府的责任，而国家今后能否强盛则取决于经济。因此，必须领导经济，因为它太弱了，需要革新，而且革新工作只有决定了才能执行。我认为，这便是我的政府采取国有化、国家监督和现代化措施的主要动机。但是，我的这个要求有一个强大的政权来加强经济工作的思想，是与我对于政府所持的观念有直接联系的。我认为政府决不应像从前那样，或像各党派所希望恢复的那样，是个人利益的集合体。这样的政府软弱无能，只会妥协，政府必须是一个有决心、有作为、有抱负的机构，它只能以国家利益为重，并为国家利益服务。为了制订计划和作出决定，国家政权必须有一个胜任的领导。为了执行计划，必须录用和训练工作人员，以便在管理全部国家事务方面建立一个有能力而又团结一致的总体。这两个条件，第一个条件目前已经具备，我正在准备将来应做的事情。第二个条件促使我在 1945 年 8 月创办了国立行政学院。按照这样的计划建立的体制已经确定，所以新的操纵权已经掌握在政府手里，这样政府就可以采取一切措施使法国发展成为一个更强大、更荣耀的国家。

根据同样的意图，我不管是否合乎公理和时宜，一定要把工人提高到负责任的伙伴的地位上来。法国的团结，要求工人们在精神上回到国家共同体里来，他们当中有很多人出于不满或失望，倾向于离开这个整体。况且，只要工人阶级把自己的能力大大发挥出来，生产力就会显著地提高，法国的力量也会增强很多！

但是，使新的体制发生效果，还需要一些时间。目前，主要是生活问题。厂矿的复工，桥梁、港口、铁路、运河、电站的修复，火车、汽车、货船的重新开动，要求所有的人都全力投入劳动。事实既然如此，我就要利用一切可能利用的力量来拯救祖国。当然，共产党也不能例外，因为在这个时期，如果不全民动手，法国的生存就有严重的危险，而如果社会纷争使人民分裂，那后果就更不堪设想了。“党”是否忠诚，我对此绝不抱任何幻想。我十分清楚，它企图把政府全部抓过去，要是我表现软弱，它立刻就会发起攻势。但是，由于它参加过抵抗运动，在工人阶级中有它的影响，再加上舆论的要求，我本人也愿意使它回到国家中来，所以我决定在恢复工作中给它一个位置。尽管它桀骜不驯，只要把它套入车辕，勒紧环辔，它就得挽起重车。驾驭是我的事情。我有这种力量，源自法国人民对我的信任。

本着这种团结政策，在阿尔及尔时代，我就吸收共产党人参加我的政府。我在巴黎也是这样做的。此外，也试用了“党”里的一些人，有一个共和国委员、三个省长、几个高级官员由他们担任。在咨政议会里，我也使共产党得到了与他们的影响相适应的代表席位。在 1944 年 11 月，我批准了司法部长的建议，对于五年前因为背叛祖国而被判决的莫里斯·多列士先生实行特赦。这项特赦是由内阁会议宣布的。“党”的总书记此后便可以离开莫斯科回到祖国来了。很久以来，人们就从各种不同角度要求我宽大他。他本人也曾屡次要求我。我之所以认为应该而且就在这个时候采取宽大措施，那是有我的考虑的。考虑到以往的情况，以及自那以后发生的事件和今天的需要，我认为让莫里斯·多列士回来领导共产党，在目前是利多弊少的。

事实上，在我担任国家和政府领导期间，情况也一直是这样的。当然，共产党人会步步进逼，或进行责骂。不过，他们决不想制造暴乱。而且，在我执政期间，也没有发生过一次罢工事件。不错，“党”会千方百计地去操纵政治、工会和选举方面的活动，支使其他一些暗中希望戴高乐下台的组织，利用这些组织因本身不稳而产生的自卑感。但是，自从共产党不推行革命而愿意在议会中争取优势以后，对社会的危险就减少了。不错，他们在我的前进道路上不断制造障碍，并在幕后指挥着一场诽谤政府的运动。但是，直到我下野为止，他们始终没敢轻视我的权威或辱骂我本人。不管我到什么地方，他们的代表都来向我致敬，他们的选民也在人群里高喊：“戴高乐万岁！”

至于多列士，他一面努力推动共产主义事业，一面也在很多场合下为公益服务。他刚回到法国，就帮助政府解决了“爱国民警队”余部的复员问题。他们党内的某些人，曾坚持保留爱国民警队，以便进行新的地下活动。他在他们党的秘密而严格的制度所容许的范围内，反对了解放委员会制造障碍的企图，阻止了某些过激分子阴谋实行暴力的行动。他对听他演说的工人们（为数很多），特别是矿工，总是不断地要求他们努力劳动，积极生产。这是不是完全要政治手段呢？没必要深究，只要有利于法国就好。

其实，“党”的领导这时已经不再强制他人接受他们的意志，而把主要的注意力放在胜利后应当如何开展工作上了。其他的政党也是如此。随着选举的日子越来越近，它们都忙于自己的事情，组织自己的力量，制定独自的纲领。首先，解放委员会在到处召集会议，它要求成立“法国抵抗运动的联合政府”。但是，这个企图很快就破灭了，因为在共产党人和非共产党人之间马上表现出了思想的对立。此后，各党便相继召开代表大会。11 月，社会党召开了代表大会。1945 年 1 月，“民族解放运动”召开了代表大会。接着，便是“民族阵线”的代表大会。2 月，“共和联盟”的代表举行了会议。不久，老“法国社会党”也效法了它们，而“人民共和党”也成立起来。在同一个月，社会党和共产党决定合作，组织了一个“协商委员会”，来指导它们的共同行动。4 月，“共产主义青年联盟”也召开了会议。在这期间，激进社会党的领导开始改组了。总之，几年来只用低音演奏的各种乐器，现在都发出响亮的乐声了。

当然，我对于任何党派的活动都没有直接介入。但是，我要细心观察这些政治力量的成长。不错，就目前来看，它们的代表大会和各种动议都无足轻重，因为戴高乐正在执政，并且将要继续统治到还政于民的时候。但是，他不久就要还政于民。那时将要发生的事情，在很大程度上取决于今日的计划。我应该说，现在发生作用的因素，似乎是令人失望的。

这些政党改组以后，有一点最使我注意，那就是它们一有机会就想夺取共和国的全部政权，可是它们又预先暴露出自己没有能力治理国家。如果由它们执政，也绝不会比战前的那种使国家陷入可怕灾难的政权好多少。它们口口声声反对过去的一切。“革命”是所有讲演中最有力的口号。但是，没有一个人确切地说出“革命”的含义，没有说明对于不久以前存在的事物应当采取什么样的有效的改革，尤其是没有一个人能够明确指出要由什么样的机关（而且是由什么样的政权建立的机关）来完成这些改革。共产党人十分清楚自己要做什么，只是不肯和盘托出。其他各党派只是吹得天花乱坠，并没有什么行动，他们借用乔治·皮杜尔的“通过法律进行革命!”这句话来掩盖自己的谨慎。至于左派的集团和人士，以及以左派自命的集团和人士，在批评和排斥他人方面十分严格，可是在建设性的工作方面却空喊口号，制造不和。我在接见代表团、阅读报刊和听讲演的时候，总是感到这些获得新生的政党所谈的革命不是一种具有明确目标的、敢于行动和冒险的事业，而仅仅是对一切政治（甚至连它们自己推崇的政治在内）永远采取不满的态度。

不必讳言，这些迹象引起了我的很大不安。政权机关的混乱和无能，是引起社会混乱、道德败坏、外交软弱、战略失败以至丧权辱国的直接原因，是使我们陷入苦难深渊的罪魁祸首。然而究竟是什么妖魔鬼怪又在把我们引向这条绝路呢？考虑到法国面临的迫切问题，怎能设想没有一个无私而有力的政府就会解决这些问题呢？但是我不得不承认，我的想法很少有人同意。

在我看来，我们国家实行民主的必要基础，应当是实行分权，尊重国家元首（他体现一部分权力）的威信，国家命运和政府制度的问题通过公民投票来解决。然而，事情非常明显，政界人士或将要参加政界的人们，都偏向于相反的方面。未来的国家领导人认为，明天的政权应当是由各党派任意支配的有机混合体，而国家元首（如果有一个人的话）不过是议会党团任命的傀儡，普选仅仅是选举议员的手段而已。至于我个人，虽然人们承认我在临时政府中具有无上的权威，承认我作出了贡献，享有一定的声誉和威望，对我表示特别拥护，但是我也看到人们对我的职权范围之大表示不安，对所谓“个人”政权表示怀疑。因此，尽管我的行动还没有遇到直接的反对，我已经远远地看到在地平线上升起了团团的乌云，而且从此以后，我也就在批评和反对的沉重气氛中前进了。

对戴高乐的这种看法，从一个角度来看是有利的，但从另一个角度来看却是不利的，这在咨政议会上表现得十分明显。我经常到咨政议会去，希望从那里听到一些意见，利用那个讲坛公开阐明我的行动和理由。但是，我也自然注意到议会中的一些现象，比如那里蕴藏着强大而没有得到发挥的活力，存在着火热而又被掩盖起来的人性，洋溢着炽烈而又被压抑下去的激情；会议上有时让人昏昏欲睡，有时爆发出激烈的冲突。为了对我表示有礼，我出入会场都有某种隆重的仪式。但是，我出席议会的会议，毫不妨碍会议的工作，尊重会议的议程，与代表们同席，与他们在同一个讲坛上发言，休息时和他们一起交谈。必须承认，会场往往是相当沉闷的，大多数发言人只是宣读单调无味、措辞笼统的讲稿，不太引人注意。有时候，一些天才人物、部长或其他人，例如奥里约、巴斯蒂、皮杜尔、彭古、戈特、德奈、杜克洛、艾尔维、拉尼埃、马兰、孟戴斯-弗朗斯、菲利浦、普利文、舒曼、戴让等，还能使讨论增加一些生气。偶尔，人们对一个引人兴奋的问题激动起来，情绪高昂，会场上顿时呈现出一片热烈气氛。于是，雄辩的言辞冲破了紧张的空气，激起愤怒或热情的波浪。

我在咨政议会上讲过许多次话。有时这仅仅是为了说明一些重大问题，例如1944年11月22日说明了政府的总计划，12月21日说明了最近缔结的法苏条约，1945年3月2日说明了国内应当实行的政策，3月20日说明了曾被日本占领的印度支那的情况，5月15日说明了胜利后应该从战争中吸取什么教训的问题。有些时候，我是在会议讨论过程中作即席讲话。我每一次到会，都起了集中精神的作用，这种集中有时是以某种热烈的表示体现出来的。议题的重要性，言辞的效果，同戴高乐的亲切接触，都在提醒代表们懂得我们应该团结一致，应该感到国家集体对他们的吸引力量。在这一刹那，我们相互感觉到更加团结，也就是说，更加紧密了。

虽然可以听到人们向戴高乐鼓掌，可是他的政府也不免受到指责。通过向政府提出的意见，尖刻的批评源源而来。在某些情况下，这种批评破堤而出，顺势冲向这个或那个部长。有一天，国务部长儒勒·詹伦内受到了严厉的指责，因为他在1940年7月发表过一些恭维贝当元帅的言论。然而，詹伦内从那以后一直没有离开过抵抗运动。1945年初，在国家预算提交给咨政议会审议的时候，引起了一场激烈的辩论。在审议司法部经费的时候，提出了清洗的问题。司法部长弗朗索瓦·德·孟顿不得不忍受一场无情责难的连珠炮火。很多人对他表示不信任，主张制裁他，说“他惩办罪犯软弱无能”。毫无疑问，人们对于司法部长表示的不信任不会带来任何后果，但是由此可以知道辩论的激烈程度。不久，情报部长戴让也成了众矢之的。代表各种倾向的报纸当时都缺乏纸张，把这种困境归咎于戴让，使用极其荒谬的字眼指责他，比如：“色情文章的作者，德国间谍的保护人，托拉斯的代理人，事务主义的官僚，人权的蹂躏者，抗敌报刊的迫害者，使法国不能出席雅尔塔会议的责任人”。人们最近是这样攻击我的，戴让满有理由这样回答他的责难者。在审查被俘人员事务部预算的时候，部长弗莱乃成了各方面疯狂攻击的对象，尽管当时被俘人员还在敌人手中，谁也不能说出他们回国需要多少费用。

这种兴风作浪的捣乱，实际上掩盖着一个显而易见的要求，那就是咨政议会不甘心只作咨询机构，它企图控制政府。这种妄想很快就证实了。3 月 19 日，我接见了各党派的联合代表团。代表们对我说：“我们前来向您说明咨政议会对政府非常不满，因为它的职权非常有限，政府认为自己的行动可以不受我们的意见和决定的约束。我们要求行政部门今后不再作出与议会通过的主张相抵触的决议。”

向这种要求让步，显然会产生混乱。我回答代表们说：“只有人民才有主权，在人民不能正式表示自己的意志以前，由我负责领导。大家是应我之邀而自愿来帮助我的。这是大家的任务，也是大家的光荣。但是，我并不因此而不负全部责任。大家现在的这种做法本身，就证明全部政权是由我负责的，因为现在是你们前来要求分享一部分权力。但是法国的局势不允许这种分散。”

“不过，”代表们大声说，“我们是抵抗运动的代表！在立法机构不存在的时候，难道不应当由抵抗运动表示人民的意志吗？”

我说：“大家受了抵抗运动的各组织和党派的委托，这当然使大家有了发言权。正是因为如此，我才成立了咨政议会，并指定大家作为它的成员。一切问题都提交大家讨论，我本人和我的部长们也参加大家的讨论。大家参与政府工作的方式是：大家向政府提出问题，政府向大家作说明，大家再向政府提意见。我不能超出这个范围。况且，大家应当考虑一下，法国的抵抗运动要比大家所代表的团体广泛得多，而法国又比抵抗运动更为广泛。所以，我是以全法国的名义来尽我的使命的，而不是以一个党派的名义来执行我的使命的，尽管这个党派的力量十分强大。在将来举行普选以前，我应该在国家面前，而且只在国家面前对国家的命运负责。”

代表们悻悻不快地回去了。但是，在这次访问以后，议会中的气氛和缓了。咨政议会根据早先做出的明确规定恢复了工作。总的说来，议会是有用的。各分组委员会对于经济和社会改革草案的研究，对于司法、行政、教育和海外领地问题的研究，以及大会对于这些草案和问题的讨论，不仅大力支持了各部，而且也给各部提出了很好的建议。咨政议会成员对战争有亲身经历，他们对军队的行动表示的关心和敬意能鼓舞军官和战士。卢森堡宫内的这种议会前身的场面，自由表达出来的思想，政府所执行的政策总的来说获得支持的事实，都使法国的对外发言增加了分量。最后，公众感到，政府所采取的主要措施都是经过公开讨论的，有一个机构对它们进行调查和批评，人们正在通过这种方式向还政于民的方向过渡，这一切对于恢复舆论和意见的自由表达（透彻地说，这是建立秩序的基本条件）无疑是十分有利的。

建立秩序的另一个条件是对投敌分子进行制裁。关于这个问题，曾经发生过要求报复的疯狂浪潮。从所发生的一切情况来看，这种反应是完全可以理解的。投敌分子不仅以各种政治决议、警察行动、军事行动、行政措施、宣传活动等形式丧失了民族气节，而且由此使大批法国人遭受了迫害。在无数伪官吏和告密分子的协助下，在一群卑鄙无耻的记者的煽动和赞扬下，有6万人被处死，有

20 多万人被流放，其中勉强能活下来的不过 5 万人。此外，有 35 000名男人和女人被维希政府的法院判了罪，有 7 万所谓“嫌疑犯”被监禁起来，有 35 000 名公务员被免职，有 15 000 名军人以抵抗运动分子的罪名被剥夺了军衔。现在，群众的激愤爆发了。当然，政府应该保持冷静的头脑。不过，如果对这么多的罪恶和暴行不闻不问，无疑会使国家永远长着一个腐烂发臭的脓疮。因此，必须进行惩办。

惩办工作进行了。在冬季，审理投敌分子的法庭组织起来了，并且进行了积极的工作。的确，定罪的轻重程度，曾因法庭的成员不同而很不一致，特别是因地而悬殊。有时候，法庭竟受到示威群众骚扰。甚至许多地方发生了暴乱，群众想把判处死刑的罪犯从法庭上拖下来殴打。例如，在尼姆、莫伯日、布尔日、昂西、阿莱斯、罗德兹，都发生过这种情形。甚至有二十几名不幸的被告，在几个地方被打死。政府不得不一再制止这种暴行。我曾提醒内政部和司法部注意，叫它们坚定地采取措施，制裁那些无力维持秩序的官员，要求他们对扰乱秩序的人提起公诉。尽管如此，审判工作完成得还是很好的，在群情激愤之下尽力做到了公正无私。只有极少数的判决事后发现没有充分的理由。

除了被告缺席以外，法庭判处了2 070人死刑。诉讼文件经过司法部特赦委员会审核和司法部长批准后，都转到我的手里。在司法部惩治司司长帕丹的直接帮助下，我仔细地审查了所有文件，并接见了请求见我的所有律师。没有什么东西比审阅凶杀、告密、拷打和诱人投敌的罪证更使我难过的了。平心而论，除了一百多个案件以外，其余的死刑判决都是罪有应得的。尽管如此，我对其中的1 303人还是实行了特赦，对所有女犯和几乎全部未成年的犯人减了刑；在男性犯人中，我改判了按照上级命令和因生命遭受危险而犯罪的大部分人的刑期。我不得不驳回 768 件上诉，因为这些罪犯都是亲自和自动给其他法国人造成死亡，或者直接替敌人效劳的。

总的说来，对于应当处刑的39 900名罪犯的判决都是公平而宽大的。而在此期间，比利时对55 000名卖国贼判了刑，荷兰对5万名投敌分子治了罪。此外，政府通过减刑的措施，还从轻执行了很多判决。这主要是指被“义勇军”、“法国志愿军团”或“非洲军”诱惑而犯罪的可怜青年，他们都获得了参加印度支那远征军的机会。还应当补充一点，预审法官决定免于判刑的，还有18 000人。至1945年年中，在解放时被捕的6万名罪犯或嫌疑犯，除依法起诉者外，已经全部释放了。如果想一想他们的大量投敌事实，以及他们对于抗敌人员的无数暴行，再看一看敌人溃退以后掀起的激愤怒潮，那么，可以说法院所作的惩处是极为宽大的。

对于伪行政机关的处理也是如此。人们对它们的怨恨是十分强烈的，因为维希政权曾开除过5万多名职员，而且某些有权人士表现了忠于敌人的可耻行径。临时政府决定：先在各机关内部讨论，以后再进行惩处。在政府的各部，均以部长的命令或政府的法令设立一个清洗委员会，负责收集材料。当然，政府永远不限制人们向最高行政法院上诉。事实上，大多数公务人员都表现得很好。甚至有很多人在执行职务中帮助过反抗敌人及其走狗的斗争。对80万人当中的大约两万人进行了调查，处分了其中的14 000人，仅有5 000人被免职。1945年1月18日，我在广播电台上郑重地宣布：“关于那些有幸为国家服务的人，我保证他们都是诚心诚意、规规矩矩地为国家服务的，他们理应得到公民的尊重。”

最高法庭在3月开庭，负责审理高级官员的通敌卖国罪行。法庭由最高法院首席审判长蒙日博先生主持，由重罪法庭审判长多纳-吉尼先生和巴黎上诉法院首席审判长皮卡尔先生协助。从咨政议会提出的两份各为50人的名单中，抽签选出24人组成陪审团，其中包括1940年的众议员或参议员12人。莫尔内担任国家检察长，预审工作由“预审委员会”负责，预审委员会由法官五人和咨政议会成员六人组成。

我认为维希政权的高级负责官员必须在这个最高法庭受审。这类案件，普通法院、中级法院或军事法庭都无权受理。由于受审的人都是起过一定政治作用的人，比如部长、高级专员、领地总督或秘书长等，所以审理他们的法庭必须有一种政治能力。这种条件，是任何时候、任何国家处理这类案件所必须具备的。我就是遵循这个办法，在 1944 年 11 月 18 日下令成立最高法庭的。

最高法庭确实是在特殊的司法条件下建立起来的。人们可能认为，我应当让不久即将依合法手续成立的国家机关去做这一切工作。但是，法国的国内秩序和国际地位，要求立即审判投敌叛国、破坏盟国、死心塌地同敌人合作的首要犯罪分子。否则，怎么能够和以什么理由去惩办那些执行命令的从犯呢？又怎么能够和根据什么理由来主张法国应当占有参战而战胜的大国地位呢？同在很多其他问题上一样，在这个问题上，我个人负有义不容辞的责任。将来，等国民议会开会的时候，再由国民议会去追认诉讼经过，以后也确实这样做了。当然，最高法庭一经成立，我就不再直接过问起诉、预审和判决的问题了，不再看口供、接见任何请愿团了。我希望辩论能在安静的环境中进行，不受游行示威和旁听者的活动干扰，所以我没有同意把最高法庭设立在波旁宫内（有许多人要求把最高法庭设在这里），而公正地把它设立在法院大厦里，并且派了一支相当有力的警卫队去维持秩序。

最高法庭审讯的第一个人，是伊斯特瓦海军上将。在盟军抵达北非时，他正任突尼斯的领地总督。这个不幸的人曾遵照贝当的命令允许德军登陆，并下令给德军开路，禁止在（突尼斯）摄政王国的法国军队去同打击敌人的友军一起作战。但是，轴心国军队占领突尼斯的土地以后，特别是占领比塞大港口以后，就使美、法、英三国不得不进行一场为时很久的战役。另一方面，德、意军队进驻突尼斯王国以后，使煽动者有了反对法国的机会，从而在政治方面产生了严重的后果。

伊斯特瓦海军上将被判处徒刑。他在这些事情发生以前，有过良好的服务表现，只是后来执迷于虚假的军纪，这位老海军才成了投敌分子的共犯，做了丑恶勾当的牺牲品。

邓茨将军继伊斯特瓦以后坐到了被告席上。1941 年春，他在任东地中海地区高级专员期间，曾遵照维希政府的要求准许德国的空军中队在叙利亚着陆，给德国国防军指出登陆地点，最后他命令所属部队向自由法国和英国军队开火。经过可以称为“光荣战斗”的初次交锋以后，我们向邓茨提出了叫他接受的休战条件。这些条件是我亲自和英国司令部共同决定的，其中规定把维希政府高级专员的职权交给自由法国的高级专员，使法国的军人和官员都能有归附我的机会。我曾通知他，只要他接受我们提出的条件，对于这位高级专员及其部下不进行任何法律追究。

但是，邓茨将军不但拒绝和解，反而发动了一场只能对敌人有利的自取灭亡的战斗。这个可怜虫甚至要求德国空军直接支援他。及至双方受到重大伤亡而他不得不缴械的时候，他才同英国人签订了一项协定。这样的协定，当然只能为英国服务，而丝毫不会考虑法国的利益。事实上，维希政府的高级专员把受法国托管的国家的命运完全交给英国人了，而一点也没有交给自由法国。同时，他指使部下不得与“戴高乐派”发生接触，然后立即搭乘经过德国人同意、由维希方面派来的船只回法国本部了。因此，不久以前我关于他的问题不予追究的声明，只能作废无效了。

邓茨将军被判处死刑。但是，我考虑到他在其他时期有过忠于国家的良好成绩，对于这个堕落的军人的悲剧下场又抱有同情，便立刻宽大处理了他。

最高法庭对于可恨的维希政权的仆从所进行的审讯，是不久即将对维希政权的首脑治罪的前奏。3 月 17 日，最高法庭决定对贝当元帅进行缺席审判。这是一次令人痛心而又无法避免的清算。我早就认为，从国家观点或国际观点出发，法国的司法都必须对他进行严肃的惩治，同时我也希望能有一个意外的变故把这位 89 岁高龄的被告留在远离法国本土的地方。这个首犯不久前还享有崇高的地位，在国难时期曾有无数法国人信赖过这个老人，而在今天，不管怎样，还有很多人对他保持着尊敬或同情。塔西尼将军曾问过我，当他的军队接近西格马林根或其他地方遇到贝当及其部长们的时候应该怎样处理？我回答说，应该把每个人都逮捕起来，但是关于元帅本人，我却不希望有人再遇到他。

4 月 23 日，贝当到了瑞士。他是由德国人送到那里并受到瑞士人接待的。瑞士联邦大使布克哈尔德来见我，把此事通知了我，我告诉他，法国政府并不急于引渡贝当。但是几个钟头以后，布克哈尔德又来见我，向我声明："元帅自己要求回法国来。敝国政府不能反对。因此，菲利普·贝当要被送到贵国国界。"大势已定，没有别的办法。老元帅决不怀疑自己要受到审判，但是他准备亲自出庭，在法国的法律面前接受任何处分。这个决定是勇敢的。柯尼格将军负责在伐洛尔布接押贝当。由于有些人要对他进行报复，所以特备一列专车，由一支强大的警卫队把他护送到蒙特鲁日堡关押起来。

审判工作结束了，本来希望让舆论界了解一下所作的各项判决的理由。当然，在报纸上过分地发表审讯过程是有害的。然而，把人们特别注意的一些问题客观地报道出来，也会使人心悦诚服。可惜，审讯期间正值报纸版面减少的时候，只能十分简略地报道审讯当中的辩论。此外，还由于纸张缺乏，群众对于军事行动、外交活动、经济状况和盟国生活等，也没有能够充分了解。对于这一时期的一些主要事件，法国人也大都不十分清楚。很多人认为新闻检查机关把消息扣下了。但是，有不少人想到了所发生的问题和正在进行的事件，而不知道它们是如何处理或如何解决的，所以作出了悲观的结论说：法国是毫无办法了。

严重的纸荒，的确扼住了新闻界的喉咙。我们的造纸工业状况极为悲惨，加上缺乏外汇，我们只能从外国购进少量纸张，而盟国的运输队还要首先保证完成其他运输任务。因此，对于报纸不得不实行严格的配给，这就使报纸的篇幅缩小到了极其可怜的程度。除此以外，几乎每家报纸都有它的思想倾向，所以宣传文章占满了报纸的版面，因而妨害了消息的报道。现实同人们在抗战时期的希望相距有多么远啊！

创办一份大报，这是地下工作人员的渴望。他们希望这份报纸公正无私，不受金钱影响，不畏强暴，因为他们厌恶沦陷时期的报纸，而且对于战前报纸的不能独立和报道失真仍有痛苦的记忆。况且，抵抗运动的绝大部分团体和党派都在地下出过日报或周报。现在，它们认为有优先公开发行这些日报或周报的权利。

政府在阿尔及尔的时候，就预先规定了解放后的新闻出版问题。1944 年 5 月 6 日的命令规定，敌人统治时期在沦陷区各地发行的报纸一律停刊。这些报馆的财产将被查封，由地下报刊接收它们的设备。既然在报刊方面不存在建立垄断的问题，所以可以发行其他新报，而旧报也可以复刊。另一方面，这项命令旨在保护出版独立，使出版不受财团的影响，所以它也适用于一切报馆和出版社。此外，必须适当地提高刊物的售价以维持它们的营业，而且要公布账目和收支情况。

法国的报刊，就在这样的基础上迅速复刊了。人们预料得很对，出现了纷争和混乱。在巴黎和各省首府，许多初出茅庐的新人，在从前的著名报纸的原址创办了一些态度坚定的报纸。法国人在重新得到思想自由和新闻自由之后非常满意，因而报纸和杂志大量发行。当时的出版物可以说盛极一时。每种出版物的篇幅都很有限（这是可以理解的），但是发行量都很大。总的说来，它们反映了各方面的观点。

抵抗运动的报纸，依照上项命令的规定首先发刊了。共产党人当然不会落后，受他们支配的报刊，在巴黎有《人道报》和《今晚报》，以及70种周刊，其中有《行动报》、《前卫报》、《土地报》、《法兰西文学》等；在外省有50种报刊，它们从各方面谴责法西斯主义，揭发法西斯暴徒的破坏活动，支援一切受苦受难的人。此外，他们在《民族阵线报》、《义勇军报》、《解放报》、《鸭鸣报》等报的编辑部里，也担任着一大部分工作。社会党人在巴黎只有《巴黎人民报》，但是在各省有不少地方报纸，比如《诺尔解放报》、《普罗旺斯报》、《西南共和国报》等，他们专心致力于自己的大事：复兴他们的党。天主教社会党也感觉到风顺，大肆叫嚷《黎明报》的重要性，大量出版《法兰西西部报》，大力发展《现代报》和《天主教证言报》。各团体出版的报纸有《战斗报》、《解放了的巴黎人报》、《抵抗报》、《保卫法兰西报》、《自由法兰西报》等，这些报纸形形色色，采取折中主义的态度，同它们在外省各地出版的报纸（《北方之声报》、《希望报》等）一样，发行量都很大。

其他报纸也想同不久以前还处于地下状态的报纸一样，在今天占有一个位置。它们需要得到许可。我采取了这样的措施：凡是有充分出版能力的报纸，就发给许可证。《费加罗报》在敌人占领南部地区时期，曾像俗语所说的那样“抛锚了”，后来在首都解放前两天复刊。但是，它的主办人还没有取得发行权。于是，我设法使他获得了出版日报的权利。《时代报》、《秩序报》为了不受敌人检查，曾一度停刊，现在也取得了复刊许可，并且分到必要的纸张。《十字报》在德国人来到以后在南方继续出版了一个时期，但它的很多编辑都参加了抵抗运动，所以我宣布了“准予出版”的命令。我也批准了《世界报》、《巴黎新闻》、《早晨新闻报》、《巴黎通讯》等报纸的出版。我衷心希望法国报纸的前途远大，形式和内容多种多样而生动活泼。

在新闻界掀起的风暴也震动了文学艺术界。特别是作家，由于他们的天职是了解人、描述人，所以首先卷入了这场包括各种思想和主张的冲突在内的战争。应该指出，绝大部分作家——往往是大作家，都站到祖国方面来了，而且有时表现得非常出色。不幸，也有一些人钻进敌人的阵营，用自己的才华和妙笔为他们效力。现在，出现了反对这种人的怒潮。因为，人们看得非常清楚，是他们的蛊惑宣传欺骗了许多轻信的人，使这些人走上犯罪的道路，他们应当受到严惩。法院对几个臭名昭著的作家判处了死刑。就是对于这些首恶分子，只要他们没有直接而死心塌地为敌人效劳，我也原则上都将其减为有期徒刑。只有情况相反时，我才认为自己没有权利宽大他。而这种情况仅有一例。因为在文学方面也同在其他方面一样，天才应该对自己负责。法院的判决大部分没有从严。不过，除了受到惩办的罪犯以外，不少人由于在过去取得成就、名噪一时，而受到严厉谴责，尽管他们只是言行轻率，并无更大问题。十分自然，敌对的事情难免引起怨言，有时还会发生错误。总之，文学界、艺术界和戏剧界处于风暴之中了。

法兰西学院受到风暴的袭击，它成了人们强烈攻击的目标。“应该解散法兰西学院吗?”就这个问题展开了争论。有很多人赞成这样做。四面八方揭发了很多有罪行的院士，以及一直到最后都同情他们的同事。有人敦促我下令改组法兰西学院，甚至取消它。这个机构陷入了最严重的混乱。

法兰西学院的常任秘书，著名而勇敢的乔治·杜亚梅，向我陈述了详情。他说，在敌人占领期间，他在几个院士的帮助下排除了多少困难，才得以使法兰西学院在所受压力最大的时候没有采取使人遗憾的立场。现在，为了恢复正常活动，这个机构必须克服一些艰巨的困难。它是否应该把已经判刑或者有判刑可能的院士开除或至少给予停职处分呢？真难决定！此外，1939 年以来，已有十几位院士逝世。还没有人补缺。当然，现在可以进行选举。可是，某些院士不肯出面，这怎么能够达到法定人数呢？尤其是这个机构已被打击得四分五裂，恐怕今后很难恢复旧观了。那么，这个 300 年来对我国起过很大作用的法国思想、语言和文学的最高代表机构，今后将怎样为我们的繁荣作出巨大贡献呢？同我谈话的这位著名作家补充说："如果您肯亲自参加法兰西学院，就一切都好办了。"

我经过再三考虑，没有采纳他的这个建议。我回答乔治·杜亚梅说："国家元首是保护法兰西学院的，怎么能做院士呢？再说，您也很清楚，戴高乐不会参加任何集团，也不肯接受任何荣誉称号。尽管如此，让法兰西学院重新担起它过去所负的使命，应当是法国的最高利益。我的意见是：对于黎塞留设立的这个机构不作任何改组，并且保证你们学院的安全和独立，只有您所知道的一些必然要被控诉的人除外。不过我认为，法兰西学院最好在我们已经重新建立起来的环境里，在新的基础上发展自己。既然现在有很多席位空着，为什么不暂时停止使用补选院士的规章，而采取一项特殊办法来补缺呢？为什么法兰西学院不主动地把自己认为有资格做院士，而且经过考验证明他们不愧为思想界的自由战士和法国战士的一些杰出作家请到自己的组织中来呢？我深信，这样做一定会大大提高法兰西学院的威信和声誉。"

几天以后，我把能来的院士请到我这里来开会。我看出，他们十分欢迎我对他们的抚慰，但很少支持我所提出的有关改革学院的建议。最后，学院看到各处都恢复了良好的秩序，也就安定下来，恢复了正常工作。我看到这个宝贵的文化机构苏醒感到高兴；但是，就整个说来，学院并未能更好地为法国的解放争光，又不能不令人感到遗憾。

这样，社会进步了，自由恢复了，正义得到了伸张，行政上了轨道，这几方面的联合效果使全国人民的精神恢复了。这是战乱之后恢复时期的开始。然而，如果一个被蹂躏的国家未能在物质方面恢复平衡，那么，它的这种战后恢复只能是无保证的。正当幸运向我们招手微笑的时候，我们的财政却陷于破产，我们的经济行将崩溃。这样下去，法国的地位、秩序和前途就不堪设想了。相反，不管我们陷入什么样的窘境，只要政府能够使国事建立在巩固的复兴基础上，其他一切都能够逐年恢复发展起来。没有问题，必然如此！符咒无用，魔术也不灵。只有采取坚决的措施才能收效。

政府制订的1945年度预算反映了我们的财政经过五年多的战争和四年多的敌人蹂躏以后有多么窘迫：在3 900亿法郎的预算支出中，军费占了1 750亿法郎，而我们的正常收入只有1 760亿法郎，赤字占55%。公债达到18 000亿法郎，等于战前的五倍。其中，债权人随时可以要求偿还的短期债务总额达8 000亿法郎。此外，1939年以后有四分之一的支出是由法兰西银行预付的，所以信用货币流通量增加了三倍。

同时，支出、债务和支付手段的这种膨胀是在经济状况极端严重的情况下发生的。1945年初，生产水平还不到1938年的一半，对外贸易几乎等于零。毫无疑问，为了控制流通中的现款而发行的解放公债，避免了因其中四分之三没有实物担保的大量货币突然涌进市场而理应引起的真正灾难。另一方面，国库也有了应急的款项。但是，无论这项权宜之计多么有效，现在已经完全需要另一种办法，即长远的政策了。

关于这个问题，各种学说和专家们的意见彼此对立。除了共产党的强制生产、限制消费的主张，自由主义的完全听其自然的主张而外，我们还可以看到两种理论。

有些人说："面对通货膨胀，应该捉牛先捉角。对货币流通采取彻底限制的办法：突然宣布流通中的纸币停止使用，持有人必须立即到公立银行兑换，但只按兑换数的四分之一付给新钞，其余部分算作存款记账，不准动用。同时要冻结一切存款，每个存户只能提取极有限的款额。这样就可以把购买力压低，同时缩小黑市的范围。至于物价，我们也把它冻结在相当低的水平上，使持有货币不多的消费者也能买到日用必需品，只有奢侈品可以随意涨价。显而易见，这种压缩可能使国库的资源受到严重影响。为了防止这一点，必须加重对资本的课税。实行这些措施是有困难的，但是只要戴高乐将军稍微行使一下他的权力，就可以战胜危机。"

这是采取强硬办法的人们的主张。他们为了给自己的论点找根据，引用了布鲁塞尔政府的实例，说它的财政大臣卡米勒·哥特先生最近有效地安定了比利时的法郎，他所采取的方法就是同时冻结货币、银行存款、物价和工薪。

另一些人主张："比起经济失调的影响，通货膨胀并不是主要的原因。经济失调是不可避免的。在整个战争期间，各国都完全无法使食物和消费品的生产保持正常水平，因为很多原料、机器和工人都被用于其他目的了。同样，也完全无法不让政府给许多人大量的报酬。因此，一切参战国人民的名义收入自然高于实际收入，消费品供不应求，物价飞涨，货币贬值。法国的情况所以比其他国家更加严重，是因为多年以来我国同外界断绝了联系，占领者疯狂地掠夺法国的资源，被占领的状况使不少工业部门停工或停滞，现在又由于缺乏原料和设备，没有进口，必须把仅有的物力大部分用于恢复紧急工程而推迟生产的恢复。但是，一切都决定于生产的恢复。采取激烈措施，会打击生产者的劳动情绪并剥夺他们从事生产的手段，彻底破坏了国家和币制的信用，从而加深了我们的苦难。

相反，我们应当推动经济实现起飞和发展。至于流通中的过多的纸币，我们要用国库债券使它回笼。国库债券既能鼓励节约精神，又能使群众感觉到各自掌握着自己的财产。本着同样的精神，对资本的一切赋税保持正常。完全没收一切非法财产。这种方法虽然不会创造奇迹，但是由于全国人民对戴高乐的信赖，它是可以使我们走向复兴的。”

最后，还得由我来解决这个问题。我通过各行政部门送来的报告、各党派提出的意见、报纸上发表的评论，了解到争执的所在。预算总报告人安德烈·菲利普、儒勒·莫克和其他代表，从3月初就在咨政议会上大力宣传控制通货、存款和资本，而普利文则提出了一个完全相反的方案。应该指出，这件事情使政府发生了分裂。两种主张都有一个热烈而有力的拥护者。国民经济部长孟戴斯-弗朗斯完全支持前者，财政部长普利文则全力维护自己的主张。由于两个人都是有雄心壮志的权威人士，彼此互不相让，各自负有同样重大的责任（一个负责物价和贸易，另一个负责预算和货币），所以在这个决定着法国人民命运的问题上，我认为任何草率的决定都是无益而有害的。我和他们进行了长时间的辩论，又经过自己再三考虑，而赞成了渐进的道路，拒绝了冻结的办法。

我绝对不是被什么理论说服了。依我看来，同在政治或战略方面一样，经济方面也没有绝对真理，它是随着情况的变化而变化的。这是使我作出决定的思想。国家病重未愈。我认为，最好不在这个时候损害它的生存和活动，再过几个月，随着事态的演变，情况也许会好转。如果只有孤注一掷而没有其他办法解决问题的时候，我当然会勇往直前。但是，为什么要在国家开始恢复健康的时候再使它发生可怕的痉挛呢？

至于布鲁塞尔政府的经验，虽然在比利时生效卓著，但我不相信搬到法国来也行得通。因为比利时和我们在物质和精神条件方面根本不同，比利时因被敌人占领而遭到的灾难比法国小。他们国家的资源被掠夺走的很有限。德国出于宣传上的考虑，很早就把比利时的佛兰德族[①]俘虏遣返回国了。目前，比利时虽仍参战，但军费不多。此外，他们那里没有出现过维希那样的政权，共产党没有什么力量，国家的混乱情况并不十分严重。这个国家不大，结构简单，盟军本身为他们修复了国内交通，行政工作已经毫无困难。但是，主要的是卡米勒·哥特先生有能力做到不让物价和货币的冻结影响粮食供应。布鲁塞尔政府卖给了美国大量矿物，特别是在整个战争期间向美国供给了刚果[②]的铀，所以在美国存有大量的外汇；安特卫普港是盟国大部分船只的到岸港；盎格鲁-撒克逊人出于政治和战略的考虑，愿意帮助比利时当局排除困难。因此，皮埃乐—哥特—斯巴克政府可以从美国和加拿大进口大量的食物。在实行冻结后不久，比利时的工商业虽然停止各项商品的供应，但政府能够立即把从新大陆购进的食品和其他商品以低价投入市场。这样，经过几次努力，没等发生饥馑和混乱，就使经济情况稳定下来了。

但是，我们的经费在哪里呢？我们在别的国家只有债务。同华盛顿和渥太华签订了“半年进口协定”，1945 年春才开始实行。盟国除了出于政治原因对我们施加压力外，还无意增加它们船只的货运量向距离战场较远的我国港口卸货。总之，比利时的经验并不能说服我采取冻结和控制的办法。解放了的人民尽量努力生产！国家帮助和推动人民生产！国家和人民相互支援，人民以照章纳税和节约储蓄的形式向国家供给救国所需的费用！这就是 1945 年 3 月作出的决定。

这项决定不能改变，它将始终指导临时政府的财政经济政策。

---

① 比利时的两大民族佛兰德族和瓦隆族分别属日耳曼系和拉丁系。

② 指刚果民主共和国，简称刚果（金），旧名扎伊尔。

但是，除了一般费用以外，还需要为军事、恢复建设、遣返和安置被俘和被迫外迁人员、安置难民、使复员军人回乡、向印度支那派遣军队等拨款。这批支出，将给 1945 年的预算造成巨大赤字。但是，实际收入，没收非法利润的收入，1917 年、1918 年的四厘公债和 1932 年的四厘五公债一律改为三厘公债，特别是公众不断认购国库债券，足可以使我们应付这一切开支。毫无疑问，新币一定要在 6 月发行，这样当失效的旧币停止流通以后，未予兑换的部分就相当于国家的收入。但新旧币的兑换是以票面等值为基础的。当然，必须在 12 月和 1 月间调整物价和工资，但仍要由政府来全面掌握，提高的总数不得超过百分之五十。同时，生产将不断提高，并由于同比利时、瑞士、英国和美国签订了协定，进口也将恢复起来。这样，到 1945 年底，经济活动将比解放初期加倍繁荣，流通的货币总额将不会超过我到巴黎时的数额。在这个不可能让人人都满意的时期和问题上，我并不指望这个结果能激动人心。但是，我对此感到满意，因为在不到一年的时间内，我们的国家就要离开悬崖峭壁的边缘，走上新的繁荣道路。

在这种情况下，孟戴斯-弗朗斯就在 4 月自动请求退出政府。他的辞职是高尚的，因此我对这位具有奇才的合作者十分尊敬。虽然我当时没有采纳他所主张的政策，但是一旦情况发生变化，我是决不反对把它变成我的政策的。为了有朝一日能够实行他的政策，孟戴斯-弗朗斯必须忠于自己的学说。从这一点说来，一位部长的辞职可以对国家有利。我把财政部和国民经济部合并了，并指定由普利文负责。普利文是一个聪明能干、办事稳健的战友，是一个任务繁重而能应付裕如的官员。我们的穷困未能使他作出突出的成绩，但是他专心职守，使国家的财源和经费有了增长。虽然有时我认为他过分慎重，喜欢迁就，但对他十分信赖，一直支持他。

我对所有的部长都是这样。我处于仲裁人的地位，必须对他们保持特殊的态度，但是我确信他们的才干，对他们怀有深厚的友谊。在几年后的今天，世态几经演变，想到这些人的团结一致和他们在具有历史意义的任务中对我的帮助，我是不能不感动的。不管我那 20 多位合作者多么不同，直到胜利那一天，我们只有一个同 的政策。当然，他们大部分属于这 或那 政党，但是他们对国难记忆犹新，我的威望甚高，所以他们都不想而且也无法各行其是。他们作为一个部长，事实上就是对戴高乐将军并且只是对他一个人负责。因此，政府的行动是统一的，这种统一本身要求恢复政府和国家的秩序。

我经常征求詹伦内的意见，他在我的政府里资历最深，是一位严肃而稳健的人。他在第一次世界大战时，曾任克里蒙梭的部长，以后便不愿意再参加任何一届内阁了。现在，他却做了我的部长。他忠于国家，熟悉法律，政治经验丰富，所以我把筹划国家组织机构的工作委托给他了。参议院的这位老议长，对于改变旧制度的必要性比谁都了解得透彻。我还经常同三位“军事”部长商谈大事。其中的安德烈·迪特尔姆，我认为他是最忠实、最有良心的战友，他在人员素质不同、经费不足的情况下着手建立、整编和装备一支生力军，准备夺取大战的最后胜利。路易·雅基诺冒着敌人的炮火，在我们的战舰早被击毁或沉没而造船厂又遭受破坏的情况下，致力于重建法国的海军。狄戎是一个紧张而多疑的人，但也同样有成效地尽力复兴着航空工业。我每天都和外交部长乔治·皮杜尔一起工作。他治学多年，精通历史，能够精辟分析自己应该处理的事务，但新近才开始参政。他已经急于独自展翅飞翔，但还小心翼翼地不离开我规定的路线。他专心致力于外交部的工作，但也兢兢业业地开展他所领导的政治活动，精明灵活地克服了两者之间的矛盾。阿德里安·蒂克西尔屡次同我研究治安问题，任何变故也不会使这位内政部长手忙脚乱。可惜他的精力已经衰退，不断受到报复者的指责，另一方面又要经常应付那些不希望政府出面干预的团体的请愿。总之，这位残疾军人时时受着折磨。一年以后，他就与世长辞了。

其他部长也时时受到尖锐的攻击。司法部长孟顿就是如此，其实他对自己最紧迫的任务完成得很好，他建立了初级法院、民事法院和高级法院，并保证了这些法院的独立。年轻、善辩而富于理想的皮埃尔-亨利·戴让也受到了攻击，只因他领导的是情报工作和新闻事务。那些攻击他的人，也算找对了对象。工业生产部长罗伯特·拉戈斯特精力充沛，工作一直积极。然而，他的日子并不好过。不论是在动力、机器和原料方面，还是在采矿业、冶金业、纺织业和造纸业方面，都给他留下了一堆乱摊子，使他困难重重。但是他不声不响，很快就做出了不少成绩，而且从不出问题。亚历山大·巴罗迪主持劳工部，耐心而不无困难地屡次三番修改工资等级表。关于被俘人员返国问题，亨利·弗莱乃已经做好准备。由于一些党派未受委托就代表这200万选民提出一些过高的要求，在被俘人员和难民事务部的周围掀起了一场风暴。但是，在我的政府成员中，责任最艰巨而且确实难以做得令人满意的，要算粮食部长了，因而他——保罗·拉马迪——就成了最无情的批评和讽刺的对象。我是11月任命他为粮食部长的。他勇敢而有条不紊地顽强工作，终于收集到并分配出当时那点可怜的口粮。他以坚忍的精神对待源源而来的讥笑，不过他对人们对他的不公正也是很敏感的。

有几位部长，具有能够避免舆论攻击的便利条件。保罗·吉亚哥比就是如此，他聪明而勇敢，继普利文之后担任海外领地部长，因此也负责有关印度支那的事务。负责公共卫生部的弗朗索瓦·皮佑也是这样，他那一部的工作没有困难，但也不是没有成绩的。此外，建立并主持农业部的弗朗索瓦·唐吉-普利让，负责恢复被战争破坏的邮政、电报、电话的聪明能干的奥古斯丁·劳伦，也都是这样。勒内·加比唐、勒内·梅耶、劳尔·多特利负责的工作，也是在相当平静的政治气氛中进行的。他们当中的头一个人大胆而勇敢地改革了国民教育的组织和教学法；第二个人负责交通部，也找到了办法去解决当时因铁路、港口、桥梁、公路、运河和造船厂遭到破坏而产生的问题，第三个人富于理想，通晓各种技术，他使我在12月下令成立的国家复兴建设部开始了工作。根据多特利的要求，我把城市规划委员会附属在国家复兴建设部内，以便把我国的城市按照全面规划重建起来。总之，从我的这些同事各自主管的工作来看，我相信抵抗运动给国家提供了大量的行政人才和政治人才，只要有一个首领掌好舵，就可以把国家治理起来。

待做的工作很多而且十分困难，所以政府只能根据一定的步骤去解决。除去军事的机密或者外交方面的紧急问题以外，任何重大的决议都由内阁会议通过。内阁会议平均每周开会两次。由于工作繁多，政府又要同时解决立法和行政问题，所以每周开会两次并不算多。会议都是经过最充分的准备才举行的。文件的起草、主席府与各部和最高行政法院的联系，都由路易·若克斯领导的总秘书处负责。若克斯沉默寡言，整天埋头苦干，保证了总揽一切的这个中枢部门的工作正常进行。

会议在马提翁宫举行。会议厅的墙壁上毫无装饰，人们的发言是客观的。无论问题如何重要或讨论如何激烈，会议总是按照既定的议程进行。对于所讨论的各点，首先由有关部长报告自己的看法，然后其他各部长在认为必须提出反对意见或建议时都可以发言。我要适时提出问题，以便指导讨论的进程。如果涉及重大问题，我还要征求各位部长的意见。不过，正像我经常注意到的那样，关于我们的施政原则，五年来很少发生争执。在军事行动、作战目标、对待盟国的态度、把法兰西帝国改建为法兰西联邦、制裁“投敌分子”、必须反对一切破坏秩序的人和应当进行巨大的社会改革等方面，都没有人表示反对。在这些问题上，大家一致同意戴高乐提出的方针。但是，一涉及应采取的具体措施，即牵涉到利害关系的时候，争论立刻就会激烈起来。特别是在有关经济和社会的计划、财政的安排、工业生产、粮食供应、选举方式、被选举资格等问题上，情况更是如此。问题关系到个人时，争论得最为激烈。

在辩论过程中，我坚决主张人们畅所欲言，最后发表我个人的看法。一般是在各部长间得出一致的意见以后，我再加以明确，问题就算决定下来。否则，我就作出我认为适当的决议，这样的决议就是内阁会议的决议。对任何问题，我都尽量做到明确果断。因为事情一旦提出来了，最忌议而不决。

时间是多么紧迫啊！一天的时间又是多么短促啊！政府的这些会议，我是必须准备的。同时，国防、经济、财政、居民、印度支那、北非等许多事务，都必须首先经过小型会议审查，我还要主持由有关部长及其主要助理人员参加的这种会议。此外，我还得同政府中的个别成员就有关问题进行讨论。我必须经常征求专家们的意见，向最高行政法院副院长勒内·卡山请教，同路易·若克斯制定会议议程，签署已经通过的命令、法令和决议。

日常事务都有主管人员向我汇报。巴莱沃斯基向我呈阅关于政治和外交方面的电报、函件和报告，国内外电台和报纸的摘要，国内和世界各地的消息。朱安向我汇报军事消息、军事报告和请示军事问题。我根据他们的报告亲自写信、拟电文和下指示，签署内阁拟出的文件。

只有在必要的时候，我才接见来访的客人。不过这类事情还是很多的。我要同前来巴黎磋商大事的盟国官员会谈，比如1944年11月间同丘吉尔和艾登两位先生，1945年1月间同霍普金斯先生、

2月间同斯巴克先生、3月间同万·克莱芬斯[①]先生和约翰·安德逊[②]爵士、4月间同福特[③]先生和伊瓦特[④]先生进行过会谈。此外，我还要接见各国大使。达夫·库柏[⑤]、波格莫洛夫[⑥]、卡弗里[⑦]先生等，就是经常来访的客人。此外，朗卡利主教[⑧]、莫拉夫斯基[⑨]、威廉[⑩]男爵、范尼埃将军[⑪]、塞尼[⑫]、布克哈尔德[⑬]等先生，也常到我的办公室来。盟国或法国的高级将领常来见我。定期来巴黎汇报的共和国委员们，每次都由我召集，听取他们的报告，给他们作总的指示。我们的驻外使节也都要来巴黎向我述职。有时我还接见法兰西银行总裁、外交部秘书长、警察总监、情报局局长。我要同外国各界著名人士和法国重要人物接触，比如各团体主席、院士、主教、经济界重要人士、工会领导人等。当然，咨政议会的成员、团体主席和某些代表每次求见时，我也得接见。

直到胜利为止，我参加咨政议会共30次，有20次在会议上发了言。在同一时期，我曾多次发表广播演说。讲演、谈话和记者招待会，这是我使全国人民了解国家大事、说明我对他们的期待的机会，也是使法国的声音传播到国外的机会。在某些情况下，我不得不即席发言。那是因为当场受到激动心情的驱使，想立即向在场的

---

① 荷兰外交大臣。
② 英国财政大臣。
③ 美国大资本家，当时为美国国务院官员。
④ 澳大利亚外交部长。
⑤ 英国驻法大使。
⑥ 苏联驻法大使。
⑦ 美国驻法大使。
⑧ 罗马教廷驻法使节。
⑨ 波兰驻法大使。
⑩ 瑞典驻法公使。
⑪ 比利时驻法大使。
⑫ 意大利驻法大使。
⑬ 瑞士驻法公使。

人说出我内心的思想和言语。不过，通常是事先写好讲稿，然后我讲演时却不看讲稿。这时，既要说得流畅准确，又要保持讲演家的姿态，这并不是一件轻而易举的事。虽然我的记忆力很不错，可是写文章却感到不太容易。我外出的机会也不少：到军队里视察了11次，视察过各个省份，在访苏的旅程中，去时路过中东，回来绕道北非。在八个月当中，我有70天不在首都。每次回到首都时，都有堆积如山的文件等我批示。

我的办公室设在圣多米尼克路。古老的布里安宫是中心办公室，这个办公室具有象征性意义。我终日在这里办公，接见客人。我也在这里以政府主席身份进行接待，比如接受国书，接待代表团，举行国宴等。部际会议和有时候内阁会议也在这里举行。我没有选择爱丽舍宫作为官邸，这说明我不曾考虑来日的制度和我将来的职位。况且，把官邸设在爱丽舍宫，让国家为戴高乐将军过高贵的生活增加开支，这是与全国的困难处境很不调和的。基于同样的原因，我也没在朗布依埃宫住过一次。我以个人名义在巴加太勒路布洛涅公园附近租了一所私人住宅，我的妻子和我就住在这里，我们的两个女儿同我们住在一起。我们的儿子正在前线作战。在冬天和春天的一些夜晚，某些令人敬爱的国内外客人，有时到我家里来共同进餐。他们走后，我便埋头审阅文件、草拟讲稿、公正无私地审查罪犯的上诉状。星期天，我常到巴黎附近的树林里去散步几个小时。

我的工作岗位可使我完全了解法国的事情。通过报告、接见、视察和典礼，无数的迹象向我表明全国人民苏醒过来了。在我与群众的直接接触中，我感觉到秩序已经贯彻于群众之中，国内没有陷入混乱，否则国家一定会解体的。

我在南特获得的印象就是这样。为了授予克洛维斯·孔斯唐市长解放十字勋章，我在1945年1月14日率领多特利和唐吉-普利让两位部长来到这里。随后，我又到昂热去视察，在那里也感受到了信赖和安静的气氛。我在主持巴黎大学的开学典礼时，对于洋溢在巴黎大学的快乐气氛感到非常惊异。1 月 27 日和 28 日，我到巴黎郊区走了一遭。布洛涅-比扬古、蒙特鲁日、圣莫尔、诺让、纳伊、阿尼埃尔、圣德尼、奥伯维耶、蒙特勒伊、万森等地的人，看到我徒步走过他们那人心沸腾、彩旗飘扬的街道。各地都在区政府举行了欢迎会。严寒的天气反而使人民的热情和区政府的敬意更加炽烈，连共产党人对我也是如此。同时，我也曾数次给阿尔萨斯带去了法国的关怀。2 月 11 日，我到了梅茨。人民的欢呼，乐队的演奏，省长雷布赛、卫戍司令陶蒂、市长贺卡尔和亨茨主教的欢迎词，都和往常一样，使法国的胜利在这里发出了最大的回响。3 月 4 日，我由蒂克西尔和拉戈斯特陪同到了利摩日。那里的欢迎十分隆重。严重的混乱曾使利穆赞省陷入不安。但是，秩序终于恢复了。现在，共和国委员布尔西哥已能完全行使他的权力了。临时省长尚特龙有力地协助着他。邵迪耶市长也使他的市政委员会团结起来了。我代表法国到奥拉多尔絮格兰①向那里的人民致敬。第二天，我在加斯科纳的农村里做了一次旅行。我的旅行最后以佩里格的一个充满爱国自豪精神的盛大欢迎会结束。

4 月 2 日，在巴黎举行了预祝胜利的游行。上午，在用洛林十字旗装饰着的协和广场上，在政府、团体、咨政议会和外交使团的参加下，我隆重地向最近改编的各团的团长授予了 134 面国旗和军旗。接着，六万军队配备着强大的武器，从飘扬着巨幅国旗的凯旋门出发，经过香榭丽舍大街、皇家大路和几条林荫大路，走向共和国广场。其中有新编的部队，也有从前线回来的部队。人民看到法国的军事力量

---

① 奥拉多尔絮格兰（Oradour-Sur-Glane），维也纳省的一个市镇，1944 年 6 月 10 日德军在这里对居民进行过一次大屠杀。

又恢复了，他们的那种欢欣鼓舞的热情真是难以形容。

下午，在市政府大门前，安德烈·勒·特劳盖代表巴黎市从我手中接受了授予巴黎市的解放十字勋章。在授勋之前，我对市政委员会主席的热烈致词作了答词，说明我们的责任。我说："法国清楚地知道，为了修复这场早在30多年以前就已开始的战争给它造成的破坏，需要付出多少努力……我们只有遵守国家的严明纪律，进行顽强的劳动，才能使国家恢复起来……让党派纷争停止吧！"我在提到"我们的国家处在一个冷酷无情的世界里"时说："实际的条件有些困难和不利对我们是有益的，因为对我们这样一个不肯苟安、不甘衰落的国家来说，障碍和坎坷比容易攀登的斜坡要强得多。"

那一天，我像在其他的典礼中一样，不时地离开政府官员的行列，去接近人群，汇合在群众里。我同他们握手，听他们的欢呼，尽力通过这样的接触来交流思想。"你们看，我就是天生的这样！"我喜欢同拥戴我的人谈话。"你们看，我是你们的弟兄，同你们在一起就像在自己亲人中间一样，但是作为一个领袖，我对自己的责任要一丝不苟，对自己的重担毫不示弱。"另一方面，我从人们的欢呼和眼光里，看出他们内心的反应。大多数人在这个有戴高乐在场的场面中产生的高昂激动心情，从他们脸上的微笑、眼里的泪花和"戴高乐万岁！"的呼声中表现出来了。有不少人由于最近发生的动乱威胁着每个人的生活，而表现出神情不安。他们好像对我说："我们向您欢呼，因为您就是力量，您就是坚毅和安全。"但是，某些人默默无言的表情，又暗示出问题是多么严重呵！"戴高乐！由于您而使我们振作起来的那种伟大，在逐渐安逸下来的环境中能够维持得住吗？"

我在群众中间，深深地体会到群众的快乐和忧虑。我与那些欢庆祖国得救但因内部奸雄蠢蠢欲动而深深忧国的人们多么亲近啊！

第四章 胜利

1944年春季和夏季的几次大战役以后，西线便稳定在德国边界附近。双方都在准备决战。西方盟国考虑到苏军即将开始大反攻，已经在仲秋重新部署，准备在冬季结束战争。

1944年春季和夏季的几次大战役以后，西线便稳定在德国边界附近。双方都在准备决战。西方盟国考虑到苏军即将开始大反攻，已经在仲秋重新部署，准备在冬季结束战争。希特勒也企图倾其全力来粉碎他的敌人的进攻，甚至妄想恢复优势。至于法国，即将展开的战斗将使她有可能取得胜利，让她的军队为祖国争光。因此，我的意图很明确。我决心让我国军队和盟军一起全力投入战斗。我希望，法国军队新的赫赫战功能为法国恢复她所需要的尊严。我要使法国的军事行动能够在战场上获得某些对法国有直接关系的真正成就。

不错，我们的野战军已经编入西线战略系统作战，最高统帅由艾森豪威尔将军担任。我觉得他很胜任。他宽宏大度，严格有序，既能巧妙地在他那些难以对付的手下将领面前保持自己的权威，又善于灵活应付把本国军队交给他指挥的各国政府。在我这一方面，决不给他的工作增添麻烦，我们交给他的大部队，尽量做到完全由他支配。但是，除了大家争取战争胜利的共同利益而外，还有法国的国家利益。这就是我分内的事情了。为了使我国的条件得到尊重，我曾不得不对战略问题一再进行干预，甚至在执行过程中也这样。

如果法国在指挥共同作战的领导机构里占有应有的地位，如果巴黎政府像其他各大盟国政府一样，也能使盟军接受自己的作战意图，如果法国的参谋部也能正常地参与军事决策，那情形就不会是这样了。但是，华盛顿和伦敦政府坚持单独把持作战的指挥权，而英美“联合”司令部也死抓住作战计划的垄断权不放。既然法国已经拿全部命运来做赌注，既然艾森豪威尔指挥的军队中有将近四分之一是法国军队，而且战争又以法国作基地，要使用法国的公路、铁路、港口和通讯设备，那么，盎格鲁-撒克逊人仍然非要独霸指挥权不可，实在是太过分了。为了弥补英美擅权所造成的恶果，我必须在必要时对司令部施加压力，甚至在盟军的组织以外使用我国的军队。

在军事任务中，我有早在阿尔及尔时期就成立了的国防委员会参谋部的辅助。当时国防委员会参谋部由朱安将军领导，他聪明、谨慎，善于缓和我和盟军之间的摩擦，避免属下有时因我之故，处于难堪的地位。关于作战问题，只要我作出决定，朱安就会负责执行。至于管理、军械、装备、人事方面的问题，则由陆军部长迪特尔姆、海军部长雅基诺、空军部长狄戎会同各该部的参谋长勒埃、勒莫尼埃、瓦兰负责。但是，最重要的措施还是由我来决定的。在作这种决定时，我和三位部长以及他们的助理人员在国防委员会上共同进行研究，决定之后，他们就分别回到办公室，在电话机前去应付一个已经失去作战物资而又必须重新以全副武装的英雄姿态出现的国家所固有的困难。

我认为艾森豪威尔在10月间制订的全面反攻计划是十分完善的。盟军司令主张把自己的兵力推向鲁尔区，同时把布莱德雷将军的集团军从杜伊斯堡和科布伦次之间推向莱茵河；蒙哥马利的集团军在荷兰挺进，从左翼支援美军；德弗斯集团军的两个军进入阿尔萨斯，从右翼掩护美军；派奇从萨维尔纳、塔西尼从贝尔福进军。此外，沿阿尔卑斯山掩护作战的部署也由塔西尼担任。

与此同时，也规定了辅助军事行动。为了供应大规模战役所需要的给养，必须卸运大量物资，而法国和比利时的已经收复的港口情况很惨，所以盟军司令计划打开安特卫普。为此，英国人应该占领埃斯科河口的那些岛屿。但是另一方面，波尔多港还相当完整，利用这个港口可以大大便利法国的供应，于是我便敦促艾森豪威尔供给法军物资，以便拔掉纪龙德河两岸的德军据点。他原则上已经决定了。关于包围（以便以后攻取）拉罗歇耳、圣纳泽尔、洛里昂等大西洋沿岸敌人据点的任务，也将由法军承担。

10 月间，我为我军可能采取的行动作了安排。第 1 军包括原有的“自由法国”第 1 师、北非第 3 师、摩洛哥第 2 师和第 4 师、殖民第 9 师、第 1 装甲师和第 5 装甲师等 7 个师，以及在非洲和意大利作战时就附属于它的两个兵团和后备部队，另外还从内地军中补充了很多兵员。第 1 军所属的部队都是满额的，正在训练中的新团不久将再扩充成一个师，即第 14 师。这样，该军的总兵力就超过了 8 个师，还有各种增援部队、后备机动部队和相应的后勤机构。塔西尼将军将率领这些队伍进占并跨过莱茵河。

第 2 装甲师也将参加阿尔萨斯的战役。按照我的意见，第 2 装甲师先同美国第 7 军编在一起，是为了担任解放斯特拉斯堡的总任务。另一方面，阿尔卑斯第 27 师和两个山地旅继续留在阿尔卑斯，以维护塔西尼和派奇两军在罗纳河谷上的来往联络。10 月 14 日，我任命拉尔米纳将军为大西洋沿岸的“西部军队”司令，由德弗斯将军的集团军负责弹药和汽油补给工作。拉尔米纳面对着 9 万退守在坚固堡垒中的德军。拉米尔纳应把当地的游击队，加上几个北非团和殖民团以及来源不同的各种炮队组成第 19 师、第 23 师和第 25 师三个师。此外，一旦能从莱茵河前线抽调必要的援军，西部军队即可转入进攻，消灭德军据点。最后，正在整训的第 10 师和第 1 师两个师，暂时留给政府自由支配，一个师留在巴黎附近，另一个师留在布尔日附近。适当的时候，它们也要投入战斗。在战争的最后阶段，法国的战斗部队终于超过了 15 个师。按我们当时面临的困难情况来说，真正是已经竭尽全力了。对于法国来说，特别是和昔日相比，这是多么微不足道啊！“真主！谁能把我那庞大的军队再还给我呢?”

我国所有的飞机都要飞向战场。9 月 30 日，我们成立了第 1 空军联队，由热拉尔多将军指挥。这个空军联队包括 20 个大队，分布在第戎地区，其中有歼击机队、轰炸机队和侦察机队，它被编入泰德空军元帅指挥的空军，但必须优先支援法国第 1 军。此外，在英国基地上还有 7 个机队，其中有 5 个机队是协助盟军在比利时和荷兰作战的，另外两个重型轰炸机大队将和西方国家的其他重型轰炸机队一起去轰炸德国最重要的工业中心。在科尼良・摩里尼耶将军指挥下已经组成 6 个大队，准备支援我们的西部军队。有几个飞行小队支援我们在阿尔卑斯山区作战的军队。另有一些飞行小队留在北非，分担保护地中海基地和运输队的任务。我们在苏联战线上的两个大队，继续和莫斯科的歼击机队并肩战斗。总之，将有 1 000 架法国飞机同时到前线参加作战。

至于我们的海军，护卫舰、潜水艇、驱逐舰，一直担负着保护运输队，击毁德国的潜水艇、哨艇、武装商船和货轮，以及在敌人据守的海岸敷设水雷的任务。达让吕将军坐镇瑟堡，指挥这些舰艇在大西洋、英吉利海峡和北海中作战。与此同时，由“蒙卡尔穆”号、“乔治・莱革”号、“光荣”号、“爱米尔・伯尔坦”号、“贞德”号、“杜盖-特鲁安”号等巡洋舰和 7 艘轻巡洋舰、一些小艇组成的一支舰队，先由奥波诺海军将军指挥、后由吉雅尔海军将军指挥，经常轰击一直由凯塞林的部队控制的热那亚湾海岸。这支舰队保护着法国南部海岸不受敌人最后儿艘军舰的袭击。鲁埃将军所指挥的另一支舰队（其中主要有“洛林”号装甲舰和“杜奎斯”号巡洋舰）担任封锁大西洋沿岸敌据点中的德军的任务，待机帮助歼灭这些敌人。几支水上飞机小队也在同一沿岸海域活动着。另外，海军还组成了 3 个海军陆战队装甲团，1 个炮兵团，若干海军营和突击队，以便参加陆军的战斗。还应该提出，我们的扫雷艇正在我国港口和海湾执行扫雷工作。最后，在太平洋上，“黎塞留”号装甲舰正协同盟国海军对日军作战。尽管敌人的海军力量已经非常薄弱，结局还要取决于海上所发生的一切。所以，必须使我们的海军以所有残存的力量在海上保持法国军队的荣誉。

11 月间，西方盟军发动全面攻势。从北到南，所有军队都先后行动起来了。14 日，轮到了法国第 1 军。它应该打通贝尔福的隘口，并为向上阿尔萨斯进军开辟道路。

塔西尼将军命令第 1 兵团担任主力，同时命令第 2 兵团在北面占领孚日山山口。他们不顾德国第 19 军 8 个师的顽强抵抗，不顾泥泞和大雪，经过 15 天的战斗，到达了目的地。伯都亚特使他的左翼（摩洛哥第 2 师、第 5 装甲师和各内地军组成的部队）迅速向贝尔福挺进，并且越过了利塞诺，击毙了大批敌军，其中包括该地区敌防卫司令奥赫斯曼，然后又使他的右翼（殖民第 9 师和第 1 装甲师）向莱茵河推进。魏日埃将军的坦克部队于 11 月 19 日到达了罗斯诺和圣路易两地，并进抵莱茵河（因此，在盟军中最先到达莱茵河畔的是法国军队）。我军在 21 日又解放了米卢兹和阿尔特科赤。但是，敌人坚决不肯撤退，继续顽守贝尔福附近的工事，并且有几次还通过反击截断我军沿瑞士边界的进攻。

后来，第 2 兵团在孚日山区有了进展以后，第 1 兵团才得以决定平原的战局。“自由法国”第 1 师作为孟萨伯尔的右翼，从吉罗马尼和马斯沃越过群山的南支脉。该师师长布罗塞将军在进攻中阵亡，成为不朽的英雄。继任师长加尔贝在布尔诺特附近和伯都亚特的军队会师，于是全部包围了在贝尔福和米卢兹之间最后顽抗的德军。稍往北，纪尧姆指挥北非第 3 师夺取了日拉梅尔和科尔尼蒙，接着又攻克施吕石和比桑两山口。在 15 天中，第 1 军击毙德军 10 000人，俘虏 18 000 人，缴获大炮 120 门。到 11 月末，塔西尼便可以指挥全军向科尔马进军了。

正当塔西尼进行这场艰苦战役的时候，他旁边的派奇将军进入了下阿尔萨斯。美国第 7 军在吕内维耳到布拉蒙的干线上击破德军第一个阵地以后，立即指向斯特拉斯堡和洛特尔堡之间的莱茵河。于是法国第 2 装甲师解放阿尔萨斯首府的时机成熟了。

11 月 18 日，该师奉命向萨维尔纳方面扩大美军击破敌人防线的战果。勒克莱尔飞速地冲上来。他机智地执行了扩大战果的任务，并决心使其部下最先抵达斯特拉斯堡，同时设法摆脱了德军设下的层层障碍。因此，北路的一部分军队先后攻克萨尔布尔和敌人严密防守的法尔斯堡。可是，南路必须越过孚日山。他选择的是坦克、大炮、卡车最难通过和最危险的路线，然而也是最有可能不遇敌人拦阻的路线。我军的进展极为迅速，当我军前进路线出敌不意地推进到西雷、瓦耶、雷塔勒、达博等地的时候，敌军无不惊慌失措，不是投降就是仓皇逃窜，而且我们的纵队还经常超越逃敌。11 月 22 日，我军收复了萨维尔纳和法尔斯堡，俘获大批德军，其中有该区敌司令布鲁恩将军。

这时，勒克莱尔和他的部队已经逼近斯特拉斯堡。虽然在进占斯特拉斯堡时必须穿越 35 公里的平原，必须击溃集结在城郊和城内依靠坚固工事和优势兵力进行顽抗的敌军，但是我军鉴于胜利在望，士气十分高涨。于是勒克莱尔请命向斯特拉斯堡挺进。同时，派奇将军很理解为什么交给他指挥法国第 2 装甲师，他懂得进军必须一鼓作气，便决定让勒克莱尔去占领他应占领的目标。

11 月 23 日，在我国军事史上写下了最光辉的一页。第 2 装甲师分 5 个纵队（因为一共有 5 条通向斯特拉斯堡的道路）向斯特拉斯堡进击。德军惊慌失措，没有来得及抵抗。除了克尔桥据点的德军继续顽抗外，其他的敌人向克尔桥仓皇逃窜，我军坦克部队跟踪追击。占据军营和公共机关的12 000名敌军和两万德国平民几乎立刻就投降了。当天下午，斯特拉斯堡完全被我军光复。街头巷尾居民群集，欣喜若狂。城外的堡垒也在两昼夜内全部解决。德军斯特拉斯堡的警备司令封·瓦泰洛特将军逃到诺埃堡，于11月25日投降。我军大获全胜！应该说，长期的计划，果断的执行，在适当的时机变成我军士兵不可抗拒的前进力量的法国人对阿尔萨斯首府的向往，都是这次胜利的有利因素！

勒克莱尔的部队进入斯特拉斯堡后，他立即打电报向我报告。我在当天的咨政议会上首先宣布了这项消息，会场马上沸腾起来，压倒了一切争论。是的，军事力量有时确实能激发法国人团结起来，一致行动。

但是，法军和美军在上莱茵和斯特拉斯堡附近取得的胜利，丝毫未能使敌人立即决定放弃阿尔萨斯。相反，敌人竟在科尔马南面、西南和北面坚持顽抗，企图反攻，夺回阵地。这时希特勒又出头了，他命令希姆莱到阿尔萨斯去领导军事、政治和警察，并且从挪威调来一个山地师和一个配备新式"豹型"坦克的装甲师，来增援他们的第19军的七个师，而"豹型"坦克要比我们从内地仓促派来的杂牌部队的"薛尔曼"坦克优越得多。科尔马的敌人据点有很好的防守条件。德军立即在那里、在斯特拉斯堡南面建起了右翼阵地，这个地带由于有伊尔河、莱茵河和罗纳-莱茵运河，很难攻克。他们的左方有哈尔德密林掩护。在中间，由孚日山山脊和后坡形成的屏障也一直掌握在他们手里。因此，法军要从战场一端转移到另一端，必须绕过山地，经过很长的险峻道路；德军却可以在平地上直线来往，从北向南或从南向北调动军队和运送物资。德军后面的巴杜瓦兹边境的黑林高地，是他们炮兵轰击平原的绝好阵地和瞭望台。12月初，一切迹象都预示，不经过新的、更艰苦的战斗，第 1 军就不能占领科尔马。

此外，盟军在整个战线上都遇到了顽强的抵抗。蒙哥马利集团军经过很大困难后才使克雷拉尔率领的加拿大军和波兰军攻下安特卫普，才使丹普塞率领的英国军队推进到尼梅克附近。在布莱德雷将军方面，辛普森部和霍奇部只能在埃克斯·拉夏佩尔北面和南面极其缓慢地移动。巴顿部解放了梅斯以后，很困难地到达了萨尔河。至于德弗斯，则终于把派奇的部队推进到洛特尔堡。但是，由于他必须由左翼去援助北面的友军，所以他就把塔西尼将军的战线拉长了，而没有适当地加强，以致法国第 1 军的前进更加困难。此外，那年冬天气候严寒，使军队困苦不堪。道路为冰雪覆盖，交通困难，供应方面更为迟缓。行动和攻击也同样困难。在海上，德国潜水艇的殊死战经常严重地破坏我们的海运。在遭受破坏的港口，卸运盟国船只运来的物资相当困难，而且很不及时。

第 1 军无论如何也要彻底解放阿尔萨斯，努力完成自己的任务。现在，该军的活动地区扩展成为一个圆弧，从瑞士边界直到斯特拉斯堡近郊。虽然阿尔萨斯首府的卫戍军队是由“阿尔萨斯—洛林”旅组成的，但是该城却划在美国第 7 军的战区内。这时塔西尼将军的军队已经同重新集结到斯特拉斯堡以南的勒克莱尔师和美军第 36 师会师。另一方面，德弗斯却把塔西尼的“自由法国”第 1 师调走，向鲁瓦扬进军。

12 月初，第 1 军开始向科尔马推进。经过 15 天的顽强战斗，获得了一些进展：南路推进到塔诺，并且解放了它，北路推进到塞累斯塔及里波维雷地区。同时，在孚日山脊的霍奈克山和鲍诺莫山口展开了激烈的争夺战。但是，由于把兵力分散到广阔战线的各个点上，像一条线一样，所以塔西尼没有足以取胜的兵力。

德军在阿登地区突然展开了大规模的反攻。这样一来，我军所得到的本来就少得可怜的空军支援和弹药补给就几乎完全用到由于敌人反扑而深入的地区中去了。因此，法国第 1 军的进攻不得不停止。我军官兵眼看着即将到手的胜利推迟了，一时不知所措。他们在无数次英勇奋战以后，终因前景未卜和犹疑不定而感到疲倦了。

我在 12 月中旬从苏联回来以后才知道我军在阿尔萨斯所经受的士气考验。对此我感到忧虑，但并不感到奇怪。我了解德国人还有多么大的战斗力量，我从来也没怀疑过他们还能在几个月内牵制西方国家。我甚至应该说，从国家的观点来看，我并不为这种拖延感到遗憾，因为在此期间法国会提高自己在盟国中的地位，增强自己的力量。但是，必须使我军官兵保持高昂的士气。

只要军队感到自己有舆论支持，一切就都会迅速解决。可惜事实并不合乎理想。这绝对不是法国人从道理上说不承认那些为自己效命的战士的功绩，而是他们往往觉得这些战士离自己很远，好像是些不相干的人。有很多人认为，解放就是战争结束，解放以后的军事活动似乎与他们没有直接的利害关系了。况且军事指挥由盟军担任，绝大部分军事行动也由盟国实施。还有不少法国人由于不久前国土沦丧，创巨痛深，而不太关心法国军队不再起主导作用（真是可惜!）的战役。除此而外，1940 年的失败、主要军人组成的投降政权、维希政府对绝对服从和纪律的滥用，都引起各界人士一定的不满。最后，政界各党派、经济界和新闻界的领导人大都把自己的精力放到其他方面去，而不是关心战事；他们认为战争已经提前取得胜利，紧接着必然就是解除敌人的武装。当我亲眼看到报纸上评述我国军队活动的篇幅是那么狭小和无味时，我便召集各报总编辑谈话，请他们多报道一些前线的情况。这时竟有人回答说："我们尽力而为吧，不过我们应该考虑读者的趣味，读者对军事消息是不太感兴趣的。"

就是这时候，塔西尼将军于 12 月 18 日向我作了报告，他表示对部下感到焦虑。他说他已经要求德弗斯将军至少再拨两个师和派一支空军支援他，并且给他补充一些弹药，否则他的军队就将难以攻下科尔马。同时，第1军司令也把他部下士气低沉的情况通知了我。他并不把这种突然的变化归咎于严寒所带给他们的损失、劳累和痛苦，而主要是责怪全国对他们疏远冷淡。塔西尼写道："各级官兵，特别是军官们，有一种普遍的感觉，认为全国人民忘了他们，抛弃了他们。"他接着说："甚至有些人还这样想：人们故意让海外的正规军送死来了。"他又补充说："归根到底，产生这种情绪的原因是没有让全国人民参加战争。"

在以前的一个作战阶段，塔西尼将军部下捷报频传，战功累累，一再受到热烈的欢呼；现在参加了这些毫无成果的战斗，将军自然感到失望，我向他指出了这一点，还对他说，他的军队绝对没有被人们遗忘，请他把这一点对部下解释清楚，同时向他表示信赖，鼓励他说："您和所有的盟军一样，正处在一个困难时期，但是不久您就会摆脱这种困境而赢得光荣。"尽管如此，鉴于战略上将要发生的巨大变化，我决定部署增援第1军。

12月18日，我将在兵站受训的一万名青年士兵编入前线部队。19日，我通知盟军司令部，由于德军正在比利时开始反攻，我同意延期进攻鲁瓦扬，并要求将"自由法国"第1师火速调回阿尔萨斯，这件事立刻办到了。过了几天，我到枫丹白露检阅了一支崭新的大部队——第10师。第10师是由比约特将军指导训练出来的，士兵基本上都是在首都街道上参加过解放战斗的巴黎人。看到他们以后，我又一次确信：只要有优秀的园丁，军事上的青苗很快就会花开满园！虽然第10师在训练和装备方面还有欠缺，但是，我决定也把他们派往前线，并且立即宣布了这项决定。于是，该师的几个新团就在冰天雪地中进行了分列式。15 000双眼睛神采奕奕地依次向我行了注目礼。

圣诞节的前夕和当天，我在迪特尔姆和朱安陪同下来到第1军阵地。我一面在前线各处视察，一面进入了阿尔萨斯。我首先到了斯特拉斯堡。这个伟大的城市也欢迎了我，虽然它还处在戒严状态，德军仍然占据着克尔并在不断地炮击市区，而施瓦兹将军指挥的警备部队人数很少，装备也很差。共和国委员布隆丹尔、省长海灵和市长弗莱向我叙述了他们如何困难地在开始恢复法国的行政机构。但是很明显，做任何必要的工作都必须先使明天得到保证，然而明天还没有保证。

接着我视察了第 2 兵团。听了孟萨伯尔的报告后我了解到，为了夺取莱茵河畔的里诺和孚日山麓的拉普特洛阿之间的敌军阵地，还缺乏很多东西，他的热情克服不了他的困难。以后我又视察了第 2 装甲师。几个星期以来，该师就在维特尔海姆附近遇到防御力量，一直没有突破防线。士兵疲惫，乡民不安。到埃尔斯坦后，我随同勒克莱尔和很多士兵一起参与了圣诞节的午夜弥撒。空气里洋溢着希望，但人们却毫无喜色。第二天，我视察了同第 36 师换防的英勇的美国第 3 师。奥坦尼埃将军活泼而亲切友好，他向我报告说，他所属的部队在凯塞尔贝尔堡附近略有进展。在北非第 3 师阵地，纪尧姆向我叙述了他在奥尔贝地区前进如何困难。

我经过日拉梅尔和贝尔福来到第 1 兵团的阵地。在这里，伯都亚特向我解释，他根据部下当前的情况，决定把全线的军队留在和塞尔内平行的海拔线上。在塔诺附近和阿尔特科赤，夏邦杰和苏德两位将军分别介绍了他们所率领的摩洛哥第 2 师和第 1 装甲师的情况。两位将军一致表示，他们已经无力继续前进。在米卢兹，我检阅了马尼昂师。但是，德军一直占据着米卢兹市的北郊，还无法把他们赶走。

然而，这里和其他地方一样，居民表现了强烈的爱国热情。可是他们的表现也使我们不能忘掉阿尔萨斯的每个家庭在战争中所遭受的种种苦难。在接见丰吕-艾斯派拉伯省长率领的当地官员和各界代表时，我曾经考虑到，德国的占领，敌人所制定的法律，无数人的被迫编入德国军队，他们当中许多人的死亡和被俘以后留在苏联的人可忧虑的命运，这一切该引起多少悲伤和哀痛啊！此外，人们想到如果近在咫尺的敌人突然前进几步会发生什么事情的时候，依然惶惶不安。回到巴黎以后，我把此行的观感归纳了一下。军队是坚强的，但是它疲惫了；阿尔萨斯是忠诚的，但是还不安定。由此我得出了结论：万一情况不利，我必须立即采取有力的措施，防止发生严重的后果。

恰恰就在这时候出现了不利的情况。鉴于德军深入阿登，盟军司令部决定撤出阿尔萨斯，把派奇的军队和塔西尼的军队撤至孚日山。

是的，隆斯德特元帅以其包括 10 个装甲师的 24 个师的兵力在埃赫特纳赫和马尔美提所发动的反攻有了很大的进展。大约在 12 月 25 日，就几乎从迪南特的两侧达到默兹河。以后德军可能通过那慕尔和列日进入荷兰战线的后方。艾森豪威尔将军认为，一切都应该服从制止敌军前进的急迫需要，然后把敌人击退，因为敌人已经前进 80 公里了。于是他命令蒙哥马利从据点北侧负责掩护盟军战线，命令布莱德雷指挥巴顿从南侧反攻。但是巴顿的右翼派奇军告急说，福尔巴赫地区也不稳了。因此德弗斯不得不把法国第 2 装甲师从塔西尼军中抽调出去支援派奇。另一方面，敌人从科尔马市据点也开始进行威胁活动。阿尔萨斯的形势岌岌可危。总司令认为，如果敌人也在那里进攻，除了向孚日山撤退外，没有其他办法。首先要放弃斯特拉斯堡，而且必须做出这样的指示。

从阿尔萨斯撤退，特别是从阿尔萨斯的首府撤退这件事，从盟军的战略观点来看，似乎是合情合理的。但是，法国不能同意。要法国军队不展开保卫战就放弃本国的一个省，特别是放弃这样一个省，再让德国军队带着希姆莱和秘密警察耀武扬威地回到斯特拉斯堡，回到米卢兹和塞累斯塔，这是法国人民和法国军队的奇耻大辱，会使阿尔萨斯人对祖国感到非常失望，也会使全国人民对戴高乐的信赖大大降低。我当然不能同意。借口盟军司令部负责军事行动的指挥权因而我们可以忍让的这种说法，在这样的事情上是完全站不住脚的。因为法国政府把自己的军队交给一个外国将领指挥是以符合本国利益为正式条件的。否则法国政府就有责任调回自己的军队。我作出的正是这样的决定。我这样做的时候毫无顾忌，因为盟军总部对这种关系法国命运的事情也不曾认为应当事先通知法国。

老实说，尽管盟军司令部没有向我通报，但是各种迹象却早就引起了我的注意。12 月 19 日我接到报告，说塔西尼向德弗斯请援，准备重新进攻科尔马，德弗斯的回答是无兵可援，整个集团军都处于危急中，根据当时的情况，要考虑的是后撤而不是前进。圣诞节我在前线视察时，获悉塔西尼根据上方的指示，命令在吉罗马尼高地建立一个撤退阵地守住贝尔福隘口，并将摩洛哥第 4 师调回吕克塞伊。27 日，我接到通知，说德弗斯将军已把指挥部从法尔斯堡撤到维特尔，也就是后退了 120 公里。第二天，德弗斯向所属各军下达了一道命令，指示在敌人进攻时向孚日山撤退。因此，塔西尼于 12 月 30 日向法国第 1 军发出命令："建立连续防线，以便在原来的作战部署受到破坏……时尽量延缓敌人的进攻。"

但是，就在这时候，我们获得的情报表明，敌人正在比特希和维桑堡之间，准备向萨维尔纳进攻。据我国在盟军最高司令部的联络官观察，德军的进攻即使不能说造成参谋部的惊慌，至少已经引起不安。在前线、后方和巴黎，谣言纷起，到处谈论隆斯德特的进展，说什么达南特的便衣伞兵和敌人的空降部队已在法国各个地区降落，希特勒发誓要在元旦亲自进入布鲁塞尔，并且要夺回斯特拉斯堡。

必须行动了。12 月 30 日，我命令新任命并即将到职的斯特拉斯堡卫戍司令魏日埃将军火速到蒙贝利亚尔和维台勒去，代表我向塔西尼将军和德弗斯将军说明，无论如何必须死守斯特拉斯堡。魏日埃还要转告他们，我给第 1 军增援的第 10 师不久即可开到。同时，我命令梅斯卫戍司令和东北战区司令陶蒂将军要扼守从默兹河通向基维、梅齐埃尔和色当的渡口，以便在法国领土附近作战的美军突然撤退时，我军可以保住这些地方。为此，从内地征集的军队（虽然装备很差，但总数达 5 万人），要立即开到陶蒂的驻地去。

1945 年 1 月 1 日，魏日埃正在途中的时候，朱安报告了阿尔萨斯的紧急状况。国防委员会参谋长已从驻凡尔赛盟军总部得到这样的通知：由于所有的盟国后备军都应立即向阿登地区出发，因此德军开始向萨维尔纳地方进攻，这对德弗斯的集团军有很大的威胁，为了缩短该集团军的战线，艾森豪威尔已经命令他向孚日山撤退。这项决定是由于受到敌军的一次惊人的空袭而作出的。那一天，一队 12 架涂着卐字标志的世界第一批喷气式飞机出现在阿登的上空。这些飞机把美国的歼击机打得落花流水，并击毁了基地上的很多飞机。虽然这次意外是个小插曲，却使盟军总部出现悲观情绪，阿尔萨斯竟要因此变成牺牲品。是我必须出面干涉的时候了。

必须守住斯特拉斯堡！是的，我首先要争取做到这一点。为了万无一失，除了我亲自给法国第 1 军直接下命令以外，实在别无他法。因此，法国第 1 军就不能执行盟军司令部的撤退命令，而且要把自己的活动地区向北扩展，把属于美国第 7 军活动地区的斯特拉斯堡掩护起来。如果艾森豪威尔像我所希望的那样，愿意继续保持盟国军队的统一指挥，他只要根据我作出的命令来改变他的战略部署，问题就会得到解决。1 月 1 日下午，我向塔西尼将军发出了命令。在提到盟军司令部决定向孚日山撤退的命令时我写道：“不言而喻，法国军队绝对不能同意放弃斯特拉斯堡……万一法国第 1 军阵地北面的盟军从他们目前的阵地上撤退，我命令你部负责斯特拉斯堡的防务。”

另一方面，我给艾森豪威尔将军写了一封明确的信。我向盟军司令说明我了解战略方面撤退的理由，但是我肯定地说：“至于法国政府，将倾其全力保卫斯特拉斯堡，决不能轻易让它再陷入敌手。”我提出了一个具体意见，假使美军放弃维桑堡凸角，“至少要守住马恩-莱茵运河来防卫斯特拉斯堡”。同时我声明，我准备“把全部正在整训中的法国军队都开到这方面来，首先是比约特将军指挥的第 10 师”。最后我写道：“无论如何，法国军队也要保卫斯特拉斯堡。”同时，我也向罗斯福和丘吉尔拍了电报，说明我对盟军司令部从阿尔萨斯撤退的看法，提请他们注意这件事对法国的严重影响，并通知他们，我不同意这样做。

1 月 2 日晨，我又用电报把我昨晚用信发出的指示通知了塔西尼。将近中午，魏日埃乘飞机返回巴黎，向我报告了他完成任务的情况。三个小时以前他到了维特尔——南路集团军总司令部。在那里德弗斯对他说，敌人正在向萨维尔纳进攻，他指示塔西尼和派奇撤退的命令已经下达，而且美军已经开始行动了。据此，我立即派朱安向艾森豪威尔明确表示：法国将以自己所有的兵力单独保卫阿尔萨斯。此外，朱安还必须通知盟军最高司令部我将在第二天到那里去。

我比任何人都更了解我给塔西尼将军所规定的任务是非常冒险的。除此以外，在大战方酣时把第 1 军从盟军的整体中撤出，这只能给第 1 军司令增加莫大的困难。第 1 军司令也一定明白这是多么冒险，而当他看到战略上的团结和等级关系就要破裂，再考虑到他在盟军中的重要地位时，他又会多么痛心。但是，他应该认识到，在发生这样的矛盾的时候，直接为法国效命的责任，换句话说，服从我的命令的责任要比服从另一方面的责任重大得多。

至于塔西尼本人，他在思想上早已准备好执行我的命令。12月31日夜魏日埃将军的访问，斯特拉斯堡的共和国委员和市长的口信，尤其是他本人的反感，使他认清计划撤退这件事的害处。1月2日，他给德弗斯将军写信，说明了他自己的看法。他说："鉴于阵地辽阔而自己兵力不足，法国第1军目前不能直接保卫斯特拉斯堡。但是，我军决心全力从南面掩护该城。"他并恳求德弗斯设法"使美国第7军尽最后的力量来保卫斯特拉斯堡"。所以，塔西尼在1月2日接到我确定他的任务的信的时候，只能感到同他的想法完全吻合。但是，他也同样接到了德弗斯的紧急命令，命令他撤到孚日山，并在1月5日晨在那里建起防线。

塔西尼将军在1月3日复信给我，还附来了德弗斯给他的撤退命令的全文。塔西尼向我报告他准备让北非第3师开往斯特拉斯堡，由第10师进驻该师目前的阵地。不过，他似乎还认为应该征得盟军最高司令部同意，然后再执行我的命令，理由是"必须由美国第7军掩护左翼"，同时"法国第1军在盟军部署中担任着中枢任务"。

自然，我非常希望艾森豪威尔同意我的看法。但是，不管他同意不同意，法国军队必须执行我的命令。1月3日，我再给塔西尼将军打电报，明确规定了他的任务。我写道："我不大欣赏您上次的报告……第一军和您本人只能根据法国政府的命令并在法国政府没有改变命令之前服从盟国的军事部署。……不管现在还是将来，如果您不得不撤出阿尔萨斯，法国政府也不允许您不进行决战就撤退；我再说一遍，不管现在还是将来，即使邻近的友军已经撤退，您的左翼已经无人负责，政府也不允许您撤退。"

政府就这样承担了责任，它的意图又是这样的明确，塔西尼就立即按照我的指示去执行了。他一心一意，竭尽全力完成自己的任务。就在1月3日当天晚上，他来电报说："一个伞兵团将在今夜进驻斯特拉斯堡，保卫该地的纪尧姆师将于 5 日到达。”

3 日下午，我到了凡尔赛。陪同我前往的有朱安将军。丘吉尔事先已接到我的电报，他感到情况紧急，认为必须亲自出马，并且有意进行斡旋。艾森豪威尔将军说明了当时的形势确实严重。他坦率地承认，德军在阿登地区反攻的规模和力量，敌人突然使用喷气式飞机和“豹型”坦克等新式武器，动摇了盟军的士气，他本人也感到吃惊。他说：“现在，最大的危险似乎已经过去了。但是必须先收复失地，然后再采取主动。所以我应该重建后备力量。不过两天以来敌人在阿尔萨斯扩大了进攻，科尔马的敌军据点使我军的阵地不稳固了，因此，我命令我军据守一个更往后和更短的阵地。”

我当即向他声明：“如果我们是作沙盘演习，我可以赞成您的理由。但是现在我必须从另一个角度来考虑这个问题。从阿尔萨斯撤退等于把法国的领土交给敌人。从战略方面来看，放弃那里只不过是一种策略，可是这对法国将是国家的灾难。因为阿尔萨斯是法国神圣的领土。从另一方面来看，德国人还硬说这个省份属于他们，如果他们再把阿尔萨斯夺回去，势必会对当地居民所表现出来的爱国精神进行报复。法国政府不允许敌人卷土重来。我们现在谈的是斯特拉斯堡的问题。我已经命令法国第 1 军保卫这个城市，该军将誓死防守。遗憾的是，盟军可能由此发生裂痕，甚至可能破坏盟国已实行的指挥系统。因此，我请求您重新考虑您的作战计划，由您本人命令德弗斯将军坚守阿尔萨斯。”

盟军司令似乎受到感动。可是他认为还必须提出一个原则上不同的意见。这位优秀的军人对我说：“您所提出的要我改变军令的理由，是属于政治方面的。”我回答他说：“军队就是为本国政治服务而建立的。而且您本人比任何人更了解这样一点：战略和策略不仅要具备军事技术的条件，而且也要考虑精神方面的因素。对于法国的人民和士兵说来，斯特拉斯堡的命运就是一个极为重大的影响民心和士气的问题。”

关于这一点，丘吉尔先生的意见和我一样。他指出：“根据我一生的经历，我十分了解阿尔萨斯在法国人心目中的地位，因此我和戴高乐将军一样，认为这个问题应加以考虑。”

艾森豪威尔将军在同意我所希望的事情以前，要求我考虑：如果法国第1军脱离盟国军队而单独作战，它将会陷入怎样的境地。艾森豪威尔甚至提出，如果这样，美国可能停止供应法国第1军汽油和弹药。于是我请艾森豪威尔好好地衡量一下，盟军最高司令部听任敌人单独消灭法国的军队，在军力的平衡方面可能造成不可弥补的损失；如果停止供应我军作战物资，法国人民在气愤之下就会拒绝美军使用作战所不可缺少的铁路和通讯设备。我不愿意看到这样的情景，我认为应该信任艾森豪威尔将军的战略能力，应该相信他对包括法国在内的盟国的忠诚。

最后，盟军司令终于同意了我的看法。坦白直爽、富于同情心是他的优点，他立即用电话命令德弗斯将军暂时停止撤退，等待命令。命令于第二天白天由比德耳·史密斯将军给他送去。我和艾森豪威尔共同作出决定，由芮因将军陪同比德耳·史密斯一起去传达命令。对我来说，这是进一步的保证；对于执行命令的人来说，这是双方意见一致的证据。

当我们结束这场激烈的争论以后在品茗谈心的时候，艾森豪威尔坦白地表示，他的任务是多么复杂：在军队遇到重大困难时，各盟国政府都有不同的要求；属于几个国家的各种陆、海、空军，彼此各有所图；他自己的主要副手又都秉性不同。他对我说：“目前，我也在蒙哥马利那里遇到很多困难，他是一个能力卓越的将军，但也是一个尖刻的批评家和多疑的属下。”我回答说：“光荣不是轻易得来的。您将成为胜利者。”我们在特里亚农宫大厅门前亲切地告别了。

以后的半个月就是保卫斯特拉斯堡的艰苦战役的曲折过程。德国第1军展开了进攻，冲入哈格诺森林，企图夺取萨维尔纳，同时第19军从阿尔萨斯首府南北两面渡过了莱茵河。哈格诺地区的美军在德军的冲击下后退了，最后在穆德河上才挡住了德军的进攻。在甘布斯海因附近的纪尧姆师、艾尔斯坦附近的加尔贝师和马劳旅，还没有站稳脚就被迫后退了。然而，斯特拉斯堡始终掌握在我军手中。1月20日前后，敌人的前进和希望似乎达到了极点。阿登方面的情况也是同样，敌人夺去的地盘又被我方收复。在东线，苏联人开始了冬季反攻。盟军的轰炸机在德国本土各地加紧了大规模的轰炸。盟军海上运输所受的损失则越来越小。毫无疑问，希特勒虽然还可以利用一个人口众多的民族和一支强大的军队继续抵抗几个月，但是，从现在起，命运已经给他作出了判决，而且盖上了必要的印鉴。法国的印鉴是在阿尔萨斯一役中就盖上的。

昨天在科尔马的失败曾经动摇过法国第1军的士气，今天保住了斯特拉斯堡的喜悦又激起了每个人的信心。首先是塔西尼将军恢复了乐观，又展开了攻势。从1月中旬起，他便开始部署夺取德国人在阿尔萨斯的据点。

与此同时，盟军司令部也准备发动向莱茵河彼岸的决战。可是要渡过莱茵河，必须先到达莱茵河，而当时除了法军战区的斯特拉斯堡和圣路易附近以外，再没有其他地方可以通过莱茵河。因此艾森豪威尔命令蒙哥马利和布莱德雷前进，在韦塞耳—科布伦茨—美因茨这条线上全部占领莱茵河左岸。当然，他也同意拔掉科尔马市据点的计划。但是，法国第1军的战区这时已经扩展到200多公里，大约等于盟军战线的四分之一。尽管如此，为了使塔西尼有力量攻下目标，也许还为了消除最近彼此关系紧张的影响，总司令决定增援法国第1军。增援法国第1军的有：从萨尔河岸调来的勒克莱尔师，几个美军师，此外还补充了一支相当重要的炮兵部队。

然而德军拼命顽抗，第1军连续进行了三个星期的战斗以后才完成了自己的任务。从1月19日起，法国第1兵团就向敌军据点的南侧慢慢地推进，2月4日进抵科尔马附近的鲁法赫，在那里虽然没有什么进展，却牵制住了一大部分德军。在北侧，第2兵团也前进了。但是在1月底它又向莱茵河岸靠拢，以便给美国第21兵团让出右方，因为塔西尼将军把主力任务交给该兵团的司令密尔本将军了。这一次行动在适当的地点和时间集中了足够的兵力。1月30日，密尔本将军率领美国步兵第3师、第28师、第75师和美国第12装甲师、法国第2和第5装甲师等3个装甲师，在一个狭长地带展开行动，从科尔马东北方冲破了敌军阵线。2月2日，他命令德·威尔诺耳将军用坦克解放科尔马城。2月4日，他到达布里萨舍。这期间，法国第1兵团和第2兵团在沙勒特指挥的、弹药充足的炮兵部队的支援下，消灭了在平原各地进行抵抗的敌军，法国第10师扫清了孚日山两侧。2月9日，我军终于占领哈尔德密林，并且进驻了夏朗佩。至此，在阿尔萨斯的德军，除了哈格诺和维桑堡地区以外，只剩下23 000名刚被我们俘虏的官兵。

2月11日，我先视察了米卢兹，随后又来到科尔马。领导人、军官、士兵、居民所共同感到的激动和喜悦，是怎样也描写不出来的。何况那一天，在爱国热情中还含有另一种欢乐的因素——法美的战斗友谊。人们都感觉到，在我军战区，特别是在这个阵地上并肩取得的胜利，把这种友谊推到了最高峰。我则感觉到，在各团士兵的肃静中洋溢着两国人民的友谊。在三色旗和星条旗飘扬的拉普广场中央，在雄赳赳并肩排列的我军和盟军的前面，在对军事境况极为敏感、对重大事件有深刻体会的阿尔萨斯人民群众的欢呼声中，我首先给科尔马的胜利者塔西尼将军授了勋章。接着，我依次给密尔本、勒克莱尔和达尔季斯特等将军授了勋章。傍晚，我又在斯特拉斯堡亲身参加了庆祝阿尔萨斯解放的仪式，在斯特拉斯堡的大教堂里，路施主教领唱了《谢恩歌》。第二天我又在萨维尔纳给德弗斯、布莱德雷和派奇三位将军授了勋章。

这样，我们同美国人在战略关系上的隔阂算是暂时消除了。不过还一定会产生新的摩擦。很快就要提出一个重要而又棘手的问题，即法国参加德国境内战役的问题。显然，我希望我国的军队能够进入敌人的国境，能够有自己的作战区，能够在那里占领城市和乡村并获得战利品，能够和盟军一起受降。毫无疑问，参加德国境内的战役是维护我国声誉的一个条件，同时也是保证我国参加受降、占领和管理德国的唯一途径。只要我们能够控制德国的一个地区，在对德国问题作决定时就不会没有我们参加。否则我们在享受胜利的权利方面只能听人摆布。总之，我要让我国的军队渡过莱茵河，要他们在德国南部各州的战线上推进得越远越好。

3 月初，蒙哥马利和布莱德雷两个集团军在某些地方进抵莱茵河。克服障碍的时刻不久就到来了。人们可以想象得到，我对于将要发生的事情是十分注意的。当我了解到盟军的主力是指向鲁尔区并且向科布伦茨以下的莱茵河区前进的时候，我认为盟军司令无意使法国第 1 军单独进入黑森林地区。我确实觉得，他要把法国第 1 军留在莱茵河岸，对参谋部来说，也许认为这样做是正确的。但是，如果我们这样迁就，那就很可能使我国军队在最后的战争中完全处于被动地位。我的政策不容许我同意这种战略，于是我便作出了决定，我国军队必须也渡过莱茵河。要尽可能使法国军队同盟军一起渡过莱茵河。如果做不到这一点，我国军队就单独采取渡河行动。法国军队无论如何要在莱茵河右岸形成一个法国占领区。

不久我们就获悉，总司令部的计划证实了我们的设想。艾森豪威尔所制订的渡过莱茵河和在德国境内推进的作战计划，竟十分露骨地以“暂时隐蔽”为借口，分配给法国第 1 军一个仅仅限于防御的任务。他的计划至多是在德国国防军全部崩溃时让我们的一个兵团随在美国第7军后面到达莱茵河右岸，支援该军完成占领符腾堡的任务。至于第1军从它的战区跨过莱茵河的事情则根本未作规定。此外，根据前线的报告，盟军司令部还把法国装甲师的架桥设备调走，用到其他地方，这等于剥夺了我军渡河的大部分机械化工具。

3月4日，我在巴黎接见了塔西尼将军，并向他明确指出他的军队渡过莱茵河对法国的重大意义。他本人也希望做到这一点。然而，他正确地指出，他沿莱茵河所占据的那个战区的右岸完全是密林丛生的黑林山区，强行渡河是很困难的。对面的敌人在山谷中占据着齐格菲防线的工事，后面又有依据优势阵地坚守的敌人，因此我军行动没有必胜的把握。况且盟军司令部只分配给法国军队很少一点弹药。此外，我国军队即使能够胜利越过障碍，以后也得进入一个丛山密林、峰峦重叠的最艰苦的地区，这个地区既不利于作战行动，也不利于扩大战果。

塔西尼向我解释："只要法军的战线再向北伸展一点，把莱茵河畔的洛特尔堡和施派耶尔包括进来，就会出现较好的前景。事实上，我军在这个地区可以得到一个有利的基地，从那里渡河去右岸比较容易。一旦跨过莱茵河，我军左翼就能直取普福尔次海姆隘口，向斯图加特推进，并从北面和东面绕过黑森林所形成的天然屏障。"塔西尼事先就准备好了从友谊和战术上说服盟军司令部的论据，并且向我保证，他最近就可以把他的战区扩展到施派耶尔。

此外，正像有几次盟国之间发生争执时遇到的情形一样，敌人给我们提供了解决问题的有利条件。3月7日，布莱德雷将军的部队夺下了科布伦茨和波恩之间的雷马根桥，出乎意料的是这座桥还完好如初，因此可以立即冲向右岸。这一来，科布伦茨以下莱茵河左岸的德军就只能零星地抵抗了。从12日起，摩泽尔河以北各地的盟军都到达了莱茵河岸。但是，摩泽尔河以南的情形就不同了。

萨尔地区的宽阔凸角一直掌握在德军手中。他们依靠右面有摩塞尔河掩护，坚守着齐格菲防线的特里夫斯—萨尔布吕肯—洛特尔堡一段阵线，这一段防线比其他段更深、更坚固。艾森豪威尔将军如果想使军队到达河的右岸，就必须首先拔掉这个据点。这就需要进行一场激战。虽然事情发生在法国第 1 军正式战区以外，第 1 军没有奉令参战，但是它仍然找到了参战的机会并在美军右侧沿着莱茵河进行活动。因此，它有可能在莱茵河畔法耳次地区占领了一块适合于进攻巴登和符腾堡的基地。

然而按照盟军司令部的命令，进攻萨尔凸角的任务完全交给了布莱德雷的右翼巴顿军和德弗斯的左翼派奇军。派奇军应该从正面进攻齐格菲防线的工事，任务特别艰巨。因此，塔西尼很容易地使德弗斯承认法国军队的支援所起的作用。于是我们的第 2 兵团开始进攻。在 3 月 15 日至 24 日这段时间内，沿莱茵河前进的孟萨伯尔部队进入德国境内，从洛特尔堡北面突破了齐格菲防线，并且推进到雷美斯海姆。同时，我们的盟军也进到沃尔姆斯，粉碎了德军在莱茵河左岸的最后顽抗。

从这时起，只要扩展到施派耶尔，第 1 军就可以在法耳次地区内完全掌握最理想的渡河地带。我曾数次坚持同艾森豪威尔将军交涉，请他谅解我国政府对满足法国军队这一要求所给予的重视。而且，作为好盟友和好同伴的德弗斯将军，也很同情塔西尼将军的愿望。最后，美国第 7 军是准备在沃尔姆斯渡河的，施派耶尔对这个行动不起任何作用。那么，为什么不让法军进城呢？3 月 28 日，问题解决了。施派耶尔及其附近地区被划为法国第 1 军的作战地区。这个出发基地就这样完全得到了。总之，现在只剩下最主要的问题　渡过莱茵河的问题了。

我迫不及待地希望这件事马上实现。因为英美军队已经冲向河的右岸，一场辉煌的军事行动展开了。从 3 月 21 日起，盟国空军就一直在整个德国西部轰炸交通线、军用仓库和军事基地。这时盟国空军的轰炸更有把握了，因为歼击机在法国北部和东部有了不少前沿基地，可以经常为轰炸机护航。白天出动在天空也不会遇到任何有组织的抵抗。3 月 23 日，蒙哥马利在一支强大的空军掩护下，从韦塞尔以下渡过莱茵河。以后几天，布莱德雷也通过雷马根桥和稍南的临时架设的桥过河前进。3 月 26 日，美国第 7 军到达曼海姆的近郊。

我急欲使我国军队也赶到河那边，这不仅是出于国际竞争精神，而且我还完全有理由要求塔西尼在友军派奇部之前推进到斯图加特。29 日，我拍了一份专电给第 1 军司令，催他急速前进，我写道："亲爱的将军，即使美国人不同意，您也一定要跨过莱茵河，哪怕利用小船也要过去。这是一个关系到国家最高利益的问题。卡尔斯鲁厄和斯图加特虽然不喜欢您，却在等待着您……"

塔西尼立即回答了我，这使我感到满意。3 月 30 日晚，第 2 兵团部分官兵果然开始渡河了：北非第 3 师刚到施派耶尔就从那里过了河；前晚到达日麦斯海姆的摩洛哥第 2 师也从日麦斯海姆过了河；4 月 1 日，复活节，殖民第 9 师开始从雷美斯海姆渡河。不过，空军对我军的支援少得可怜，此外我军的渡河专用工具也十分缺乏。但是，我军发挥了机智，仅用几只船就把前卫运了过去。至于桥梁问题，工兵司令德罗马德将军早就做好了准备。他预见到终究有一天要架设桥梁，并且只能依靠自己的力量来架设，所以他事先在我国土地上收集了必要的材料。从 4 月 2 日起，施派耶尔的一座载重 10 吨的法国桥已能使用。不久，在日麦斯海姆架设了一座载重 50 吨的大桥。到 4 月 4 日，已有 13 万法国军队和两万辆汽车开到河的右岸。当天攻下了卡尔斯鲁厄。4 月 7 日，我在迪特尔姆、塔西尼、朱安和德罗马德的陪同下不胜自豪地跨过了莱茵河。以后我视察了破坏惨重的巴登首府。

美、英、法、加拿大、波兰等国 80 个师的军队，在 12 000 架飞机的掩护下，依靠由 1 000 艘战舰护航的总吨位达 2 500 万吨的运输队的供应，冲入德国的心脏，从此，再不容许法西斯德国统治者有任何幸免失败的幻想了。同样，苏联人从 4 月初也在毫不停息地前进。他们从各地渡过了奥得河，已经威胁着柏林，指日可到维也纳。对于希特勒说来，继续对抗除了再满足几个星期的垂死挣扎的骄傲心情以外，只会增加德国人民的损失、破坏和苦难，而不会再有任何意义。但是，“元首”继续要求自己的部下进行殊死的抵抗。必须承认，他的要求实现了。在莱茵河、奥得河、多瑙河、波河等战场上，德军的残兵败将还在匆忙间把很少受过训练的人、儿童甚至病弱者同老兵编在一起，虽然装备很差，凌乱不堪，却不顾盟国遮天蔽日的飞机，一直勇敢地进行抵抗，结果他们不是死亡就是被俘。在国内受到严重轰炸的城市和万分窘迫的乡村中，居民依然安分地做着丝毫也不能改变今后命运的苦工。

毫无疑问，“元首”是看到他的事业大势已去，便希望世界也能同归于尽。在那些日子里，我有时听一听德国的广播，广播节目的那种癫狂性质真使我不胜惊异。悲壮的音乐，战士和劳动者的宣言，戈培尔叫嚷最后胜利属于德国的疯狂讲演，这一切给德国的灭亡罩上了一层幻影。对于这一段历史，我认为应该明确提出法国的意见。4 月 25 日，我在广播电台宣布：“哲学家和历史学家以后将要研究（德国）如此疯狂挣扎的原因，这种挣扎导致一个伟大而确实有罪的民族彻底毁灭，这种挣扎理应受到正义的制裁，但是从欧洲最高利益来看，这个民族的毁灭又令人惋惜。至于我们当前的紧急任务，那只是加强自己的力量，与盟国并肩作战，以期尽早地、彻底地结束战争。”

此外，人们还可以考虑，纳粹头子们会不会试图在巴伐利亚和奥地利阿尔卑斯山区的天然堡垒中继续进行挣扎。据情报报道，应该认为，他们在那里还隐藏着大量的贮备。万恶的（第 5）纵队的某些活动，似乎说明他们在这个天然堡垒里集中了大批的俘虏、被迫迁移来的人和人质。不难理解，“元首”试图在那里实行他的战略和政治的最大阴谋。

希特勒会不会在这些山地亲自指挥他的残余军队来进行一场持久的保卫战呢？如果是这样，东线和西线的盟军就不再是在不同的战线上作战，而是在同一个战场上并肩作战了，他们彼此离得这样近，会不会发生种种内部摩擦呢？如果战争拖延下去，苏联人在维斯杜拉河、易北河和多瑙河流域各国的态度，美国人在印度、印度支那和印度尼西亚的态度，英国人在近东的态度，会不会引起盟军的种种分裂呢？如果战争拖延下去，由于法国、荷兰和意大利的粮食供应不及时，由于德国、捷克斯洛伐克和巴尔干半岛各国人民的贫困不堪，岂不是很容易引起社会的动荡，甚至把整个西方拖进革命的旋涡里去吗？那时的天下大乱便成为希特勒的最后时机了，至少也是他对盟国的报复。

当法国第 1 军与盟军在德国境内并肩前进的时候，其他法国军队也在大西洋沿岸单独地进行战斗。战斗的目标是拔掉敌人退守的据点。多少月来我就关心这个问题，现在我更加心急，因为作战的日子已经没有几天了。

毫无疑问，根据舍难取易的原则，我们可以在这个战线上消极等待，因为纳粹德国一投降，胜利的果实就唾手可得。但是，在作战问题上，往往会因小失大。和在所有的地方一样，在这里也必须攻击。我们在这个战场上给德军的打击会对整个局势发生影响。另一方面，假使希特勒在巴伐利亚和奥地利山区继续挣扎，我国的军队就应在那里全力进行战斗。必须事先拔除可能产生危险的据点。我绝对不能容许德国军队直到最后还完整地留在法国土地上，藏在堡垒后面戏弄我们。

我的意见得到“大西洋军别动队”的支持。这7万老游击兵，和前来支援他们的阿尔及利亚团、安的列斯团、撒哈拉以南非洲团和法属索马里团完全一样，都决心表示，不打几场漂亮的胜仗决不收兵。在这一点上，他们的将领拉尔米纳将军比任何人都更坚决。从我在10月14日任命他为西部军队的司令起，他就从事整编、训练和装备这批士气旺盛但杂乱而又缺乏装备的士兵，他的责任是把这些人建成一个军。凡是力所能及的事，他完全办到了。他知道自己该做什么，而且很愿意那样做。他精通军事，富于理想和情感，是个有权威的将领，却又宽宏大量，通达人情。他是一个难于驾驭却又忠心耿耿的部下，他七拼八凑，把各种军队组织在一起，建成了三个师、若干支后备队、一支炮队、一支空军和若干后勤机构，这些军队完全适于作战，不久以后的事实也证实了这一点。

但是，不管拉尔米纳怎样努力，这支军队还没有足够的力量来粉碎德军死守的混凝土钢甲工事。他至少需要有一个有充分装备的师前来增援，而这样的师只能从我们莱茵河前线的军队中抽调。10月间，我向盟军司令部指名要求把“自由法国”第1师尽早派到大西洋岸。盟军司令部对此本已作出决定，但以后又踌躇不定，结果拖到12月，换句话说，不是过迟就是过早，始终没有得到适当的机会。在加尔贝师刚开到纪龙德河的时候，由于德军在阿登和阿尔萨斯发动攻势而又把它调回东部。危机过去之后，这支大部队又到阿尔卑斯去进行我也一直关心的某些战斗。最后，我又选定第2装甲师参加在大西洋岸准备的攻势。盟国最高总部对此并没有表示反对。它甚至派了一个美国炮兵旅来支援我们的大西洋支队。4月初，担任进攻的军队已完全做好了准备。

拉尔米纳将军所选定的第一个打击目标是纪龙德河口的敌人阵地。右岸的鲁瓦扬及其四郊，左岸的格拉弗角，以及海面上的奥累龙岛，形成敌人固守的有力防守系统。三个月以前，美国轰炸机确曾自动到这里来过，在一个漆黑的夜里投下不少炸弹。可惜这种仓促行动徒然破坏了鲁瓦扬的很多住宅，而敌人的工事却几乎完整无恙。在我们进攻时，米哈赫勒斯将军所指挥的 15 000 名德军由 200 门大炮掩护，占据着所有的阵地。这次进攻如果成功，拉尔米纳就可以把兵力转到拉罗歇尔去，同时着手准备打开波尔多港口。

4 月 14 日，我军发动了进攻，地面上有由雅格布逊指挥的 300 门大炮支援，空中有科尼良-摩里尼耶指挥的 100 架飞机掩护，海上有鲁埃率领的战舰接应。进攻由安塞尔末将军负责指挥，配备有他自己的第 23 师和第 2 装甲师的大部及若干增援部队。我军官兵一致奋勇机智地展开了行动。18 日，经过几场激战以后，敌人在苏得尔河和纪龙德河中间所建立的强大抵抗中心（其中包括库布勒据点）完全归我军掌握。但是这时，米勒莱的军队却在对岸的格拉弗角附近遇到了顽强的抵抗。4 月 20 日，他们终于拔掉了最后的几个据点。于是立即准备奥累龙岛的登陆活动。30 日，马尔尚将军的军队由空军掩护在岛上登陆。虽然敌人全力地进行了垂死的挣扎，但是第二天一切都结束了。击毙德军数千人，俘获12 000人，其中有米哈赫勒斯将军。纪龙德河上的战役是法国的胜利。4 月 21 日我来到容光焕发的胜利者中间视察鲁瓦扬和格拉弗角，正式给这次战役加上荣誉的称号。

拉尔米纳将军并没有被胜利冲昏头脑。他还要进攻拉罗歇耳的敌军据点，这个据点和雷岛构成了一个巨大的防守系统。4 月的最后几天，安塞尔末整顿了进攻的军队。30 日发动了攻击。三天内我军就夺取了由罗舍角、太雷、艾格勒弗伊形成的射击阵地，并把德国守军赶到市郊。至此，希尔利兹将军开始就他部下18 000人的投降问题进行谈判。不久，我就到那里去向胜利者表示祝贺，向该城的欢欣鼓舞的居民表示慰问，并且视察了未遭德国人破坏的港口。

夏朗德省刚一解放，我立即部署了夺取圣纳泽尔和洛里昂敌军据点的行动。但是，这个军事行动还没有来得及展开，德国已经宣布投降。法伦巴赫尔将军放下了武器。数日以来波尔尼-戴波德和科美尔各师一直包围着这两个军事要塞，美军第 8 师从攻下布勒斯特以后，一直留在布列塔尼，现在俘虏的长列队伍就排在这些军队面前。结果，据守西部据点的 9 万德军，除 5 000 人被击毙外，其余都做了法军俘虏。这次伟大的战役按照它应有的结局结束了。

在阿尔卑斯地区的行动也在同时获得了同样的结果。对那里的战斗我也坚决主张不能在法军战功不卓著的情况下结束。我们必须在停火以前洗掉不久前我们在这里所蒙受的耻辱，要通过战斗来收复几块还沦陷在敌人手中的领土，占领在意大利境内的小圣贝尔纳德山口、伊斯朗山口、斯尼山口、热内韦山口的被包围领土，并占领 1860 年人为地与萨瓦省分割开的坦特和拉布利克两县。然后我们的阿尔卑斯山步兵就可调用了。如果希特勒在他的“国家堡垒”继续挣扎，阿尔卑斯山步兵可以给第 1 军以十分有力的支援。

3 月间，在阿尔卑斯山区有第 27 师，这是一支士气旺盛、人数众多的大部队，它的核心是山地的游击队，主要是格利埃尔和维科尔两地侥幸活下来的人，他们只有胡乱搜集到的一些武器。这个师在莫莱将军指挥下一直在莱芒湖到塔博尔山之间的一些山口附近与敌人周旋。再往南，有一个装备很差的旅把守着迪朗斯河和乌白河的深谷。尼斯地区由一个美国旅扼守着。但是，这个美国旅要调到莱茵河去，当时正在撤退中。

为了进攻，我军必须有一个司令和一支增援部队。3 月 1 日，我命令建立“阿尔卑斯军别动队”，任命多耶将军为司令。他是一个地道的阿尔卑斯人，一定会把战斗指挥得尽善尽美，除了当地军队以外，我又把科尔马战役以后撤回留用的“自由法国”第 1 师交给他指挥，我还往那里增派了两个非洲团（可惜它们的装备很差），并补充了炮兵、工兵和后勤机构。我跟艾森豪威尔取得协议，多耶的别动队和拉尔米纳别动队一样，在原则上属于德弗斯集团军。但是，德弗斯集团军完全在另一个战场上作战，对于阿尔卑斯别动队的行动很少顾及。不过，德弗斯仍然供给了一些炮弹和汽油。

3月底，进攻开始了。多耶将军面对的敌人是四个师。其中两个德国师和两个法西斯意大利师。德国第5山地师把守小圣贝尔纳德、伊斯朗和斯尼山各山口，第34师在尼斯以上占据着筑有防御工事的奥西雍山区，并且在海边扼守着科尼什公路；意大利“罗扎峰”师和“利托里约”师据守着中间地带。多耶计划首先把敌人的精锐部队——德国第5师牵制在原阵地上，然后用有生力量攻取奥西雍山区，再乘应该在伦巴第发动攻势的亚历山大军队推进的机会，冲入意大利境内。

莫莱将军的师在海拔两千米、冰天雪地的山区中，向小圣贝尔纳德山口和斯尼山口的敌军阵地发动了攻势，占领了若干工事，其余的没有占领。不过德国守军完全被牵制住，并且伤亡很大，已经无力援助奥西雍山区的守军了。“自由法国”第1师担任攻占奥西雍山区的任务。这是个劳而无功的任务，因为这支模范军队的官兵把德国领土上遍地皆是的桂冠都让给了别人，自己却留在这个孤零零的阵地上，结束他们从最艰苦的日子起就在最光辉的战场上进行的这场史诗般的战斗，这确实是难能可贵的。

4月8日，我离开莱茵河来到阿尔卑斯。在格勒诺布尔听取了多耶将军的报告，然后在圣皮尔达尔比尼检阅了莫莱的一部分军队，最后到了芒顿，视察了加尔贝的军队。这些人最先响应我的号召并且是一贯忠诚的战友，我亲口向他们说明法国向他们要求的最后努力对法国具有重大的意义。后来，我希望这次军事行动能够引起全国的反响，我就在9日来到尼斯市，在市政府的阳台上向群众宣布：“我军要越过我国边境的阿尔卑斯山。”人民以热烈的欢呼拥护这项决定。4 月 10 日，我军开始向奥西雍山区进攻。

我军在那里战斗了七天，攀上悬崖峭壁，占领了山区的主要堡垒拉弗尔克拉兹、米勒富什、塞特科木和普朗卡瓦尔，肃清了洛亚河以上山麓的敌人。经过激战，拉尔希山口和伦巴第山口也攻下来了。法国军队进入坦特和拉布利克。这里的居民欣喜若狂。不久以后，经过几乎一致同意的投票归附了法国。4 月 28 日，阿尔卑斯军别动队全线前进。左翼向库内奥前进，并穿过插满三色旗的瓦尔达奥斯塔山口，同时，主力从斯尼山和热内韦山下来，右翼从斯图拉沿科尼什公路挺进。在 5 月 2 日德军和法西斯意大利军队投降的那一天，我军到达都灵近郊的伊夫雷亚、朗佐、布塞勒诺，逼近库内奥，占领了因佩里亚。至此，从 1940 年开始、由抵抗运动继续、最后在我国军队重整旗鼓以后又展开的阿尔卑斯山区战，终于以我们的胜利宣告结束。

作战和演戏一样，有时候在快要结束时，全体演员都要一齐登场。正当我国军队在阿尔卑斯山、大西洋沿岸、莱茵河和多瑙河上作战的时候，印度支那的战火也燃烧起来了。3 月 9 日，占据北部（东京）、中部（安南）和南部（交趾支那）的日军，突然向我卫戍部队发动了进攻。

这场较量是不可避免的。日军在菲律宾和印度尼西亚被赶出去了，在缅甸受到了强大的压力，在中国也不能取胜，在海上的交通已经不能维持，因此，他们不会容许在他们所控制的地区内保留一支随时可以变成敌人的外国军队。尽管东京和维希政府之间签订了“共同保卫印度支那”的协定，但是日本毫不怀疑：如果盟军接近印度支那联邦，法军必然会与盟军采取共同行动。况且，维希政权已经不存在；戴高乐在巴黎成立了政府，一有机会他是一定会下令打击日本侵略者的。虽然印度支那还没有正式归附共和国政府，虽然西贡表面上还保持着“合作”，可是日本人再也不能相信这种局面，谁都可以想到，他们总有一天会以最突然和最粗暴的手段来清除法国的政权机构和军队的。这种结局从局部来看是十分困难的，但是从国家利益着眼，应该说，我希望在印度支那打起来。鉴于维希的政策对法国荣誉的损害，印度支那联邦人民的思想情况，亚洲和大洋洲的民族主义沸腾情绪以及盟国特别是美国对我国远东地位的敌意，我始终认为重要的是，不让那里的战争在我们没有参战的情况下就结束。否则所有的政治家、所有的军队、所有的舆论，都将坚决地要求我们从那里退出。相反，如果我们参战（哪怕战争将近结束），那么，法国人洒在印度支那土地上的鲜血将成为最有力的权利。我对日本人的最后进攻丝毫也没有怀疑过，所以，我命令我军不管自己处境多么不利，都必须坚持战斗。

很明显，政府不能把领导抵抗的任务交给德古将军。当然，自从维希政权垮台以后，总督曾私下向我表示过服从。他的命令、言论和广播的口气，无疑也已经和以前大不相同。但是，四年来他一直顽固地敌视战斗法国，由于陷得过深，他也就更难转变过来。况且这位海军将军始终未能彻底摆脱旧观点，他不相信日本人会向法国人进攻。因此，在1943年我就把可能进行军事行动的指挥任务交给那里的最高司令莫尔当将军。再说，德古将军也接到过我的通知。朗格拉德总督曾携带我的密电和指令在印度支那两次空降，传达了我对这位海军将军的期待。

为了避免过早地引起日本人的进攻，德古在表面上应该继续任职，但是战争一打起来，必须立即把领导权交给莫尔当。尽管维希政权在1944年春指派艾麦将军接任军队的最高司令，使事情复杂化了，我仍然给莫尔当下了总代表的任命状。对艾麦，我也作了相应的安排。此外，得到英国同意以后进入印度的布列佐将军和我方特工人员，在加尔各答把许多在印度支那献身于抗战的人组成了地下活动的秘密情报网。多少个月来，从中国境内起飞的美国飞机和从缅甸起飞的英国飞机，都是靠我们的情报网去轰炸日本的设备、船只和飞机的。

印度支那的法国军队约有 5 万多人，其中欧洲人12 000人。按人数说这支军队的力量本来不大，何况它的实际力量还远远不能以人数来衡量，因为当地那些忠诚的士兵只能守住自己的驻地，决不能进行野战。至于法国士兵，由于 6 年多没有换防，加上气候不良，体质都有所下降；最主要的是，我军的武器和装备又少又破旧，而且可以说完全没有飞机、装甲车和卡车。此外，他们分散在一个十分广阔的地域上，不仅无法改进部署，还一直受到准备随时袭击他们的敌人的监视。

我给莫尔当将军发出了关于受到攻击时如何领导作战的指示，要求法国军队在印度支那领土上竭尽全力进行最长时间的抵抗。不过驻在中部（安南）、柬埔寨和南部（交趾支那）几个地方的军队，人数既少，又非常分散，不能进行野战。他们应该先尽力保卫驻地，然后设法化整为零，转移到难于进入的地方去组成游击队。但是，驻在北部（东京）的主力的任务是顺着从河内到莱州的方向边打边向中国边境撤退，尽可能拖长战斗的时间。他们在这种行动中，可能得到在中国配合蒋介石军队作战的美国空军的支持，至少可以得到供应。莫尔当将军根据这些指示曾命令所属部队保持随时戒备和行动的状态。2 月 21 日，我又用电报重申了上述指示和通知。

就在这种情况下，日本人于 3 月 9 日晚强令驻在西贡的德古将军和驻在河内的艾麦将军完全服从日军指挥，并且在解除法军的武装以前，接受日军的直接控制。我们的高级专员和最高司令表示拒绝以后，日军立即将他们扣押起来，同时向我各地驻军发动了进攻。

不幸，莫尔当将军几乎在同时被发觉并被扣押起来。抗战失去领导后，就大大影响了军事行动的进展。不过，尽管我军官兵知道自己打的是毫无希望的仗，而且常常要么得不到当地下属和士兵的援助，要么就是被迫放他们回家，可是他们几乎在所有的地方都勇敢地执行了任务。特别是河内、海防、顺化、谅山、河江、老街、七溪等地的驻军，都进行了英勇的自卫。在芒街，日军在进攻中伤亡很大，连续 15 天的进攻都被打退。宜安的我军一直战斗到 3 月 24 日。在巴塞河地区，直到 4 月 1 日才停止抵抗。北部和西北部（东京北部）各地组成的若干纵队撤到了中国境内。海军和海关方面也有几只小军舰逃了出来。但是最主要的是在山西地区事先组成的一支大部队，它在亚历山德利将军的指挥下，以宪兵团为核心，英勇地完成了自己的任务。这几千人一面同敌人捉迷藏，一面战斗，起初在红河和黑水河之间，后来到黑水河以西，他们用少得可怜的武器抗击日军达 57 天之久，最后同中国境内的盟军会合到一起。

通过这些军事行动，美国人的态度便完全暴露出来了。尽管法国政府不断进行交涉，华盛顿还是一再推托，不同意把我们在非洲和马达加斯加整装待发的军队运到远东去。印度支那的战斗并没有使美国态度有所转变。当时如果在缅甸有一支法国远征军，一定会大大鼓舞印度支那的抵抗力量，甚至向我们驻北部（东京）和老挝的纵队空运一些部队，也是对他们的巨大支援。但是，连驻在中国基地、离亚历山德利部队活动地区很近的美国空军，也没有给我军任何帮助。莫尔当失踪以后继任总代表的萨巴杰将军，终于从河内逃到莱州，他同驻在中国的美军司令部接触后，仍然没有得到任何支援。我本来早就看到了这一点，所以对于这种企图的暴露丝毫没有感到惊异。但是，一旦取得胜利，到我们不再受盟国任何约束的时候，我一定要使法国回到印度支那去。

不管怎样，印度支那的法国军队对于这场胜利肯定已经作出了贡献。他们歼灭了敌军 200 名军官和 4 000 名士兵。5 月间，6 000 名法国士兵（大部分是欧洲人）又在云南集合起来，经过长期怀疑、忧郁和屈辱以后，在极为艰苦的条件下，突然展开战斗了。他们仓促作战，孤军无援，缺乏武器，同时感到上帝太高，法国又离得太远。但是，这种奋斗和牺牲只能更值得赞扬。 个民族的精神宝库，只能因为自己军队的艰苦奋斗而变得更加丰富。

虽然我这样注意大西洋沿岸、阿尔卑斯山区和印度支那战事的发展，但是我最关心的还是在德国发生的一切。的确，那是决定命运的地方。况且，各个盟军在德国领土上所采取的各种军事行动、它们的目标、它们的方向、它们的战区界线，都要逐渐造成既成事实，这些都会在实际上影响到停战以后的情况。因此，我必须设法使法国军队的活动、法军成就的规模以及法军所能占领的区域都适当扩大，以便确保法国能参加停止敌对行动以后的讨论和决议。为了使人人都了解我的意图，4 月 2 日我在巴黎协和广场给新编和改编各团的团长举行授旗仪式时，公开宣布了这项决定。

但是，盟军司令部（显然是在华盛顿的指使下）却认为在战争的最后阶段应该完全由美军自己担任几乎所有的军事行动。盟军总部的命令是把占领最主要的地区——鲁尔区——的任务完全交给美国军队，再由他们分别向易北河和多瑙河两方面推进，全部占领德国本土，最后由他们在柏林、布拉格和维也纳附近和苏联军队会师。他们把北海沿岸留给英国军队。对于法国军队，最初他们企图把它固定在莱茵河的左岸。在法军自己设法渡河以后，他们便极力使它不要离开莱茵河。不言而喻，在此光明前途逐渐扩大的时刻，我们是绝不能受这种抑制的。

当布莱德雷将军的集团军在鲁尔矿区包围莫德勒元帅率领的德军并迫使其投降，然后越过威悉河直入德国心脏的时候，德弗斯将军的集团军也在向美因河以南推进。但是，德弗斯不是向东前进，而是一直向南推进。如果法国军队听之任之，让他这样推进，结果就会把派奇部和塔西尼部挤在一起，把塔西尼部堵在莱茵河附近，把我们所占的德国领土限定在巴登州的几小块土地上。在这种情况下，军事行动对政治会产生直接影响。所以我及时指示塔西尼，甚至在他的军队开始跨过莱茵河以前就向他说明了该军的行动对国家的重大关系。我们一致认为，第 1 军无论如何也要占领斯图加特。的确，符腾堡的首府是我军向多瑙河、巴伐利亚和奥地利推进的大门。此外，占领这个城市也是我们推行法国占领区计划的一项重要保证。

但是，必须考虑一下敌人的力量。敌第 19 军在黑林山区进行了顽抗。所以 4 月上半月，法军的力量没有用来向斯图加特推进，而是用在这个困难的地区。诚然，第 2 兵团确已从法耳次越过莱茵河，占领了卡尔斯鲁厄，并且在 4 月 7 日攻下了普福尔茨海姆。但是塔西尼认为，在渡过内卡河、奔向多瑙河以前，应该把自己的军队集中到黑林山区，肃清这个天然堡垒中的德军。于是他指挥孟萨伯尔向南进入山地中心，给伯都亚特打开在斯特拉斯堡渡过莱茵河的通道。这样就占领了拉斯塔特、巴登-巴登、克尔、弗罗伊登施塔特，德国第 19 军则退到黑林山区的丛林高地上。但是，符腾堡首府仍在敌人手里，盟军伸手可及。对我们来说，占领这个地方是刻不容缓的事。4 月 15 日，我又通知第 1 军司令，在不影响该军作战部署的情况下，政府期待他攻下斯图加特。

恰恰就在第二天，德弗斯将军给他的集团军下了一个与此相反的“指示”。根据这个指示，在此以前一直在偏北地区作战的美国第 7 军应该占领斯图加特，然后上溯内卡河，推进到沙夫豪森附近的瑞士边界。法国军队则只限于在黑林山区肃清敌军，向东前进的道路全被切断了。德弗斯给塔西尼的信写道：“我应该预先告诉你，不要使法国第 1 军过早地前进。”

塔西尼将军觉察到必须赶紧改变方向，就给第2兵团下了改变进军方向的命令。于是，孟萨伯尔命令纪尧姆的北非第3师、李纳莱斯的摩洛哥第2师、艾斯坦和德威尔诺耳的装甲第1师和第5师等从普福尔茨海姆和弗罗伊登施塔特出发，向斯图加特和乌耳姆猛进。4月20日，法国的坦克进入符腾堡首府，这座大城市的80万居民在废墟中间默默无言地等待着他们。正当这部分军队迅速东进的时候，伯都亚特已率领另一支军队向南挺进。夏邦杰的摩洛哥第4师，瓦吕伊的殖民地第9师，卡伊、比约特和萨朗的第1师、第10师和第14师则负责完成占领黑林山区的任务。

的确，塔西尼将军既要按照我的规定达到内卡河和多瑙河的目标，但又不愿意让为数可观的敌人留在背后。此外，瑞士的总司令基桑将军害怕德军在无路可走的时候冲进瑞士国境，在瑞士通过或者避难，因此他一再要求第1军司令把法国军队开到从巴塞尔至康斯坦茨湖沿着莱茵河的国境线上去。如果不是在那个时候，我军一部分向东、一部分向南分道前进，这可能很冒险。但是敌人已经乱成一团，以致无论怎样对待他们，我们都会是战无不胜、攻无不克的。4月21日，塔西尼将军给我的报告是一份捷报。他写道："15天以来，我们在符腾堡、黑林、巴登州展开的战斗，已经获得全面胜利。我军从多瑙厄申根以下60多公里的地方跨过多瑙河。我军也从南面进入斯图加特，全部包围了敌军主力。在巴登平原上，旧布里萨舍和弗里堡都已攻下。黑林山区的包围已经完成。"

不过，法国第1军和德国第19军之间的战斗是在一个星期以后才结束的。德国第19军虽被包围，却重新集结在弗里堡以东的树木丛生的山区里，企图向东突围。突围失败以后，残余部队才最后放下武器。当这场战役结束时，我们的先头部队已经到达乌耳姆和康斯坦茨。4月末，法军所到之处再也遇不到德军有组织的抵抗了。我军渡过莱茵河以后已俘敌11万人。以后在停止敌对行动以前，每天还有数以千计的敌军向我军投降。

但是，在盟国中，光荣的玫瑰花是不会没有刺的。正如我们所预料到的，盟军司令部不同意我国军队驻在斯图加特。4 月 28 日[①]，德弗斯将军提请第 1 军注意，斯图加特城不属于法国战区，它是美国第 7 军的交通中枢。24 日，他正式命令塔西尼撤出该城。我在接到塔西尼的报告以后答复他说，以前的决定决不更改。我的复电明确地指出："我命令您在斯图加特留下一支法国驻防部队，立即在那里建立一个军政府……如果美军提出意见，您可以答复他们，说本国政府命令您驻守并管制您部所占领的地区，直到各有关政府达成协议划定法国占领区为止。"因此塔西尼回答德弗斯说，这不是塔西尼和德弗斯的权限以内的问题，而是有关国家政府的事情。他本人并不反对盟国的纵队和辎重队通过斯图加特，但已在该城留下驻防军队，并派舍维雍将军为军政府长官。

于是，这项争论提到了更高的一级去解决。这也是为了使问题得到缓和。4 月 28 日，艾森豪威尔给我写了一封信，表示让步。他说，虽然他认为，我的政府基于政治理由干涉军事命令是违反关于重新武装法国军队所缔结的协定的，但是他认为"最好还是承认现实"，因为他不愿考虑停止美军后勤机关对法国第 1 军的供应，他本人也不愿意破坏法军和美军并肩作战的模范精神。

太好了！我亲切地答复盟军司令说，造成我们最近发生争执的局势，绝对不是他的责任，而是由于美、英两国政府和法国政府在总的战争政策，特别是在占领德国的问题上没有达成协议。5 月 2 日，艾森豪威尔给我回信说，他理解我的立场，并且由于我也理解他的立场而感到高兴。以后我只从刚刚就职三个星期的杜鲁门总统那里接到了一份措辞尖刻的电报，但是我也反驳了他："像占领德

---

① 疑为 4 月 23 日之误。

国领土这样与法国有密切关系的问题，应该和法国协商，遗憾的是并没有这样做。”法国军队仍旧留在斯图加特。

盟国的军队像惊涛骇浪疯狂地袭击将要沉没的船只一样，席卷着灭亡中的德国。盟国的前哨部队迅速冲进乱成一团的敌人中间。只有几个像孤岛似的据点还在顽强地抵抗。某些地区的德军，弹尽粮绝，溃不成军，杂乱地混聚在一起。许多地方的德军，不论部队大小，都自动投降了。如果说西方军队的来临被当地居民看作是一种解放，那么，苏联军队临近时的情形恰好相反，大家都慌忙逃窜。胜利的军队在各处收容了自我释放的一群群被俘的盟军。他们也惊愕和愤怒地在各处集中营里看到了幸存的一些人和一堆堆的尸体。德国人民在血泊和废墟中听任着命运的摆布。

4 月末，布莱德雷到达了易北河，并且在托尔高地区同占领了柏林的朱可夫军取得了联系。在北面，蒙哥马利占领了汉堡，5 月初又攻下罗科索夫斯基伸手可及的基尔和吕贝克两个地方（罗科索夫斯基是 2 月间车尔尼亚霍夫斯基元帅阵亡以后继任东普鲁士战区司令的）。这样就把留在丹麦的德国占领军和留在荷兰的布拉斯科维茨部同法西斯德国截开了。在南面，三支盟军一齐向敌人可能据守的巴伐利亚和奥地利阿尔卑斯山区据点进军：巴顿进入捷克斯洛伐克，占领了比尔森，然后进抵奥地利的林茨，同占领了维也纳并越过那里的托尔布欣率领的苏军接近；派奇攻克了慕尼黑，一直进到因斯布鲁克；塔西尼命令自己的装甲部队和摩洛哥师向蒂罗尔猛进，其中一个纵队溯伊勒尔河而上，另一个纵队沿康斯坦茨湖滨前进。法国的前哨部队在伏拉尔堡遇到了由残兵败将拼凑而成尚未投入战斗的德国第 24 军，刚一接触，军长斯契米德将军就投降了。5 月 6 日，法国国旗飘扬在阿勒伯山口上。这时候，勒克莱尔师也从西部急忙赶来，作为派奇军的先锋到达贝兹加登。

战争结束了。轴心国战败了，它的首领们都倒下去了。德国电台 5 月 1 日的最后一次广播透露了希特勒死亡的消息。而前几天，我们已经听说墨索里尼被处死了。

墨索里尼，这位野心勃勃、狂妄大胆、不可一世的“首相”，这位雄图大略、举止不凡的政治家，这位能言善辩、好走极端的演说家，过去，他曾经在世界各地耀武扬威，并且直到最后坚持顽抗，但他终因事态发展而被粉碎了。在意大利陷于无政府状态时，他掌握了意大利。但是他认为，仅仅限于挽救意大利和恢复意大利的秩序实在微不足道，他一心要把意大利变成一个帝国。为此，他扼杀了自由，建立了个人独裁，通过黑衫党、棒喝团和法西斯青年团表面上奠定了国家的统一和强盛的基础。后来他就借助这种表面形势成了国际舞台上的风云人物。

于是，他的矛头便指向非洲。他要求人们把地中海和红海沿岸最大和最好的部分让给他，否则他就要自己去占领。不久以后，他又妄图在欧洲扩张势力，叫嚣萨伏瓦、尼斯、科西嘉、克罗地亚、斯洛文尼亚、达尔马提亚、阿尔巴尼亚都应该归属于他！他煽动“法西斯和无产者的意大利”反对没落的法国和腐朽的南斯拉夫。最后，当他看到德国装甲师横扫法国，英国退守英伦三岛，苏联按兵不动，美国又保持中立的时候，这位认为战争可以迅速结束的首相便和“元首”勾结在一起，参加了战争。

游击队把他击毙时，墨索里尼的一切早已完蛋了。他贪得无厌，而结果是一无所获。毫无疑问，在法西斯主义最得势的时候，他的独裁统治仿佛很巩固。实际上，既然在他周围还存在着君主势力、教会和党派，而古老的民族不顾偶像和仪式还要保持本色，那么，他的独裁怎么能够站得住呢？当然，希望恢复古罗马的领导地位是一个伟大的想法。但是，在世界变得如此辽阔，机器在地球上主宰一切的今天，这种目的能达到吗？要意大利——西方文明的摇篮——起来反对西欧，要拉丁文化的发祥地与日耳曼压迫的狂暴结合在一起，一句话，要一个民族为了同自己命运毫不相干的事情作战，难道不违背天理吗？在德国张牙舞爪、仿佛胜利在望的时候，这位意大利首相还能迫使心里不服的军队走向战场，但是他的同盟者刚一后退，他的赌注便一下子输光，终于被民愤沸腾的巨浪卷走了。

希特勒的事业不是由于众叛亲离而是以他本人自杀告终的，这样的下场是因为希特勒本身就是这一事业的化身。正如不让别人囚禁而自动跳进深渊的普罗米修斯一样，他自己结束了自己的生命，从而结束了他的事业。

这个白手起家的人是在德国正感到需要一个新情夫的时候自荐入室的。那时候，德国对于逊位的皇帝、失败的将军和可笑的政客都厌倦了，于是她就委身于一个代表着幸运的、许诺要取得霸权的并且用热情的声音打动她心弦的陌生人。不仅如此，这一对大胆的夫妇不考虑凡尔赛的失败记忆犹新，却只看到自己面前展开一个广阔的前途。20 世纪 30 年代的欧洲，这里是共产主义或法西斯主义的迷惑，那里是对这种或那种主义的恐怖；民主制度使它成为一盘散沙，当权的又多为昏庸老朽之辈，这就给充满活力的德国提供了种种可乘之机。

希特勒对这些机会一个也不肯放过。他把法西斯主义和种族主义结合成为他的一套学说。他依靠独裁政权一意孤行。机械化部队成了他冲击和突袭的王牌。当然，这一切要导致压迫，而压迫又导致罪恶。但是，莫洛克①是有权获得一切的。何况希特勒不仅是个铁腕人物，他也很擅长玩弄权术。他善于笼络和谄媚。灵魂深受蛊惑的德国人民狂热地拥护自己的元首。德国人民对希特勒始终十分驯顺。从来还没有一个民族直到最后还肯为了自己的领袖作出如此

① 腓尼基用儿童奉祀的火神。指要什么就得给他什么的人。

巨大的努力。

然而，希特勒在人这个问题上，却遇到了无法克服的困难。他相信别人都是卑鄙无耻和奴颜婢膝的，并把自己那么庞大的计划建筑在他的这种信念的基础上。但是人类既有渣滓，也有精华。他认为除了自己，所有的人都是胆小鬼。这样做确实太冒险了。在“元首”看来，法西斯德国首先应该利用民主国家害怕发生战争的心理来撕毁《凡尔赛条约》。然后，再利用巴黎和伦敦的怯懦腐败以及莫斯科的共谋，吞并奥地利、捷克斯洛伐克和波兰。在此以后，根据情况，有可能是法国由于苏联人按兵不动而屈服，或者是趁法国惊慌失措而把苏联打败。这样达到一箭双雕的目的以后，再利用求之不得的美国那种中立态度来制服英国。那时整个欧洲，不管愿意不愿意，便都被置于新秩序的淫威之下。而在世界的另一面，又有日本作为同盟者，那么被孤立的美国也要倒下了。

起初，一切都按照预定计划实现了。纳粹德国依靠惊人的武器和纪律严格的军队，一再取得胜利。《日内瓦条约》、《慕尼黑协定》、《德苏互不侵犯条约》，使希特勒有理由相信他的邻国是软弱可欺的。但是，现在他的邻国突然鼓起勇气并来挽救荣誉了。巴黎和伦敦不容许波兰遭受屠杀。似乎从这个时候起，“元首”才清醒地知道他的梦想就要破灭了。毫无疑问，他的装甲部队确实吓倒了没有政府、没有指挥部的法国。但是，大海背后的英国却不肯低头，法国人的抗敌火焰也燃烧起来了。在海洋上，在非洲，在近东和在法国国内，都展开了斗争。当德国国防军进攻苏联的时候，只是由于部分军队已经派到其他地方作战，兵力不足才没能制服苏联。从那以后因受日本进攻而参战的美国，必然会显示出它的威力。不管德国和它的元首还有如何神秘的力量，命运已注定了。

希特勒的冒险计划是超人的，也是非人的。他一刻不停地坚持着它。甚至当他处在柏林地下室的垂死时刻，还一直像在最显赫的日子一样保持着坚定、不屈和无情。为了使人提到他和他的战斗就毛发悚然，他采取了永不犹豫、永不妥协或永不后退的态度。企图翻天覆地的泰坦①是不会屈服，不会低头的。但是，在他被击败和被消灭、一切都已完蛋、偷偷落下眼泪的那一刹那，或许他能够恢复人性吧。

现在，德国的投降只是手续问题了。不过，这些手续是必须完成的。被希特勒指定为自己的临时代理人的戈林，甚至在希特勒未死以前，在他认为已经无人再服从总理（希特勒）的时候，就曾试图进行谈判。但是，"元首"立即把他撤换了。在继任名单中居第二位的希姆莱同瑞典红十字会的主席伯尔纳多特伯爵取得了联系，通过斯德哥尔摩向西方国家政府转送来一份要求停战的建议书。希姆莱似乎有这样的打算，如果在西线停止敌对行动，而在东线仍然继续作战，这就会在盟国阵营中制造一个对德国有利的裂痕。这位秘密警察大头子进行交涉的时候，似乎还带有一些企图减轻他的丑恶罪名的伎俩。他最后准许国际红十字会给集中营的人发食物。我国得到国际红十字会的通知以后，便赶紧从伯尔尼和苏黎世用我们的卡车，由瑞士司机驾驶，把大批供应品运到德国南部的某些集中营，或者运给被德国人赶到道路上的一群群饿得半死的人。

希姆莱非正式地给我本人寄来一份建议书，从这份文件中可以看出他在穷途末路中所想出的诡计。文件上说："毫无疑问，您是胜利了！戴高乐将军，如果人们知道您是怎样开始的，那么人们就应该向您致以最崇高的敬意……但是，您现在应该怎样办呢？依靠盎格鲁-撒克逊人吗？他们将会把您当作他们的仆从，还会使您受辱。您要和苏联合作吗？他们将会把自己的法律强加给法国，还会清除您本人……老实说，唯一能使贵国走向光荣和独立道路的，就

① 泰坦（Titan），希腊神话中的巨人。

是和战败的德国取得谅解。请您即刻对此表示意见吧！请您马上和那些在德国还掌握着一部分实权并且希望把他们的国家引导到一个新的方向的人取得联系吧……他们已准备着。他们请求您这样做……如果您克制复仇的思想，抓住今天历史所提供给您的良好机会，您将成为永垂青史的最伟大的人物。”

不管这封来自死亡边缘的信对我使用了多么恭维的语句，毫无疑问，他所描绘的前景中的确有些真实东西。但是，这个陷于绝境的诱惑者，当然不会从我这里得到任何回答，他也没有从伦敦和华盛顿方面得到任何回答。何况他什么条件也没有提出来。同样，希姆莱也被撤职了，这也许是因为希特勒又听到了与此有关的消息吧！“元首”指定他自杀以后把权力交给海军上将邓尼茨。所以，海军上将是通过德国总理从地下室发出的最后一封电报受权的。

直到末了，德国最后执政者还力求和西方国家进行单方面的和谈，可是枉费心机了！西方国家除了命令他承认所有盟国一致决定的无条件投降以外，任何其他的办法都不同意。诚然，弗莱德堡和蒙哥马利将军于5月4日签订了德国西北部、丹麦和荷兰的德军投降书。但这只不过是军官之间所签订的一种局部协定，绝不是约束全德国的条约。邓尼茨终于让步了。他派约德尔将军到里姆向艾森豪威尔递交了全面投降书。全面投降书在5月7日凌晨2时签订。规定第二天午夜停火。投降书是在西线盟军总司令部签订的，所以根据对等的原则，5月9日又由柏林苏联统帅部加以追认。

我当然没有忽略事先同盟国交涉有关法国参加签订这两份文件的事情。文件的正文极其简单，我们没有任何反对意见。但是，法国必须正式参加签字。我应该说，盟国自动地、毫不犹豫地邀请了我们参加这项签字。我们共同议定，由艾森豪威尔将军的参谋长比德耳·史密斯代表总司令在兰斯主持仪式，并首先和邓尼茨的代表约德尔签字。然后苏斯拉帕罗夫将军代表苏联签字，国防委员会副参谋长塞威将军代表法国签字（当时朱安在旧金山）。至于在柏林签署文件的仪式则更加隆重，虽然这里的文件条文并不会比里姆签订的有什么增加。但是，苏联却特别重视这一仪式。我任命塔西尼将军为法国的代表前去参加。

塔西尼受到苏联人各方面的适当款待，却遇到了一个礼宾方面的障碍。朱可夫元帅是苏军统帅部的代表，英国空军元帅泰德是西方国家司令部的代表，苏联人声明，他们原则上同意塔西尼将军也参加。但是，由于美国派了斯巴兹将军要跟塔西尼一样参加签字，高傲的维辛斯基便赶紧跑来向朱可夫"建议"，指出美国人和泰德等于双重代表，不能参加。因此法国人也被排挤出来了。但是，塔西尼机智地坚决地力争全面完成自己的任务。这个意外很快就解决了。5 月 9 日，塔西尼将军同各大盟国军事代表，在以三色旗和各大盟国国旗为背景的战胜纪念徽之下，并坐在一起。在战争结束的德国投降书上法国代表同苏联代表、美国代表和英国代表一样，也是签字人。季特尔元帅惊讶地说："怎么啦？法国人也参加签字！"他这句话深刻地说明显示力量能给法国和她的军队以多大的补偿！

1945 年 5 月 8 日下午 3 时，我在广播电台发表演说："战争胜利了！我们胜利了！这是联合国家的胜利，也是法国的胜利……"丘吉尔在伦敦，杜鲁门在华盛顿也和我同时发表了谈话。不久以后，我来到凯旋门广场。广场上挤满了人，我到达以后，片刻间人更多了。我刚刚向无名烈士墓致敬，群众就挤在栏杆边，向我发出潮水般的欢呼声。我好不容易才从人流中脱身出来。那天还有仪仗队的行进、钟声、礼炮声和正式的演说。我和人民在表达自己的欢乐心情时，一直保持着严肃和庄重。

的确，几个月以来，没有一个人怀疑会有这样的一天，最近几个星期，人们已经屈指计算这个日子了。所以，胜利的消息没有引起任何使人心花怒放的惊喜。何况这种心情在解放的时刻已经充分表现出来。再说，这次考验虽然给法国带来了摆脱深渊的光荣，但是它首先带来的是未能恪尽职守的灾难。随着对战争结束的满足，它还在民族意识的最深处永远留下了一种隐痛。另外，世界各地听到停战的炮声时固然会由于死亡和灾难已经远离而感到安慰，但是并不会过于兴奋，因为这场决斗充满使全人类感到羞辱的罪恶。每个人，不管是谁，也不管在什么地方，心里都会感觉到，永恒的希望恢复了自己的活力，但是也在担心，这一次会跟上一次一样，“产生一切后果的战争”并没有产生和平。

祖国的危急促使我担当起来的任务，现在完成了。异常的命运使我得以领导法国把这场孤注一掷的战争坚持下来了。法国现在又复活了，又得到人们尊重了，她收复了自己的领土，恢复了自己的国际地位，并被邀请同各大国一起解决世界的命运。即将逝去的这一天是多么光辉灿烂啊！但是，法国的明天又将是多么渺茫啊！现在一切都已经消沉，一切都已经松弛下来。应该怎样做，才能使风暴从灰烬里吹燃起来的民族自尊火焰，在风暴已过去的时候仍能保持旺盛呢？

第五章 不和

大炮的回声刚刚停息，世界的面貌立刻改变了。为了作战而动员起来的人民的力量和热情，突然失去了用武之地。相反，某些国家的野心却明显地暴露出来。

大炮的回声刚刚停息，世界的面貌立刻改变了。为了作战而动员起来的人民的力量和热情，突然失去了用武之地。相反，某些国家的野心却明显地暴露出来。盟国之间在共同对敌的时候勉强做到的谅解和互相照顾，已经杳无踪迹。昨天是作战的时期，现在是应该加以清算的时候了。

在这个事实面前，法国陷于软弱的状态暴露出来了，无论从法国所追求的目标来看，还是从其他国家的意图来看，都是如此。不言而喻，其他国家一定要利用这个局势竭力在悬而未决的争端上压制我们，或者在建立和平的大协作中把我们贬低到次等国的地位。但是我要尽力制止它们这样做。况且德国的崩溃、欧洲的分裂和苏美的对立，都给奇迹般得救的法国提供了意外的机会，我认为这个新时期使我有可能着手执行我为祖国制订的庞大计划了。

防止出现新的德意志帝国再度威胁法国，才能保证我国在西欧的安全，同东西方国家进行合作，必要时同东方国家或西方国家结成不附带任何条件的同盟，使法兰西联邦逐步成为自由大家庭，以防止造成进一步分散导致瓦解的危机。把靠近莱茵河、阿尔卑斯山和比利牛斯山的国家在政治、经济和战略上联合起来，使这个组织成为世界三大势力之一，在必要时，使它成为苏联和盎格鲁-撒克逊两大阵营之间的仲裁者。自从 1940 年以来，我的一言一行都在为这些问题创造条件。现在法国站起来了，我一定尽力设法达到这个目的。

我国的力量显著地被削弱了！法国虽然没有在这场赌博中抓到一张大国王牌，可是她手里还有几张好牌：首先由于她奇迹般地摆脱了深渊，法国多少世纪以来就拥有的威望部分地得到了恢复；其次是在人类处于失去平衡的动荡时代，谁也不能忽视法国的力量；最后是由法国的领土、人民及其海外领地所形成的牢固基础。甚至在我们的力量尚未恢复的时候，有了上述条件，我们就有可能行动起来，并且受到尊重。

要紧的是要善于利用这些因素。这就是我的任务。但是我需要有全国人民的坚决支持，以弥补我的不足。若能如此，我保证谁也不能藐视法国的意志。我们的盟友自然是另有打算的。不管他们多么崇敬戴高乐将军，他们总是留恋不久前在政治上那么驯顺和容易驾驭的法国，他们希望我同那些企图恢复腐败的旧政治的人们产生分歧。

胜利不久，在划定阿尔卑斯山边界的问题上就发生了一桩严重事件。我国政府早就明确提出了对这个问题的主张。我们一定要以山脊作为我国领土的边界，把意大利人在法国这一侧山口附近所占的一些飞地重新划归我国。我们还要把从前属于萨瓦省的坦达和拉布利克两县收回来。我们也许还要根据居民的意志将温蒂米勒也合并过来。至于瓦尔达奥斯塔，无论在种族上或语言上，我们都有极充分的理由把它划归我国。况且当我们的部队进军时，我们在那里知道，人们几乎普遍都有要求划归法兰西的愿望。不过由于法国同瓦尔达奥斯塔人之间的交通一年之间就有八个月被勃朗峰的大雪所截断，以致瓦尔达奥斯塔人的生活和意大利的生活联系在一起，因而我们决定不要求占有这个山谷。只要罗马当局承认这个地方的自治，我们就感到满意了。波诺米和史佛卓先生的政府通知我们的代表，说他们的政府愿意让步，接受我们的条件。老实说，同意大利给我们带来的灾难和意大利从这种和解中得到的好处相比，这些条件是很宽厚的了。

多耶将军的部队在阿尔卑斯山的最后进攻达到了预定的目标。1945 年 5 月 2 日，即德国军队和法西斯军队在意大利竖起白旗的那天，上述飞地、瓦尔达奥斯塔、洛亚河各县，都已经掌握在我们的手里了。从行政观点来看，坦达、拉布利克和温蒂米勒，很快就归阿尔卑斯海滨省管辖了，而对于瓦尔达奥斯塔，我们交给了地方委员会去管理。

截至 5 月，当美国表示要我国军队撤到 1939 年的边界我国一侧的时候，事情一直是这样。他们认为，他们要我们撤出的地区应该由盟军接管。关于这一点，卡弗里通知过我国外交部，美军驻皮埃蒙特的占领军司令格里腾贝尔向多耶将军讲过，皮杜尔在华盛顿拜访杜鲁门的时候，杜鲁门也向皮杜尔谈过。关于要求我们撤退这件事，美国既找不出同我们缔结任何协定的根据，也不能强调今后的军事需要。他们只是纯粹按照自己的决定行事：在缔结和约以前，不改变战前的国界。当然，华盛顿只对法国人提出这种要求，而且仅限于阿尔卑斯山区的一些市镇。

谈到事件的起因，在某种程度上是由于一种霸权作风，这是美国有意表现出来的，也是我必然要予以反击的。但是从这件事情上，我特别看到了英国人的影响所起的作用。因为在这个时候，英国正在地中海东岸各国策划着决定性的阴谋。对伦敦来说，最有效的战术是首先怂恿华盛顿向巴黎挑衅。种种事实证明，这一次事情的确是这样。

驻意大利的总司令亚历山大将军遵照丘吉尔先生的命令，把他指挥下的意大利军队开往坦达、拉布利克和温蒂米勒。如果我们听之任之，势必要在这些地方恢复罗马的统治。格里腾贝尔企图取代我们，而多耶则坚决反对。由于双方交换意见时争执不下，又由于我们的善于作战但不善于谈判的法国将军书面通知对方说，他“遵照戴高乐将军的命令坚决拒绝这一点，即使引起任何后果也在所不惜”，驻意大利司令部连忙向各报记者发表谈话说，法国军队奉我的命令准备向美军开火。最后，有些特工人员给我抄来一份首相给总统的电报稿。丘吉尔先生在电报上把我称为“盟国的敌人”，他怂恿杜鲁门先生对我采取强硬态度，并向总统断言：“只要总统如此行事，据法国政界的可靠消息，要使戴高乐将军垮台易如反掌。”

杜鲁门虽然不那么感情用事，态度比较谨慎，但是他认为必须亲自出马。6 月 6 日，卡弗里大使向外交部递交一份照会，表示“美国政府对法国军队留驻在意大利西北部某些地区感到忧虑”，对多耶的态度提出了抗议，并且要求我军撤出这些地区。随后，达夫·库柏来说：“陛下政府完全同意美国所采取的立场。”第二天，我收到总统打来的私人电报。总统表示他对多耶将军的威胁感到气愤。他硬要我在“法国政府关于边境问题的要求得到正常而合理的解决以前”首先下令撤兵。如果我不答应他的要求，他便不得不“停止美国机构给予法国军队的装备和弹药的供应”——他还令人奇怪地补充说，“但粮食仍将继续供应”。

杜鲁门的电报并没有使我感到悲观。但是我认为，在英国人正式表示要在叙利亚攻击法国军队的时候，最好使法美关系和缓一下。我答复总统说：“不论是法国政府的命令还是多耶将军的命令，都没有使用武力来反对美军进驻阿尔卑斯地区的意图；况且在这个地区既有美军，也有法军，而且两国军队在这里和在其他地方一样，彼此相处得非常和睦。”问题不是法军和它的盟军如何共处，而是“法国军队从敌人——德国和意大利法西斯手里收复一些领土，盟军却要把法军从这里撵走；而且这个地区许多村庄的居民原籍都是法国人”。我提醒杜鲁门说：“我们从这个地区被赶走，同英国正在叙利亚赶走我们的事同时发生，这对法国人民的感情将会产生极为严重的后果。”我最后写道，为了使杜鲁门本人“在我们可能做到的范围内得到满足，我决定派朱安与亚历山大进行商谈，以便共同寻求解决途径”。

最后的解决办法是：我们仍占有我们原来想得到的地区。毫无疑问，亚历山大参谋部和朱安的代表夏邦杰将军草拟的协议，规定我国军队将陆续撤退至 1939 年的边界。但是，除了我们不想保留的瓦尔达奥斯塔以外，我不同意这个协议，我只同意派少量盟军驻扎在有争议的各村镇，但不得干涉当地的事务。同时我要求意大利军队必须远远地撤离这块地方。此外，在讨论期间，我们造成了既成事实。坦达和拉布利克各镇选出了市镇机构，宣布它们属于法国。关于小圣贝尔纳德、伊斯朗、斯尼山和日内沃尔等山口原属意大利的飞地，我们把草地和森林划归最邻近的法国村庄。瓦尔达奥斯塔人在我们派去的联络官和他们自己组织的一队民兵的支持下，由他们的“解放委员会”的代表建立了自治区。只有温蒂米勒听其自便，我们没有加以干预，因为我们认为那里人们的思想情况相当复杂。此外，原来留在有争议地区的少数美国兵和英国兵，在丘吉尔先生 7 月底大选失败以后不久也撤走了。史佛卓公爵死后继任罗马政府外交部长的加斯贝利于 9 月 25 日来巴黎访问，他请求我把我们将要缔结的和约的具体条件明确地提出来。我把我对萨拉加大使说的那些话对他说了，我们只要求正式承认既成事实。加斯贝利叹息地表示同意在和约中列入这些条款，意大利也会毫无怨尤地在这个和约上签字。事实上也这样做了。

当这些问题正在讨价还价因而吸引了我们的注意力的时候，地中海东岸各国爆发了更严重的危机。长期以来阿拉伯狂热的民族主义者和怀有独霸东方野心的英国人，一直在那里联合起来反对我们。从前我们的对手还不得不谨慎从事，今后他们可以毫无顾忌了。德国刚一投降，他们就一起向我们进攻。

叙利亚将成为他们行动的场所，从1943年选举以来，共和国总统舒克里·库阿特里先生和历任总理一再向我们要求收回权力，而且要价不断提高。不仅如此，这个国家本来并不稳定，政客们长期以来不断煽动各种风潮，而政府也就经常将不满的矛头引向我们。但是我们在1941年就自动宣布给予叙利亚独立。最近叙利亚也依靠法国的交涉，以主权国家的资格应邀参加了旧金山会议。四年来法国当局所掌握的行政、财政、经济、警察和外交等权力，都已相继移交给叙利亚。只是由于我们仍是托管国，还有防务和维持秩序的责任，因此，我们保留了由我们指挥地方军队的权力，并在某些地区留下了极少数的法国驻军。这样，自从1941年以来，叙利亚并没有发生过任何骚乱，而在英国管辖下的埃及、巴勒斯坦、外约旦和伊拉克却发生了严重的骚乱。

不过，我们仍然希望在明确的基础上建立法国同叙利亚和黎巴嫩的关系。考虑到联合国即将建立一个世界性的安全组织，我们准备把旧国联交给我们的托管权交还联合国，在当地除保留两个军事基地以外，准备把我们的军队撤出这个地区，让大马士革和贝鲁特政府来指挥自己的军队。另一方面，我们将同这两个国家签订条约，规定我们可能提供给他们的援助和如何处置我们在这两个国家所享有的经济文化利益。这是我的既定计划，我一直不顾危险地遵循着这个计划，如果不是英国的无理干涉和阻挠，这个计划看来很快就会实现。可惜正在这个时候，英国出来干涉了。

这是我意料中的事情。英国企图独霸东方的野心是这次世界大战潜在的民族野心之一。我曾多少次看到这颗勃勃的野心怎样跃跃欲试啊！欧洲战争已结束，大好时机来到了。敌人的蹂躏及其后果，使精疲力竭的法国丧失了昔日的力量。英国人在阿拉伯人当中进行狡猾的和大规模的政治活动，使他们的许多首脑人物都受了英国的影响。最重要的是英国依靠封锁、海上霸权和对运输的垄断建立起来的经济组织完全控制了东方国家的贸易，也就是说，控制了东方国家的命脉，并且有 70 万英国军队和相当多的空军控制了东方各国的领土和领空。最后，在雅尔塔的交易中，丘吉尔从罗斯福和斯大林那里得到在大马士革和贝鲁特为所欲为的自由。

我并不指望我们的军队能够对付这场风暴。我们在叙利亚和黎巴嫩的部队已减少到 5 000 人：5 个塞内加尔营，一些初具规模的后勤部队和一个由 8 架飞机组成的飞行队。此外，在我们指挥下的还有一支由 18 000 名当地官兵组成的“特别”部队。这些军队用来维持秩序以及必要时恢复秩序是足够的，因为广大的居民对我们毫无敌意。但是这样少量的军队，如果一方面被这个国家各地的骚乱所牵制，同时又受到英国军队的攻击，那么其结果是可想而知的。事实这样明显，所以我预先确定了对策。在这种情况下，我们既要避免镇压骚乱，又要避免反击英国人，除非被迫采取相反的做法。

尽管我愿意避免我们同盟国发生冲突，但在任何情况下我都拒绝放弃权力。这样做，最后可以迫使伦敦政府进行协商，但必须有一个条件，我必须得到自己国内的支持。只要我的国家和我一样，对英国的要求绝不让步，英国就有可能不把事情做绝。因为英国的野心一旦暴露并与法国决裂，就不能维持长久，因此，我希望在爆发危机的时候，舆论界能够支持我。相反的，英国人，特别是丘吉尔，却指望法国某些领导人物出于恐惧或另有打算来约束或制服戴高乐。的确，我在政界、外交界和新闻界所得到的即使不是谴责，也是很不可靠的支持。

4 月底，许多迹象表明叙利亚正在酝酿暴乱，尤其是在大马士革、阿勒颇、胡姆斯、哈马和德尔祖尔。同时，叙利亚政府的调子不断升级，要求把“特别”部队交给它，并且鼓励挑衅分子。我国内阁会议根据贝内将军的要求，决定向地中海东岸各国派遣三个营，其中两个营实际上是同应该回国的两个塞内加尔步兵营换防的。由于我们交给盟国“联运”的商船和运输船尚未收回，运输任务只好由“蒙卡尔穆”号和“贞德”号巡洋舰担任。我军这种微小的调动本来是完全合理的，何况当时英国驻在巴勒斯坦的一个师已奉命开到贝鲁特地区，同时一个完整的英国军——第9军——已占领着叙利亚和黎巴嫩的领土。

法国增援部队的调动刚一开始，4 月 30 日，英国大使就来见我。他奉本国政府的命令，要求我停止派遣军队，因为“英国驻东方总司令帕惹将军认为这种行动可能引起混乱”。伦敦方面建议我们的增援部队不要派到贝鲁特，而由英国供应的商船运送到亚历山大港去。这样一来，我们的军队显然就不能达到自己的目的了。

我答复达夫·库柏说：“我们认为由我们自己来运送我们的军队更为可靠。况且您也知道，维持地中海东岸各国的秩序是法国的责任，而且只有法国才有这种责任。无论英国驻东方司令部或是伦敦政府，都没有干涉这件事的资格。”大使回答说：“不过，帕惹将军在东方担任着所有盟国军队的指挥，其中也包括贵国军队。”我声明说：“只是在对共同的敌人作战的情况下，我们才同意建立这种组织。今天已经事过境迁，共同敌人从东方被赶走已经快两年了。因此，我们在地中海东岸各国的军队不能再以任何名义隶属于英国司令部。”

大使反驳说：“叙利亚的局势同整个阿拉伯东方各国的局势有着密切的关系，我们英国人在那里负有更大的责任。”我对他说：“在地中海东岸国家，没有任何超越法国作为托管国的责任。您的这种做法证明，贵国政府虽然作了许多保证，贵国虽然在 12 月召回了斯皮尔斯，可是贵国的政策并没有改变。贵国仍然坚持要在法国和它的托管国家之间制造障碍。因此，我们有理由认为，你们是企图挤走我们。”达夫·库柏一边摇着头，一边喃喃地说：“小心别把局势闹复杂了！”然后他就走了。

果然不出所料，局势逐步复杂起来了。5 月 5 日，丘吉尔先生给我发来一份电报，电报的精神和口吻同他四年来在这个问题上打给我的电报完全相同。首相再次肯定“承认法国在地中海东岸国家的特殊地位”。但是，他又说“根据他们自己的义务和责任”，英国同样应该干预当地的事务。丘吉尔先生再也不能像从前那样以保护运河区不受希特勒和墨索里尼的侵犯作为干涉的口实了，现在提出的是对日作战的需要，并且宣称：“这个战争要求我们保护盟国到达印度和太平洋战场的海、陆、空交通，以及石油的自由输送……因此，我们英国有责任防止东方任何地方可能发生的混乱。”

接着，丘吉尔先生在说明他的要求的同时，请我“停止派遣增援部队，而把特别部队交给大马士革和贝鲁特的政府，并且立即对此发表一项声明”。最后，他希望我能“帮助他避免在我们已有的困难上再增添新的困难”。

以后要发生什么事情，我是不会看错的。如果往驻有 6 万英国军队（还将增派 15 000 名士兵），又有 2 000 架战斗机随时准备增援的地方派遣 2 500 名法国军人，就受到丘吉尔先生的谴责，这只能说明英国正在蓄意煽起一场剧烈的骚动。

我认为，在答复首相的时候，最好把英国在那里干涉我们的事务应负的责任，以及它为伦敦和巴黎间的整个结盟计划所制造的障碍揭露出来。我写道：“我们已经承认地中海东岸国家的独立，这和你们对埃及和伊拉克所做的一样；我们只是要使这样的独立制度和我们在这个地区的利益协调起来。这些利益既有经济、文化方面的，也有战略方面的……我们完全同你们一样，关心远东的交通。我们也同样关心属于我们的伊拉克石油的自由运输。”我补充说，如果这几个问题得到解决，我们立即放弃托管权。

接着，我在这场笔战中采取了攻势，我拿出最后一招对丘吉尔说："如果大马士革和贝鲁特政府不是以为它们有了你们的支持，即使反对我们也可以不负任何责任，我相信这一事件早就解决了。遗憾的是，贵国军队驻扎在那里和贵国代表的态度，促使它们表示这种不幸的消极态度。"我强调指出："我必须对您说明，新近又有一个英国师从巴勒斯坦进入黎巴嫩，我们认为这是十分令人遗憾的，极不恰当的。"最后我通知首相说，贝内将军正在同大马士革和贝鲁特方面进行谈判，同时要求丘吉尔"不要在这期间由于英国而使局势复杂化"。我在结尾中说："在有关我们的事情上，这样做是妨碍我们两国的政策取得协调的原因之一，可是我认为，我们两国政策的协调一致对欧洲和世界是十分重要的。"

由此可见，事情已昭然若揭了，而且是令人痛心的。随后发生的事情也是如此。在交换电报两天后，即 5 月 8 日，当贝鲁特正在庆祝胜利的时候，较量开始了。一群隶属于从巴勒斯坦开来的英国师中的阿拉伯士兵，在列队游行时侮辱了法国。在以后的几天中，叙利亚的某些地方连续发生了迫害法国人的暴行，可是宪兵却不加制止。必须指出，这些宪兵由法国当局领导的时候表现很好，两年前交给叙利亚政府以后，他们就完全变了。英国司令部不顾我方代表的警告，竟然供给这些宪兵武器，使舒克里・库阿特里先生和他的部长们掌握了一万名配备有现代武器的军队。他们企图利用这些军队来发动或支持暴乱。至于贝内将军想同大马士革方面进行的谈判，自然不会有任何成果了。

不过在 5 月 27 日，法国军队和特别部队就平息了这个国家各地区的骚乱，只有德鲁兹山例外，因为我们在那里的军队寥寥无几。叙利亚各部长和他们的英国顾问在看到自己的赌注将要输光的时候，摊出了王牌。5 月 28 日，我们在大马士革的所有部队驻地都受到了暴动群众和由叙利亚宪兵组成的部队的攻击，他们配备有英国制的冲锋枪、机枪和手榴弹。大马士革的枪声一直响了 24 小时。

可是到 29 日，我们的部队依然屹立不动。相反的，那些尝到了相当苦头的暴乱分子却不得不退到议会、市政府、警察局、王宫和叙利亚银行等公共机关去。为了结束这一事变，法国驻叙利亚代表奥利维·罗热将军下令肃清这些暴动的中心。我们的塞内加尔士兵和几个叙利亚连在 24 小时内就完成了这项任务，这次我们也使用了两门大炮和一架飞机。5 月 30 日晚间，法国当局完全控制了那里的局势，叙利亚的部长们乘坐英国公使馆的车辆逃出首都，躲藏到安全地方去了。

在这次暴乱的三个星期中，英国人始终没有动静。英国驻开罗负责东方事务的国务大臣爱德华·格里格爵士和英军司令帕惹将军，始终未作任何表示。驻地中海东岸各国的英国第 9 军司令皮楼将军，也没有表示要动用他那遍驻各地的大批部队。伦敦对此也保持缄默。5 月 27 日，我和巴黎市民在巴黎举行大会，欢迎蒙哥马利元帅，并在荣军院隆重地授予蒙哥马利勋章，仪式进行得十分顺利。实际情况似乎说明：当我们的“盟国”认为特别部队不会服从我们，我们将无法控制事件的时候，还只是看看热闹。在 23 天内，丘吉尔后来援引的制止冲突的理由，像“对日作战的需要”、“保护盟军通往印度洋和太平洋的交通和保证石油自由输送”以及“防止东方任何地方发生骚动”之类的话，都未能使他们采取行动。其实我们也不要求他们行动起来。但是当他们看到暴动失败时，他们的态度就突然改变了，英国开始用威胁手段来对待法国了。

5 月 30 日晚，丘吉尔先生召见我国大使马西格里，艾登先生也在座，原来是要对他发出一项严重的口头通知。首相说，英国政府要求法国政府在大马士革停火，并声称，如果战斗继续下去，陛下的军队便不能置之不理。

我得到这个通知后，马上考虑到我们的军队无力同时应付英国军队和叙利亚暴乱分子的夹击。当我们接到英国通知的时候，也收到了贝内的报告，报告中说："法国占领了大马士革城内一切对我们开火的据点。"可见我们的军事行动已经达到目的。不管我的心情是多么激动，可是我认为只要射击还在继续，只要部队能维持既得阵地，就应该命令停止军事行动，以避免同可能采取行动的英国军队对阵。领导我国驻地中海东岸国家总代表团的乔治·皮杜尔先生，也竭力主张不要让事态扩大，他在5月30日征得我的同意后，按照这个方针给贝内打了电报。我们通知了英国大使馆，马西格里也奉命尽快把这件事通知艾登。

如果英国方面只是为了实现"停火"而采取行动，事情就会到此为止。可是他们所追求的完全是另外一回事。因此，当伦敦知道法国决定停止使用武力的时候，就急忙演出预先准备好的一场戏，其目的是要使法国公开出丑。丘吉尔先生显然已经知道大马士革的战斗已经怎样结束，但他却在事后发出了威胁性的最后通牒。他以为我们一定不能用适当的办法来回答这个最后通牒，于是就轻易地把自己装扮成阿拉伯人的保护者，妄图在法国掀起一场在政治上打击戴高乐的风波，甚至要使他丢掉政权。

5月31日4时，艾登先生在下院宣读一份据他说是首相已发给我的电报。但是国务大臣很清楚，那个时候我还什么也没有收到。在下院宣读的这份电报中，丘吉尔对我说："鉴于贵国军队与地中海东岸国家的严重局势，以及在那里爆发的激战，我们很遗憾地命令驻东方总司令出兵加以干预，以防止更多的流血。我们这样做是为了保证整个东方的安全和对日作战的交通路线。我们请您立即命令法军停火，回到原驻地，以免英法军队发生冲突。一俟实现停火并恢复秩序后，我们愿意立即着手在伦敦举行三方会谈。"

这样一来，英国政府便不仅把它一手制造的旨在反对我们的冲突公开摆在世界面前，而且利用法国无法予以反击的时机侮辱了法国。此外，英国政府还采取了许多步骤，阻止我们在它向报界送出这份警告以前，把有关正式停火的通知送达英国政府。虽然我国大使马西格里从早晨起就在伦敦一再求见艾登先生，但艾登却拒绝在下院开会前接见他。至于丘吉尔的电报，是在五点钟即在英国下院宣读一小时后才送交给我的。这份电报的语气如何傲慢无礼姑且不谈，单从这一拖延来看，也是破坏任何惯例的。其目的只有一个：使我来不及发表声明，说明大马士革的战斗已经停止，从而消除英国最后通牒的借口。我必须说明一下，达夫·库柏先生本人并不愿意参加这种阴谋，他没有亲自把本国首相的这份文件交给我，而是由英国使馆参赞送给加斯顿·帕留斯基的。

当然，我对英国首相不作任何答复。夜里，我就我军应采取的行动向贝内发出明确指示："我军非万不得已不再进行战斗；固守阵地，不准任何人侵犯；坚决拒绝英国司令部的命令。"6月1日，我们举行内阁会议，讨论了前几天往来的一切电文和报告。内阁一致赞同我所采取的行动和发出的命令。应该指出，部长们也不担心会引起武装冲突，因为我们已经做好避免武装冲突的准备，况且英国发出的威胁显然包含虚张声势的成分。可是，大家和我一样，为英国破坏了我们两国联盟的基础感到气恼和痛心。随后不久，我发表了关于在大马士革、伦敦和巴黎所发生的一切事情的公报。公报阐明了这样的事实：我军停火命令是在5月30日晚发出、在英国警告我们以前数小时执行的。我指出，英国的警告是蓄意在伦敦发表以后再送交给我的。最后，我重申，法国政府已经命令自己的军队坚守阵地。

在6月1日这一天，帕萘将军来到贝鲁特，向贝内将军递交了一份详尽的最后通牒。在这个文件中，这位自称"东方战场最高司令"（虽然在这个"战场"的一万平方公里内已经没有一个可打的敌人）的英国人声称，他接到本国政府命令，要他担任叙利亚和黎巴嫩的军事指挥。他以这个名义威胁法国当局说，他给他们的一切命令必须执行，不准有异议。他首先命令我军“停止战斗，撤到兵营去”。帕葱将军这次访问，摆出了一副挑衅性的军事检阅的架势。他乘飞机来贝鲁特时，有好几个歼击机队护送，从机场到法国代表驻地时，前面有一大队坦克开路，后面跟着一列战车，车上的英国士兵在通过城市和法军驻地时都做出射击的姿势。

贝内将军当时对帕葱将军说，关于命令问题，他只能接受戴高乐将军和法国政府的命令。贝内指出停火命令目前毫无意义，因为他已经根据我的指示发出了命令。现在我军维持在自己的驻地上。至于英国军队，现在和从前一样，可以随意来往，这一点我们并不反对。法国总代表又说，他希望帕葱和他的军队不要向我军挑衅，否则要对不幸的冲突负完全责任。至于贝内将军这方面，仍和从前一样，随时准备同英国司令部解决有关两国军队驻地、给养和交通问题。帕葱将军的坦克、装甲车和飞行队，不声不响地撤走了。

不久，贝内知道自己受了蒙蔽。当我知道英国人给他的通知以后，立即命令他说：“我向您重申我以前给您的指示……我军应在法国司令部所指定的地点集中待命。在任何情况下也不能服从英国司令部……我们希望不致被迫使用武力来对付英国军队。但是，这只能以不使我军失去使用武力的地步为限，因此，事情完全取决于英国人是否采取逼迫我们非用武力不可的态度。如果他们用向我军开火来威胁我们，那我们一定也要用向他们开火来威胁他们。如果他们射击，我们就必须还击。请您清清楚楚地向英国司令部说明这一点，因为没有比误解更糟糕的事情了。”

为了不使国内外舆论发生误会，我在 6 月 12 日举行了一次记者招待会。出席的外国记者和法国记者之多，是空前未有的。我对我们的老盟邦虽然没有作任何辱骂，但也毫不留情地说明了事实真相。最后，我在 4 日接见了英国大使，请他坐下后，我对他说：“我承认，我们目前不能同你们作战。但是你们侮辱了法国，背叛了西方，这一点我们是忘不了的。”达夫·库柏站起来就走了。

次日，被击中要害的丘吉尔先生在下院发表演说时，表示他要答复我。他说，他的政府希望英法联盟能够维持下去。仿佛最近发生的那种黩武行动，并没有给法英两国人民的友谊带来什么伤害似的。他又一次企图为英国干涉地中海东岸国家的行动辩解，因为，按照他的说法，这是他的国家在整个东方应该承担的义务。但是，他对于1941年7月25日经他的国务大臣奥利佛·李特耳顿签署的英国要尊重法国在叙利亚和黎巴嫩的地位、不干涉我们在那里的政策、不干涉那里的公共秩序的正式保证，却只字不提。他承认，叙利亚的宪兵和警察攻击法国时所使用的武器是英国供给的。但是，他认为必须肯定（这简直是笑话）法国政府曾经同意英国的这种做法。他表示遗憾地说，在伦敦发出最后通牒以前，并不知道巴黎已经发出停火的命令；对于他把电报在下院宣读后经过一小时才发给我一事，请求谅解。可是，对于为什么要这样拖延，却没有作任何解释（这也是有道理的）。即使首相在5月31日下午四时以前还可以假装不知道军事行动已经停止，无论如何，他的情报工作中的这个漏洞在6月1日也应该弥补上了。然而正是在那一天，帕惹按照他的命令以准备采取行动的敌对态度，把“绝对命令”的详情通知了贝内。

诚然，如果首相认为这一事件会使戴高乐在法国的领导集团中陷于孤立，那他倒没有弄错。正像罗斯福在雅尔塔会议以后召见我的事件一样，在地中海东岸国家的事务方面，我失去了大多数国家要员的有力支持。尽管大家都认为还应该对我谨慎从事，但是几乎所有有影响的和在职的要人对我的行动，不是表示不满，就是提出异议。

首先，我们的外交人员尽管也附和我所采取的立场，但实际上却保持很大的距离。很多负责对外关系的人员都认为，同英国人保持协调一致是既定的原则。如果英国人破坏了这种关系，最重要的是，我们无论如何要不惜代价地通过谈判来恢复这个协调一致。因此这些专家一致认为，地中海东岸国家问题是一块心病，在处理时首先应该避免同英国争吵。可是我要发动的冲击同那些负责草拟通知、进行交涉和为报道定调的人员的态度距离太远，这一点瞒不过我们对手的眼睛，这就影响了我采取坚决态度的效果。

法国新闻界也发出同样的腔调。我深信，如果国内舆论在这个危急关头采取坚决的态度，是可以击退英国人的，可是我国报纸的评论太使我失望了。这些评论没有表示出全国的决心，反而特别强调希望缩小事态，息事宁人。在这个问题上，报纸发表的文章态度都十分谨慎，并且也不占显著地位，使人感觉到法国新闻界在这方面已经有了定论：法国在这一事件上已经失败，应该立即在别的地方想办法。它们有时也表示不满，不过都是对戴高乐将军不满，认为戴高乐将军好像顽固得近乎冒昧，不识时务。

咨政议会也没有给我更有力的支持。到 6 月 17 日，即在英国进行干涉三个星期以后，议会才对这个问题进行讨论。外交部长在冷冷清清的会场上对这个问题作了说明。接着，与会者相继发表意见。莫里斯・舒曼和加里埃尔谴责了对我们采取的暴力行动，赞扬了法国在近东所取得的成就，并且颇为得体地对英国的态度表示遗憾。可是他们只取得一点小小的效果。乔治・戈尔斯也指出了英国干涉的令人不能容忍的性质。可是在这个问题上，他也指责了政府。此后，弗洛里蒙・邦特、安德烈・奥利沃、马塞耳・阿斯迪尔等几位先生，特别是皮埃尔・戈特先生，对政府和我本人提出了指责，他们的立场几乎得到所有与会者的赞同。

从他们的发言和他们所得到的热烈鼓掌中可以看出，他们认为叙利亚发生的事情仿佛是我们一向坚持错误政策的结果。要想摆脱这种处境，只有法国以解放者、教育者和革命者的姿态出现在地中海东岸各国人民的面前，让他们自己管理自己的事务。这些古怪的雅各宾党人却没有想到这里面包含着一个还需要加以解决的矛盾。他们在考虑这个问题的时候，丝毫没有考虑到发动暴乱、杀害我国公民、对托管国的义务以及英国要把我们从那里赶走等等事实。他们对法国在叙利亚和黎巴嫩完成的文化传播事业，对我本人准许这两个国家独立，对我的政府最近使这两个国家在联合国中享有地位，对我国士兵在第一次世界大战中把它们从奥斯曼帝国的压迫下解放出来，以及在第二次世界大战中保护它们免受希特勒的统治所贡献的力量，都没有说过一句赞扬的话。

我本来希望在这个共商国是的会议上，会有人（哪怕是一个也好）起来说："我们国家的荣誉和利益受到了威胁。在我国的荣誉和利益受到严重损害的时间和地方，我们目前固然不是最强的，但我们不能放弃我们的权利。必须使侵犯我们权利的人知道，他们这样做也严重地损害了我们两国的联盟。必须使他们知道，在法国开始恢复它的大国地位和光辉的时候，这样做对它是有很坏影响的。"

可是实际上，除了我在讨论结束时讲了这些话之外，谁也没有发表这种意见。议会非常注意倾听我的话。在我离开讲坛的时候，大家照例向我鼓了掌。随后，议会通过了一项软弱无力的决议，实际上等于表示放弃我们的权利。我不得不声明，这个文件不能约束政府的政策。这件事使我看出，尽管表面上相安无事，但是我和各政治集团在国家对外事务的问题上，存在着多么严重的分歧。

这个时候，由于英国对叙利亚的干涉又掀起了一个新的反法浪潮，这一次我们的少量军队由于背后受着英国人的威胁，未能把暴乱平息下去。贝内将军决定把军队调出大城市，英国人立即占据了这些大城市。接着发生了很多侵害我国公民的残酷事件。为此，我们的"盟友"便借口避免冲突，把还留在大马士革、阿勒颇、胡姆斯、哈马和德尔祖尔的法侨都驱逐出去。同时由于我们无力维持秩序和安定人心，结果将不可避免地引起叙利亚军队中的混乱。法国当局因而不得不放弃继续指挥叙利亚军队的权力。

在夏季，叙利亚境内的法军、英军和民族主义者之间出现了一个暂时均势的局面：法军一直坚守阿勒颇和大马士革近郊、拉塔基亚港、拉亚克空军基地等若干据点；英军盘踞在大部分城市里，在为恢复这些城市的平静而进行徒劳的努力；而民族主义者这时开始指责英国人，要求撤出一切外国军队。黎巴嫩的情况完全相反，贝鲁特的首脑人物虽然也提出像大马士革人那样的要求，不过居民仍然很平静。

在这种情况下，我并不急于解决这个问题。因此我们对丘吉尔先生提出的法、英、美三国会议的建议，没有作任何回答。但是，盎格鲁-撒克逊人对我们的态度，使我们有理由在他们的外交的一泓清水里扔一块石头。6 月 1 日，苏联交给我们一份备忘录，说明他们对世界这个地区发生的骚乱表示不安，同时埃及、巴勒斯坦和伊拉克也发出了要求摆脱英国控制的呼声。于是我在 6 月 2 日公开提出，这个问题必须全部提交法、英、美、苏、中五“大国”会议解决。我们在为此所提交的照会中指出，这五个国家最近被承认为联合国安全理事会的常任理事国；在这个组织没有正式成立以前，有关世界和平的问题，当然应该由五大国来处理。我们的提案无疑地遭到了英美两国的断然拒绝。我们以后提出的关于把整个东方问题提交新成立的联合国大会讨论的提案，也同样遭到拒绝。

这样一来，一切都成了悬案。从事情的实际情况来说，最好也是如此。但是我认为，英国想在大马士革和贝鲁特取代我们的地位的企图必遭失败。而且联合国组织很快就要开始行使职权，结束从前国联委托给法国在叙利亚和黎巴嫩的托管权了。那时我们就有理由从地中海东岸国家撤出作为我国统治的最后象征，而不至于把这种权力交给任何国家。当然，只要英国军队赖在那里，我们的军队是决不会从那里撤走的。至于将来，我毫不怀疑，我们的老“盟友”在地中海东岸国家所支持的骚动，将在整个近东发展成反对这些笨拙的魔术家的浪潮。总而言之，盎格鲁-撒克逊人总有一天要为他们在那里反对法国人的行动付出沉重的代价。

可是当英国人在地中海东岸国家欺侮我们的时候，各国人民依然普遍地希望法国恢复过去那种头等国家的地位。可以说，全世界都欢迎法国奇迹般地复兴起来，希望我们尽快地恢复昔日的地位。他们认为，处于新的忧虑之中的世界是需要我们的。旧金山会议证实了这一点。4 月 25 日开幕的旧金山会议通过联合国宪章以后，于 6 月 26 日闭幕。代表们一致通过的计划是美国伟大人物罗斯福制订的，可惜他没有来得及看到事业完全成功，竟在大会召开以前一个星期与世长辞了！

罗斯福重新考虑了很多哲学家和政治活动家梦寐以求的国际联盟主张，国际联盟后来因为美国没有参加和民主国家的软弱无力而遭到失败，所以他便打算在战后成立一个保卫和平的世界组织。1944 年我们在华盛顿的会谈中，总统曾向我表示，他对于这项宏伟的建树是多么重视。他想象中的国际民主是医治百病的灵丹妙药。他认为，国际争端应当提交这个组织协商解决，任何问题都要采取适当的措施来解决，而不是诉诸武力。各国都要为促进人类的进步而携手合作。他对我说：“有了这样的组织，美国的孤立主义政策便可以结束。还可以把长期与世隔绝的苏联和西方世界联合起来。”此外，他虽然没有明确说出来，但指望许多小国能够彻底摧毁“殖民”国家的阵地，从而为美国提供大批政治伙伴和广阔的经济市场。

在敦巴顿橡树园会议上和以后在雅尔塔会议上，美、英、苏三国在联合国宪章问题上已经取得了一致的意见。中国也同意了。罗斯福离开克里米亚时，要求法国赞同，并希望巴黎同华盛顿、伦敦、莫斯科和重庆共同发出参加旧金山会议的邀请书。经过深思熟虑以后，我们谢绝了四“大”国向我们提出的要我们和他们共同充当邀请国的建议。实际上，我们是不能要求51个国家在没有我们参加的情况下制定的宪章上签字的。

至于我自己，是以同情和谨慎的态度来看待这个新生组织的。当然，这个组织的普遍宗旨本身极其值得尊重，而且也符合法国的精神。把可能引起战争的争端提交国际组织，由它来设法调解；这似乎是有益的。无论如何，各国经常在公众舆论面前互相接触是有好处的。不过我和罗斯福的想法不同，和丘吉尔透露的观点也不一致，和斯大林故意表现出来的信念也有区别，我对“联合国”并没有作过高的估价。

这个国际组织的成员是国家，而国家却是世界上偏见最深、最受到利害关系约束的东西。它们的会议当然可以提出一些政治倡议，但并不能作出司法裁决。可是必须预见到它是会自以为有资格作出各种决议的。另一方面，联合国的讨论多少有些乱哄哄，在很多记者、广播员和摄影记者面前进行讨论，对真正的外交谈判是很有妨碍的。几乎在任何情况下，只有外交谈判才是有成效的，因为这种方式既准确，又谨慎。最后，也应该预料到：很多小国参加会议自然会采取对大国不利的做法，因为大国的势力和领土扩展到世界各个遥远的地方，因而同许多国家接壤，这就可能引起许多国家的嫉妒和忧虑。无疑，美国和苏联有足够的力量使人们驯服。英国相对来说没有受到什么创伤，也还有活动的余地。可是法国在战争中受到严重打击而几乎垮台，同时非洲和亚洲的人们势必要向它提出各种要求。那么当它处境如此困难时，在这里将会遇到什么样的反应呢？

因此，我指示我们的代表团不要像过去我们的许多代表在日内瓦那样，说过多的不着边际的话，相反的，要保持慎重的态度。我们的代表团这样做了，并且起初在首次参加国际会议的皮杜尔领导下，后来在保罗-彭古团长领导下，对这些问题都处理得很好，保罗-彭古曾参加国际联盟会议，富有经验，精通国际事务。法国代表团虽然表现得很谨慎，却没有妨碍它在“五大国”的常任理事会上占一席的地位，而所有的问题都得先提交五大国，并由他们最后处理。法国在旧金山得到了它最感兴趣的东西。尽管有些人持反对态度，但法语仍被承认为联合国的三种通用语言之一。另一方面，法国除了和其他各大国同样拥有否决权以外，联合国宪章的初步草案也做了修改，使“联合国大会”成为同“安全理事会”相抗衡的力量，同时，为了对大会进行控制，要求大会的提案必须有三分之二的多数票通过。此外，也明确规定了联合国组织对争端的调查不损害同盟条约的效力。最后，关于对法兰西联邦显然怀有恶意的“托管”制度，联合国也作了严格的限制。

联合国成立了。但是作为成立大会的会议，还不能考虑战争结束后产生的问题。美英两国又抛开我们，独自跑到波茨坦同苏联会谈，以便解决实际做法的问题。这个会议是 7 月 17 日开幕的。杜鲁门和丘吉尔希望取得斯大林的同意，把在德黑兰提出、后来在雅尔塔决定的有关德国、波兰、中欧和巴尔干问题的议案加以确定；盎格鲁-撒克逊人希望能在实际上捞回他们原则上已经作出的让步。“三国首脑”还将就苏联最后参加对日作战的条件达成协议。

让我们昨天的盟友再一次去召开没有我们参加的会议吧！——不过这也是最后一次。这种做法只能使我们再生一次气罢了。其实，我们认为不参加这些讨论更好，因为从今以后，这种讨论只能是多余的。

这是因为已经造成既成事实了。根据《雅尔塔协定》预先让给苏联人的一大块欧洲土地，现在已经到了他们的手里。美国军队虽然在大战最后几天在德国越过了预定的界线，可是随后又后撤了

150公里。苏联人单独占领普鲁士和萨克森。他们迫不及待地把“寇松线”以东的波兰土地吞并了，把那里的居民移到奥得河和尼斯河畔，并把西里西亚、波兹南省和波美拉尼亚的德国居民赶到西边去。他们就这样把边界问题完全解决了。另一方面，他们在华沙、布达佩斯、索非亚、贝尔格莱德、地拉那扶植的各国首脑人物完全听从他们的支配，几乎都成了他们的附庸。所以，那里很快就苏维埃化了。这只能说是克里米亚会议决议的必然后果。现在，英国人和美国人后悔也来不及了。

苏联在太平洋战场参战又有什么用呢？原子弹已经准备好了。杜鲁门和丘吉尔到波茨坦的时候已经知道内华达州的试验成功了。几天以后日本就要遭到可怕的轰炸，并因而投降，现在要苏联人参战，从军事结局的观点来看，不起任何作用。而从另一方面来看，却使克里姆林宫取得了以胜利者的名义插手远东事务的权力。因此，无论在亚洲方面，还是在欧洲方面，我们都可以看出，波茨坦会议不会达成任何持久的谅解，相反，它只会引起苏联人和盎格鲁-撒克逊人之间无休止的摩擦。

这种前景使我相信，没有作这次旅行倒也好。我曾对未能出席德黑兰会议感到非常遗憾。事实上，我如果出席会议，本来还是有可能及时地维护旧大陆的均势的。后来，我还曾对未能参加雅尔塔会议感到气愤，因为当时在那里还有可以阻止铁幕把欧洲隔成两部分的可能性。现在木已成舟，即使我到波茨坦去，又有什么办法呢？

会议公报刚一发表，我们立即了解到，会议是在极不融洽的情况下收场的。不管杜鲁门怎样设法调解，也不管丘吉尔怎样强烈抗议，斯大林大元帅却一点也不让步。在波兰问题上，米柯拉契克、葛拉勃斯基、威妥斯和斯坦奇克等先生参加以卢布林委员会为基础的行政机构这一点，使华盛顿、伦敦和我们不得不承认贝鲁特和奥苏布卡-莫拉夫斯基所领导的政府。但是，不久人们便理解到，华沙政权的性质并没有因此变得温和一些。关于亚洲问题，斯大林利用对日作战的诺言，使千岛群岛和萨哈林岛的一半归属于苏联，朝鲜三八线以北交给苏联人，并从蒋介石手里抢走了外蒙古，使它成为一个“人民共和国”。的确，由于这个代价，斯大林大元帅才保证不干涉中国内政。但是，他并没有减少对毛泽东的共产党军队的支持和武器供应，致使他们很快就取得了优势。总之，波茨坦会议不仅没有确立美国和苏联之间的世界性合作（罗斯福曾为此而不惜牺牲欧洲均势），反而使美苏的矛盾更加尖锐化了。

丘吉尔先生在会议结束以前便离开了波茨坦，英国的选民把他从政府里赶走了。英国延续了六年的联合政府在德国投降以后又分裂了。7 月 25 日选举结果揭晓，工党在下院占了多数。因而保守党的领袖丘吉尔首相必须辞职。

英国人民突然抛弃了这位曾经光荣地使英国得救和取得胜利的伟大人物，对于一些富于感情的人来说，似乎会大吃一惊。可是这里并没有什么乖违人情之处。因为战争一结束，舆论和政治必然要夺走团结、热情和牺牲的精神，转而服从私利、偏见和对立。温斯顿·丘吉尔失去的当然不是他的光荣和声望，而是在祖国危急存亡之秋作为祖国的向导和旗手所得到的普遍拥护。他那成为伟大事业化身的性格，他那在巨大变革中由寒暑风霜磨炼出来的姿态，不能适应和平时期的需要了。

从某些方面来看，丘吉尔的下台对法国的事务可能有利；从另一些方面来看则又不利。总之，我对此感到忧虑。不错，在我们的盟国中，丘吉尔对我从来不客气，甚至最后在地中海东岸各国的问题上，他简直可以说对我采取了敌视的态度。但是，无论如何，在他把我看作对他有利、可以给他帮忙的一部分法国人的领袖的时候，他还是一直支持我的。况且这个伟大的政治家确实相信法国是不可缺少的，而且这位杰出的天才对于我所从事的艰巨事业的性质一向深表同情。但是，当他从我身上看到法国仍然抱有雄心，并要恢复自己在欧洲和海外势力的时候，他的心里自然产生了某种类似皮特[①]所持的想法。无论如何，最主要的和不可抹杀的事实是：没有他，我的事业一开始就会落空，当时是他首先向我伸出了有力的援助之手，有助于法国出现转机。

我同他过从甚密，对他十分钦佩，甚至有时感到羡慕。因为，尽管他的任务艰巨，他至少是通过国家正式手续受到任命、依法掌握国家大权的领袖，是一个团结一致的人民、领土完整的国家、庞大的帝国和强大的军队的领袖。可是我呢，在同一时期，受到了表面上合法的政府的指责，只能调动为数不多的零散的军队，只能求助于残存的民族自尊心，只有独自一人肩负着一个沦入敌手的千疮百孔的国家的命运。但是，不管丘吉尔和戴高乐完成任务的条件如何不同，不管他们的争吵曾经多么激烈，他们两人毕竟在惊涛骇浪的历史海洋上朝着同一方向，并排地航行了五年多的时间。现在丘吉尔驾驶的大船已经系缆，由我掌舵的船眼看也要进港了。当我听到英国人把他们在风暴中请来的船长请下船去的时候，我预料到我离开法国舵手的岗位也为时不远了，不过这一次和我开始掌舵时一样，都要由我自己决定。

艾德礼做了英国的首相，他代替丘吉尔出席波茨坦会议的最后几次会议，“三国首脑”之间的严重分歧并没有丝毫改变。关于欧洲问题，首先是关于德国问题的解决，就未能得出结论。在我这方面，我认为事情还要这样拖很长一段时间。因为今后德国是苏联和美国争夺的对象，将来也许会因此引起它们之间的战争。在目前看

① 威廉·皮特（William Pitt，1759—1806），英国政治家，曾任首相，积极奉行殖民扩张政策，组织过三个反法联盟。

来，除了关于占领、各占领区的行政、居民的粮食供应以及有关审讯战犯的临时规定外，似乎什么也不能达成协议。不错，杜鲁门、斯大林和艾德礼在分别以前，鉴于他们本人无能为力，决定由各国外长再在伦敦进行充分协商，设法为和约奠定基础。这次法国也接到邀请。我们在原则上接受了这次邀请，但是并没有对它抱什么幻想。

必须指出，当时有一个问题总算解决了，我们也感到相当满意。7月，法国同英国、美国和苏联一起出席的伦敦“欧洲委员会”划定了法国占领区。由我们负责的地区是我亲自指定的。在奥地利（当时的法军司令是伯都亚特），我们要管理蒂罗尔地区，同时每四个月中有一个月负责管理维也纳市。在德国，由我们管理的地区是从科隆到瑞士国境的莱茵河左岸地区，以及河右岸的巴登州和符腾堡的一部分。我们和其他国家以同样名义占领柏林，也应该得到保证。我们提出的上述条件，除了英国人还要求保留他们占领的科隆外，盟国都同意了。法国军队负有一项重要而艰巨的任务，从我们的地位、欧洲的未来和法国同德国之间的关系来看，这项任务是极其重要的，但是，由于德国人的暴行很可能引起法国人相应的反应，这项任务也是极为艰巨的。法国军队必须以法国的尊严、克制和纪律来完成这项任务，从而为法国争光。

德国投降以后，我立即到法军获得胜利的战场去慰问军队，授予塔西尼将军和他的几个助手勋章，并向他们发出指示。5月19日和20日，“莱茵河和多瑙河”地区长官请我在被彻底破坏但人口比任何时候都多的斯图加特，接着在阿勒伯山麓，最后在康斯坦茨城下检阅了一些威武的军队。从戴高乐面前走过的法国胜利军中，当然存在着不同的思想。但是，在不久以前有过极大分歧的关于军队的问题上已经一致了。今天，全体士兵都懂得，自己的责任就是要对侵略者作战，法国有美好前途，正是因为他们参加了战斗。

我在视察过程中，特别检阅了第2装甲师。这支强大的部队军容严整，全师以作战的队形在奥格斯堡平原上从我面前走过。看到这种景象，我十分自豪地想到，正是由于有了这样的军队，这场战争和我所献身的事业才得以光荣地完成。但是这时我也极其痛心地想到：如果6年前我们就有决心建设7个这样的装甲师和一个善于运用它们的司令部，法国军队一定能改变世界的面貌。

无论如何，德国的情景也是令人悲痛的。我走过已成废墟的城市和被夷成平地的乡村，接受了绝望的市长的请愿，在居民中间我几乎看不到一个成年男子，这一切使我这颗欧洲人的心感到无限忧伤。但是我也清楚地看到，这样巨大的灾难也许会使德国人的心理大大转变。

在最近几十年间曾经三次争夺霸权的侵略者德国，从此将长期消失了。恢复生活水平和重新建设，势必成了德意志民族多年的愿望和它的政治目标。况且，我毫不怀疑德国将要被分成两部分，苏联一定要把持不久以前散布争夺“生存空间”的动机的那一部分德国土地。当我看到德国也满目疮痍和充满悲痛与屈辱的时候，我感到自己要严厉对待他们的戒备心理削弱了。我甚至仿佛看到实现从未有过的相互谅解的可能性。我还觉得，我们的士兵也开始怀有同样的心情。最初在他们心里产生的那种报复念头，随着他们在遭受破坏的土地上前进的脚步变得越来越淡薄了。今天，我看到他们对战败者的不幸也表现了怜悯之情。

但是，法西斯德国已经灭亡了，盟国对于如何处理它的命运又没有一致的意见，那么各盟国便只有分别管理自己占领区的行政了。这是根据各国政府的指示，为了应付当务之急而由艾森豪威尔、朱可夫、蒙哥马利和塔西尼在柏林开会决定的。此外，共同商定由四国总司令组成一个管理德国全境的“盟国管制委员会”。7月底，我军占领了美军退出的萨尔布吕肯、特里尔、科布伦茨、美因茨、诺伊施塔特及其附近地区，作为我军撤出斯图加特的交换条件。在莱茵河右岸，我们依然留在弗里堡、蒂宾根和康斯坦茨等地区。

塔西尼将军不管怎样难过，也不得不离开自己的指挥部，他已调任更高的职务——总参谋长。柯尼格将军继任驻德总司令。根据柯尼格将军的命令，成立了一个行政和管制机构，爱米尔·拉丰担任副总司令，各区的法国代表如下：萨尔区是格拉德瓦尔，莱茵兰和黑林-拿骚区是比约特，法尔次区是布雷，符腾堡区是威德迈尔，巴登区是施瓦兹。这些代表负责指定适当的德国人为各该区的领导人和工作人员。

在为协议准备条件的伦敦外长会议召开以前，我到华盛顿去了一趟。三个月以前杜鲁门就要求和我会晤。这也许是新总统有意消除雅尔塔会议以后罗斯福召见我和我拒绝前往这件事所产生的影响。但是杜鲁门主要是想直接了解法国对开始制定这项难产的和约的意见。

德、日两国的相继崩溃，使美国面临了政治真空。在此以前，美国制订计划、发展力量和选择盟国一直服从战争的需要。现在这一切都没有对象了。整个宇宙完全变了样，而且变得非常迅速。然而，在大国中唯一没有遭到破坏的美国，在和平时期也应该负起它在战时最后所承担的责任。可是有一个和它大小不相上下的国家站起来了，并且同它在国家方面和思想方面进行竞争。美国面对着苏联，应该考虑到：对国外事务应该关心哪些问题，不应该过问哪些问题；应该援助哪些国家，不应该援助哪些国家。总而言之，孤立主义政策是行不通了。既然一个国家没有受损失而且又是强国，那就应该奉行相应的伟大政策，并把其中的困难任务承担起来。

杜鲁门总统急于想知道法国的观点，这是很自然的。因为不管法国经受了多少灾难，在旧大陆上仍然是西方政策的唯一可以依靠的国家。而且它在非洲还有很大的实力。它的主权一直扩大到美洲和大洋洲的土地上。它还没有离开近东。没有任何力量可以阻止它再回到远东去。它的威望和影响在全世界都将重新发扬光大。不管美国是想通过各国的合作来组织和平，还是仅限于保持均势，或者只是迫不得已为自己布防，都不能忽视法国。

因此，总统 5 月底在接见前往美国参加旧金山会议的皮杜尔的时候，就请皮杜尔向我转达他想和我会晤的愿望。我欣然答应了。我请杜鲁门到法国来，如果他认为适当的话，要不然，我也非常愿意到美国去拜访他。但是由于有了波茨坦会议的问题，我便向总统表明："鉴于法国舆论的不满，无论他来巴黎，或是我去华盛顿，会见时间都不应该在没有我参加而召开的'三国首脑'会议的前夕或会议刚刚闭幕的时候。"杜鲁门理解到，无论他到柏林去或是从柏林回来途中，最好不在法国停留。7 月 3 日，他给我打电报说，他"建议我们 8 月底在华盛顿举行会谈"。我回电说："我非常高兴地接受您的真挚的邀请。"

8 月 21 日，我在皮杜尔、朱安、巴莱沃斯基和几个外交官员陪同下飞往美国。我们经亚速尔群岛和百慕大群岛，于 22 日下午到达华盛顿。国务卿贝尔纳斯、马歇尔将军、卡弗里先生在一大群官员的陪同下到机场欢迎我们，在场的还有好奇的记者。在前往白宫的路上，合众国首都的居民不断地向我欢呼致意。接着我们进行了一系列的会谈，中间还举行了几次招待会和隆重的典礼，最主要的是我也给马歇尔将军、阿诺德将军、素摩维尔将军、金氏海军上将和李海海军上将授了荣誉勋章，李海对于从戴高乐手里领取勋章还感到有些惭愧。同 1944 年相比，在举行这种典礼的时候，在听着同样的部长们、高级将领、官员谈话和新闻界代表提出问题的时候，我清楚地看到法国又怎样在世界上恢复了自己的地位。我上次访美时，人们还把法国看成是一个前途未卜的沦陷国家。今天，人们已经把它看成是一个受过严重创伤但已获得胜利而且受人欢迎的强大盟国了。

毫无疑问，总统也持有这种看法。在8月22日、23日和25日三天中，我和他进行了七个小时的会谈，会谈时在座的有两国外交部长约瑟夫·贝尔纳斯和乔治·皮杜尔，两国大使卜弗里和庞奈。杜鲁门作风平易、态度积极。听他的话，使人觉得绝不像他那伟大的前任在这同一办公室里所发出的不着边际的空论。新总统否认今后世界能够和谐的观点，承认在今后的世界上，自由世界和苏维埃世界的争夺将压倒一切。所以最主要的是要避免各国之间的争端和革命的震荡，以免使非共产主义国家变成为共产主义国家。

至于我们旧世界的复杂问题，丝毫没有吓倒杜鲁门，因为他是从一种简单化的角度来看这些问题的：要满足一个国家的人民的要求，只要实行新世界的民主就可以了。为了结束毗邻国家的相互对立，例如法国和德国之间的对立，只要像北美原来对立的各州那样建立联邦就行了。要使不发达国家倾向西方，也有一个万无一失的方法：使它们独立。美洲本身就是证明，它一经摆脱旧主人，立即成了文明世界的支柱。最后，自由世界面对威胁，除了接受华盛顿的“领导”而外，别无其他办法。

无疑地，杜鲁门总统确信领导权属于美国人民。美国外无阻碍，内无不和，而其他国家却充满内忧外患。何况哪个国家的力量和富源都比不上美国。应该承认，1945年夏末我一到达美国，便立刻觉得各阶层普遍有一种惊人的活跃和强烈的乐观主义气氛。美国是参战国中唯一没有遭受破坏的国家。它的经济所依靠的似乎是无限的资源，并且正在积极摆脱战时轨道，大量生产消费品。顾客的迫切需求和国外遭受蹂躏的世界的需要，使企业有着广阔的市场，工人也有充分就业的保证。所以，美国自认为有把握保持长时期的繁荣。何况它又是武力最强的国家呢！在我动身前往华盛顿的前几天，原子弹已经迫使日本投降了。

因此，总统并不顾虑苏联可能很快就直接冒险发动战争。他对我说，正因为如此，美国军队除了驻德、奥的占领军以外，正在全部撤离欧洲。但是，他认为有不少地方由于破坏、贫困、混乱，可能成为产生共产主义的温床，从而使苏联人有可能不通过战争而获得胜利。总的说来，他认为和平问题仅仅是经济问题。西欧各国无论是战败国还是战胜国，都应该尽快恢复本国的正常生活。亚非各个不发达国家的人民应该获得提高生活水平的手段。关键在于这里，绝不是什么国界、要求或保证的问题。

杜鲁门总统就是根据这种思想来同我考虑胜利后的问题的。他听取了我对他阐述的法国人对于德国各州的命运的看法，他对我们的看法——结束集权的德国，莱茵河左岸自治，鲁尔矿区实行国际管制——没有表示任何直接的反对，只是采取保留态度。另一方面，他坚决主张在物质方面不要对德国限制得太死。他虽然和我一样，希望帮助威斯特伐利亚矿区尽快恢复大量的煤炭生产，但是他对要求用一定数量的煤炭来赔偿法国、比利时、荷兰所受的损失这一点却不赞同，充其量也只是暗示这些国家可以用美元购买一部分燃料。同样，总统表示反对战胜国征用德国的原料、机器和制成品。甚至把我们被德国人抢走的机器收回这一点，也使哈里·杜鲁门感到不安。与此相反，他非常赞成在经济方面使萨尔矿区属于法国的计划，因为这样一定会增加煤钢的产量。

我向总统说明，法国对世界局势的看法并不像美国那么简单。我说："你们美国人参加两次世界大战的功绩和勇敢是令人钦佩的。但你们没有遭受过侵略、破坏和革命的考验。而法国今天的老年人在一生中竟看到我国三次遭受外敌侵凌，最后一次甚至全国都沦入敌手。人力、物力和财力的损失是无法估计的。每次灾难，特别是最后一次灾难，在我国人民中间引起无限严重的分裂。我们国内的统一和我们的国际地位将受到长期的影响。因此我个人和我的政府为法国着想，必须采取一切必要的措施来永远防止德国威胁再出现。当然，我们决不想把德国人民逼上绝路，相反的，我们希望它存在、昌盛，甚且使它同我们接近。可是我们必须有保证措施。这些保证措施是什么，我已经向您说过了。如果以后我们看到这个邻邦改变了倾向，我们可以再改变初衷。但就目前而论，德国应有的结构形式必须是和平的，而且必须在‘天火’把铁烧得柔韧的时候来锻造它。”

我向杜鲁门先生指出，这样做，会使欧洲总有一天可望恢复均势。我说：“欧洲的均势被破坏了。因为在美国和英国的同意下，中欧和巴尔干半岛国家已经沦为苏联的卫星国。如果这些国家同它们的‘保护人’一样，都在担心野心勃勃的德国卷土重来，那么它们被迫追随莫斯科的政策以后，双方之间的关系就会具有更大的危险性。相反，如果它们发现日耳曼的威胁已经消除，它们为了民族利益，就必然会在苏维埃阵营内部起来反抗。这一来，它们和自己的宗主国之间就不可避免地会出现纠纷，从而迫使克里姆林宫放弃战争冒险。何况，到那个时候，苏联本身也会变得不那么喜欢冒险了。就是德国，也有可能从我们应当为它建立的这种令人放心的体制中得到好处。因为要苏联人同意让普鲁士和萨克森同德国的主体部分发生联系，恐怕只有通过建立联邦这样一条途径。法国建议德国遵循的道路是唯一能使欧洲走向重新团结的道路。”

在我和杜鲁门对德国问题交换了意见、贝尔纳斯和皮杜尔作了补充会谈以后，美国代表团表示将促使伦敦会议讨论我们的建议。大家同意在不影响解决有关鲁尔地位的情况下，立即在鲁尔矿区建立法、英、美三国委员会。这个机构应着手努力迅速恢复煤炭生产，而法国也能从这里获得相当可观的煤炭。付款的方式应和赔款的方式同时予以规定。美国表示他们不反对我们就萨尔问题提出的措施。最后，美国趁我访问华盛顿的机会，同我们签订了一项6.5亿美元的长期贷款协定，关于这项协定，让·莫内已经同美国商谈了几个月，这个协定从美国停止执行《租借法案》之日起生效。

对于亚洲和非洲那些带有“殖民地性质”的国家，我表示了意见。我认为新的时代将使它们走向独立，不过在程序和方式上必须是多样的、渐进的。西方应当理解这一点，甚至应当同意这样做。必须把事情安排得让西方能够参与其事，而不是反对西方。要不然，这些还不健全的民族和不够稳定的国家的变化便会引起激烈的排外主义、穷困和无政府状态。不难看出，世界上有谁会从这种情况下得到好处。

我对总统说：“对于我们的属国，我们已决定让它们自由处理自己的事务。有些国家可以快一些，有些国家不能太快。至于哪些国家快，哪些国家慢，应由法国自己来决定。在这方面，最不幸的莫过于西方国家之间的互相竞争。而在地中海东岸国家发生的事情是最令人痛心的。”谈到美国最近支持英国的讹诈手段时，又激起了我的愤怒，我明确地指出：“我敢断言，在这种错误和不合理的事情上，最后还得由西方付出代价。”

杜鲁门承认华盛顿方面对英国的论断过于轻信。他说：“无论如何，我国政府不反对法国军队和法国当局回到印度支那去。”我回答说：“虽然法国对于纯属自己的事务没有任何要求，但是对您所表示的好意也感到高兴。不久前敌人占据了印度支那。由于胜利了，法国又要回到那里去了。而美国为了赢得这场胜利，所起的作用是无可比拟的。我们是本着在那里建立一个符合当地人民愿望的制度的意愿回去的。但是我们在这方面也很不痛快，因为我们的盟国在那里不征求我们的意见，采取了片面的措施。”

我向杜鲁门先生指出，我们绝对不能同意英国军队在印度支那南部、中国军队在印度支那北部代替日本的地位。可是，将要发生的这一切，都是按照 1943 年罗斯福、丘吉尔和蒋介石在开罗会议中所签订的协定和最近在波茨坦会议上所确认的协议来进行的。此外，我们也不是不知道，美国驻中国司令部的代表魏德迈将军领导的美国特派员正准备到北部（东京）去和革命政权进行接洽。所有这些都不是帮助我们解决问题。对此总统认为必须再一次向我表示，华盛顿方面保证不给我们的事务制造障碍。

我们友好地握别了。当然，我们两国之间还不能做到毫无保留的谅解和信任。华盛顿会谈进一步表明，美国采取和我们不同的道路。但是至少杜鲁门和我都开诚布公地谈出了自己的观点。我觉得杜鲁门总统是一个称职的国家元首，性格坚强，看问题注重实际，总而言之，这个人无疑不会创造奇迹，但是遇到严重局势是可以依靠的。杜鲁门本人对我表现得极为亲切。在我访问后的第二天，他发表的声明并不是一些空洞的赞扬。我们最后会谈时，他突然打开了办公室的门，门后站着许多准备照相的摄影记者，他出乎意料地给我戴上了“功勋”绶带。他深知如果预先通知我，我一定会拒绝一切荣誉的。接着他给皮杜尔授了勋章。在我动身离开的时候，他以美国的名义送给我一架非常漂亮的 DC4 型运输机。从此以后，我们之间再也没有说过一句不痛快的话。

纽约为了欢迎戴高乐及其随员，到处洋溢着热烈的友好情谊。我们是 8 月 26 日坐汽车路经西点到达纽约的，路上我先到海德公园镇[①]拜谒了罗斯福墓，随后参观了西点军校。那一天是星期日，又是恢复汽油自由出售的第一天，所有的汽车都开出来了，排成了 100 公里长的长蛇阵，在我们经过的道路上响起了震耳的喇叭声。市长菲利洛・拉瓜蒂亚到市郊来欢迎我们，他的态度非常热情而亲切。晚间举行过各种仪式以后，他引导我们到中央公园，在那里马

① 海德公园镇为罗斯福的家乡，位于纽约州。

里安·安德逊将要唱《马赛曲》。夜间，许多人簇拥着我走上了一座圆形剧院的舞台。大电灯都亮起来了，我出现在挤满看台的人群面前。在一阵暴风雨般的欢呼之后，女歌唱家以美妙的歌声唱完法国国歌。之后，我向这个伟大的城市表示了热烈的敬意。

第二天举行了“胜利游行”。我们在一大队人群的簇拥下游览了市区。市长兴高采烈地陪伴着我，雷动的欢呼声此伏彼起，无数的国旗和彩旗在每一层楼上挥动。经过百老汇时，热烈的浪潮简直无法形容：“法兰西万岁！”“戴高乐！乌拉！”“哈罗，查理[①]！”这些欢呼声在千万个窗口抛出的彩云般的纸花下响成一片。欢迎会是在市政厅举行的，在双方互相致辞后，我接见了社会名流。首先我授予拉瓜蒂亚勋章，他自从1940年6月起一直是美国最积极、最坚决地拥护战斗法国的。接着，我又接受了纽约荣誉公民的证书。随后举行盛大宴会，市长举杯祝贺说：“我在举杯祝贺戴高乐将军的时候，愿意像对一个最年轻的纽约公民那样向他致敬，因为我们只是在一个钟头以前才把他的名字写在户口簿上的。并且，人们告诉我，从那时起又有45个婴儿诞生了！”州长约翰·杜威对我说：“不管我怎样保持冷静，看到今天城里这样热情洋溢，我也不能不为之感动。”这样隆重、庄严而又激动人心的场面，在美国的群众游行集会中自然是司空见惯的，但是这一次在热情奔放中却流露出了蕴藏在人们内心深处的对法国的特殊友爱。

芝加哥也有同样的表现，这个城市和纽约不同的地方是它并不面向欧洲，这里的居民来自世界各地。爱德华·凯里市长对我说：“这里将要用74种语言向您欢呼。”的确，无论是当天下午到市政府参加宴会，第二天经过大街和林荫道去参观标志着新的开始的建筑物，在市政大厦接受欢迎的时候，还是出席“商业协会”和“退

① 戴高乐的名字夏尔（Charles）的美国读法。

伍军人团”为我们举行的盛宴的时候，我们都受到了地球上不同人种的人群的一致欢呼。

加拿大也对我们表示了极为亲切的欢迎。接待我们的总督阿洛纳伯爵和他的夫人阿丽斯公主，一见面就对我说：“去年您路过这里时，看到这里的人对您多么亲切，现在他们对法国和您本人的感情比过去又增加三倍了。”“为什么这样说呢?”“因为那时候您能否成功还是疑问，现在您成了一位令人惊叹的大人物了。”在渥太华，地方当局和群众无疑对我们作出了一切能想象到的热烈表示。总理麦肯齐·金氏在外交部长圣劳伦和大使范尼埃的陪同下，我在皮杜尔和我们驻加拿大大使让·霍特克洛夫的陪同下，就所关心的重要问题进行了坦率的会谈，因为法国和加拿大没有任何利害冲突。

麦肯齐·金氏愿意和我进行亲切的交谈。这位坚决执行加拿大政策的老战士对我说：“我要向您谈谈我心里的话。加拿大和美国有 5 000 公里的国境线，这位邻国的表现经常是盛气凌人的。加拿大是英联邦的成员国，有时这也是一种负担。加拿大意欲享有完全独立行动的自由。我们是一个幅员广大、资源丰富的国家。开发这些资源是我们最高的愿望，也就是说，我们将致力于解决国内问题。我们没有任何理由阻挠法国在任何地方的活动。恰恰相反，我们殷切地盼望，能在法国认为适当的时机尽力给它帮助。”我向麦肯齐·金氏说：“对我们说来，两次世界大战都证明了与贵国联盟的意义。在和平时期，我们无疑地需要贵国的友谊。您刚才的话更向我表明了，法国过去到这里来散播文明的种子，做得完全正确。”

我们返回巴黎时途经纽芬兰。我们在美国基地的甘德等候飞机，在这个一向几乎像荒野一样的地区，我听到很多沿着围墙聚集起来的好心人在呼唤我的名字，我必须看看他们。原来是这个岛的居民从各个角落到这里来向戴高乐将军表示敬意。纽芬兰居民是忠于他们的诺曼底、布列塔尼和毕加底的祖先的。他们都说法国话。

每个人都充满怀念祖先的热情高呼：“法兰西万岁!”并向我伸出手来。

伦敦会议几乎是在我刚刚访美回国后便举行了。这是四个盟国取得协议的最后机会。从9月11日到10月3日，贝尔纳斯、莫洛托夫、贝文和皮杜尔共同讨论了欧洲问题。事实上，四国外长会议只是使苏联人和盎格鲁-撒克逊人的矛盾更加尖锐化了。在意大利问题上，关于伊斯特拉半岛和的里雅斯特市的归属问题已有了达成协议的可能性。乔治·皮杜尔提出了关于我们在阿尔卑斯的国界上那些微小变动的问题，在这个问题上也得到了其他三国代表的同意。但是在提到意大利的旧属地的时候，英美主张让利比亚独立，法国主张把这个地方由联合国交给意大利托管。莫洛托夫先生要求由苏联来托管的黎波里塔尼亚。当时，贝文和贝尔纳斯两位先生非常生气，会谈当即中止，意大利的问题便陷入了僵局。

有关匈牙利、罗马尼亚和保加利亚和约草案的情况也是这样。苏联人透露应该由他们决定和约的条款，并且说他们有这种能力，因为那里只有他们是占领国。盎格鲁-撒克逊人反对对这三个国家施加政治压力，他们似乎认为这件事不是德黑兰、雅尔塔和波茨坦协定的后果。但是，主要是在德国问题上无法求得任何解决方案。

可是，法国——而且只有法国——提出了一个提案。伦敦会议开幕的前一天，我通过会见驻巴黎《泰晤士报》记者吉纳德·诺曼向公众发表了谈话，说明我们签订对德和约的条件。随后，法国代表团在会议上提出了一份备忘录和皮杜尔的一份声明，具体表明我们的立场。会议认为法国的提案很好，使原法西斯德国成为一个联邦国家的主张看来是很合理的。法国和萨尔之间经济联合的观点没有受到任何反对。关于把法尔次、黑森、莱茵兰地区建为自治州并把它们纳入西方经济和战略体系的提案，看来也不是不可接受的。甚至关于鲁尔区进行国际管制的建议，开始也得到与会者的赞同。

但是，当莫洛托夫先生声明，苏联也应该参加管制，并且要同西方国家的驻军一起在杜塞尔多夫驻扎苏联军队的时候，贝尔纳斯先生就大喊大叫起来，贝文先生也随声附和。会议对我们提出的建议只能讨论到这个地步，以后谁也没有提出新的建议。会议经过 23 天的争论，终于不欢而散。这些争论不但无助于当前问题的解决，反而还使人对未来的问题感到不安。

于是每个国家便按照自己认为适当的办法管理自己的占领区。在东部，苏联在普鲁士和萨克森要按照自己的方式建立政治制度和经济制度。在西部，美国根本不顾巴伐利亚、下萨克森和符腾堡已经表现出来的自治倾向，英国则觉得直接负责鲁尔和北海重要港口的任务过于沉重，所以英美便建立了自己认为最有利的机构。他们把两个占领区合并起来，并把那里的事务交给一个德国部长委员会去管理。这样德国政府就算成立，等待以后实行普选了。使德国组成一个真正联邦国家的美好希望，实际上已经烟消云散了。此后，盎格鲁-撒克逊人又迫使我们把我们的占领区和他们的占领区合并，重新建立德国，但我一直不答应。

无论如何，我们的占领区暂时只能由我们自己来管理。10 月初，我到那里同德国当局和德国居民进行接触，以便了解一下是否能够在莱茵河畔建立法国所主张的政治制度。随行人员有迪特尔姆、加比当、多特利、朱安、柯尼格等。我们首先访问了萨尔。10 月 3 日来到满目疮痍的萨尔布吕肯，州长诺伊罗伊特尔博士和市长海姆向我陈述他们正在怎样困难的环境中挣扎。他们本人以及一些官员和萨尔的社会名流都带着恐惧和好奇的神情来到我跟前。我向他们宣布说："我明白地告诉大家，我不想在这里追究过去，但是对于将来，我们应该互相了解，因为以后我们还要在一起办很多事。"我接着指出，我们的任务是首先恢复萨尔的正常生活，然后再让它繁荣起来。我在结束谈话时表示希望随着时间的推移以及我们合作的成果，我们法国人会发现萨尔人有值得尊重和信任的理由，他们也会觉得我们法国人在感情上是和他们很接近的。我又补充说："如果能做到这点，那么对西方和欧洲来说就太好了，你们和我们一样，都是欧洲的儿女。"我讲完话以后，看见听众眼里含满了泪水。

我在特里尔看到了一些同样垂头丧气的人和一片断垣颓壁。但是摩塞尔的古城在"黑门"周围仍旧安然无恙，丝毫没有受到破坏。一些地方名流，包括波恩瓦塞主教在内，向我倾诉了他们内心的痛苦，我把我在萨尔布吕肯讲过的话照样对他们说了一遍。我说："法国不是到这里来抢夺的，而是来帮助复苏的。"下午，我访问了科布伦茨。州长波登先生和他率领的一群社会名流也从我的讲话中得到了法国的安慰。这里和其他地方一样，他们也是怀着尊重和激动的心情来听取这些令人鼓舞的话的。

第二天，我访问了美因茨，那里情景也相同，欢迎戴高乐的人很多。可以说，我们的高卢和法兰克①祖先的精神经过几世纪深重的苦难之后，又重新在这些人的身上体现出来了。黑林-拿骚州长斯特劳博士、市长克劳斯博士和斯特赫尔主教等讲话时都表达了这种心情。我信心百倍地回答他们，并补充说："在这里，我们本来就是相同种族的后裔，何况我们今天又同是欧洲人与西方人。我们有许许多多的理由今后应该紧密合作！"

法尔次州遭到了严重破坏。我在诺伊施塔特受到了激动人心的欢迎。在州长艾森劳布博士、副州长科赫博士、温德耳主教等人周围的是各区议会的议员、市民、神父、牧师、教授以及律师公会、经济界和劳工界的代表。当他们的州长向我说明这个地区要求恢复

① 高卢（la Gaule），古代欧洲地名，包括今法国、比利时、瑞士和部分德国。居民（Gaulois）系凯尔特（Celte）族，公元前58年为恺撒征服。

法兰克人（Francs）系日耳曼人的一支，公元5世纪迁入今法国，并在当地定居。

旧制度，即恢复法尔次邦，以便重新掌握自己的命运并和法国联盟的时候，大家一致热烈鼓掌，表示欢迎。

在黑林的弗里堡，我们占领的莱茵河右岸各地区的代表都来欢迎戴高乐。10 月 4 日，乌赫列布博士向我介绍了巴登的一些著名人士。5 日上午，卡罗·施密特介绍符腾堡的著名人士来见我。弗里堡的大主教格罗贝尔、罗特骚森教区的主教费舍也来拜访我。这些有地位的人士满怀着善意聚集在一起，激动地听我阐述“法国人民和德国南部人民之间有着悠久的历史联系，现在应该恢复这些联系，以便共同建设‘我们的’欧洲和‘我们的’西方”。听了这些话以后，大厅里立刻响起了诚挚的欢呼声。我在这种令人鼓舞的气氛中，不禁想到，两个相互搏斗了几个世纪的民族所进行的那么多次战役，以及最近我们受到的种种残酷蹂躏，仿佛一场噩梦。谁能相信日耳曼人对待高卢人，除了目前对我表示的亲切无间之外，还曾怀有什么别的心情呢？但是，当仪式结束，走上街头，我又看见坍塌倾斜的建筑、痛苦不堪的人群时，我才明白，这个国家经受了多少苦难的教训才得以恢复理智啊！

10 月 5 日那天，我还到柯尼格将军的司令部驻地巴登-巴登。在那里，法国各行政部门的负责人都向我报告，说德国人竭诚拥护我们的领导，并希望言归于好。这种思想的最明显的表现，就是美因茨的法德大学和我们在各地建立的中小学以及研究和情报中心在那些日子里都蓬勃地发展起来。下午，我离开德国，回到斯特拉斯堡，打算在这里指示法国人：只要他们愿意跟我走，我可以把他们引向伟大的目标。当我到达的时候，共和国委员艾米尔·波拉尔、下莱茵省省长伯纳尔·科尔努·让蒂勒、卫戍司令魏日埃将军要求我从水道进城。我们的船队在港口绕行一周以后，通过运河进入这个城市。运河两岸和每一座桥上，都挤满了人，他们显得比任何时候都更热情。我在那里主持了斯特拉斯堡大学的复校典礼。接着我在莱茵宫接见了阿尔萨斯的行政当局。最后，我在市政府的阳台上向勃劳格里广场的人群讲了话，我说：

“我在这里宣布法国莱茵地区的伟大任务。这条莱茵河是我们的莱茵河，昨天它是一道屏障，是一条国界，是一道战线。今天，敌人已经随着我们的胜利而垮台了，驱使德国人为非作歹的疯狂势力已经消失，莱茵河可以恢复大自然和历史交给它的任务了。它可以重新成为西方国家之间的纽带了。”我大声喊道：“大家记着！这条河担负着世界上最伟大的使命之一，它发源于瑞士，流经阿尔萨斯、摩塞尔地区、巴登及其两岸的美因河和鲁尔盆地，穿过荷兰，到靠近英伦海峡的地方入海。从今以后，船只可以上下往来畅通无阻了，物资也可以沿岸自由流通了。关于精神思想方面的观念和影响，也可以互相沟通了……是的！连接西欧各国的纽带就在这里，就是这条河，就是从斯特拉斯堡流过的莱茵河！”

西方联合起来的概念也受到了比利时的欢迎。我在访问比利时的时候，清楚地看到了这一点。摄政王邀请我到比利时访问。我乘他的专车在乔治·皮杜尔陪同下于10月10日抵达布鲁塞尔。摄政王到车站欢迎我，我刚走出车站，欢迎我的人群就像潮水般地涌上来，他们对我的尊敬深深地感动了我。我们在两天的时间内访问了王宫、无名战士墓、伊克塞尔、拉肯、市政府、大学、外交部、法语学院和法国大使馆。在拉肯，王太后伊丽莎白接见了我们，在法国大使馆，雷蒙·勃吕热尔设宴招待了我们。我们所到之处都受到热烈的欢迎。比利时人民显然把自己的欢乐和希望同法国人民的欢乐和希望连在一起了。

摄政王查理就是这样对我说的。我十分尊重他，因此对他的意见也极为重视。由于当时国王流亡瑞士的问题在人民中间引起了令人痛心的分裂，摄政王的处境也是非常困难的。我看出这位摄政王睿智而坚定，恪尽职守，挽救了王位，维护了国家的统一，他没有说什么，但可以肯定，两个对立的集团都对他不满意。大臣们，特别是坚强的首相范·阿凯和深谋远虑而又有魄力的外交大臣斯巴克，以及议会议长范·科弗拉特和基隆两位先生，红衣主教兼大主教范·洛埃，都对我说了同样的话，他们都认为，如果胜利不是在法国参加下取得的，欧洲就毫无希望了。至于将来，最重要的是在西欧国家中间建立密切的联系，这是人们普遍关心的。

第二天，市长万德莫勒布鲁克在市政府欢迎我们，美丽的广场上人山人海；接着，在布鲁塞尔大学，弗雷德里克校长和科克斯教务长授予我荣誉博士学位，我在那里宣布，希望有一天欧洲的所有国家都联合起来，在全世界组成一个协作组织；目前首先组织“一个以莱茵河、英吉利海峡和地中海为动脉的西欧联合组织”。法国的这项伟大倡议受到热烈的欢迎。我回到巴黎后，于 10 月 12 日在一次大型记者招待会上又对这一点作了阐述。

我的主张发表了。半个月以后就要举行选举，解决我国的体制问题和我将来的任务问题，从而决定是否由我向外宣布或者不宣布我的建议。尽管我觉得这个庞大的计划会引起各有关国家人民的注意，可是法国的政界领导人对此却漠不关心。胜利以后直到举行选举时为止，咨政议会对这些问题根本就不加以讨论。各党派的代表大会、会议和倡议，除了罗列一些空洞的条文以外，可以说对于国家的对外事务只字未提。报纸当然刊登过戴高乐将军的言论和他外出访问的活动，但关于戴高乐将军所奋斗的目标，却没有形成任何巨大的宣传潮，甚至往往不加评论，好像他的活动与国家事务不相干似的。一切迹象表明，我对法国能起独立作用的信心和我为此所做的努力，使那些准备代表国家的人们一方面表示非常尊重，另一方面又产生普遍的怀疑。

我不能否认，如果要在欧洲推行这种政策，我们必须不受海外的牵制。如果海外领地脱离宗主国或我们必须把军队留在那里，那我们在北海和地中海之间还会有多大的力量呢？相反的，如果我们的海外领地同我们保持联系，我们在欧洲大陆的活动就可以一帆风顺了！这关系到法国今后千百年的命运！但从我们亚非属地上所发生的事情可以看出，要想再像过去那样保持我们的帝国，那简直是异想天开。特别是目前全世界各地的民族正在觉醒，苏联和美国又在争相煽动这些民族，我们更不能有这种梦想。为了使那些由我们负责的各国人民将来仍然同法国站在一起，我们必须采取主动，使它们摆脱目前的臣民地位，享有自治，把它们目前的从属关系变成协作关系。但是我们首先必须自己坚定不移，像一个有明确目标的国家那样，决不食言，并且要求别人对它也要说话算数。我在布拉柴维尔的时候就提出过这个方针。现在，我们要首先在印度支那和北非实行这个方针。

至于马格里布①，则需要再等一些时候，那里的事情还可以平静地稳步地进行。那里虽然已经有了骚动的迹象，但我们还完全能控制得住。在突尼斯，前首脑蒙塞弗贝伊②的声望只能引起一些空洞的遗憾；两个“立宪集团”吃过很多苦头，只好保持观望的态度。马斯特驻地长官能够相当自如地执行改革计划和行政权力。在阿尔及利亚君士坦丁省，与5月间的叙利亚事件同时发生的暴乱已经被夏太尼奥总督平息下去。在摩洛哥，独立党发表的宣言以及它所策动的游行示威得不到多少人的支持。国王穆罕默德五世虽然有些犹豫不决，但经过驻地长官布奥的大力交涉之后，已对示威者提出了谴责。虽然我们有时间，但不能坐失时机，因此我立即采取了行动。

摩洛哥王国和突尼斯摄政王国的最高权力都掌握在君主手里。

---

① 马格里布是阿拉伯人对北非地区的称呼，意为阿拉伯西方，包括突尼斯、阿尔及利亚和摩洛哥三国。

② 贝伊（Bey），突尼斯摄政王国（la Régence）对君主的称呼。

我决定直接同他们交涉。我邀请摩洛哥国王到法国来，并以像接待应该受到特别尊敬的国家元首的礼节来接待这位在最困难情况下忠于我们的朋友。除了通常举行的欢迎仪式以外，在6月18日巴黎大阅兵那一天，我请他站在我的身边，当众授予他解放十字勋章。随后，请他同我一道到奥弗涅去旅行，同我一起接近各城市的热情的群众和令人感动的农村居民。然后请他到驻德国的法国第1军那里去视察光荣的摩洛哥军队。最后请他参观巨大的水坝工程。他到处都受到热烈的欢呼，这就为我们的个人会谈创造了有利的气氛。

我要求摩洛哥国王完全坦率地向我说出他对摩洛哥和法国之间的关系的真正想法。他对我说："我衷心承认，保护制度给我国带来了秩序和公理并奠定了繁荣的基础，开创了教育群众和培养高级人员的教育事业。但是，我的伯父穆莱·哈非德，接着我的父亲穆莱·优素福以及今天我接受这一制度，是因为我们把它看作是从旧摩洛哥到自由的和现代化的国家的过渡制度。鉴于过去发生的和今后可能发生的事件，我认为结束这个阶段，实现我们的目标已经到时候了。这是我国人民的愿望。"

我说："您所提出的目标，正是法国既定的目标，这是在非斯条约、阿尔几西拉斯条约中明文规定了的，现代摩洛哥的创始人里奥蒂[①]就曾不倦地追求过这个目标。我和您一样，确信应该根据这个方向在不久的将来改变我们关系的基础。但是就目前说来，无论对谁，自由只能是相对的。摩洛哥在完全自力更生以前，是不是还有很多事情要办呢？法国应该帮助您，反过来您也要支持法国，除了法国，有谁能胜任这件事情呢？虽然罗斯福总统在安法曾经用立即独立的美景迷惑过陛下，但是除了他的美元和对他的依附关系之

① 里奥蒂（Herbert Lyautey，1854—1934），1912—1925年为法国驻摩洛哥驻节将军，曾强迫摩洛哥签订保护条约。

外，他能给您什么呢?”

穆罕默德五世承认说：“不错，我国的发展确实要靠法国的帮助。在所有能够帮助我们的国家当中，法国是最好的，最有能力的，也是我最欢迎的。您清楚地看到，在战争时期，我们对您的支持也不是没有价值的。我们可以商订的新协定，应当使我们两国根据条约在经济、外交、文化和军事方面进行协作。”

我向摩洛哥国王指出，除了执行办法等问题需要详细研究外，在实质问题上，我和他意见一致。至于开始谈判的适当日期，我认为一俟第四共和国通过自己的宪法以后，即可开始。因为，第四共和国的宪法一定会就某些领地和国家实行自决，并以联邦或邦联的形式参加共同体的问题作出规定。关于我们两国联盟中的一切问题，我向穆罕默德五世建议，假如我继续掌权的话，我们两人可以保持个人联系。他立刻同意了，我认为他是高兴地同意的。摩洛哥国王表示同意我的政府所提出的在丹吉尔恢复 1940 年被西班牙暴力取消的谢里夫政权和国际共管制度。这件事到 9 月间法、英、美、苏四国代表在巴黎开会以后便实现了。马德里政府同意了这个会议的决定。

突尼斯贝伊也应我的邀请来到法国。西迪・拉米纳受到当时情况下最隆重的欢迎。7 月 14 日，他在巴黎参加了我们的胜利军队的庄严的阅兵式。许多集会使他有机会和各阶层的法国知名人士接触。在我们的会谈中，突尼斯君主向我说明他认为摄政王国应当成为什么样的国家才能满足人民的愿望，适应时代的要求。总的说来，突尼斯贝伊所想的和摩洛哥国王所想的完全一致。当然西迪・拉米纳说话的口气要比穆罕默德五世的口吻软得多，这是由于他的年龄和气质不同，他的威望也不如摩洛哥国王那么崇高，因为他是代表着一个比摩洛哥软弱的王国说话的。但是他们所说如出一辙。我的回答也是一样的。突尼斯贝伊友好地接受了我的回答。

从我和马格里布的两位君主所交换的意见中，我得出了这样的结论：和这两个国家按照时代的要求签订合作协定是可能的，也是必要的，而且在这个动荡的世界里，这些协定至少能为一代人解决两国关系的问题。

尽管北非问题相当令人高兴，可是印度支那的问题却处在最困难的境地。自从我们的驻军和我们的行政机构被日本解散，我们的自由支队退到中国境内以后，南部（交趾支那）、中部（安南）、北部（东京）、柬埔寨和老挝完全没有法国的权力机构了。一些幸存的军人成了俘虏，行政人员遭到监禁，平民受着严密的监视，法国人都受着蛮横无理的欺凌。日本人唆使印度支那联邦各国成立了听命于他们的当地政府；但是同时也出现了反对占领者的抵抗力量，不过这支抵抗力量坚决要求未来的独立，而且是由共产党领袖领导的。这个联盟所组织的地下政权正在转向公开。我方只能向锡兰（今斯里兰卡）派一支为数不多的先头部队，以便一旦得到盟国同意就把我们的远征兵团运到印度支那去；我们总算勉强在中国边界建立了一个有关印度支那的情报组，在重新集结我们从北部（东京）和老挝退出的支队方面，我们力争得到重庆政府和美国驻重庆政府军事顾问的协助。

但是，德国的投降使美国决定尽快结束对日作战。6月间，美国军队实行逐岛前进，已经离日本本土很近，可以登陆了。日本的海军在海面上已被尼米兹的战舰打得落花流水，它的空军也无力和麦克阿瑟的空军对阵。但主战派在东京还保持着优势。因此，美国总统、总司令和国会诚惶诚恐地认为要战胜这个勇敢而狂热的民族，征服他们的国土，必须通过寸土必争的激战，逐步加以实现。因此，华盛顿方面在利用法军协同作战的问题上发生了显著的变化。五角大楼甚至在7月初问我们是否愿意向太平洋派两个师。我们回答说：“这个可能性并不排除。但是我们也要求向缅甸派出必要的军队，以便参加印度支那方面的反攻。”

6 月 15 日我就作出了决定：由勒克莱尔将军担任我们远征军的司令。在这一点上，我是违反他的希望而作出决定的。他曾恳切地向我要求：“您派我到摩洛哥去吧！”我对他说：“您应该到印度支那去，因为那里更困难些。”从此勒克莱尔便着手组织自己的军队。8 月初，军队已经准备就绪。全体官兵心里都非常兴奋，他们决心把法国国旗再插到它唯一还没有重新出现的的法国领土上去。

就在这时候，8 月 6 日和 10 日，惊天动地的原子弹突然降到广岛和长崎。老实说，在这场灾难以前，日本已经准备进行和平谈判。但是自从内华达的试验成功以后，美国认为有把握迫使日本无条件投降，因此就一定要它无条件投降。果然，裕仁天皇在这两个城市被炸毁的第二天便低头了。9 月 2 日，日本帝国便在横滨海面“密苏里”号战舰上，在胜利者面前签署了投降书。

应该承认，这种可怕的武器出现以后，使我灵魂深处都受到了震动。当然我早就知道美国正在利用原子分裂来制造威力不可抗拒的炸弹。我看到这种可能毁灭人类的武器的出现，虽然没有觉得突然，却感到十分痛心。但是痛心的预感并不能阻止我利用原子弹的效果所造成的形势。因为日本的投降使日军停止了抵抗，同时也使美国阻止我们到太平洋去的禁令失效了。我们很快就可以回到印度支那了。

我们要一刻不迟延地回到印度支那去，而且还必须以胜利者的姿态到那儿去。自从东京表示了愿意谈判的意图以后，我们就一再向华盛顿提出：盟国对日本的答复也应有法国的签字。这件事做到了。后来，裕仁天皇决定投降，法国司令当然也要和其他盟军司令同时受降。我任命勒克莱尔将军代表法国在“密苏里”号战舰上签字。在此以前，即 8 月 15 日，我已任命达让吕将军为印度支那高级专员。

派遣军队是决定一切的条件。必须派遣 7 万人和运送很多的物资，这件事相当难办，因为我们还处在复员时期，同时还要在德国留驻一支军队。但是，法国军队不久前曾经备受凌辱，几乎覆灭，因此它现在有必要重新表现自己的威力和决心。况且由已在海上的“黎塞留”号战舰，“光荣”号、“苏佛兰”号、“凯旋”号巡洋舰，“贝恩”号运输舰和几只小舰艇组成的一支舰队将在奥波诺将军的指挥下全部开到印度支那海岸。100 多架飞机将在印度支那半岛的上空飞翔。既然战争已结束，我们借给盟军进行联运的运输舰也就可以抽调回来，虽然我们舰队的吨位很少，但是在三个月内，航行14 000公里，全部运完远征军的任务还是可以完成的。但是不管怎样快，形势依然十分严重。

在印度支那有 10 万日军。他们停止了战斗，等待遣送回国。但是，这时他们同后来称为“越盟”的军队相处得很好。越盟军队离开了游击状态，宣布了独立，正在要求“三圻”统一，并且正在进行反对恢复法国政权的宣传。他们的政治领袖胡志明和军事领袖武元甲——都是共产党人——在北部（东京）成立了一个委员会，俨然是一个政府。保大皇帝退位了，当了胡志明的“顾问”。我们驻北部（东京）的代表让·散特尼于 8 月 22 日到达河内，可是越盟的政权已经在日本人同意下在首都建立起来了。见过法军出丑的印度支那居民，对我们的同胞是步步进逼的。尽管地方长官塞第勒在 8 月 23 日空降以后做了和平努力，9 月 2 日，仍有几个法国人在西贡被杀害。除了存在着政治方面的问题以外，那里还闹着饥荒。因为，自从法国负责当局离开以后，粮食的供应便瘫痪了。最后，由于盟军实行他们既定的占领计划，中国军队占领北纬 16 度以北，英国军队占领北纬 16 度以南，并且到处都有美国代表团，这就严重地影响了法国负责人到任后立即发挥作用，严重地影响了我军解除日军的武装。

我们自然不能容许这三重外国势力的侵入。无疑地，我们对英国人占领南部（交趾支那）并不太感到不安。我们可以设法和他们一起到达那里。而且大英帝国在印度、锡兰、马来亚、缅甸和中国香港还有很多事情，它正迫切希望在法国人的思想中消除最近因地中海东岸各国的紧张局势所引起的不愉快，可以相信英国人决心不久就撤走军队。事实也是如此。另一方面，正在进行经济调查和政治宣传的美国工作队当然使我们不痛快，但是总的说来，也没有多大关系。与此相反，卢汉将军率领的中国军队占领着北部（东京）和中部（安南）以及老挝的一部分，却是最令人讨厌的事情。我们的政治和行政活动将长期受到阻碍。中国人进来以后，什么时候才撤走呢？他们要索取什么代价呢？

不过重庆政府一再向我们做了友好的保证。早在1944年10月，蒋介石元帅在接见我国大使贝契柯夫时就曾对他说过："我向您保证，我们对印度支那毫无野心。甚至如果我们有机会帮助你们在那里恢复法国政权的话，我们也一定欣然去做。请您转告戴高乐将军，这是我们的政策。并且，希望他也认为这是我个人向他做的保证。"在我1945年8月访问华盛顿期间，我接见了路过那里的宋子文先生。这位中华民国行政院院长兼外交部部长也向我正式声明了这一点。9月19日，宋子文先生由钱泰大使陪同到巴黎进行访问，我向他提到卢汉将军的军队那种令人不愉快的态度。外交部长答应我说："我国政府一定要制止这种行动，并要从印度支那撤军。"但是，不管中国中央政府表示怎样的友好或发出什么命令，事实上，卢汉却俨若主人般住在北部（东京）。

要在印度支那恢复法国的地位，必须具备这样的条件：我军要到达那里，要遣送走日军，要撤退外国军队。但最主要的是，首先要知道法国在那里要做些什么。当地的情况那么复杂，我显然不能制定详细的政策。可是我很清楚，恢复直接的管理是绝对办不到的。因此，我们要达到的目的是法兰西共和国与印度支那联邦各成员国之间的协作。应该同那些最能代表这些国家和当地人民的人士举行谈判，缔结需要的协定，一个也不能排除在外。这就是我的决策。

对于老挝和柬埔寨来说，有巩固的王朝就可以高枕无忧了。越南的问题复杂得多。我决定稳步前进。勒克莱尔临动身时，我指示他首先在南部（交趾支那）和柬埔寨站住脚，然后再到中部（安南）。至于北部（东京），只有接到我的命令以后才能派军队到那里去，而我的命令只有在局势明朗化，居民对中国军队表示反感和散特尼同胡志明之间的关系建立起来以后才能下达。高级专员达让吕接到了我的命令以后，首先到法属印度去，开始要到昌德纳戈尔上任，等我们的军队发挥一定的作用、他的辅助人员在各地有了联系以后，再到西贡，并从那里同各方面进行必要的联系。

我考虑到一个可能用得上的秘密方案，那就是：如果老皇帝的继位人和他的亲属保大终于被时代抛弃，便设法让老皇帝福晃①复位。1916年由法国当局废黜、再当维新亲王的福晃，被流放到留尼汪岛；但是在这次战争中，他一直在我军中服役。他是少校军衔，也是个强有力的人物。近30年的流放生活并没有使这位君主从安南人的记忆中消失。我将在12月14日接见他，向他了解我们可以共同着手的事情。但是不管我的政府要同什么人签订协定，一旦时机成熟，我一定亲自到印度支那去，以便在最隆重的场合批准这些协定。

我们距离这一点还很远。当前的问题首先在军事方面。9月12日，第一批法国军队到达了西贡，13日一支英国军队也开到那里。

---

① 即阮福晃（Duy-Tan，le prince Vin-Sanh，1900—　），又名福濒，越南保大的前朝皇帝，称维新皇帝，被废后曾被法国拘囚于留尼汪岛。

好像是专为看23日发生的暴乱似的。在这次暴乱中，有几个欧洲人和美国人被过激分子杀害。然而，盟军终于占了优势。在盟国军队中，有一个团是由昨天还是俘虏的法国士兵和军官组成的。让·塞第勒制止了冲突，10月5日，勒克莱尔将军率领着部下，在七个月来饱受恐吓和辱骂的一万名法国人的热烈欢呼声中开进西贡。随着远征兵团的登陆，南部（交趾支那）的事情逐渐好转，坚决的军事行动恢复了公共秩序；日本人在柬埔寨扶植的傀儡已由适当的人员代替。日本军队也逐渐离开了这个国家。海军上将蒙巴顿撤退了这里的英军。10月31日，法国的高级专员便进入诺罗敦王宫了。

现在法国又在印度支那显示自己的尊严了。当然，还有重重的困难，天空仍然笼罩着乌云。我们在这里虽然受过严重打击，但现在我们的威望已经恢复了。昨天，在西贡、顺化、河内、金边、琅勃拉邦，人们曾以为我们永远不会再来了。今天，谁也不怀疑，任何问题没有我们是解决不了的。

法国在欧洲、非洲和亚洲都曾受到空前的削弱。现在，法国初步得到恢复，实现了惊人的开端，加上各方面的形势对它异常有利，这就使法国又有可能发挥一种无愧于自己的天才的作用了。这是新的曙光，还是回光返照呢？这要由法国人的意志来决定。虽然我们的力量削弱了，但是我们敌人的垮台，我们的老竞争对手受到的沉重损失，世界上两个最大国家的相抗衡，以及全世界对法国应当担负的使命所抱的期望，都给我们提供了广阔的活动天地。

我非常清楚，我的力量极为有限，我的才能非常不足；我很清楚，任何一个人也不能代替一个民族，我是多么希望每个人都能具有正在鼓舞着我的那种信念啊！我所宣布的目标是艰巨的，但它适合我们。我所指出的道路是坎坷不平的，但它通向山巅。我发出号召以后，便注意倾听各方面的反响。群众热烈发表议论，只是有点混乱。在公共场所、会议的讲台上、大学和学院里以及教堂的讲道台上发出的声音，也许会支持我吧？如果是这样，那么任何人都知道，人民群众是要跟着上层人物所走的方向前进的。我注意地听着，我想收集一些他们在无意中透露出来的只言片语。但是那些游离于民族之外的咄咄逼人却又自相矛盾和不攻自破的叫喊，是些什么呢？唉，只不过是纯粹党派之争罢了！

第六章 分裂

光明的大道已经打开。但是，在走上这条大道以前，法国陷入了怎样的状态啊！一方面，通过世界各地的来电，通过我同各国政治家的会谈，通过外国群众的热烈欢呼，我听到了全世界的召唤；而在另一方面，通过摆在眼前的数字和图表，通过各级机关送来的报告，通过我国领土上的满目疮痍，通过部长们在内阁会议上所讲述的损失惨重和物资奇缺的情况，我也了解到我们的国家已经衰弱到怎样的地步。

光明的大道已经打开。但是，在走上这条大道以前，法国陷入了怎样的状态啊！一方面，通过世界各地的来电，通过我同各国政治家的会谈，通过外国群众的热烈欢呼，我听到了全世界的召唤；而在另一方面，通过摆在眼前的数字和图表，通过各级机关送来的报告，通过我国领土上的满目疮痍，通过部长们在内阁会议上所讲述的损失惨重和物资奇缺的情况，我也了解到我们的国家已经衰弱到怎样的地步。从国外讲，再也没有人否认我们是世界的头等强国之一了；但是从国内来看，法兰西却处于百废待兴的状态。

法兰西的财富已经有三分之一化为乌有。我国的各个地区都遭到这样或那样的破坏。当然，建筑物的损害最为惨重。在1940年的战斗时期，在盟军的轰炸时期以及在解放时期，先后共有50万座房屋完全被毁，有150万座房屋遭到严重破坏。按比例来讲，受破坏最多的是工厂。这是经济迟迟不能恢复的另一个原因。此外，有600万法国人无家可归。至于倒塌的车站、炸毁的铁路、折断的桥梁、堵塞的运河以及被破坏了的港口，更是不计其数了。我问过几位工程师，要完全恢复我们的铁路和桥梁的建筑装修工程和全部交通，大约需要多少时间，他们回答说：要20年！至于土地，由于炸弹的破坏，由于到处是地雷和战壕，有100万公顷已经不能耕种；另外还有1 500万公顷由于五年没有精心耕种，已经濒于荒芜。到处都缺乏农具、肥料、秧苗和优良种子。家畜减少了一半。

敌人的掠夺所造成的财产上的损失，虽然不像上面所说的那样明显，但实际上却要严重得多。我们也可以说，敌人是照章办事的，因为在“停战协定”书中，德国人明确规定“占领军的费用一概由法国政府负担”。敌人依据这个条款，掠夺了大量的金钱，他们不仅用这些钱供养自己的军队，而且拿我们的钱购买了无数的机器设备和许多消费品运回德国。此外，根据所谓“补偿协定”，法国国库还得弥补法国对德国自由出口价格同德国对法国出口煤炭和原料的价格之间的差额，其实这些煤炭和原料只是供应在我国为德国加工的工厂。由于我们对德国的自由输出极少，而我们从德国进口的煤炭和原料数目又很大，“补偿协定”就变成了我们的可怕的重担。此外。德国人在黑市上进行收购，向个人进行勒索，在各地索取罚款，实行大量的盗窃，从各方面对法国进行了洗劫。至于敌人强迫我国的劳动者停止生产，为他们干几十亿个工作日；我国人民由于营养不良而体力衰弱；在五年间，我国的一切生产设备都已耗损，不能维修和更新；这些损失都是无可估计的。总而言之，德国的占领使我们损失两万亿 1938 年的法郎，即等于现在的 80 万亿法郎。在战争结束的时候，我国在经济方面，失掉了大部分生产资料；在财政方面，国债如山；在预算方面，必须长期地为重新建设而拨出庞大的开支。

由于第一次世界大战的灾祸刚刚过去不久，资源和生产资料的这种损失就显得更加惨重了。在两次世界大战之间的 20 年中，我们还没有来得及完全恢复失去的财富。特别是，1914 年以前法国人在国内外所有的大量资金都随着我们在 51 个月当中在索姆河到孚日山的战线上发射出去的五亿发炮弹而烟消雾散了。战后，为了重建被破坏的一切，为了给残废军人和阵亡将士的孤儿寡妇发放抚恤金，为了偿付大批战时订货的款额，我们不得不继续借债，实行货币贬值，取消为实现现代化所需的开支。因此，法国在 1939 年参战的时候，国家十分贫困，装备非常落后。在这次新的考验中，它又把剩余的国力消耗了一大半。现在，当它又要在废墟上重新建设的时候，只有微不足道的储备和少得可怜的经费了。如果只依靠我们自己这一点微小的能力，怎么能办得到呢？如果要向他人求援，那又怎能保持独立呢？

在这方面和在其他方面一样，在某种程度上可以用人力来弥补我们的欠缺。但是，在人力方面，我们也受到严重的损失。我们有635 000人死于敌手，其中阵亡的有25万人，被敌人炸死或被占领者屠杀的有16万人，死于集中营的酷刑下的有15万人，由于被俘或被敌人强迫去做劳工而致死的有75 000人。此外还有585 000人残废。按人口总数计算，法国的死亡率的确没有德国或苏联大，但是却超过了英国、意大利和美国。尤其是，我国人口所遭受的损失比实际数字所表达的要严重得多。因为死神夺走的正是我们本来就不多的青年人。而且在第一次世界大战期间，我国人口的死亡数比这次大战多一倍，也就是说，在所有参战国家中，我们的死亡率最高，何况事情又发生在我国人口出生率最低的时代。总之，平均计算起来，法兰西民族中的老年人的人数最多，唯有她自20世纪初起，死亡率一直超过出生率，而且在1939年，在她根本还没有能够弥补上次大屠杀的空白的时候，又遭到这场惨重的伤亡，使本来人数就不多的青壮年受到严重损失。不言而喻，她损失的正是那些最富于进取心、最英勇和最优秀的青年。

此外，在两次世界大战之间这个时期，法国在物质上所遭受的损失和国力的削弱，只能使她在两代人的期间所发生的衰退更加严重。19世纪初（从历史来说就是不久以前），我国曾经是欧洲人口最多、世界上最富强的国家，她的光辉无与伦比，但是由于种种不幸，她丧失了这种卓越地位，甚至沿着斜坡滑下去，一代不如一代了。她的领土已经不完整，边界也残缺不全，法兰西民族的后裔有三分之一脱离了她。最近130年来，她不断遭到内忧外患的侵扰，生活在水深火热之中。当大国的经济力量主要决定于煤炭生产的时候，法国生产的煤炭却很少。当石油产量压倒一切的时候，法国却连一滴石油也没有。在同一时期内，英国人口增加了一倍，德国和意大利的人口增加了两倍，苏联的人口增加了三倍，美国的人口增加了九倍；而我国的人口却停滞不前。

除了国力衰竭，法国的思想状态也不景气。大革命和企图称霸世界的拿破仑一世的失败，以后法国又因战败而遭到普鲁士和几个德国的仆从国家的蹂躏，这一切使法国人完全处于屈辱的境地，使人民丧失了信心。1918年的胜利无疑曾恢复了法国人的信心，但是这次胜利的代价如此高昂，它的果实又如此辛酸，以致经受不起1940年的冲击，一触即溃。法国差一点一命呜呼。幸亏有抵抗运动的兴起和我们胜利的奇迹，法国才活了下来，然而行动如此缓慢，仿佛已经僵化。况且这么多的灾难，自然也使法国的统一遭到严重的破坏。自1789年以来，法国先后更换了15个政权，每一次都是通过发动叛乱或政变实现的，但是没有一个能够实现均衡，不久都遭到了覆灭，而留下了深刻的裂痕。

今天我所领导的就是这样一个满目疮痍、伤亡惨重、四分五裂和危机四伏的国家。这个国家在我的号召下已团结起来，朝着解放的道路前进；大战临结束时，她也恢复了秩序，同时她也高兴地接受了那些能避免社会斗争而达到复兴的改革。最后，她还允许我采取了能使她恢复从前国际地位的对外活动。这一切同那几乎使她遭到毁灭的灾难相比，当然颇为可观。但是如果同为恢复她的力量所应做的事情相比，那就微不足道了，因为没有这种力量，她就没法长期生存下去。

我拟订了一项简单而合理的计划。我们必须获得我们一向缺乏的能源。在煤炭方面，萨尔地区已经合并过来，鲁尔每年供应我们

5 000万吨煤（正在开始供应），这样得来的煤炭等于我国自己生产的煤的两倍。至于石油，我们可以完全相信，最近成立的勘探机构一定能在法国的广大领地上找到油田，因为在世界各广大地区都找到了它。谈到新兴的原子能，我国的铀矿似乎很丰富，加上我们的科学和工业能力，是可以保证我们达到惊人的水平的。我们为这个目的而成立的最高计划委员会即将着手兴办这项事业。同时不管我们目前多么贫困，我们所要执行的使装备现代化的坚定不移的政策一定会改变设备落后的面貌。最高计划委员会负有这个任务。但是，在所有投资中，最迫切需要的是用来增加法国人口的投资。我们已经采取的措施——家庭救济和补助费——不久将会收到效果。最后，通过资方、劳方和技术人员三方面协作而建立的社会和平，以及面对任何国家和人物都要坚决保持的民族独立，有可能给法国创造一种能加强民族自尊心和奋发图强的气氛。

只要我们全国能够团结一致，只要政府领导国家走向既定的方向，我们就能够达到这个目的。相反，如果内部闹分裂，没有统一的政权来领导国家，那怎么能够达到这个目的呢？令人遗憾的是，随着国土的解放，我痛心地看到，各个政治力量都在从事分裂我国的活动，都在不同程度上企图使全国同胞远离我。

从表面上看，我可以随意延长我不久以前拥有的和后来得到普遍赞同的领导权。但是法兰西民族毕竟是法兰西民族，绝不是其他民族。如果它不愿意，任何人也无可奈何。我是在危急时期掌握了绝对权力的。如果在危险消失以后，我还要无限期地强使她接受我的绝对权力，那将会使法国发生怎样的动乱呢？在整个战争期间，我曾一再声明，只要环境允许人民举行普选，我就立即把政权交还人民。我的权力之所以越来越多地得到承认，在很大程度上是由于我做了这种保证。如果现在我拒绝履行这项诺言，就等于给我的事业留下一个欺骗的烙印。同时这也必然会逐渐引起全国同胞的反对，因为他们会不理解实行这种专断的理由。到那时共产党人将靠着他们奔放的热情和巨大的影响，走在我的政敌的前列，并且理所当然地要取代我的位置。

应该肯定，任何独裁政权，除非有一个坚持压垮其他党派的政党坚决支持它，否则它是站不住脚的，只有在国家危急时期例外。不过我是法兰西的旗手，绝不是一个阶级或一个党派的领袖，我绝不挑拨对任何人的仇恨心理，我也没有一群靠我升官发财的党羽。至于抵抗运动的人员，虽然在感情上仍然忠实于使他们团结起来的理想，可是其中许多人在政治上已经远离了我，而朝不同的方向发展了。只有军队可以作为我管理国家的手段，可以用它来制服那些反抗分子。但是这种在和平时期强行建立起来的军事独裁，很快就会遭到各界人士的唾弃。

归根到底，导致独裁的动力，过去从哪里产生？将来还能从哪里产生呢？恐怕除了巨大的民族野心和受威胁人民的恐惧以外，没有别的了。法兰西曾经有过两个帝国。她对第一帝国表示欢迎，是因为当时她认为自己有能力统治欧洲并对骚动和混乱感到厌倦。她接受第二帝国，是因为她希望洗雪由于战败和签订屈辱性条约而带来的耻辱，而当时社会的动乱又使她感到极端苦恼。这两个专制政权的结果怎样呢？今天任何征服、任何报复都不能诱惑我国人民；广大群众既不害怕入侵，也不畏惧革命了。我在暴风雨时期临时执行了独裁权力，如果祖国仍然处在危急时期，我一定要延长或恢复这种独裁，但是既然救国的事业已经成功，我就不希望再把持这个政权。因此我要实践我的诺言，通过普选还政于民。

我虽然放弃了个人独裁的思想，但是仍然相信我国需要有一个能使政府强有力而能持久的制度。显然，各政党都无法组织这样的政府。我认为，共产党人在争夺政权方面是一个强有力的对手，他们如组成政府会得到一个完全现成的组织的支持，他们在国内会得到一部分人民的支持，在国外又有苏联人的支持，不过他们会使法国处于受奴役的地位；除了共产党以外，我看不出有任何一个政党能够领导国家和政府。虽然某些政党可以得到许多拥护者的选票，但是我们认为没有一个政党能代表全民的利益。此外，每个政党只能得到少数选票，而且许多选民投某个政党的票，不是为了支持这个政党，而是为了反对其他政党。总之，没有一个政党能得到可以掌握全国政权的票数和威信。

各党派除了使它们受到削弱的分散性以外，它们本身也在衰落，这种衰落暂时还有空谈做掩护。但是，曾经成为党派的动力、吸引力和光荣的对于理论的狂热，在轻视空想而崇拜物质文明的时代是不会原封不动地维持下去的。由于它们不能坚持原则，也没有新兴党派笼络人心的那种热忱，它们在这方面不能得到公众的拥护，就不可避免地变得目光短浅，甚至降格俯就，直到每个党派只代表一个阶层的利益。如果政权落到它们手里，它们的领导人、代表和党员，肯定都要在政界大肆活动，成为职业政客。党派的力量完全耗费在争夺国家权力、重要位置和行政职务上，它的活动基本上只限于所谓的策略上，这实际上就是实行妥协或放弃原则。由于他们都是少数，为了爬上统治地位，他们就需要和对手分赃。从而产生出双重后果：在公民面前，他们势必自相矛盾，难孚众望；同时政府内部长期存在着对立的集团和个人，互相掣肘，其结果必然导致政权软弱无能。

考虑到目前法国在政治上的现实情况，同时也考虑到国家机构任务的繁重，我清楚地知道应该采取什么制度。为了制订这项计划，我当然考虑到从难以补偿的一场灾难中得到的教训，考虑到我对人对事的经验，考虑到事变使我在建立第四共和国中所能起的作用。

我认为，国家机构必须有一个领袖，换句话说，必须有一个全国人民在动乱中能够把他看作掌握国家命脉、保障国家命运的领导人。旨在为公众服务的执政机构也不应该从代表各种私人利益的议会中产生。这些条件意味着国家元首不应当由某一个政党指派，而必须由人民推选，国家元首有权任命各部部长，有权通过公民投票或议会选举了解全国民意；最后，在危急时期，他有责任保证法国的领土完整和国家独立。除总统必须公开干预的情况以外，政府和议会要携手合作，议会有权监督政府，也有权推翻政府，但国家最高领袖有权进行仲裁，并且有权请人民进行仲裁。

我清楚地看到我的计划同各党派的要求是针锋相对的。有的党派或者出于心悦诚服，或者是出于谨慎，还没有打算反对戴高乐。另一些党派虽然多次批评了戴高乐并提出警告，但还有所克制，不愿公开同他论战。即使是共产党，尽管他们曾经跃跃欲试，但仍不敢同戴高乐正面交锋。不过有一点很清楚，即在将要展开的严重争论中，分歧是不可避免的。的确，各党派一定会根据各种理由，要求未来的宪法规定一切权力都直接完全从属于他们的政治制度，如果戴高乐不愿意当陪衬，就没有他的位置。在这方面，过去的教训、目前的现实和未来的威胁，都丝毫不能改变他们的看法和要求。

虽然第三共和国经常处于恼人的动荡状态，最后陷入不能自拔的深渊，但是各党派只知道找借口诿过于人，完全不理解必须放弃老办法。虽然只有人民团结起来，捐弃私见，由一个得到公认而持久的政权进行有力的领导，法国才能复兴，但是，这些原则，各党派却不会采纳。相反，它们认为，最重要的是，与政敌进行斗争，煽动有利于他们的情绪和要求，掌握政权。但他们掌握政权不是为了整个国家的利益，而是为了推行他们自己的纲领。他们根本就不认为成功地团结并拯救了全国的戴高乐应该继续领导法国。毫无疑问，他们还竭力为戴高乐捧场。今天他们对戴高乐表示拥护，明天他们对戴高乐也还要尊重，这都说明他们要让戴高乐经过一个过渡时期再下野。他们甚至极力设法把戴高乐安置在虚饰的位置上。但是，任何党派都不愿意把国家大事长期交给一个显然与他们所要建立的政治制度不相容的人物。

虽然我不希望得到各党派的自发支持，但是我觉得，既然全国同胞的天性和他们迄今对我的信赖已经非常明显地表现出来了，因此“政治家们”也不得不随波逐流。我的责任是征求全体法国人民的意见，了解他们是否同意按照我的设想来建设国家。如果人民同意，各党派也就只好同意，这样我就参加新共和国。否则我当然要承担由此而产生的后果。

虽然一开始我就认为最后要取决于人民，可是对将来的结局仍然很担忧。全国人民虽然一再向我表示热烈拥护，但是同时也表现出一种烦闷的感情。他们是不是已经厌倦、消沉和分裂了呢？我向他们提出的这些宏伟的事业、有力的行动和巩固的制度，是不是超过他们的能力和要求呢？一切都解决以后，我是不是有必要的能力、才干和口才使他们振作起来呢？不管以后全国同胞怎样回答这些问题，目前我的责任是使用全国人民交给我的全部权力来管理国家。

老实说，德国投降以后不久，简直可以认为在我的周围出现了一个统一的新的政治局面。在那短暂的时期里，新闻界也竭力赞扬我。5月15日，在我发表从战争中吸取教训的演讲时，咨政议会上满堂喝彩声，整个会场响起雄壮的《马赛曲》和“戴高乐万岁”的热烈欢呼声。许多重要人物纷纷做出拥护我的姿态。特别是曾被德国人留作人质、现在回国的几位前总理更是如此。保罗·雷诺、达拉第、萨劳等先生一见面就向我保证，他们要竭诚帮助我。莱昂·勃鲁姆一恢复自由就声明说：“法国依靠戴高乐将军复活了。我们能有像戴高乐这样的将军真是幸运。我在监狱里就一直希望我的党会支持他。整个法国都信赖他。他出任国家领导人是我们国内团结一致的必要保证。”爱德华·赫里欧被苏联人救出来以后，路过莫斯科时，在电台上广播说：“我确信我国人民在戴高乐的周围团结起来了，我也完全听他指挥。”但是，这类姿态和声明不久就烟消云散了。

事实上，现在党派和选举的问题在国家生活中占了头等重要的地位。一开始，问题的中心是市政机构的更新。为了逐步恢复民主制度，政府决定从市镇开始。1937 年选出的市政会议遭到维希政府的无理干涉，接着又经受了解放时期的动荡。现在市政会议需要通过公民投票恢复活动了。虽然在 4 月 29 日和 5 月 13 日的两轮投票中发生了许多地方性的纠纷，但是主要的趋势还是暴露出来了。人们看到那些组织得很严密和自我吹嘘为“运动”的政党——共产党、社会党、人民共和党——都得到了很多选票和席位，而其他温和派和激进派的势力却削弱了。人们看到两个类型的马克思主义政党联合起来争取选票。最后，人们看到各种不同思想倾向的组织都抬出自己在抗战中起过积极作用的人物做候选人，因为选民最愿意选举这样的人。

尽管这场风暴改变了票数的分配，但并不能改变法国各政党的本质，也不能掀起一个真正的新浪潮。总之，舆论的趋势比任何时候都更加倾向于根据特殊的要求和纠纷而走向分裂，丝毫没有为国家大事而团结起来的表现。在这种竞争环境下，定调子的当然是共产党，而且他们的势力越来越大了。选举运动表明，“政治家”们对于未来的国家机构只有两种看法。激进派和温和派都主张恢复 1875 年的宪法。其他党派要求建立一个“唯一的和拥有最高权力的议会”。不过尽管有上述分歧，他们都要求各党派像从前一样毫无限制地掌握全部国家权力。任何观察家都看得出来：不管戴高乐愿意不愿意，将来的结果必然是这样！克里蒙梭说：“最使人难以忍受的痛苦莫过于冷淡。”如果真的是这样，人们就可以理解，在以后几个月，我的处境是更加困难了。

市镇选举还没有结束，战时的俘虏、被带到德国和被征走的人就开始回国了。这是国家的一件大事，一件激动人心、催人泪下的大喜事。几个星期的时间内，250万最最可爱（因为他们受折磨最多）的儿女重新回到祖国的怀抱，回到各城镇、各个家庭中去了。这个“伟大的归来”给政府增加了许多严重的困难。这一像巨潮般涌来的人群，绝不只是简单地把他们运到法国，然后送他们回家而已。当此国家穿衣吃饭问题最为严重的时候，解决这么多人的温饱问题确实很困难。全国的生产活动还相当缓慢，要使这么多人立即有机会就业，也不是一件容易的事。收容、照料和教育众多的伤病官兵，更不是轻而易举的事。但是既然由于德国的失败而使所有被拘禁在德国的法国人突然全部得到释放，他们的问题就必须立即解决。

这项艰巨的工作早就有了准备。1943年在阿尔及尔就成立了被俘、被迫外迁人员和难民事务部，并一直办理和积极管理这项工作。应当把这些人从德国各地集中起来，然后安排他们回国。这项工作在法军占领区当然比较容易，在英美占领区就较为困难，在难以接近、多疑和手续繁多的苏联人的占领区，事情就太复杂了，因为他们正在使许多省的居民全部迁移。幸而在莱比锡及时签订了一项协定，规定各盟军占领区应该合作。所以，只有被迫编入德国国防军的阿尔萨斯和洛林的青年的问题出了一些较大的麻烦，因为他们是被苏军俘虏过去的，目前他们和苏联各战俘营里的德国人混在一起。我们的大使贾德鲁将军和驻莫斯科军事代表团很难同这些人接触，很难证明他们的身份，很难帮助他们回国。他们当中有些人是在后来才找到的，也有些永远不能返回祖国了。

6月1日，即这项工作开始三个星期以后，我们的获得自由的第一批被俘人员100万人已抵达法国国境。一个月后，绝大部分被俘人员都回到了祖国。他们在招待所得到了可能范围内的优待，每人得到一部分津贴，然后复员。他们在民穷财尽但又比任何时候更需要自己的儿女的祖国重新走上了工作岗位。

尽管采取了这些措施，但这样多的人在这样短促的时间里回到祖国，难免要出一些问题。况且长期离开祖国以后归来的人，所接触到的往往是忧伤和失望。其次，生活十分困难，这同他们昨天在灾难中所期望的完全不一样。最后，那些在铁丝网中曾经梦想祖国已经复兴的人们，看到法国人精神不振，国力衰竭，难免要感到伤心失望。从国家的最高利益着想，必须设法减轻这些痛苦。但是各党派却想利用这些痛苦进行竞争。毫无疑问，其中最突出的是共产党人。

共产党人施展各种手段，利用不满情绪，把“全国被俘人员运动”抓到手里，开始向亨利·弗莱乃部长发动攻势。“全国被俘人员运动”除了通过报刊和它的发言人提出挑衅性的建议外，共产党还设法在集中地点和招待所组织示威运动。在举行欢迎被俘人员归来，特别是欢迎被关进集中营的抵抗运动人员归来的欢迎会时，他们都乘机派出一群人大叫大嚷。甚至还在巴黎组织了游行队伍走上大街，并在福煦大街被俘人员事务部的窗下，大声喊着：“枪毙弗莱乃！”在游行队伍的行列中，还有人特意穿着俘虏营中的囚服。毫无疑问，回国的人绝大多数都没有参加过这类有伤体面的事件。但是事件的策动者不是希望政府出动公安力量对付示威者、激起民愤，就是希望政府向威胁让步、撤换被他们辱骂的部长。至于其他政党，只是坐视这种明显的煽动行为，而不给当局以任何支持。

然而，问题很快就解决了。我把“运动”的领导人召到我的办公室来。我告诉他们说：“发生的事情是令人不能容忍的。我要求立即停止这种行动，而且要由你们替我负责。”他们回答说：“这是被俘人员的正当愤怒的表现，我们也阻止不了。”我向他们声明：“公共秩序必须维持。你们如果管理不了自己人，那就当场给我写脱离运动的声明。如果你们确实是他们的领导人，你们就得立刻向我做出今天就停止全部骚动的正式保证。如果你们在离开以前不给我写出书面保证或者诺言，你们出了接待室后就要被扣留起来。我可以给你们三分钟的考虑时间。”他们在一个窗口互相商量了一下，立刻回来向我说：“我们明白了。一定照办！我们可以向您保证停止游行示威。”而且当天就这样做了。

被俘人员事件表明，只要政府不发生分裂，并得到“政治家”的继续支持，它就会是坚强有力的。在财政和经济问题上，也可以看出同样的情况。财政经济问题在胜利以后的夏季又紧张起来了。由于这种时刻无法避免，而且应该采取的措施又涉及了选民的切身利益，我相信，各党派在设法避免困难的同时，会允许我的政府采取必要的措施的。事实也正是这样。

问题在于，既要为国库开辟特殊的财源，又要制止通货膨胀，同时还要限制物价上涨。停战后，出现了消费普遍增长的趋势，而生产却远远达不到令人满意的水平，国家的开支又不可避免地逐渐增大，在这样的时期里，经济和财政问题始终是一个问题。解放初期采取的措施已经避免了最恶劣的情况。现在必须再做进一步的努力。但是无论怎样，每个人都会受到许多限制，有些人还必须作出重大的牺牲。普选就要来临，我本来可以拖延几个星期再作出决定，让未来的国民议会和我分担责任，只要采取一些临时措施就够了。可是那样损失太大了。我选择了毫不迟延的方法，完全由我的政府负责采取改善措施。

第一就是兑换纸币。这种方法首先就是调查每个法国人的财产。关于不动产、公债、股票和记名证券等财产的价值，政府已经调查清楚。现在只剩下调查无记名证券——纸币和短期债券在群众中的分配情况。票据持有人必须出示票据，进行申报，然后一对一地用新纸币进行兑换。这样，那些没有交到国家银行里来的纸币，主要是被德国人带走的纸币，以及那些持有人宁愿放弃也不愿申报全数的债券，都作废了。况且持有大量纸币的人往往愿意换成债券，因为他们的财产数额今后已经是人所共知的了。

从 6 月 4 日到 15 日，在普利文的领导下，一切进行得很顺利。在法国的经济生活中，一点都没有发生过像在比利时采取类似措施（但包括冻结存款）时曾经引起的那种剧烈波动。在 5 月底曾经高达 5 800 亿法郎的货币流通额，到 7 月仅仅是 4 440 亿法郎了。而且这种对征税物品所采取的“照相”措施，为政府准备征收的特别税奠定了巩固的基础。

在此以前，政府必须遏止物价暴涨。政府虽然没有采取孟戴斯-弗朗斯所提出的过激计划（即自动收回四分之三的货币，完全冻结物价和薪金，一句话，冒破坏国家活动力的危险而采取一举成功的措施），但是也决心阻止物价持续上涨。无论如何，只有供能应求，物价才能稳定，这一点还需要相当长的时间才能做到。不过我们采取了防止过分波动和惩罚违法行为的办法。6 月 30 日公布的两项法令规定了应该采取的措施。第一项法令规定了政府限定或调整物价的办法。第二项法令规定了惩罚违法行为的措施。这些法令当时立即付诸实施，以后继续实行，直到今天依然有效。

不管我们对于刚刚复原的国家如何多方照顾，也不管我们如何竭力使一切事情循序渐进，还是必须使 1945 年收支平衡，并为 1946 年的预算筹措收入。解放公债不能再发行了，再增加短期债券也是有危险的，因此选择了征收特别税的办法。8 月 15 日的法令规定征收支援国家税，以解决在接回被俘人员、部队复员回乡、向印度支那派遣远征军以及第一批恢复建设工程方面所需要的特别费用。我们估计应该征收的税款为 800 亿法郎（约等于今天的9 000

亿法郎），并且决定向富人征收。除了他们之外，还有谁能够拿得出这些钱来呢？再说，他们不就是那些同以前关心恢复秩序和维持社会治安一样地关心财政稳定的主要人员吗？我们使用最简单的方法，即颁布法令，把遗产税、战时额外收入（国难财）税、公司基金税总称为“支援国家特别税”。

咨政议会对这个计划提出了意见。在 7 月 25 日的讨论中，各党派向我们提出了种种的批评；左派代表菲利普、莫克、杜克洛、拉麦特等人指责政府对于私人资本不敢采取果断措施；右派代表拉尼埃和德奈诉苦说，这样的税收会阻碍实业的发展。各党派虽然施展了种种手段，最后还是几乎全体一致地通过了计划的条款。这是咨政议会最后一次支持政府的决定。不久以后，在有关制宪问题的讨论中，整个议会便完全公开倒向了反对派。

在此期间，我曾要求审理大家所关心的和引起极大激愤和不安的贝当、赖伐尔、达南特等人的令人痛心的案件。政府在完全不干预高级法庭预审的情况下，希望它尽快结束这个案件。法庭开始审理了，而且首先审理的是元帅的案件。有人说，这件事一定会引起各方面的巨大混乱。但实际上却非常平静。当然，参加这种令人痛心的会审的人们，不管是法官、陪审员还是证人和律师，都不能完全抑制住自己的激情和愤慨。但是，激动不安的情绪始终没有超出法院的范围。毫无疑问，群众都在密切地注意着报纸上有关辩论情况的简略报道。但是，在任何方面也没有引起群众的骚乱。实际上，每个人都知道，法院必须作出裁决，而且绝大多数人认为，这个案件已经成了定局。

我同意这种看法。但我认为最重要的罪状在很多人眼里却不那么重要。我认为贝当和他的政府的主要罪行是盗用法国的名义同敌人签订了所谓“停战协定”。当然，在这个投降条约签订的当天，法国本土的战争显然是失败了。为了结束溃退的局面而停止大西洋和阿尔卑斯山之间的战斗，这种局部的军事行动本来应当是有道理的。但应由各有关部队的指挥部（哪怕为此必须撤换将领[①]）根据政府的命令作出必要的决定。政府应该把 14 个世纪以来从未落入外人之手的法国主权带到阿尔及尔去，继续战斗到底，坚决履行向盟国作出的诺言，然后请求它们的援助。但是，贝当却命令没有受到损失的海外领地、完整无缺的海军、大部分没有动用的空军、未损一兵一卒的非洲和地中海东岸军队以及所有可以从法国撤出的军队都放下武器；他违背了我们的同盟条约；更严重的是，他把国家交给德国，让德国去践踏。这才是他应当受惩的罪行，如不给予应有的惩罚，就不能洗雪法国的耻辱。后来，维希政权在他的领导下所犯的种种罪行，例如：与侵略者合作；在达喀尔、加蓬、叙利亚、马达加斯加、阿尔及利亚、摩洛哥、突尼斯进行反对自由法国和盟国的活动；直接勾结德国警察和军队武装镇压抵抗运动；把法国政治犯、犹太人和在我国避难的外国人交给希特勒；通过供给劳工、原料和商品以及通过宣传等方式支持敌人的作战机构——所有这一切的祸根都是“停战协定”，这才是万恶之源。

因此，我对最高法院、议会议员和报纸不去严厉谴责“停战协定”而在枝节的问题上喋喋不休感到不满。况且他们只突出有关政治斗争的问题，而忽视全国抵抗外敌的问题。有许多次讨论本来只需从国家安全和民族独立的角度来考虑问题，结果却变成党派之间的争论，甚至翻开了旧账。辩论和评判的内容主要是关于蒙面党的旧阴谋，议会辞职，逮捕议员，审讯雷奥姆，强迫法官和行政官吏宣誓，劳工法，反犹太人的措施，追究共产党员，解散政党和工会，莫拉斯、亨利奥、吕舍尔、戴亚、多里奥等人在战前和战时的活动，而不是投降、背叛盟国和同侵略者合作的问题。

① 指魏刚。

菲利普·贝当在受审时一直保持缄默。根据他的年龄、精力和那些无可辩驳的事实来看，我认为他采取的态度是明智的。他这样一言不发，似乎表示他对自己当年以伟大功绩而赢得的军人尊严仍然是珍惜的。摆出的事实和证据、提出的起诉书和辩护状都使人感觉到他的悲剧在于他已年迈体衰，无力担负引导下层、控制事态的重任。他自欺欺人，以公众利益和策略需要为借口，表面上果断强硬，实际上不过是受了卖国求荣和威胁恫吓等阴谋的左右。最高法院宣判他死刑，同时又要求不予执行。我也决定不顾一切地签署赦令。同时我采取了必要的措施，防止元帅受到人身侮辱。8 月 15 日，宣判后立即用飞机把他送到波尔塔莱，然后转送伊于岛。我的意见是监禁他两年，然后把他送回昂提布附近他的故乡，让他去结束他的晚年算了。

接着审判赖伐尔。在德国投降的时候，他乘德国飞机逃到西班牙，企图在那里找到避难所。但是佛朗哥将军命令把他逮捕起来，并用飞机把他送往德国。这个逃犯可能希望向美国方面求得解脱吧？这是妄想！美军把他交给了法国当局。10 月间，这位维希政府的首脑便在最高法院受审了。

起初，赖伐尔企图把他的行为解释为不是有意通敌，而是一种政治家的手腕，说他在最坏的情况下同敌人妥协，是为了减轻法国的损失。由于陪审官都是战争前后的议员，被告想把诉讼辩论变成政治讨论。这样，就可以在同僚之间进行各种理论的比较，混淆是非，从而减轻他的罪责。这种手段在法庭上并没有得逞。赖伐尔看到这种情况，便不顾一切了。他在法官面前采取了挑衅的态度，以致受到法官们的严厉谴责。他随即借口这种谴责不合理而拒绝再出庭受审。他企图以此把他的案件染上一些特殊的色彩，使法庭对他采取新的审讯程序，或者免去他明知不可避免的死刑。事实上，恰恰对他宣判了死刑。他未通过复审，也没有得到减刑。为了逃避执行死刑，他做了最后一次挣扎——服毒自杀，可是以后被救活了。赖伐尔看到一切道路都已堵死，便挺起身子，以坚定的步伐走上刑场，勇敢地死去了。

在这以前几天，约瑟夫·达南特受到了同样的判决。行刑时，他表现得也不怯弱。审讯的时间很短。维希政府在维护治安的名义下所犯的很多罪行都应该由这个被告负责。这位“秘书长”为了给自己辩护，只说明一切都是为了元帅。对他来说，问题的症结不在于怯懦或软弱。他可能是让国社党的学说迷住了心窍。这个铤而走险的打手，把同敌人合作看成是一种激动人心的冒险，从而把他的一切行为和各种手段都看成是合理的。如果他有机会，也可能跑到相反的方面去。他提出战争初期他领导法兰克团时所立下的奇功来为自己辩护。他还提出在他已经穿上德国军官服、全身染满抗敌战士们的鲜血以后，曾托人向我提出加入自由法国的要求。无论什么东西都不能像这位离开正道的人的实际行动那样清楚地证明这个政府的罪行了，它把本来应该为祖国效力的人引向叛国的道路。

对维希政权首脑们的判决，使法国彻底清算了背叛民族的政策。但是，还必须使全国人民坚决接受一种相反的思想。在遭受敌人蹂躏的岁月里，逐渐把法国人引向抗敌和解放的是对法兰西的信念和希望。随后制止了颠覆活动并展开了恢复工作的也正是同样的信念和希望。今天，在我们正要走向强大的时候，最能促使我们成功的也只有这种力量。如果这种思想深入人心，也必然会影响将来的国民议会。因此，在选举前夕，我要尽一切努力在全国鼓动起一种完成自己使命、奋发图强的热情和信心。

5 月 9 日，即胜利日的第二天，我到圣母大教堂去参加隆重的感恩礼。红衣主教苏哈尔在教堂门前迎接了我。官方代表也都在场。教堂里挤满了人，连教堂四周也都是人。当胜利的歌声响彻云霄，在会场上激起一种扣人心弦的波浪，传到教堂门外的广场上、站台和巴黎每条大街的时候，我在教堂国家元首的传统席位上体会到每当我们祖国获得胜利时我们祖先所感受到的那种感觉。我们虽然不能忘记和胜利同样巨大的灾难以及今天仍然摆在全国人民面前的障碍，但是这种永恒的感情成了支持我们勇气的力量。四天以后是纪念圣女贞德[①]的节日，是另一次表现爱国热情的机会。这是五年来第一次能够按照传统习惯庆祝这一节日。

5月24日，我向法国人民作了一次严肃的讲演。我在广播中谈到我们的损失、我们的任务和为了“使我国按照我们的希望成为富强和友爱的国家”所应该做出的努力。我指出：“在一个显然不好相处的世界上”，复兴法国是多么艰巨的任务。我说：“我们的工作和生产能力，我们在政治上、社会上和精神上建立秩序，这些是我们独立的条件，更是我们起作用的条件。因为有动乱就没有光明，陷于混乱就无法进步。”所以，无论人们怎样不满和怎样要求，必须由政府管制物价和工资。这种严格的要求要和改革措施同时进行。我宣布：“在今年内，政府要掌握煤、电的生产和信贷的分配，这是政府领导全国经济活动的杠杆。”此外，关于增加全国人口的问题，也要按照同一目标，即按照恢复我国的强盛的需要来采取新的措施。我把法国人比作在最发愁、最疲乏、最困难的时刻看到地平线上的陆地的哥伦布的水手。我大声疾呼：“看！突破目前的困难和云雾，就是光辉灿烂的未来！”

为了鼓舞一下情绪，我在6月10日视察了芒什省和奥恩省，这两省和卡尔瓦多斯省都是受害最大的省份。我在多特利陪同下视察了圣罗、古当斯、维勒迪埃莱坡勒、莫尔丹、弗莱尔、阿尔让当、阿朗松以及很多的村镇。到处可以看到在废墟上沸腾着热情的

---

① 圣女贞德（约1412—1431），法国女民族英雄，出身农家，百年战争末期曾在奥尔良重创英军。

激流。6月18日，巴黎万人空巷，倾城出动，欢迎从香榭丽舍大街走过来的从德国凯旋的军队。勒克莱尔和伯都亚特走在军队的前面。在神采焕发的士兵、热泪盈眶的群众和站在隆重会场中央的戴高乐之间，洋溢着从巨大的共同激动中产生出来的喜悦和热情。6月30日和7月1日，我走遍了奥弗涅地区，不管在克莱蒙费朗、雷奥姆、奥里亚克等大城市，还是在分散的乡村，都看到了和首都一样的热烈情绪！

普选的日子临近了。政府打算在10月间举行普选。我赶紧组织游行。7月14日，在巴黎按照适当的仪式举行了盛大的阅兵式。但是，这一次凯旋的队伍是从东向西行进的。塔西尼将军在温散尼广场上让我检阅了他的由胜利军队中各大部队派来的队伍。接着，“莱茵河和多瑙河”的军官们和战士们在暴风雨般的欢呼声中、在迎风招展的旗海中以整齐的步伐通过了特洛纳大街、拿西雍、圣安托万区，在巴士底广场走过我的面前。

下一周，普利文和唐吉-普利让陪同我到了布列塔尼。在圣布里厄、坎佩尔和瓦恩各地欢迎我的盛况真是无法形容。但是，最令人感动的是人民群众在几乎完全被夷为平地的布雷斯特、应该完全重建的洛里昂和完全被破坏的圣纳泽尔所表现的热情。后来我便到了拉罗歇尔，那里没有受多大损失便解放了，而且已经重新向大海通航了。

毕加底和弗兰德斯也向我表明他们将来有能力战胜一切困难的信心。8月11日，我在多特利、拉戈斯特、劳伦和梅那陪同下，在博韦和亚眠受到了人们的欢迎。这里也是异口同声的热情赞扬。我经过杜朗、圣波耳、布律埃到了贝顿，这里有五万矿工在市政府前面欢迎我。我在阳台上向他们讲了话，这次讲演也向全国广播了。

我说：“我们是受难最深的国家，因为我们是首当其冲的被害者。但是，我们正在进行非凡的恢复工作，并且完全以法国人的自豪说，我们正在阔步前进。到时人们会赞扬我们说：‘他们挣扎出来了！’”讲到这里，我举出一些数字。在解放后的头一个月，法国的煤产量为150万吨，到上月就已增加了一倍。电力从每月4亿千瓦上升到13.5亿千瓦，也就是说，达到了1938年的水平。同一时期，生铁、钢和铝的产量增加了两倍，铁矿石增加了9倍。解放初期每月生产水泥2.3万吨，上月已达到12万吨。石灰生产已由每月4万吨上升到12.5万吨。每月铁路货运量已由16万辆车厢上升到47万辆。我说：“我身负国家重任，眼睛一直注视着生产进度指标，我清楚地看到，我们的生产在逐日上升。”

再往下说时，我有意避免采用哗众取宠的辞藻。我说：“关于改革、物价、工资或选举等方面，我们知道，任何一个决定也不能同时使每个人都满意。但是我们要按照计划前进。我们那些苦恼、忧愁和悲痛的账，等以后再算吧。我们知道，主要的是要生活下去，换句话说，就是要前进。我们现在和将来都要通过不懈的努力、团结和纪律来达到这个目的，而不是也绝不是通过内部分裂！我们现在和将来都要通过逐渐建立新的、合理的制度来达到目的，而不是也绝不是通过恢复老一套或者去冒险……只有实干才行！”

第二天，我视察了贝尔克，接着到了敦刻尔克。船坞、水闸、码头到处都是残骸和弹坑，房屋建筑有三分之二完全倒塌，人们真不知道这个巨大的港口怎样才能恢复起来。但是，聚集在让·巴尔特[①]广场上的无数人群做了回答。他们听了我的讲话，非常坚决地高声回答了我，不容我再有任何怀疑。大家一起走到像奇迹似的屹立在那里的伟大海员的塑像前，合唱了一次《马赛曲》，然后又唱

① 让·巴尔特（Jean Bart，1651—1702），法国17世纪的著名海员，因在法国同荷兰、英国作战中表现英勇，路易十四破例先后任命他为船长、舰队司令。

了《让·巴尔特！让·巴尔特！》，歌声赶走了一切灾难。后来我也在加来市看到了同样动人的情景。那里的圣皮埃尔①像依旧存在，港口却呈现一片凄凉景象。除了古老的盖特塔和圣母教堂的墙壁以外，旧市区已经片瓦无存了。但是，聚集在市政府前面的加来市民的雷鸣般的欢呼，使人了解到未来是属于他们的！那里的市长是我的内弟雅克·温德鲁，他在市政府接待了我。布伦涅市的滨海地区是一片废墟，景象十分凄惨，但是，这丝毫不能阻止人民群众表示出坚强的信心。这主要表现在海员、渔夫、码头工人和造船工人身上，他们的代表明确地表示说："这里有我们！那里有海！没有办不到的事情！"在普遍的热情中，最激动和自发性最强的一直是工人群众。波尔太勒全被破坏，但是工人群众同样有决心把它恢复起来，我视察了这里以后便结束了我在任的最后一次旅行。

当群众表示准备战胜分裂，跟着戴高乐复兴国家，拥护戴高乐关于建立强有力的国家机构计划的时候，政治方面的动向恰恰相反。我的政府作出的一切决定和它表示的一切态度都受到了各党派的批评或指责。那些称为"政治家"的人们对我表现得越来越不信任了。

6 月间，各党派公开起来反对政府了。应该说，我在 6 月 3 日记者招待会上已经指出了怎样解决制宪问题。我说："有三种办法可以考虑。第一种办法是恢复旧制度，分别选出众议院和参议院，然后两院在凡尔赛合成国民议会，由国民议会决定是否修改 1875 年的宪法。第二种办法是认为 1875 年的宪法已经失效，应该选举制宪议会，由它决定一切。第三种办法也就是最后的办法，就征求民意的基本规定和人民代表应该遵循的规定，来征求全国人民的意见。"我并没有表明我个人选择哪一个办法，但是通过我所提出的

① 圣皮埃尔（Saint Pierre），1347 年拯救加来市的英雄。

公民投票的设想，可以看出我要选择的办法。很显然，明确表示反对，或者至少是明显的保留态度，已经从各方面表现出来了。

我要举行公民投票的计划有三个目的。1875 年的制度随着 1940 年的失败而崩溃，已不复存在了；我认为由我本人来恢复它或阻止恢复它都是一种专断的做法。无论如何，应由拥有最高主权的人民来解决这个问题。虽然我对于人民的回答没有任何怀疑，也一定要征询人民的意见：愿意恢复第三共和国，还是另成立新共和国。另一方面，如果人民通过投票废除旧宪法，当然要通过选举产生的议会来制定新宪法。但是，是否要使这个议会拥有全权，由它单独以最高的权力来决定国家制度，让它以无限制的、无例外的、至高无上的权力来主宰一切呢？不！通过公民投票，首先可以规定议会和政府应当拥有平衡的权限，然后再使议会制定的宪法通过普遍投票得到批准。最后，作为第一个和最后一个制宪程序的公民投票使我有可能诉诸法国人民，让法国人民能够在一个关系着多少世代人民命运的问题上，对我的主张表示赞成或不赞成。

我的意见刚一透露，立即引起各党派的坚决反对。6 月 14 日，共产党政治局表示，它决定开展选举最高制宪议会的运动；它宣布反对任何形式的全民表决，不论它是否以公民投票为幌子；它摒弃一切总统制的政府。法国总工会也立刻通过了类似的决议。社会党在 6 月 21 日也通过它们指导委员会的机关报，郑重声明他们不顾任何阻挠要求建立“制宪的立法议会”的愿望。此外他们还宣布：“坚决反对违反传统民主制的、由选民通过公民投票就有限制的委员会所制定的宪法草案进行表决的方法。”社会党和共产党 6 月 22 日举行的协商委员会会议、人民共和党指导委员会 6 月 24 日发表的公报、民主社会抵抗联盟 6 月 25 日举行的成立大会、全国抵抗委员会 6 月 29 日召开的会议、人权联盟中央委员会 7 月 1 日提出的倡议，都要求建立一个唯一的、拥有最高权力的议会，并且表示反对举行公民投票。

由于我指责了旧制度，那些拥护战前旧制度的人们也表示非常愤怒。1940 年以后，不管他们是站在维希方面，还是站在抵抗阵营方面，都在致力于恢复不久以前的旧制度。他们认为，戴高乐只能召集选民选举众议员，召集旧日有资格的选举团选举参议员，让议会以旧日的形式重新出现。在他们看来，全国人民谴责第三共和国的陈规（这是人们清楚看到的）正是不能让全国人民评判第三共和国的另一个理由。各温和派集团都声明赞成按老方法选举众议院和参议院。6 月 18 日，激进社会党执行局要求完全像战前那样“恢复共和国各机构”，它们声明“反对任何全民表决和公民投票”。

由此可见，各政党虽然在建立全权议会和恢复旧制度之间意见分歧，但是在反对我个人的计划方面却是一致的。在各党派看来，号召全国人民直接作出决定，是伤天害理的事情。这里比任何地方都更清楚地看到，党派情绪把民主制度歪曲到什么程度。他们认为，共和国应当是他们的私人财产，人民即使是最高的主权者，也只能把自己的权力甚至自己的自由意志委托给各党派选出的代表。另一方面，保证政府机构有权力和产生实效（这是我个人非常关心的事）的愿望完全违反他们的意志。他们追求的是使政府软弱无力，使他们更方便地控制政府，猎取职位和势力，而不是掌握行动手段。

我清楚地意识到，各党派的企图很有可能产生一个有害的宪法，因而我决定坚持由全国人民作出决定的办法。但是在使用强硬手段以前，我竭力设法求得有地位的、在各方面有影响的、我认为可以影响政治舆论的人的支持。我曾经和莱昂・勃鲁姆、爱德华・赫里欧和路易・马兰几位老议长商量过，他们的资历和阅历可能使他们对问题看得更清楚些。

莱昂・勃鲁姆长期被拘禁，最近才从维希政权和德意志第三帝国的监狱里释放出来。我很了解他现在比任何时候都要拥护社会主义。但是，我也知道他在经受考验的时期，曾经重新考虑过他们的党过去所公开表示出来的意见和所推行的政策。他借着监狱的天窗赐给崇高心灵的那点光亮，对那些意见和政策作过周密的思考。特别是关于政权问题，他有一套全新的看法。他在以“人类的阶梯”为题发表的狱中沉思录里写道：“议会制的政府并不是唯一的民主形式，也不是真正的民主形式。”他说，他认为总统制是最好的制度。他写道：“我个人倾向于三权分立、权力均衡的美国式制度。”他刚恢复自由就公开表示对我信任。我认为首先应该要求他来支持我的复兴共和国的计划。

但是，不久我就大失所望。事实上，莱昂·勃鲁姆很快又恢复了社会党固有的偏见。从我们第一次谈话起，他就借口体力不足，要全力从事党务工作，拒绝参加临时政府担任国务部长的职务。5月20日，也就是他回国后第十天，他在一次社会党书记联席会议上宣布：“谁也没有要求执政的权利，但我们却有权不考虑任何人过去的功勋。”他每天给《人民报》撰写的文章，完全支持建立唯一的和拥有最高权力的议会的主张，他的文章不管是在内容上或形式上，对政界都有很大影响。他在原则上并不反对公民投票，不过认为公民投票应该只决定是否恢复战前的制度。他所关心的不是使政体更坚强、更有实际权力，而是防止重新出现过去的参议院，因为他对参议院有着刻骨仇恨。在勃鲁姆看来，平衡议会权力的意见是毫无道理的。对于他所说的“戴高乐的情况”，他也抱着同样的看法。他对我个人一向表示尊敬，但是在尊敬的口气里，对我的权威表示怀疑，而且坚决反对通过扩大普选确定国家元首的做法。一句话，他也同样接受了法国议会制度的基本规则：任何领袖也不能超越民主的藩篱！

在选举前不久，我把他请来，对他说：“我的保国救民任务快结束了。全国都已解放，胜利了，秩序也恢复了。人民将行使最高权力表示自己的态度了。如果要我领导全国走向一个新的阶段，人民选出的代表就必须拥护我，因为在政界，谁执掌政权都必须获得大家的支持。然而，从各党派的思想来看，我很怀疑能否根据我的计划来领导法国。所以，我打算引退。在这种情况下，我觉得您应该负起领导政府的责任，因为您有能力、有经验，而且你们党在议会中的席位可能最多，必然会成为议会多数党团的核心。您可以放心，我一定给您帮忙。"

莱昂·勃鲁姆对我准备下野毫无反对的表示，于是我明白他是很同意的。但是，他对我提出的建议却回答说："我不愿意担负此任，我曾经有过很长一段时间受到一部分舆论的公开侮辱和责骂，从那以后，我一直对执政问题不感兴趣。再说，政府首脑的职务过于繁重，我也无力承担。"我问他："我要辞职，您又不肯接替，那么您看由谁来继任呢?"他说："我看只有古盎!"随后又提到最近接替丘吉尔的英国工党领袖说："古盎和艾德礼最相似。"很显然，勃鲁姆只是从社会党的角度来看我同他所谈的国家大事。我承认，在我想到全国最近遭受的灾难而他本人就是一个受害者的时候，我感到十分难过。

我从爱德华·赫里欧方面得到的则更为可怜。这个人，当赖伐尔和阿伯兹在巴黎解放前夕建议他召集 1940 年的"国民议会"，撇开我另行组织政府时，他的态度暧昧。但他是政界的老前辈，一直为第三共和国的议会、传统和光荣而斗争。尽管过去的国家机构表现摇摆不定和自相矛盾，他却始终如一地为之讴歌。这位徒然为法国的灾难悲叹而没有坚决行动的爱国者，也同样勇敢地承受了维希政府和希特勒所加给他的苦难。因此当他在德国获得释放、转道苏联和近东回来的时候，我曾热情地接待他，派自己的飞机到贝鲁特去接他。他第一次来见我的时候，我就把他在敌人占领时期退给贝当的荣誉团十字勋章又还给了他。我也曾经邀请他参加我的政府，请他担任负责联合国问题的国务部长。我想他真诚友好，态度一定很随和，不料恰恰相反，他牢骚满腹、言辞辛辣。

总的说来，赫里欧是因为看到各方对他态度的变化而十分气愤。他很不满地对我说，他最近在莫斯科受到的接待非常冷淡，同他以往去莫斯科的情况大不相同。他也没有向我隐瞒他对里昂市最近对他表示的冷淡所感到的气愤。他要求住在他的老住所众议院议长的大厦里，我告诉他不能这样办，他也极为不满。最后，也是最主要的，激进社会党受到严重打击，他非常痛心，因为在他的心目中，他已把自己同这个党等同起来。关于制度问题，他认为应该恢复他习惯的制度，就是要尽快选出众议院和参议院。由两院议长向爱丽舍宫委派一个毫无作为的政治人物，建立一个由可以更换的议会议员组成的内阁。他从过去发生的一切事情中，特别是从他所珍惜的政权的垮台中只看到一个不幸的插曲，却未从中吸取教训。赫里欧谢绝了我提出的要他参加我的政府的邀请。我要求他帮助复兴法国，他明白地对我说，他要用全力复兴激进社会党。

路易·马兰也表示，他最关心的事是重新成立一个符合他生平所追求的理想的政治集团。为了准备即将举行的选举，他把自己的威信和行动都用在团结温和派方面。这位洛林老人在我们把德国人驱逐出国境的时候，曾经全力支持我。现在，他对我却采取了袖手旁观的态度。他是一个资格最老的议员，而且应该说，他非常热爱议会生活。他虽然尝过了甘苦，但事实上仍希望恢复那老一套。因此，他不欢迎我提出的关于限制议会职权的意见。他同赫里欧和勃鲁姆一样，不肯参加临时政府。不过他向我保证，在我实行保护国家安全的政策方面，他将尽力支持我。

由于我没有能够把这三个本来可以使第四共和国的成立具有统一和鲜明标志的名人拉过来，我只好把我的制宪建议案提交给我在巴黎解放后建立的政府。为了避免让几个人总是受到攻击，我在5月底任命刚从布痕瓦尔德出来的比诺代替拉马迪埃担任粮食部部长，任命戴让担任司法部长，并派孟顿到纽伦堡担任国际法庭的法国代表，戴让把情报部让给苏斯戴尔。过了不久，奥古斯丁·劳伦因病辞去邮电部职务，我就派被俘归来的欧日尼·托马斯接替他。到7月9日，我把在最忠实的詹伦内的协助下拟订的命令草案提交内阁会议讨论。

讨论进行得很平静、很认真。由于绝大多数部长属于不同的政党，并且都表示过反对意见，因而我说，只要有人提出辞职，我会首先表示同意接受。但是会上没有一个人辞职，我提出的提案一字未改就一致通过了。

议会选举定于10月举行。全国将通过公民投票来决定议会是否为制宪议会。投票结果将表明是建立第四共和国还是恢复第三共和国。如果确定议会为制宪议会，则议会的权力将由提交公民投票的第二个问题来决定。如果全国人民接受政府的提案，那议会的任期便只有七个月；它的立法权力只限于通过预算、组织改革和批准国际条约；它不能自行决定开支；但是它有选举与议员任期相同的政府主席的权力；最后，也是最重要的，宪法的实施要通过普选批准。如果全国人民否决了政府的提案，那么，议会就掌握至高无上的全权，而且无限期地存在下去。投票结果将表明在“制宪以前的时期”能否建立行政机关和立法机关之间的权限平衡。

在同一次会议上，也决定了县的选举将在9月23日和30日以二轮选举制进行。这样，省议会就可以在公民投票以前成立。如果完全出乎意料，公民投票决定恢复旧制度，那么就和从前一样，以有限选举制选出参议院。

7月12日，我向全国广播，阐明我们征求的是哪些问题的意见，我要求人们做的是什么。我在宣布提交公民投票的问题全文以后声明："至于我个人的意见，我要这样来表示：我希望并且相信法国的男女公民们对这两个问题的回答是'同意'。"

这个问题也提到咨政议会上去讨论。我已经预料到一定会发生一场激烈、尖锐而又没有结果的争论。事实果然是这样。代表们几乎一致表示反对政府的草案，但是他们并没有提出任何建设性的意见。

普来桑、鲍纳维、拉勃鲁斯、巴斯蒂、阿斯迪尔几位先生代表激进派和某些温和派人物，极力主张重新实行旧宪法，并首先在选举众议院的同时选出一个参议院。这些代表为了使自己的发言更能引人入胜，竟把戴高乐将军所主张的公民投票比作波拿巴①和亲王—总统②的全民表决。共产党和咨政议会中与共产党有联系的代表，通过谷尼欧、杜克洛、戈特、科波等先生的发言说出了同样吓唬人的话，但是他们的结论同前一派相反，他们要求制宪议会有权独立决定一切事务，特别是有权决定国家制度。社会党、人民共和党、新成立的民主社会抵抗联盟的代表以及某些温和分子也许认为不跟我决裂在选举时对自己有好处，因而采取了中间立场。这些党派暂时同意公民投票的原则，同时也表明他们希望有一个唯一的、拥有全权的议会，他们不同意限制议会的权力。

这样，咨政议会就分成了三派，任何一派都不能得到多数票。不过，虽然对于未来的制度和建立这些制度的道路未能取得一致意见，人们却一致要求无论如何要有各党派的绝对优先权。另一方面，任何人也不肯在国家政权的分立、平衡和效率等主要问题上表示让步，甚至连这样的暗示都没有。

---

① 波拿巴为拿破仑一世（1769—1821）的姓，1799年发动雾月政变后，自任第一执政。1804年称帝。

② 亲王—总统指拿破仑一世的侄子拿破仑三世（1808—1873），1848年12月在大资产阶级支持下出任共和国总统。1852年称帝。

会议结束时，我在发言中特别说明的正是这些条件。按照我的意见，正是为了实现这些条件，才由全国人民确定制宪议会的任期和权限，规定议会同行政机构之间的关系。临时政府负责拟定这种期限、权限和规章，提交全国进行投票。但是，我请求代表们和政府共同完成这件工作。我着重指出很多人故意把我主张的公民投票比作拿破仑式的选举骗局，在我把共和国从死亡中拯救出来的时候，他们装出怕我扼杀共和国的样子，这简直太可笑了。1940 年，各党派和议会都背叛和抛弃了共和国，只有我“举起共和国的国徽，执行共和国的法律，保护共和国的荣誉”。现在我正准备把我的权力转交给通过普选产生的议会，这同 12 月 2 日或雾月 18 日的程序毫无共同之处。但是，今后共和国必须有一个政府，而且必须有一个真正的政府，而不是重复那令人痛心的老一套。

我着重地谈到我认为最重要的一点，我说：“这种对政府负责人的长期威胁，这种几乎是长期的危机状态和因此产生的内阁外部的阴谋和交易，以及内阁内部的钩心斗角给国家所造成的后果，是不可想象的。”我指出：“从 1875 年到 1940 年，我们更换过 102 届政府，而英国只更换过 20 届政府，美国只更换过 14 届政府。”那么，我国在这种条件下组成的内阁对内对外的威信同外国政府的权威比较，究竟怎样呢？我指出，富兰克林·罗斯福对我说过：“请您想一想，我这个美国总统，在战前甚至有时连法国内阁总理的名字都想不起来！”我说：“今后的情况比从前还要严重，国家的行动决不会有效，而且我可以断言，如果我们还恢复那种制度，法国的民主将不会有什么前途。”我补充说：“1940 年的灾难、共和国的垮台和维希政府上台执政等事件连续发生，这一切也是由于全国人民对自己长期亲身经历的和把事情弄得一团糟的荒诞把戏已经深恶痛绝了！”

可惜，各党派都不考虑这些问题。咨政议会的人们听我讲话时，表现得恭恭敬敬。会议投票的结果表明，我所考虑的事情，他们却不加以考虑，会议以210票对19票否决了政府提出的全部建议。随后有很大一部分代表拒绝了要求选举参议院从而恢复战前制度的修正案。在议会闭幕时，樊尚·奥里约和克劳德·布尔德为一种调解性的建议进行了辩护，他们赞成公民投票，但却把政府提案的内容大大缩小了，他们的提案被108票对101票否决。所以，咨政议会的讨论在没有导致任何肯定意见的情况下便闭幕了。

这又是一次必须由我用权力来解决的问题。8月17日，内阁会议通过了关于公民投票和选举法令的最终条款。这项提案和初步提案相比，仅对制宪议会任期内防止政府危机的具体办法这一部分作了修改。的确，议会要推翻政府，只能经过议员的特殊投票，得到绝对多数，并且必须经过48小时才生效。在两个基本点上没有任何改变。人民应该自己来处理第三共和国的最后命运。正式规定人民的权力高于议会，人民是国家制度的最后主宰。

8月17日的法令，除了规定有关公民投票的两个问题的条文外，还规定了投票的方式。但是，关于最后一点所采取的决定，立即遭到了猛烈的反对。

两种对立的看法（依我看来，是同样令人讨厌的）使各政党发生了分裂。主张恢复战前制度的人们认为在选举上也应该沿用旧选举制度，也就是说采用单人提名选区制。激进派和温和派实际上是无原则地企图使他们从前推选出来的著名人士在从前的选区再度当选。共产党、社会党、人民共和党人则相反，他们主要企图通过他们的纲领的吸引力获得选票，而不是依靠候选人的名望，所以他们要求一个“完整的”比例代表制。按照这些理论家的说法，必须由每个党派向全国提出一个统一的候选人名单，各党派的席位应该完全符合它在全国所得选票的比例，才算完全合理。如果不能采纳这种“完善的”制度，如果缩小范围，即在很多选区（例如在各省）

实行这种比例制，那么，至少应该把不足以使该党在地方上当选的那部分选票算入全国范围的选票中。各党派的领袖虽然在省里失败，或者在任何地方都没有提名，但是，由于有了这些可能额外增加当选人数的剩余票，也可以当选。总之，出于不同的利益，主张狭小区域选举制的人和主张大范围比例代表制的人在狂热地争吵着。这两种主张我都不赞成。

我不同意过去的投票方式。首先我认为这种方式不合理，因为区与区之间的人口相差很多。布里昂松有选民 7 138 人，弗洛拉克有 7 343 人，巴黎第六区一部分有 7 731 人，过去这些地方要完全和敦刻尔克、蓬图瓦兹、努瓦西勒塞克一样，各选一名代表，而后三个区的选民分别为 33 840 人、35 199 人和 37 180 人。为了使这种方式更加均衡，必须经过无数次令人不愉快的争论，在短期间内进行一次全国性的选区划分。但是，我在这个时期特别不同意按区投票的方式，这主要是因为这种选举的结果对国家的前途有危险，因为这会使共产党占最大的优势。

如果实行一轮选举制，像很多人要求的仿照英国法律那样，毫无疑问，绝大部分选区都会选出一个共产党员来。因为除了“党”的候选人，每区至少要有一个社会党人，一个激进社会党人，一个人民共和党人，一个温和分子，一个抵抗运动的模范战士，那些意见不同的各种理论家还不算在内。从第三国际在全国各地所能获得的票数和根据市、县选举结果推测的票数来看，共产党占先和当选的机会最多。如果实行二轮选举制，共产党和社会党由于彼此之间已有协议，基本倾向也相同，就会在所有第二轮投票中把它们的选票集中在一起，使它们的联盟获得最大多数的席位；另一方面，这两种马克思主义者还会由于在选举中的共同利益而联合在一起。总之，按区选举会把按照共产党人的希望进行表决的多数送进波旁宫。毫无疑问，拥护旧办法的人决没有考虑到这种后果。但是，既然我本人要对法国的命运负责，我当然不能冒这种危险。

我也不赞成“完整的”比例代表制。向全体 2 500 万选民毫无限制地提出多达 600 个人名的候选名单，几乎等于使每个代表都不为人知，因而会妨碍在当选人和选举人之间建立关系。而从普遍的见解、传统和公共利益来说，全国每个地区都应该在议会中有自己的代表，而且这些代表应该是当地人认识的并跟他们有联系的人。不过，国家元首却应由全国来选。如果同意由每个党派在全国范围内利用它们在各选区所获得的剩余票数，就等于选举两种代表，一种是由各省选举的，另一种是由莫名其妙的选票选出的，事实上人们并没有投他们的票。直截了当地说，我反对这种办法。

临时政府简单地采取了名单投票（大选举区制）和省级比例代表制。此外，人口多的省份再划分得细些。任何选区的代表至多不超过 9 名，至少也不低于两名。总计，议会将由法国本上的 522 名代表和海外领地的 64 名代表组成。因而根据我的命令公布的选举法仍然有效。各党派只提出了一项不大光彩的修改意见：联合竞选。

当时，到处掀起了反对采取这种决定的谩骂浪潮。由于 8 月 3 日咨政议会已经发生了分裂，有些人就组成了“左派代表团”，专门笼络人们提抗议。在拥有 400 万会员的法国总工会的倡议及其总书记石乌的领导下，共产党、社会党、激进社会党和人权联盟的代表举行了会议。虽然在投票的方式上代表团成员的意见大有分歧，但是在不同意政府所采取的方法上却是一致的，他们共同决定要向戴高乐将军进行一次有声势的交涉，表示抗议。9 月 1 日，石乌和几位代表前来请求接见。

我衷心地尊敬石乌。这位杰出的工会工作者把毕生的精力都用在工人阶级的事业上，他以极大的智慧和机敏为工人铺平走向幸福和尊严的道路。在敌人占领时期，他坚决地对“民族革命”采取了明确的反对立场，他的表现说明他与敌人划清了界线。他起先被维希政府监禁，后来又被押送到德国去；现在，他又在共产党的影响越来越大的条件下领导总工会了。我有很多次同他商谈过某些社会问题。但是，这一次我担任的政府职责使我不能接见他。根据法律规定，总工会的唯一宗旨是“研究和保护（劳动者的）经济利益”。现在我更不承认工会有权干涉政治和选举问题。我给石乌的复信说，我不能按照他的要求接见他。后来，虽然各党派团体和所有报纸都对我表示气愤，但是我的立场仍毫不动摇。他们看到这种情况后，都觉得最好还是自己让步。于是各党派根据法令的规定准备参加竞选。

竞选运动之所以非常激烈，主要不是因为提名竞选造成的，而是由于戴高乐在公民投票问题上所采取的行动引起的。老实说，人民群众对于第一个问题的答复早就清楚了，问题只是要了解一下不要第三共和国而要求建立新共和国的法国人究竟占多大的比例。关于第二个问题，在全国展开了一场激烈的斗争。

共产党尽力鼓动投“不同意”的反对票，目的是要使我失败。社会党在很多地方跟他们跑，激进社会党和某些温和分子间接地支持它们。因此，第三国际法国支部公开表示谁是它眼里的主要敌人。人民共和党、民主社会抵抗联盟以及很多右派集团看到这种情况后，便纷纷投赞成票。最后，社会党也终于正式赞成了我的主张。但是，社会党并没有过多地在同它没有关系和使它的党员分裂的事情上卖力气，它对“问题”的态度模模糊糊，一味宣传它那没有引起公众多大兴趣的党纲。总之，大力加强宣传、利用小册子和墙上的彩色漫画进行选举战的主要目的，一方面是戴高乐要求的“同意”，另一方面是共产党要求的“不同意”。我个人虽然在竞选活动的三个星期内既不参加集会也不参加仪式，但是 10 月 17 日，我向法国人民说明了投票的重大意义以及我个人的意见。

10 月 21 日，各选举处都设置了两个投票箱，一个是公民投票箱，一个是议员选举箱。在已登记的 2 500 万名选民中，参加投票的约有 2 000 万名；弃权的有 500 万人，其中大部分是妇女，她们大都是由于不愿意履行她们所不习惯的选举手续而弃权的。检票结果，根据本土和北非的选票（废票除外），共产党当选的有 160 人，社会党有 142 人，民主社会抵抗联盟有 30 人，人民共和党有 152 人，激进社会党有 29 人，温和派有 66 人。

共产党虽然得到四分之一的票数，却没有得到全国广大群众的支持。法国刚刚摆脱苦难这件事本来应成为共产党大获全胜的难得的机会。1940 年的失败，很多领导人丧失民族气节，共产党为抵抗运动作出的巨大贡献，人民在占领时期所受的长期苦难，全国政治、经济、社会和精神方面的混乱，苏俄的胜利，西方民主国家对我们的蛮横行为，这一切都是共产党得胜的有利条件。“党”之所以终于未能抓住时机，是因为由我代表着整个法国。另一方面，是我使共产党参加了祖国解放事业，接着又使它参加了恢复建设工作，使它成了法国大家庭中的一个成员。现在，人民对它相当重视，但却拒绝把领导权交给它。共产党要做一个民主法国前进的助手呢，还是做一个甘受外国主子支配的集团呢？问题的答案有一部分是要由将要建立的共和国本身来决定的。如果共和国强大、独立、友爱，就有可能逐渐使这股革命力量变得驯服起来。如果共和国无能为力、无所作为，那就会使这股力量又成为离心力。

但是，其他政党肯不肯团结在我的周围来重建祖国呢？征求民意的结果表明，这正是全国人民的殷切期望。全国人民的投票有 96％对政府提出的第一个问题作了“同意”的答复，也可以说，全国人民一致摒弃那种由于没有领袖，因而没有毅力、没有权威并在国难中完全破产了的旧制度。此外，有 66％的票直接表示信赖我，赞成我提出的反对党派万能的意见。对我抱不同态度的各政党在选举中的遭遇，使我更肯定了这一点。共产党对我表现的敌意肯定使它丧失了不少人民群众的票数。激进派受到了打击，这一方面是因为他们代表并且要求恢复旧制度，另一方面是因为他们的主要领袖反对戴高乐。温和派也由于没有共同采取拥护我的立场而几乎丧失了三分之二的选票，否则这部分选票一定是他们的。此外，对于选举结果感到惊讶和失望的社会党没有成为得票最多的党，从他们当中很多人过去长时期同我接近，而现在越来越疏远的态度来看，就足以说明问题。相反，初露头角的人民共和党，只是因为当时坚决拥护“戴高乐主义”，就在各党派中获得了最多的选票和席位①。

当然，征求民意还没有显示出巨大的鼓舞作用。不过这已使我感觉到：总的说来，至少在新制度真正实现以前，全国人民是希望由我来领导国家的。再说，无论从历史上还是从政治上来看，我都认为最主要的是，既然时势使我上了台，事情就应当在我的协助下加以完成。

但是，我应该承认，在我的道路的这一阶段上，全国对我的支持变得减少而不稳固了。不久以前为了作战而交给我的基本力量，现在没有了；参加抵抗运动的人，分裂已成事实。另一方面，从前人民群众对我表示热烈拥护，而现在他们的注意力却被引到不同的方向去了。那些一向表达人民内心感情的呼声，也没有给我多少鼓励。事实上，全国只通过党派同我联系。这些党派不论在选举中是否获得胜利，都决不愿意再追随我了。虽然在遥远的天际还有乌云，人们却看不出有什么迫在眉睫的威胁。法国的荣誉和国际地位已经得到恢复，它重新实现了平衡，并且收回了海外的广阔领地。由于这一切，在目前一段时期内，党派有了活动的余地，它们有了争夺政权的余地；而它们认为“风险中的人物”已经失去作用，现

① 原文如此。但前文称共产党得 160 席，人民共和党得 152 席，得票占第二位。

在必须让位的看法也有了市场。

至于我，我考虑过个人的能力，决定了自己应采取的行动。我仍然要做并且永远要做一个维护秩序、维护纪律的共和国的旗手，坚决反对混乱局面，因为无论过去或将来，它都会使法国陷入深渊。谈到政权，无论如何，我不等它离开我，我就要先离开它了。

第七章 卸任

二月了。战争已经结束了两个多月，动力消失了，不再需要伟大的行动了。一切迹象表明，旧制度又要复辟，虽然它现在比任何时候都更加不适合国家的需要。

11月了。战争已经结束了两个多月，动力消失了，不再需要伟大的行动了。一切迹象表明，旧制度又要复辟，虽然它现在比任何时候都更加不适合国家的需要。我目前执掌领导权，也只能是一个过渡。但是，我还要在法国和法国人面前做一件事情，那就是作为一个节操上完整无瑕的人来卸任。

制宪议会在11月6日开会，会议由年龄最高的代表、激进党议员古多利主持。尽管第一次会议只是开幕式，我还是到场了。有些人希望把戴高乐向人民代表机构移交共和国权力的仪式举行得隆重一些。但是，为我进入波旁宫而举行隆重的仪式，一定会使临时常务机构甚至典礼人员都感到不快，所以我决定不举行任何仪式，一切照常。

古多利发表了一篇演说，对夏尔·戴高乐表示敬意，可是对他的政策却大肆攻击。赞扬的话没有得到怎样热烈的反响，尖酸的批评却大受左派欢迎，而右派则未做任何表示。接着，这位年龄最高的代表宣读了我写给议会的信。我在信中声明，一俟制宪议会选出自己的常务机构，我的政府即行辞职。这封信并没有引起任何明显的反应。当时，我坐在半圆形会场的前排，感到600多名议员的沉重眼光都盯着我，觉得身上好像受到了普遍不满的重压。

议会推选菲利克斯·古盎为议长，接着开始选举政府的总理。我当然没有提出自己要做候选人，也没有对我可能实行的纲领做任何说明。人们如果同意我过去的所作所为，就会因此选举我，否则，就不会选我。各个集团之间，整整进行了一个星期困难重重的谈判。在此期间，11 月 11 日，我在凯旋门广场主持了一次追悼会。从各个战场运来的 15 口棺木排列在无名烈士墓周围，好像这些烈士在前往瓦利良山地堡安葬以前，要向无名英雄汇报自己的牺牲经过似的。我在凯旋门下讲了几句话，号召大家团结友爱，以便“医治遍体鳞伤的法兰西”。我说：“我们应该迈着同样的步伐，唱着同样的歌曲，在同一条道路上携手前进！我们要把重新团结起来的伟大人民的视线对着未来！”广场周围的人群又沸腾起来，场面空前热烈。可是站在我跟前的官方人士的表情，却使我觉得政权将要改变性质。

但是两天以后，国民制宪议会一致同意推选我为法兰西共和国政府总理，并且宣布“夏尔·戴高乐确实有功于祖国”。尽管这个决定是经过八天令人不愉快的空谈后做出来的，但是似乎也表明，议会有意决定团结在我的周围，支持我的政策。丘吉尔先生似乎就是这样认为的，那一天他路过巴黎，我陪他共进午餐，饭后他知道我当选为总理以后，给我写了一封友好的贺信，表示了他的兴奋。他想起最近用普鲁塔克的话给一本名著所作的题词：“对伟大人物忘恩负义，是强大民族的特点”，他向我致意说：“普鲁塔克说错了！”但是我知道，这次选举是对我以前的活动表示的敬意，而绝不是对我的未来作出担保的诺言。

我的这个想法立刻就被证实了。11 月 15 日，我着手组织政府，却遇到了阴谋抵制。构成议会多数的左翼党团在许多方面采取保留态度。激进党也向我表示他们不拥护我。即使他们当中有人接受了部长的职位，按照他们的说法，这也是未经他们的党团同意的。多疑而傲慢的社会党人质问我的纲领，并提出不少条件，声明他们无论如何只能投票赞成一个有共产党支持和参加的内阁。而共产党人抛出的赌注更大，他们通过莫里斯·多列士的口，要求我把他们认为最主要的三个部（国防部、内政部、外交部）之一交给他们掌握。问题的症结就在于此！如果我让步，那么掌握了政府中的一个主要部的共产党就可能在局势混乱的时候有了要挟我的手段。如果我拒绝，又有组阁失败的危险。这时候，表明自己比戴高乐更有力量的“党”就会成为一时的主宰了。

我决定从要害处解决这个问题：或是叫共产党按照我答应的条件参加政府，或是叫他们远远走开！我通知多列士说，无论是外交部，还是国防部或内政部，都不能由他们党里的人来主持。我只把“经济”方面的部给了共产党。因此，共产党便公开疯狂地攻击我，硬说我拒绝他们的要求就是“忘记了在战争中牺牲的烈士”。他们说，他们有 75 000 人被枪决。可是这个数字并不可靠，其实他们的人死于行刑队枪下的，总共不过是这个数字的五分之一，何况法国人，包括共产党员在内，都是为法国而不是为一个党牺牲的。

在这个问题上，我不得不忍受左派人士的种种警告性的谴责，他们催促我让步，免得发生不幸的危机；而其他集团则保持缄默，从旁观望。但是，我已经下了决心，强使国民制宪议会支持我压制极左的马克思主义者，我一定要做到这一点。因此，我在 17 日给国民制宪议会议长写了一封信，表示由于不能组成一个团结的政府，我把人民代表机构给我的委任状退回。第二天，我在广播演说中向全国人民说明了党派向我提出的无理要求。我宣布说，从国内和国际方面的明显理由出发，我不能让共产党影响我们的政策，不能把“表示法国政策的外交，支持法国政策的军队，保护法国政策的警察”交给共产党。只有这样，我才能在那些愿意跟着我走的人的支持下组织政府。否则我就立刻放弃我掌握的政权，毫不惋惜！

然而，尽管周围的气氛十分低沉，惊慌失措所造成的微妙局势却使我相信，我一定会得到胜利。事实上，国民制宪议会在一次我没有参加的会议上，经过讨论以后，又选我为政府总理。除了共产党以外，大家全都选了我。不错，在宣布议会给我的委任状“是不可违抗的”，我必须组织一个有极左派参加的内阁时，社会党的发言人安德烈·菲利普曾极力表示，他们是出于不得已才投赞成票的。但是任何人都明白这个声明的含义。显然共产党没有能够强力推行自己的政策。除了他们本党的人以外，在投票表决的时候，没有一个代表赞成他们。共产党感到自己完全陷于孤立。这样，一种很可能成为大患的蛊惑，便立刻被击破了。

共产党立即从中吸取了教训。第二天，他们的代表来向我表示，他们准备无条件地参加我的政府，而且比任何力量都更加坚决地支持我。我虽然没有对他们这种突然悔过的真诚抱有任何幻想，然而事实上我接受了他们，认为把他们暂时收容在我的政权之下至少对社会安宁有好处，何况全国正迫切需要社会安宁！

21日，政府组织起来了。四个部长由共产党的代表担任：皮佑、克洛瓦札、保罗和狄戎；四个部长由社会党人担任：莫克、唐吉-普利让、托马斯和蒂克西尔；四个部长由人民共和党人担任：皮杜尔、密歇勒、普里让和戴让；两个部长由民主社会抵抗联盟的代表担任：普利文和苏斯戴尔；一个部长由激进派人士吉亚哥比担任，一个部长由多特利担任，另一个部长由马尔罗担任，最后这两个人都不是议员，也不属于任何党派。此外，还有四个国务部长，负责全面的工作，他们是社会党的奥里约、人民共和党的盖伊、温和派人士雅基诺和共产党的多列士。正如预定和事先声明的那样，极左的马克思主义者只得到了经济方面的几个部：国民经济部、劳工部、工业生产部、军备部。

11月23日，我在国民制宪议会上讲了一次话，突出地说明了国家所处的严重情况，指出必须尽快采取保证“行政机构有职、有权和稳定”的制度，最后强调指出法国人和他们的代表为重建法国有责任团结起来。这一次，人民代表机构又一次一致批准了我的主张。在这次没有任何正当理由延续了 17 天的危机中，只有各党派得到了他们所需要和满意的东西。

尽管表面上实现了一致，我仍然深信我的政权只是一个基础不稳的政权。当然，在 12 月中，我使政府通过了把法兰西银行和四个信贷机构收归国有并建立附属于财政部的全国信贷委员会的法令，并使议会批准了这个法令。不久，又通过一项国有化法令，其中规定了把电力和煤气的生产和分配交给国家管理的办法。在讨论这两项法令时，一切哗众取宠的修正意见都被否决了。此外，12 月 15 日，我满意地看到国立行政学院建立起来，这是一个使国家主要工作人员能够得到合理而统一的录用与培养的主要机关，在这以前，国家工作人员都是经由不同的学科造就出来的。这座学院的建立应当完全归功于我的顾问米歇尔·德勃雷的筹划和工作。开学那一天，政府和议会的主要人物确实对这个学院抱着一定的怀疑态度，但是以后他们逐步放弃了自己的偏见。从行政的组织、思想和行动的观点来看，这个学院逐渐成为新政体的基础。然而，好像出于一种讽刺性的巧合，正当这所培训共和国未来工作人员的苗圃诞生的时候，公务人员的总罢工粗暴地威胁了政府的团结和我个人的威信。

应当承认，国家机关工作人员的生活确实由于通货膨胀而变得十分困难。他们的薪金的提高赶不上物价的上涨。但是，如果答应工会为他们提出的要求，预算和币制就有崩溃的危险。尽管内阁对这一点了解得十分清楚，而且我已经决定对困难人员给予普利文所建议的合理津贴，并宣布严禁罢工、违者受惩，可是政府内部仍然发生了强烈的波动。几个社会党阁员按照他们党的指示，向我表示宁肯辞职也不拒绝工会的要求或惩罚拒不上班的公务人员和企业职工。同时，公务员工会联合会 12 月 15 日在冬季赛车场召开大会，抨击“政府拟采取的措施毫无效果”，并决定举行总罢工。

正当严重的危机不可避免的这个时刻，一种奥妙的曲折变化使共产党支持我战胜了危机。内阁召开会议时，莫里斯·多列士在会上突然宣称：决不能向可恶的压力让步，把财政部长提出的由总理批准的措施略加修改，就可以公布实行。这样一来，内阁中即将发生的爆炸消失了。这天下午，当与社会党有联系的工会发言人在冬季赛车场要求到会的人罢工并同政府展开斗争的时候，共产党的代表却出乎人们的意料，向煽动分子发出了有力的攻击。共产党的代表明确地指出：“对于公务员来说，举行罢工就是对祖国犯罪！”“劳动者的党”主张最低限度应当延期罢工，并利用它突然发出的这一惊人声音所造成的混乱，使大会作出这一决定。这样，为了解决这个问题，只需要在议会上完成立法手续就行了。

12 月 18 日，在国民制宪议会即将结束对这个问题的讨论的时候，我明确地表示：尽管政府对于不能为国家公务人员做出更多的事情而感到非常遗憾，可是它也不能超出已经规定的限度。我说：“从经济和财政方面来说，我们已经到了生死存亡的时刻。”我补充说：“应该了解一下，这样的政府在面临严重的困难而提出自己的解决办法时能否得到你们的信任。也同样应该了解一下，国民制宪议会能否超越党派所关心的事情而重视国家的普遍利益。”没有出乎我的意料，最后通过的决议是暧昧而笼统的。

但是，这个胜利为时极短。几天以后，人们更加清楚地看到了戴高乐将军的政权在各党派和议会的面前是多么的不稳固。

1946 年度预算进入了讨论阶段。政府为了建立良好的秩序，要求在 1 月 1 日最后表决预算。但是，那一天，在讨论将要结束的时候，社会党突然要求把国防经费减少 20%。这个建议非常简要和突然。可是任何人都知道，这方面的费用是不能一下子减少这么多的。很明显，这是争取选票的蛊惑宣传和对我的敌视。

元旦这一天，我由于外交团和各机关要来拜年而留在圣多米尼克路，议员们在波旁宫里进行着毫无结果的辩论。财政部长普利文、国防部长密歇勒、军备部长狄戎和国务部长奥里约根据我的指示，声明政府不接受这个建议，但他们的态度不起任何作用。社会党、共产党和大多数激进派，即大多数人，都主张采纳这项建议。但是，好像为了表明戴高乐与这个问题有关系，议会决定等我亲自参加讨论的时候再作结论。

下午，我参加了讨论。菲利普和加基埃两位先生当面猛烈地攻击我，他们的社会党同伙鼓掌支持，激进派在一旁喝彩。发言人宣布他们无意推翻政府。据他们说，他们只是希望政府向议会的意志低头。人民共和党表示他们不赞成在这方面对我进行攻击，右翼也表示出他们的不安，然而议会中的这些党派都没有明确地谴责反对派。至于共产党的态度，则游移不定，他们对我说，他们并不同意这种攻击，但是如果社会党一定要坚持到底，他们也只有投票不支持我。

当天晚上，我深入地研究了一下各党派的心理，觉得事情已经十分明显：各党派都在为恢复自己的力量而玩弄着旧日的把戏，我再领导下去徒劳无益，甚至会有失身份。一句话，现在是我应该处理我个人下野问题的时候了。

我在议会作了两次简短的发言，指出有些代表对我施加压力，为了某个党派的阴谋而轻率地要求削减国防费用，这是愚蠢而轻率的行为。接着我谈到争论的实质，我说这次争论提出了未来的整个制度问题。政府完全知道自己对这个严重的问题负有重大的责任，怎么能够容忍议会迫使它改变主张和屈服让步呢？又要回到议会制度中去吗？我是不能接受的。如果政府要求的预算在当天晚上得不到通过，政府就一个钟头也不多干。我说：“我再补充一句话。这句话不是针对现在说的，而是针对将来说的。这句话是：我和你们之间的分歧点，在于双方对政府和政府与人民代表机构的关系的整个看法。我们已经开始了共和国的复兴工作。我离开以后，你们也要继续这项工作。我诚恳地告诉大家——毫无疑问，这是我在这个会议室里的最后一次讲话了——如果大家不重视我们最近 50 年的政治史，如果大家不考虑政府的权力、尊严和责任的绝对必要性，那么，我事先可以告诉大家，你们迟早有一天会陷入不能自拔的处境，使你们对自己所选择的道路感到深深的后悔。”

那些不怀好意的人，好像要自动表明他们的做法不外是随机应变、玩弄权谋似的，突然一言不发了。议会几乎一致通过的决议没有向我提出任何条件。因此，预算也就顺利通过了。虽然我没有被搞垮，但是出现了这样的事实，就产生了严重的后果。人们看到，我的政府在这次充满威胁性警告的讨论中，一直受到大多数人的猛烈攻击。人们觉得，从今以后，不管什么问题，都有可能遇到这样的阻挠。十分清楚，如果戴高乐这样忍气吞声、委曲求全，但求保住自己的职位，直到各党派同他断绝关系，或者给他安排一个体面而不起作用的职务，他的威望就要付诸东流了。我没有权利和兴趣让这些阴谋得逞。1 月 1 日晚我走出波旁宫的时候，就已拿定下野的主意。只需要选一个日子了，当然不能由别人随意替我选。

无论如何不能出这个月。因为月底就要开始讨论宪法，而且我确实知道，我就是留在新的制度里，我的理想也无法实现，甚至没有办法支持我的理想。国民制宪议会委任的起草委员会准备提出的草案，同我认为必要的东西恰恰相反。根据这个草案，将成立一个由唯一拥有最高权力的议会直接管辖的政府。政府的作用只限于执行议会的决议；内阁总理由议会选出，而且必须在对他的意图和纲领进行全面审查，认为满意，并由他事先做出对他具有很大约束力的保证以后，才准许他组阁。至于共和国的总统，人们还在犹豫，倾向于设立这个职务，可是又千方百计地不让他发挥任何政治作用，规定他对国家机构不能施加任何影响，而只具有象征国家这一无足轻重的职能。毫无疑问，这一计划的策动者就是要给戴高乐将军这样一个职位。此外，起草委员和各党派都没有同我研究过这个问题。有一天，我把报告人孟顿叫来了解起草的情况。他对我说，议会和起草委员会认为我“没有必要参与讨论，因为（我）不是起草委员”。可见，如果我继续同这些党派一起走下去，在这个主要方面就得同在其他方面一样，应当事先承认无权和接受侮辱。

戴高乐的政府即将垮台的现象，当然瞒不过外国的政府。因此，我们的对外行动的处境现在又晦暗了，虽然以前曾经开朗过。1945 年 12 月初，巴黎就获悉美、英、苏三国外交部长 15 日将在莫斯科开会，“讨论三国特别感兴趣的一些问题”。好像又回到排斥法国的办法上来了，而伦敦会议、四国在德国和奥地利建立的管制机构、我们在联合国安全理事会的常任理事席位、参加对日和约等等事实本来似乎已经一笔勾销了这种做法。

大家知道，“三国”会议的目的是拟定对保加利亚、罗马尼亚、匈牙利和芬兰的和约。伦敦、莫斯科和华盛顿为了寻找排斥我们的理由，就说法国没有正式向索非亚、布加勒斯特、布达佩斯和赫尔辛基宣战，又说盟国反对德国仆从国的行动是在维希政权时代开始的。对于雅尔塔会议和波茨坦会议的参加者们说来，这实际上就是执行它们不久以前背着我国对这些不幸国家所做的决定，也就是把这些国家交由苏联随意摆布。12 月 28 日，盟国把它们的会议结果通知了我们，我们在 1946 年 1 月 3 日作了答复，说明会议的结果对法国没有任何约束力，特别是因为会议并没有考虑法国在欧洲这些地区具有非常重要的利益。但是，它们对我们的复照表示冷淡。这种情况使我们明白，三个盟国正在等待法国政局即将发生的变化，然后再玩弄它们的把戏。

英国人也在等待法国政局的变动，以便最后解决地中海东岸国家的棘手问题。5 月危机以后，依照我的指示，我们一直对英国采取冷淡的态度。在叙利亚和黎巴嫩，我们的少量军队正同英国运到那里去的大量军队对峙着。政客们继续在那里制造混乱；大马士革和贝鲁特的政府不断发出照会和公报，要求一切外国军队撤走；与此同时，附近的阿拉伯国家，比如埃及、伊拉克、外约旦、巴勒斯坦，也在与它们的“受压迫的兄弟国家”同声呐喊，不过它们自己却并不反对英国的托管或占领。

1945 年 12 月初，英国政府同我国驻伦敦大使馆一起拟定了一项协议草案并提交给我，这才使情况有了改变。草案规定法军和英军同时撤出叙利亚，法军集结到黎巴嫩，但没有明确规定英军也应该这样。这对我们好像没有什么影响，因为我们的军队大部分已经驻扎在黎巴嫩境内了。但是对于英国人来说，好像他们在这项协定里作了重大的让步：首先，他们在叙利亚的驻军要与我军同时撤出；其次，他们要从黎巴嫩撤出，而我们仍可以留在那里；最后，在联合国撤销对我们的委任以前，我们保持在黎巴嫩驻军的权力。我既知道英国外交部在要手腕，又知道我们与英国的外交关系有着严重的漏洞，所以在看到协议草案以后，我就怀疑问题未必如此简单。但是，既然巴黎的外交部和伦敦的我国大使馆都向我证明草案的精神确实是那样，我便批准了。12 月 13 日，贝文先生和马西格里先生在白厅签订了两份协定：一份是关于军队集结的协定，另一份是规定两国政府应举行会谈以免在近东再发生类似事件的协定。

然而，不久以后我便看出，我国外交机关的解释同英方的解释有分歧。为了同英国第 9 军指挥官皮娄将军商谈双方的军事措施细节问题，拉尔米纳将军被派到贝鲁特。他在同英国人初次接触中，便发觉自己和对方所接到的本国指示之间存在着严重的分歧。英国人当然承认双方都要离开叙利亚。但是，他们认为他们的军队和我们的军队一样，都应当集结到黎巴嫩去。也就是说，我们在黎巴嫩的军队约有 7 000 人，而他们则将有 35 000 人。军队集结到黎巴嫩以后，只有在我们离开黎巴嫩的时候，他们才肯离开。结果，“协定”便有了这样的内容：法军从整个中东地区撤出（因为我们的军队从贝鲁特上船以后，除了回到阿尔及尔、比塞大或马赛以外，再不能到别的地方去了），而英军则仍旧可以稳稳地留在开罗、巴格达、安曼和耶路撒冷，独自控制世界的这个地区。

我立刻下令召回拉尔米纳。但是，在外交方面所应采取的行动中（不管是为了纠正这种古怪的误解，还是为了否定这一协定），我发现我们的人畏缩不前、不敢力争。可是英国人却尽力表明拒绝放弃他们认为已经到手的东西，因为他们已经看出来，只要稍微耐心一些（等我下台以后），就能达到自己的目的。我必须指出，从这件重大而我又特别关心的事情上可以看出，只要我今后不再掌握主要的操纵权，过去由于许多其他原因而没有溢出的水罐一定会流出水来。

在采取断然的行动以前，我觉得最好先冷静地考虑一下。我到昂蒂布的“伊甸岩”休养所休假去了。这是我七年多以来第一次得到几天休息。这样，我可以深思自省，避免别人认为我的辞职是出于一时的怒气发作而考虑不周，或者是由于劳累而造成了消沉。我面对着大海静思，决定了我下野的方式：悄悄地放下舵柄，对谁也不抱怨，既不公开抱怨，也不私下抱怨，不接受任何职务、衔位或养老金，对我今后要做的事情也一字不谈。今后，我比任何时候都要置身世外，不受环境的支配。

我在南方休息了八天，于 1946 年 1 月 14 日回到巴黎。那一天是星期一。我预定在下星期日辞职。我利用这一周的时间，颁布了由于我不在而积压下来的许多法律和法令，它们经我签字后就该立即实施了。我告诉我的几个部长，主要是内政部长、司法部长和国防部长，说我不久即将辞职。我也将此事通知了我特别招来的共和国委员们。这样，可以使在中央或地方负责公共秩序的人不会为此而感到吃惊。

在我离开以前，我能够再次证实议会对我的态度。老练的议员赫里欧认为，是在议会攻击我个人的时候了。他在 1 月 16 日就这样做了。头几天，政府发布了一项决定，承认了三年前吉罗将军在北非对一批陆海空军士兵的表扬，这些士兵是根据达尔朗的命令向美军进行令人痛心的战斗时被打死或残废的。我一直未肯宣布这些对不幸者所作的表扬无效。激进党的这位主席挥舞着政府公报上登载的名单指责我，说这是侮辱盟国，表扬有毁祖国荣誉的战斗，他要求我进行“自我审判”。掌声和笑声从很多席位上发出来，支持他的这段发言。

利用这样的问题来责难我，我当然不愉快。但是我应该承认，看到从前响应我的召唤的大多数议员当着我的面欢迎他的发言，我心里更感到悲伤和难过。我回答赫里欧说，不应该把不幸死去的人从棺材里拉出来撕下他们的勋章，不应该把不幸的残废者在三年以前由于服从长官命令作战而得到的勋章从他们的胸前扯下来，虽然那些命令是错误的。接着，我指出这位发言人在巴黎解放前夕曾经表现软弱，同意与赖伐尔和阿伯兹进行谈判和共进午餐，而这种行径和我的行动大相径庭。我认为我才是这些表扬的最佳裁判者，因为我“除了用大炮以外，从来没有用其他方式与维希政府和敌人来往过”。赫里欧对我进行的这场挑衅很快就被压下去了。但是，我看到党派斗争和政治仇恨对人心的腐蚀已经极深了。

1 月 19 日，我请各位部长第二天到圣多米尼克路来。除了奥里约和皮杜尔当时在伦敦，苏斯戴尔去了加蓬以外，所有的部长都在 20 日（星期日）上午齐集在“盔甲大厅”。我走进去，同大家握了手，没等大家坐下来，我就说出了以下一段话：“排他性的党派制度又复活了。我是不赞成的。但是，除非用武力建立我所不能同意的、无疑也不会有好结果的独裁政治，我没有办法阻止这种尝试。因此，我只有告退。今天，我就要向国民制宪议会议长递交政府辞呈。我衷心感谢大家对我的帮助，我请求大家在继任人到职以前，各守岗位，以保证日常工作照常进行。”部长们的表情使我感到，他们主要不是惊异而是忧虑。他们当中谁也没说一句话，谁也没有要求我改变主意，甚至也没有人对此表示遗憾。我告辞以后，便回到了练兵场路私邸。

后来有人告诉我说，部长们在我走了以后，互相交谈了一些时候。多列士先生说：“这样的辞职方式确实伟大！”莫克先生说：“这样辞职的确是严重的！但是，坏事可以变为好事。将军的成见已经压得国民议会喘不过气来。现在，议会可以自由发表意见了。”普利文先生以痛苦而不安的语调说：“这就是你们各党派搞出来的结果！”他谴责了给我的行动制造障碍的各党派人士。盖伊和戴让两位先生说：“我们要继戴高乐而担负起重大的责任，我们党要尽力做到胜任愉快。”多列士先生大声喊道：“算了吧！将军在的时候你们做不到，将来没有他，你们又怎么能做到呢？”

我在写给国民制宪议会议长的信中，尽力避免使用论战的笔调。我在信中说：“我所以在 1945 年 11 月 13 日以后又领导政府，是为了……完成一个必要的过渡……现在，各党派能够担起自己的责任来了。”我并没有提到“我领导全国争取解放、胜利和主权的时候”国家所处的情况。但是我明确地指出：“今天，艰苦的考验已经过去，法国已经不再处于令人忧虑的状态。当然，还有不少痛苦折磨着法国人民，还有一些严重的问题。但是，法国人的生活基本上得到了保证，经济活动正在恢复，我们的领土和领地已经掌握在自己手里，我们在印度支那又站住脚了，社会的安宁不受扰乱了。在国际上，虽然还存在着一些令人不安的事情，但是我们的独立已经坚如磐石，我们控制了莱茵河，我们在世界的国际组织中占有头等地位，明年春天还要在巴黎举行第一次和平会议。”最后我表示：“衷心希望将来的政府在完成自己的任务中获得成功。”菲利克斯·古盎先生给我写了一封回信，措辞非常委婉。

我的心情十分泰然，但政界并非如此。我离开政府以后，大家闹得比我在的时候更加激烈。政界里流传着一种谣言，说我要制造一次政变，好像我自愿退出政府还不足以说明这种担心是荒谬绝伦的。有些人没有这样想，可是也认为应该警惕。因此，从伦敦急忙赶回来的奥里约以为我要发表广播演说引起人民的不满，便在20日晚给我写信说，如果我这样做，“将使国家分裂，有利于民主的敌人，使他们满意”。我叫国务部长安心，我不会那样做。老实说，如果我认为应该说明自己辞职的理由，我早就会那样做的，何况向享有最高主权的人民做这种解释丝毫也不违反民主原则。但是，我认为一言不发比任何办法都更有分量，深思熟虑的人会懂得我是为什么辞职的，其他人也迟早会受到事实的教育。

我到哪里去呢？我从考虑辞职的时候起就已决定，退出政府后将住在科隆贝双教堂，并已叫人开始修理我这所在战争时期遭到破坏的房子。但是，还需要几个月才能修好。我本打算先到一个比较清静的地方去，以便使我能够在那里安静地等待。但是，由于政客们和大部分报纸向我开火，疯狂地辱骂和诋毁我，所以我决定留在首都，为的是叫人们看出这些攻击丝毫也伤害不了我。于是，我便在美术服务社街租下了房子，一直在那里住到5月，没有外出。

当政府人员一味沉溺于死灰复燃的旧习惯时，法国的广大群众却深感忧虑。鼓舞全国人民上进的风气、争取胜利的希望和法国的雄心壮志，都随着戴高乐一起消失了。每一个人，不管他的思想倾向如何，都从内心里感觉到，戴高乐将军把某种最重要的、永恒的、不可缺少的东西带走了。这种东西，只有他才能通过历史代表出来，各党派的政权是代表不了的。人们仍然认为，被排挤下野的领袖在某种意义上仍然领导国家，人们把他看成是预先选定的救星。人们认为这个法统虽然在一个没有忧患的时期中断了，但是一旦全国再由于分裂和威胁而陷于危急的时候，这个法统一定会在全国普遍同意之下再次确立起来。

尽管目前很多党派不肯跟随我，但是在今后漫长的岁月中，我的言行仍将为法国赋予我的天职所支配。不管我说了什么或别人说了我什么，不管我的话是实在的还是假设的，公众都知道。一切同我有来往的人在同我谈话时，都好像我仍然是以最高权威的身份在国家宫殿中接待他们似的。无论我在什么地方偶然出现，都立即激起热烈的反应。

我离开正式职务以后，每在公众面前出现，周围就是这种气氛。比如我在巴犹说明我们应该建立什么样的制度时，就立即引起了全场的热烈反应。以后，遇有机会我就谴责利用全国人民已经厌烦的心理所制定的宪法，号召全国人民团结起来改变不良的制度；我在许多次讲话中阐明了对将来的理想；为了鼓舞公众的热情，并同许多热心而忠实的人士保持联系，我经常在法国各省和阿尔及利亚各省的公众面前出现，每个地方至少去过两次，有些地方还要多一些。在这些场合，反应都同样热烈。1952 年以后，我认为弊端沉重，无可救药，势必发生一场暴乱，于是决定听任局势自然发展。但当我偶然主持某种仪式的时候；当我访问我们的非洲和印度洋上的领土的时候；当我周游遍布世界的法国领地和参加撒哈拉油田喷油典礼的时候，我看到了无数同样的表现。我觉得，在我写完这本书的时候，同任何时候一样，都有无数人怀着忧虑和关切的心情注视着一所普通的房子。

这所普通的房子就是我的住所。人世的喧嚣，曾使我向往离群索居，现在它已经成了我的朋友。当一个人在历史面前碰壁以后，还能有什么比这个更使他满意的呢？何况香槟省的这一角落确实非常幽静。这里天地空旷，民风朴实，树林、草原、农田和荒野交替相连，古老的山峦光秃秃、静悄悄，小康的乡村安适而宁静。几千年来，任何事情也没有改变过这里的生活和环境。我住的乡村就是这样。它在一个丘陵的上面，周围是茂密的小树林，它同居民的耕地已经存在许多世纪。虽然我不常到居民中间去，可是他们都以客气、友好的态度对待我。我认识他们的家庭，我尊重他们，我喜爱他们。

我的家里十分安静。我每天的大部分时间是在一个靠着房屋一角的房间里度过的。在这里，眺望远方的落日余晖，眼前空旷，15公里以内没有任何建筑物。我的视线越过原野和树林，沿着一个缓缓的斜坡一直望到奥布河谷和河对面的山坡。我站在花园的高处，极目望去可以看到原野的尽头有森林环抱，它好像被海水拍击的地岬。晚上，我静观夜幕覆盖的乡村，仰望星空，深感尘世间的事物是多么微不足道！

当然，书信、报纸和收音机，也会把世界上的消息传到隐士的居所。我在巴黎的短短逗留期间接见来访客人时，他们的谈话使我知道人们正在怎样前进。暑假期间，我的儿子、女儿、孙子和孙女，以他们的青春活力把我们包围起来，可惜夭折的女儿安娜再也看不见了。多少时光从读书、写作或冥想中溜过去了，任何幻想也不能打破我这忧郁的宁静！

但是，在我的小花园里（我在这里徘徊过15 000次！），被严寒剥落的树木很少不会再绿，我妻子栽植的花儿凋谢以后又会繁茂。村里的房舍虽然很古老破旧，可是你可以忽然看到不少姑娘和小伙子从里面有说有笑地走出来。当我走到附近小树林去散步时，比如到杜特、克莱瓦、勒赫、勃兰非、拉夏佩尔的小树林去散步时，阴翳的树林使我充满了忧愁；但是，突然传来的一声鸟鸣，绿叶丛中透过来的一线阳光，或灌木上的一片嫩叶，都会使我联想起生命从它发生以来一直展开的、从未失败过的斗争。于是，我觉得有一种内心的安慰流过全身。既然一切都是周而复始的循环，那么，我做过的一切在我死后也迟早会成为新生力量的源泉。

随着年龄的增长，我对大自然更加亲近了。一年有四季，季季有自己的内容，大自然的智慧给我带来了安慰。

春天，它向我高歌："不管过去发生过什么事，现在我又复苏了！虽然有过狂风暴雨，现在却是一片晴空；小树苗又发绿了，连多石的田地也显得气象一新。爱，给我身上增添了活力，增添了光辉而坚强的自信，这是无穷的活力和自信！"

夏天，它向我宣布："光荣属于美丽富饶的大自然！一切生物的营养都出自我的巨大努力。一切生命都依靠我的热能。谷类、水果和牲畜，现在都沐浴在阳光下，任何力量也摧毁不了它们。将来是属于我的！"

秋天，它向我叹息："我的任务接近完成了，我开过了花，长出了庄稼，结出了果实。现在我要收获了。你瞧，在这令人悲伤的秋色中，我披上了红袍和金袍，多么美丽呀。可惜！寒风和冰霜不久就要夺去我的盛装。但是，总有一天，在我这一无装饰的躯体上，仍会重新开放青春的花朵！"

冬天，它向我呻吟："你看我荒凉又寒冷，我所生所爱的花木和飞禽走兽，有多少因为我不能哺育和温暖它们而死在我的怀里！难道说命运已经注定了吗？死亡永远得胜了吗？不是的！在我这静止的地面底下，已经在隐隐约约地积聚着一种力量。我虽然在黑暗里静眠不动，却已预感到光明和生命复始的美妙前景！"

世世代代被岁月侵袭的古老大地，被风雨剥蚀的古老大地，被植物吸尽精髓的古老大地，永远准备产生一切来养育万物！

受过历史摧残的古老法兰西，受过战争和革命创伤的古老法兰西，虽然在荣耀和衰亡之间往返不定，却总能以青春的活力获得复兴！

饱经忧患、与世隔绝的老人，虽然感到漫长的寒夜即将来临，却仍在黑暗中永不厌倦地瞩望着永生之光！

戴高乐一生大事年表

1890 年 	11 月 22 日　生于法国里尔的夏尔家族，洗礼授名安德·约瑟·玛丽·戴高乐。父亨利·夏尔·亚历山大·戴高乐，文学教授。将军是他第三个孩子，其他的孩子是：格扎维埃、玛丽-阿涅斯、雅克、皮埃尔，共五个孩子。
1909 年 10 月—1910 年 10 月	考入圣西尔军校，在阿拉斯陆军第 33 团度过了义务兵役的预备年。
1910 年 10 月—1912 年 9 月	在圣西尔军校学习。
1912 年 10 月	升为陆军少尉，在陆军第 33 团任职。
1914 年 8 月—1918 年 11 月	曾三次受伤。最后一次是在杜欧蒙村，并在那里被俘，被俘后曾五次逃跑未遂。
1919 年 4 月—1921 年 1 月	以代理营长的身份被派到驻波兰的军队中，主要对付维斯杜尔河流域的红军。
1921 年 4 月 6 日	在加来同伊冯娜·温德鲁小姐结婚。
12 月 28 日	长子菲利普在巴黎诞生。
1922 年 5 月—1923 年 10 月	在高级军事科学院学习。
1924 年 3 月 1 日	处女作《敌人内部的倾轧》出版（Berger-Levrault 出版社）。
5 月 15 日	女儿伊丽莎白在巴黎出生。
1925 年 7 月 1 日	被派到贝当元帅的参谋部，贝当元帅当时是最高军事委员会副主席。
1926 年 10 月 5 日	到莱茵省法军参谋部任新职。
1927 年	在特来沃担任莱茵省法军第 19 轻步兵营的指挥官。
1928 年 1 月 1 日	第三个孩子安娜出生，是个残疾女婴。
1929 年 10 月	在（黎巴嫩）贝鲁特中东军事总司令部领导下，担任第二（情报）局和第三（行动）局局长。
1931 年 11 月	受命于巴黎国防部总秘书处，担任第三科科长。

1932年7月22日	由Berger-Levrault出版社出版《剑刃》，其中包括1927年在高级军事科学院发表的四篇演讲文章。
1933年12月25日	升为中校级军官。
1934年5月5日	《建立职业军队》出版（Berger-Levrault出版社），主张建立装甲机械兵团。一年前曾以同样主题在《政治议会评论》发表文章。
6月9日	购置“丛林居”房地产，坐落在上马恩省的科隆贝双教堂村。
12月19日	荣升为荣誉勋位军团的军官。
1936年3月7日	希特勒军队再次占领莱茵河流域的非军事区。
4月16日	任职于国防部总秘书处。1936—1937年间，在高级军事训练中心讲课。
1937年7月13日	负责指挥第507坦克团。
12月25日	升为上校。
1938年3月11日	德军入侵奥地利。
9月27日	《法兰西和她的军队》出版（Berger-Levrault出版社）。
1939年9月2日	被任命为洛林—阿尔萨斯军区的第5军的坦克部队司令。
9月3日	大不列颠和法兰西向刚侵入波兰的德国宣战。
1940年5月10日	德军向荷兰、比利时和法兰西全面进攻。
5月17—30日	戴高乐指挥4月26日组成的第4装甲师进行反击，成功地把德军击退到阿布维尔。
6月1日	荣升为将军。
6月5日	被任命为负责国防事务的国防部副部长。
6月16日	贝当元帅在波尔多成立伪政府。
6月17日	戴高乐将军到达英国。
6月18日	戴高乐将军利用英国BBC广播电台首次号召全体法国人民抗击敌人。
6月28日	英国政府承认他是“自由法国”的领袖。
8月3日	维希政府的军事法庭以危害国家罪和叛逃罪判处他死刑。
8—9月	把新赫布里底、波利尼西亚，印度的法国人居留地，新喀里多尼亚、乍得、喀麦隆、中刚果、加蓬等团结到自由法国方面。

9月23—25日	参加法—英联合行动，试图把达喀尔也联合到自由法国方面。
10月27日	在布拉柴维尔成立了帝国防务委员会。12月24日，获得英国政府的承认。
1941年3月14日	离开伦敦出访非洲。
6月7日	法英联军从叙利亚开始反攻。
7月7日	自由法国和英国军队占领贝鲁特。
9月24日	成立了法兰西民族委员会，改组了帝国防务委员会。
10月21—22日	作为对所受暗杀的报复，德国人在南特杀害16名人质，在夏托布里昂杀害27名人质，在巴黎杀害5名人质。
1942年1月1日	让·穆兰以戴高乐将军代表的身份空降到法国，领导南部地区的抵抗运动。
5月26日	隆美尔向埃及方面发动一次反攻。自由法国第1轻装师以比尔哈希姆为阵地，击退德军从5月27日至6月10日的进攻。
7月14日	自由法国改名为战斗法国，国内抵抗运动承认戴高乐将军和民族委员会的权力当局。
8—9月	出访中东和撒哈拉以南非洲。
9月28日	在英国之后，美国和苏联也承认了法兰西民族委员会。
11月8日	盟军在摩洛哥和阿尔及利亚登陆。
1943年5月15日	在让·穆兰的主持下，全国抵抗运动委员会要求在阿尔及尔成立法兰西临时政府。
6月3日	在戴高乐将军和吉罗将军两人主持下，在阿尔及尔成立法兰西民族解放委员会（CFLN）。
6月21日	让·穆兰被德军拘捕。
10月3日	法兰西民族解放委员会决定：以后由戴高乐将军一人担任主席。
1944年1月30日	布拉柴维尔大会召开。大会的任务就是协助全帝国人民逐步达到在本地处理自己的事务。
6月3日	法兰西民族解放委员会成为法兰西共和国的临时政府，戴高乐将军为主席。
6月4日	美、英、法三国军队进入罗马。

6月6日	盟军在诺曼底登陆。戴高乐将军在广播电台讲话：法国本土的战役开始了！全体法国人民要全力协助盟军前进！
6月14日	戴高乐将军回到法国并在巴约发表了重返祖国后的第一次讲话。
8月25日	巴黎解放。戴高乐将军在16点进入巴黎，并住在国防部。
8月31日	阿尔及尔临时政府迁到巴黎。
9月9日	抵抗运动的代表进入临时政府。
11月25日	法军收复斯特拉斯堡。
1945年2月4日	斯大林、丘吉尔和罗斯福在雅尔塔开会。没有邀请法国代表参加。
4月2日	通过妇女享有选举权的法案。
5月7日	德国在兰斯签署投降书。
9月2日	日本投降。
10月19日	戴高乐将军下令建立社会保险。
11月13日	全国制宪会议一致同意选戴高乐将军为法兰西共和国临时政府总理。
1946年1月20日	由于无法对付各政党无休止的争吵和排他性的党派制度，将军辞去临时政府总理职务。
5月5日	如他所望，议会通过的宪法草案被法国人民以全民公决的方式予以否决。
6月16日	戴高乐将军在巴约发表重要讲话，着重说明法国必须建立一些他认为绝对不可缺少的制度。
10月13日	尽管戴高乐将军本人反对和三分之一选民弃权，全民公决仍通过了第四共和国的宪法。
1947年1月16日	阿里奥尔被议会选为共和国总统。
4月14日	戴高乐将军向新闻界发表声明，要建立一个团结全体法国人民的大联盟（法兰西人民联盟），并邀请所有法国男女为了共同福祉团结到他身边来。
1948—1953年	将军坚持要制止“党派制度”和“消灭”法兰西的政党。他遍游各省，号召复兴祖国。
1954年1月16日	阿里奥尔把他的权力交给了勒内·戈蒂，因为国民议会和共和国议会选后者做了共和国新总统。

8月26日	戴高乐将军发表声明，批评建立欧洲防务共同体。
10月12日	《战争回忆录》第一卷《召唤》（1940—1942）出版（普隆出版社）。
1955年	将军在自己的庄园——科隆贝双教堂的“丛林居”隐居，停止了公开的社会活动。
1956年6月8日	《战争回忆录》第二卷《统一》（1942—1944）出版（普隆出版社）。
8月8日—9月18日	私人出访法属安的列斯群岛和太平洋法属领地。
1957年3月10—14日	私访撒哈拉。
1958年5月12日	皮埃尔·弗林姆兰政府组成。
5月13日	阿尔及尔发生暴动。总督府被占领，地方公安委员会成立。
5月28日	两议会主席和各党派领袖（共产党除外）要求与戴高乐将军会谈。皮埃尔·弗林姆兰辞职。
6月1日	由于全国舆论的呼吁，召开了国民议会，在总投票人数553人中329票赞成的情况下，共和国总统勒内·戈蒂把国民议会主席的职位授予戴高乐将军，并授权由他修改宪法，年底前交由全民公决。
6月3—7日和7月1—3日	两次出访阿尔及利亚。
8月20—29日	出访阿尔及利亚、撒哈拉以南非洲和马达加斯加。
9月3日	命令政府批准宪法草案，以便交由全民公决。
9月14日	在科隆贝双教堂处的庄园接见德意志联邦共和国总理阿登纳。
9月28日	宪法草案经全民公决批准。赞成票的得票率：本土：79.2％；阿尔及利亚：96％以上；海外领地：93％。只有法属几内亚投否决票。
10月2—3日	出访阿尔及利亚。
10月5日	颁布第五共和国宪法。
12月3—7日	出访阿尔及利亚。
1959年1月1日	法国正式加入欧洲共同市场。
1月7日	颁布并建立失业保险法令。
1月8日	接受共和国总统职务。任命米歇尔·德勃雷为总理，同意国务部长吉·摩来辞职。

6—7月	出访意大利、法属索马里、马达加斯加、科摩罗和留尼汪岛。
8月27—30日	出访阿尔及利亚。
10月28日	向阿尔及利亚军队发出电令，解释自决的必要性。 《战争回忆录》第三卷《拯救》（1944—1946）出版（普隆出版社）。
12月9—14日	出访毛里塔尼亚和塞内加尔。
1960年1月22日	马叙（Massu）将军恢复原来阿尔及利亚军团司令职。
1月24日—2月2日	阿尔及尔发生街垒战斗。
1月29日	戴高乐将军发表电视讲话，谴责阿尔及尔造反分子反对法国的“暴行”，号召努力恢复阿尔及尔的社会秩序。
2月13日	在撒哈拉的雷加诺，法国第一颗原子弹爆炸。
3月3—7日	出访阿尔及利亚。
4月5—8日	出访大不列颠。
4月18日—5月4日	出访加拿大、美国、圭亚那和法属安的列斯。
12月9—12日	出访阿尔及利亚。
1961年1月8日	阿尔及利亚举行全民公决，75.26%的人赞成独立。
1月16日	阿尔及利亚民族解放阵线宣布已准备好同法国政府谈判。
4月22日	夏尔、萨朗、儒奥和泽勒四位将军拒绝承认1月8日的全民公决结果，在阿尔及尔夺取了政权，四天之后又不得不放弃。 秘密军事组织诞生，组织党徒暴力行动反对阿尔及利亚独立。 在法国本土和阿尔及利亚每天都有暗杀事件发生，在4月和8月间尤为频繁。
7月19日	突尼斯军企图占据法国的重要基地比塞大港，未遂。
9月8日	戴高乐将军在塞纳河桥上脱险。秘密军事组织对他进行了无数次谋杀，这不过是其中的一次。
11月24—26日	出访大不列颠。

12月8日	普遍实行退休金补助制度。
1962年3月18日	签署埃维扬协定。法国政府代表同阿尔及利亚民族解放阵线宣布在阿尔及利亚停火。
3月27日	在阿尔及尔成立阿尔及利亚临时权力机构。
4月8日	法国全民公决批准埃维扬协定，绝大多数人（90%以上）投赞成票。
6月17—26日	秘密军事组织与阿尔及利亚民族解放阵线在阿尔及尔签订协定，实现停火。
7月3日	戴高乐将军在爱丽舍宫主持最高立法会议，法国承认阿尔及利亚独立和阿尔及利亚共和国临时政府。
8月22日	将军和夫人最后一次险遭谋杀，这次是在去小科拉玛特的路上。
9月4—9日	正式访问德意志联邦共和国。
10月22日	古巴危机。
10月28日	戴高乐将军建议以全民公决方式通过选举共和国总统的组织法草案，结果以62%的多数票通过。
1963年1月22日	法兰西与德意志联邦共和国之间的合作条约在巴黎签字。
5月16—19日	出访希腊。
6月21日	法国从北大西洋公约组织撤回法国海军舰队。
10月16—20日	出访伊朗。
1964年1月27日	承认中华人民共和国并与之建立外交关系。
5月15—24日	出访法属安的列斯、圭亚那和墨西哥。
5月25—26日	戴高乐将军、卢森堡女大公和德意志联邦共和国总统共同参加从阿巴赫到特来沃的摩泽尔运河的开航典礼。
6月15日	法军完全撤离阿尔及利亚，只留一万人在瓦赫兰（奥兰）军港附近的梅尔斯、爱尔、刻比尔和撒哈拉，直到1967年。
9月20日—10月16日	出访南美。

10 月 30 日	缔结法苏贸易条约。
1965 年 1 月 7 日	法国把 15 亿美钞兑换成黄金，降低了失业率。
1 月 29—30 日	戴高乐将军去伦敦参加丘吉尔的葬礼，并与英国首相哈罗德·威尔逊会谈。
4 月 27 日	在爱丽舍宫与苏联外长格罗米柯会谈。 戴高乐将军对美国在越南作战表示谴责。
11 月 25 日	法国“钻石”火箭把法国第一颗人造地球卫星送入轨道。
12 月 19 日	法兰西第一次通过普选选举共和国总统。戴高乐将军再次当选。
1966 年 3 月 7 日	戴高乐将军通知美国总统法国撤回驻北大西洋公约组织的军队，但不脱离北大西洋公约组织。
6 月 20 日—7 月 1 日	正式访问苏联。
8 月 25 日—9 月 12 日	出访法属索马里、埃塞俄比亚、柬埔寨、新喀里多尼亚、新赫布里底、法属波利尼西亚和瓜德罗普。
9 月 1 日	在金边发表重要讲话，要求美军撤出印度支那半岛，使半岛中立。
1967 年 3 月 5—12 日	议会选举，大多数人拥护戴高乐将军的政府。
3 月 19 日	法属索马里通过全民公决，一致通过继续作为法兰西共和国领地，但享有新的法律地位。
3 月 29 日	将军在瑟堡主持仪式，庆祝法国首次以潜艇发射核弹。
4 月 6 日	立法选举后，再次任命乔治·蓬皮杜为总理。
5 月 24 日	同以色列外长阿巴·艾班先生会谈，说明如果以色列发动战争，将受到法国的谴责。
5 月 29 日	正式访问意大利和梵蒂冈。
6 月 2 日	在部长会议上谴责所有在近东进行侵略的国家。法兰西停止向七个阿拉伯国家和以色列供应武器。
6 月 5—10 日	以色列军队同几个相邻的阿拉伯国家进行了“六日战争”。
7 月 21—27 日	出访圣皮埃尔-密克隆岛和魁北克。在魁北克发表了讲话，人们对讲话报以“自由的魁北克万岁!”的响亮回声。

8月18日	规定雇员有权分享企业所得利润。
9月6—12日	正式访问波兰。
1968年4月23日	南戴尔学院的学生之间发生流血恶斗。
5月2—30日	大学生普遍闹事，从南戴尔蔓延到巴黎。
5月13—20日	全国大罢工，动乱分子占据企业场地和公共事业部门。正式访问罗马尼亚。
5月24日	戴高乐将军宣布，对利润的分配问题进行全民公决，巴黎又出现新的动乱。
5月25—27日	各工会之间会谈，政府与工会会谈，在巴黎格勒奈尔路的社会事务部签订协议书。
5月29日	在德国巴登-巴登与驻德法军司令部的马叙将军会面。
5月30日	在巴黎宣布全民公决延期，解散国民议会，改组政府。他呼吁："公民要有公民的行动!" 香榭丽舍大街举行拥护戴高乐将军的示威游行。
6月11日	学生闹事和大罢工结束。
6月23—30日	第一和第二轮议会选举，反对党彻底失败。
7月10日	接受蓬皮杜政府辞职。戴高乐将军任命莫里斯·顾夫·德姆维尔为总理。
10月25—30日	正式访问土耳其。
1969年1月3日	以色列袭击贝鲁特机场上的法国民用飞机，戴高乐将军随即决定完全禁止法国运往以色列的军用物资出港。
4月25日	通过电视和广播发表讲话，说明众议院和行政区必须改革，但要通过法国全民公决。
4月27日	众议院和行政改革草案经全民公决，以52.41%的票数被否决。
4月28日	戴高乐将军宣布从当日午时起，停止执行共和国总统职务。参议院主席阿兰·包埃尔成为代总统。

1970年4月21日	《战争期间讲话》第一卷出版，包括1940年6月18日到1946年1月20日之间的重要讲话和电文（普隆出版社出版）。
5月21日	《战争期间讲话》第二卷《在期待中》出版，包括1946年1月到1958年5月之间的讲话和电文（普隆出版社出版）。
6月3—27日	私访西班牙。
6月18日	《战争期间讲话》第三卷《与时俱进》（或译为《不断更新》）出版，包括1958年5月到1962年7月的讲话和电文（普隆出版社出版）。
7月3日	《战争期间讲话》第四卷《继续努力》出版，包括1962年8月到1965年12月的讲话和电文（普隆出版社出版）。
9月18日	《战争期间讲话》第五卷《走向结局》出版，包括1966年1月到1969年4月的讲话和电文（普隆出版社出版）。
10月23日	《希望回忆录》第一卷《复兴》（1958—1962）出版（普隆出版社）。
11月9日19时30分	戴高乐将军在科隆贝双教堂自己的庄园“丛林居”逝世。
1971年3月19日	已经编好的《希望回忆录》第二卷《努力》（1962—……）的两章遗著由普隆出版社出版。
1972年6月18日	法兰西共和国总统乔治·蓬皮杜在科隆贝双教堂主持了戴高乐将军纪念馆开馆典礼。

图书在版编目（CIP）数据

战争回忆录．全3卷/［法］戴高乐（de Gaulle）著；陈焕章译．—北京：中国人民大学出版社，2015.5

ISBN 978-7-300-21112-1

Ⅰ.①战… Ⅱ.①戴… ②陈… Ⅲ.①戴高乐，C. A. J. M.（1890—1970）—回忆录 Ⅳ.①K835.675=5

中国版本图书馆CIP数据核字（2015）第073944号

纪念世界反法西斯战争胜利70周年

战争回忆录

［法］夏尔·戴高乐（Charles de Gaulle） 著

陈焕章 译

Zhanzheng Huiyilu

出版发行	中国人民大学出版社			
社　　址	北京中关村大街31号	邮政编码	100080
电　　话	010－62511242（总编室）		010－62511770（质管部）
	010－82501766（邮购部）		010－62514148（门市部）
	010－62515195（发行公司）		010－62515275（盗版举报）
网　　址	http://www.crup.com.cn		
经　　销	新华书店		
印　　刷	唐山玺诚印务有限公司		
开　　本	890 mm×1240 mm　1/32	版　　次	2015年5月第1版
印　　张	28.5 插页3	印　　次	2024年5月第8次印刷
字　　数	670 000	定　　价	138.00元